Teoria da ação comunicativa
Volume 1

FUNDAÇÃO EDITORA DA UNESP

Presidente do Conselho Curador
Mário Sérgio Vasconcelos

Diretor-Presidente / Publisher
Jézio Hernani Bomfim Gutierre

Superintendente Administrativo e Financeiro
William de Souza Agostinho

Conselho Editorial Acadêmico
Divino José da Silva
Luís Antônio Francisco de Souza
Marcelo dos Santos Pereira
Patricia Porchat Pereira da Silva Knudsen
Paulo Celso Moura
Ricardo D'Elia Matheus
Sandra Aparecida Ferreira
Tatiana Noronha de Souza
Trajano Sardenberg
Valéria dos Santos Guimarães

Editores-Adjuntos
Anderson Nobara
Leandro Rodrigues

JÜRGEN HABERMAS

Teoria da ação comunicativa
Volume 1

Racionalidade da ação e racionalização social

Tradução e apresentação
Luiz Repa

© 1981 Suhrkamp Verlag Frankfurt am Main
Todos os direitos reservados e controlados pela Suhrkamp Verlag Berlin

© 2022 Editora Unesp

Título original: *Theorie des kommunikativen Handelns: Bd. 1: Handlungsrationalität und gesellschaftliche Rationalisierung*

Direitos de publicação reservados à:
Fundação Editora da Unesp (FEU)
Praça da Sé, 108
01001-900 – São Paulo – SP
Tel.: (0xx11) 3242-7171
Fax: (0xx11) 3242-7172
www.editoraunesp.com.br
www.livrariaunesp.com.br
atendimento.editora@unesp.br

Dados Internacionais de Catalogação na Publicação (CIP) de acordo com ISBD
Elaborado por Odilio Hilario Moreira Junior – CRB-8/9949

H114t

Habermas, Jürgen
    Teoria da ação comunicativa – Volume 1: Racionalidade da ação e racionalização social / Jürgen Habermas; tradução e apresentação por Luiz Repa. – São Paulo: Editora Unesp, 2022.

    Inclui bibliografia.
    ISBN: 978-65-5711-116-1

    1. Antropologia.   2. Sociologia.   3. Teoria da ação comunicativa.   I. Repa, Luiz.   II. Título.

2022-493
CDD 301
CDU 572

Editora afiliada:

Sumário

Introdução à Coleção . 9

Apresentação à edição brasileira. A seletividade da modernização capitalista: uma introdução à teoria habermasiana da racionalização . 13
   Luiz Repa

Prefácio para a terceira edição . 29

Prefácio para a primeira edição . 35

I Introdução: Acessos à problemática da racionalidade

Reflexão preliminar: o conceito de racionalidade na sociologia . 43

1 "Racionalidade" – uma determinação conceitual preliminar . 53
   (1) Criticabilidade de ações e afirmações . 55
   (2) O espectro dos proferimentos criticáveis . 63
   (3) Excurso sobre a teoria da argumentação . 73

2 Algumas características da compreensão mítica e da compreensão moderna do mundo . 101
   (1) Estruturas da compreensão mítica do mundo segundo M. Godelier . 105
   (2) Diferenciação entre âmbitos de objetos *versus* diferenciação entre mundos . 108

  (3) O debate inglês sobre racionalidade depois de P. Winch: argumentos pró e contra uma posição universalista . *113*

  (4) O descentramento de imagens de mundo (Piaget). Introdução provisória do conceito de mundo da vida . *133*

3 Relações com o mundo e aspectos da racionalidade da ação em quatro conceitos sociológicos de ação . *145*

  (1) A teoria dos três mundos de Popper e uma aplicação na teoria da ação (I. C. Jarvie) . *146*

  (2) Três conceitos de ação, diferenciados segundo as relações ator-mundo . *156*

    (a) Ação teleológica (estratégica): ator-mundo objetivo . *160*

    (b) Ação regulada por normas: ator-mundo social e objetivo . *162*

    (c) Ação dramatúrgica: ator-mundo subjetivo e objetivo (incluindo objetos sociais) . *165*

  (3) Introdução provisória do conceito de "ação comunicativa" . *171*

    (a) Observações sobre o caráter das ações autônomas (ações – movimentos corporais – operações) . *173*

    (b) Relações reflexivas com o mundo na ação comunicativa . *177*

4 A problemática da "compreensão" do sentido nas ciências sociais . *183*

  (1) Da perspectiva da teoria da ciência . *189*

    (a) Concepções dualistas de ciência . *191*

    (b) O acesso ao âmbito de objetos por meio da compreensão . *195*

    (c) O intérprete da ciência social como participante virtual . *198*

    (d) A inevitabilidade de interpretações racionais . *202*

  (2) Da perspectiva da sociologia compreensiva . *205*

    (a) Fenomenologia social . *207*

    (b) Etnometodologia. O dilema entre absolutismo e relativismo . *210*

    (c) A hermenêutica filosófica. Versão tradicionalista e versão crítica . *220*

Visão geral sobre a estrutura do livro . *227*

II A teoria da racionalização de Max Weber

Reflexão preliminar: O contexto histórico-científico . 237

1. O racionalismo ocidental . 253
   (1) Os fenômenos do racionalismo ocidental . 254
   (2) Conceitos de racionalidade . 267
   (3) O conteúdo universalista do racionalismo ocidental . 279

2. O desencantamento das imagens religiosas e metafísicas de mundo e o surgimento das estruturas modernas de consciência . 289
   (1) Ideias e interesses . 291
   (2) Fatores internos e externos do desenvolvimento das imagens de mundo . 299
   (3) Aspectos relativos aos conteúdos das religiões universais . 306
   (4) Aspectos estruturais: desencantamento e reconfiguração sistemática . 311
      (a) Fuga mística do mundo vs. dominação ascética do mundo . 312
      (b) Contemplação teórica do mundo vs. adaptação prática ao mundo . 315
   (5) Desencantamento e compreensão moderna do mundo . 320

3. Modernização como racionalização social: o papel da ética protestante . 325
   (1) A ética protestante da vocação e o padrão autodestrutivo da racionalização social . 332
   (2) O conteúdo sistemático da "Consideração intermediária" . 345

4. Racionalização do direito e diagnóstico do presente . 357
   (1) Os dois componentes do diagnóstico do presente: perda de sentido e perda de liberdade . 358
   (2) A racionalização ambígua do direito . 370
      (a) Direito como corporificação da racionalidade prático-moral . 371
      (b) Direito como meio de organização . 380

III Primeira consideração intermediária: Ação social, atividade voltada a fins e comunicação

Observação preliminar sobre a teoria analítica do significado e da ação . *393*

(1) Duas versões da teoria weberiana da ação . *401*

    (a) A versão oficial . *403*

    (b) A versão não oficial . *405*

(2) O uso da linguagem orientado ao êxito e orientado ao entendimento. O valor posicional dos efeitos perlocucionários . *409*

(3) Significado e validade. O efeito de vínculo ilocucionário das ofertas dos atos de fala . *420*

(4) Pretensões de validade e modos de comunicação. Discussão de objeções . *433*

(5) Tentativas concorrentes de classificação dos atos de fala (Austin, Searle, Kreckel). Tipos puros de interações linguisticamente mediadas . *449*

(6) Pragmática formal e empírica. Significado literal *versus* significado dependente do contexto: o pano de fundo do saber implícito . *462*

IV De Lukács a Adorno: racionalização como reificação

Reflexão preliminar: racionalização de mundos da vida *versus* complexidade crescente de sistemas de ação . *477*

1 Max Weber na tradição do marxismo ocidental . *483*

    (1) Sobre a tese da perda de sentido . *484*

    (2) Sobre a tese da perda de liberdade . *490*

    (3) A interpretação de Lukács da tese weberiana da racionalização . *496*

2 A crítica da razão instrumental . *511*

    (1) Teoria do fascismo e da cultura de massas . *512*

    (2) A dupla crítica ao neotomismo e ao neopositivismo . *519*

    (3) Dialética do Esclarecimento . *526*

    (4) Dialética negativa como exercício . *534*

    (5) A autointerpretação filosófica da modernidade e o esgotamento do paradigma da filosofia da consciência . *538*

Índice onomástico . *555*

Introdução à Coleção

Se desde muito tempo são raros os pensadores capazes de criar passagens entre as áreas mais especializadas das ciências humanas e da filosofia, ainda mais raros são aqueles que, ao fazê-lo, podem reconstruir a fundo as contribuições de cada uma delas, rearticulá-las com um propósito sistemático e, ao mesmo tempo, fazer jus às suas especificidades. Jürgen Habermas consta entre estes últimos.

Não se trata de um simples fôlego enciclopédico, de resto nada desprezível em tempos de especialização extrema do conhecimento. A cada passagem que Habermas opera, procurando unidade na multiplicidade das vozes das ciências particulares, corresponde, direta ou indiretamente, um passo na elaboração de uma teoria da sociedade capaz de apresentar, com qualificação conceitual, um diagnóstico crítico do tempo presente. No decorrer de sua obra, o diagnóstico se altera, às vezes incisiva e mesmo abruptamente, com frequência por deslocamentos de ênfase; porém, o seu propósito é sempre o mesmo: reconhecer na realidade das sociedades modernas os potenciais de emancipação e seus obstáculos, buscando apoio em pesquisas empíricas e nunca deixando de justificar os seus próprios critérios.

Certamente, o propósito de realizar um diagnóstico crítico do tempo presente e de sempre atualizá-lo em virtude das transformações históricas não é, em si, uma invenção de Habermas. Basta se reportar ao ensaio de Max Horkheimer sobre "Teoria Tradicional e Teoria Crítica", de 1937, para dar-se conta de que essa é a maneira mais fecunda pela qual se segue com a Teoria Crítica. Contudo, se em cada diagnóstico atualizado é possível entrever uma crítica ao modelo teórico anterior, não se pode deixar de reconhecer que Habermas elaborou a crítica interna mais dura e compenetrada de quase toda a Teoria Crítica que lhe antecedeu – especialmente Marx, Horkheimer, Adorno e Marcuse. Entre os diversos aspectos dessa crítica, particularmente um é decisivo para compreender o projeto habermasiano: o fato de a Teoria Crítica anterior não ter dado a devida atenção à política democrática. Isso significa que, para ele, não somente os procedimentos democráticos trazem consigo, em seu sentido mais amplo, um potencial de emancipação, como nenhuma forma de emancipação pode se justificar normativamente em detrimento da democracia. É em virtude disso que ele é também um ativo participante da esfera pública política, como mostra boa parte de seus escritos de intervenção.

A presente Coleção surge como resultado da maturidade dos estudos habermasianos no Brasil em suas diferentes correntes e das mais ricas interlocuções que sua obra é capaz de suscitar. Em seu conjunto, a produção de Habermas tem sido objeto de adesões entusiasmadas, críticas transformadoras, frustrações comedidas ou rejeições virulentas – dificilmente ela se depara com a indiferença. Porém, na recepção dessa obra, o público brasileiro tem enfrentado algumas dificuldades que esta Coleção pretende sanar. As dificuldades se referem principalmente à ausência de tradução de textos importantes e à falta de uma padronização terminológica nas traduções existentes, o que, no mínimo, faz obscurecer os laços teóricos entre os diversos momentos da obra.

Incluímos na Coleção praticamente a integralidade dos títulos de Habermas publicados pela editora Suhrkamp. São cerca de quarenta volumes, contendo desde as primeiras até as mais recentes publicações do autor. A ordem de publicação evitará um fio cronológico, procurando atender simultaneamente o interesse pela discussão dos textos mais recentes e o interesse pelas obras cujas traduções ou não satisfazem os padrões já alcançados pela pesquisa acadêmica, ou simplesmente inexistem em português. Optamos por não adicionar à Coleção livros apenas organizados por Habermas ou, para evitar possíveis repetições, textos mais antigos que foram posteriormente incorporados pelo próprio autor em volumes mais recentes. Notas de tradução e de edição serão utilizadas de maneira muito pontual e parcimoniosa, limitando-se, sobretudo, a esclarecimentos conceituais considerados fundamentais para o leitor brasileiro. Além disso, cada volume conterá uma apresentação, escrita por um especialista no pensamento habermasiano, e um índice onomástico.

Os editores da Coleção supõem que já estão dadas as condições para sedimentar um vocabulário comum em português, a partir do qual o pensamento habermasiano pode ser mais bem compreendido e, eventualmente, mais bem criticado. Essa suposição anima o projeto editorial desta Coleção, bem como a convicção de que ela contribuirá para uma discussão de qualidade, entre o público brasileiro, sobre um dos pensadores mais inovadores e instigantes do nosso tempo.

Comissão Editorial

Antonio Ianni Segatto
Denilson Luís Werle
Luiz Repa
Rúrion Melo

Apresentação à edição brasileira

A seletividade da modernização capitalista: uma introdução à teoria habermasiana da racionalização

Luiz Repa*

Publicada em 1981, a *Teoria da ação comunicativa* reúne em seus dois vastos volumes os esforços sistemáticos que Habermas empreendeu por mais de dez anos para fundamentar uma teoria crítica da sociedade que pudesse justificar e explicar seus parâmetros críticos, partindo de seu próprio objeto, as sociedades modernas capitalistas.

Habermas procura desenvolver aí uma crítica do capitalismo tardio da segunda metade do século XX, procura explicar a origem de uma série de patologias sociais e conflitos correlacionados, cuja natureza não se deixaria mais resumir às estruturas de classe típicas do capitalismo liberal, como o século XIX conhecera em boa parte do ocidente. Para tanto, porém, ele pretende dar conta de exigências as mais diversas, em diferentes e cada vez mais complexos níveis de argumentação — como o papel da compreensão hermenêutica na teoria social, a emergência de estruturas de consciência modernas, a complexidade da racionalização cultural, o uso da teoria dos atos de fala para traçar um conceito de racionalidade e ação comunicativa, enfim, todos os meios conceituais para erguer um conceito de sociedade em dois níveis, articulado segundo os paradigmas clássicos de sistema e mundo da vida.

Apesar da complexidade crescente dessas empreitadas, quase sempre articuladas por meio de reconstruções da história da teoria social e da fi-

---

* Professor associado do Departamento de Filosofia da Universidade de São Paulo.

losofia, a leitura não deve perder de vista o ponto de fuga da exposição, justamente a crítica das sociedades do capitalismo tardio e, com ela, os desafios que se impõem a uma teoria crítica da sociedade. Habermas segue também aqui o conceito elaborado por Max Horkheimer: a Teoria Crítica deve ser compreendida como uma forma de teoria impregnada pelo interesse em descobrir os potenciais de emancipação nos cernes da reprodução cultural e social. Os dois volumes se organizam e formam passos graduais nessa mesma direção, mas não sem especificidades.

O primeiro volume recebe o subtítulo de *Racionalidade da ação e racionalização social,* ao passo que o segundo ganha a composição *Para a crítica da razão funcionalista.* Como esses termos indicam, o primeiro livro tem como meta primeira reconstruir a teoria da ação social e da racionalização a partir de uma ampla interpretação da obra de Max Weber; o segundo, por sua vez, reconstrói as obras de Mead, Durkheim e Parsons para esboçar os potenciais e os limites respectivos da teoria da ação comunicativa e da teoria dos sistemas, combinando-as no conceito dual de sociedade como sistema e mundo da vida.

É digno de nota que o primeiro volume contenha raras menções à principal tese proposta no segundo, isto é, o diagnóstico final sobre as sociedades do capitalismo tardio, segundo o qual suas patologias e seus conflitos se devem a um processo de colonização do mundo da vida por parte dos sistemas dinheiro e poder. Em vez disso, em termos de diagnóstico, o primeiro volume se centra na tese de que o processo de modernização capitalista segue desde o seu início um padrão seletivo que se aproveita dos potenciais da racionalização cultural em favor do crescimento econômico e da acumulação capitalista, do domínio burocrático dos mais diversos âmbitos da vida. A tese da modernização seletiva é retomada no segundo volume, em meio à teoria da colonização sistêmica do mundo da vida, mas desprovida do seu papel-chave anterior.

Seja quais forem as razões dessa diferença de peso ao longo da exposição, temos aqui duas linhas produtivas para reconstituir a especificidade de cada volume. Nesta introdução ao primeiro, tomarei como fio condutor a tese da modernização seletiva e, na do segundo, a tese da colonização sistêmica do mundo da vida.

O eixo da argumentação de Habermas no primeiro volume poderia ser resumida na ideia de que é preciso fazer um diferenciação entre o processo de modernização social por meio do qual se sedimentam os núcleos do capitalismo moderno, de um lado, e a modernidade como processo longo e complexo de racionalização cultural e social, de outro lado. É essa distinção fundamental que está na base da tese da seletividade: o capitalismo se aproveita apenas de um recorte bastante delimitado dos potenciais cognitivos, práticos e estéticos que se tornaram disponíveis com o longo processo de racionalização. A crítica do capitalismo se distingue assim da crítica da modernidade em geral.

Na visão de Habermas, a ausência dessa distinção levou grande parte da Teoria Crítica antecedente (em especial Adorno, Horkheimer e Marcuse) a uma situação aporética, em que modernidade como racionalização e esclarecimento acabava se fundindo imediatamente com a dominação social e, em última instância, com os desdobramentos fascistas do capitalismo tardio. Contudo, de acordo com Habermas, o amálgama compacto de modernidade e capitalismo já poderia ser percebido no teórico da racionalização por excelência. Em Max Weber – essa é a tese de Habermas –, encontraríamos tanto a distinção quanto a fusão de razão e dominação. Em Weber perceberíamos um contraste entre a imagem de uma modernidade complexa, culturalmente diferenciada, e a modernização social apoiada na racionalidade instrumental. Porém, Weber também atribuiria a essa mesma modernidade as tendências de perda de liberdade e perda sentido que caracterizam seu diagnóstico de época.

Para Habermas, a teoria weberiana da racionalização supõe, por um lado, que a modernidade cultural expressa a diferenciação de arte moderna, ciência experimental e moral universalista, cada qual lidando com problemas específicos – questões de gosto, de conhecimento e de justiça, submetidas às suas lógicas intrínsecas. No longo e heterogêneo processo de racionalização cultural, todas essas três esferas puderam se emancipar das imagens religiosas e metafísicas do mundo, desenvolvendo legalidades próprias, sem simultaneidade. Mas Weber entende como racionalização, por outro lado, o processo de modernização social, isto é, o desenvolvimento de dois sistemas cristalizados na organização da empresa capitalista e do aparelho burocrático do Estado, sistemas interligados de modo funcional. Desse modo, a modernização é encarada como a institucionalização das atividades econômicas e administrativas, operadas segundo um padrão de racionalidade com respeito a fins (*Zweckrationalität*) — tal racionalidade se mostraria nos critérios de seleção dos meios adequados para o alcance de fins predeterminados, ou seja, em critérios de eficiência. Além disso, Weber também mostraria como os dois processos se conectam. Na medida em que a racionalização cultural levou à decomposição das imagens religiosas do mundo, ela liberou também, sobretudo com o direito positivo formal, as atitudes típicas necessárias à implementação de uma economia capitalista, baseada na calculabilidade, na previsibilidade, no trabalho formalmente livre, no emprego sistemático de técnica, enfim na empresa metodicamente administrada, bem como da organização burocrática do Estado, orquestrando-se em critérios "racionais" semelhantes.

No seu todo, a racionalização teria para Weber um caráter sumamente paradoxal. Ciência, arte, moral e direito fazem decompor a razão substancial da tradição religiosa ao preço da perda de sentido, nenhuma dessas esferas capaz de recuperar algo como a unidade da razão que a imagem metafísica do mundo instituía. A racionalização social, por sua vez, não significou apenas um domínio mais eficiente sobre a natureza e uma organização mais eficiente da sociedade, antes ela conduziu à "cápsula de aço", à perda de liberdade que a máquina econômica e a máquina burocrática infligem à vida de cada indivíduo. O caráter formal e ao mesmo tempo autonomizado de cada esfera racionalizada, tanto na dimensão cultural como social, seria o traço comum ao diagnóstico da servidão e fragmentação modernas.

No entanto, segundo Habermas, a teoria da racionalização de Weber seria marcada por uma grave inconsistência, pois, para o processo de racionalização das imagens religiosas do mundo que conduziu à diferenciação entre arte, moral e ciência, ela recorreria a um conceito complexo de racionalidade, mas para o processo de racionalização social, o padrão de medida é dado pelo conceito unilateral de racionalidade com respeito a fins. Ou seja, ela teria dado muito pouca atenção ao modo como a modernização social sufocou os ganhos de conhecimento, exigência normativa e radicalidade estética, selecionando aqueles que satisfazem os imperativos capitalistas.

Weber teria acentuado que o racionalismo econômico desencadeado pelo capitalismo se vincularia à racionalização cultural por conta do emprego racional da ciência e da técnica como forças produtivas, e também à racionalização do Estado e do direito, pois se assentaria na administração da justiça e no direito formal. Ele acrescentou ainda um outro elemento determinante: a conduta racional baseada em um modo metódico de vida que surgiu com o protestantismo ascético e se desenvolveu em torno da noção de vocação. De modo geral, o que interessaria a Weber quanto às possibilidades da racionalização cultural é o que favorece a institucionalização da ação racional com respeito a fins, ou, dito de outro modo, o que proporciona o nascimento da sociedade capitalista: a ética protestante que produziu uma cultura da vocação, o direito civil calculável, o aproveitamento técnico do conhecimento científico.

Por sua vez, Habermas insiste em que Weber deu pouca atenção às linhas alternativas da efetivação social das possibilidades inscritas nas estruturas de consciência modernas. Weber repetiria assim na teoria o que o processo social de modernização capitalista de fato realizou: um padrão seletivo das possibilidades reais de configuração racional da vida a partir da ciência experimental, da arte moderna e da moral universalista.

Esse padrão seletivo se mostraria já na racionalização da conduta moral que serve de ponto de partida do desenvolvimento da empresa capitalista. De fato, a ética protestante e seus corolários, modo de vida metódico e ética do trabalho, foram importantes, do ponto de vista motivacional, para o estabelecimento da economia capitalista, uma vez que liberam os agentes econômicos das amarras dos valores tradicionais. No entanto, desde a perspectiva da evolução interna da racionalização, essa ética converge com os imperativos nascentes da economia e, com isso, torna-se antes uma racionalização parcial da ética universalista que se encontra desenvolvida, até certo ponto, nas religiões que baseiam a conduta humana na fraternidade: "a ética protestante [do trabalho] não é de modo algum uma corporificação exemplar da consciência moral que se expressa de início na ética religiosa da fraternidade, mas sim uma corporificação distorcida e mesmo sumamente irracional dela", escreve Habermas. Dessa maneira, a ética protestante é somente uma forma parcial de racionalização prática, adaptada às exigências de uma ética econômica requerida pelo capitalismo. Contudo, a ética protestante, que foi importante como condição de partida para o surgimento e o estabelecimento do "espírito" capitalista, também é soterrada pelo desenvolvimento econômico. A evolução capitalista supera suas condições de partida, desligando-se delas na qualidade de uma dinâmica automática.

A ética universalista é reduzida a uma versão particularista na ética do trabalho, assim como o conhecimento científico é recortado segundo o emprego de tecnologia no âmbito da indústria capitalista. Por seu turno, a racionalidade estético-expressiva, que se institucionaliza na esfera da arte e se manifesta em estilos de vida contraculturais, como a vida boêmia, intelectual e artística, não encontra forças para influir estruturalmente na sociedade apesar da explosividade dos modernismos e das vanguardas.

Portanto, a seletividade redutora da cultura moderna não apontaria para uma racionalização em si paradoxal, em si contraditória, mas antes para uma racionalização parcial, resultante de pressões antagônicas, sobretudo de origem econômica. Daí Habermas insistir em que "Weber falou do caráter *paradoxal*, mas não do caráter *parcial* da racionalização social", ignorando o "padrão seletivo da racionalização capitalista".

No entanto, Habermas soma a essas designações a ideia de "ironia da modernidade". Pois ele reconhece que, de fato, a racionalização cultural ofereceu as condições necessárias para o surgimento da economia capitalista e a organização burocrática do Estado. O aspecto irônico consiste em que a modernização social assim desprendida se voltará de maneira seletiva contra o espaço de possibilidades aberto por essa mesma racionalização cultural.

A compreensão da parcialidade, da seletividade e da ironia da modernização depende da reconstrução do conceito racionalidade e de ação social nas ciências humanas em geral e na sociologia em particular. Para Habermas, a teoria weberiana estreitou as possibilidades de racionalização social, em contraste com a racionalização cultural, porque se limitou a um conceito de ação recortado de acordo com a racionalidade instrumental, com a lógica de meios e fins. Não entra em seu campo de visão que as esferas de valores como a ciência, a arte e a moral, ao se desligarem das imagens religiosas de mundo, passam a depender de procedimentos argumentativos, discursivos, voltados à obtenção de entendimentos sem respaldo dogmático. Na esfera social, a racionalização também implica uma dependência cada vez maior da ação comunicativa para a reprodução das estruturas sociais. Sem os fundamentos religiosos, o convívio humano tem de mobilizar a capacidade da linguagem em criar acordos, entendimentos e negociações, uma capacidade que é intrínseca à linguagem humana.

Desse modo, para Habermas, a racionalização desenvolve o potencial comunicativo da razão ao possibilitar a formação de estruturas modernas de consciência, nas quais se condensam complexos de racionalidade: a cognitivo--instrumental, a prático-moral e a prático-estética. Esses três momentos da razão se autonomizam e criam em esferas culturais apropriadas, e também na esfera social, as condições de um desdobramento da racionalidade comunicativa, pois já não dependem fundamentalmente de visões religiosas e metafísicas do mundo, mas do acúmulo de saber e dos possíveis e instáveis consensos a respeito desse saber. No entanto, a racionalização possibilita também o desenvolvimento da modernização capitalista, o crescimento da economia capitalista e do Estado moderno burocrático, com o qual a esfera cognitivo-instrumental passa a dominar, isto é, tomar o lugar da racionalidade prático-moral e da racionalidade estético-expressiva, estabelecendo um tipo de integração social que rivaliza com a interação mediada pelo entendimento recíproco. Assim, a parcialidade e a seletividade da modernização se expressam no sobrepeso do momento cognitivo-instrumental em detrimento da racionalidade prático-moral e estético-expressiva. Como teria havido um desenvolvimento e uma deformação do potencial comunicativo da razão com a modernização capitalista, a racionalização teria sido essencialmente irônica.

Segundo R. Bernstein, "a tese da seletividade do processo de racionalização é a pretensão sociológica mais importante de Habermas. Falar de 'seletividade' supõe que existem possibilidades alternativas. Todas as diretrizes das reflexões que Habermas faz sobre a modernidade conduzem a essa tese e têm a intenção de aclará-la e apoiá-la". Indo na mesma direção, A. Wellmer vai insistir em que o paradoxo da racionalização não expressaria uma dialética intrínseca desse processo, pois não haveria nele uma unidade dos momentos contraditórios. A racionalização do mundo da vida, ou dito de outro modo, a emergência de estruturas modernas da consciência, baseadas em um tipo de racionalidade pós-tradicional, não implica necessariamente um domínio da racionalidade cognitivo-instrumental, como sustentaram Horkheimer e Adorno. A tese da seletividade se relaciona, antes, com a ideia de uma ambiguidade essencial da modernização. Se é assim, pressupõe-se que, à par da seleção capitalista das possibilidades dadas pela racionalização, persistem na modernidade elementos de racionalidade comunicativa. Destes, Habermas destaca quase sempre os princípios universalistas das constituições e das democracias modernas, o conceito complexo de racionalidade que está na base da diferenciação das esferas de valores e das instituições vinculadas a elas, a luta pelos direitos humanos, os movimentos sociais burgueses e socialistas etc. A dinâmica da sociedade capitalista restringe as possibilidades dadas pela racionalização do mundo da vida. Esta não significa originariamente uma racionalização capitalista. Ao contrário, a modernização capitalista determina um padrão seletivo do potencial racional que vem à luz com a emergência das estruturas de consciência moderna. Essa seleção se configura no domínio das esferas de ação caracterizadas pela racionalidade cognitivo-instrumental.

Portanto, há em Habermas uma substituição da dialética como unidade dos contrários, enquanto lógica interna do processo de racionalização, por uma lógica, por assim dizer, de seletividade, estruturalmente operada pela dinâmica social e econômica sobre a evolução interna da diferenciação das esferas de valores. Com isso, de um ponto de vista analítico, a racionalização e o seu potencial cognitivo, no sentido amplo do termo, podem ser separados da configuração histórica que mais fortemente apresenta as tendências evolutivas de diferenciação interna, mas que também as deforma, ou seja, o racionalismo ocidental. O conceito de reconstrução que Habermas põe em operação com a tese da seletividade se baseia justamente nessa distinção de uma lógica de desenvolvimento e uma dinâmica do desenvolvimento. De um ponto de vista reconstrutivo, a racionalização efetiva abriu espaços lógicos de possibilidades reais, não meramente abstratas, diante de processos de dinâmica factual que impulsionam apenas parte delas, repelindo e congelando outras.

Se é assim, porém, estão dadas as condições teóricas e metodológicas para defender que o projeto histórico de esclarecimento, tal como elaborados pelos filósofos do século XVIII, pode ser retomado com outras bases.

Em um ensaio entitulado "Modernidade – um projeto inacabado", Habermas define da seguinte maneira a ideia de Esclarecimento: "Aquilo que se acrescenta à cultura, mediante elaboração e reflexão, não chega *sem mais* ao domínio da prática do dia-a-dia. Ao contrário, com a racionalização cultural, o mundo da vida, desvalorizado em sua substância tradicional, ameaça *empobrecer*. Ora, o projeto da modernidade, formulado no século XVIII pelos filósofos do Esclarecimento, consiste em desenvolver imperturbavelmente, em suas respectivas especificidades, as ciências objetivantes, os fundamentos universalistas da moral e do direito e a arte autônoma, mas, ao mesmo tempo, consiste também em liberar os potenciais cognitivos assim acumulados de suas elevadas formas esotéricas, aproveitando-os para a prática, ou seja, para uma configuração racional das relações de vida". A modernidade enquanto projeto implica a diferenciação das esferas de valores para o acúmulo reflexivo do saber e o seu emprego prático, apontando, além disso, para o problema acarretado pela especialização, o empobrecimento cultural.

Ao contrário de Weber, Habermas considera que a diferenciação não significa em si perda de sentido. Não haveria nesse processo o germe da destruição do Esclarecimento. Antes, verifica-se que há um palpável empobrecimento cultural do mundo da vida, que afeta grande parte da população das sociedades modernas. Esse resultado é visível mesmo nas relações entre as especialidades, como o desconhecimento por parte do especialista de alguma área do saber e ou de alguma área da divisão do trabalho em relação às demais áreas. Com efeito, um físico pode saber explicar muito bem determinado fenômeno natural, mas é quase certo que os produtos recentes da arte moderna lhe apareçam como um fenômeno cultural sem sentido. E vice-versa. No entanto, para Habermas, a perda de sentido, como consequência do empobrecimento cultural, não tem a ver com a diferenciação em si. Mais uma vez, o problema reside na forma e no equilíbrio da institucionalização das esferas de valores culturais. A diferenciação é necessária para o aumento do saber. Dessa perspectiva, ela significa enriquecimento cultural. Mas, como lhe é necessária a separação das esferas entre si e entre elas e o mundo da vida, é grande o risco de que este venha a se empobrecer, sobretudo se houver "a separação elitista das culturas de experts em relação aos contextos da ação comunicativa cotidiana".

Com a pressuposição da diferenciação das esferas, o projeto moderno pode ser entendido como projeto reflexivo e consciente da racionalização. Modernidade, racionalização, esclarecimento e emancipação ganham em Habermas contornos semelhantes, comentando-se reciprocamente. A *Aufklärung* vincula-se à modernidade na qualidade de projeto. Daí Habermas partir, na *Teoria da ação comunicativa*, de Condorcet para analisar o tema da racionalização com que se depara Weber. O filósofo francês teria pensado o projeto do Esclarecimento como processo histórico de racionalização. O modelo desse projeto é dado pela evolução da ciência moderna. Esta teria uma "função esclarecedora" frente aos poderes da tradição, religiosos, sociais ou políticos. O Estado pode e deve ser reorganizado segundo a razão, ao se eliminarem os preconceitos que garantem a sustentação de um poder em última instância ilegítimo e à medida que ele assumir a forma de uma república, no contexto de uma organização internacional que assegure a paz perpétua e de uma sociedade que garanta o desenvolvimento econômico, o progresso técnico e a eliminação (ou pelo menos a compensação) das desigualdades sociais e das desigualdades de direitos entre os sexos. E a ciência pode influir para isso por meio da opinião pública esclarecida. O progresso científico também garantiria o progresso moral do homem, pressupondo-se que problemas normativos são derivados também de preconceitos sobre a natureza e a ordem social, e a felicidade humana, já que a vida poderia ficar cada vez mais livre da miséria, das doenças e mesmo ser prolongada indefinidamente.

Desse otimismo utópico, que transparece nas primeiras formulações do projeto moderno, não teria restado praticamente nada no século XX. Se, de um modo ou de outro, as esperanças de Condorcet foram frustradas, se houve de fato um aumento de saber indiscutível e se o que se observa no mundo da vida é, antes de mais nada, um empobrecimento cultural em grande parte da população, ainda que com o maior acesso às instituições escolares, o projeto se revelaria incompleto. Mas por que não fracassado? Para Habermas, tal diagnóstico significaria simplesmente abandonar o projeto e ir para as fileiras daqueles que pretendem "enxergar os potenciais cognitivos (na medida que não entram no progresso técnico, no crescimento econômico e na administração racional) como se fossem de tal maneira restritos que uma prática de vida voltada para tradições enfraquecidas permanece intocada por eles". Ou seja, as fileiras dos neoconservadores. Mas esse resultado não seria incômodo apenas do ponto de vista prático. Teoricamente, haveria a pressuposição de que a racionalização cultural moderna conduz necessariamente ao empobrecimento.

No entanto, o empobrecimento cultural tem a ver mais com o relacionamento entre as esferas institucionalizadas e o mundo da vida. Dessa perspectiva, coloca-se a questão de saber a mediação adequada entre a cultura de especialistas e a prática cotidiana do mundo da vida. Não é só a retenção do potencial cognitivo desenvolvido nas culturas de especialistas que é problemático. Pode ter efeitos nefastos a passagem brusca, para a práxis cotidiana, de cada saber elaborado de forma unilateral, levando à estetização, à cientificização ou à moralização de domínios particulares da vida.

O modelo de uma forma de racionalização equilibrada e não seletiva apresenta, para Habermas, as seguintes exigências: "o potencial cognitivo desenvolvido por culturas de experts precisa ser transmitido até a práxis comunicativa cotidiana, tornando-se fecundo para os sistemas sociais de ação; enfim, as esferas de valor culturais precisam ser institucionalizadas com equilíbrio de sorte que as ordens de vida correspondentes a elas sejam suficientemente autônomas para não ser subordinadas às legalidades intrínsecas de ordens de vida heterogêneas. Um padrão seletivo de racionalização surge quando (pelo menos) um dos três componentes constitutivos da tradição cultural não é elaborado sistematicamente, ou quando (pelo menos) uma esfera de valor cultural é insuficientemente institucionalizada, isto é, sem um efeito estruturante para a sociedade em seu todo, ou quando (pelo menos) uma esfera de vida prepondera a tal ponto que ela submete as demais ordens de vida a uma forma de racionalidade que lhes é estranha."

Conclui-se daí que o projeto moderno significa fundamentalmente promover uma racionalização não seletiva, pois ele incorpora todas aquelas exigências. Não basta, para isso, encontrar o melhor meio de mediar a cultura dos especialistas e o grande público. "Um reatamento diferenciado entre a cultura moderna e uma prática do dia a dia dependente de legados vitais, mas empobrecida pelo mero tradicionalismo, certamente só será alcançada se *também* a modernização social puder ser dirigida por *outras* vias não capitalistas".

Vê-se, portanto, que a tese da seletividade tem uma relação íntima com a ideia de incompletude do projeto moderno. Com a tese da seletividade, o projeto poderia ser separado de suas configurações históricas imediatas, com as quais nunca se identificaria por inteiro, e restabelecido nas premissas amplas da racionalização do mundo da vida. Sem a perspectiva dada pela tese da seletividade, não se poderia explicar a compreensão cognitivista, cientificizante, do projeto moderno e ao mesmo tempo sua suplantação por meio de uma reinterpretação assentada em uma racionalidade complexa, em que o momento cognitivo-instrumental tem que ceder aos momentos estético-expressivo e prático-moral. Se o projeto não puder ser separado de alguma maneira de sua realização efetiva, o potencial racional da modernidade — e com ele suas projeções utópicas sobre uma vida emancipada — não poderia ser diferenciado da modernização capitalista enquanto tal. A partir da tese da seletividade, a modernização capitalista pode ser concebida como racionalização parcial. Mais: não há, como haveria em Weber, uma lógica inexorável que leve a uma dialética do esclarecimento culminando na perda de sentido e de liberdade.

E o mesmo se aplica, de um modo ou de outro, a todas as críticas da modernidade que não são atentas suficientemente à tese da seletividade, às possibilidades reais de uma configuração emancipada da vida, uma vez que elas se prendem a uma identidade de princípio entre razão e dominação. No contexto dos anos 1980, Habermas tinha em vista sobretudo os impasses da própria Teoria Crítica que o antecede, mas também o pós-estruturalismo francês, com todos os seus vasos de comunicação com o neoconservadorismo alemão e norte-americano. Contudo, a tentativa habermasiana de resgatar o projeto moderno do Esclarecimento com os meios da teoria da ação comunicativa e, com isso, o tipo de explicação dos limites históricos desse projeto podem certamente ganhar um novo interesse no contexto dos anos 2020. Depois de décadas, as críticas radicais ao Esclarecimento por parte da esquerda, geralmente identificando razão e poder, têm de enfrentar as consequências drásticas da negação radical do Esclarecimento por parte da extrema-direita. Pois não somente os governos reacionários, mas também parcelas volumosas das populações põem sob suspeita a ciência, a intelectualidade, as universidades, a imprensa, os direitos fundamentais, a democracia, atacando ao mesmo tempo o feminismo, o antirracismo, as comunidades LGBTQIA+, e tudo mais que cheire a socialismo.

Na medida em que Habermas desarma a identificação entre razão e poder, sem deixar de explicar como a racionalização se ajusta aos imperativos da modernização capitalista, o conceito "reconstrutivo" de Esclarecimento pode servir de orientação normativa também nestes tempos sombrios.

Para Ute Habermas-Wesselhoeft

Prefácio para a terceira edição

A preparação de uma nova edição do livro ocorre em uma hora na qual começa a ter andamento uma recepção séria. As primeiras reações de indisposição e incompreensão esmoreceram; também na esfera pública especializada a polêmica[1] e os reflexos mais defensivos[2] vão cedendo à divergência objetiva.[3] Na crítica realizada até agora se delineiam frentes que, dado o contexto contemporâneo, não podem surpreender. A filosofia da consciência é defendida contra a introdução da mudança de paradigma, em particular o conceito fenomenológico de mundo da vida é defendido contra a

---

1 Breuer, "Die Depotenzierung der kritischen Theorie. Über Jürgen Habermas', *Theorie des kommunikativen Handelns'*", *Leviathan*, v.10, n.1, p.133ss., 1982; Vollrath, "Jürgen Habermas's fundamentalistischer Fehlschluss", *Der Staat*, v.22, n.3, p.406ss., 1983.
2 Bubner, "Rationalität und Lebensform", em *Handlung, Sprache und Vernunft*, p.295ss.; Luhmann, "Autopoiesis, Handlung und kommunikative Verständigung", *Zeitschrift für Soziologie*, v.11, n.4, p.366ss., 1982; Münch, "Von der Rationalisierung zur Verdinglichung der Lebenswelt?", *Soziologische Revue*, v.5, p.390ss., 1982.
3 Brunkhorst, "Paradigmakern und Theoriedynamik der kritischen Theorie der Gesellschaft", *Soziale Welt*, v.34, n.1, p.22ss., 1983; id., "Kommunikative Vernunft und rächende Gewalt", *Sozialwissenschaftliche Literaturrundschau*, v.8-9, p.7ss., 1983; Giddens, "Reason without Revolution?", *Praxis International*, v.2, n.3, p.318ss., 1982; Misgeld, "Critical Theory and Sociological Theory", *Phil. Soc. Sci.*, v.14, p.97ss., 1984; Nørager et al. (orgs.), "Normativiteten hos Habermas", em *Det Moderne*, p.68ss.; Ramussen, "Communicative Action and Philosophy", *Philosophy and Social Criticism*, v.9, n.1, p.1ss., 1982; Thompson, Reading and Understanding. *Times Literary Supplement*, 8 abr. 1983. Wellmer, "Reason, Utopia and the Dialectic of Enlightenment", em Bernstein (org.), *Habermas and Modernity*, p.83ss.

tentativa de uma reformulação a partir da teoria da comunicação.[4] Richard Rorty levanta dúvidas contra a pretensão universalista à qual tem de ater-se uma reconstrução do conceito de razão tomado no sentido da racionalidade comunicativa, apesar da renúncia ao fundamentalismo que caracteriza a fundamentação da filosofia transcendental tradicional.[5] Contra o conceito procedimental de racionalidade, Th. McCarthy reivindica uma parcela da herança hegeliana, não se dando por satisfeito com a separação da razão em diversos complexos de racionalidade e nos aspectos de validade correspondentes.[6] É nesse contexto que se encontra também a crítica renovada ao formalismo ético, isto é, a defesa da eticidade contra a mera moralidade.[7] H. Schnädelbach propugna por um uso descritivo do conceito de racionalidade, contestando as implicações normativas da compreensão de sentido que procuro fundamentar partindo do nexo interno entre significado e validade.[8]

Até onde posso ver, trata-se nesses casos de objeções que mais me desafiam a precisar e desenvolver minhas teses do que a corrigir erros.[9] Por isso, a nova edição aparece sem alterações; aproveitei apenas dois reparos efetuados para a edição norte-americana (v.I, p.370 e 426) e completei algumas indicações bibliográficas.

Gostaria de mencionar ao menos duas objeções especiais que me parecem justificadas. J. Berger[10] me chama a atenção, no contexto da tese da coloni-

---

4 Matthiessen, *Das Dickicht der Lebenswelt und die Theorie des kommmunikativen Handelns*.
5 Rorty, "Habermas and Lyotard on Postmodernity", *Praxis International*, v.4, n.1, p.32ss., abr. 1984.
6 McCarthy, "Rationality and Relativism", em Thompson; Held (orgs.), *Habermas: Critical Debates*, p.57ss.; id., "Reflections on Rationalization in the Theory of Communicative Action", *Praxis International*, v.4, n.2, p.177, 1984.
7 Bubner, "Rationalität, Lebensform und Geschichte", em Schnädelbach, *Rationalität*, p.198ss.; a respeito disso, cf. Habermas, "Über Moralität und Sittlichkeit", em Schnädelbach, op. cit., p.218ss.
8 Schnädelbach, "Transformation der kritischen Theorie", *Philosophische Rundschau*, v.29, n.3-4, p.161-78, 1982.
9 Nesse meio-tempo, desenvolvi mais amplamente a teoria discursiva da ética. Em Habermas, *Moralbewußtsein und kommunikatives Handeln*.
10 Berger, "Die Versprachlichung des Sakralen und die Entsprachlichung der Ökonomie", *Zeitschrift für Soziologie*, v.11, n.4, p.353ss., 1982.

zação, para uma unilateralidade desnecessária. Fenômenos que hoje atraem para si a atenção do diagnosticador da época não podem de modo algum ser explicados recorrendo somente a perturbações sistemicamente induzidas nos mundos da vida que foram comunicativamente racionalizados; pelo contrário, os imperativos do mundo da vida desencadeiam, por sua vez, bloqueios no interior de um sistema econômico capitalista orientado para a neutralização dos entornos. Devido ao objetivo de reformular o conceito marxiano de abstração real de maneira conveniente, acabei me fixando demais, nas reflexões ligadas ao diagnóstico de época, a um único ângulo de visão e, por isso, não esgotei o potencial analítico da abordagem desenvolvida aqui.

E. Skjei[11] apontou-me uma dificuldade na análise de imperativos simples (v.1, p.403-4). Para entender uma ação de exigência "Ip", não basta conhecer as condições de preenchimento de "p", isto é, saber o que o destinatário deve fazer ou deixar de fazer. O ouvinte entende o sentido ilocucionário da exigência somente quando sabe que para o falante é possível nutrir a expectativa de poder impor ao ouvinte a sua vontade. Ele tem de reconhecer que o falante vincula à sua exigência uma pretensão de poder que consegue apoiar em um potencial de sanção disponível. Por conta disso, faz parte das condições de aceitabilidade de uma manifestação factual da vontade, ao lado das condições de preenchimento, também as condições de sanção. Estas não resultam, no entanto, do conteúdo semântico do próprio ato ilocucionário; um potencial de sanção está associado a um ato de fala de maneira sempre contingente ou externa. Essa circunstância me levara a supor que esses imperativos simples deveriam ser tratados de maneira análoga às perlocuções (v.1, p.439). Mas, nesse caso, atos ilocucionários, entre os quais constam sem dúvida os imperativos, deveriam poder ser inseridos em contextos de ação estratégica, e isso levaria a uma consequência paradoxal: na execução de tais imperativos, o falante deveria poder agir simultaneamente, *no mesmo aspecto*, orientado ao entendimento e orientado ao êxito. Em minha resposta a Skjei, sugeri o caminho pelo qual gostaria de enfrentar essa dificuldade.[12]

---

11 O artigo de Skjei e minha resposta a ele aparecem em *Inquiry*, v.28, n.1-4, p.87-113, 1985.

12 Sem dúvida, é correto que, com imperativos simples, um efeito de vínculo coordenador da ação é obtido através de uma pretensão de poder e não de uma pretensão

Seguindo uma proposta de Klaus Schüller, integro ao índice um quadro sinótico mais detalhado, que se destina a facilitar a orientação dos leitores.* Para o mesmo fim servem os *Estudos prévios e complementos para a teoria da ação comunicativa*, publicados nesse meio-tempo.

Frankfurt, maio de 1984.
J. H.

Referências bibliográficas

BERGER, Johannes. Die Versprachlichung des Sakralen und die Entsprachlichung der Ökonomie. *Zeitschrift für Soziologie*, v.11, n.4, p.353-65, 1982.

BREUER, Stefan. Die Depotenzierung der kritischen Theorie. Über Jürgen Habermas', *Theorie des kommunikativen Handelns*. *Leviathan*, v.10, n.1, p.132-46, 1982.

BRUNKHORST, von Hauke. Kommunikative Vernunft und rächende Gewalt. *Sozialwissenschaftliche Literaturrundschau*, v.8-9, p.7-34, 1983.

_____. Paradigmakern und Theoriedynamik der kritischen Theorie der Gesellschaft. *Soziale Welt*, v.34, n.1, p.22-56, 1983.

---

de validade; mas era falso analisar o funcionamento dessa pretensão de poder segundo o modelo da influenciação sobre um oponente. Apenas em *casos-limite* uma manifestação de vontade imperativa encontra obediência unicamente em razão da submissão crua ao poder de sanções cominadas. No caso normal, imperativos simples funcionam inteiramente *no quadro* da ação comunicativa, visto que a posição de poder, sobre a qual o falante apoia a pretensão levantada com seu imperativo, é reconhecida pelos destinatários – é reconhecida mesmo quando essa posição se apoia em poder factualmente convertido em hábito, em todo caso, não expressamente em autoridade normativa. Eu quero tornar plausível, portanto, que a delimitação nítida entre imperativos normativamente autorizados e imperativos simples não pode ser mantida, que, pelo contrário, existe um contínuo entre o poder convertido em hábito de maneira meramente factual e o poder metamorfoseado em autoridade normativa. Pois, nesse caso, *todos* os imperativos aos quais atribuímos uma força ilocucionária podem ser analisados segundo o padrão de exigências normativamente autorizadas. O que tomei erroneamente por uma diferença categorial se reduz, dessa perspectiva, a uma diferença gradual.

* Para facilitar a compreensão dos passos da exposição habermasiana, a presente tradução adota os itens desse índice mais detalhado também no corpo do livro. (N. T.)

BUBNER, Rationalität, Lebensform und Geschichte. In: SCHNÄDELBACH, Herbert. *Rationalität*. Frankfurt: Suhrkamp, 1984.

_____. Rationalität und Lebensform. Zu J. Habermas *Theorie des kommunikativen Handelns*. In: *Handlung, Sprache und Vernunft*. Frankfurt: Suhrkamp, 1976.

GIDDENS, Anthony. Reason without Revolution? Habermas's *Theorie des Kommunikativen Handelns*. *Praxis International*, v.2, n.3, p.318-38, 1982.

HABERMAS, Jürgen. II. Reply to Skjei. *Inquiry*, v.28, n.1-4, p.105-13, 1985.

_____. Über Moralität und Sittlichkeit. In: SCHNÄDELBACH, Herbert. *Rationalität*. Frankfurt: Suhrkamp, 1984.

_____. *Moralbewußtsein und kommunikatives Handeln*. Frankfurt: Surhkamp, 1983.

LUHMANN, Niklas. Autopoiesis, Handlung und kommunikative Verständigung. *Zeitschrift für Soziologie*, v.11, n.4, p.366-79, 1982.

MATTHIESSEN, Ulf. *Das Dickicht der Lebenswelt und die Theorie des kommmunikativen Handelns*. Munique: Fink, 1985.

MCCARTHY, Thomas. Reflections on Rationalization in the Theory of Communicative Action. *Praxis International*, v.4, n.2, p.177-91, 1984.

_____. Rationality and Relativism: Habermas' "overcoming" of Hermeneutics. In: THOMPSON, John B.; HELD, David (Orgs.). *Habermas*: Critical Debates. Cambridge: MIT Press, 1982.

MISGELD, Dieter. Critical Theory and Sociological Theory. *Phil. Soc. Sci.*, v.14, p.97-105, 1984.

MÜNCH, Richard. Von der Rationalisierung zur Verdinglichung der Lebenswelt? *Soziologische Revue*, v.5, p.390-7, 1982.

NØRAGER, Troels et al. (Orgs.). Normativiteten hos Habermas. In: *Det Moderne*: bog om Jürgen Habermas. Arhus: Modtryk, 1983.

RAMUSSEN, David M. Communicative Action and Philosophy: Reflections on Habermas *Theorie des Kommunikativen Handelns*. *Philosophy and Social Criticism*, v.9, n.1, p.1-28, 1982.

RORTY, Richard. Habermas and Lyotard on Postmodernity. *Praxis International*, v.4, n.1, p.32-44, abr. 1984.

SCHNÄDELBACH, Herbert. Transformation der kritischen Theorie. *Philosophische Rundschau*, v.29, n.3-4, p.161-78, 1982.

SKJEI, Erling. I. A Comment on Performative, Subject, and Proposition in Haberma's Theory of Communication. *Inquiry*, v.28, n.1-4, p.87-105, 1985.

THOMPSON, Reading and Understanding. *Times Literary Supplement*, 8 abr. 1983.

VOLLRATH, von Ernst. Jürgen Habermas' fundamentalistischer Fehlschluss. *Der Staat*, v.22, n.3, p.406-14, 1983.

WELLMER, Albrecht. Reason, Utopia and the Dialectic of Enlightenment. In: BERNSTEIN, R. M. (Org.). *Habermas and Modernity*. Cambridge: MIT Press, 1985.

Prefácio para a primeira edição

No prefácio de *Sobre lógica das ciências sociais*, há pouco mais de uma década, coloquei em perspectiva uma teoria da ação comunicativa.* Nesse meio-tempo, o interesse metodológico que então havia vinculado a uma "fundamentação das ciências sociais no âmbito da teoria da linguagem" passou a dar lugar a um interesse substancial. A teoria da ação comunicativa não é uma metateoria, é o começo de uma teoria social que se esforça por comprovar os critérios de sua crítica. Eu não entendo a análise das estruturas universais da ação orientada ao entendimento como continuidade da teoria do conhecimento com outros meios. Assim, a teoria da ação que T. Parsons desenvolveu em 1937, em *A estrutura da ação social*, foi certamente um modelo, com seu vínculo entre reconstrução da história da teoria e análise conceitual; ao mesmo tempo, porém, por causa de sua orientação metodológica, ela também me induziu ao erro. A formação de conceitos fundamentais e a resposta a questões substanciais constituem, bem hegelianamente, um nexo indissolúvel.

A expectativa inicialmente nutrida de que bastaria reelaborar as *Christian Gauss Lectures*, proferidas na Universidade de Princeton em 1971, revelou-se

---

* "Ação comunicativa" traduz aqui, incluindo o título da obra, "kommunikatives Handeln", literalmente "agir comunicativo". A opção pelo substantivo "ação" segue a tradição filosófica e sociológica brasileira de se referir às diversas "teorias da ação", no que se destacam as designações dadas às categorias weberianas de ação – ou seja: o verbo substantivado *Handeln*. Observe-se ainda que Habermas alterna indistintamente "Handeln" com o substantivo "Handlung" ao longo dos dois volumes. (N. T.)

falsa. Quanto mais fundo avançava na teoria da ação, na teoria do significado, na teoria dos atos de fala e em domínios semelhantes da filosofia analítica, tanto mais perdia de vista, para além dos detalhes, o objetivo do empreendimento inteiro. Quanto mais buscava satisfazer as pretensões de explicação do filósofo, tanto mais me distanciava do interesse do sociólogo, que perguntaria para que, afinal, iriam servir as análises conceituais. Eu tinha dificuldades em encontrar o nível correto da exposição para o que queria dizer. Ora, problemas de exposição, como sabemos desde Hegel e Marx,[1] não são exteriores aos problemas de conteúdo. Nessa situação, foi importante o conselho de Thomas A. McCarthy, que me encorajou a começar novamente.

O livro, tal como existe agora, eu o escrevi durante os últimos quatro anos, interrompidos apenas para um semestre como professor visitante nos Estados Unidos. Desenvolvo o conceito fundamental de ação comunicativa na Primeira Consideração Intermediária. Ele abre o acesso a três complexos temáticos que se cruzam entre si: primeiramente, trata-se de um conceito de racionalidade comunicativa que é desenvolvido de maneira suficientemente cética e, no entanto, resiste às reduções cognitivo-instrumentais da razão; em seguida, de um conceito de sociedade em dois níveis, o qual associa os paradigmas "mundo da vida" e "sistema" de um modo não apenas retórico; e, finalmente, de uma teoria da modernidade que explica o tipo das patologias sociais, que sobressaem hoje de forma cada vez mais visível, com a suposição de que os âmbitos da vida comunicativamente estruturados são submetidos aos imperativos dos sistemas de ação autonomizados, formalmente organizados. A teoria da ação comunicativa deve possibilitar, portanto, um quadro categorial do contexto social de vida que é talhado para os paradoxos da modernidade.

A introdução fundamenta a tese segundo a qual a problemática da racionalidade não é trazida de fora à sociologia. Para *toda* sociologia com a pretensão de ser teoria social, coloca-se em três níveis o problema do emprego de um conceito de racionalidade (sempre normativamente carregado). Ela não pode esquivar-se nem à questão metateórica sobre as implicações de seus conceitos cardeais, relativas à racionalidade, nem à questão metodo-

---

[1] Theunissen, *Sein und Schein*.

lógica sobre as implicações ligadas à racionalidade que possui o acesso ao âmbito dos objetos por meio da compreensão do sentido, nem finalmente à questão empírica e teórica sobre em que sentido a modernização das sociedades pode ser descrita como racionalização.

A apropriação sistemática da história da teoria ajudou-me a encontrar o eixo de integração no qual as intenções filosóficas desdobradas de Kant até Marx podem se tornar fecundas hoje em termos científicos. Trato Weber, Mead, Durkheim e Parsons como clássicos, isto é, como teóricos sociais que têm ainda algo a nos dizer. Os excursos entremeados nos capítulos dedicados a esses autores, como também a Introdução e as duas considerações intermediárias, dedicam-se às questões sistemáticas. A Consideração Final reúne então as investigações de história da teoria e as sistemáticas. Ela tornará plausível, de um lado, a interpretação proposta da modernidade recorrendo às tendências de juridificação e, de outro lado, precisará as tarefas que hoje se colocam a uma teoria crítica da sociedade.

Uma tal investigação, que emprega o conceito de razão comunicativa sem ruborizar, expõe-se hoje à suspeita de cair nas ciladas de uma abordagem fundamentalista. Mas as supostas semelhanças da abordagem da pragmática formal com a filosofia transcendental clássica levam a uma pista falsa. Aos leitores que nutrem essa desconfiança recomendo ler em primeiro lugar a seção final.[2] Não poderíamos nos certificar da estrutura racional interna da ação orientada ao entendimento se não tivéssemos diante de nós, certamente de modo apenas fragmentário e distorcido, as formas existentes de uma razão dependente de corporificação simbólica e de situação histórica.[3]

O motivo ligado à história contemporânea está ao alcance da mão. As sociedades ocidentais se aproximam, desde o fim dos anos 1960, de um estado em que a herança do racionalismo ocidental deixa de ser inconteste. A estabilização das condições internas, alcançada com base no compromisso em torno do Estado de bem-estar social (e talvez de modo particularmente impressionante na República Federal da Alemanha), requer agora custos psicossociais e culturais crescentes; também se toma consciência mais for-

---

2 Cf. v.II, p.461ss.
3 Sobre a relação entre verdade e história, cf. Castoriadis, *Durchs Labyrinth*, p.16-7.

temente da labilidade, transitoriamente recalcada, mas jamais vencida, nas relações entre as superpotências. Na assimilação teórica desses fenômenos está em jogo a substância das tradições e inspirações ocidentais.

Os neoconservadores gostariam de ater-se a todo preço ao padrão capitalista da modernização econômica e social. Eles dão prioridade ao crescimento econômico nutrido e também estrangulado cada vez mais pelo compromisso do Estado de bem-estar social. Contra as consequências colaterais desse crescimento, eles buscam refúgio em tradições desenraizadas, mas retoricamente invocadas, de uma cultura pequeno-burguesa. É difícil discernir como uma retransferência dos problemas que, desde o final do século XIX, foram deslocados, por boas razões, do mercado para o Estado, ou seja, como o empurra-empurra dos problemas entre os *media* poder e dinheiro iria resultar em uma nova ascensão. Ainda menos plausível é a tentativa de renovar, partindo de uma consciência esclarecida em termos historicistas, o estofo das tradições que a modernização capitalista consumiu. À apologética neoconservadora responde uma crítica do crescimento, às vezes em tom antimodernista, que se dirige tanto contra a supercomplexidade dos sistemas de ação econômicos e administrativos quanto contra a corrida armamentista que se tornou autônoma. Experiências com a colonização do mundo da vida, que o outro lado gostaria de amortecer e abafar nos moldes do tradicionalismo, conduzem, deste lado, à oposição radical. No entanto, onde essa oposição se intensifica, convertendo-se na exigência de desdiferenciação a todo preço, perde-se por sua vez uma distinção importante. A restrição do crescimento da complexidade monetária e administrativa não é de modo algum sinônima do abandono de formas de vida modernas. Nos mundos da vida estruturalmente diferenciados, exprime-se um potencial de razão que não pode ser colocado sob o conceito de aumento de complexidade sistêmica.

Essa observação concerne, no entanto, apenas ao pano de fundo motivacional,[4] não ao tema propriamente dito. Escrevi este livro para aqueles que têm um interesse especializado pelos fundamentos da teoria da sociedade.

---

4 Cf. minha conversa com A. Honneth, E. Knödler-Bunte e A. Widmann, em *Ästhetik und Kommunikation*, n.45-46, 1981 [publicada em Habermas, *A nova obscuridade*. (N. T.)].

As citações de publicações em língua inglesa para quais não há traduções são reproduzidas no original. De forma louvável, Max Looser cuidou da tradução das citações em francês.

Meu primeiro agradecimento se dirige a Inge Pethran, que estabeleceu as diversas versões do manuscrito e o índice bibliográfico; no entanto, trata-se apenas de um elo na cadeia de uma cooperação estreita de dez anos, sem a qual teria ficado desamparado. Sou grato, além disso, a Ursula Hering, prestimosa no fornecimento da literatura, assim como a Friedhelm Herborth, da editora Suhrkamp.

O livro se apoia, entre outras coisas, nas preleções que proferi na Universidade de Frankfurt, na Universidade da Pennsylvania, Filadéfia, e na Universidade da Califórnia, Berkeley. Sou grato a meus estudantes pelas discussões estimulantes, tanto quanto a colegas desses locais, sobretudo a Karl-Otto Apel, Dick Bernstein e John Searle.

Se à minha exposição aderem, como espero, traços fortemente discursivos, reflete-se aí somente o meio argumentativo de nosso âmbito de trabalho no Instituto de Starnberg. Nos colóquios de quinta-feira, dos quais participaram Manfred Auwärter, Wolfgang Bonß, Rainer Döbert, Klaus Eder, Günter Frankenberg, Edit Kirsch, Sigrid Meuschel, Max Miller, Gertrud Nunner-Winkler, Ulrich Rödel e Ernst Tugendhat, diversas partes do manuscrito foram discutidas de uma maneira fértil para mim; sou grato a Ernst Tugendhat, fora isso, por uma grande quantidade de anotações. Foram instrutivas, além do mais, as conversas com colegas que – como Johann Paul Arnasson, Sheila Benhabib, Mark Gould e Thomas A. McCarthy – tiveram uma longa estadia no Instituto ou que o visitaram regularmente – como Aaron Cicourel, Helmut Dubiel, Lawrence Kohlberg, Claus Offe, Ulrich Oevermann, Charles Taylor e Albrecht Wellmer.

J. H.
Instituto Max Planck de Ciências Sociais
Starnberg, agosto de 1981.

I
Introdução:
Acessos à problemática da racionalidade

Reflexão preliminar:
o conceito de racionalidade na sociologia

A racionalidade de opiniões e ações é um tema que costumeiramente é tratado na filosofia. Pode-se dizer até mesmo que o pensamento filosófico nasce da reflexivização da razão corporificada no conhecimento, na fala e na ação. O tema filosófico fundamental é a razão.[1] A filosofia se esforça desde os seus começos em explicar o mundo em seu todo, a unidade na multiplicidade dos fenômenos, com princípios encontráveis na razão — e não na comunicação com uma divindade situada além do mundo, nem sequer, a rigor, no recuo ao fundamento de um cosmo que abrangesse a natureza e a sociedade. O pensamento grego não visava a uma teologia nem a uma cosmologia ética no sentido das grandes religiões universais, mas a uma ontologia. Se às doutrinas filosóficas há algo em comum, é a intenção de pensar o ser ou a unidade do mundo pelo caminho de uma explicação das experiências da razão no trato consigo mesma.

Ao falar assim, sirvo-me da linguagem da filosofia moderna. Mas a tradição filosófica, na medida em que sugere a possibilidade de uma imagem filosófica de mundo, torna-se questionável.[2] Hoje a filosofia já não pode mais se referir ao todo do mundo, da natureza, da história e da sociedade no sentido de um saber totalizante. Os sucedâneos teóricos das imagens de mundo não

---

[1] Snell, *Die Entdeckung des Geistes*; Gadamer, "Platon und die Vorsokratiker", em *Kleine Schriften*, v.III, p.14ss.; id., "Mythos und Vernunft", em *Kleine Schriften*, v.IV, p.48ss.; Schadewaldt, *Die Anfänge der Philosophie bei den Griechen*.

[2] Habermas, "Wozu noch Philosophie?", em *Philosophisch-politische Profile*, 15ss.

foram desvalorizados somente pelo progresso factual das ciências empíricas, mas ainda mais pela consciência reflexiva que acompanhou esse progresso. Com essa consciência, o pensamento filosófico recua de maneira autocrítica para trás de si mesmo; com a questão sobre o que seria capaz de operar com suas competências reflexivas *no quadro* das convenções científicas, transforma-se em metafilosofia.[3] Com isso, o tema se altera e, no entanto, permanece o mesmo. Na filosofia contemporânea, onde quer que se tenha constituído uma argumentação mais coerente em torno de núcleos temáticos mais constantes, seja na lógica ou na teoria da ciência, seja na teoria da linguagem e na teoria do significado, seja na ética e na teoria da ação, até mesmo na estética, o interesse se dirige às condições formais da racionalidade do conhecimento, do entendimento linguístico e da ação, seja no cotidiano ou no plano das experiências metodicamente organizadas e dos discursos sistematicamente organizados. A teoria da argumentação passa a ganhar com isso uma importância especial, visto que ela possui a tarefa de reconstruir os pressupostos e as condições pragmático-formais de um comportamento explicitamente racional.

Mas, se esse diagnóstico não aponta em uma falsa direção, se é correto que a filosofia, em suas correntes pós-metafísicas e pós-hegelianas, aspira ao ponto convergente de uma *teoria da racionalidade*, como é então que a sociologia poderia reivindicar competências para a problemática em torno da racionalidade?

Parece que o pensamento filosófico que abandona sua referência à totalidade acaba perdendo também sua autossuficiência. Ao objetivo de uma análise formal das condições da racionalidade não podem se vincular nem as esperanças ontológicas depositadas em teorias materialmente substantivas da natureza, da história, da sociedade etc., nem as esperanças que a filosofia transcendental deposita em uma reconstrução *a priori* do aparato de um sujeito genérico não empírico, de uma consciência em geral. Todas as tentativas de fundamentação última, nas quais continuam em vida as intenções da filosofia primeira, fracassaram.[4] Nessa situação, abre-se o caminho para

---

3 Rorty (org.), *The Linguistic Turn*; id., *Philosophy and the Mirror of Nature*.
4 Sobre a crítica da filosofia primeira, cf. Adorno, "Zur Metakritik der Erkenntnistheorie", em *Gesammelte Schriften*, v.5; e contrariamente: Apel, "Das Problem der

uma nova constelação na relação entre filosofia e ciências. Como se mostra no exemplo da teoria e da história da ciência, a explicação formal das condições de racionalidade e a análise da corporificação e do desenvolvimento histórico de estruturas de racionalidade enlaçam-se entre si de maneira peculiar. As teorias das ciências empíricas modernas, orientadas para a linha seja do empirismo lógico, seja do racionalismo crítico ou do construtivismo metodológico, colocam uma pretensão normativa e ao mesmo tempo universalista que não é mais abrigada com suposições fundamentalistas de tipo ontológico ou filosófico-transcendental. A pretensão delas somente pode ser testada pela evidência de contraexemplos e, por fim, apoiada pelo fato de que a teoria reconstrutiva se revela capaz de ressaltar os aspectos internos da história da ciência e, em vínculo com análises empíricas, explicar sistematicamente, no contexto dos desenvolvimentos sociais, a história factual da ciência que é documentada em narrativas.[5] O que se aplica a um construto de racionalidade cognitiva tão complexo como a ciência concerne também a outras figuras do espírito objetivo, isto é, às corporificações seja da racionalidade cognitiva e instrumental, seja da prático-moral, seja talvez até mesmo da prático-estética.

No entanto, as investigações com uma orientação empírica dessa espécie precisam estar categorialmente dispostas de tal modo que possam se juntar às reconstruções racionais de nexos de sentido e de soluções de problemas.[6] A psicologia do desenvolvimento cognitivista oferece um exemplo para tanto. Na tradição de Piaget, o desenvolvimento cognitivo em sentido estrito, assim como o cognitivo-social e o moral, é conceitualizado exemplarmen-

---

philosophischen Letztbegründung im Lichte einer transzendentalen Sprachpragmatik", em Kanitscheider (org.), *Sprache und Erkenntnis*, p.55ss.

5 Cf. a discussão que se seguiu ao livro de Kuhn, *A estrutura das revoluções científicas*; sobretudo Lakatos; Musgrave, *Criticism and the Growth of Knowledge*; Diederich (org.), *Beiträge zur diachronischen Wissenschaftstheorie*; Bubner, "Dialektische Elemente einer Forschungslogik", em *Dialektik und Wissenschaft*, p.129ss.; Kuhn, *Die Entstehung des Neuen*.

6 Oevermann, "Programmatische Überlegungen zu einer Theorie der Bildungsprozesse und einer Strategie der Sozializationsforschung", em Hurrelmann (org.), *Sozialisation und Lebenslauf*, p.34ss.

te na qualidade de uma sequência internamente reconstruível de etapas de competência.[7] Se, em contrapartida, como na teoria do comportamento, as pretensões de validade pelas quais se avaliam as soluções de problemas, as orientações racionais da ação, os níveis de aprendizagem etc., são reinterpretadas e redefinidas de um ponto vista empirista, os processos de corporificação de estruturas de racionalidade não podem ser interpretados em sentido estrito a título de processos de aprendizagem, mas, quando muito, como um aumento de capacidades de adaptação.

Ora, no interior das ciências sociais, é a sociologia a que primeiramente se liga em seus conceitos básicos à problemática da racionalidade. Como mostra a comparação com outras disciplinas, esse vínculo tem razões objetivas e ligadas à história da ciência. Consideremos, em primeiro lugar, a *ciência política*. Ela precisou se emancipar do direito natural racional. Também o direito natural moderno continuava a partir da concepção, própria da velha Europa, segundo a qual a sociedade se apresentava como uma coletividade politicamente constituída e integrada por meio de normas jurídicas. Os novos conceitos do direito formal civil ofereciam, no entanto, a possibilidade de proceder construtivamente, projetando a ordem jurídico-política como um mecanismo racional a partir de pontos de vistas normativos.[8] É disso que uma ciência política com orientação empírica precisava se desligar radicalmente. Ela se ocupa com a política considerando-a um sistema social parcial e se desonera da tarefa de conceber a sociedade em seu todo. Em reação ao normativismo do direito natural, ela exclui da consideração científica as questões prático-morais sobre a legitimidade, ou as trata como questões empíricas de uma *crença* na legitimidade que deve ser apreendida de maneira descritiva em cada caso. Com isso, ela demole as pontes que levam à problemática da racionalidade.

É diferente o que se passa com a *economia política*, que no século XVIII entrou em concorrência com o direito natural racional, ressaltando a independência de um sistema de ação mantido coeso por meio de funções, e

---

7 Döbert; Habermas; Nunner-Winkler (orgs.), *Entwicklung des Ichs*.
8 Hennis, *Politik und praktische Philosophie*; Habermas, "A doutrina clássica da política em sua relação com a filosofia social", em *Teoria e práxis*, p.81ss.

não primariamente por meio de normas.⁹ *Como* economia política, a ciência econômica ainda manteve de início a referência à sociedade em seu todo, graças à teoria das crises. Ela estava interessada na questão de saber como a dinâmica do sistema econômico repercute nas ordens que integram normativamente a sociedade. É disso que se desligou a economia convertida em ciência especializada. Ela também se ocupa hoje com a economia considerando-a um sistema parcial da sociedade e se desonera das questões sobre a legitimidade. Com essa perspectiva parcial, ela pode reduzir os problemas de racionalidade a considerações sobre o equilíbrio econômico e a questões de escolha racional.

Em contraposição a isso, a *sociologia* surgiu como uma disciplina que se tornou competente para os problemas que a política e a economia foram empurrando de lado em seu caminho rumo à ciência especializada.¹⁰ Seu tema são as transformações da integração social que foram provocadas na estrutura das sociedades da velha Europa devido ao surgimento do sistema dos Estados modernos e à diferenciação de um sistema econômico regulado pelo mercado. A sociologia vem a ser a ciência das crises *par excellence*, ocupando-se sobretudo com os aspectos anômicos da dissolução dos sistemas sociais tradicionais e da constituição dos modernos.¹¹ Mesmo sob essas condições iniciais, no entanto, a sociologia poderia ter se restringido a um único subsistema. De todo modo, considerando do ponto de vista da história da ciência, a sociologia da religião e a sociologia do direito constituem o cerne da nova disciplina.

Se, para fins ilustrativos — isto é, sem maiores elucidações por ora —, é-me permitido recorrer ao esquema das funções proposto por Parsons, despontam sem esforço as correspondências entre as *disciplinas das ciências sociais* e os *subsistemas sociais*:

---

9 Jonas, "Was heisst ökonomische Theorie? Vorklassisches und klassisches Denken", *Schomollers Jahrbuch*, v.78, 1958; Neuendorff, *Der Begriff des Interesses*.
10 Jonas, *Geschichte der Soziologie*, v.I-IV; Friedrichs, *A Sociology of Sociology*; Bottomore; Nisbet, *A History of Sociological Analysis*.
11 Habermas, "Tarefas críticas e conservadoras da sociologia", em *Teoria e práxis*, p.443.

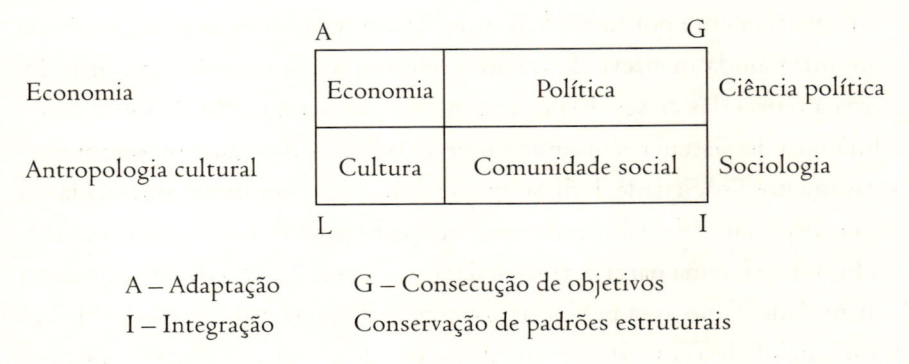

	A	G	
Economia	Economia	Política	Ciência política
Antropologia cultural	Cultura	Comunidade social	Sociologia
	L	I	

A — Adaptação   G — Consecução de objetivos
I — Integração   Conservação de padrões estruturais

Figura 1

Naturalmente, não faltaram diligências em fazer também da sociologia uma ciência especializada em integração social. Porém, não é um acaso, mas antes um sintoma, que os grandes teóricos da sociedade de que vou tratar sejam sociólogos de origem. A sociologia foi a única das disciplinas das ciências sociais que manteve a referência aos problemas da sociedade como um todo. Ela continuou a ser sempre *também* teoria da sociedade e, por isso, não pôde, como as demais disciplinas, afastar, redefinir ou reduzir a pequenos formatos as questões da racionalização. Vejo duas razões preponderantes para isso. A primeira concerne à *antropologia cultural* e à *sociologia* em igual medida.

A correlação entre as funções básicas e os subsistemas sociais impede de ver que as interações sociais nos âmbitos que são importantes sob os aspectos da reprodução cultural, da integração social e da socialização de modo algum são especializadas da mesma maneira que as interações nos âmbitos de ação econômica e política. Tanto a sociologia quanto a antropologia cultural se veem confrontadas com o *espectro inteiro* dos fenômenos da ação social, e não com os tipos de ação recortados de modo relativamente claro que, tendo em vista os problemas da maximização do lucro ou da aquisição e emprego do poder político, se deixam estilizar na qualidade de variantes da ação "racional com respeito a fins".* Aquelas duas disciplinas se ocupam com a práxis

---

* *"Zweckrationales Handeln"*: a expressão consagrada por Max Weber é de difícil tradução. Optou-se por um dos seus usos mais recorrentes nas traduções brasileiras — ação racional com respeito a fins —, em que pese seu caráter um tanto esmiuçado. Segue o mesmo padrão a tradução de *wertrationales Handeln* (ação racional com respeito a

cotidiana nos contextos do mundo da vida e, por conta disso, precisam considerar *todas* as formas de orientação simbólica da ação. Para elas não é mais tão simples afastar a problemática dos fundamentos da teoria da ação e da interpretação por meio da compreensão do sentido. Desse modo, elas se chocam com as estruturas do mundo da vida que subjazem aos outros sistemas parciais, que são funcionalmente especificados com mais exatidão e, de certo modo, diferenciados com mais força. Ainda nos ocuparemos com a maneira pela qual os quadros categoriais paradigmáticos de "mundo da vida" e "sistema" se relacionam entre si.[12] Aqui gostaria somente de salientar que a investigação da "comunidade social" e da cultura não pode ser desacoplada dos problemas dos fundamentos das ciências sociais e do paradigma "mundo da vida" de uma forma tão simples quanto a investigação dos sistemas parciais econômico e político. Isso explica o vínculo tenaz entre a sociologia e a teoria da sociedade.

Porém, que seja a sociologia, e não a antropologia cultural, a ciência que mostra uma disposição especial para acolher o problema da racionalidade é algo que somente se torna compreensível quando se observa uma outra circunstância. A sociologia surge como teoria da sociedade burguesa; compete-lhe a tarefa de explicar o decurso e as formas fenomênicas anômicas que caracterizam a modernização capitalista das sociedades pré-burguesas.[13] Essa problematização, resultante da situação histórica objetiva, constitui o ponto de referência pelo qual a sociologia elabora também os problemas de seus fundamentos. No *plano metateórico*, ela seleciona os conceitos funda-

---

valores) assim como *Zweckrationalität* e *Wertrationalität* (racionalidade com respeito a fins e a valores, respectivamente). Por sua vez, *Zwecktätigkeit* foi convertido por "atividade voltada a fins". Evitou-se recorrer à expressão "teleológico" e similares para dar conta dessa relação com "fins" porque Habermas se vale dela em momentos diversos, nem sempre homogêneos. Se de um lado ele aproxima o modelo da ação teleológica ao conceito de ação racional com respeito a fins, de outro lado atribui à linguagem o *telos* do entendimento e, além disso, considera que todos os tipos de ação contêm uma estrutura teleológica, incluindo a ação comunicativa. Por fim, cabe observar que, na ação racional com respeito a fins, não se trata tanto da racionalidade dos fins neles mesmos, mas antes da consecução de objetivos dados. (N. T.)

12 Cf. cap.VI, v.II, p.183.
13 Neuendorff, "Soziologie", em *Evangelisches Staatslexikon*, p.2.424ss.

mentais que são recortados de acordo com o aumento de racionalidade no mundo de vida moderno. Quase sem exceção, os pensadores clássicos da sociologia tentam orientar sua teoria da ação de sorte que suas categorias atinjam os aspectos mais importantes da passagem da "comunidade" para a "sociedade".[14] E, no *plano metodológico*, o problema do acesso, mediante a compreensão do sentido, ao âmbito de objetos constituído pelos objetos simbólicos é tratado de maneira correspondente; a compreensão das orientações racionais da ação torna-se o ponto de referência para a compreensão de todas as orientações da ação.

Esse nexo entre (a) a questão *metateórica* de uma teoria da ação cujo quadro é concebido tendo em vista os aspectos racionalizáveis da ação e; (b) a questão *metodológica* de uma teoria da compreensão do sentido que clarifique as relações internas entre significado e validade (entre a explicação do significado de uma manifestação simbólica e a tomada de posição sobre as suas pretensões de validade implícitas) se vincula, por fim, (c) com a questão *empírica* de saber se e em que sentido a modernização de uma sociedade pode ser descrita do ponto de vista da racionalização cultural e social. Esses nexos se expressam de modo particularmente evidente na obra de Max Weber. Sua hierarquia dos conceitos de ação se direciona de tal sorte para o tipo de ação racional com respeito a fins que todas as demais ações podem ser escalonadas como desvios específicos desse tipo. Weber analisa o método da compreensão de sentido de tal modo que é possível referir os casos mais complexos ao caso-limite da compreensão da ação racional com respeito a fins: a compreensão da ação subjetivamente orientada ao êxito requer ao mesmo tempo sua avaliação objetiva (de acordo com os critérios da racionalidade da correção). Enfim, é palpável o nexo entre essas decisões categoriais e metodológicas e a questão teórica central de Weber a respeito de como explicar o racionalismo ocidental.

Esse nexo poderia ser, no entanto, contingente; ele poderia ser simplesmente um indício de que Max Weber se preocupava com esse único questionamento, e de que esse interesse, mais acidental do ponto de vista teórico,

---

14 Sobre os "conceitos pares" da sociologia mais antiga, cf. Habermas, *Técnica e ciência como "ideologia"*, p.88-9; Mills, *Kritik der soziologischen Denkweise*.

acabou repercutindo sobre os fundamentos da formação da teoria. Com efeito, basta desligar os processos de modernização do conceito de racionalização, analisando-os de *outros* pontos de vista, para que, de um lado, os fundamentos da teoria da ação se mantenham livres das conotações da racionalidade da ação e, de outro lado, a metodologia da compreensão de sentido se mantenha livre de um entrelaçamento problemático entre questões de significado e questões de validade. Em contraposição a essas dúvidas, gostaria de defender a tese de que é por *razões cogentes* que Max Weber trata a questão do racionalismo ocidental (*acidental* em termos biográficos ou, em todo caso, em termos próprios da psicologia da pesquisa), a questão sobre o significado da modernidade e a questão sobre as causas e as consequências colaterais da modernização capitalista da sociedade, começando primeiramente pela Europa, sob os pontos de vista da ação racional, da conduta racional da vida e das imagens de mundo racionalizadas. Gostaria de defender a tese segundo a qual o nexo entre exatamente as três temáticas da racionalidade, o qual se deixa depreender de sua obra, possui razões sistemáticas. Com isso quero dizer que, para *toda* sociologia com pretensão de ser teoria social, bastando que ela proceda com suficiente radicalidade, o problema da racionalidade *se coloca* simultaneamente no *plano metateórico*, no *metodológico* e no *empírico*.

Começo com uma discussão provisória a respeito do conceito de racionalidade (1), colocando esse conceito na perspectiva evolucionária do surgimento de uma compreensão moderna do mundo (2). Depois dessas preparações, quero demonstrar o nexo interno entre a teoria da racionalidade e a teoria da sociedade; mais precisamente, de um lado, para o plano metateórico, ao mostrar as implicações relativas à racionalidade que possuem os conceitos sociológicos de ação hoje correntes (3); e, de outro lado, para o plano metodológico, ao mostrar que implicações similares resultam do acesso ao âmbito de objetos da sociologia mediante a compreensão do sentido (4). Esse esboço da argumentação se destina a provar que precisaremos de uma teoria da ação comunicativa se quisermos retomar adequadamente a problemática da racionalização social, que desde Weber foi em grande parte recalcada na discussão sociológica especializada.

1
"Racionalidade" –
uma determinação conceitual preliminar

Sempre que empregamos a palavra "racional", supomos uma relação íntima entre racionalidade e saber. Nosso saber possui uma estrutura proposicional: opiniões podem ser expostas explicitamente na forma de enunciados. Sem maiores explicações, vou pressupor esse conceito de saber, pois a racionalidade tem menos a ver com o ter conhecimento do que com a maneira como sujeitos capazes de falar e agir *adquirem e empregam o saber*. Em proferimentos linguísticos, o saber é expresso explicitamente, em ações dirigidas a objetivos, expressa-se um poder [*Können*], um saber implícito; também esse *know-how* pode ser transladado, em princípio, para a forma de um *know--that*.[1] Se buscarmos sujeitos gramaticais capazes de completar "racionalmente" a expressão predicativa, dois candidatos se apresentarão de início. Pessoas que dispõem de saber, de um lado, e manifestações simbólicas, ações linguísticas e não linguísticas, comunicativas ou não comunicativas que corporificam o saber, de outro lado, podem ser mais ou menos racionais. Podemos chamar "racionais" homens e mulheres, crianças e adultos, ministros e cobradores de ônibus, mas não peixes, arbustos de lilás, serras, estradas ou cadeiras. Podemos chamar "irracionais" desculpas, atrasos, intervenções cirúrgicas, declarações de guerra, consertos, plantas de obra ou decisões de conferências, mas não um temporal, um acidente, um prêmio de loteria ou uma enfermidade. Mas o que significa então que pessoas se

---

[1] Ryle, *The Concept of Mind*; cf. Savigny, *Die Philosophie der normalen Sprache*, p.97ss.; Carr, "The Logic of Knowing How and Ability", *Mind*, v.88, p.394ss., 1979.

comportem racionalmente em uma determinada situação? O que significa que seja lícito considerar "racionais" as suas manifestações?

É possível criticar o saber como não confiável. A estreita relação entre saber e racionalidade permite supor que a racionalidade de uma manifestação depende da confiabilidade do saber corporificado nele. Consideremos dois casos paradigmáticos: uma afirmação com a qual A profere, com intenção comunicativa, uma determinada opinião, e uma intervenção no mundo, dirigida a objetivos, com a qual B persegue um determinado fim. Ambas incorporam um saber falível; ambas são tentativas passíveis de falha. As duas manifestações, a ação comunicativa e a ação teleológica, podem ser criticadas. Um ouvinte pode contestar que a afirmação feita por A seja *verdadeira*; um observador pode contestar que a ação implementada por B teve *êxito*. A crítica refere-se, em ambos os casos, a uma pretensão que os sujeitos agentes vinculam de modo necessário às suas manifestações, na medida em que são intencionadas como afirmações ou como ações dirigidas a objetivos. Essa necessidade é de natureza conceitual. A não faz nenhuma afirmação se não levantar para o enunciado afirmado "p" uma pretensão de verdade, dando a conhecer sua convicção de que, caso necessário, seu enunciado se deixa *fundamentar*. E B não empreende nenhuma ação dirigida a objetivos, isto é, não pretende com ela de modo algum realizar um fim, se não considera promissora a ação planejada, dando a conhecer a convicção de que, caso necessário, a escolha dos meios sob circunstâncias dadas se deixa *fundamentar*.

Assim como A reivindica verdade para seu enunciado, B reivindica perspectiva de êxito para seu plano de ação ou eficácia para as regras de ação segundo as quais executa esse plano. A eficácia afirmada significa a pretensão de que os meios escolhidos sob as circunstâncias dadas são apropriados para alcançar a meta proposta. A eficácia de uma ação encontra-se em uma relação interna com a verdade dos prognósticos condicionais que o plano de ação ou a regra de ação implicam. Assim como *verdade* se refere à existência de estados de coisa no mundo, *eficácia* se refere a intervenções no mundo com base nas quais se suscitam estados de coisa almejados. Com sua afirmação, A se refere a algo que de fato *ocorre* no mundo objetivo; com sua atividade voltada a fins [*Zwecktätigkeit*], B se refere a algo que *deve ocorrer* no mundo objetivo. Ao fazê-lo, ambos levantam, com suas manifestações simbólicas, *pretensões* que podem ser criticadas e defendidas, isto é, *fundamentadas*. A racionalidade de suas manifestações se mede pelas relações internas entre o conteúdo semântico, as condições de validade e as razões que, caso necessário, é possível aduzir em favor de sua validez, da verdade do enunciado ou da eficácia da regra de ação.

As considerações feitas até aqui desembocam na ideia de atribuir a racionalidade de uma manifestação à sua criticabilidade e fundamentabilidade. Uma manifestação cumpre os pressupostos da racionalidade se e na medida em que corporifica um saber falível, tendo com isso uma referência ao mundo objetivo, isto é, uma referência a fatos, e sendo acessível a um julgamento objetivo. Um julgamento pode ser objetivo quando é efetuado lançando-se mão de uma pretensão de validade *transubjetiva*, que possui para qualquer observador e destinatário o mesmo significado que para o próprio sujeito agente em cada caso. Verdade e eficiência são pretensões dessa espécie. Assim, em relação a afirmações e a ações dirigidas a objetivos, considera-se que são tanto mais racionais quanto melhor pode ser a fundamentação da pretensão de verdade proposicional ou de eficiência associada a elas. Em correspondência com isso, empregamos a expressão "racional" como predicado para a disposição de pessoas das quais é lícito esperar semelhantes manifestações, principalmente em situação difíceis.

Essa proposta de atribuir a racionalidade de uma manifestação à sua criticabilidade tem, no entanto, duas fraquezas. A caracterização é, por um lado, abstrata demais, pois não expressa diferenciações importantes (1). Por outro, é ainda estreita demais, visto que empregamos a expressão 'racional' não somente em relação a manifestações que podem ser verdadeiras ou falsas, eficazes ou ineficazes. A racionalidade imanente à práxis comunicativa estende-se por um espectro mais amplo. Ela remete a diversas formas de argumentação na qualidade de outras tantas possibilidades de continuar a ação comunicativa com meios reflexivos (2). Uma vez que a ideia de resgate [*Einlösung*] discursivo de pretensões de validade tem uma posição central na teoria da ação comunicativa, vou inserir um excurso mais prolongado sobre teoria da argumentação (3).

(1) Criticabilidade de ações e afirmações

De início, continuo com a versão cognitiva em sentido mais estrito do conceito de racionalidade, que é definido exclusivamente com referência ao emprego do saber descritivo. É possível desenvolver esse conceito em duas direções distintas.

Se partirmos do emprego não comunicativo do saber proposicional em ações dirigidas a objetivos, depararemos com uma pré-decisão em favor daquele conceito de *racionalidade cognitivo-instrumental* que, através do empirismo, marcou fortemente a autocompreensão da modernidade. Ele leva consigo as conotações da autoafirmação bem-sucedida, a qual é possibilitada pela disposição informada sobre e pela adaptação inteligente às condições de um entorno contingente. Ao contrário, se partirmos do emprego comunicativo do saber proposicional em atos de fala,* depararemos com uma pré-decisão em favor de um conceito de racionalidade mais amplo, que se reporta às antigas noções de *logos*.² Esse conceito de *racionalidade comunicativa* leva consigo conotações que, em última instância, remontam à experiência central da força da fala argumentativa de acordar, de fundar consensos sem coerção, na qual diversos participantes superam suas concepções, de início apenas subjetivas, certificando-se ao mesmo tempo, graças à comunidade das convicções racionalmente motivadas, da unidade do mundo objetivo e da intersubjetividade de seu contexto de vida.³

Suponhamos que a opinião "p" represente o acervo de saber idêntico de que dispõem A e B. Agora A participa (como um entre vários falantes) de uma comunicação fazendo a afirmação "p", ao passo que B elege como ator (solitário) os meios que, em razão da opinião "p", considera apropriado em uma situação dada, a fim de alcançar um efeito desejado. A e B empregam o

---

* Habermas se vale indistintamente das expressões *Sprechhandlung* (como nessa passagem) e *Sprechakt* para se referir a *speech akt*, ao conceito desenvolvido por J. L. Austin. Por isso, optou-se pela forma única e já consagrada de "ato de fala" para traduzir ambos os termos alemães. (N. T.)
2 Sobre a história do conceito, cf. Apel, *Die Idee der Sprache in der Tradition des Humanismus von Dante bis Vico*.
3 Em referência a Wittgenstein, cf. Pole, *Conditions of Rational Inquiry*; id., "The Concept of Reason", em Dearden; Hirst; Peters (orgs.), *Reason*, v.II, p.1ss. Os aspectos sob os quais Pole esclarece o conceito de racionalidade são sobretudo: "objectivity, publicity and interpersonality, truth, the unity of reason, the ideal of rational agreement" [objetividade, publicidade, interpessoalidade, verdade, a unidade da razão, o ideal de acordo racional]. Sobre o conceito de racionalidade em Wittgenstein, cf. sobretudo Cavell, *Must We Mean what We Say?*; id., *The Claim of Reason*.

mesmo saber de maneiras *distintas*. A referência a fatos e à fundamentabilidade da manifestação possibilitam, em um caso, o entendimento [*Verständigung*] entre os participantes da comunicação sobre algo que ocorre no mundo. É constitutivo da racionalidade da manifestação que o falante levante para o enunciado "p" uma pretensão de validade criticável, passível de ser aceita ou rejeitada pelo ouvinte. No outro caso, a referência a fatos e à fundamentabilidade da regra de ação facultam uma intervenção bem-sucedida no mundo. É constitutivo da racionalidade da ação que o ator coloque na base de sua ação um plano que implique a verdade de "p", de acordo com o qual o fim proposto é realizável sob circunstâncias dadas. Somente é permitido denominar "racional" uma afirmação se o falante cumpre as condições que são necessárias para a consecução do objetivo ilocucionário de entender-se sobre algo no mundo com pelo menos um outro participante da comunicação; somente é permitido denominar "racional" uma ação dirigida a objetivos se o ator cumpre as condições que são necessárias para a realização do propósito de intervir no mundo com êxito. As duas tentativas podem fracassar: o consenso almejado pode não se dar, o efeito desejado pode não suceder. Mesmo nesse gênero de insucessos se revela a racionalidade de uma manifestação – é possível explicar insucessos.[4]

Em ambas as linhas, a análise da racionalidade pode se aplicar aos conceitos de saber proposicional e de mundo objetivo; mas os casos mencionados distinguem-se *no tipo de emprego* do saber proposicional. Sob um aspecto do emprego, aparece como *télos* imanente à racionalidade o *controle instrumental*,

---

4 Certamente, as razões assumem *papéis pragmáticos* distintos, dependendo de que com base nelas se deva explicar um dissenso entre os interlocutores ou o malogro de uma intervenção. O falante que faz uma afirmação deve dispor de uma "reserva de garantia" formada de boas razões a fim de, caso necessário, poder convencer seus interlocutores da verdade do enunciado e levar a um acordo racionalmente motivado. Em contrapartida, para o êxito de uma ação instrumental não é necessário que o ator possa também fundamentar a regra de ação seguida. No caso de ações teleológicas, as razões servem unicamente para explicar o fato de que a aplicação de uma regra sob as circunstâncias dadas foi ou poderia ter sido bem ou malsucedida. Em outras palavras, existe certamente um nexo interno entre a validez (eficácia) de uma regra de ação técnica ou estratégica e as explicações que podem ser dadas para a sua validez, mas a noção desse nexo não é uma condição para uma aplicação bem-sucedida dessa regra.

sob outro aspecto, *o entendimento comunicativo*. A análise conduz, dependendo do aspecto em que se concentra, a direções distintas.

Pretendo elucidar brevemente as duas posições. A primeira posição, que denomino "realista" para simplificar, parte do pressuposto ontológico do mundo como sumário do que é o caso, a fim de explicar sobre essa base as condições do comportamento racional (a). A outra posição, que podemos denominar "fenomenológica", confere a esse questionamento uma guinada transcendental, refletindo sobre a circunstância de que aqueles mesmos que se comportam racionalmente precisam pressupor um mundo objetivo (b).

(a) O realista pode se limitar a analisar as condições que um sujeito agente deve cumprir para que possa pôr e realizar fins. De acordo com esse modelo, ações racionais possuem fundamentalmente o caráter de intervenções dirigidas a objetivos e controladas pelo êxito, realizadas em um mundo de estados de coisa existentes. Max Black nomeia uma série de condições que uma ação deve preencher para poder ser considerada mais ou menos racional (*reasonable*) e ser acessível a um julgamento crítico (*dianoetic appraisal*):

1. Somente ações sob controle atual ou potencial do agente são suscetíveis de um julgamento crítico [...].
2. Somente ações direcionada a algum fim em vista podem ser racionais ou irracionais [...].
3. O julgamento crítico é relativo ao agente e à sua escolha do fim em vista [...].
4. Juízos sobre a racionalidade são apropriados somente quando há conhecimento parcial sobre a disponibilidade e a eficácia dos meios [...].
5. O julgamento crítico sempre pode ser sustentado por razões.*[5]

---

* Em inglês no original: "1. Only actions under actual or potential control by the agent are suitable for dianoetic appraisal.../ 2. Only actions directed towards some end-in-view can be reasonable or unreasonable.../ 3. Dianoetic appraisal is relative to the agent and to his choice of end-in-view.../ 4. Judgments of reasonableness are apropriate only where there is partial knowledge about the availability and efficacy of the means.../ 5. Dianoetic appraisal can always be supported by reasons". (N. T.)

5 Black, "Reasonableness", em Dearden; Hirst; Peters (orgs.), op. cit.

De resto, quando o conceito de racionalidade é desenvolvido pelo fio condutor de ações dirigidas a objetivos, e isso significa ações solucionadoras de problemas,⁶ torna-se compreensível um uso derivado da palavra "racional". Com efeito, às vezes falamos da "racionalidade" de um comportamento incitado por estímulos, da "racionalidade" da mudança de estado de um sistema. Semelhantes reações podem ser *interpretadas* como soluções de problemas, sem que o observador impute à *adequabilidade* aos fins [*Zweck*mäßigkeit], interpolada na reação observada, uma *atividade* voltada a fins [*Zweck*tätigkeit], atribuindo esta, enquanto ação, a um sujeito que é capaz de decidir e emprega um saber proposicional.

Reações comportamentais de um organismo incitado por estímulos internos ou externos, mudanças de estado em um sistema autorregulado, induzidas pelo entorno desse sistema, podem ser compreendidas, sem dúvida, como *quase ações*, ou seja, de tal modo como se manifestasse nelas a capacidade de agir que é própria de um sujeito.⁷ Mas de racionalidade somente falamos aqui em um sentido figurado. Pois a fundamentabilidade requerida para as manifestações racionais significa que o *próprio* sujeito ao qual elas são atribuídas deve estar em condição, sob circunstâncias apropriadas, de aduzir razões.

(b) O fenomenólogo não se serve incircunstancialmente do fio condutor representado pelas ações dirigidas a objetivos ou solucionadoras de problemas. Pois ele não parte simplesmente do pressuposto ontológico de um mundo objetivo; pelo contrário, faz deste um problema ao perguntar pelas condições sob as quais se constitui a unidade de um mundo objetivo para os membros de uma comunidade de comunicação. O mundo somente ganha objetividade porque *é considerado* um e mesmo mundo *para* uma comunidade de sujeitos capazes de falar e agir. O conceito abstrato de mundo é uma condição necessária para que sujeitos comunicativamente agentes se entendam uns com os outros sobre o que ocorre no mundo ou sobre o que deve ser provocado nele. Com essa *práxis comunicativa*, eles se certificam ao

---

6 Cf. o resumo de Stegmüller, *Probleme und Resultate der Wissenschaftstheorie und Analytischen Philosophie*, v.I, p.335ss.

7 Luhmann, *Zweckbegriff und Systemrationalität*.

mesmo tempo de seu contexto de vida comum, do *mundo da vida* intersubjetivamente partilhado. Este é delimitado pela totalidade das interpretações que são pressupostas pelos membros na qualidade de um saber de fundo [*Hintergrundwissen*]. Para explicar o conceito de racionalidade, o fenomenólogo deve investigar, portanto, as condições de um consenso comunicativamente obtido; ele deve analisar o que Melvin Pollner chama, referindo-se a A. Schütz, de *mundane reasoning*: "O que orienta a própria comunidade no mundo como essencialmente constante, como algo que é conhecido e cognoscível em comum com os outros, propicia a essa comunidade razões justificáveis para fazer perguntas de classe especial, das quais uma é representante prototípica: 'Como é possível que ele o veja e você não?'".*[8]

Segundo esse modelo, manifestações racionais possuem o caráter de ações dotadas de sentido e compreensíveis em seu contexto, com as quais o ator se refere a algo no mundo objetivo. As condições de validez de manifestações simbólicas remetem a um saber de fundo intersubjetivamente partilhado pela comunidade de comunicação. Para esse pano de fundo [*Hintergrund*] constituído pelo mundo da vida, todo dissenso representa um desafio de tipo especial:"A assunção de um mundo partilhado em comum (mundo da vida) não funciona para o raciocinador mundano como uma asserção descritiva. Ela não é falseável. Pelo contrário, ela funciona como uma especificação incorrigível das relações que existem, em princípio, no interior de uma comunidade de experiências dos perceptores, a qual tem o sentido de ser o mesmo mundo (mundo objetivo). [...] Em termos muito toscos, a unanimidade antecipada da experiência (ou, pelo menos, das considerações sobre essas experiências) pressupõe uma comunidade com outros que são tomados como observadores de um mesmo mundo, que são fisicamente constituídos de modo a ser capazes de ter experiências verídicas, que são motivados de modo a falar 'sinceramente' de suas experiências, e que falam segundo esquemas

---

* Em inglês no original: "That a community orients itself to the world as essentially constant, as one which is known and knowable in common with others, provides that community with the warrantable grounds for asking questions of a particular sort of which a prototypical representative is: 'How come, he sees it and you do not?'". (N. T.)

8 Pollner, "Mundane Reasoning", *Philosophy of Social Sciences*, v.4, p.40, 1974.

de expressão compartilhados e reconhecíveis. No caso de uma dissonância, os raciocinadores mundanos estão preparados para pôr esse ou aquele aspecto em questão. Para um raciocinador mundano, uma dissonância é razão cogente para acreditar que não se cumpriu uma ou outra das condições que se pensava obter na antecipação da unanimidade. Por exemplo, uma solução mundana pode ser gerada revendo se o outro tem ou não a capacidade para experiências verídicas. Assim, a 'alucinação', a 'paranoia', a 'inclinação', a 'cegueira', a 'surdez', a 'falsa consciência' etc., na medida em que são entendidas como indicadores de um método defeituoso ou inadequado de observar o mundo, servem como candidatos para explicar a dissonância. O aspecto significativo dessas soluções – o aspecto que as torna inteligíveis para outros raciocinadores mundanos como soluções possivelmente corretas – é que elas colocam em questão não a *intersubjetividade do mundo*, mas a adequação dos métodos com que o mundo é objeto de experiência e relatado".*⁹

---

* Em inglês no original: "The assumption of a commonly shared world (*Lebenswelt*) does not function for mundane reasoners as a descriptive assertion. It is not falsifiable. Rather, it functions as an incorrigible specification of the relations which exist in principle among a community of perceivers' experiences of what is purported to be the same world (*objektive Welt*). [...] In very gross terms, the anticipated unanimity of experience (or, at least of accounts of those experiences) presupposes a community of others who are deemed to be observing the same world, who are psychically constituted so as to be capable of veridical experience, who are motivated so as to speak 'truthfully' of their experience, and who speak according to recognizable, shared schemes of expression. On the occasion of a disjuncture, mundane reasoners are prepared to call these and other features into question. For a mundane reasoner, a disjuncture is compelling grounds for believing that one or another of the conditions otherwise thought to obtain in the anticipation of unanimity, did not. For example, a mundane solution may be generated by reviewing whether or not the other had the capacity for veridical experience. Thus, 'hallucination', 'paranoia', 'bias', 'blindness', 'deafness', 'false consciousness' etc., in so far as they are understood as indicating a faulted or inadequate method of observing the world, serve as candidate explanations of disjunctures. The significant feature of these solutions – the feature that renders them intelligible to other mundane reasoners as possibly correct solutions – is that they bring into question not the world's intersubjectivity but the adequacy of the methods through which the world is experienced and reported upon". (N. T.)

9 Pollner, "Mundane Reasoning", op. cit., p.47-8.

Esse conceito mais abrangente de racionalidade comunicativa, desenvolvido a partir da abordagem fenomenológica, pode se encaixar com conceito de racionalidade cognitivo-instrumental, desenvolvido a partir da abordagem realista. Pois existem relações internas entre a capacidade para a percepção descentrada e para a manipulação de coisas e eventos, por um lado, e a capacidade de entendimento intersubjetivo sobre coisas e eventos, por outro. É por esse motivo que J. Piaget escolhe o modelo combinado de *cooperação social*, de acordo com o qual vários sujeitos coordenam suas intervenções no mundo objetivo mediante a ação comunicativa.[10] Apenas quando se busca *separar*, como é usual nas tradições empiristas de pesquisa, a racionalidade cognitivo-instrumental, depreendida pelo emprego monológico do saber descritivo, e a racionalidade comunicativa, despontam os contrastes, por exemplo, em conceitos como imputabilidade e autonomia. Somente pessoas imputáveis podem comportar-se racionalmente. Se medimos sua racionalidade pelo êxito das intervenções dirigidas a objetivos, é suficiente requerer que sejam capazes de escolher entre alternativas e de controlar (algumas) condições do entorno. Mas, se medimos sua racionalidade pelo sucesso nos processos de entendimento, não é suficiente então recorrer a tais capacidades. Nos contextos da ação comunicativa, somente é lícito considerar imputável quem, na qualidade de membro de uma comunidade de comunicação, orienta sua ação por pretensões de validade intersubjetivamente reconhecidas. Conceitos distintos de imputabilidade se correlacionam com distintos conceitos de autonomia. Uma medida mais elevada de racionalidade cognitivo-instrumental propicia uma maior independência em relação às restrições que o entorno contingente impõe à autoafirmação de sujeitos que agem dirigidos a objetivos. Uma medida mais elevada de racionalidade comunicativa amplia, no interior de uma comunidade de comunicação, a margem de coordenação não coercitiva de ações e de uma solução consensual de conflitos de ação (na medida em que estas se devem a dissonâncias cognitivas em sentido mais estrito).

---

10 Piaget, *Die Entwicklung des Erkennens*, v.III, p.190. Na cooperação social, vinculam-se duas espécies de ação recíproca: a "ação recíproca entre o sujeito e os objetos", mediada pela ação teleológica, e a "ação recíproca entre o sujeito e os outros sujeitos", mediada pela ação comunicativa. Cf. adiante, p.104ss.

A restrição inserida entre parênteses é necessária enquanto se desenvolve o conceito de racionalidade comunicativa tomando por fio condutor proferimentos constativos. Também M. Pollner limita o *mundane reasoning* a casos em que surge um dissenso sobre algo no mundo objetivo.[11] Mas a racionalidade das pessoas não se mostra obviamente apenas na capacidade de produzir um consenso sobre fatos e de agir com eficiência.

(2) O espectro dos proferimentos criticáveis

Afirmações fundamentadas e ações eficientes são certamente um signo de racionalidade. Sem dúvida, denominamos racionais sujeitos capazes de falar e agir que, na medida do possível, não se iludem a respeito de fatos e relações meios e fins. Mas há obviamente *outros* tipos de manifestações a favor das quais podem existir boas razões, embora não estejam vinculadas nem a pretensões de verdade nem a pretensões de êxito. Em contextos de comunicação, não denominamos racional apenas aquele que faz uma afirmação e consegue fundamentá-la em face de um crítico, apontando para as evidências correspondentes. Denominamos racional também aquele que segue uma norma existente e consegue justificar sua ação em face de um crítico, explicando uma situação dada à luz de expectativas de comportamento legítimas. Denominamos racional até mesmo aquele que manifesta sinceramente um desejo, um sentimento ou um certo estado de ânimo, que revela um segredo, confessa um delito etc., e consegue propiciar certeza a um crítico a respeito da vivência assim desvelada, extraindo consequências práticas dela e comportando-se de maneira coerente na sequência.

Também *ações reguladas por normas* e *autorrepresentações* possuem, em analogia com os atos de fala constativos, o caráter de manifestações dotadas de sentido e compreensíveis em seu contexto, as quais estão vinculadas a uma pretensão de validade criticável. Em vez de uma referência a fatos, elas têm uma relação com normas e vivências. O agente levanta a pretensão de que seu comportamento é correto em referência a um contexto normativo re-

---

11 Pollner escolhe os exemplos empíricos partindo do âmbito das leis de trânsito. Cf. Pollner, "Mundane Reasoning", op. cit., p.49*ss*.

conhecido como legítimo, ou de que é veraz a manifestação expressiva de uma vivência à qual tem acesso privilegiado. Também essas manifestações podem malograr, como os atos de fala constativos. Também é constitutiva de sua racionalidade a possibilidade do reconhecimento intersubjetivo de uma pretensão de validade criticável. O saber corporificado em ações reguladas por normas ou em manifestações expressivas remete, porém, não à existência de estados de coisas, mas à validade deontológica [*Sollgeltung*] de normas e à mostra de vivências subjetivas. Com elas, o falante não pode referir-se a algo no mundo objetivo, mas apenas a algo no mundo social comum ou no mundo subjetivo, sempre particular. Neste ponto, contento-me com a sugestão preliminar de que há atos comunicativos que, em comparação com os proferimentos constativos, caracterizam-se por *outras* referências ao mundo e se vinculam a *outras* pretensões de validade.

Manifestações que se associam à correção normativa e à veracidade subjetiva em analogia com outros atos vinculados à pretensão de verdade proposicional e de eficiência satisfazem o pressuposto central de racionalidade: podem ser fundamentadas e criticadas. Isso se aplica até mesmo a um tipo de manifestações que não são providas de uma pretensão de validade claramente recortada, a saber: as *manifestações valorativas*, que nem são simplesmente expressivas, emitindo um sentimento ou uma carência meramente privados, nem se valem de uma obrigatoriedade normativa, isto é, em conformidade com uma expectativa generalizada de comportamento. No entanto, podem existir boas razões para essas manifestações valorativas: seu desejo por férias, sua preferência por uma paisagem outonal, sua rejeição ao serviço militar, sua inveja a colegas, tudo isso o agente pode explicar com base em juízos de valor, em face de um crítico. *Standards* de valor não possuem a universalidade de normas intersubjetivamente reconhecidas nem são simplesmente privadas. Pelo menos distinguimos entre um uso racional e um uso irracional daqueles *standards* com que os membros de uma comunidade cultural e linguística interpretam suas carências. É o que R. Norman torna claro com o seguinte exemplo: "Querer simplesmente um pires de lodo é irracional porque é necessária alguma outra razão para querê-lo. Querer um pires de lodo porque se quer desfrutar de seu rico odor de rio é racional. Nenhuma outra razão é necessária para querer desfrutar do rico odor de rio, uma vez que caracterizar o que é querido como 'desfrutar o rico odor de rio' já é dar uma razão aceitável para querê-lo, e, portanto, esse querer é racional".*¹²

Atores se comportam racionalmente na medida em que empregam predicados como "aromático", "atraente", "esquisito", "horrível", "repugnante" etc. de modo tal que os outros membros de seu mundo da vida podem reconhecer nessas descrições suas próprias reações a situações análogas. Em contrapartida, se eles empregam *standards* de valor caprichosamente, a ponto de não poderem mais contar com uma compreensão culturalmente arraigada, eles acabam se comportando de maneira idiossincrática. Entre valorações privadas desse gênero pode haver algumas que possuam um caráter inovador. No entanto, estas se destacam por uma expressão autêntica, por exemplo, pela forma sensível, isto é, estética de uma obra de arte. Em contrapartida, manifestações idiossincráticas obedecem a padrões rígidos; seu conteúdo semântico não se torna acessível pela força do discurso poético ou pela configuração criativa, possuindo um caráter apenas privativo. O espectro de semelhantes manifestações vai da mania inofensiva, como a preferência pelo odor de maçãs podres, até sintomas clinicamente chamativos, por exemplo, as reações de terror a lugares abertos. Quem explica suas reações libidinosas a maçãs apodrecidas apontando para o odor "cativante", "abissal", "embriagante", quem explica a reação de pânico a locais abertos referindo-se a seu vazio "paralisante", "plúmbeo", "vertiginoso" dificilmente encontrará compreensão nos contextos *cotidianos* da maioria das culturas. Para essas reações sentidas como desviantes, não basta a força de *justificação* própria dos valores culturais aduzidos. Esses casos-limite

---

* Em inglês no original: "To want simply a saucer of mud is irrational, because some further reason is needed for wanting it. To want a saucer of mud because one wants to enjoy its rich river-smell is rational. No further reason is needed for wanting to enjoy the rich river-smell, for to characterize what is wanted as 'to enjoy the rich river-smell' is itself to give an acceptable reason for wanting it, and therefore this want is rational". (N. T.)

12 Norman, *Reasons for Actions*, p.63-4. Norman discute na p.65ss. o *status* de expressões valorativas, denominadas "palavras de Janus" por autores como Hare e Nowell-Smith por causa de seu significado em parte normativo, em parte descritivo.

confirmam apenas que também as tomadas de partido e as sensibilidades a desejos e sensações, que podem ser expressos em juízos de valor, encontram-se em uma relação interna com razões e argumentos. Quem se comporta em suas atitudes e valorações privativamente, a ponto de não ser possível explicá-las nem torná-las plausíveis com apelos aos *standards* de valor, não se comporta racionalmente.

Em resumo, pode-se dizer que ações reguladas por normas, autorrepresentações expressivas e manifestações valorativas se juntam aos atos de fala constativos, formando uma práxis comunicativa que, perante o pano de fundo de um mundo da vida, é direcionada à obtenção, conservação e renovação de consensos, mais exatamente, de um consenso baseado no reconhecimento intersubjetivo de pretensões de validade criticáveis. A racionalidade imanente a essa práxis se mostra no fato de que um acordo [*Einverständnis*] comunicativamente obtido tem de apoiar-se, *em última instância*, em razões. E a racionalidade daqueles que participam dessa práxis comunicativa se mede por sua capacidade de fundamentar as manifestações *sob circunstâncias apropriadas*. A racionalidade imanente à práxis comunicativa cotidiana remete, portanto, à práxis argumentativa, na qualidade de instância de apelação que possibilita continuar a ação comunicativa com outros meios, quando um dissenso não pode mais ser amortecido pelas rotinas do cotidiano e, contudo, não deve ser decidido pelo emprego imediato ou estratégico de violência. É por esse motivo que considero que o conceito de racionalidade comunicativa, que se refere a uma conexão sistemática de pretensões de validade universais até hoje não explicado, não pode ser explicitado adequadamente senão por meio de uma teoria da argumentação.

Denominamos *argumentação* o tipo de fala em que os participantes tematizam pretensões de validade discutíveis, procurando resgatá-las ou criticá-las com argumentos. Um *argumento* contém razões que se associam de maneira sistemática com a *pretensão de validade* de uma manifestação problemática. A "força" de um argumento mede-se, em um dado contexto, pela pertinência das razões; esta se torna patente, entre outras coisas, pelo fato de um argumento conseguir convencer os participantes de um discurso, isto é, motivá-los a aceitar a pretensão de validade em questão. Ante esse pano de fundo, podemos julgar a racionalidade de um sujeito capaz de falar e agir também segundo a maneira como se comporta, dado o caso, enquanto participante de uma argumentação: "Qualquer um que participa de uma argumentação mostra sua racionalidade, ou a falta dela, pela maneira como age e responde à oferta de razões a favor ou contra pretensões. Se ele estiver 'aberto ao argumento', ou reconhecerá a força dessas razões ou buscará replicá-las, e de um modo ou de outro ele as tratará de maneira 'racional'. Ao contrário, se estiver 'surdo ao argumento', ou ele poderá ignorar as razões divergentes ou as replicará com asserções dogmáticas, e de um modo ou de outro ele falhará em tratar os assuntos 'racionalmente'".*[13] À fundamentabilidade de manifestações racionais corresponde, do lado das pessoas que se comportam racionalmente, a disposição de expor-se à crítica e, caso necessário, de participar de argumentações seguindo regras.

Em virtude de sua criticabilidade, as manifestações racionais são também *passíveis de aprimoramento*: podemos corrigir tentativas fracassadas quando conseguimos identificar os erros que nos escaparam. O conceito de *fundamentação* se entretece com o de *aprendizagem*. Também para processos de aprendizagem a argumentação desempenha um papel importante. Assim, denominamos racional uma pessoa que profere opiniões fundamentadas no âmbito cognitivo-instrumental e age com eficiência; só que essa racionalidade permanecerá casual se não estiver acoplada à capacidade de aprender com os insucessos, com a refutação de hipóteses e com o fracasso das intervenções.

O *medium* em que essas experiências negativas podem ser *assimiladas* de maneira produtiva é o *discurso teórico*, ou seja, a forma de argumentação em que pretensões de verdade controversas são tematizadas. No âmbito prático-moral as coisas se passam de maneira análoga. Denominamos racional

---

* Em inglês no original: "Anyone participating in an argument shows his rationality, or lack of it, by the manner in which he handles and responds to the offering of reasons for or against claims. If he is 'Open to argument', he will either acknowledge the force of those reasons or seek to reply to them, and either way he will deal with them in a 'rational' manner. If he is 'deaf to argument', by contrast, he may either ignore contrary reasons or reply to them with dogmatic assertions, and either way he fails to deal with the issues 'rationally'". (N. T.)

13 Toulmin; Rieke; Janik, *An Introduction to Reasoning*, p.13.

uma pessoa que consegue justificar suas ações referindo-se a contextos normativos existentes. Mas isso se aplica tanto mais àquele que, no caso de um conflito de ação normativo, age com discernimento, ou seja, que não cede a suas emoções nem segue os interesses imediatos, senão que se empenha em julgar imparcialmente o conflito a partir de pontos de vista morais e em resolvê-lo consensualmente. O *medium* em que se pode examinar hipoteticamente se uma norma de ação, seja ela reconhecida factualmente ou não, pode ser justificada com imparcialidade é o *discurso prático*, isto é, a forma de argumentação em que são tematizadas pretensões de correção normativa.

Na ética filosófica, de modo algum se considera assunto decidido que pretensões de validade associadas a normas de ação — pretensões em que se apoiam mandamentos e proposições de dever — possam ser resgatadas discursivamente em analogia com as pretensões de verdade. Mas no cotidiano ninguém se envolveria com argumentações morais se não partisse intuitivamente do forte pressuposto de que, no círculo dos concernidos, pode-se obter em princípio um consenso fundamentado. Como eu penso, isso resulta, com necessidade conceitual, do *sentido* das pretensões de validade normativa. Normas de ação apresentam-se, em prol de seu âmbito de validade, com a pretensão de expressar um interesse *comum* a *todos* os concernidos no que se refere a uma matéria que carece de regulação e de *merecer* assim reconhecimento universal; por isso, normas válidas, em condições que neutralizam todos os motivos, salvo a busca cooperativa da verdade, devem poder encontrar em princípio também o assentimento racionalmente motivado.[14] Apoiamo-nos sempre nesse saber intuitivo quando argumentamos moralmente; nessas pressuposições se enraíza o *moral point of view*.[15] Mas isso não significa ainda que seja possível justificar também de fato essa intuição leiga reconstrutivamente; todavia, nessa questão fundamental da ética, inclino-me a uma posição cognitivista, segundo a qual questões práticas podem, em princípio, ser decididas argumentativamente.[16] É certo que essa posição

---

14 Cf. White, *Truth*, p.57ss.; Patzig, *Tatsachen, Normen, Sätze*, p.115ss.
15 Baier, *The Moral Point of View*.
16 Cf. Rawls, *Eine Theorie der Gerechtigkeit*; Höffe (org.), *Über J. Rawls Theorie der Gerechtigkeit*; Rawls, "The Kantian Constructivism in Moral Theory", *Journal of Philosophy*,

somente é defensável de maneira promissora se não assimilarmos precipitadamente discursos práticos, que se caracterizam por uma referência interna às necessidades interpretadas dos *concernidos* em cada caso, a discursos teóricos, com sua referência às experiências interpretadas de um *observador*.

Ora, não existe um *medium* reflexivo somente para o âmbito cognitivo-instrumental e para o prático-moral, mas também para as manifestações valorativas e expressivas.

Denominamos racional uma pessoa que interpreta sua natureza carencial à luz de *standards* de valor culturalmente arraigados; mas tanto mais quando ela pode adotar uma atitude reflexiva em relação aos próprios *standards* de valor assumidos na interpretação das necessidades. Valores culturais não se apresentam, como as normas de ação, com uma pretensão de universalidade. Quando muito, os valores *se candidatam* a ser interpretações com as quais um círculo de concernidos pode, *dado o caso*, descrever e normatizar um interesse comum. O halo de reconhecimento intersubjetivo que se forma em torno de valores culturais de modo algum significa ainda uma pretensão de ser passível de assentimento culturalmente geral e menos ainda universal. É por isso que argumentações que servem para justificar *standards* de valor não satisfazem as condições de discursos. No caso prototípico, elas possuem a forma da *crítica estética*.

Esta é uma outra forma de argumentação, na qual se tematiza a adequabilidade de *standards* de valor, em geral de expressões de nossa linguagem

---

v.77, p.515ss., 1980. Sobre a abordagem construtivista, cf. Schwemmer, *Philosophie der Praxis*; Kambartel (org.), *Praktische Philosophie und konstruktive Wissenschaftstheorie*. Sobre a abordagem da hermenêutica transcendental, cf. Apel, "Das Apriori der Kommunikationsgemeinschaft und die Grundlagen der Ethik", em *Transformation der Philosophie*, v.II, p.358ss.; id., "Sprechakttheorie und transzendentale Sprachpragmatik, zur Frage der Begründung ethischer Normen", em *Sprachpragmatik und Philosophie*, p.10ss. Sobre a abordagem da teoria do discurso, cf. Habermas, "Wahrheitstheorien", em Fahrenbach (org.), *Wirklichkeit und Reflexion*, p.211ss.; Alexy, *Theorie juristischer Argumentation*; id., "Eine Theorie des praktischen Diskurses", em Oelmüller (org.), *Transzendentalphilosophische Normenbegründungen*, p.22ss.; Sullivan, "Communication and the Recovery of Meaning: An Interpretation of Habermas", *International Philosophical Quarterly*, v.18, p.69ss., 1978. Para uma visão de conjunto, cf. Wimmer, *Universalisierung in der Ethik*; Hegselmann, *Normativität und Rationalität*.

valorativa. É algo que acontece nas discussões da crítica literária, da crítica de arte e de música, embora de modo indireto. Nesse contexto, as razões possuem a função peculiar de pôr diante dos olhos uma obra ou uma apresentação de tal forma que elas possam ser percebidas na qualidade de expressões autênticas de uma experiência exemplar, de modo geral, como corporificação de uma pretensão de autenticidade.[17] Uma obra validada por uma percepção estética fundamentada pode entrar então, por sua vez, no lugar de um argumento, promovendo a adoção precisamente dos *standards* conforme os quais ela é considerada uma obra autêntica. Assim como as razões devem servir no discurso prático para demonstrar que a norma cuja adoção se recomenda expressa um interesse universalizável, as razões servem na crítica estética para orientar a percepção e tornar tão evidente a autenticidade de uma obra que essa própria experiência pode tornar-se motivo racional para a adoção dos *standards* de valor correspondentes. Essa consideração torna plausível por que tomamos os argumentos estéticos como menos cogentes que os argumentos que empregamos em discursos práticos e ainda mais em discursos teóricos.

Algo análogo vale para os argumentos de um psicoterapeuta especializado em fazer que um analisando exerça uma atitude reflexiva em relação

---

17 Cf. Bittner, "Ein Abschnitt sprachanalytischer Ästhetik", em Bittner; Pfaff (orgs.), *Das ästhetische Urteil*, p.271: "[...] o que importa é a percepção própria do objeto, e orientá-la, dar-lhe indicações e abrir perspectivas, é o que os juízos estéticos tentam. Hampshire formula: trata-se de levar alguém a perceber as propriedades especiais do objeto particular. Ou, negativamente, Isenberg: sem a presença ou a lembrança direta do objeto discutido, o juízo estético é supérfluo e sem sentido. No entanto, as duas definições não se contradizem. Na terminologia dos atos de fala, a situação objetiva se deixa descrever de tal modo que o ato ilocucionário, efetuado normalmente com proferimentos como 'O desenho X é particularmente equilibrado', pertence ao gênero dos enunciados, enquanto o ato perlocucionário, efetuado via de regra com semelhantes proferimentos, é uma orientação dirigida à própria percepção das propriedades estéticas do objeto. Faço um enunciado, orientando alguém em sua percepção estética, exatamente como se pode fazer um enunciado fazendo alguém tomar ciência do fato correspondente, ou como se pode colocar uma questão lembrando algo a alguém". Bittner assume com isso uma linha de argumentação que caracteriza os trabalhos de M. McDonald, A. Isenberg e St. Hampshire. Cf. a bibliografia oferecida por ele, p.281ss.

às suas próprias manifestações expressivas. Pois também denominamos racional, e até mesmo com uma especial ênfase, o comportamento de uma pessoa disposta a (e em condições de) livrar-se de ilusões, mais precisamente, de ilusões que não se baseiam em erro (sobre fatos), mas em autoengano (sobre as próprias vivências). Isto concerne à manifestação dos próprios desejos, inclinações, sentimentos e estados de ânimo, os quais se apresentam com a pretensão de veracidade. Em muitas situações, um ator possui boas razões para ocultar de outros suas vivências ou para enganar o parceiro da interação sobre suas "verdadeiras" vivências. Nesse caso, ele não levanta pretensão de veracidade alguma; quando muito, ele a simula, comportando-se estrategicamente. Manifestações desse tipo não podem ser objetivamente criticadas por conta de sua inveracidade; pelo contrário, elas têm de ser julgadas segundo seu êxito intencionado. Manifestações expressivas somente podem ser avaliadas por sua veracidade no contexto de uma comunicação que visa ao entendimento.

Quem se ilude sobre si mesmo sistematicamente comporta-se de modo irracional; mas quem está em condições de se deixar esclarecer sobre sua irracionalidade não dispõe somente da racionalidade de um sujeito que é capaz de julgar e que age racionalmente com respeito a fins, de um sujeito moralmente lúcido e praticamente confiável, de um sujeito sensível em suas valorações e esteticamente aberto, mas também da força de comportar-se reflexivamente em relação à sua subjetividade e descortinar as limitações irracionais às quais se sujeitam sistematicamente suas manifestações cognitivas, prático-morais e prático-estéticas. Mesmo em um semelhante *processo de autorreflexão*, as razões desempenham um papel; Freud investigou o tipo correspondente de argumentação segundo o modelo do diálogo terapêutico levado entre o médico e o analisando.[18] No diálogo analítico, os papéis são distribuídos assimetricamente; médico e paciente não se comportam como proponente e oponente. Os pressupostos de um discurso podem ser cumpridos apenas depois que a terapia teve êxito. Por isso, a forma da argumentação que serve ao esclarecimento dos autoenganos sistemáticos, eu a denomino *crítica terapêutica*.

---

18 Habermas, *Conhecimento e interesse*, cap.10 e 11; Ricoeur, *Die Interpretation*, livro III, p.352ss.; cf. Schelling, *Sprache, Bedeutung, Wunsch*.

Em outro plano, mas igualmente reflexivo, encontram-se enfim os modos de comportamento de um intérprete que se vê levado por dificuldades persistentes de entendimento a fazer dos próprios meios de entendimento o objeto da comunicação, a fim de obter auxílio. Denominamos racional uma pessoa que se comporta com disposição para o entendimento e reage às perturbações na comunicação refletindo sobre as regras linguísticas. Por um lado, trata-se aí do exame da inteligibilidade ou da boa conformação de manifestações simbólicas, portanto, da questão de saber se expressões simbólicas estão de acordo com as regras, isto é, se foram produzidas em concordância com o sistema correspondente de regras generativas. A investigação da linguística pode servir aqui de modelo. Por outro lado, trata-se de uma explicação do significado das manifestações — de uma tarefa hermenêutica para a qual a práxis da tradução oferece um modelo apropriado. Comporta-se de modo irracional quem emprega dogmaticamente seus próprios meios simbólicos de expressão. Em contrapartida, o *discurso explicativo* é uma forma de argumentação em que a inteligibilidade, a boa conformação ou a correção regular não é mais suposta ou contestada ingenuamente, mas tematizada como pretensão controversa.[19]

Podemos resumir nossas reflexões no sentido de que compreendemos a racionalidade como uma disposição de sujeitos capazes de falar e agir. Ela se manifesta em modos de comportamento para os quais existem boas razões em cada caso. O que significa que manifestações racionais são acessíveis a um julgamento objetivo. Isso é correto para todas as manifestações simbólicas que se vinculam, pelo menos implicitamente, a pretensões de validade (ou a pretensões que se encontram em uma relação interna com uma pretensão de validade criticável). Todo exame explícito de pretensões de validade controversas requer a forma mais rigorosa de uma comunicação que cumpre os pressupostos da argumentação.

Argumentações possibilitam um comportamento que é considerado racional em um sentido especial, a saber, o aprendizado a partir de erros explícitos. Enquanto a criticabilidade e fundamentabilidade que caracterizam as manifestações racionais *remetem* meramente à possibilidade da ar-

---

19 Sobre o discurso explicativo, cf. Schnädelbach, *Reflexion und Diskurs*, p.277ss.

gumentação, os processos de aprendizagem graças aos quais adquirimos conhecimentos teóricos e discernimentos morais, renovamos e ampliamos a linguagem valorativa, superamos autoenganos e dificuldades de compreensão são *dependentes* de argumentação.

(3) *Excurso sobre a teoria da argumentação*

O conceito de racionalidade, introduzido até aqui de um modo antes de tudo intuitivo, refere-se a um sistema de pretensões de validade que, como mostra a Figura 2, precisaria ser esclarecido por meio de uma teoria da argumentação. Mas essa teoria encontra-se, apesar de uma venerável tradição filosófica que remonta a Aristóteles, ainda em seus começos.

Formas de argumentação	Grandezas de referência	Manifestações problemáticas	Pretensões de validade controversas
Discurso teórico		Cognitivo-instrumentais	Verdade das proposições; eficácia das ações teleológicas
Discurso prático		Prático-morais	Correção das normas de ação
Crítica estética		Valorativas	Adequabilidade dos *standards* de valor
Crítica terapêutica		Expressivas	Veracidade das expressões
Discurso explicativo		–	Inteligibilidade ou boa conformação dos construtos simbólicos

Figura 2 – Tipos de argumentação

A lógica da argumentação não se refere, como lógica formal, a nexos dedutivos entre unidades semânticas (proposições), mas às relações internas, também não dedutivas, entre unidades pragmáticas (atos de fala), de que se compõem os argumentos. Ocasionalmente, ela apresenta-se com o nome de *lógica informal*.[20] Os organizadores do primeiro simpósio internacional sobre questões da lógica informal listaram em retrospectiva as seguintes razões e motivos para o evento:

"– Séria dúvida sobre se as abordagens da lógica dedutiva e da lógica indutiva padrão seriam suficientes para modelar todas ou mesmo a maioria das formas de argumentação legítima.

– Uma convicção de que há padrões, normas ou conselho para avaliação de argumentos que são imediatamente lógicos – não simplesmente retóricos ou específicos de um certo domínio – e, ao mesmo tempo, não apreendidos pelas categorias da validade dedutiva e pelo vigor e força indutiva.

– Um desejo de providenciar uma teoria completa sobre o raciocínio que vá além da lógica formal dedutiva e indutiva.

– A crença de que a clarificação teórica do raciocínio e da crítica lógica em termos não formais tem implicações diretas para outros ramos da filosofia, como a epistemologia, a ética e a filosofia da linguagem.

– Um interesse por todos os tipos de persuasão discursiva, acompanhado do interesse por mapear as linhas entre os diferentes tipos e as sobreposições que podem ocorrer entre eles."*[21]

---

20 Para as obras em língua alemã, cf. o relatório de pesquisa de Völzing, "Argumentation: ein Forschungsbericht", *Zeitschrift für Literaturwissenschaft und Linguistik*, v.10, n.38-39, p.204ss., 1980.

* Em inglês no original: "– Serious doubt about whether deductive logic and the standard inductive logic approaches are sufficient to model all, or even the major, forms of legitimate argument./ – A conviction that there are Standards, norms, or advice for argument evaluation that are at once logical – not purely rhetorical or domainspecific – and at the same time not captured by the categories of deductive validity, soundness and inductive strenght./ – A desire to provide a complete theory of reasoning that goes beyond formal deductive and inductive logic./ – A belief that theoretical clarification of reasoning and logical criticism in non-formal terms has direct implications for such other branches of philosophy as epistemology, ethics and the philosophy of language./ – An interest in all types of discursive persuasion, coupled with an interest in mapping the lines between the different types and the overlapping that occurs among them". (N. T.)

21 Blair; Johnson (orgs.), *Informal Logic*, p.X.

Essas convicções caracterizam uma posição que St. Toulmin desenvolveu em seu estudo pioneiro, *Os usos do argumento*[22] e da qual partiu em suas investigações dedicadas à história da ciência, em *Entendimento humano*.[23]

Por um lado, Toulmin critica concepções *absolutistas*, que reduzem os conhecimentos teóricos, os discernimentos prático-morais e as valorações estéticas a argumentos dedutivamente cogentes ou a evidências empiricamente cogentes. Na medida em que argumentos são cogentes no sentido da inferência lógica, eles não trazem à tona nada de substancialmente novo; e, na medida em que possuem conteúdo substancial, eles se apoiam em evidências e necessidades que podem ser interpretadas de maneira diversa com base em vários sistemas de descrição e à luz de teorias cambiantes, e, por isso, não oferecem nenhum fundamento irrevogável. Por outro lado, Toulmin critica igualmente concepções *relativistas*, incapazes de explicar a peculiar coerção não coercitiva do melhor argumento ou de dar conta das conotações universalistas das pretensões de validade, como a verdade das proposições ou a correção de normas: "Toulmin sustenta que nenhuma das duas posições é reflexiva; isto é, nenhuma posição pode dar conta de sua 'racionalidade' no interior de sua própria estrutura. O absolutista não pode apelar a outro Primeiro Princípio para justificar seu Primeiro Princípio inicial e assegurar o *status* da doutrina de primeiros princípios. Por outro lado, o relativista se encontra na posição peculiar (e autocontraditória) de sustentar que sua doutrina está de algum modo acima da relatividade dos juízos que ele afirma existir em todos os outros domínios".*[24]

---

22 Toulmin, *The Uses of Argument*; versão alemã: Kronberg, 1975.
23 Idem, *Human Understanding*; versão alemã: *Kritik der kollektiven Vernunft*.
 * Em inglês no original: "Toulmin argues that neither position is reflexive; that is, neither position can account for its 'rationality' within its own framework. The absolutist cannot call upon another First Principle to justify his initial First Principle to secure the status of the doctrine of First Principles. On the other hand, the relativist is in the peculiar (and self-contradictory) position of arguing that his doctrine is somehow above the relativity of judgments he asserts exist in all other domains". (N. T.)
24 Burleson, "On the Foundations of Rationality" *Journal of the American Forensic Association*, v.16, p.113, 1979.

Porém, se a validade das manifestações não pode ser contornada à maneira empirista nem fundamentada à maneira absolutista, levantam-se exatamente aquelas questões às quais uma *lógica da argumentação* deve dar resposta: como pretensões de validade problemáticas podem ser apoiadas em boas razões? Por sua vez, como razões podem ser criticadas? O que torna alguns argumentos, e com eles as razões que se referem de modo relevante a pretensões de validade, mais fortes ou mais fracos que outros argumentos?

Na fala argumentativa, três aspectos se distinguem. Considerada como *processo*, trata-se de uma forma de comunicação improvável, visto que bastante aproximada de condições ideais. É nesse sentido que tentei indicar os pressupostos comunicativos universais da argumentação como determinações de uma situação ideal de fala.²⁵ Essa proposta pode ser insatisfatória nos detalhes, mas, hoje como ontem, parece-me correta a intenção de reconstruir as condições universais de simetria que todo falante competente, na medida em que julga entrar em uma argumentação, deve pressupor como suficientemente satisfeitas. Os participantes na argumentação têm de pressupor de modo geral que a estrutura de sua comunicação, em razão de suas características, que devem ser descritas de maneira puramente formal, exclui toda coerção (seja exercida de fora sobre o processo de entendimento, seja oriundo dele próprio) – salvo a coerção do melhor argumento –, excluindo assim também todos os motivos, salvo o da busca cooperativa da verdade. Sob esse aspecto, a argumentação pode ser concebida como uma *continuação, em guinada reflexiva, da ação orientada ao entendimento com outros meios*.

Tão logo se considera a argumentação, em segundo lugar, como *procedimento*, trata-se de uma forma de interação *especialmente regulada*. Mais precisamente, o processo discursivo é normatizado na forma de uma divisão cooperativa do trabalho entre proponente e oponente, de sorte que os participantes:

— tematizam uma pretensão de validade que se mostrou problemática e,
— em atitude hipotética, desonerados da pressão da ação e da experiência,
— examinam com razões, e apenas com razões, se a pretensão defendida pelo proponente é fundada ou não.

---

25 Habermas, "Wahrheitstheorien", em Fahrenbach (org.), op. cit.

Enfim, é possível considerar a argumentação sob um terceiro ponto de vista: ela se direciona à *produção de argumentos* pertinentes, convincentes em virtude de suas propriedades intrínsecas, com as quais as pretensões de validade podem ser resgatadas ou rejeitadas. Argumentos são aqueles meios com base nos quais se consegue alcançar o reconhecimento intersubjetivo da pretensão de validade de um proponente, de início levantada hipoteticamente, transformando assim uma opinião em saber. Os argumentos possuem uma estrutura universal que, como se sabe, Toulmin caracteriza da seguinte maneira: um argumento compõe-se de um proferimento problemático, a favor do qual se levanta uma determinada pretensão de validade (*conclusion*), e de uma razão (*ground*), com a qual essa pretensão deve ficar estabelecida. Essa razão é obtida com base em uma regra (*warrant*) — uma regra de inferência, um princípio, uma lei etc. A regra apoia-se em evidências de diversos tipos (*backing*). Dado o caso, a pretensão de validade deve ser modificada ou restringida (*modifyer*).[26] Também essa proposta carece de aprimoramento, especialmente no que concerne à diferenciação entre os diversos planos de argumentação, mas toda teoria da argumentação se encontra perante a tarefa de indicar as propriedades universais dos argumentos pertinentes. Para tanto, a descrição que a semântica formal realiza de proposições empregadas em argumentos é, sem dúvida, necessária, mas não suficiente.

---

26 Toulmin implementou essa análise em Toulmin; Rieke; Janik, *An Introduction to Reasoning*. Ele a resume como se segue: "It must be clear just what *kind* of issues the argument is intended to raise (aesthetic rather than scientific, say, or legal rather than psychiatric) and what its underlying *purpose* is. The *grounds* on which it rests must be relevant to the *claim* made in the argument and must be sufficient to support it. The *warrant* relied on to guarantee this support must be applicable to the case under discussion and must be based on solid *backing*. The *modality*, or strength, of the resulting claim must be made explicit, and the possible rebuttals or exceptions, must be well understood" (p.106) ["É preciso tornar claro justamente que *espécie* de questões o argumento pretende suscitar (quer dizer, antes estéticas do que científicas, antes legais do que psiquiátricas) e qual é o *propósito* subjacente. As *razões* em que ele se baseia precisam ser relevantes para a *pretensão* feita no argumento e devem ser suficientes para sustentá-la. A *justificação* que se conta para garantir essa sustentação deve ser aplicável ao caso em discussão e deve estar baseada em sólido *apoio*. A *modalidade* ou força da pretensão resultante deve ser feita explicitamente, e as possíveis *refutações* ou exceções devem ser bem entendidas." (N. T.)]

Os três aspectos analíticos nomeados podem gerar os pontos de vista teóricos sob os quais se diferenciam entre si as conhecidas disciplinas do cânon aristotélico: a retórica se ocupa com a argumentação enquanto *processo*, a dialética, com os *procedimentos* pragmáticos da argumentação, e a lógica, com seus *produtos*. De fato, destacam-se nas argumentações, sob cada um desses aspectos, estruturas *distintas*: as estruturas de uma situação ideal de fala, imunizada de modo especial contra a repressão e a desigualdade; em seguida, as estruturas de uma disputa ritualizada pelos melhores argumentos; por fim, as estruturas que determinam a constituição dos diversos argumentos e suas relações mútuas. Porém, em nenhum desses planos analíticos em separado é possível desdobrar suficientemente a própria ideia imanente à fala argumentativa. A intuição subjacente que vinculamos às argumentações se caracteriza antes de tudo, sob o aspecto de processo, pelo propósito de convencer um *auditório universal*, obtendo assentimento universal para uma manifestação; sob o aspecto procedimental, pelo propósito de encerrar, com um *acordo racionalmente motivado*, o conflito em torno de pretensões de validade hipotéticas; e, sob o aspecto de produto, pelo propósito de fundamentar ou *resgatar* com argumentos uma pretensão de validade. Contudo, na tentativa de analisar os respectivos conceitos fundamentais da teoria da argumentação, como "assentimento de um auditório universal",[27] "obtenção de um acordo racionalmente motivado"[28] ou "resgate discursivo de uma pretensão de validade",[29] mostra-se, de modo interessante, que a separação dos três planos analíticos não pode manter-se em pé.

É isso que gostaria de demonstrar tomando como exemplar uma das tentativas mais recentes de abordar a teoria da argumentação em *somente um* desses planos abstratos, a saber, o da argumentação como processo. A abordagem de Wolfgang Klein[30] é recomendável por conta do propósito de dar

---

27 Perelman; Olbrechts-Tyteca, *La Nouvelle rhétorique*.
28 Habermas, "Wahrheitstheorien", em Fahrenbach (org.), op. cit. Contudo, o importante conceito de motivação racional não foi ainda analisado de modo satisfatório; cf. Aronovitch, "Rational Motivation", *Philosophy and Phenomenological Research*, v.40, n.2, p.173ss., 1979.
29 Toulmin, *The Uses of Argument*.
30 Klein, "Argumentation und Argument", *Zeitschrift für Literaturwissenschaft und Linguistik*, v.10, n.38-39, p.9ss., 1980. Com acento um pouco diferente, essa abordagem foi

ao questionamento retórico uma guinada coerente rumo à ciência empírica. Klein escolhe a perspectiva externa do observador, que gostaria de descrever e explicar os processos da argumentação. Apesar disso, ele não procede de maneira objetivista, no sentido de que seria admitido apenas o comportamento observável dos participantes da argumentação; sob pressupostos estritamente behavioristas, o comportamento argumentativo não poderia ser discriminado de modo algum do comportamento verbal em geral. Klein se fia no sentido das argumentações; mas, sem uma avaliação objetiva dos argumentos empregados, ele quer investigá-los em uma atitude rigorosamente descritiva. Ele não se distancia apenas de Toulmin, que parte da premissa de que o sentido das argumentações não se torna acessível sem uma avaliação no mínimo implícita dos argumentos empregados; ele se distancia também da tradição da retórica, que se interessa antes pelo discurso persuasivo do que pelo conteúdo de sua verdade: "Em certo aspecto, o esquema de Toulmin é muito mais próximo das argumentações reais que as abordagens formais criticadas por ele, mas é um esquema do argumentar *correto*; ele não empreendeu investigações empíricas a respeito de como as pessoas realmente argumentam. Isso vale também para Perelman e Olbrechts-Tyteca, embora sejam eles quem, entre todas as abordagens filosóficas, cheguem mais perto das argumentações reais; mas o *auditoire universel*, um dos conceitos centrais, não é seguramente um grupo de homens vivos e reais, por exemplo a população atual da Terra; é uma instância qualquer – aliás, não muito fácil de reter. [...] Não me importa o que é a argumentação racional ou correta, mas como as pessoas, por mais estúpidas que sejam, argumentam efetivamente".[31]

Quero mostra agora como Klein se enreda em contradições instrutivas na sua tentativa de adotar uma perspectiva externa para separar a argumentação "factual" da "válida".

---

aplicada por Max Miller às discussões morais de grupo com crianças e jovens. Cf. Miller, "Zur Ontogenese moralischer Argumentationen", *Zeitschrift für Literaturwissenschaft und Linguistik*, v.10, n.38-39, p.58ss., 1980; id., "Moralität und Argumentation", em Keller; Roeders; Silbereisen (orgs.), *Newsletter Soziale Kognition*, v.3.

31 Klein, "Argumentation und Argument", op. cit., p.49. Cf. também Finocchiaro, "The Psychological Explanation of Reasoning: Logical and Methodological Problems", *Philosophy of the Social Sciences*, v.9, p.277ss., 1979.

De início, Klein define o domínio da fala argumentativa: "Em uma argumentação, tenta-se converter, com base no que já é coletivamente válido, algo coletivamente questionável em algo de coletivamente válido".[32] Os participantes da argumentação gostariam de decidir com razões entre pretensões de validade problemáticas; e estas extraem sua força de convencimento, em última instância, de um saber coletivamente partilhado e não problemático. A redução empirista do sentido da argumentação torna-se patente então na maneira como Klein emprega o conceito do que "é coletivamente válido". Ele entende por essa noção tão somente aquelas concepções que são factualmente partilhadas em determinadas épocas por determinados grupos; todas as relações internas entre o que é aceito *factualmente* como válido e o que deve ter *validez*, no sentido de uma pretensão que transcende as limitações locais, temporais e sociais, são apagadas por Klein nesse conceito: "O *válido* e o *questionável* são, portanto, relativos a pessoas e momentos".[33]

Ao restringir o que "é coletivamente válido" às convicções emitidas e aceitas sempre de maneira factual, Klein submete as argumentações a uma descrição que priva as tentativas de convencimento de uma dimensão decisiva. Conforme essa descrição, é certo que são razões o que motiva os participantes da argumentação a deixar-se convencer sobre algo; mas essas *razões são concebidas como ensejos opacos para mudanças de atitude*. A descrição de Klein neutraliza todos os critérios que possibilitariam uma avaliação da racionalidade das razões; ela proíbe ao teórico a perspectiva interna, a partir do qual poderia adotar os próprios critérios da avaliação. Na medida em que os conceitos aduzidos por Klein estão à nossa disposição, um argumento

---

32 Klein, "Argumentation und Argument", op. cit., p.19.
33 Ibidem, p.18. Para fins de ilustração, Klein se refere a um grupo sectário, que fundamenta a sentença segundo a qual a religião seria nociva ao povo com o apontamento de que isso se encontraria precisamente em Lênin. Nesse grupo, basta o apelo à autoridade de Lênin para converter algo "coletivamente questionável" em algo "coletivamente válido". Intencionalmente, Klein emprega esses conceitos de tal modo que se poupa a questão sobre que razões essas pessoas, que possivelmente nos parecem sectários, poderiam eventualmente oferecer a fim de convencer outras de que as explicações teóricas apresentadas por Lênin para os respectivos fenômenos são superiores às explicações concorrentes, por exemplo, as de Durkheim ou Weber.

conta tanto quanto qualquer outro, bastando que ele leve à "aceitação imediata de uma fundamentação".³⁴

O próprio Klein reconhece o perigo que surge para uma *lógica* da argumentação quando se substitui o conceito de validade por aquele de aceitação: "[...] nessa abordagem, poder-se-ia pensar, seriam suprimidas a verdade e a referência à realidade, das quais eventualmente também se deveria tratar em uma argumentação; parece assim que importaria nessa consideração somente quem se impõe, mas não quem tem razão; todavia, isso seria um grave erro [...]".³⁵

A lógica da argumentação exige um quadro conceitual que permita dar conta do fenômeno da peculiar coerção não coercitiva do melhor argumento: "O desdobramento de um argumento dessa espécie de modo algum é o acordo amistoso a respeito de opiniões quaisquer. O que vale coletivamente é às vezes, visto de maneira pragmática, muito desagradável para um dos participantes; mas, se resulta do válido em virtude de transições válidas, então vale precisamente — não importando se ele o quer ou não. É difícil se defender contra o pensamento. Passagens do válido ao válido se efetuam em nós, gostemos ou não."³⁶ Por outro lado, consequências relativistas são inevitáveis quando se concebe o que é coletivamente válido apenas como fatos sociais, ou seja, sem uma relação interna com a racionalidade das razões: "Parece [...] arbitrário que seja isso ou aquilo que valha para um indivíduo ou uma coletividade: uns creem nisso, outros, naquilo, e o que se impõe depende de acasos, de maior habilidade retórica ou de violência física. Isso leva a algumas consequências pouco satisfatórias. Dever-se-ia aceitar então que para um vale o 'Ama teu próximo como a ti mesmo', mas para o outro o 'Mata teu próximo se ele for um fardo para ti'. Seria também difícil discernir por que se continua pesquisando ou, de modo geral, procurando adquirir conhecimentos; para uns é válido que a Terra é um disco, para outros, que é uma esfera ou um peru; a primeira coletividade é a maior, a terceira a

---

34 Ibidem, p.16.
35 Ibidem, p.40.
36 Ibidem, p.30-1.

menor, a segunda a mais agressiva; não se pode conceder um direito maior a ninguém (embora, sem dúvida, a segunda concepção seja a correta)".³⁷

O dilema consiste agora em que Klein não gostaria de aceitar as consequências relativistas e, contudo, quer manter a perspectiva externa do observador. Ele se recusa a distinguir entre *a vigência social* e *validez* de argumentos: "Os conceitos de 'verdadeiro' e 'provável', que prescindem dos indivíduos cognoscentes e da forma como eles adquirem seu saber, talvez tenham um uso qualquer, mas são irrelevantes para as argumentações; aí importa o que é válido para os indivíduos".³⁸

Klein procura uma saída digna de nota para esse dilema: "A pedra de toque das diferenças no válido não é seu distinto conteúdo de verdade – pois quem decidiria sobre isso? –, mas a lógica da argumentação, eficaz de maneira imanente".³⁹ A expressão "eficácia" possui nesse contexto uma ambiguidade sistemática. Se argumentos são válidos, o discernimento das condições internas de sua validade pode ter uma força racionalmente motivadora. Mas os argumentos podem também ter influência sobre a atitude dos destinatários independentemente de sua validade, se eles são proferidos apenas sob condições externas que asseguram sua aceitação. Enquanto a "eficácia" pode ser explicada aqui com o auxílio de uma psicologia da argumentação, para a explicação do primeiro caso seria necessária uma lógica da argumentação. Klein postula, entretanto, um terceiro elemento, a saber, uma lógica da argumentação que investigue os *nexos de validade como regularidades empíricas*. Sem recorrer a conceitos de validade objetiva, ela se destina a apresentar as leis às quais estão submetidos os participantes da argumentação, eventualmente contra suas inclinações e indo de encontro às influências externas. Segundo essa teoria, o que *aparece* para os participantes como nexos internos entre proferimentos válidos precisa ser analisado como nexos externos entre eventos associados de maneira monológica.

Klein consegue driblar o dilema visto por ele próprio somente ao preço de um erro categorial (intencionalmente aceito?), quando exige da lógi-

---

37 Ibidem, p.47-8.
38 Ibidem, p.47.
39 Ibidem, p.48.

ca da argumentação uma tarefa que apenas poderia ser superada por uma teoria nomológica do comportamento observável: "Creio que na análise sistemática das argumentações factuais — bem como em cada *análise empírica* — são encontráveis *regularidades* relativamente sólidas, segundo as quais se dão as argumentações entre os seres humanos — precisamente a lógica da argumentação. E creio, para além disso, que esse conceito descortina muita coisa do que se entende comumente por 'racionalidade da argumentação'".[40] Klein quer estabelecer a lógica da argumentação na qualidade de uma teoria nomológica e, por isso, precisa assimilar regras a regularidades causais, razões a causas.[41]

Consequências paradoxais desse gênero resultam de uma tentativa de projetar a lógica da argumentação *exclusivamente* da perspectiva do desenrolar dos processos comunicativos, evitando analisar desde o princípio os processos de formação de consenso também como obtenção de um acordo racionalmente motivado e como resgate discursivo de pretensões de validade. A *restrição ao plano abstrato da retórica* tem por consequência que se negligencie a perspectiva interna de uma reconstrução de nexos de validade. Falta um conceito de racionalidade que permitisse estabelecer uma relação interna entre os *standards* "deles" e os "nossos", entre o que vale "para eles" e o que vale "para nós".

De modo interessante, Klein também fundamenta a eliminação da referência à verdade própria dos argumentos com o fato de que nem todas as pretensões de validade passíveis de contestação são redutíveis às pretensões

---

40 Ibidem, p.49-50.
41 É isso que explica por que Klein compara, por exemplo, desvios patológicos de regras da argumentação, de um modo altamente implausível, com a sobredeterminação de fenômenos físicos: "Evidentemente, em uma argumentação são eficazes ainda outras legalidades além de sua lógica, e nem tudo o que é dito em uma argumentação lhe corresponde. Da mesma maneira que as maçãs que caem seguem, sem dúvida, a lei da gravidade, e é possível estudar essa lei com base na queda das maçãs e no movimento relativo de outros corpos. Mas o movimento das maçãs é determinado também por outras leis. Menciono isso porque encaro a indicação de argumentações entre loucos tão pouco como objeção contra a explicação que acabo de ensaiar quanto se consideraria o lançamento de uma maçã para cima como objeção contra a lei da gravidade" (ibid., p.50).

de verdade. Em muitas argumentações não se trata "em geral de enunciados que se tenha de decidir com 'verdadeiro' ou 'provável', mas de questões como sobre o que é bom, o que é belo ou o que se deve fazer. Entende-se que aqui está em jogo tanto mais o que vale para determinados seres humanos em determinados pontos do tempo".[42] O conceito de verdade proposicional é, de fato, estreito demais para envolver tudo aquilo para o que os participantes da argumentação pretendem validade no sentido lógico. É por isso que a teoria da argumentação deve dispor de um conceito mais abrangente de validade, não restrito à pretensão de verdade. De modo algum resulta daí, entretanto, a necessidade de renunciar a conceitos de validade *análoga à verdade*, de eliminar do conceito de validade todos os momentos contrafactuais e de equiparar validez à aceitação, validez à vigência social.

O mérito da abordagem de Toulmin, eu o vejo justamente no fato de que ela permite uma pluralidade de pretensões de validade, sem ao mesmo tempo desmentir o sentido crítico de validade, transcendendo limitações espaçotemporais e sociais. Contudo, mesmo essa abordagem sofre ainda de uma falta de mediação clara entre os planos abstratos do lógico e do empírico.

Toulmin elege um ponto de partida na linguagem cotidiana que não o impele de início a distinguir entre esses dois planos. Ele recolhe exemplos de tentativas de influir argumentativamente sobre a postura de um participante da interação. Isso pode acontecer das seguintes maneiras: revelamos uma informação, levantamos uma pretensão de direito, levantamos objeções contra a adoção de uma nova estratégia (por exemplo, de política empresarial) ou contra uma nova técnica (por exemplo, de *slalom* ou de produção de aço), criticamos uma apresentação musical, defendemos uma hipótese científica, apoiamos um candidato na eleição para um cargo etc. Esses casos possuem em comum a forma da argumentação: esforçamo-nos em apoiar uma pretensão com boas razões; a qualidade das razões e de sua relevância pode ser questionada pela parte contrária; deparamo-nos com objeções e, dado o caso, somos impelidos a modificar o proferimento original.

Contudo, as argumentações se distinguem conforme o *gênero de pretensões* que o proponente gostaria de defender. As pretensões variam com os con-

---

42 Ibidem, p.47.

textos de ação. Estes podem ser caracterizados de início lançando-se mão de instituições, como tribunais de justiça, congressos científicos, reuniões de conselhos fiscais, consultas médicas, seminários de universidade, audiências parlamentares, discussões de engenheiros sobre a definição de um *design* etc.[43] A multiplicidade dos contextos em que se apresentam argumentações pode se submeter a uma análise funcional, reduzindo-se a poucas arenas ou "campos" sociais. A estes correspondem diversos tipos de pretensões e outros tantos tipos de argumentação. Portanto, Toulmin distingue entre o esquema geral, em que fixa as características invariáveis dos campos, e as regras de argumentação particulares e dependentes dos campos, as quais são constitutivas dos jogos de linguagem ou ordens de vida da jurisprudência, da medicina, da ciência, da política, da crítica de arte, da administração de empresas, do esporte etc. Não somos capazes de julgar a força dos argumentos nem entender a categoria das pretensões de validade que devem ser resgatadas com eles se não entendemos o sentido do respectivo *empreendimento* a ser promovido pela argumentação: "O que dá a argumentos jurídicos sua força no contexto dos processos judiciais reais? [...] O *status* e a força desses argumentos — enquanto argumentos *jurídicos* — podem ser plenamente entendidos apenas se os situamos em seus contextos práticos e reconhecemos as funções e propósitos que eles possuem no empreendimento real da jurisprudência. De modo similar, os argumentos levantados em uma discussão científica devem ser apresentados de uma maneira ordenada e pertinente se as pretensões iniciais devem ser criticadas de uma maneira racional, aberta a todos os interessados. Mas, finalmente, o que dá vigor e força a esses argumentos é, de novo, algo mais que sua estrutura e ordem. Só vamos entender plenamente seu *status* e sua força situando-os em seus contextos e reconhecendo a maneira como eles contribuem para o empreendimento mais amplo da ciência. Assim como argumentos jurídicos são bem fundados apenas na medida em que servem aos objetivos mais profundos do processo legal, argumentos científicos são bem fundados apenas na medida em que podem servir ao objetivo mais profundo de melhorar nosso entendimento científico. O mesmo se aplica a outros campos. En-

---

43 Toulmin; Rieke; Janik, op. cit., p.15.

tendemos a força fundamental dos argumentos médicos somente na medida em que entendemos o empreendimento da própria medicina. Igualmente para negócios, políticas ou qualquer outro campo. Em todos esses campos da atividade humana, raciocínio e argumentação encontram seu lugar como elementos centrais no interior do empreendimento humano mais amplo. E para marcar esse aspecto – o fato de que todas essas atividades confiam na apresentação e avaliação crítica de 'razões' e 'argumentos' – nos referiremos a elas todas como empreendimentos racionais".*44

No entanto, uma ambiguidade se adere a essa tentativa de reduzir a multiplicidade de tipos de argumentação e de pretensões de validade a distintos "empreendimentos racionais" e aos "campos de argumentação" institucionalizados de forma correspondente. Permanece obscuro se essas totalidades constituídas pelo direito, medicina, ciência, administração empresarial, arte e engenharia se diferenciam entre si apenas funcionalmente, por exemplo em termos sociológicos, ou também no plano da lógica da argumentação.

---

* Em inglês no original: "What gives judicial arguments their force in the context of actual court proceedings? [...] The status and force of those arguments – as judicial arguments – can be fully understood only if we put them back into their practical contexts and recognize what functions and purposes they possess in the actual enterprise of the law. Similarly the arguments advanced in a scientific discussion must be presented in an orderly and relevant manner if the initial claims are to be criticized in a rational manner, open to all concerned. But what finally gives strength and force to those arguments is, once again, something more than their structure and order. We shall understand their status and force fully only by putting them back into their original contexts and recognizing how they contribute to the larger enterprise of science. Just as judicial arguments are sound only to the extent that they serve the deeper goals of the legal process, scientific arguments are sound only to the extent that they can serve the deeper goal of improving our scientific understanding. The same is true in other fields. We understand the fundamental force of medical arguments only to the extent that we understand the enterprise of medicine itself. Likewise for business, politics, or any other field. In all these fields of human activity, reasoning and argumentation find a place as central elements within a larger human enterprise. And to mark this feature – the fact that all these activities place reliance on the presentation and critical assessment of 'reasons' and 'arguments' – we shall refer to them all as rational enterprises". (N. T.)

44 Ibidem, p.28.

Toulmin conceberia aqueles "empreendimentos racionais" como expressões institucionais de formas de argumentação que podem ser caracterizadas de maneira intrínseca, ou ele diferenciaria os campos da argumentação *unicamente* segundo critérios institucionais? Toulmin se inclina à segunda alternativa, ligada a ônus de prova menores.

Se nos servirmos da distinção, acima introduzida, dos aspectos de processo, procedimento e produto, Toulmin se satisfaz, para a lógica da argumentação, com o terceiro plano abstrato, no qual investiga a estrutura e a concatenação de cada argumento. Depois ele busca apreender a diferenciação em diversos campos de argumentação a partir dos pontos de vista da institucionalização. Com isso, acaba distinguindo no plano procedimental entre *padrões de organização* orientados ao conflito e orientados ao consenso[45] e, no plano do processo, entre *contextos de ação funcionalmente especificados*, nos quais a fala argumentativa se insere como mecanismo de solução de problemas. Esses diversos campos de argumentação devem ser investigados indutivamente; são acessíveis somente a uma análise que faz generalizações empíricas. Toulmin destaca cinco campos de argumentação *representativos*, a saber: direito, moral, ciência, administração de empresas e crítica de arte: "Ao estudá-los, identificaremos a maioria dos modos característicos de argumentação encontráveis em diferentes campos e empreendimentos e reconheceremos como refletem as metas subjacentes desses empreendimentos".*[46]

No entanto, essa declaração de intenções não é tão unívoca como eu a expus. Na realidade, Toulmin executa seu programa de tal maneira que retira dos modos de argumentação dependentes dos campos sempre o mesmo esquema de argumentação; nesse sentido, os cinco campos de argumentação podem ser concebidos como *diferenciações institucionais de um quadro conceitual universal* para as argumentações em geral. Segundo essa versão, a tarefa da ló-

---

45 Ibidem, p.279ss.

* Em inglês no original: "By studying them we shall identify most of the characteristic modes of reasoning to be found in different fields and enterprises, and we shall recognize how they reflect the underlying aims of those enterprises". (N. T.)

46 Ibidem, p.200.

gica da argumentação se limita a explicar um quadro para as argumentações possíveis. Assim, empreendimentos distintos como direito e moral, ciência, administração e crítica de arte deveriam sua racionalidade a esse cerne comum. Em outros contextos, porém, Toulmin se volta decididamente contra uma semelhante concepção universalista; ele dúvida da possibilidade de um acesso direto a um quadro fundamental e imutável de racionalidade. Dessa maneira, opõe ao procedimento a-histórico da teoria normativa da ciência de observância popperiana uma investigação histórico-reconstrutiva da mudança de concepção e de paradigma. O conceito de racionalidade deve tornar-se acessível unicamente a uma análise da mudança de empreendimentos racionais, empírica e historicamente dirigida.

Conforme essa versão, a lógica da argumentação deveria estender-se sobretudo àquelas concepções substanciais que constituíram primeiramente, no curso da história, a *respectiva* racionalidade de empreendimentos como ciência, técnica, direito, medicina etc. Toulmin visa a uma "crítica da razão coletiva" que evite tanto uma delimitação *a priori* de argumentações quanto definições abstratamente introduzidas de ciência, direito ou moral: "Quando empregamos expressões categoriais como 'ciência' e 'direito', não nos referimos à investigação atemporal de ideais abstratos, que seriam definidos independentemente de nossa compreensão mutável das necessidades e problemas dos homens em cada época, nem ainda ao que os homens, em um meio qualquer, resolveram chamar de 'ciência' ou 'direito'. Pelo contrário, trabalhamos com determinadas noções gerais, 'abertas' e historicamente mutáveis do que empreendimentos científicos e jurídicos *devem realizar*. Chegamos a essas noções substantivas à luz do conhecimento empírico, isto é, tanto dos objetivos que os homens se colocaram nos diversos meios ao desenvolverem as formas daqueles empreendimentos racionais como o tipo de êxito que de fato obtiveram em sua persecução".[47]

Contudo, Toulmin não gostaria de pagar o preço do relativismo por evitar critérios racionais *a priori*. Na mudança dos empreendimentos racionais e de seus *standards* de racionalidade, não se deve contar *unicamente* com o que

---

47 Toulmin, *Human Understanding*, op. cit., p.575-6.

os participantes tomam por "racional" em cada caso. O historiador que procede com propósito reconstrutivo precisa se orientar por um critério crítico, se quiser "comparar racionalmente" as figuras do espírito objetivo. Toulmin identifica esse critério com "o ponto de vista imparcial do juízo racional"; no entanto, como o Hegel da *Fenomenologia*, ele não quer *pressupor* arbitrariamente esse ponto de vista, mas *obtê-lo* a partir da apropriação conceitualizante do empreendimento racional coletivo realizado pela espécie humana.

Infelizmente, Toulmin não empreende nenhuma tentativa de analisar o *ponto de vista da imparcialidade*, apreendido de maneira bem genérica, e se expõe em virtude disso à objeção segundo a qual a lógica da argumentação, que ele desenvolve somente no plano do esquema geral da argumentação, mas não nos planos do procedimento e do processo, ficaria entregue a noções de racionalidade *preexistentes*. Na medida em que Toulmin não esclarece os pressupostos e os procedimentos comunicativos universais da busca cooperativa da verdade, ele tampouco pode indicar, nos termos da pragmática formal, o que significa adotar como participante da argumentação um ponto de vista imparcial. Essa "imparcialidade" não se depreende pela estrutura dos argumentos utilizados, ela somente se deixa explicar lançando-se mão das condições do resgate discursivo de pretensões de validade. E esse conceito fundamental da teoria da argumentação remete, por sua vez, aos conceitos fundamentais do acordo racionalmente motivado e do assentimento de um auditório universal: "Embora Toulmin reconheça que a validade de uma pretensão [...] é em última instância estabelecida por decisões consensuais produzidas pela comunidade, apenas implicitamente ele reconhece a diferença crucial entre decisões consensuais justificadas e injustificadas. Toulmin não diferencia claramente entre esses tipos distintos de consenso".[48] Ele não avança a lógica da argumentação longe o suficiente, a ponto de penetrar nos domínios da dialética e da retó-

---

48 Burleson, "On the Foundations of Rationality", op. cit., p.112; cf. Fischer, "Toward a Logic of Good Reasons", *Quarterly Journal of Speech*, v.64, p.376ss., 1978. [Em inglês no original: "Although Toulmin recognizes that the validity of a claim [...] is ultimately established by community-produced consensual decisions, he only implicitly recognizes the crucial difference between warranted and unwarranted consensually achieved decisions. Toulmin does not clearly differentiate between these distinct types of consensus". (N. T.)]

rica. Não faz as cesuras corretas entre as *expressões institucionais* contingentes das *argumentações*, de um lado, e as *formas de argumentação* determinadas por suas estruturas internas, de outro.

Em primeiro lugar, isso se aplica à delimitação tipológica entre uma instituição de argumentações orientada ao conflito e uma orientada ao entendimento. Debates judiciais e formação de compromissos servem a Toulmin como exemplos de argumentações que são organizadas como *disputas*; discussões científicas e morais, mas também a crítica de arte, servem-lhe como exemplos de argumentações que são instituídas como *processos para obtenção de acordo*. Mas, de fato, modelos de conflito e de consenso não se justapõem na qualidade de formas de organização em pé de igualdade. A negociação de compromissos não serve em absoluto para um resgate estritamente discursivo de pretensões de validade, mas para o ajuste de interesses não passíveis de universalização com base em posições de poder equilibradas. A argumentação perante tribunais se distingue (como outras espécies de discussão jurídica, por exemplo, deliberações entre juízes, debates sobre a dogmática, comentários sobre as leis etc.) dos discursos práticos universais em virtude do vínculo com o direito vigente, e também devido às restrições especiais de uma ordem processual que levam em conta a necessidade de uma decisão autorizada e da orientação para o êxito que caracteriza as partes em litígio.[49] Contudo, a argumentação perante tribunais contém elementos essenciais que conseguimos apreender apenas segundo o modelo da argumentação moral, de modo geral o modelo da discussão sobre a correção de enunciados normativos. Por isso, *todas* as argumentações, refiram-se elas quer a questões de direito e de moral, quer a hipóteses científicas, quer a obras de arte, exigem a *mesma* forma de organização fundamental da busca cooperativa da verdade, que subordina os meios da erística ao objetivo de formar convicções intersubjetivas por força dos melhores argumentos.

---

49 Essa circunstância me movera de início a conceber as sessões judiciais como ação estratégica (Habermas; Luhmann, *Theorie der Gesellschaft*, p.200-1). Entrementes, deixei-me convencer por R. Alexy de que argumentações jurídicas devem ser concebidas em todas as suas expressões institucionais como caso especial de discurso prático. Cf. Alexy, *Theorie juristischer Argumentation*, p.263ss.

Mas é principalmente na classificação dos campos de argumentação que se torna patente que Toulmin não distingue com clareza entre a diferenciação internamente motivada das diversas *formas de argumentação* e a diferenciação institucional dos diversos *empreendimentos racionais*. Parece-me que o erro reside em que Toulmin não separa com nitidez *pretensões convencionais*, dependentes dos contextos de ação, e *pretensões de validade universais*. Consideremos alguns de seus exemplos preferidos:

(1) Os Oakland Raiders são uma certeza para a *Super Bowl* deste ano.
(2) A epidemia foi causada por uma infecção bacteriana transmitida de ala a ala pelo equipamento do serviço de alimentação.
(3) O melhor plano de ação provisório da companhia é colocar esse dinheiro em bônus municipais de curto prazo.
(4) Estou autorizado a ter acesso a qualquer documento relativo às demissões de pessoal em nossa firma.
(5) Você deveria fazer mais esforços para recrutar mulheres nos cargos executivos.
(6) Essa nova versão de *King Kong* faz mais sentido em termos psicológicos do que o original.
(7) Os aspargos pertencem à família das liliáceas.*

As proposições de 1 a 7 representam proferimentos com que um proponente pode levantar uma pretensão em face de um oponente. Na maioria dos casos, o tipo de pretensão se depreende apenas pelo contexto. Se um fã de esportes fecha com outro uma aposta, proferindo a proposição 1, não se trata absolutamente de uma pretensão de validade resgatável com argumentos, mas de uma pretensão de vitória, que é decidida segundo regras de

---

* Em inglês no original: "(1) The Oakland Raiders are a certainty for the Super Bowl this year./ (2) The epidemic was caused by a bacterial infection carried from ward to ward on food-service equipment./ (3) The company's best interim policy is to put this money into short term municipal bonds./ (4) I am entitled to have access to any papers relevant to dismissals in our firm's personnel files./ (5) You ought to make more efforts to recruit women executives./ (6) This new version of KING KONG makes more psychological sense than the original./ (7) Asparagus belongs to the order of Liliaceae". (N. T.)

jogo convencionais. Em contrapartida, se a proposição 1 é proferida em um debate entre especialistas esportivos, trata-se de um prognóstico que pode ser apoiado ou contestado com razões. Mesmo nos casos em que já se depreende pelas proposições que elas somente podem ser proferidas em vínculo com pretensões de validade discursivamente resgatáveis, apenas o contexto decide sobre o *tipo* de pretensão de validade. Assim, leigos interessados ou biólogos podem debater sobre a classificação botânica de "aspargo", proferindo a proposição 7; nesse caso, o falante levanta a pretensão de verdade de uma proposição. Se, em contrapartida, um professor em aula de biologia está explicando a taxonomia de Lineu e corrigindo um aluno que não classifica corretamente o "aspargo", ao proferir a proposição 7, ele levanta a pretensão de inteligibilidade de uma regra semântica.

Isso tampouco quer dizer que os campos de argumentação discriminam suficientemente entre os diversos tipos de pretensão de validade. Embora as proposições 4 e 5 possam ser atribuídas a campos de argumentação distintos, a saber, o direito e a moral, um falante pode levantar com esses proferimentos, sob condições *standard*, somente pretensões de validade normativa: nos dois casos, ele se reporta a uma norma de ação; no caso de 4, a norma é abarcada presumivelmente pelos estatutos da empresa, tendo por isso caráter jurídico.

Acresce que a mesma pretensão de validade, trate-se de verdade proposicional ou de correção normativa, apresentam-se em formas modalizadas. Afirmações que são formadas com base em proposições predicativas simples, enunciados gerais ou proposições de existência, em analogia com promessas ou ordens formadas com base em proposições de dever singulares ou gerais, podem ser entendidas como paradigmáticas para o *modus fundamental* dos proferimentos capazes de ser verdadeiros ou corretos. Mas em predições como 1, explicações como 2 ou descrições classificatórias como 7, em autorizações como 4 ou advertências como 5, torna-se evidente que o *modus* de um proferimento significa normalmente algo de mais específico: expressa também a perspectiva espaçotemporal ou objetiva a partir da qual o falante se refere a uma pretensão de validade.

Campos de argumentação como medicina, administração de empresas, políticas etc. referem-se no essencial a proferimentos capazes de ser verdadeiros, mas distinguem-se na relação com a práxis. Uma recomendação estratégica (ou tecnológica) como na proposição 3 se associa imediatamente a uma pretensão de eficácia das medidas aconselhadas; com isso, ela se apoia na verdade dos prognósticos, das explicações ou das descrições correspondentes. Inversamente, um proferimento como 2 apresenta uma explicação da qual derivam, sem mais, recomendações técnicas em contextos práticos, por exemplo nos serviços sanitários, valendo-se do imperativo de impedir a propagação de epidemias.

Essas e outras considerações análogas depõem contra a tentativa de fazer da expressão institucional de campos de argumentação o fio condutor da lógica da argumentação. Pelo contrário, as diferenciações externas principiam por diferenciações internas entre formas distintas de argumentação, as quais permanecem fechadas a um exame dirigido às funções e aos fins dos empreendimentos racionais. As formas de argumentação diferenciam-se segundo pretensões de validade universais, que frequentemente são *reconhecíveis* apenas no vínculo com o contexto de um proferimento, mas que não são *constituídas* apenas pelos contextos e pelos âmbitos de ação.

Se isso for correto, caberá à teoria da argumentação, no entanto, um ônus de prova considerável; pois, nesse caso, ela tem de poder indicar um *sistema de pretensões de validade*.[50] Contudo, ela não precisa apresentar, para um semelhante sistema, nenhuma "dedução" no sentido das deduções transcendentais; é suficiente um procedimento fiável para examinar as hipóteses reconstrutivas correspondentes. Aqui me contentarei com uma consideração preliminar.

Uma pretensão de validade pode ser levantada por um falante em face de (pelo menos) um ouvinte. Normalmente, isso acontece de maneira implícita. Ao emitir uma proposição, o falante levanta uma pretensão que, se o fizesse de modo explícito, poderia assumir a forma: "é verdadeiro que p" ou "é correto que h", ou ainda "eu penso o que digo quando profiro s aqui e agora", no que p representa um enunciado, h a descrição de uma ação, e s uma declaração de vivência. Uma *pretensão de validade* é equivalente à afir-

---

50 Sobre o nexo entre teoria das pretensões de validade e a lógica da argumentação, cf. Völzing, *Begründen, Erklären, Argumentieren*, p.34ss.

mação de que são cumpridas as *condições* para a *validez* de um proferimento. Não importa se o falante levanta uma pretensão de validade implícita ou explicitamente; o ouvinte tem apenas a escolha de aceitar a pretensão de validade, rejeitá-la ou deixá-la em suspenso por ora. As reações admissíveis são tomadas de posição de sim e não ou abstenções. No entanto, nem todo "sim" ou "não" para uma proposição proferida com intenção comunicativa é uma tomada de posição sobre uma pretensão de validade criticável. Se denominamos "imperativos" as exigências não autorizadas, isto é, arbitrárias, então um "sim" ou "não" para um imperativo expressam igualmente assentimento ou recusa, mas isso apenas no sentido da disposição ou da recusa de obedecer à manifestação da vontade de um outro. Essas próprias tomadas de posição de sim e não sobre *pretensões de poder* são expressão de um *arbítrio*. Em contrapartida, tomadas de posição de sim e não sobre pretensões de validade significam que o ouvinte assente *com razões* ou não assente a um proferimento criticável; essas tomadas de posição são expressão de um *discernimento*.[51]

Se repassarmos agora a lista, reproduzida anteriormente, de exemplos de proposições do ponto de vista do que um ouvinte poderia consentir ou negar em cada caso, resultarão as seguintes pretensões de validade: caso a proposição 1 seja vista como um prognóstico, o ouvinte toma posição com sim ou não sobre a *verdade de uma proposição*. O mesmo se aplica à proposição 2. Um sim ou não sobre 4 significa a tomada de posição sobre uma pretensão de direito, de modo mais geral, sobre a *correção normativa de uma maneira de agir*. O mesmo se aplica à proposição 5. Uma tomada de posição sobre 6 significa que o falante considera *adequada* ou não a *aplicação de um standard de valor*. Conforme a frase 7 seja utilizada no sentido de uma descrição ou como explicação de uma regra semântica, o ouvinte refere-se, com sua tomada de posição, ou a uma pretensão de verdade ou a uma pretensão de inteligibilidade e de boa conformação.

O modo básico desses proferimentos se define segundo as pretensões de validade implicitamente levantadas com eles: verdade, correção, adequabili-

---

51 Tugendhat descuida dessa importante distinção. Cf. Tugendhat, *Vorlesungen zur Einführung in die sprachanalytische Philosophie*, p.76-7 e p.219ss.

dade, inteligibilidade (ou boa conformação). Também uma *análise semântica das formas de enunciado* leva aos mesmos modos. Proposições descritivas que servem, no sentido mais amplo, para constatar fatos podem ser afirmadas ou negadas sob o aspecto da verdade de uma proposição; proposições normativas (ou proposições de dever) que servem para justificar ações, sob o aspecto da correção (ou da "justiça") de uma maneira de agir; proposições valorativas (ou juízos de valor) que servem para valorizar algo, sob o aspecto da adequabilidade do *standard* de valor (ou do "bom");[52] e explicações

---

52 Refiro-me aqui apenas a juízos de valor "genuínos", aos quais subjazem *standards* de valor de tipo não descritivo. Valorações que servem para situar algo em uma hierarquia segundo critérios descritivamente aplicáveis podem ser formulados como enunciados suscetíveis de verdade e não pertencem a juízos de valor em sentido estrito. É nesse sentido que P. W. Taylor distingue entre *value grading* [graduação de valores] e *value ranking* [ordenação de valores]: "In order to make clear the difference between value gradings and value rankings, it is helpful to begin by considering the difference between two meanings of the word 'good'. Suppose we are trying to decide whether a certain president of the United States was a good president. Do we mean good as far as presidents usually go? Or do we mean good in an absolute sense, with an ideal president in mind? In the first case, our class of comparison is the thirty-five men who have actually been president. To say that someone was a good president in this sense means that he was better than average. It is to claim that he fulfilled certain standards to a higher degree than most of the other men who were president. 'Good' is being used as a ranking word. In the second case, our class of comparison is not the class of actual presidents but the class of all possible (imaginable) presidents. To say that a certain president was good in this sense means that he fulfilled to a high degree those standards whose complete fulfillment would define an ideal president. 'Good' is here used as a grading word. It is not possible to specify exactly to what degree the standards must be fulfilled for a man to be graded as a good president rather than as mediocre or bad. That depends on what standards one is appealing to (that is, what conception of an ideal president one has in mind), how clearly those standards are defined, to what extent the degrees to which they can be fulfilled are measurable, and how distant from reality is one's ideal" (Taylor, *Normative Discourse*, p.7-8). ["Para tornar clara a diferença entre graduações de valores e ordenações de valores, é útil começar pela consideração da diferença entre os dois significados do termo 'bom'. Suponhamos que estamos tentando decidir se um certo presidente dos Estados Unidos foi um bom presidente. Pensamos em 'bom' referindo-nos ao que é usual para presidentes? Ou pensamos em 'bom' em um sentido absoluto, com um ideal de presidente

que servem para explanar operações como falar, classificar, calcular, deduzir, julgar etc., sob o aspecto da inteligibilidade ou boa conformação das expressões simbólicas.

Partindo da análise das formas de enunciado, é possível esclarecer as condições semânticas sob as quais uma proposição correspondente *é válida*. Porém, assim que a análise progride até as possibilidades de fundamentar a validade dos enunciados, tornam-se patentes as *implicações pragmáticas* do conceito de validade. O que significa fundamentação somente é explicável lançando-se mão das condições de um resgate discursivo de pretensões de validade. Mas, visto que enunciados descritivos, normativos, valorativos, explicativos e, além destes, também os expressivos se distinguem segundo sua forma, são justamente as análises semânticas que chamam a atenção para o fato de que, junto com a forma do enunciado, altera-se de maneira específica também o *sentido da fundamentação*. A fundamentação de enunciados descritivos significa a demonstração da existência de estados de coisas; a fundamentação de enunciados normativos, a demonstração da aceitabilidade de ações ou normas de ação; a fundamentação de enunciados valorativos, a demonstração da preferência por certos valores; a fundamentação de enunciados expressivos, a demonstração da transparência de autorrepresentações; e a fundamentação de enunciados explicativos, a demonstração

---

na mente? No primeiro caso, nossa classe de comparação são os 35 homens que foram de fato presidentes. Dizer que alguém foi um bom presidente nesse sentido significa que ele foi *melhor que a média*. É pretender que ele cumpriu certos *standards* em um grau superior ao da maior parte dos outros homens que foram presidentes. 'Bom' foi usado como um termo ordenador. No segundo caso, nossa classe de comparação não é a classe dos reais presidentes, mas a classe de todos os presidentes possíveis (imagináveis). Dizer que um certo presidente foi bom nesse sentido significa que ele cumpriu em alto grau aqueles *standards* cujo cumprimento completo definiria um presidente ideal. 'Bom' é usado aqui como termo graduador. Não é possível especificar exatamente em que grau os *standards* devem ser cumpridos para que um homem seja qualificado como um bom presidente em vez de medíocre ou ruim. Isso depende dos *standards* a que estamos apelando (isto é, da concepção de um presidente ideal que temos em mente), da clareza com que esses *standards* são definidos, da possibilidade de medir o grau em que podem ser cumpridos e da distância do nosso ideal em relação à realidade." (N. T.)]

de que as expressões simbólicas foram geradas em conformidade com as regras. O sentido das pretensões de validade diferenciadas de maneira correspondente se explicita então de tal modo que são especificadas as condições sob as quais pode ser levada em cada caso uma tal demonstração segundo a lógica da argumentação.

Neste lugar, não posso investigar mais amplamente os pontos de apoio que a semântica formal oferece para sistematizar as pretensões de validade, mas gostaria ainda de indicar duas restrições que são importantes para uma teoria das pretensões de validade: pretensões de validade não estão contidas *apenas* em proferimentos comunicativos; e nem *todas* as pretensões de validade contidas em proferimentos comunicativos possuem um contato direto com formas correspondentes de argumentação.

A proposição 6 é um exemplo de valorização estética; esse enunciado valorativo refere-se ao valor de um filme. Com isso, o filme é considerado uma obra que se apresenta ela mesma com uma pretensão, digamos, com a pretensão de exposição autêntica, de uma corporificação instrutiva de experiências exemplares. Podemos imaginar então que, em uma discussão sobre a valorização comparativamente positiva do *remake*, que segundo a opinião do falante desdobra com sutileza a ambivalência da relação entre King Kong, o monstro, e sua vítima, o *standard* de valor aplicado de início ingenuamente por ele é, por sua vez, questionado e tematizado. Um deslocamento análogo ocorre em argumentações morais quando a própria norma de que se valeu na justificação de uma ação problemática é posta em dúvida. Assim, a proposição 5 poderia ser entendida também no sentido de uma proposição de dever geral ou de uma norma para cuja pretensão de validade um ouvinte cético requer uma justificação. De modo semelhante, o discurso que se liga a 2 pode se deslocar para as hipóteses teóricas subjacentes sobre as doenças infecciosas. Assim que sistemas de ação culturais como ciência, direito e arte se diferenciam, as argumentações estabilizadas em instituições e organizadas em profissões, ou seja, conduzidas por *experts*, referem-se a essas *pretensões de validade de nível superior*, ligadas não a proferimentos comunicativos individuais, mas a objetivações culturais, a obras de arte, normas morais e jurídicas ou a teorias. De resto, é nesse nível de saber culturalmente armazenado e objetivado que residem também tecnologias e estratégias em que o saber teórico ou profissionalmente prático se organiza sob determinadas relações com a práxis, como a medicina, o serviço sanitário, a técnica militar, a administração de empresas etc. Em que pese essa *diferença de nível*, a análise de proferimentos individuais que são emitidos com intenção comunicativa continua sendo um ponto de partida heuristicamente fecundo para sistematizar pretensões de validade, visto que não se apresenta no nível das objetivações culturais nenhuma pretensão de validade que não esteja contida *também* em manifestações comunicativas.

Por outro lado, não é por acaso que, entre os exemplos aduzidos de proferimentos criticáveis e, por assim dizer, capazes de conexão com argumentações, não se encontra nenhuma proposição do tipo:

(8) Como tenho de confessar-lhe, estou inquieto com o mau estado em que se encontra meu colega desde que voltou do hospital.

À primeira vista, isso é surpreendente, pois tais proposições expressivas proferidas em primeira pessoa se vinculam inteiramente a uma pretensão de validade. Um outro colega poderia perguntar, por exemplo: "Você realmente pensa [*meint*] isso, ou não está também um pouco aliviado por ele não poder concorrer com você no momento?". Proposições expressivas que servem para manifestar vivências podem ser aceitas ou negadas sob o aspecto da veracidade da autorrepresentação de um falante. Todavia, a pretensão de veracidade vinculada a proferimentos expressivos não é do tipo que possa ser resgatada imediatamente com argumentos, como as pretensões de verdade ou de correção. No máximo, o falante pode mostrar pela coerência de sua ação que ele pensa realmente o que disse. A veracidade de expressões não pode *se fundamentar*, mas apenas *se mostrar*; e a inveracidade pode *se trair* na falta de consistência entre um proferimento e as ações internamente vinculadas a ele.

No entanto, a crítica de um terapeuta aos autoenganos de seu analisando também pode ser entendida como tentativa de influenciar atitudes com base em argumentos, isto é, como tentativas de *convencer* o outro. Até no diálogo analítico, o paciente que não se conhece a si mesmo em seus desejos e sentimentos, que está preso a ilusões sobre suas vivências, deve ser levado por meio de argumentos a enxergar a inveracidade de suas manifestações expressivas, não percebida até então. Porém, não existe aqui, entre a pretensão de veracidade de uma proposição de vivência proferida com intenção comunicativa e a fala argumentativa, a mesma relação existente entre uma pretensão de validade tornada problemática e a disputa discursiva. A argumentação não se conecta aqui do mesmo modo com a pretensão de validade contida na manifestação comunicativa. Pois, em um diálogo terapêutico dirigido ao autoconhecimento, não são satisfeitas condições importantes de um discurso: a pretensão de validade não é reconhecida desde o princípio como problemática; o analisando não assume para o dito uma atitude hipotética; de modo algum são excluídos, por sua vez, todos os motivos além daquele da busca cooperativa da verdade; não existem tampouco relações simétricas entre os interlocutores etc. Contudo, segundo a concepção psicanalítica, a força terapêutica do diálogo analítico se baseia *também* na força de convencimento dos argumentos empregados nele. Para dar conta dessas circunstâncias especiais em uma terminologia adequada, falo de "crítica" em vez de "discurso" sempre que argumentos são empregados sem que os participantes tenham de *pressupor* como cumpridas as condições de uma situação de fala livre de coerções externas e internas.

Algo diferente se passa com as relações na discussão de *standards* de valor, para a qual a crítica estética fornece o modelo.[53] Mesmo em disputas sobre questões de gosto confiamos na força de motivação racional do melhor argumento, ainda que uma disputa desse gênero divirja de modo característico de controvérsias sobre questões de verdade e de justiça. Se nossa descrição antes aludida é correta,[54] cabe aqui aos argumentos o papel peculiar de abrir os olhos dos participantes, isto é, de *conduzi-los* a uma percepção estética autenticadora. Mas, sobretudo, o tipo de pretensão de validade com que se apresentam valores culturais não transcendem as limitações locais da mesma maneira radical que pretensões de verdade e de correção. Valores culturais não são válidos como universais; como o próprio nome diz, restringem-se ao horizonte do mundo da vida de uma determinada cultura. Valores somente podem se tornar plausíveis no contexto de uma forma de vida particular. Daí

---

53 Zimmermann, *Sprachanalytische Ästhetik*, p.145ss.
54 Cf. acima.

a crítica de *standards* de valor presumir uma pré-compreensão comum dos participantes da argumentação que não está à disposição, mas, pelo contrário, constitui e limita ao mesmo tempo o âmbito das pretensões de validade tematizadas.[55] Unicamente a verdade de proposições, a correção de normas de ação morais e a inteligibilidade ou boa conformação de expressões simbólicas são, segundo seu sentido, pretensões de validade universais que podem ser examinadas em discursos. Apenas em discursos teóricos, práticos e explicativos os participantes da argumentação devem partir do pressuposto (amiúde contrafactual) de que as condições de uma situação ideal de fala são satisfeitas com suficiente aproximação. Pretendo falar de "discursos" somente quando o sentido da pretensão de validade problematizada obriga conceitualmente os participantes a supor que, em princípio, um acordo racionalmente motivado poderia ser obtido, sendo que "em princípio" expressa a reserva idealizadora: contanto que a argumentação possa ser conduzida com suficiente abertura e prosseguida durante um tempo suficiente.[56]

---

55 Cf. o relatório de conferências *Werte in kommunikativen Prozessen*, organizado por G. Grossklaus e E. Oldemeyer.
56 Sobre essa teoria da verdade da pragmática formal que remonta a Peirce, cf. Scheit, *Studien zur Konsensustheorie der Wahrheit*.

2
Algumas características da compreensão mítica e da compreensão moderna do mundo

O excurso pela antecâmara da teoria da argumentação destinava-se a completar nossas determinações provisórias sobre o conceito de racionalidade. Havíamos nos servido do emprego da expressão "racional" como um fio condutor para clarificar as condições de racionalidade tanto de manifestações quanto de sujeitos capazes de falar e agir. No entanto, devido a seu recorte individualista e a-histórico, esse conceito não é utilizável sem mais para uma consideração sociológica.

Mesmo quando se trata de julgar a racionalidade de pessoas em particular, não basta recorrer a esta ou aquela manifestação. Pelo contrário, coloca-se a questão de saber se A ou B, ou um grupo de indivíduos, se comportam *em geral* racionalmente, se é permitido esperar sistematicamente que existam boas razões para suas manifestações e que estas sejam corretas ou bem-sucedidas na dimensão cognitiva, confiáveis ou lúcidas na dimensão prático-moral, inteligentes ou claras na dimensão valorativa, sinceras e autocríticas na dimensão expressiva, compreensíveis na dimensão hermenêutica, ou "racionais" até mesmo em todas essas dimensões. Se nesses aspectos, passando por diversos âmbitos de interação e por longos períodos (talvez até mesmo pelo intervalo de tempo de uma vida), delineia-se um efeito sistemático, falamos também da racionalidade de uma *conduta de vida*. E nas condições socioculturais de uma semelhante conduta se espelha talvez a racionalidade de um *modo de vida* (*Lebensführung*) não apenas partilhado por indivíduos, mas também por coletividades.

A fim de esclarecer o difícil conceito de *mundo da vida* (*Lebenswelt*) racionalizado, partiremos do conceito de racionalidade comunicativa e investigaremos as estruturas do mundo da vida que possibilitam a indivíduos e grupos orientações racionais para a ação. Todavia, o conceito de mundo da vida é demasiado complexo para que possa explicitá-lo satisfatoriamente no quadro de uma introdução.[1] Em vez disso, começarei referindo-me aos sistemas culturais de interpretação ou imagens de mundo, que espelham o saber de fundo dos grupos sociais, garantindo uma coerência na multiplicidade de suas orientações da ação. Portanto, vou inquirir inicialmente as condições que as estruturas das imagens de mundo orientadoras da ação têm de cumprir, se deve ser possível uma conduta racional para aqueles que partilham uma tal imagem de mundo. Esse procedimento oferece duas vantagens: de um lado, obriga-nos a passar da análise conceitual a uma análise empiricamente direcionada, procurando as estruturas de racionalidade corporificadas simbolicamente em imagens de mundo; e, de outro lado, obriga-nos a não supor como universalmente válidas, sem maiores exames, as estruturas de racionalidade determinantes da compreensão moderna do mundo, mas, pelo contrário, a considerá-las de uma perspectiva histórica.

Ao tentarmos aclarar o conceito de racionalidade com base no emprego da expressão "racional", tivemos de nos apoiar em uma *pré-compreensão* que é ancorada em atitudes de consciência modernas. Partimos até agora do pressuposto ingênuo de que nessa compreensão moderna do mundo se expressam estruturas de consciência que pertencem a um mundo da vida racionalizado e que, em princípio, possibilitam uma conduta racional. À nossa *compreensão ocidental do mundo* vinculamos implicitamente uma pretensão de *universalidade*. Para ver o que a pretensão de universalidade acarreta, é recomendável uma comparação com a compreensão mítica do mundo. Nas sociedades arcaicas, os mitos cumprem de modo exemplar a função de fundar unidade, própria das imagens de mundo. Ao mesmo tempo, constituem nas tradições culturais acessíveis a nós o contraste mais agudo com a compreensão de mundo dominante em sociedades modernas. Imagens de mundo míticas estão muito longe de possibilitar orientações de ação racionais no nosso sentido. No que diz respeito às condições da conduta racional no sentido indicado, elas formam uma oposição com a compreensão moderna do mundo. É no espelho do pensamento mítico que devem

---

[1] Cf. no volume II, p.182ss.

ser visíveis, por esse motivo, os pressupostos do pensamento moderno, até aqui não tematizados.

Ora, a discussão mais antiga sobre as teses de Levy-Bruhl acerca da "mentalidade dos povos primitivos"[2] mostra que não devemos postular para o pensamento "selvagem" nenhuma etapa "pré-lógica" do conhecimento e da ação.[3] Os célebres estudos de Evans-Pritchard sobre as crenças mágicas da tribo africana dos Zandes confirmaram que as diferenças entre o pensamento mítico e o moderno não residem no plano das operações lógicas.[4] O grau de racionalidade de imagens de mundo não varia evidentemente com a

---

2 Levy-Bruhl, *La Mentalité primitive*.
3 Cassirer, *Philosophie der symbolischen Formen*, v.II: Das mythische Denken; Horton; Levy-Bruhl, "Durkheim and the Scientific Revolution", em Horton; Finnegan (orgs.), *Modes of Thought*, p.249ss.
4 Evans-Pritchard, *Witchcraft, Oracles and Magic among the Azande*. Evans-Pritchard resume sua crítica a Levy-Bruhl ("Levy-Bruhl's Theory of Primitive Mentality", *Bulletin of the Faculty of Arts*, v.2, p.1ss., 1934) como se segue:
"O fato de que atribuímos a chuva unicamente às causas meteorológicas, enquanto os selvagens creem que deuses, espíritos ou a magia poderiam influir na chuva, não é nenhuma prova de que nossos cérebros funcionam de maneira diferente dos deles. [...] Não cheguei a essa conclusão por mim mesmo, por observação e inferências; na realidade, tinha apenas poucos conhecimentos dos processos meteorológicos que levam à chuva. Aceito simplesmente o que qualquer outra pessoa também aceita em minha sociedade: que a chuva tem causas naturais. [...] Em conformidade com isso, um selvagem que crê poder, sob condições naturais e rituais apropriados, influir na chuva por meios mágicos adequados não deve ser considerado menos inteligente. Ele não chegou a essa crença em virtude de observações e deduções próprias, mas antes a assumiu da mesma maneira que assumiu a herança cultural restante, ou seja, porque cresceu nessa cultura. Nós dois pensamos com os padrões intelectuais que nos foram preparados pelas sociedades em que vivemos. Seria absurdo dizer que o selvagem pensa de maneira mística sobre a chuva e nós, ao contrário, de modo científico. Nos dois casos estão implicados processos mentais similares e o conteúdo do pensamento foi obtido de maneira análoga. Podemos, no entanto, dizer que o conteúdo social de nosso pensamento sobre a chuva é científico e conforme a fatos objetivos, enquanto o conteúdo social do pensamento selvagem é não científico, uma vez que não é conforme à realidade e, ademais, místico, na medida em que aceita a existência de forças suprassensíveis" (citado segundo Kippenberg, "Zur Kontroverse über das Verstehen fremden Denkens", em Kuppenberg; Luchesi (orgs.), *Magie*, p.33-4).

etapa do desenvolvimento cognitivo dos indivíduos que orientam sua ação por elas. Devemos partir do fato de que os membros adultos de sociedades tribais primitivas podem adquirir basicamente as mesmas operações formais que os membros de sociedades modernas, ainda que as competências de nível superior apresentem-se ali menos frequentemente e se apliquem de forma seletiva, isto é, em âmbitos mais restritos da vida.[5] A racionalidade das imagens de mundo mede-se não por propriedades lógicas e semânticas, mas pelas categorias de que os indivíduos dispõem para interpretar seu mundo. Poderíamos também falar das "ontologias" que estão inseridas nas estruturas da imagem de mundo, caso esse conceito, que, como se sabe, provém da tradição da metafísica grega, não se restringisse a uma relação especial com o mundo, a uma relação cognitiva com o mundo do ente. Um conceito adequado que inclua tanto a relação com o mundo social e com o mundo subjetivo quanto a relação com o mundo objetivo não foi desenvolvido na filosofia. A teoria da ação comunicativa deve reparar essa falta.

De início, vou caracterizar a traços largos a compreensão mítica do mundo. Nesse contexto, limito-me por simplicidade aos resultados das investigações estruturalistas de C. Lévi-Strauss, sobretudo àquelas que M. Godelier sublinha (1). Com esse pano de fundo, delineiam-se as categorias constitutivas da compreensão moderna do mundo e, por isso, intuitivamente familiares a nós. Assim, com a distância da antropologia cultural, recuperamos a conexão com o conceito de racionalidade já introduzido (2). A discussão que P. Winch desencadeou com um ensaio provocativo sobre o caráter convencional da racionalidade científica oferecerá o ensejo para explicar em que sentido a compreensão moderna do mundo pode pretender universalidade (3). Por fim, retomo o conceito de Piaget de descentramento para sugerir a perspectiva evolucionária que podemos adotar se quisermos afirmar, com Max Weber, um processo histórico-universal de racionalização das imagens de mundo. Esse processo desemboca em uma compreensão de mundo que abre caminho para uma racionalização do mundo da vida (4).

---

5 Cole et al., *The Cultural Concept of Learning and Thinking*; Dasen, "Cross-Cultural Piagetian Research", *Journal of Cross-Cultural Psychology*, v.3, p.23ss., 1972; Lloyd, *Perception and Cognition*.

(1) Estruturas da compreensão mítica do mundo segundo M. Godelier

Quanto mais fundo se penetra na rede de uma interpretação mítica do mundo, tanto mais fortemente desponta a força totalizante do pensamento selvagem.[6] Por um lado, nos mitos são assimiladas informações abundantes e exatas sobre o entorno natural e social, ou seja, conhecimentos geográficos, astronômicos, meteorológicos, conhecimentos sobre a fauna e a flora, sobre relações econômicas e técnicas, sobre complexas relações de parentesco, sobre ritos, práticas salvíficas, estratégias de guerra e assim por diante. Por outro lado, essas experiências são organizadas de tal sorte que cada fenômeno em particular se assemelha ou contrasta em seus aspectos típicos com todos os demais fenômenos. Mediante essas *relações de similitude* e de *contraste*, a multiplicidade das observações se encaixa formando uma totalidade. O mito "constrói um jogo de espelhos gigantesco, em que a imagem recíproca do homem e do mundo se reflete ao infinito, se decompõe e recompõe continuamente no prisma das relações de natureza e cultura. [...] Por meio da analogia, o mundo adquire um sentido, tudo se torna significante e tudo pode ser significado dentro de uma ordem simbólica na qual se inserem todos [...] os conhecimentos positivos na pletora de seus detalhes".[7] Os estruturalistas explicam essa operação de síntese com a observação de que o pensamento selvagem se liga *de maneira concretista* à superfície concreta do mundo, ordenando as percepções mediante a formação de analogias e contrastes.[8] Os âmbitos fenomênicos são relacionados entre si e classificados dos pontos de vista de *homologia* e *heterogeneidade*, de equivalência e não equivalência, de identidade e oposição. Lévi-Strauss diz que o mundo dos mitos é ao mesmo tempo *redondo* e *oco*. O pensamento analogístico entretece todos os fenômenos em uma única rede de correspondências, mas suas interpretações não penetram a superfície do que é concretamente apreensível.

---

6 Lévi-Strauss, *Strukturale Anthropologie*; id., *Das wilde Denken*; sobre esse tema, cf. Lepenies; Ritter (orgs.), *Orte des wilden Denkens*.

7 Godelier, "Mythos und Geschichte", em Eder (org.), *Die Entstehung von Klassengesellschaften*, p.316.

8 Sobre o caráter analógico do pensamento selvagem, cf. Tambiah, "Form and Meaning of Magical Acts", em Horton; Finnegan, op. cit., p.199ss.

O concretismo de um pensamento preso à intuição e a produção de similitudes e contrastes são dois aspectos formais pelos quais o pensamento selvagem pode ser comparado com as etapas ontogenéticas do desenvolvimento cognitivo.[9] Em contrapartida, as categorias ou conceitos fundamentais das imagens míticas do mundo provêm dos âmbitos empíricos que devem ser analisados sociologicamente. Por um lado, as estruturas de reciprocidade do sistema de parentesco, as relações do dar e receber entre as famílias, entre os sexos e as gerações se apresentam como um esquema de interpretação aplicável de múltiplas formas: "O fato de que as sociedades imaginárias, em que as figuras ideais dos mitos vivem, morrem e voltam sempre a ressurgir, mantenham uma organização que se baseia sobre as relações de sangue e de aliança não pode ter sua origem nem nos 'princípios puros' do pensamento nem em qualquer modelo existente na natureza".[10] Por outro lado, as categorias da ação adquirem um significado constitutivo para as imagens míticas do mundo. Ator e capacidade de agir, intenção e finalidade, êxito e fracasso, ativo e passivo, ataque e defesa – estas são as categorias em que se elabora uma experiência básica das sociedades arcaicas: a experiência de estar entregue às contingências de um entorno não dominado.[11] Os riscos não podem ser controlados no estado de não desenvolvimento das forças produtivas. Assim, surge a necessidade de represar o fluxo das contingências, se já não mais de maneira factual, então ao menos imaginariamente, isto é, eliminando-as pela interpretação: "Por meio da formação de analogias, as causas e os poderes invisíveis que produzem e determinam o mundo não humano (natureza) e o mundo humano (cultura) são dotadas de propriedades humanas, isto é, apresentam-se aos homens espontaneamente como seres com uma *consciência*, com uma *vontade*, com uma *autoridade* e com um *poder*, ou seja, como seres análogos ao homem que, no entanto, distinguem-se dele porque sabem o que ele não sabe, fazem o que

---

9 Piaget, *The Child's Conception of Physical Causality*.
10 Godelier, "Mythos und Geschichte", em Eder (org.), op. cit., p.314.
11 B. Malinowski acentua esse motivo em *Argonauts of the Western Pacific*. Malinowski mostra que os pescadores do arquipélago de Trobriand empregam práticas mágicas nas ocasiões em que experimentam a precariedade de seu saber e reconhecem os limites de seus métodos racionais. Sobre isso, cf. Malinowski, *Magie, Wissenschaft und Religion*.

ele não pode fazer, controlam o que ele não controla, logo, distinguem-se dele porque lhe são superiores".[12]

Se refletirmos sobre a maneira como essas *categorias*, que são depreendidas do modelo do sistema de parentesco e que interpretam as experiências da interação com uma natureza superpotente, concorrem com as *operações* de um pensamento analogístico e concreto, os conhecidos traços mágico-animistas das imagens míticas do mundo podem ser entendidos um pouco melhor. O mais surpreendente *para nós* é o nivelamento peculiar dos diversos âmbitos da realidade: natureza e cultura são projetadas no mesmo plano. Da assimilação recíproca da natureza à cultura e, inversamente, da cultura à natureza resulta, de um lado, uma natureza dotada de traços antropomórficos, incluída na rede de comunicação dos sujeitos sociais e nesse sentido humanizada, e, de outro, uma cultura de certo modo naturalizada, reificada e absorvida no campo de ação objetivo de poderes anônimos. Da perspectiva do pensamento esclarecido, a mentalidade selvagem produz uma dupla ilusão: "[...] uma ilusão sobre si mesmo e uma ilusão sobre o mundo: uma ilusão sobre si mesmo visto que o pensamento confere às idealidades que produz espontaneamente uma existência fora do homem e independente dele, alienando-se (de si mesmo) em suas próprias imagens de mundo; e uma ilusão sobre o mundo que ele ornamenta com seres imaginários análogos aos homens e capazes de atender às suas súplicas favorável ou desfavoravelmente".[13] Uma tal interpretação do mundo, de acordo com a qual cada fenômeno corresponde, mediante a ação dos poderes míticos, a todos os demais fenômenos, possibilita não apenas uma teoria que explica e torna plausível o mundo por meio de narrativas, mas também, ao mesmo tempo, uma práxis com a qual o mundo pode ser controlado de modo imaginário. A técnica da influência mágica sobre o mundo é uma consequência lógica da inter-relação mítica de perspectivas entre homem e mundo, entre cultura e natureza.

Após esse esboço rudimentar dos traços básicos do pensamento mítico, gostaria de retornar à questão de por que essas estruturas da imagem de mundo não permitem nenhuma orientação para a ação que possa ser chamada racional segundo os critérios usuais hoje.

---

12 Godelier, "Mythos und Geschichte", em Eder (org.), op. cit., p.307.
13 Ibid., p.308.

Jürgen Habermas

(2) *Diferenciação entre âmbitos de objetos* versus *diferenciação entre mundos*

A nós, que pertencemos a um mundo da vida moderno, incomoda o fato de não podermos, ou de não podermos, com suficiente precisão, efetuar, em um mundo interpretado de forma mítica, determinadas diferenciações fundamentais para nossa compreensão de mundo. De Durkheim a Lévi-Strauss, os antropólogos indicaram repetidas vezes a peculiar *confusão entre natureza e cultura*. De início, podemos entender esse fenômeno como uma mescla de dois âmbitos de objetos, precisamente os âmbitos da natureza física e do entorno sociocultural. O mito não permite uma clara diferenciação categorial entre coisas e pessoas, entre objetos que podem ser manipulados e agentes, sujeitos capazes de falar e agir, aos quais atribuímos ações e manifestações linguísticas. Assim, não é senão lógico que as práticas mágicas não conheçam a distinção entre ação teleológica e comunicativa, entre uma intervenção instrumental dirigida a objetivos em situações objetivamente dadas, por uma parte, e o estabelecimento de relações pessoais, por outra. A *inabilidade* de que procede o malogro técnico ou terapêutico de uma ação dirigida a objetivos incide sob a mesma categoria que a *culpa* pela falta moral-normativa de uma interação que atenta contra as ordens sociais existentes; a falha moral, por sua vez, é entretecida conceitualmente com a falha física, o *mau* com o *nocivo*, tanto quanto o *bem* com o *são* e o *vantajoso*. De maneira inversa, a desmitologização da visão de mundo significa simultaneamente uma dessocialização da natureza e uma desnaturalização da sociedade.

Esse processo, facilmente acessível à intuição, tratado frequentemente de forma descritiva, mas de modo algum bem analisado por inteiro, conduz, ao que parece, a uma *diferenciação* categorial *entre* os *âmbitos de objetos* natureza e cultura. No entanto, essa visão desconsidera a circunstância de que a distinção categorial entre âmbitos de objetos depende, por sua vez, de um processo de diferenciação que se pode analisar melhor lançando-se mão de *atitudes fundamentais* para com *mundos*. O conceito mítico de "poderes" e o conceito mágico de "conjuro" impedem sistematicamente a separação entre a atitude objetivante para com um mundo de estados de coisas existentes e a atitude conforme ou não conforme para com um mundo de relações interpessoais legitimamente reguladas. Consideradas como âmbitos de objetos, natureza e cultura pertencem ao mundo dos fatos, sobre o qual são possíveis enunciados verdadeiros; mas, assim que devemos indicar explicitamente aquilo em que coisas se distinguem de pessoas, causas de motivos, ocorrências de ações, temos de recuar para trás da diferenciação de âmbitos de objetos, mais precisamente, para trás da diferenciação entre uma atitude fundamental para com o mundo objetivo do que é o caso e uma atitude fundamental para com o mundo social do que pode ser aguardado de maneira legítima, do que é proibido ou devido. Estabelecemos os cortes conceituais corretos entre nexos causais da natureza e ordens normativas da sociedade na medida em que nos conscientizamos da mudança de perspectivas e de atitudes que efetivamos quando passamos de observações ou manipulações para a obediência ou violação de normas de ação legítimas.

Todavia, a confusão entre natureza e cultura de modo algum significa apenas a *mescla conceitual* do mundo objetivo e do social, mas também uma diferenciação deficiente (segundo nossa sensibilidade) entre *linguagem* e *mundo*, ou seja, entre o *medium* de comunicação que é a linguagem e aquilo *sobre o qual* pode ser alcançado um entendimento em uma comunicação linguística. Na consideração totalizante das imagens míticas do mundo, parece ser difícil alcançar com suficiente precisão as *distinções semióticas*, correntes entre nós, entre o substrato sígnico de uma expressão linguística, o seu conteúdo semântico e o referente, ao qual a cada vez um falante pode se referir com a expressão. A relação mágica entre nomes e objetos designados, a relação concretista entre o significado das expressões e os estados de coisas representados comprovam a confusão entre os nexos *internos de sentido* e os nexos *objetivos externos*. Existem relações internas entre expressões simbólicas e relações externas entre entidades que aparecem no mundo. Nesse sentido, a relação lógica entre razão e consequência conta como interna, a relação causal entre causa e efeito, como externa (*physical* vs. *symbolic causation*). A interpretação mítica do mundo e sua dominação mágica podem se enlaçar sem solução de continuidade visto que as relações internas e externas ainda se integram conceitualmente. Evidentemente, não há nenhum conceito preciso para a validade não empírica que atribuímos às manifestações simbólicas. A validade é confundida com a eficácia empírica. Nesse ponto não podemos pensar em pretensões de validade especiais: no pensamento mítico, diversas pretensões de validade, como verdade proposicional, correção normativa e veracidade expressiva, ainda não se diferenciaram. E mesmo o conceito difuso de validade em geral ainda não se libertou de aderências empíricas; conceitos de validade como moralidade e verdade se amalgamam com conceitos empíricos de ordem como causalidade e saúde. É por isso que a imagem de mundo linguisticamente constituída pode ser identificada com a própria ordem do mundo a tal ponto que acaba não sendo vista *como* interpretação de mundo, como uma interpretação sujeita a erros e acessível à crítica. Nesse sentido, a confusão de natureza e cultura adquire o significado de uma reificação da imagem de mundo.

A comunicação linguística e a tradição cultural que aflui nela somente se destacam como uma realidade com direito próprio, em face da realidade da natureza e da sociedade, na medida em que se diferenciam conceitos formais de mundo e pretensões de validade não empíricas. Em processos de entendimento, partimos hoje daquelas *pressuposições formais de comunidade* que são necessárias para podermos nos referir a algo em um mundo objetivo, idêntico para todos os observadores, ou a algo em nosso mundo social intersubjetivamente partilhado. As pretensões de verdade proposicional ou de correção normativa atualizam essas pressuposições de comunidade sempre que se dá uma determinada manifestação. Assim, a verdade de um enunciado significa que o estado de coisas afirmado existe como algo no mundo objetivo; e a correção que é reivindicada para uma ação em referência ao contexto normativo existente significa que a relação interpessoal estabelecida merece reconhecimento na qualidade de um elemento legítimo do mundo social. Pretensões de validade podem ser em princípio criticadas porque se apoiam em conceitos formais de mundo. Elas pressupõem um mundo idêntico para *todos* os observadores *possíveis*, ou um mundo intersubjetivamente partilhado *pelos membros*, em forma abstrata, isto é, desprendida de qualquer conteúdo determinado. Além disso, as pretensões de validade exigem a tomada de posição racional de um oponente.

Atores que levantam pretensões de validade têm de renunciar ao prejulgamento sobre o conteúdo da relação entre linguagem e realidade, entre *media* de comunicação e aquilo sobre o que faz a comunicação. Sob o pressuposto de conceitos formais de mundo e de pretensões de validade universais, os conteúdos das imagens linguísticas do mundo precisam ser desligados da própria ordem de mundo suposta. Somente então é possível se formar o conceito de uma tradição cultural, de uma cultura temporalizada, tomando-se consciência assim do fato de que variam as interpretações relativas à realidade natural e à social, de que variam as opiniões e os valores relativos ao mundo objetivo ou ao social. Em contraposição a isso, as imagens míticas do mundo impedem um desacoplamento categorial de natureza e cultura, e isso não apenas no sentido de uma confusão conceitual de mundo objetivo e social, mas também no sentido de uma reificação da imagem linguística do mundo, o que tem por consequência o preenchimento dogmático do conceito de mundo com certos conteúdos que escapam às tomadas de posição e, portanto, à crítica.

Com a fórmula "confusão de natureza e cultura", referimo-nos até agora sempre à natureza *externa* ou ao mundo objetivo. Mas uma mescla análoga de âmbitos de realidade se demonstra também para a relação entre cultura e natureza *interna*, ou mundo subjetivo. Apenas na medida em que se forma o conceito formal de um *mundo exterior*, isto é, tanto de um mundo objetivo de estados de coisas existentes quanto de um mundo social de normas vigentes, é possível se desenvolver o conceito complementar de *mundo interior*, ou de subjetividade, ao qual conferimos tudo o que não pode ser incorporado ao mundo exterior e ao qual o indivíduo tem um acesso privilegiado. Apenas diante do pano de fundo de um mundo objetivo, e medidas por pretensões de verdade e de êxito criticáveis, as opiniões podem aparecer como sistematicamente falsas, as intenções de ação como sistematicamente não auspiciosas, ideias como fantasias, como mera imaginação; somente diante do pano de fundo de uma realidade normativa que se tornou objetiva, e medidos pela pretensão criticável de correção normativa, intenções, desejos, atitudes, sentimentos podem aparecer como ilegítimos ou simplesmente idiossincráticos, como não universalizáveis e meramente subjetivos. Na medida em que imagens míticas do mundo dominam as cognições e as orientações da ação, não parece ser possível uma clara delimitação do âmbito da subjetividade. Intenções e motivos são tão parcamente separados das ações e de suas consequências quanto os sentimentos o são de suas manifestações normativamente fixadas e estereotipadas. Nesse contexto, é característica a observação segundo a qual os membros das sociedades arcaicas ligam em alta medida sua própria identidade aos detalhes do saber coletivo codificado nos mitos e aos pormenores das prescrições rituais. Como eles não dispõem de um conceito de mundo que possa garantir a identidade da realidade natural e da social em face das interpretações cambiantes de uma tradição cultural temporalizada, o indivíduo tampouco pode contar com um conceito formal de Eu capaz de assegurar a própria identidade em face de uma subjetividade autonomizada e fluidificada.

Apoiando-me no uso cotidiano da linguagem, em que empregamos os conceitos simétricos de mundo interior e exterior, falo do mundo subjetivo em contraste com o mundo objetivo e com o social. No entanto, nesse contexto, a expressão "mundo" pode dar ensejo a mal-entendidos. O âmbito da subjetividade se relaciona de forma complementar com o mundo exterior, definido por sua partilha com os outros. O mundo objetivo é coletivamente pressuposto como a totalidade dos fatos, no qual fato significa que o enunciado sobre a existência de um estado de coisas correspondente *p* pode ser considerado verdadeiro. E um mundo social é coletivamente pressuposto como a totalidade das relações interpessoais que são reconhecidas como legítimas pelos membros. Pelo contrário, o mundo subjetivo é considerado a totalidade das vivências às quais somente o indivíduo tem um acesso privilegiado a cada vez. Todavia, a expressão "mundo subjetivo" se justifica na medida em que se trata também nesse caso de um conceito abstrato que, na forma de pressuposições comuns a todos os participantes, demarca um âmbito *de não comunidade* em face do mundo objetivo e do social. O conceito de mundo subjetivo possui um *status* análogo aos de seus conceitos complementares. Isso se torna patente também no fato de que podemos analisar esse conceito baseando-nos em uma outra atitude básica e em uma outra pretensão de validade.

A atitude expressiva de um sujeito que revela um pensamento, deixa conhecer um desejo seu, expressa um sentimento que desvela uma parte de sua subjetividade perante os olhos de outros, distingue-se de modo característico tanto da atitude objetivante que um sujeito que manipula ou observa toma em face de coisas e ocorrências quanto da atitude de conformidade (ou de não conformidade) que um participante da interação toma em face de expectativas normativas. De resto, também vinculamos manifestações expressivas a uma pretensão de validade, a saber: a pretensão de veracidade. Por esse motivo, os mundos subjetivos podem ser incluídos na comunicação pública, como âmbitos de não comunidade com acesso privilegiado.

Até o momento, discutimos o "caráter fechado" das imagens míticas do mundo a partir de dois pontos de vista: ora do ponto de vista da diferenciação deficiente entre as atitudes fundamentais para com o mundo objetivo, o social e o subjetivo, e ora sob o ponto de vista da falta de reflexividade da imagem de mundo, a qual não pode ser identificada *como* imagem de mundo, como tradição cultural. Imagens míticas do mundo não são entendidas pelos membros como sistemas de interpretação ligados a uma tradição cultural, constituídos por nexos de sentido internos, referidos simbolicamente à realidade, vinculados a pretensões de validade e, por isso, expostos à crítica e suscetíveis de ser revistos. Dessa maneira, das estruturas do pensamento selvagem, ricas em contrastes, é possível depreender de fato importantes pressupostos da compreensão moderna do mundo. No entanto, ainda não se mostrou com isso se a suposta racionalidade de nossa compreensão do mundo não reflete apenas os traços particulares de uma cultura marcada pela ciência, mas também levanta, com razão, uma pretensão de universalidade.

(3) *O debate inglês sobre racionalidade depois de P. Winch: argumentos pró e contra uma posição universalista*

Essa questão tornou-se atual quando, pelos fins do século XIX, teve início a reflexão sobre os fundamentos das ciências do espírito históricas. A discussão foi conduzida no essencial sob dois aspectos. De pontos de vista metodológicos, ela se concentrou na questão da objetividade da *compreensão* e encontrou um certo remate com as investigações de Gadamer sobre a hermenêutica filosófica.[14] Simultaneamente, sob o título de problema do historicismo, foram debatidas sobretudo as questões substanciais acerca da singularidade e a comparabilidade de civilizações e visões de mundo. No final dos anos 1920, essa parte da discussão foi antes assoreada do que concluída,[15] visto que não se conseguiu dar ao problema uma formulação suficientemente precisa. Isso pode estar ligado, entre outras coisas, ao fato

---

14 Gadamer, *Wahrheit und Methode*.
15 Troeltsch, *Der Historismus und seine Probleme*; Mannheim, "Historismus", *Archiv für Sozialwissenschaft und Sozialpolitik*, v.52, p.1ss., 1924; id., *Ideologie und Utopie*; sobre a complexidade inteira da questão, cf. Rüsen, *Für eine erneuerte Historik*.

de o âmbito de objetos das ciências do espírito, em particular os testemunhos transmitidos por escrito e intelectualmente elaborados, oriundos dos períodos de florescência das grandes civilizações [*Hochkulturen*], não ter forçado da mesma maneira que as tradições míticas, os ritos, a magia etc., a uma confrontação *radical* na questão fundamental: se e em que sentido podem pretender validade universal os *standards* de racionalidade pelos quais os próprios cientistas, ao menos intuitivamente, se deixam guiar. Na antropologia cultural, essa questão desempenha desde o início um grande papel; desde os anos 1960, ela volta a encontrar-se no centro de uma discussão levada entre cientistas sociais e filósofos.[16] Ela foi impulsionada por duas publicações de P. Winch.[17] Seguirei apenas uma linha da argumentação, a qual é importante em nosso contexto.[18] Para simplificar, construo-a como uma sequência de seis pares de argumentos pró e contra uma posição universalista. Essa sequência não corresponde naturalmente ao andamento factual da discussão.

a) A primeira rodada se move ainda na periferia da discussão. Steven Lukes chama a atenção para uma pré-decisão que poderia dispensar o próprio debate: "Quando deparo com um conjunto de crenças que parecem *prima facie* irracionais, qual deveria ser minha atitude para com elas? Deveria adotar uma atitude crítica, tomando por um fato que essas crenças *são* irracionais, e procurar explicar como puderam ser sustentadas, como elas conseguiram sobreviver sem ser profanadas pela crítica racional, quais são as suas consequências etc.? Ou deveria tratar tais crenças com *caridade*: começar

---

16 Wilson (org.), *Rationality*; Horton; Finnegan (orgs.), *Modes of Thought*; Nielsen, "Rationality and Relativism", *Philosophy of the Social Sciences*, v.4, p.313ss., 1974; Fales, "Truth, Tradition, Rationality", *Philosophy of the Social Sciences*, v.6, p.97ss., 1976; Jarvie, "On the Limits of Symbolic Interpretation in Anthropology", *Current Anthropology*, v.17, p.687ss., 1976; Horton, "Professor Winch on Safari", *Archives Européennes de Sociologie*, v.17, p.157ss., 1976; Dixon, "Is Cultural Relativism Self-Refuting?", *British Journal of Sociology*, v.28, p.75ss., 1977; Kekes, "Rationality and Social Sciences", *Philosophy of the Social Sciences*, v.9, p.105ss., 1979; Hertzberg, "Winch on Social Interpretation", *Philosophy of the Social Sciences*, v.10, p.151ss., 1980.
17 Winch, *The Idea of a Social Science*; id., "Understanding a Primitive Society", em Wilson (org.), op. cit., p.78ss.
18 Nesse ponto sigo McCarthy, "The Problem of Rationality in Social Anthropology", *Stony Brook Studies in Philosophy*, v.1, p.1ss., 1974; id., *The Critical Theory of Jürgen Habermas*, p.317ss.; devo sugestões essenciais sobretudo a um manuscrito de lições inédito de Wellmer, *On Rationality*, v.I-IV.

pela suposição de que o que me parece irracional poderia ser interpretado como racional quando plenamente compreendido no seu contexto? Mais brevemente, o problema é se há ou não *standards alternativos* de *racionalidade*".*¹⁹ Lukes parece pressupor que o antropólogo, em vista de uma manifestação incompreensível, *prima facie* opaca, teria a escolha de renunciar ou não à tentativa de um esclarecimento hermenêutico de seu significado. Ademais, afirma que subjaz implicitamente à decisão em favor de um procedimento hermenêutico a suposição de *standards* alternativos de racionalidade. Winch pode contestar com boas razões as duas teses.

Se uma manifestação por ora irracional resiste com tenacidade às tentativas de interpretação, o intérprete pode certamente passar a explicar, por exemplo psicológica ou sociologicamente, a manifestação inacessível no sentido da ocorrência de um evento empírico, com base em hipóteses causais e condições de partida. É essa posição que, por exemplo, A. MacIntyre defende contra Winch.²⁰ Nessa versão ligada à estratégia de pesquisa, o argumento de Lukes é inobjetável; mas, em sentido rigorosamente metodológico, não há a alternativa afirmada por Lukes. Manifestações simbólicas de sujeitos capazes de falar e agir apenas podem ser identificadas com descrições que se referem às orientações da ação (e às razões possíveis) de um ator. Por isso, o intérprete não tem outra escolha senão examinar se uma manifestação obscura, isto é, não absolutamente incompreensível, mas sob determinados aspectos, não aparecerá como racional quando se esclarecem as pressuposições de que parte o agente em seu contexto: "Note-se que, ao atribuir irracionalidade a ele, deveríamos estar apontando a incoerência e a incompatibilidade entre as crenças e os critérios que ele já possuía e seu

---

* Em inglês no original: "When I come across a set of beliefs which appear *prima facie* irrational, what should be my attitude towards them? Should I adopt a critical attitude, taking it as a fact about the beliefs that they *are* irrational and seek to explain how they came to be held, how they managed to survive unprofaned by rational criticism, what their consequences are etc.? Or should I treat such beliefs *charitably*: should I begin from the assumption that what appears to me to be irrational may be interpreted as rational when fully understood in its context? More briefly, the problem comes down to whether or not there are *alternative standards of rationality*". (N. T.)

19 Lukes, "Some Problems about Rationality", em Wilson (org.), op. cit., p.194.
20 MacIntyre, "The Idea of Social Science", em *Against the Self Images of the Age*, p.211ss.; id., "Rationality and the Explanation of Action", em *Against the Self Images of the Age*, p.244ss.

novo comportamento. Não se trata somente de que seu comportamento esteja em disparidade com o que cremos ser apropriado, mas com o que sabemos que ele crê ser apropriado".*²¹ Para o intérprete, não é uma questão de *caridade* hermenêutica, mas um preceito metodológico partir da racionalidade presuntiva da manifestação questionável a fim de, dado o caso, ir assegurando-se passo a passo de sua irracionalidade. Somente a *severidade* hermenêutica em relação às próprias pressuposições pode protegê-lo de exercer crítica sem autocrítica, caindo naquele erro que Winch assinala, com razão, nos antropólogos vitorianos: limitar-se a inundar a cultura alheia com *standards* de racionalidade pretensamente universais da própria cultura.

Além disso, de forma alguma resulta dessa posição metodológica, como Lukes afirma, uma pré-decisão sobre *standards* alternativos de racionalidade. Se o intérprete se envolve com as razões que um ator indica em favor de sua manifestação, ou que possa indicar sob circunstâncias apropriadas, ele se volta a um plano onde deve tomar posição com sim ou com não sobre pretensões de validade criticáveis. O que em cada caso conta como uma boa razão depende evidentemente de critérios que se modificaram no curso da história (contando o da história da ciência). A dependência em relação aos contextos apresentada pelos critérios com base nos quais os membros de distintas culturas, em distintas épocas, julgam de maneira diferencial a validez das manifestações não significa, porém, que as ideias de verdade, de correção normativa e de veracidade ou autenticidade, que subjazem à escolha de critérios, ainda que apenas intuitivamente, são dependentes dos contextos na mesma medida. Em todo caso, essa questão não é prejulgada em um sentido afirmativo com um acesso hermenêutico ao âmbito dos objetos. Pelo contrário, pode ser respondida no sentido da posição universalista que Lukes deseja defender, contanto que se vá a fundo na problemática da compreensão do sentido. A esse ponto voltarei ainda.

---

* Em inglês no original: "Notice that in ascribing irrationality to him we should be pointing to the incoherence and incompatibility between the beliefs and criteria which he already possessed and his new behavior. It is not just that his behavior would be at odds with what we believe to be appropriate; it would be at odds with what we know him to believe to be appropriate". (N. T.)

21 MacIntyre, "The Idea of Social Science", op. cit., p.251ss.

b) O estudo de Evans-Pritchard sobre bruxaria, oráculos e magia na tribo africana dos zandes é um dos melhores exemplos de que se pode exercer um alto grau de caridade hermenêutica para com manifestações obscuras, sem tirar as consequências relativistas que Lukes vê associadas a esse procedimento. Gostaria de abrir a segunda rodada com um argumento de Evans-Pritchard que explica a tal ponto a crença em bruxas, e com ela também as razões para as correspondentes práticas da magia, que seus leitores podem reconhecer a coerência da imagem de mundo dos zandes. Como antropólogo, ele se atém ao mesmo tempo aos *standards* de racionalidade científica quando se trata de julgar objetivamente as concepções e as técnicas dessa tribo. Evans-Pritchard distingue entre a exigência de consistência lógica que a crença dos zandes em bruxas satisfaz amplamente e as exigências metodológicas às quais, segundo nossa concepção, devem obedecer conhecimentos empíricos sobre e intervenções técnicas em processos naturais; nesse aspecto, o pensamento mítico é manifestamente inferior ao moderno: "Noções científicas são aquelas que concordam com a realidade objetiva no que diz respeito tanto à validade de suas premissas quanto às inferências tiradas de suas proposições. [...] Noções lógicas são aquelas em que, concordando com as regras do pensamento, inferências seriam verdadeiras se a premissas o fossem, sendo irrelevante a verdade das premissas. [...] Um pote partiu quando colocado no fogo. Talvez devido à areia de que foi feito. Vamos examinar o pote e ver se essa é a causa. Eis um pensamento lógico e científico. A enfermidade se deve à bruxaria. Uma homem está enfermo. Vamos consultar os oráculos para descobrir quem é o responsável pelo feitiço. Eis um pensamento lógico e não científico".*[22]

---

* Em inglês no original: "Scientific notions are those which accord with objective reality both with regard to the validity of their premisses and to the inferences drawn from their propositions [...]. Logical notions are those in which according to the rules of thought inferences would be true were the premises true, the truth of the premisses being irrelevant [...]. A pot has broken during firing. This is probably due to grit. Let us examine the pot and see if this is the cause. That is logical and scientific thought. Sickness is due to witchcraft. A man is sick. Let us consult the oracles to discover who is the witch responsible. That is logical and unscientific thought". (N. T.)

22 Citado segundo P. Winch, em Wilson (org.), *Rationality*.

Ao interpretar as manifestações dos nativos, o antropólogo se refere tanto a outras manifestações quanto a algo no mundo. Na primeira dimensão, ele pode apoiar-se sobre um sistema de regras que é válido para os dois lados da mesma maneira – sobre os fundamentos da lógica formal, intuitivamente dominados. No que concerne à dimensão da referência ao mundo, o antropólogo deve recorrer, em casos duvidosos, à classe de manifestações cujas regras de uso são não problemáticas. Nisso ele pressupõe que todos os participantes partem do mesmo conceito de um mundo de entidades, que em uma dada situação os nativos percebem mais ou menos a mesma coisa, que interpretam a situação mais ou menos da mesma maneira que ele próprio.[23]

No entanto, aqui as partes não podem recorrer, como no caso da lógica, a um conjunto inequívoco de regras de interpretação intersubjetivamente válidas. Onde se dá um dissenso tenaz acerca da verdade de proposições e da eficácia de intervenções, o antropólogo deve se fiar – assim entendo Evans-Pritchard – em métodos de teste de cuja validez universal somente foi possível tomar consciência depois de terem sido altamente estilizados em termos científicos no quadro de nossa cultura.

Winch baseia suas objeções contra Evans-Pritchard em um conceito culturalista de linguagem inspirado em Wittgenstein. Por "linguagem" ele entende imagens de mundo linguisticamente articuladas e formas de vida estruturadas de maneira correspondente. Imagens de mundo armazenam o saber cultural, e com base nele uma comunidade linguística interpreta o mundo a cada vez. Toda cultura produz, em sua linguagem, uma relação com a realidade. Nesse sentido, "real" e "irreal", "verdadeiro" e "não verdadeiro" são conceitos que, sem dúvida, habitam todas as linguagens e não podem de modo algum advir nesta e faltar naquela. Mas toda cultura se acerca dessas distinções categoriais *no interior* de seu próprio sistema linguístico: "A realidade não é o que dá sentido à linguagem. O que é real e o que é irreal se mostra por si mesmo *no* sentido que a linguagem possui. Além do mais, tanto a distinção entre o real e o irreal como o conceito de concordância com a realidade pertencem eles mesmos à nossa linguagem (isto é, a cada linguagem

---

23 M. Hollis caracteriza com acerto o *status* dessas pressuposições formais de comunidade. Cf. Hollis, "The Limits of Rationality", em Wilson (org.), op. cit., p.214ss.

diferente, J. H.) [...] Portanto, se queremos entender o significado desses conceitos, devemos examinar o uso que efetivamente têm *na* linguagem".*²⁴

Ora, os zandes e os antropólogos falam obviamente linguagens distintas; é o que se mostra já pela alta soma de energia interpretativa que os antropólogos têm de despender. E o próprio Evans-Pritchard torna claro que a linguagem dos zandes espelha uma imagem de mundo coerente. Esta estabelece, tanto quanto a compreensão moderna do mundo, mas de modo diferente desta, as distinções categoriais entre real e irreal e determina como decidir se uma concepção concorda ou não com a realidade. Daí ser *absurdo*, segundo Winch, supor que ambos os lados partem do mesmo conceito de mundo. O antropólogo não tem nenhum direito de julgar crenças em bruxas e magia segundo critérios da racionalidade científica. Evans-Pritchard pode reclamar esse direito para si somente porque parte da hipótese insustentável "de que a concepção de 'realidade' deve ser considerada inteligível e aplicável *fora* do próprio contexto de argumentação científica, já que se trata daquilo com que as noções científicas têm relação, e não as noções não científicas. Evans-Pritchard, conquanto enfatize que um membro da cultura científica tenha uma concepção de realidade diferente da que tem um zande que crê em magia, quer ir além do mero registro desse fato e da explicitação das diferenças, dizendo, enfim, que a concepção científica concorda com a realidade tal como ela é efetivamente, enquanto a concepção mágica não o consegue".**²⁵

---

* Em inglês no original: "Reality is not what gives language sense. What is real and what is unreal shows itself in the sense that language has. Further, both the distinction between the real and the unreal and the concept of agreement with reality, themselves belong to our (i. e. to each different, J. H.) language [...]. If then we wish to understand the significance of these concepts, we must examine the use they actually do have – in the language". (N. T.)

24 Winch, "Understanding a Primitive Society", em Wilson (org.), op. cit., p.82.

** Em inglês no original: "that the conception of 'reality' must be regarded as intelligible and applicable outside the context of scientific reasoning itself, since it is that to which scientific notions do, and unscientific notions do not, have a relation. Evans Pritchard, although he emphasizes that a member of scientific culture has a different conception of reality from that of a Zande believer in magic, wants to go beyond merely registering this fact and making the differences explicit, and to say, finally, that the scientific conception agrees with what reality actually is like, whereas the magical conception does not". (N. T.)

25 Ibidem, p.81.

c) Antes de desvendarmos, na terceira rodada, as debilidades da objeção de Winch, devemos explicar primeiramente em que exatamente reside sua força. Linguagem, imagem de mundo linguisticamente articulada e forma de vida são conceitos que, por um lado, se referem a algo particular; linguagens, imagens de mundo e formas de vida não se apresentam senão no plural. Por outro lado, referem-se a totalidades: para os membros de uma mesma cultura, os limites de sua linguagem são os limites de seu mundo. Podem estender a bel-prazer o horizonte de seu mundo da vida, mas não sair dele; nesse sentido, toda interpretação é também um processo de assimilação. Ao se referirem a uma totalidade, as imagens de mundo são incontornáveis enquanto articulações de uma compreensão de mundo, mesmo que possam ser revistas. Nesse aspecto, assemelham-se a um retrato que se apresenta com a pretensão de representar uma pessoa em seu todo.

Um retrato não é nem *cópia* no sentido de um mapa que pode ser exato ou inexato, nem uma *reprodução de estado de coisas* no sentido de uma proposição que pode ser verdadeira ou falsa. Pelo contrário, um retrato oferece um ângulo de visão no qual a pessoa representada aparece de determinada maneira. Por esse motivo, pode haver vários retratos da mesma pessoa; estes podem revelar o seu caráter sob aspectos muito distintos e, contudo, ser sentidos da mesma maneira como acurados, autênticos ou adequados. De forma análoga, imagens de mundo estabelecem o quadro categorial no interior do qual interpretamos de determinada maneira como algo tudo o que advém no mundo. Imagens de mundo podem ser verdadeiras ou falsas tão minimamente quanto os retratos.[26]

---

26 Devo essa comparação a um trabalho de Patrick Burke, *Truth and Worldviews* (1976), visivelmente inspirado em Wittgenstein, que R. Rorty me pôs à disposição: "World views, like portraits, are cases of 'seeing as'. We have a world view, when we succeed in seeing the sum total of things as something or other. It is not necessary that we give an account of all the items in the world individually, but of the whole as the whole. So in one sense a world view must embrace everything, but in another sense not" (manuscrito, p.3). ["Como os retratos, as visões de mundo são casos de 'ver como'. Temos uma visão de mundo quando temos sucesso em ver a soma total de coisas como uma coisa ou outra. Não é necessário que discriminemos de todos os itens que há no mundo individualmente, mas do conjunto como conjunto. Assim, em um sentido a visão de mundo tem de abarcar tudo, mas em outro não." (N. T.)]

Por outro lado, imagens de mundo se distinguem de retratos porque *possibilitam* manifestações passíveis de serem verdadeiras. Nesse sentido, elas têm uma relação com a verdade, ainda que indireta; é essa circunstância que Winch não leva em consideração. Sem dúvida, devido a sua referência à totalidade, as imagens de mundo se afastam da dimensão em que um julgamento segundo critérios de verdade tem todo o sentido; até mesmo a escolha dos critérios segundo os quais a verdade dos enunciados é julgada pode depender do contexto categorial de uma imagem de mundo. Mas disso não se segue que a própria ideia de verdade deva ser entendida de forma particularista. Seja qual for o sistema linguístico que escolhemos, sempre partimos intuitivamente do pressuposto de que a verdade é uma pretensão de validade universal. Se um enunciado é verdadeiro, ele merece assentimento universal, sendo indiferente a linguagem em que se formula. Daí ser possível se objetar, contra a tese desenvolvida por Winch, que as imagens de mundo não podem ser comparadas entre si apenas dos pontos de vista – quase estéticos e indiferentes à verdade – de coerência, profundidade, economia, completude etc., mas também do ponto de vista da *adequabilidade cognitiva*. A adequabilidade de uma imagem de mundo linguisticamente articulada é uma função dos enunciados verdadeiros que são possíveis nesse sistema linguístico.[27]

No entanto, Winch pode rejeitar essa objeção considerando-a primeiramente um mal-entendido cognitivista. Imagens de mundo linguisticamente articuladas se entretecem com formas de vida, isto é, com a práxis cotidiana de indivíduos socializados, de tal sorte que não é lícito reduzi-las às funções de conhecimento e controle da natureza externa: "Jogos de linguagem são jogados por homens que têm vidas a viver – vidas envolvendo uma enorme variedade de interesses que possuem todos os tipos de relações entre si. Por causa disso, o que um homem diz ou faz pode fazer diferença não apenas para a *performance* da atividade em que está presentemente engajado, mas também para sua vida e para a vida de outras pessoas. [...] O que podemos aprender ao estudar outras culturas não são apenas possibilidades de diversos meios de fazer coisas, outras técnicas. Mais importante, podemos aprender diversas

---

27 Introduzi o critério de "adequabilidade" nesse sentido a fim de caracterizar sistemas linguísticos empregáveis em teorias. Cf. Habermas, "Wahrheitstheorien", em Fahrenbach (org.), *Wirklichkeit und Reflexion*, p.245ss.

possibilidades de dar sentido à vida humana, diversas ideias sobre a importância possível que a realização de certas atividades pode ter para um homem que trata de contemplar o sentido de sua vida como um todo".*²⁸ No quadro de sua imagem de mundo, os membros de uma comunidade linguística se entendem acerca de temas centrais de sua vida pessoal e social. Se quisermos comparar os *standards* de racionalidade que estão inscritos nos diversos sistemas culturais de interpretação, não devemos nos restringir à dimensão da ciência e da técnica sugerida por *nossa* cultura, fazendo da possibilitação de enunciados verdadeiros e de técnicas eficazes o critério de *sua* racionalidade; imagens de mundo são comparáveis apenas no que concerne à sua potência de fundar sentido. Imagens de mundo lançam luz sobre os temas existenciais, recorrentes em todas as culturas, de nascimento e morte, doença e miséria, culpa, amor, solidariedade e solidão. Elas abrem possibilidades cooriginárias "*of making sense of human life*". Com isso, estruturam formas de vida *incomparáveis em seu valor*. A racionalidade de formas de vida não pode ser reduzida à adequabilidade cognitiva das imagens de mundo que lhes subjazem.

d) Com esse argumento, Winch acaba se desviando para aspectos substantivos, embora a racionalidade das imagens de mundo e das formas de vida deva ser depreendida, se for o caso, por suas propriedades formais. Podemos abrir a próxima rodada na argumentação mostrando em que sentido Winch não alcança o problema que está em jogo. A adequabilidade cognitiva de imagens de mundo, ou seja, a coerência e a verdade dos enunciados nelas possíveis, assim como a efetividade dos planos de ação dependentes delas, espelha-se, com efeito, *também* na práxis da conduta de vida. O próprio Winch aproveita a observação de Evans-Pritchard de que os zandes conse-

---

* Em inglês no original: "Language games are played by men who have lives to live — lives involving a wide variety of different interests, which have all kinds of different bearings on each other. Because of this, what a man says or does may make a difference not merely to the performance of the activity upon which he is at present engaged, but to his life and to the lives of other people [...]. What we may learn by studying other cultures are not merely possibilities of different ways of doing things, other techniques. More importantly we may learn different possibilities of making sense of human life, different ideas about the possible importance that the carrying out of certain activities may take on for a man, trying to contemplate the sense of his life as a whole". (N. T.)

28 Winch, "Understanding a Primitive Society", em Wilson (org.), op. cit., p.105-6.

guem de fato explicar, com base na crença em bruxas, contradições manifestas, por exemplo, aquelas entre duas sentenças oraculares ou aquela entre um prognóstico do oráculo e o evento sucedido, mas apenas até um certo grau. No caso de noções sobre a transmissão hereditária de forças mágicas, Evans-Pritchard discute as contradições que resultam ineslutavelmente de determinadas suposições básicas da imagem animista do mundo. E não deixa nenhuma dúvida de que os próprios zandes sentiriam as absurdidades inevitáveis como desagradáveis assim que se dedicassem a um exame pertinaz de consistência, tal como o antropólogo a empreende. Mas uma exigência dessa espécie lhes é *trazida* de fora, não surge no quadro de sua própria cultura. E, em geral, os zandes esquivam-se quando confrontados com ela por um antropólogo. Mas essa recusa, essa enorme tolerância com contradições, não seria um sinal de sua conduta mais irracional? Não deveríamos chamar irracionais orientações da ação que podem ser estabilizadas somente ao preço da repressão de contradições? É isso que Winch contesta.

Winch se reporta à observação de Evans-Pritchard de que os zandes não teriam nenhum interesse teórico em investigar o problema mencionado quando lhe dão com o nariz: "Pode parecer agora que temos claras razões para falar da racionalidade superior do pensamento europeu sobre o dos zandes, na medida em que o último implica uma contradição que ele não tenta remover nem mesmo reconhece: uma contradição, entretanto, que é reconhecível enquanto tal no contexto dos modos de pensar europeu. Mas o pensamento dos zandes sobre esse assunto implica realmente uma contradição? Segundo a explicação de Evans-Pritchard, parece que os zandes não forçam seu modo de pensar sobre feiticeiros até o ponto em que estariam envolvidos em contradições".*[29] Winch não considera legítimo levar a exigência de consistência

---

* Em inglês no original: "It might now appear as though we had clear grounds for speaking of the superior rationality of European over Zande thought, in so far as the latter involves a contradiction which it makes no attempt to remove and does not even recognize: one, however, which is recognizable as such in the context of European ways of thinking. But does Zande thought on this matter really involve a contradiction? It appears from Evans-Pritchard's account that the Azande do not press their ways of thinking about witches to a point at which they would be involved in contradictions". (N. T.)

29 Ibidem, p.92.

mais além do que a fazem os zandes *por si mesmos*; chega à conclusão "de que é o europeu, obcecado em empurrar o pensamento zande até onde ele não iria naturalmente — até uma contradição —, o culpado pelo mal-entendido, não o zande. O europeu está cometendo, de fato, um erro categorial".*[30]

Não cabe confundir uma crença em bruxas com uma quase teoria; com ela os zandes *não* pretendem compreender processos no mundo *na mesma atitude objetivante* que um físico moderno ou um médico formado em ciências naturais.

e) A objeção de erro categorial levantada contra o antropólogo europeu pode ser entendida em um sentido forte e em um sentido fraco. Se ela afirma unicamente que não convém ao cientista imputar aos nativos seu próprio interesse em resolver inconsistências, é natural reperguntar se essa falta de interesse teórico não deve ser atribuída ao fato de a imagem de mundo dos zandes impor *standards* de racionalidade menos exigentes e de ser, nesse sentido, menos racional que a compreensão moderna do mundo. Com isso se abre a penúltima rodada da discussão.

R. Horton desenvolve esse argumento seguindo a distinção de Popper entre mentalidades "fechadas" e "abertas" e entre as formas de vida correspondentes de sociedades presas à tradição e modernas. Ele aceita a concepção de Winch de que as estruturas das imagens de mundo expressam-se em formas de vida, mas insiste na possibilidade de avaliar imagens de mundo, se não segundo o grau de sua adequabilidade cognitiva, então pelo menos na medida em que impedem ou promovem processos de aprendizagem cognitivo-instrumentais: "Para a aquisição progressiva de conhecimento, o homem necessita tanto da espécie correta de teorias *quanto* da atitude correta para com elas".**[31] Horton e Winch se apoiam quase nas mesmas passagens do relato de Evans-Pritchard sobre a postura acrítica dos zandes; mas Horton

---

* Em inglês no original: "that it is the European, obsessed with pressing Azande thought where it would not naturally go — to a contradiction — who is guilty of misunderstanding, not the Azande. The European is in fact committing a category-mistake". (N. T.)

30 Ibidem, p.93.

** Em inglês no original: "For the progressive acquisition of knowledge, man needs both the right kind of theories and the right attitude to them". (N. T.)

31 Horton, "African Thought and Western Science", em Wilson (org.), op. cit., p.153.

não atribui essa postura a uma racionalidade peculiar à imagem de mundo dos zandes e, em princípio, equivalente à racionalidade científica. Antes, a crença em bruxas exibe uma estrutura que liga mais ou menos cegamente a consciência dos zandes a interpretações tradicionais, não permitindo de modo algum sobrevir uma consciência da possibilidade de interpretações alternativas: "Em outras palavras, a ausência de qualquer consciência de alternativas resulta em uma aceitação absoluta das crenças teóricas estabelecidas, e remove qualquer possibilidade de questioná-las. Nessas circunstâncias, a crença estabelecida apodera-se do crente com uma força compulsiva. É a essa força que nos referimos quando falamos de tais crenças como sagradas. [...] Aqui, portanto, temos dois predicamentos básicos: o 'fechado' — caracterizado pela falta de consciência de alternativas, pelo caráter sagrado das crenças e pela angústia ante o que as ameaça — e o 'aberto' — caracterizado pela consciência de alternativas, por um caráter sagrado das crenças menor e por uma angústia menor ante o que as ameaça".*32

Com a dimensão "caráter fechado" *versus* "caráter aberto", parece apresentar-se um *critério independente de contextos para a racionalidade das imagens de mundo*. O ponto de referência é constituído, no entanto, mais uma vez pela ciência moderna; Horton atribui o caráter "sagrado" — isto é, assegurador de identidades — das imagens de mundo fechadas a uma imunização contra alternativas de interpretação que contrasta com a disposição em aprender e a capacidade de criticar, tomadas como traços salientes do espírito científico. Embora Horton não submeta sem mais a crença em bruxas às exigências de

---

* Em inglês no original: "In other words, absence of any awareness of alternatives makes for an absolute acceptance of the established theoretical tenets, and removes any possibility of questioning them. In these circumstances, the established tenets invest the believer with a compelling force. It is this force which we refer to when we talk of such tenets as sacred [...]. Here, then, we have two basic predicaments: the 'closed' — characterized by lack of awarness of alternatives, sacredness of beliefs, and anxiety about threats to them; and the 'open' — characterized by awareness of alternatives, diminished sacredness of beliefs, and diminished anxiety about threats to them". (N. T.)

32 Ibidem, p.154.

uma protociência, ela acaba julgando sua estrutura somente sob o ponto de vista da incompatibilidade do ideário mítico e mágico com aquela atitude reflexiva básica sem a qual as teorias científicas não poderiam surgir. A objeção segundo a qual seria o europeu moderno quem cometeria aqui um erro categorial é capaz de se renovar, por esse motivo, em outro plano.

Mesmo se estivéssemos prontos a admitir que a disposição em aprender e a capacidade de criticar de modo algum são traços idiossincráticos apenas de nossa própria cultura, é no mínimo *unilateral* julgar imagens de mundo segundo a inibição ou a promoção de uma mentalidade científica. Nesse ponto, MacIntyre concorda com Winch: "É correto querer saber se, sofisticados como somos, não continuamos a cometer, pelo menos algumas vezes, o erro de Frazer, mas de uma maneira mais sutil. Quando abordamos as manifestações e as atividades de uma cultura alheia com uma classificação bem estabelecida de gêneros em nossa mente e perguntamos a respeito de um certo rito ou prática: 'É um elemento de ciência aplicada? Ou um elemento de atividade simbólica e dramática? Ou um elemento de teologia?', pode ser que, de fato, estejamos formulando uma série de questões para as quais toda resposta seria enganosa. [...] Pois as manifestações e práticas em questão podem pertencer, por assim dizer, a todos e a nenhum dos gêneros que temos em mente. Para aqueles que estão engajados em certas práticas, talvez nunca tenha surgido a questão de como suas manifestações podem ser interpretadas — no sentido de 'interpretação' em que alocar uma prática ou uma manifestação em um gênero é interpretá-las, digamos, como um predição e não como uma expressão simbólica de desejos, ou vice-versa. Se lhes perguntamos como suas manifestações devem ser interpretadas, podemos então receber uma resposta sincera e, não obstante, continuarmos a nos enganar. Pelo próprio ato de fazer essas questões, talvez os tenhamos levado ao ponto onde não podem evitar começar a construir suas próprias manifestações mais em um sentido do que em outro. Mas talvez elas não fossem assim antes de fazermos a questão. Talvez antes desse momento suas manifestações possuíssem ambiguidades [...], os mitos talvez possam ser considerados então, potencialmente, ciência *e* literatura *e* teologia; mas entendê-los como mitos seria entendê-los como não sendo atualmente nenhuma dessas coisas. Daí a absurdidade que implica falar de mitos como más representações da realidade; o mito é, quando muito, uma possível má representação da realidade, pois, enquanto é tão somente um mito, não aspira a ser uma representação".*[33]

Horton define o "caráter fechado" e o "aberto" das imagens de mundo na dimensão da sensibilidade para alternativas teóricas. Denomina "fechada" uma imagem de mundo na medida em que regula, *sem dispor de alternativas*, o relacionamento com a realidade externa, ou seja, com o que pode ser percebido ou manejado no mundo objetivo. Essa confrontação de imagens de mundo e uma realidade com que podem estar mais ou menos em harmonia sugere já a noção de que a formação de teorias seria o sentido primário das imagens de mundo. Mas, na verdade, as estruturas das imagens de mundo determinam uma práxis de vida que de modo algum se esgota no relacio-

---

* Em inglês no original: "It is right to wonder whether, sophisticated as we are, we may not sometimes at least continue to make Frazer's mistake, but in a more subtle way. For when we approach the utterances and activities of an alien culture with a well-established classification of genres in our mind and ask of a given rite or other practice 'Is it a piece of applied science? Or a piece of symbolic and dramatic activity? Or a piece of theology?' We may in fact be asking a set of questions to which any answer may be misleading [...]. For the utterances and practice in question may belong, as it were, to all and to none of the genres that we have in mind. For those who engage in the given practice the question of how their utterances are to be interpreted – in the sense of 'interpretation' in which to allocate a practice or an utterance to a genre is to interpret it, as a prediction, say, rather than as a symbolic expression of desire, or vice versa – may never have arisen. If we question them as to how their utterances are to be interpreted, we may therefore receive an answer which is sincere and yet we may still be deceived. For we may, by the very act of asking these questions, have brought them to the point where they cannot avoid beginning to construe their own utterances in one way rather than another. But perhaps this was not so until we asked the question. Perhaps before that time their utterances were poised in ambiguity [...] Myths would then be seen as perhaps potentially science and literature and theology; but to understand them as myths would be to understand them as actually yet none of these. Hence the absurdity involved in speaking of myths as misrepresenting reality; the myth is at most a possible misrepresentation of reality, for it does not aspire, while still only a myth, to be a representation". (N. T.)

33 MacIntyre, "Rationality and the Explanation of Action", op. cit., p.252ss.

namento cognitivo-instrumental com a realidade externa. Ao contrário, imagens de mundo são constitutivas, *em toda sua amplitude*, de processos de entendimento e socialização nos quais os participantes se referem tanto às ordens de seu mundo social comum e às vivências de seu respectivo mundo subjetivo, quanto aos processos no mundo objetivo único. Se o pensamento mítico *não permite ainda* o corte categorial entre relações cognitivo-instrumentais, prático-morais e expressivas com o mundo, se as manifestações dos zandes estão para nós cheias de ambiguidade, isso é um sinal de que o "caráter fechado" de sua imagem animista de mundo não deve ser descrita apenas com base em atitudes para com o mundo objetivo, e a 'abertura" da compreensão moderna de mundo, apenas com base nas propriedades formais da mentalidade científica.

f) Essa objeção já não se situa mais inteiramente na linha de argumentação de Winch; não visa mais abalar, mas sim defender com maior sutileza a posição universalista. Nesse sentido, ela registra, no começo da sexta e da última rodada da argumentação, como que uma vantagem por pontos. Gellner também censura em Horton a apreensão demasiado estreita do caráter aberto ou fechado de imagens de mundo e formas de vida por meio do critério da "sensibilidade para alternativas teóricas".[34] Os fenômenos que Horton aduz tampouco podem ser embutidos nessa única dimensão; antes eles exigem um sistema de referências mais complexo, capaz de apreender a diferenciação *simultânea* dos *três conceitos formais de mundo*.

As observações de Horton e Gellner[35] inserem-se facilmente nos pontos de vista da pragmática formal sob os quais caracterizei anteriormente o caráter fechado das imagens míticas do mundo e a abertura de sua compreensão moderna.[36] Sob as rubricas "mixed *vs.* segregated motives" ou "low *vs.* high cognitive division of labor", ambos os autores fazem descrições

---

34 Gellner, "The Savage and the Modern Mind", em Horton; Finnegan, op. cit., p.162*ss*.

35 Sobre o que segue, cf. Horton, "African Thought and Western Science", em Wilson (org.), op. cit., p.115*ss*.; e Gellner, "The Savage and the Modern Mind", op. cit., p.162*ss*.

36 Cf. anteriormente p.113.

concordantes sobre a separação categorial crescente entre o mundo objetivo, o social e o subjetivo, a especialização em questões cognitivo-instrumentais, prático-morais e expressivas, e principalmente a diferenciação de aspectos de validade sob os quais esses problemas podem ser elaborados em cada caso. Em seguida, Horton e Gellner passam a acentuar a diferenciação crescente entre imagem linguística de mundo e realidade. Discutem aspectos distintos sob as rubricas "magical *vs.* non-magical attitudes to words", "ideas bound to occasions *vs.* ideas bound to ideas" (uma característica que concerne à separação de nexos de sentido internos e nexos objetivos externos e que reaparece em Gellner sob a rubrica "the use of idiosyncratic norms"). Por fim, a confrontação de "unreflective vs. reflective thinking" refere-se àquela "second-order intellectual activities" que possibilitam não apenas disciplinas científicas formais como a matemática, a lógica, a gramática etc., mas também, de modo geral, a elaboração sistemática e a configuração formal completa de sistemas simbólicos.

No entanto, imagens de mundo são constitutivas não apenas para processos de entendimento, mas também para a socialização dos indivíduos. Imagens de mundo cumprem uma função de formar e assegurar identidades ao suprir os indivíduos com um acervo essencial de conceitos e suposições básicas que não podem ser revistos sem afetar a identidade tanto dos indivíduos quanto dos grupos sociais. Esse saber *assegurador de identidades* vai se tornando, na linha que vai da imagem de mundo fechada até a aberta, cada vez mais formal; ele se prende a estruturas que se desligam, com amplitude cada vez maior, dos conteúdos, que são liberados para a revisão. Gellner fala de "entrenched constitutional clauses", que no pensamento moderno se reduz a um mínimo formal: "Há uma diferença sistemática na distribuição de cláusulas entrincheiradas, do sagrado, entre o sistema de pensamento selvagem e o moderno. Em um sistema de pensamento tradicional, o sagrado ou o crucial é mais extensivo, mais desordenadamente disperso e muito mais penetrante. Em um sistema de pensamento moderno, é mais ordenado, mais reduzido e, por assim dizer, econômico; baseia-se em alguns princípios inteligíveis e não tende a se difundir por todos os aspectos e detalhes da vida. São dados menos reféns à fortuna; ou, vendo pelo outro lado, a fábrica da vida e da sociedade se beneficia muito menos do reforço de convicções sagradas e entrincheiradas".*[37] Horton coloca esse desenvolvimento sob a rubrica "protective *vs.* destructive attitude" e, nesse contexto, concebe o tabu como uma instituição que protege os fundamentos categoriais da imagem do mundo em toda parte onde experiências dissonantes regularmente se apresentam ameaçando apagar distinções fundamentais.[38]

---

* Em inglês no original: "There is a systematic difference in the distribution of the entrenched clauses, of the sacred, in this sense, as between savage and modern thoughtsystems. In a traditional thought-system, the sacred or the crucial is more extensive, more untidily dispersed, and much more pervasive. In a modern thought-system, it is tidier, narrower, as it were economical, based on some intelligible principles, and tends not to be diffused among the detailed aspects of life. Fewer hostages are given to fortune; or, looking at it from the other end, much less of the fabric of life and society benefits from reinforcement from the sacred and entrenched convictions". (N. T.)

37 Gellner, "The Savage and the Modern Mind", op. cit., p.178.

38 Horton, "African Thought and Western Science", op. cit., p.165: "Perhaps the most important occasion of taboo reaction in traditional African cultures is the commission of incest. Incest is one of the most flagrant defiances of the established category-system: for he who commits it treats a mother, daughter, or sister like a wife. Another common occasion for taboo reaction is the birth of twins. Here, the category distinction involved is that of human beings versus animals – multiple births being taken as characteristic of animals as opposed to men. Yet another very generally tabooed object is the human corpse, which occupies, as it were, a classificatory no-man's land between the living and the inanimate. Equally widely tabooed are such human bodily excreta as faeces and menstrual blood, which occupy the same no-man's-land between the living and the inanimate. Taboo reactions are often given to occurrences that are radically strange or new; for these too (almost by definition) fail to fit into the established category system". ["Talvez a ocasião mais importante de reação tabu nas culturas africanas tradicionais seja a comissão do incesto. Incesto é um dos desafios mais flagrantes ao sistema categorial estabelecido: para ele, quem o comete trata a mãe, a filha ou a irmã como uma esposa. Outra ocasião comum para reação tabu é o nascimento de gêmeos. Aqui, a distinção categorial implicada é aquela de seres humanos *versus* animais – nascimentos múltiplos são considerados característicos de animais, em oposição aos homens. Outro objeto muito comum de tabu é o cadáver humano, que ocupa, por assim dizer, a terra de ninguém classificadora entre os vivos e os inanimados. Do mesmo modo, são geralmente objetos de tabu as excretas do corpo humano como as fezes e o sangue menstrual, que ocupam a mesma terra de ninguém entre

Se analisarmos nos termos da pragmática formal o uso antropologicamente enformado do par conceitual popperiano de "fechado *vs*. aberto", vamos nos deparar com uma perspectiva a partir da qual as considerações de Winch contra a hipostasiação da racionalidade científica pode tornar-se inteligível e, ao mesmo tempo, desacoplar-se de consequências precipitadas. A racionalidade científica pertence a um complexo de racionalidade cognitivo-instrumental que, certamente, pode pretender validade para além do contexto de cada cultura. Não obstante, depois de termos discutido e enfraquecido os argumentos de Winch, resta uma parcela de seu *pathos* à qual não fizemos justiça: "Meu objetivo não é moralizar, mas sugerir que o conceito de '*aprender de*', implicado no estudo de outras culturas, está intimamente ligado ao conceito de *sabedoria*".*³⁹ Não poderíamos, nós que somos membros de sociedades modernas, aprender alguma coisa da compreensão de formas de vida alternativas, em especial das pré-modernas? Não deveríamos nos lembrar — para além da romantização de etapas evolutivas superadas, para além do encanto exótico de conteúdos culturais alheios — das perdas que exigiu a via para a modernidade? Mesmo R. Horton não toma de modo algum essa questão como sem sentido: "Como cientista, é talvez inevitável que deva em certos pontos dar a impressão de que o pensamento africano tradicional seria pobre, algo agrilhoado quando comparado com o pensamento das ciências. Mas, como homem, estou vivendo aqui, por escolha própria, em uma África fortemente tradicional, em vez de viver na subcultura ocidental de orientação científica em que fui educado. Por quê? Bem, pode haver uma série de razões estranhas, sinistras, desconhecidas. Mas uma razão segura é a descoberta das *coisas perdidas* em casa. Uma qualidade intensamente poética na vida e no pensamento do dia a dia, e uma

---

os vivos e os inanimados. Reações tabu dão-se amiúde em ocorrências radicalmente estranhas ou novas; elas também não podem (quase por definição) ser inseridas no sistema categorial estabelecido." (N. T.)]

* Em inglês no original: "My aim is not to engage in moralizing, but to suggest that the concept of '*learning from*' which is involved in the study of other cultures is closely linked with the concept of wisdom". (N. T.)

39 Winch, "Understanding a Primitive Society", op. cit., p.106.

fruição vívida do momento passageiro – duas coisas excluídas da sofisticada vida ocidental pela busca da pureza dos motivos e pela fé no progresso".*40

Na expressão "quest for purity of motive", volta a ressoar a diferenciação de conceitos de mundo e de aspectos de validade, da qual procedeu a compreensão moderna do mundo. Ao acrescentar à sua observação a frase: "Quão necessárias foram essas coisas para o avanço da ciência, mas que desastre foram quando correm soltas para além de seus limites apropriados!",** Horton confere à posição universalista um *acento autocrítico*. Não à racionalidade científica enquanto tal, mas sim sua hipostasiação parece pertencer aos traços idiossincráticos da cultura ocidental, remetendo a um padrão da racionalização cultural e da social que proporciona dominância demasiado unilateral à racionalidade cognitivo-instrumental, não apenas no relacionamento com a natureza externa, mas também na compreensão de mundo e na práxis cotidiana comunicativa em seu todo.

O andamento da argumentação talvez possa ser resumido no sentido de que os argumentos de Winch são fracos demais para consolidar a tese segundo a qual é inerente a cada imagem de mundo linguisticamente articulada e a cada forma de vida cultural um conceito incomparável de racionalidade. Mas sua estratégia argumentativa é forte o suficiente para distinguir entre a pretensão de universalidade, em princípio justificada, daquela racionalidade que se expressa na compreensão moderna do mundo e uma autointerpretação acrítica da modernidade, fixada no conhecimento e no controle da natureza externa.

---

* Em inglês no original: "As a scientist, it is perhaps inevitable that I should at certain points give the impression that traditional African thought is a poor, shackled thing when compared with the thought of the sciences. Yet as a man, here I am living by choice in a still-heavily-traditional Africa rather than in the scientifically oriented Western subculture I was brought up in. Why? Well, there may be a lots of queer, sinister, unacknowledged reasons. But one certain reason is the discovery of *things* lost at home. An intensely poetic quality in everyday life and thought, and a vivid enjoyment of the passing moment-both driven out of sophisticated Western life by the quest for purity of motive and the faith in progress". (N. T.)
40 Horton, "African Thought and Western Science", op. cit., p.170.
** Em inglês no original: "How necessary these are for the advance of science; but what a disaster they are when they run wild beyond their appropriate bounds!". (N. T.)

(4) O descentramento de imagens de mundo (Piaget). Introdução provisória do conceito de mundo da vida

O debate conduzido na Inglaterra acerca da racionalidade sugere a conclusão de que, sem dúvida, subjazem à compreensão moderna do mundo estruturas universais de racionalidade, mas as sociedades modernas do Ocidente promovem uma compreensão distorcida de racionalidade, uma compreensão presa aos aspectos cognitivo-instrumentais e, nesse sentido, somente particular. Para concluir, pretendo indicar algumas implicações de tal concepção.

Se é possível julgar a racionalidade das imagens de mundo na dimensão fechamento ou abertura, determinada em termos de pragmática formal, contamos com alterações sistemáticas nas estruturas das imagens de mundo que não podem ser explicadas apenas psicológica, econômica ou sociologicamente, ou seja, com base em fatores externos, mas também atribuídas a um aumento de saber internamente reconstruível. Certamente, processos de aprendizagem devem ser explicados, por sua vez, com base em mecanismos empíricos; mas, ao mesmo tempo, são concebidos como solução de problemas, de sorte que se tornam acessíveis a uma avaliação sistemática lançando-se mão de *condições internas de validade*. A posição universalista força a aceitar, pelo menos em princípio, a hipótese da teoria da evolução de acordo com a qual a racionalização de imagens de mundo se efetua através de processos de aprendizagem. Isso não significa de modo algum que os desenvolvimentos nas imagens de mundo devam se efetuar contínua, linear e muito menos necessariamente, no sentido de uma causalidade idealista. Questões da *dinâmica* de desenvolvimento não são prejulgadas com essa suposição. Porém, caso se queira conceber transições históricas entre sistemas de interpretação diversamente estruturados como processos de aprendizagem, é preciso satisfazer a exigência de uma análise formal de nexos de sentido que permita reconstruir a sucessão empírica de imagens de mundo como uma sequência de passos de aprendizagem cogentemente reconstituível e intersubjetivamente examinável da perspectiva do participante.

Contra Winch, MacIntyre levanta a objeção de que aquele deveria *reinterpretar desenvolvimentos cognitivos* como saltos formais descontínuos: "Refiro-me àquelas transições de um sistema de crenças a outro, que são caracterizados necessariamente por levantar questões do tipo que Winch rejeita. Na Escócia do século XVII, por exemplo, a questão 'Mas existem bruxas?' não podia deixar de ser levantada. Se Winch pergunta em que modo de vida social, sob qual sistema de crenças, essa questão foi formulada, a única resposta é que foi feita por homens que confrontaram sistemas alternativos e foram capazes de traçar, de fora daquilo que os confrontava, critérios independentes de juízo. Muitos africanos hoje estão na mesma situação".*[41] No entanto, o reverso dessa objeção é o ônus da prova que MacIntyre imputa à posição universalista. De acordo com isso, seria preciso supor que o cientista, que pertence a uma sociedade moderna, não poderia entender seriamente a crença dos zandes em bruxas ou mesmo a crucificação de Jesus antes de ter reconstruído (a traços largos) aqueles processos de aprendizagem que possibilitaram a passagem do mito a uma religião universal, ou a passagem de uma imagem religiosa e metafísica do mundo à sua compreensão moderna.[42]

No segundo capítulo, lançando mão da sociologia weberiana da religião, gostaria de fazer a tentativa de conceber o desenvolvimento das imagens religiosas de mundo do ponto de vista teórico da constituição de conceitos formais de mundo, isto é, a título de um processo de aprendizagem. Nesse contexto, vou me servir tacitamente de um conceito de aprendizagem que Piaget desenvolveu para a ontogênese de estruturas da consciência. Piaget distingue, como se sabe, etapas do desenvolvimento cognitivo que não são

---

* Em inglês no original: "I refer to those transitions from one system of beliefs to another which are necessarily characterized by raising questions of the kind that Winch rejects. In seventeenth-century Scotland, for example, the question could not but be raised, 'But are there witches?' If Winch asks, from within what way of social life, under what system of belief was this question asked, the only answer is that it was asked by men who confronted alternative systems and were able to draw out of what confronted them independent criteria of judgment. Many Africans today are in the same situation". (N. T.)

41 MacIntyre, "The Idea of Social Science", op. cit., p.228.
42 Com esse pressuposto, a crença em bruxas, propagada pela Europa nos princípios da época moderna, deveria ser entendida como regressão cognitiva. Cf. Döbert, "The Role of Stage-Models within a Theory of Social Evolution, Illustrated by the European Witchcraze", em Harre; Jensen (orgs.), *Studies in the Concept of Evolution*.

caracterizados por novos conteúdos, mas por etapas na capacidade de aprender, descritas em perspectiva estrutural. Talvez se trate de algo análogo também no caso da emergência de novas estruturas nas imagens de mundo. As cesuras entre o modo de pensar mítico, o religioso-metafísico e o moderno são caracterizados por transformações no sistema dos conceitos fundamentais. As interpretações de uma etapa suplantada, não importando como pareçam *quanto aos conteúdos*, são *categorialmente* desvalorizadas com a passagem para a seguinte. Não é esta ou aquela razão que não convence mais, é o *tipo* de razões que deixa de convencer. Uma desvalorização dos potenciais de explicação e justificação contidos em tradições inteiras ocorreu nas grandes civilizações com a remoção de figuras de pensamento mítico-narrativas, e, nos tempos modernos, com a remoção das figuras de pensamento religiosas, cosmológicas ou metafísicas. Essas *ondas de desvalorização* parecem ter a ver com as passagens a novos níveis de aprendizagem; com isso, alteram-se as condições do aprendizado tanto na dimensão do pensamento objetivante quanto na dimensão do discernimento prático-moral e na dimensão da capacidade de expressão prático-estética.

A teoria de Piaget não é útil apenas para a distinção entre aprendizado de estrutura e aprendizado de conteúdo, mas também para conceitualização de um desenvolvimento que se estende simultaneamente às imagens de mundo em seu todo, isto é, às diversas dimensões da compreensão do mundo. O desenvolvimento cognitivo em sentido estrito refere-se a estruturas do pensamento e da ação que a criança adquire construtivamente na confrontação ativa com a realidade externa, com os processos no mundo objetivo.[43] Mas Piaget investiga esse desenvolvimento cognitivo em conexão com a "formação do universo exterior e do interior"; resulta "passo a passo uma demarcação graças à construção do universo de objetos e do universo interior do sujeito".[44] A criança trabalha os conceitos de mundo exterior

---

43 Para uma visão de conjunto, cf. Piaget, *Abriss der genetischen Epistemologie*; também Flavell, *The Developmental Psychology of Jean Piaget*; Furth, *Piaget and Knowledge*; Kaplan, "Meditation on Genesis", *Human Development*, v.10, n.2, p.65ss., 1967; Rotenstreich, "An Analysis of Piagets Concept of Structure", *Philosophy Phenomenological Research*, v.37, n.3, p.368ss., 1977.

44 Piaget, *Die Entwicklung des Erkennens*, v.III, p.179.

e de mundo interior cooriginariamente, tanto no relacionamento prático com os objetos quanto consigo mesma. Nesse contexto, Piaget distingue o trato com objetos físicos e o trato com os objetos sociais, isto é, "a interação entre o sujeito e o objeto e a interação entre o sujeito e os outros sujeitos".[45] Em correspondência com isso, o universo exterior diferencia-se em mundo de objetos perceptíveis e manipuláveis, de um lado, e em mundo de relações interpessoais normativamente reguladas, de outro. Enquanto o contato com a natureza externa, produzido pela ação instrumental, faz a mediação da aquisição construtiva do "sistema intelectual de normas", a interação com outras pessoas abre caminho para o crescimento construtivo no interior do "sistema de normas morais" socialmente reconhecido. Os mecanismos de aprendizagem, adaptação e acomodação, atuam de forma específica através desses dois tipos de ação: "Se [...] as interações entre sujeito e objeto modificam tanto um como o outro, é *a fortiori* evidente que toda interação entre sujeitos individuais os modifica reciprocamente. Toda relação social é, portanto, uma totalidade em si, que cria novas propriedades ao transformar o indivíduo em sua estrutura intelectual".[46]

Dessa maneira, resulta para Piaget um desenvolvimento cognitivo em sentido amplo, não entendido unicamente como construção de um universo exterior, mas também como construção de um sistema de referências para demarcar *simultaneamente* o mundo objetivo e o social em relação ao subjetivo. Desenvolvimento cognitivo significa, de modo geral, o *descentramento* de uma *compreensão de mundo egocentricamente marcada*.

É somente na medida em que se diferencia o sistema de referências formal dos três mundos que se pode constituir um conceito reflexivo de mundo, obtendo-se o acesso a ele graças ao *medium* representado pelos esforços coletivos de interpretação, no sentido de uma negociação cooperativa sobre as definições de situação. O conceito de mundo subjetivo nos permite distanciar do mundo exterior não apenas o próprio mundo interior, mas também os mundos subjetivos dos outros. *Ego* pode considerar como deter-

---

45 Ibid., p.190; cf. Broughton, "Genetic Metaphysics", em Rieber (org.), *Body and Mind: Past, Present and Future*, p.177ss.
46 Piaget, *Die Entwicklung des Erkennens*, v.III, p.190.

minados fatos (o que ele toma por um estado de coisas existente no mundo objetivo) ou determinadas expectativas normativas (o que toma por um elemento legítimo do mundo social comum) se apresentam da perspectiva de um outro, isto é, como componente do mundo subjetivo deste; ainda mais, ele pode refletir que *alter* reflete, por seu turno, como o que toma por estado de coisas existentes e normas vigentes se apresenta na perspectiva de *ego*, isto é, como componente do mundo subjetivo de *ego*. Assim, os mundos subjetivos dos participantes poderiam servir como superfícies de um espelho em que o mundo objetivo, o normativo e o subjetivo do outro se refletem quantas vezes se queira. Mas os conceitos formais de mundo têm justamente a função de impedir que o acervo do que é comum se dissolva no fluxo das subjetividades iterativamente espelhadas umas nas outras; eles possibilitam adotar em comum a perspectiva de um terceiro ou de um não participante.

Todo ato de entendimento pode ser concebido como parte de um processo cooperativo de interpretação que tem em vista as definições da situação intersubjetivamente reconhecidas. Os conceitos dos três mundos servem aí de sistema de coordenadas, pressuposto em comum, no qual é possível ordenar os contextos da situação de tal sorte que se alcança um acordo sobre o que os participantes devem tratar a cada vez como fato, norma válida ou vivência subjetiva.

É nesse ponto que posso introduzir primeiramente o *conceito de mundo da vida*, na qualidade de correlato dos processos de entendimento. Sujeitos que agem comunicativamente entendem-se sempre no horizonte de um mundo da vida. Seu mundo da vida compõe-se de convicções de fundo mais ou menos difusas e sempre aproblemáticas. Esse pano de fundo do mundo da vida serve de fonte para definições da situação, pressupostas pelos participantes como aproblemáticas. Em suas operações de interpretação, os membros de uma comunidade de comunicação demarcam o mundo objetivo único e seu mundo social intersubjetivamente partilhado em face dos mundos subjetivos de indivíduos e de (outras) coletividades. Os conceitos de mundo e as pretensões de validade correspondentes constituem o suporte formal com que aqueles que agem comunicativamente classificam os contextos situacionais problemáticos, isto é, carentes de um acordo, em seu mundo da vida pressuposto como aproblemático.

O mundo da vida armazena o trabalho interpretativo feito anteriormente pelas gerações precedentes; é o contrapeso conservador contra o risco de dissenso que surge com todo processo de entendimento atual. Pois aqueles que agem comunicativamente conseguem chegar a um entendimento somente por meio de tomadas de posição de sim ou não sobre pretensões de validade criticáveis. *A relação entre esses dois pesos se altera com o descentramento das imagens de mundo*. Quanto mais amplamente a imagem de mundo que prepara o acervo cultural de saber é descentrado, tanto menos a necessidade de entendimento é coberta *de antemão* por um mundo da vida interpretado com imunidade à crítica; e quanto mais essa necessidade precisa ser satisfeita pelas operações de interpretação dos próprios participantes, isto é, mediante um acordo, que é arriscado porque racionalmente motivado, tanto mais frequentemente é correto esperar orientações racionais na ação. É por esse motivo que a racionalização do mundo da vida se deixa caracterizar primeiramente na dimensão "acordo normativamente atribuído" *vs.* "entendimento comunicativamente obtido". Quanto mais as tradições culturais tomam uma pré-decisão sobre quais pretensões de validade, sobre quando, onde, para quê, por quem e diante de quem devem ser aceitas, tanto menos os próprios participantes têm a possibilidade de explicitar e examinar as razões potenciais em que apoiam suas tomadas de posição de sim ou não.

Se julgamos desse ponto de vista os sistemas culturais de interpretação, torna-se patente por que as imagens de mundo míticas representam um caso-limite instrutivo. Na medida em que o mundo da vida de um grupo social é interpretado por meio de uma imagem de mundo mítica, retira-se dos membros individuais tanto o ônus da interpretação quanto a possibilidade de eles mesmos conduzirem um acordo criticável. Na medida em que a imagem de mundo permanece sociocêntrica, no sentido de Piaget,[47] ela não permite uma diferenciação entre os mundos dos estados de coisas existentes, normas vigentes e vivências subjetivas passíveis de expressão. A imagem de

---

47 Ibid., p.229.

mundo linguística é reificada a título de ordem de mundo, não podendo ser vista como sistema de interpretação criticável. No interior de um semelhante sistema de orientação, as ações não podem de modo algum alcançar aquela zona crítica em que um acordo comunicativamente obtido depende de tomadas de posição autônomas de sim ou não a respeito de pretensões de validade criticáveis.

Com esse pano de fundo, tornam-se claras as propriedades formais que as tradições culturais precisam demonstrar, se devem ser possíveis orientações racionais da ação em um mundo da vida interpretado em correspondência com elas, se elas devem poder condensar-se formando uma conduta de vida racional:

a) A tradição cultural tem de prontificar conceitos formais para o mundo objetivo, o social e o subjetivo, tem de permitir pretensões de validade diferenciadas (verdade proposicional, correção normativa, veracidade subjetiva) e tem de estimular uma diferenciação correspondente de atitudes fundamentais (objetivante, conforme a normas e expressiva). Nesse caso, as expressões simbólicas podem ser geradas em um nível formal em que são associadas sistematicamente a razões, sendo acessíveis a um julgamento objetivo.

b) A tradição cultural tem de permitir uma relação reflexiva consigo mesma; tem de ser despida de sua dogmática a tal ponto que as interpretações nutridas pela tradição possam ser questionadas a fundo e submetidas a uma revisão crítica. Nesse caso, os nexos de sentido internos podem ser sistematicamente elaborados, e as interpretações alternativas, metodicamente investigadas. Emergem atividades cognitivas de segunda ordem: processos de aprendizagem controlados por hipóteses e argumentativamente filtrados, nos âmbitos do pensamento objetivante, do discernimento prático-moral e da percepção estética.

c) A tradição cultural tem de deixar-se reacoplar com argumentações especializadas em seus componentes cognitivos e valorativos, a tal ponto que os processos correspondentes de aprendizagem conseguem ser socialmente institucionalizados. É por essa via que podem surgir subsistemas culturais para ciência, moral e direito, para música, arte e literatura, nos quais se formam tradições argumentativamente apoiadas, fluidificadas pela crítica permanente, mas, ao mesmo tempo, profissionalmente afiançadas.

d) Enfim, a tradição cultural tem de interpretar o mundo da vida de tal sorte que a ação orientada ao êxito possa ser liberada dos imperativos de um entendimento que sempre precisa renovar-se comunicativamente, e desacoplada da ação orientada ao entendimento, pelo menos parcialmente. Graças a isso, torna-se possível uma institucionalização social da ação com respeito a fins para finalidades generalizadas, por exemplo, a formação de subsistemas, controlados através de dinheiro e poder, para a economia racional e a administração racional. Como veremos, Max Weber considera as formações de subsistemas mencionadas em c) e d) como uma diferenciação de esferas de valor que, para ele, representam o cerne da racionalização cultural e social na modernidade.

Se utilizarmos dessa maneira o conceito de Piaget de descentramento como fio condutor a fim de esclarecer o nexo interno entre as estruturas de uma imagem de mundo, o mundo da vida como contexto de processos de entendimento e as possibilidades racionais da conduta de vida, voltaremos a nos deparar com o conceito de racionalidade comunicativa. Este relaciona a compreensão descentrada de mundo com a possibilidade de resgate discursivo de pretensões de validade criticáveis. A. Wellmer caracteriza esse conceito, em referência ao debate antropológico, da seguinte maneira: "'Racionalidade discursiva' não é uma concepção 'relacional' de racionalidade no mesmo sentido em que o são as noções 'mínimas' de racionalidade advogadas por Winch, MacIntyre, Lukes e outros. Tais concepções mínimas são simples derivados da lei de não contradição e podem ser expressas na forma de um postulado de coerência. Ora, 'racionalidade discursiva' não significa um *standard* específico de racionalidade que possa ser 'parasitário' do *standard* mínimo de racionalidade, como o são, por exemplo, os *standards* específicos de racionalidade operadores na magia primitiva ou nos sistemas econômicos modernos. Pelo contrário, 'racionalidade discursiva' significa: (a) um concepção *procedimental* de racionalidade, isto é, um modo específico de enfrentar incoerências, contradições e dissensão, e (b) um *standard* formal de racionalidade que opera em um 'metanível', *vis-à-vis* com aqueles *standards* substantivos de racionalidade, que são 'parasitários' de um *standard* mínimo de racionalidade no sentido de Lukes".*⁴⁸ Wellmer considera um tal conceito de racionalidade como complexo o suficiente para retomar, como problematizações, as reservas justificadas de Winch: tanto seu ceticismo a respeito da autointerpretação unilateral e cognitivo-instrumental da racionalidade moderna, quanto também seu motivo de aprender com outras culturas para inteirar-se da unilateralidade da autocompreensão moderna.

Caso se apreenda o conceito de egocentrismo de maneira tão ampla quanto o de descentramento e se admita que o egocentrismo se renove em cada etapa, a sombra dos erros sistemáticos passa a seguir os processos de aprendizagem.⁴⁹ Nesse caso, poderia certamente acontecer que surja tam-

---

* Em inglês no original: "'Discursive rationality' is not a 'relational' conception of rationality in the same sense as the 'minimal' notions of rationality advocated by Winch, MacIntyre, Lukes and others, are. Such minimal conceptions of rationality are simple derivatives of the law of non-contradiction and can be expressed in the form of a postulate of coherence. Now, 'discursive rationality' does not just signify a specific standard of rationality which would be 'parasitic' on the minimal standard of rationality, as e. g. the specific standards of rationality are which are operative in primitive magic or in modern economic systems. 'Discursive rationality' rather signifies (a) a *procedural* conception of rationality, i. e. a specific way of coming to grips with incoherences, contradictions and dissension, and (b) a formal standard of rationality which operates on a 'metalevel' *vis-a-vis* all those 'substantive' standards of rationality which are 'parasitic' on a minimal standard of rationality in Lukes' sense". (N. T.)

48 Wellmer, *On Rationality*, v.IV, p.12ss. Cf. também Apel, "The Common Presuppositions of Hermeneutics and Ethics: Types of Rationality beyond Science and Technology", em Bärmark (org.), *Perspectives on Metascience*, p.39ss.

49 Para a ontogênese, D. Elkind descreveu de maneira impressionante as formas do egocentrismo, específicas de cada etapa: "Egozentrismus in der Adoleszenz", em Döbert; Habermas; Nunner-Winkler (orgs.), *Entwicklung des Ichs*, p.170ss. Cf. o resumo na p.177: "Na segunda infância, o egocentrismo manifesta-se na noção de que objetos são idênticos à sua percepção, e essa forma de egocentrismo é superada pelo desdobramento da função simbólica. Durante os anos pré-escolares, o egocentrismo apresenta-se na forma da suposição de que os símbolos conteriam as mesmas informações que os objetos representados por eles. Com a emergência das operações concretas, a criança pode distinguir entre símbolo e objeto simbolizado, superando assim essa forma de egocentrismo. O egocentrismo da pré-adolescência é caracterizado pela pressuposição de que as próprias representações mentais

bém com a compreensão descentrada do mundo uma ilusão especial – a saber: a noção *de que diferenciação de um mundo objetivo signifique de modo geral a desmembração do mundo social e do subjetivo em relação ao âmbito do entendimento racionalmente motivado*.

Ainda nos ocuparemos dessa ilusão do pensamento *reificante*. Um erro complementar da modernidade é, todavia, o *utopismo*, que julga que do conceito de compreensão descentrada do mundo e de racionalidade procedimental poderíamos obter "ao mesmo tempo o ideal de uma forma de vida que veio a ser perfeitamente racional".⁵⁰ Formas de vida consistem, com efeito, não apenas em imagens de mundo que podemos graduar, de pontos de vista estruturais, como mais ou menos descentradas, nem apenas em instituições que incidem sob o aspecto da justiça. Winch insiste com razão em que formas de vida apresentam "jogos de linguagem" concretos, configurações históricas de práticas arraigadas, pertenças a grupos, padrões culturais de interpretação, formas de socialização, competências, atitudes etc. Seria absurdo querer julgar a *totalidade de uma forma de vida* por este ou aquele aspecto de racionalidade. Se não queremos renunciar de modo geral aos *standards* com base nos quais uma forma de vida poderia ser avaliada como mais ou menos fracassada, desfigurada, infeliz ou alienada, oferece-se como caso modelo, quando muito, aquele da doença e da saúde. Julgamos tacitamente formas de vida e biografias segundo critérios de normalidade que não permitem uma *aproximação com valores-limite ideais*. Em vez disso, talvez devamos falar de um *equilíbrio entre momentos que carecem de complementação*, de um jogo em conjunto equilibrado do cognitivo com o moral e com o estético-expressivo.

---

correspondem a uma forma superior da realidade perceptiva. Com o emprego do pensamento operacional-formal e a capacidade de apresentar hipóteses contrafactuais, esse tipo de egocentrismo se dissolve, já que o adolescente pode reconhecer então a arbitrariedade de suas representações mentais. Na primeira adolescência, enfim, o egocentrismo aparece como a noção de que os pensamentos dos outros se concentram de todo no próprio eu. Essa variante do egocentrismo é superada pela experiência da divergência entre as reações antecipadas pelo jovem e as que de fato se apresentam".

50 Wellmer, *Thesen über Vernunft, Emanzipation und Utopie*, p.32.

Mas a tentativa de indicar um equivalente para o que outrora era ligado à ideia de vida boa não permite induzir que *se derive* uma ideia de vida boa do conceito procedimental de racionalidade, que nos legou a compreensão descentrada do mundo que caracteriza a modernidade. "Por essa razão, podemos indicar apenas determinadas *condições* formais de uma vida racional — como a consciência moral universalista, o direito universalista, uma identidade coletiva que se tornou reflexiva etc.; mas, na medida em que se trata da possibilidade de uma vida racional, de uma identidade racional em um sentido substancial, não há nenhum valor-limite ideal descritível em termos de estruturas formais; antes, há apenas o sucesso ou o insucesso do empenho por uma forma de vida em que a identidade não coercitiva dos indivíduos torna-se, junto com a reciprocidade não coercitiva entre os indivíduos, uma realidade experienciável".[51] Com o discurso sobre uma "vida racional em sentido substancial", Wellmer não quer sugerir, naturalmente, uma retomada do quadro categorial das imagens de mundo substancialmente racionais. Mas, se devemos renunciar a isso, permanece a crítica das desfigurações que são infligidas de duplo modo às formas de vida das sociedades modernizadas de maneira capitalista: pela desvalorização da substância de suas tradições e pela sujeição aos imperativos de uma racionalidade unilateralizada, limitada ao cognitivo-instrumental.[52]

No entanto, o conceito procedimental de racionalidade pode ser colocado no fundamento de uma tal crítica, caso for possível demonstrar que o descentramento da compreensão de mundo e a racionalização do mundo da vida são condições necessárias de uma sociedade emancipada. Utopista é a confusão de uma infraestrutura comunicativa altamente desenvolvida de formas de vida *possíveis* com a articulação histórica de uma forma de vida *bem-sucedida*.

---

51 Ibid., p.53.
52 Cf. Habermas, "Reply to my Critics", em Held; Thompson, *Habermas: Critical Debates*.

3
Relações com o mundo e aspectos da racionalidade da ação em quatro conceitos sociológicos de ação

O conceito de racionalidade comunicativa que resultou da análise provisória do emprego da palavra "racional", bem como do debate sobre a posição da compreensão moderna do mundo, carece de uma explicação mais exata. Vou ao encalço dessa tarefa de maneira apenas indireta, isto é, pela via de uma clarificação pragmático-formal do conceito de ação comunicativa, e isso também somente nos limites de um trânsito sistemático pelas posições tomadas na história da teoria. De início, podemos reter que o conceito de racionalidade comunicativa deve ser analisado tomando o entendimento linguístico como fio condutor. O conceito de entendimento remete a um acordo racionalmente motivado obtido entre os participantes, o qual se mede por pretensões de validade criticáveis. As pretensões de validade (verdade proposicional, correção normativa e veracidade subjetiva) caracterizam diversas categorias de um saber simbolicamente corporificado em proferimentos. Esses proferimentos podem ser analisados de mais perto, mais precisamente, por um lado, sob o aspecto de como eles podem ser fundamentados, por outro lado, sob o aspecto de como os atores se referem com eles a algo no mundo. O conceito de racionalidade comunicativa remete, segundo um aspecto, a diversas formas de resgate discursivo de pretensões de validade – daí Wellmer falar também de racionalidade "discursiva"; segundo o outro aspecto, às relações com o mundo que aqueles que agem comunicativamente estabelecem ao levantar pretensões de validade para seus proferimentos – é por esse motivo que o descentramento da compreensão de mundo revela-se a dimensão mais importante do desenvolvimento das imagens de mundo.

Não vou mais seguir a pista das discussões sobre teoria da argumentação; mas deparamos com a linha da investigação de conceitos formais de mundo quando voltamos então à tese, desenvolvida de início, segundo a qual o problema da racionalidade se coloca simultaneamente no plano metateórico e no metodológico para toda sociologia com pretensão de teoria da sociedade.

Gostaria de fundamentar a primeira parte da tese de tal sorte que se explicitem os pressupostos "ontológicos", em sentido amplo, de *quatro conceitos de ação* que se tornaram relevantes para a formação da ciência social. Analisarei as implicações desses conceitos para a racionalidade lançando mão das *relações entre ator e mundo* pressupostas em cada um deles. Em geral, nas teorias sociológicas da ação, o nexo entre ações sociais e as relações ator-mundo não é estabelecido de maneira explícita. Uma exceção é I. C. Jarvie, que faz um interessante uso da teoria dos três mundos de Popper.[1] A fim de aprofundar os conceitos de mundo objetivo, social e subjetivo, introduzidos provisoriamente por mim, pretendo abordar em primeiro lugar a teoria de Popper dos três mundos (1). Em seguida, passo a analisar nos conceitos de relações ator-mundo os conceitos de ação teleológica, ação regulada por normas e ação dramatúrgica (2). Essa reconstrução possibilitará depois a introdução provisória do conceito de ação comunicativa (3).

(1) A teoria dos três mundos de Popper e uma aplicação na teoria da ação (I. C. Jarvie)

Em sua conferência pronunciada em 1967 sobre "Teoria do conhecimento sem sujeito cognoscente", Popper faz uma proposta surpreendente: "[...] é possível distinguir os seguintes três mundos ou universos: primeiro, o mundo dos objetos físicos ou estados físicos; segundo, o mundo dos estados de consciência, dos estados mentais ou talvez das disposições comportamentais para a ação; e, terceiro, o mundo dos *conteúdos objetivos do pensamento*, em especial dos pensamentos científicos, dos poéticos e das obras de arte".[2] Mais tarde Popper falará, de modo geral, do mundo dos "produtos

---

[1] Jarvie, *Die Logik der Gesellschaft*, p.227ss.
[2] Popper, *Objektive Erkenntnis*, p.123.

do espírito humano".³ Ele acentua que mesmo as relações internas entre construtos simbólicos que aguardam ainda a sua descoberta e explicação por parte do espírito humano devem ser atribuídas ao terceiro mundo.⁴ Em nosso contexto, as considerações epistemológicas especiais que levaram Popper a reportar-se ao conceito de "pensamento" (*Gedanke*) de Frege, a retomar a crítica de Husserl ao psicologismo e a afirmar um *status* independente de atos e estados mentais para o conteúdo semântico dos produtos simbólicos do espírito humano, em via de regra linguisticamente objetivados, são de tão pouco interesse quanto a proposta especial de solucionar o problema da relação entre espírito e corpo, a qual ele desenvolve com base no conceito de terceiro mundo.⁵ Mas é interessante a circunstância de que Popper venha a contrapor-se em ambos os casos à concepção empirista basilar segundo a qual o sujeito se defronta com o mundo imediatamente, recebendo suas impressões dele mediante percepções sensíveis ou influindo nos estados dele por meio de ações.

Esse contexto de problemas explica por que Popper entende sua doutrina do espírito objetivo como uma ampliação do conceito empirista e introduz tanto o espírito objetivo quanto o subjetivo como "mundos", isto é, como totalidades especiais de *entidades*. As teorias anteriores do espírito objetivo, desenvolvidas de Dilthey a Theodor Litt e Hans Freyer na tradição historicista e neo-hegeliana, partem do primado de um espírito ativo que se *expõe* no mundo por ele constituído. Em contraposição a isso, Popper atém-se ao primado do mundo em detrimento do espírito e concebe o segundo e o terceiro mundo *ontologicamente*, em analogia com o primeiro. Nesse aspecto, sua reconstrução do terceiro mundo lembra antes a teoria do ser espiritual de Nicolai Hartmann.⁶

O mundo é considerado a totalidade do que é o caso; e o que é o caso pode ser constatado na forma de enunciados verdadeiros. Partindo desse conceito geral de mundo, Popper especifica o primeiro, o segundo e o

---

3 Popper; Eccles, *The Self and its Brain*, p.38.
4 Popper, "Reply to my Critics", em Schilp (org.), *The Philosophy of K. Popper*, p.1050.
5 Popper; Eccles, op. cit., p.100ss.
6 Hartmann, *Das Problem des geistigen Seins*.

terceiro mundos de acordo com a maneira pela qual os estados de coisas existem. Dependendo de sua pertença a um dos três mundos, as entidades possuem um modo de ser específico: trata-se de objetos e ocorrências físicas; de estados mentais e episódios internos; dos conteúdos semânticos de construtos simbólicos. Assim como Nicolai Hartmann distingue entre espírito objetivado e espírito objetivo, Popper distingue entre conteúdos semânticos explícitos já *corporificados* em fonemas e sinais gráficos, em cor ou pedra, em máquinas etc., e aqueles conteúdos semânticos implícitos ainda não "descobertos", ainda não objetificados em objetos suportadores do primeiro mundo, mas meramente inerentes aos significados já corporificados.

Esses "unembodied world 3 objects"[7] são um importante indicador da independência do mundo do espírito objetivo. Os construtos simbólicos são gerados, sem dúvida, pelo espírito humano produtivo; mas, ainda que sejam eles próprios produtos, enfrentam o espírito subjetivo com a objetividade de um nexo de sentido esquivo, problemático, opaco, somente acessível pelo trabalho intelectual. Os *produtos* do espírito humano voltam-se sem demora contra ele na qualidade de *problemas*: "Esses problemas são manifestadamente *autônomos*. Não foram criados de maneira alguma por nós; antes os *descobrimos*, e nesse sentido existiam já antes de sua descoberta. Além do mais, pode ser que pelo menos alguns desses problemas sejam insolúveis. Para resolver esses problemas, inventamos talvez novas teorias. Estas também são criadas por nós: são o produto de nosso pensamento crítico e criativo, no qual outras teorias provenientes do terceiro mundo nos auxiliam em muito. Mas, uma vez criadas essas teorias, elas produzem novos problemas, não propositados e inesperados, problemas autônomos que devem ser descobertos. Assim se explica por que o terceiro mundo é, segundo sua origem, nosso produto, mas *autônomo* no que concerne, digamos, a seu *status* ontológico. Assim se explica por que podemos elaborá-lo, embora nenhum ser humano possa dominar sequer uma pequena parte dele. Nós todos contribuímos para o seu crescimento, mas quase todas essas contribuições individuais são ínfimas. Nós todos tentamos compreendê-lo, e nenhum de nós poderia viver sem vínculo com ele, pois usamos to-

---

7 Popper; Eccles, op. cit., p.41ss.

dos a linguagem sem a qual dificilmente seríamos homens. E, no entanto, o terceiro mundo desenvolve-se muito além da compreensão não apenas do indivíduo, mas até mesmo de todos os homens (como mostra a existência dos problemas insolúveis)".[8]

Dessa definição do *status* do terceiro mundo resultam duas consequências dignas de nota. A primeira concerne à *interação entre os mundos*, a segunda, à *interpretação do terceiro mundo cognitivistamente redutora*.

Segundo a concepção de Popper, o primeiro e o segundo mundo estão em intercâmbio de maneira tão imediata quanto o segundo e o terceiro. O primeiro e o terceiro interagem, em contrapartida, apenas por mediação do segundo. Isso significa uma recusa de duas concepções empiristas fundamentais. De um lado, as entidades do terceiro mundo não devem ser reduzidas a estados mentais, como formas de manifestação do espírito subjetivo, ou seja, a entidades do segundo mundo; de outro, as relações entre as entidades do primeiro e do segundo mundo não podem ser concebidas exclusivamente segundo o modelo causal, válido para as relações mútuas entre as entidades do primeiro mundo. Popper bloqueia tanto a concepção psicologista do espírito objetivo quanto a concepção fisicalista do espírito subjetivo. Pelo contrário, a autonomia do terceiro mundo garante que o conhecimento de (assim como a intervenção em) estados do mundo objetivo seja mediado pela descoberta do caráter intrínseco dos nexos de sentido internos: "[...] e, por isso, não se pode conceber o terceiro mundo simplesmente como uma expressão do segundo ou o segundo como mero reflexo do terceiro".[9]

Em outro aspecto, Popper permanece preso ao contexto empirista de que se retira. Também para ele as relações cognitivo-instrumentais entre o sujeito cognoscente e agente, por um lado, e as coisas e ocorrências que aparecem no mundo objetivo, por outro, encontram-se a tal ponto no centro da consideração que acabam dominando o intercâmbio entre o espírito subjetivo e o objetivo. O processo de geração de, de exteriorização em, de penetração no interior de e de apropriação de produtos do espírito huma-

---

8 Popper, *Objektive Erkenntnis*, p.180-1.
9 Ibid., p.168-9.

no serve, em primeira linha, para o crescimento *teórico* e a ampliação *do saber tecnicamente empregável*. O desenvolvimento científico, que Popper concebe como um processo cíclico cumulativo entre problemas de partida, formação criativa de hipóteses, exame crítico, revisão e descoberta de um novo problema, não serve apenas de modelo para o acesso do espírito subjetivo ao mundo do espírito objetivo; antes, o terceiro mundo consiste *essencialmente*, segundo o parecer de Popper, em problemas, teorias e argumentos. Embora Popper mencione as instituições sociais e as obras de arte, além das teorias e dos instrumentos, como exemplos de entidades do terceiro mundo, não vê nelas senão variantes de uma corporificação de conteúdos proposicionais. A rigor, o terceiro mundo é a totalidade dos "pensamentos" no sentido de Frege, sejam verdadeiros ou não, corporificados ou não: "Teorias, afirmações ou enunciados são os objetos linguísticos mais importantes no terceiro mundo".

Popper concebe o terceiro mundo não apenas ontologicamente, no sentido de uma totalidade de entidades de uma determinada espécie de ser; ele o entende nesse quadro também *unilateralmente* da perspectiva conceitual do desenvolvimento científico: o terceiro mundo abrange os componentes cognitivos cientificamente elaboráveis da tradição cultural. Os dois aspectos se revelam quando se trata da tentativa de tornar útil o conceito de terceiro mundo de Popper para fundamentar a sociologia. I. C. Jarvie se reporta à sociologia fenomenológica do conhecimento, inspirada em Alfred Schütz, a qual concebe a sociedade como uma construção social do mundo cotidiano, resultante dos processos de interpretação dos sujeitos agentes e coagulada em objetividade.[10] Porém, o *status* ontológico do contexto social de vida, que é produzido pelo espírito humano, mas conservando em face dele uma relativa autonomia, é analisado por Jarvie de acordo com o modelo do terceiro mundo: "Temos mostrado que o social é um domínio independente entre o mundo material 'rígido' e o mental 'flexível'. Esse domínio, essa realidade, esse mundo – ou como quer que o chamemos – é muito diverso e complexo, e os homens na sociedade estão constantemente empenhados, por meio de ensaios, em dar-se bem com esse mundo, em cartografá-lo, em

---

10 Berger; Luckmann, *Die gesellschaftliche Konstruktion der Wirklichkeit*.

coordenar seus correspondentes mapas. A vida em uma sociedade intangivelmente grande e mutável não permite nem um cartografar perfeito nem uma coordenação perfeita. Isso significa que os membros da sociedade estão constantemente aprendendo algo sobre ela; tanto a sociedade como os seus membros encontram-se em um processo contínuo de autodescoberta e autoprodução".[11] Essa proposta ilumina, por uma parte, o nexo interessante entre um conceito sociológico de ação e as relações do ator com o mundo pressupostas nele. Por outra parte, *transpor a teoria popperiana do terceiro mundo* do contexto da *teoria do conhecimento* para o da *teoria da ação* torna visíveis as debilidades na construção.

Ao adotar o conceito de terceiro mundo de Popper para caracterizar as relações e instituições sociais, Jarvie tem de representar os sujeitos sociais agentes segundo o modelo do cientista que forma teorias e resolve problemas; as teorias cotidianas concorrem no mundo da vida de modo análogo às teorias científicas na comunidade de comunicação de pesquisadores: "Homens que vivem em uma sociedade devem orientar-se nela tanto para conseguir o que querem, como para evitar o que não querem. Poder-se-ia dizer que, para isso, traçam um mapa mental-conceitual da sociedade com todos os seus pormenores, e nesse mapa registram sua própria posição, caminhos que levam a seus objetivos, e os perigos à margem dos diversos caminhos. Esses mapas são, de certo modo, mais 'flexíveis' que os geográficos: como mapas oníricos, criam a paisagem que representam. Contudo, de determinado modo, é uma realidade 'mais rígida': mapas geográficos nunca são reais, mas reproduzem às vezes paisagens reais; ao contrário, mapas sociais *são* paisagens que outros homens têm de estudar e retomar cartograficamente".[12] Esse proposta se depara com pelo menos três dificuldades:

(a) Em primeiro lugar, Jarvie apaga a diferença entre uma atitude performativa e uma atitude hipotética e reflexiva em relação às tradições culturais. Na práxis comunicativa cotidiana, os agentes servem-se do acervo de saber cultural válido a fim de chegar a definições da situação suscetíveis de consenso. Podem resultar daí dissensos que forcem à revisão deste ou da-

---

11 Jarvie, op. cit., p.254-5.
12 Ibid., p.248.

quele padrão interpretativo; mas é por esse motivo que a aplicação do saber transmitido, que aperfeiçoa a tradição, não é ainda equivalente à elaboração quase científica de um saber sistematicamente colocado em questão. Sob a pressão de decidir em uma dada situação de ação, o leigo participa de interações com a intenção de coordenar as ações dos participantes por meio de um processo de entendimento, e isso significa: com o emprego de um saber cultural comum. Certamente, também o cientista participa em interações; mas, nesse caso, o processo cooperativo de interpretação serve ao objetivo de examinar a validade dos componentes problemáticos do saber. O objetivo não é a coordenação de ações, mas a crítica e a ampliação do saber.

(b) Jarvie negligencia, além disso, os componentes da tradição cultural que não são redutíveis a "pensamentos" ou a enunciados capazes de ser verdadeiros. Ele restringe os nexos de sentido objetivos, que os sujeitos agentes ao mesmo tempo produzem e descobrem, aos *padrões de interpretação cognitivos* em sentido estrito. Nesse aspecto, o modelo do terceiro mundo de Popper é particularmente implausível; pois, para as interações, a força dos valores culturais, orientadora da ação, é mais importante que a de teorias. Ou o *status* das entidades sociais é equiparado ao de teorias, e nesse caso não se consegue explicar como as estruturas sociais podem marcar os motivos da ação; ou o modelo das teorias científicas não é levado tão a sério, considerando que os significados descritivos, normativos e valorativos penetram as teorias cotidianas, e nesse caso é possível imaginar um reacoplamento dos motivos com os conceitos do terceiro mundo. Mas essa versão tornaria necessária uma ampliação da versão popperiana do terceiro mundo, mais precisamente no sentido de que a realidade normativa da sociedade não deve sua independência em relação ao espírito subjetivo, nem mesmo predominantemente, à autonomia de pretensões de verdade, mas ao caráter obrigatório de valores e normas. Nesse caso, coloca-se a questão de saber como os componentes das tradições culturais relevantes para a integração social podem ser entendidos como sistemas de saber e associados a pretensões de validade análogas à verdade.

(c) Por fim, vejo a debilidade mais sensível no fato de que a proposta de Jarvie não permite nenhuma distinção entre valores culturais e a materialização institucional de valores em normas. Instituições devem resultar de processos de entendimento de sujeitos agentes (e condensar-se como nexos de sentido objetivos perante eles) em analogia com a maneira pela qual, segundo a representação de Popper, problemas, teorias e argumentos resultam de processos de conhecimento. Com esse modelo, podemos explicar, sem dúvida, a natureza conceitual e a autonomia relativa da realidade social, mas não a resistência específica e o caráter coercitivo de normas vigentes e instituições existentes, graças aos quais os construtos sociais se distinguem dos culturais. O próprio Jarvie observa: "Porém, em contraste com um pensamento correto, cujo *status* não é ameaçado pela descrença geral, as entidades sociais podem correr perigo devido à descrença geral – à tendência disseminada de não levá-las a sério".[13] É por isso que se recomenda distinguir, no sentido de Parsons, o âmbito dos valores institucionalizados do âmbito dos valores culturais flutuantes; estes não dispõem do mesmo caráter obrigatório que normas de ação legítimas.

Considero instrutiva a estratégia de Jarvie de utilizar a teoria popperiana dos três mundos porque torna patentes os *pressupostos ontológicos* inclusos nos conceitos sociológicos de ação. No entanto, caso se queira evitar as debilidades que se prendem à proposta de Jarvie, é preciso revisar a teoria dos três mundos que lhe subjaz. Certamente, objetivações culturais não se deixam reduzir nem à atividade generativa de sujeitos cognoscentes, falantes e agentes, nem às relações espaçotemporais e causais entre coisas e ocorrências. É por esse motivo que Popper concebe o conteúdo semântico dos produtos simbólicos como entidades de um "terceiro mundo". Ele coloca no fundamento dessa concepção o conceito ontológico de "mundo", introduzido para uma totalidade de entidades. Antes que possa ser fecundo para a teoria da ação, o conceito de mundo precisa ser modificado, porém, nos três aspectos mencionados.

ad a) Em primeiro lugar, gostaria de substituir o conceito ontológico de mundo por um conceito próprio da teoria da constituição da experiência e adotar o par conceitual "mundo" e "mundo da vida". São os próprios sujeitos socializados que, ao participarem em processos cooperativos de interpretação, empregam implicitamente o conceito de mundo. A tradição

---

13 Ibid., p.263.

cultural, que Popper introduz sob a rubrica "produtos do espírito humano", assume aí diversos papéis, conforme ela atue a título de acervo cultural de saber, do qual os participantes na interação retiram suas interpretações, ou se torne, por sua vez, objeto de elaboração intelectual. No *primeiro* caso, a tradição cultural partilhada por uma comunidade é constitutiva para o mundo da vida, o qual o membro individual encontra já interpretado em termos de conteúdo. Esse mundo da vida intersubjetivamente partilhado constitui o pano de fundo para a ação comunicativa. É por isso que fenomenólogos como A. Schütz falam do mundo da vida como o horizonte dado atematicamente em conjunto, no interior do qual os participantes da comunicação se movem em comum quando se referem tematicamente a algo no *mundo*. No *outro* caso, são tematizados os componentes em particular da própria tradição cultural. Os participantes devem adotar aí uma atitude reflexiva em relação aos padrões culturais de interpretação que, em caso normal, *possibilitam* primeiramente suas operações interpretativas. Essa mudança de atitude significa que a validez do padrão interpretativo tematizado é suspensa e o saber correspondente, problematizado; ao mesmo tempo, a mudança de atitude coloca o componente problemático da tradição cultural sob a categoria de um estado de coisas a que podemos nos referir de maneira objetivante. A teoria do terceiro mundo de Popper explica de que maneira os conteúdos semânticos culturais e os objetos simbólicos podem ser entendidos como algo no mundo e simultaneamente distinguidos, enquanto objetos de nível superior, dos eventos físicos (observáveis) e dos mentais (vivenciáveis).

ad b) Além disso, pretendo superar a versão cognitivista unilateral do conceito de "espírito objetivo", em favor de um conceito de saber cultural diferenciado segundo várias pretensões de validade. O terceiro mundo de Popper abrange entidades de nível superior, acessíveis em atitude reflexiva, que guardam uma autonomia relativa em relação ao espírito subjetivo, visto que forma uma rede de nexos de problemas investigáveis em virtude de sua referência à verdade. Na linguagem do neokantismo, poder-se-ia dizer que o terceiro mundo desfruta da independência de uma esfera de validade. As entidades do terceiro mundo, *capazes de ser verdadeiras*, encontram-se em uma relação especial com o *primeiro* mundo. Os problemas, as teorias e os argumentos, atribuídos ao terceiro mundo, servem em última instância para descrever e explicar processos do primeiro mundo. E ambos são, por sua vez, mediados pelo mundo do espírito subjetivo, por atos de conhecimento e ação. Com isso, os componentes não cognitivos da cultura se deslocam para uma posição marginal peculiar. Mas justamente eles têm importância para uma teoria sociológica da ação. Da perspectiva da teoria da ação, as atividades do espírito humano dificilmente se deixam restringir ao confronto cognitivo-instrumental com a natureza externa; ações sociais se orientam por valores culturais. Mas estes não têm nenhuma relação com a verdade.

Assim, coloca-se a seguinte alternativa: ou contestamos para os componentes não cognitivos da tradição cultural o *status* que as entidades do terceiro mundo ocupam graças à sua inserção em uma esfera de nexos de validade, classificando-as empiristamente como formas de manifestação do espírito subjetivo; ou buscamos *equivalentes* para a *relação ausente com a verdade*.

A segunda via foi escolhida, como veremos, por Max Weber. Ele distingue várias esferas de valor culturais – ciência e técnica, direito e moral, arte e crítica. Também as esferas de valor não cognitivas constituem esferas de validade. As ideias jurídicas e morais podem ser criticadas e analisadas sob o ponto de vista da correção normativa, obras de arte, sob o da autenticidade (ou beleza), isto é, elaboradas como âmbitos autônomos de problemas. Weber entende a tradição cultural *em seu todo* como um acervo de saber a partir do qual podem desenvolver-se esferas de valor e sistemas de saber especiais sob diversas pretensões de validade. Por isso, ele atribuiria ao terceiro mundo tanto os componentes valorativos e expressivos quanto os cognitivo-instrumentais. No entanto, caso se escolha essa alternativa, tem de ser explicado o que pode significar "validade" e "saber" em consideração aos componentes não cognitivos da cultura. Estes não se deixam correlacionar com as entidades do terceiro mundo da mesma maneira que teorias e enunciados. Valores culturais não cumprem nenhuma função de representação.

ad c) Esse problema dá ensejo para libertar o conceito de mundo de suas conotações *ontológicas* limitadas. Popper introduz os diversos conceitos de mundo a fim de demarcar regiões do ser *no interior* do mundo objetivo único. Nas publicações posteriores, ele dá valor em falar não de diversos mundos, mas de *um* mundo com os índices 1, 2 e 3.[14] Em contraposição a isso, gostaria de insistir no discurso de três mundos (que, por sua vez, devem ser distinguidos do mundo da vida). Deles, apenas um, o mundo objetivo, pode ser entendido como correlato da totalidade de enunciados verdadeiros; somente esse conceito conserva o significado ontológico de uma totalidade de entidades em sentido estrito. Em contrapartida, os mundos formam em seu todo um sistema de referências, pressuposto em comum nos processos de comunicação. Com esse sistema de referências, os participantes definem sobre aquilo que é possível, *em geral*, o entendimento. Os participantes da comunicação, entendendo-se entre si sobre algo, não estabelecem apenas uma relação com o único mundo objetivo, como sugere o modelo pré-comunicativo dominante no empirismo. De modo algum eles referem-se apenas a algo que ocorre ou que possa suceder ou ser produzido no mundo objetivo, mas também a algo no mundo social ou no subjetivo. Falante e ouvinte lidam com um *sistema de mundos cooriginários*. Pois, com a fala proposicionalmente diferenciada, dominam não apenas, como sugere a divisão popperiana de funções inferiores e superiores da linguagem, um nível em que podem representar estados de coisas; antes, todas as três funções — de representação, apelo e expressão — encontram-se em um único e mesmo plano evolucionário.

(2) *Três conceitos de ação, diferenciados segundo as relações ator-mundo*

A seguir, não vou mais empregar terminologia popperiana. Reportei-me à aplicação que Jarvie faz da teoria popperiana dos três mundos na teoria da ação apenas para preparar a tese de que, de maneira geral, com a escolha de determinados conceitos sociológicos de ação, envolvemo-nos em determinados pressupostos ontológicos. Das relações com o mundo que atribuímos assim ao ator, dependem, por seu turno, os aspectos da racionalidade possível de sua ação. A profusão de conceitos de ação empregados nas teo-

---

14 Popper, "Reply to my Critics", op. cit., p.1050. Popper recebe essa terminologia de J. C. Eccles, *Facing Realities*.

rias das ciências sociais, de maneira implícita no mais das vezes, deixa-se reduzir no essencial a quatro conceitos fundamentais, os quais devem ser analiticamente bem distinguidos.

O conceito de *ação teleológica* encontra-se, desde Aristóteles, no centro da teoria filosófica da ação.[15] O ator realiza um fim ou causa a ocorrência de um estado desejado ao escolher e aplicar de modo apropriado, na situação dada, os meios promissores. O conceito central é a *decisão* entre alternativas de ação, dirigida à realização de um fim, guiada por máximas e apoiada em uma interpretação da situação.

O modelo teleológico se amplia no modelo *estratégico* de ação, quando entra no cálculo de êxito do agente a expectativa a respeito das decisões de pelo menos um outro ator que age dirigido a objetivos. Esse modelo de ação é interpretado amiúde em termos utilitaristas; nesse caso, supõe-se que o ator escolhe e calcula meios e fins, a partir dos pontos de vista da maximização da utilidade ou das expectativas de utilidade. Esse modelo de ação subjaz às abordagens das teorias da decisão e dos jogos na economia, na sociologia e na psicologia social.[16]

O conceito de ação *regulada por normas* não se refere ao comportamento de um ator em princípio solitário, que se depara com outros atores em seu entorno, mas aos membros de um grupo social que orientam sua ação por valores comuns. O ator individual observa uma norma (ou a infringe) quando existem, em uma dada situação, as condições sob as quais a norma encontra aplicação. Normas expressam um acordo existente em um grupo social. A todos os membros de um grupo para o qual uma determinada norma é válida cabe esperar uns dos outros que, em determinadas situações, efetuem ou deixem de fazer as ações prescritas. O conceito central de *observância de normas* significa o cumprimento de uma expectativa comporta-

---

15 Bubner, *Handlung, Sprache und Vernunft*, p.66ss.
16 Sobre a teoria da decisão, cf. Simon, *Models of Man*; Gäfgen, *Theorie der wirtschaftlichen Entscheidung*; Krelle, *Präferenz-und Entscheidungstheorie*; sobre teoria dos jogos, cf. Luce; Raiffa, *Games and Decisions*; Shubik, *Spieltheorie und Sozialwissenschaften*; sobre as abordagens da teoria da troca na psicologia social, cf. Ekeh, *Social Exchange Theory*.

mental generalizada. Esta não possui o sentido cognitivo da expectativa de uma ocorrência prognosticada, mas o sentido normativo de que os membros estão *autorizados* a esperar um determinado comportamento. Esse modelo normativo de ação subjaz à teoria dos papéis.[17]

O conceito de ação *dramatúrgica* não se refere primariamente nem ao ator solitário nem ao membro de um grupo social, mas aos participantes de interação que constituem um público uns para outros, aos olhos do qual eles se representam. O ator suscita em seu público uma determinada imagem, uma impressão de si mesmo, ao desvelar sua subjetividade mais ou menos de propósito. Todo agente pode controlar o acesso público à esfera de suas próprias intenções, pensamentos, atitudes, desejos, sentimentos etc., à qual apenas ele tem um acesso privilegiado. Na ação dramatúrgica, os participantes aproveitam-se dessa circunstância e controlam sua interação mediante a regulação do acesso recíproco à própria subjetividade. O conceito central de *autorrepresentação* [*Selbstrepräsentation*] não significa, portanto, um comportamento expressivo espontâneo, mas a estilização da expressão das próprias vivências, em vista de espectadores. Esse modelo dramatúrgico de ação serve, sobretudo, para descrições de interações com orientação fenomenológica; mas até hoje não foi desenvolvido em uma abordagem teórica generalizadora.[18]

Finalmente, o conceito de ação *comunicativa* se refere à interação de pelo menos dois sujeitos capazes de falar e agir que contraem uma relação interpessoal (seja com meios verbais ou extraverbais). Os atores buscam um entendimento sobre a situação da ação a fim de coordenar concordemente seus planos de ação e, com isso, suas ações. O conceito central de *interpretação* se refere principalmente à negociação de definições da situação suscetíveis

---

17 Sarbin, "Role-Theory", em Lindsey (org.), *Handbook of Social Psychology*, v.I, p.223-58; Parsons, "Social Interaction", em *Social Systems and the Evolution of Action Theory*, p.1429-41; Joas, *Die gegenwärtige Lage der Rollentheorie*; Geulen, *Das vergesellschaftete Subjekt*, p.68ss.

18 McCall; Simmons, *Identity and Interactions*; Goffman, *Interaktionsrituale*; id., *Das individuum im öffentlichen Austausch*; id., *Rahmenanalyse*; Harré; Secord, *Explanation of Behavior*; Harré, *Social Being*.

de consenso. Nesse modelo de ação, a linguagem ocupa, como veremos, uma posição proeminente.[19]

Os fundadores da economia política neoclássica tornaram o conceito teleológico de ação fecundo de início para uma teoria econômica das ações de escolha, e Neumann e Morgenstern, para uma teoria dos jogos estratégicos. Para a construção teórica no âmbito das ciências sociais, o conceito de ação regulada por normas adquiriu um significado paradigmático com Durkheim e Parsons, o de ação dramatúrgica com Goffman, e o de ação comunicativa com Mead e, mais tarde, Garfinkel. Não posso aqui levar a cabo em detalhes a explicação analítica desses quatro conceitos. Antes me interessam as implicações das correspondentes estratégias conceituais para a racionalidade. À primeira vista, apenas o conceito de ação teleológica parece permitir um aspecto de racionalidade da ação; a ação representada como atividade teleológica pode ser considerada sob o aspecto da racionalidade com respeito a fins. Este é um ponto de vista do qual as ações podem ser planejadas e executadas mais ou menos racionalmente, ou julgadas por uma terceira pessoa como mais ou menos racionais. Em casos elementares de atividade voltada a fins, o plano de ação pode ser representado na forma de um silogismo prático.[20] Os três outros modelos de ação não parecem a princípio colocar a ação sob o ângulo de visão da racionalidade e da racionalização possível. Que essa aparência engana é algo que se vê quando se passa a presentificar os pressupostos "ontológicos", em sentido amplo, que são associados de maneira conceitualmente necessária a esses modelos de ação. Na série dos modelos de ação teleológico, normativo e dramatúrgico, esses pressupostos não apenas se tornam cada vez mais complexos, eles desvelam ao mesmo tempo implicações de racionalidade cada vez mais fortes.

---

19 Para uma visão de conjunto sobre o interacionismo simbólico e a etnometodologia, cf., por exemplo, o *reader* do Arbeitsgruppe Bielefelder Soziologen (org.), *Alltagswissen, Interaktion und gesellschaftliche Wirklichkeit*, 2v.; além disso, Steiner, "Das Handlungsmodell des symbolischen Interaktionismus", em Lenk (org.), *Handlungstheorien*, v.4, p.79ss.

20 Wright, *Explanation and Understanding*, p.96ss. O autor reporta-se a Anscombe, *Intention*.

(a) Ação teleológica (estratégica): ator-mundo objetivo

O conceito de ação teleológica pressupõe relações entre um ator e um mundo de estados de coisas existentes. Esse mundo objetivo é definido como a totalidade dos estados de coisas que existem, ocorrem ou que podem ser provocados por intervenções propositais. O modelo dota o agente de um "complexo cognitivo-volitivo", de sorte que, por um lado, possa formar *opiniões* (mediadas por percepções) sobre estados de coisas existentes e, por outro, desenvolver *intenções* com o objetivo de trazer à existência estados de coisas desejados. No plano semântico, tais estados de coisas são representados como conteúdo proposicional de enunciados e proposições intencionais. Mediante suas opiniões e intenções, o ator pode estabelecer fundamentalmente duas classes de relações racionais com o mundo. Denomino racionais essas relações porque são acessíveis a um julgamento objetivo, dependendo da direção de ajuste.[21] Em uma direção, coloca-se a questão de saber se o ator consegue colocar em concordância suas percepções e suas opiniões com o que é o caso no mundo; na outra direção, coloca-se a questão de saber se o ator consegue colocar em concordância o que é o caso no mundo com seus desejos e suas intenções. Nas duas vezes, o ator pode produzir proferimentos capazes de ser julgados por um terceiro no que concerne ao *fit and misfit*: ele pode fazer afirmações *verdadeiras* ou *falsas* e

---

21 Austin fala da *direction of fit* ou do *onus of match*, elucidados da seguinte maneira por A. Kenny (*Will, Freedom and Power*, p.38): "Any sentence whatever can be regarded as – inter alia – a description of a state of affairs [...]. Now let us suppose that the possible state of affairs described in the sentence does not, in fact, obtain. *Do we fault the sentence, or do we fault the facts?* If the former, then we shall call the sentence assertoric, if the latter, let us call it for the moment imperative." ["Qualquer sentença pode ser considerada – inter alia – uma descrição de um estado de coisas. [...] Suponhamos agora que o possível estado de coisas descrito na sentença não ocorra de fato. *Culpamos a sentença ou os fatos?* Se o primeiro caso, chamemos assertórica a sentença, se o segundo, chamemo-la, por ora, imperativa." (N. T.)]. Ora, podemos imaginar proposição intencionais como imperativos que um falante endereça a si mesmo. Enunciados e proposições intencionais são, nesse caso, representativos das duas possibilidades de concordância entre proposição e estado de coisas, acessíveis ao julgamento objetivo.

efetuar intervenções dirigidas a objetivos que tenham êxito ou fracassem, isto é, *obtenham ou errem* o efeito intencionado no mundo. Essas relações entre ator e mundo permitem, portanto, proferimentos que podem ser julgados de acordo com critérios de *verdade* e de *eficácia*.

No que concerne aos pressupostos ontológicos, podemos classificar a *ação teleológica* como um conceito que pressupõe *um* mundo, mais exatamente um mundo objetivo. O mesmo se aplica ao conceito de *ação estratégica*. Nesse contexto, partimos de pelo menos dois sujeitos que agem dirigidos a objetivos e que realizam seus fins orientando-se pelas decisões de outros atores e influenciando-as.[22]

O êxito da ação depende também de outros atores, que se orientam por seu próprio êxito e se comportam cooperativamente apenas na medida em que isso corresponde a seu cálculo de utilidades egocêntrico.[23] Sujeitos que

---

22 Gäfgen, "Formale Theorie des strategischen Handelns", em Lenk (org.), op. cit., v.I, p.249ss.
23 Cf. Höffe, *Strategien der Humanität*. "Um jogo estratégico se compõe de quatro elementos:
   (1) dos *jogadores*, as unidades soberanas de decisão, que perseguem seus objetivos e agem de acordo com suas próprias considerações e diretrizes;
   (2) das *regras*, que definem as variáveis que cada jogador pode controlar: condições de informação, meios auxiliares e outros aspectos relevantes do entorno; o sistema das regras define o tipo de jogo, a totalidade de possibilidades de comportamento e, por fim, o ganho ou a perda de cada jogador; uma alteração das regras cria um novo jogo;
   (3) do resultado final ou as *contagens* (*play offs*), a utilidade ou o valor a ser correlacionado com os resultados alternativos das partidas (*play*) (no xadrez, vitória, derrota, empate; na política, cargos, prestígio púbico, poder ou dinheiro, por exemplo);
   (4) das *estratégicas*, os planos de ação globais e alternativamente possíveis. São construídas com a observação e a exploração das regras assim como com a consideração das respostas alternativamente possíveis do adversário; as estratégias representam um sistema de instruções que definem de antemão, e amiúde só de maneira bem global, como selecionar, em cada situação de jogo possível, uma jogada na profusão de jogadas permitidas segundo as regras do jogo. Na interpretação da realidade social dada pela teoria dos jogos, determinadas estratégias são com frequência favoráveis apenas para um trecho do confronto; para outros trechos, é preciso desenvolver novas estratégias; cada estratégia tem o significado de estratégia parcial no quadro de uma estratégia geral abrangente.

agem estrategicamente têm, por isso, de estar dotados cognitivamente de tal sorte que, para eles, possam apresentar-se no mundo não apenas objetos físicos, mas também sistemas que tomem decisões. Eles têm de ampliar seu aparelho conceitual para o que pode ser o caso, mas não precisam de nenhum pressuposto *ontológico* mais rico. A complexidade das entidades intramundanas, não torna o próprio conceito de mundo objetivo mais complexo. Também a atividade voltada a fins diferenciada em ação estratégica permanece, julgada de acordo com seus pressupostos ontológicos, um *conceito de um único mundo (Ein-Welt-Begriff)*.

(b) Ação regulada por normas: ator-mundo social e objetivo

Em contrapartida, o conceito de ação regulada por normas pressupõe relações entre um ator e exatamente dois mundos. A par do mundo objetivo de estados de coisas existentes, apresenta-se o mundo social, ao qual o ator pertence na qualidade de sujeito que desempenha papéis, tanto quanto os demais atores, que podem estabelecer entre si interações reguladas por normas. Um mundo social consiste em um contexto normativo que define quais interações pertencem à totalidade de relações interpessoais legítimas. E todos os atores para os quais são válidas as normas correspondentes (e pelos quais são aceitas como válidas) pertencem ao mesmo mundo social.

Assim como o sentido do mundo objetivo pode ser elucidado com a referência à existência de estados de coisas, o sentido do mundo social o pode com a referência à existência de normas. Quanto a isso é importante *não* entender a existência de normas no sentido de proposições de existência que enunciam que há fatos sociais do tipo das regulamentações normativas. A proposição "É o caso que q é obrigatório" tem visivelmente um significado diferente de "É obrigatório que q". Essa proposição expressa uma norma ou um determinado preceito se ela é proferida de forma apropriada com

---

O critério de racionalidade da teoria dos jogos não se refere à escolha desta ou aquela jogada, mas à escolha de estratégias. Na forma de uma máxima de decisão, o padrão fundamental reza: 'Escolha a estratégia que, no quadro das regras de jogo e em vista dos oponentes, promete o êxito mais favorável'" (p.77-8).

a pretensão de correção normativa, isto é, de tal sorte que pretende *validez* para um círculo de destinatários. E dizemos que uma norma existe ou desfruta de *vigência social* se é *reconhecida* pelos destinatários da norma *como válida* ou justificada.

Estados de coisas existentes são representados por enunciados verdadeiros, normas existentes, por proposições de dever ou preceitos universais que são considerados justificados entre os destinatários da norma. Que uma norma *valha* idealmente significa: *merece* o assentimento de todos os concernidos, porque regula problemas na ação em seu interesse comum. Ao contrário, que uma norma *exista* factualmente significa: a pretensão de validade com que se apresenta é reconhecida pelos concernidos, e esse reconhecimento intersubjetivo fundamenta a *vigência social* da norma.

Não vinculamos a valores culturais uma pretensão normativa desse gênero, mas valores candidatam-se para uma corporificação em normas; no que concerne a uma matéria carente de regulação, *podem* conseguir obrigatoriedade geral. À luz dos valores culturais, as necessidades de um indivíduo parecem plausíveis também para outros indivíduos que se encontram na mesma tradição. Porém, necessidades interpretadas como evidentes são transformadas em motivos legítimos de ação somente porque os valores correspondentes tornam-se normativamente vinculantes para um círculo de concernidos, dada a regulação de certas situações problemáticas. Aos membros cabe esperar que cada um deles, em situações análogas, oriente sua ação por valores normativamente prescritos para todos os concernidos.

Essa consideração se destina a tornar compreensível que o modelo normativo de ação dota o agente não apenas de um "complexo cognitivo", mas também de um "complexo motivacional", o qual possibilita um comportamento conforme a normas. Acresce que o modelo de ação se vincula a um modelo de aprendizagem para a internalização de valores.[24] De acordo com ele, normas vigentes adquirem força de motivar a ação na medida em que os valores corporificados nelas representam os *standards* segundo os quais as necessidades são interpretadas e hierarquizadas em processos de aprendizagem no círculo dos destinatários das normas.

---

24 Gerth; Mills, *Character and Social Structure*.

Com esses pressupostos, o ator pode estabelecer, por sua vez, relações com um mundo, aqui o mundo social, que são acessíveis a um juízo objetivo de acordo com a direção de ajuste. Em uma direção, coloca-se a questão de saber se os motivos e as ações de um ator concordam com as normas existentes ou divergem delas. Na outra direção, coloca-se a questão de saber se as próprias normas existentes corporificam valores que, no que concerne a uma determinada situação problemática, conferem expressão a interesses universalizáveis dos concernidos, merecendo assim um assentimento dos destinatários das normas. Em um caso, por conseguinte, julga-se se as normas concordam com um contexto normativo existente ou divergem deles, isto é, se são ou não corretas em relação a um contexto normativo reconhecido como legítimo. No outro caso, se são justificáveis, isto é, se merecem ser reconhecidas como legítimas.[25]

No que concerne a seus pressupostos ontológicos em sentido amplo, podemos classificar a *ação regulada por normas* como conceito que pressupõe *dois mundos*, o mundo objetivo e um mundo social. A ação conforme a nor-

---

25 Com isso, não é prejulgada a questão de saber se, na qualidade de cientistas sociais e filósofos, adotamos em relação a questões prático-morais uma posição cognitivista ou uma cética, ou seja, se consideramos possível uma justificação de normas de ação não relativa somente a fins dados. T. Parsons, por exemplo, partilha com Weber a posição de um ceticismo axiológico. Mas, quando utilizamos o conceito de ação regulada por normas, devemos descrever os atores *como se* considerassem em princípio acessível a um julgamento objetivo a legitimidade das normas de ação, sendo indiferente em que quadro metafísico, religioso ou teórico. Do contrário, eles não seriam capazes de basear sua ação no conceito de um mundo de relações interpessoais legitimamente reguladas e se orientar por normas válidas, mas tão somente por fatos sociais. Agir em atitude de conformidade a normas requer uma compreensão intuitiva de validade normativa; e esse conceito pressupõe *alguma* possibilidade de fundamentação normativa. Não pode ser excluído *a priori* que essa *necessidade conceitual* seja uma *ilusão* inscrita nas convenções semânticas da linguagem e que, portanto, necessite de esclarecimento; por exemplo, reinterpretando o conceito de "validade normativa", seja em termos emotivistas ou decisionistas, e parafraseando-o com base em outros conceitos, como manifestação de sentimentos, apelo ou ordem. Mas a ação de atores aos quais somente são atribuíveis tais orientações de ação categorialmente "purificadas" já não poderia mais ser descrita com conceitos de ação regulada por normas.

mas pressupõe que o agente consegue distinguir entre os componentes factuais e normativos da situação de sua ação, isto é, entre condições e meios, de um lado, e valores, de outro. O modelo normativo de ação parte de que os participantes são capazes de adotar tanto uma atitude objetivante em relação a algo que é ou não o caso, como também uma atitude de conformidade a normas em relação a algo que é obrigatório, seja com razão, seja sem razão. Assim como no modelo teleológico, a ação é representada *primariamente*, porém como relação entre o ator e um mundo – ali, como uma relação com o mundo objetivo que o ator defronta cognitivamente, ou em que pode intervir dirigido a objetivos, aqui, como uma relação com o mundo social a que o ator pertence em seu papel de destinatário das normas, e em que pode estabelecer relações interpessoais legitimamente reguladas. No entanto, nem aqui nem lá o *próprio ator* é pressuposto como um mundo em relação ao qual poderia comportar-se reflexivamente. Somente o conceito de ação dramatúrgica exige o pressuposto suplementar de um mundo subjetivo a que se refere o ator que se coloca a si mesmo em cena na ação.

(c) Ação dramatúrgica: ator-mundo subjetivo e objetivo (incluindo objetos sociais)

O conceito de ação dramatúrgica é expresso na literatura das ciências sociais com menos clareza que o de ação teleológica e o de ação regulada por normas. Goffman o introduz explicitamente pela primeira vez em 1956, em sua investigação sobre "autorrepresentação no cotidiano".[26]

---

26 Com esse conceito, Goffman caracteriza uma determinada perspectiva analítica da descrição de interações simples: "Os pontos de vista aplicados nesse âmbito são os de uma apresentação teatral, isto é, são derivados da dramaturgia. Vou atentar ao modo como, em situações normais de trabalho, o indivíduo representa a si mesmo e sua atividade para os outros, com que meios controla e dirige a impressão que causa naqueles, que coisas pode ou não fazer, se quer afirmar-se em sua autorrepresentação diante deles. A óbvia insuficiência de um tal modelo de comportamento não precisaria ser mencionada. No palco, as coisas são simuladas. Na vida, ao contrário, são representadas com alta verossimilhança coisas que são genuínas, mas ensaiadas apenas insuficientemente. E, o que é talvez ainda mais importante: no palco, um ator se representa no disfarce de um personagem perante outros

Do ponto de vista da ação dramatúrgica, entendemos uma interação social como um encontro em que os participantes formam uns para os outros um público visível, exibindo mutuamente algo de si mesmos. *Encounter* e *performance* são os conceitos-chave. A exibição de uma companhia aos olhos de terceiros é simplesmente um caso especial. Uma exibição serve para que o ator se apresente de determinado modo perante seus espectadores; ao manifestar algo de sua subjetividade, ele gostaria de ser visto e aceito de determinada maneira pelo público.

As qualidades dramatúrgicas da ação são, de certa forma, parasitárias; estão assentadas em uma estrutura de ação dirigida a objetivos: "Para certos propósitos, as pessoas controlam o estilo de suas ações [...] e o sobrepõem a outras atividades. Por exemplo, o trabalho pode ser feito de modo que concorde com os princípios da *performance* dramática a fim de que as pessoas que trabalham projetem uma certa impressão no inspetor ou no diretor.. [...] De fato, o que as pessoas fazem raras vezes pode ser descrito adequadamente como *somente* comer, ou *somente* trabalhar; possuem traços estilísticos que têm certos significados convencionais associados com tipos reconhecidos de personagens".*[27]

No entanto, há papéis especiais que são talhados para autoencenação virtuosística: "O papel do boxeador profissional, do cirurgião, do violonista e

---

    personagens, cujos papéis são desempenhados por sua vez por atores; o público é o terceiro parceiro no interior da interação – um parceiro importante, e, não obstante, um que não estaria ali se a apresentação fosse realidade. Na vida real, os três parceiros são reduzidos a dois; o papel que um indivíduo desempenha é conjugado com os papéis que os outros desempenham; mas esses outros formam, ao mesmo tempo, o público" (Goffman, *Wir spielen alle Theater: Die Selbstdarstellung im Alltag*, p.3).

* Em inglês no original: "For certain purposes people control the style of their actions [...] and superimpose this upon other activities. For instance work may be clone in a manner in accordance with the principles of a dramatic performance in order to project a certain impression of the people working to an inspector or manager [...]. In fact what people are doing is rarely properly described as *just* eating, or *just* working, but has stylistic features which have certain conventional meanings associated with recognized types of personae". (N. T.)

27 Harré; Secord, op. cit., p.215-6.

do policial são bons exemplos disso. Essas atividades permitem um tal grau de expressão dramática que os praticantes exemplares – na realidade ou em romances – tornam-se famosos e ocupam um lugar especial nos sonhos da nação comercialmente organizados".[28] Porém, o traço estilizado aqui como elemento dos papéis profissionais, isto é, o caráter reflexivo da autorrepresentação diante de outros, é constitutivo de interações sociais em geral, quando são consideradas apenas sob o aspecto do encontro de pessoas.

Na ação dramatúrgica, ao apresentar um quadro de si mesmo, o ator precisa relacionar-se com seu próprio mundo subjetivo. Eu o defini como a totalidade das vivências subjetivas a que o agente tem acesso privilegiado em relação aos demais.[29] Esse âmbito da subjetividade merece o nome de "mundo", no entanto, somente se o significado do mundo subjetivo puder ser explicitado de maneira semelhante a como elucidei o significado do mundo social, com a referência a uma existência de normas análoga à existência de estados de coisas. Talvez se possa dizer que o subjetivo seja representado assim por meio de proposições de vivências proferidas com veracidade, do mesmo modo que estados de coisas existentes o são por meio de enunciados verdadeiros, e normas válidas, por meio de proposições de dever justificadas. Não devemos compreender as vivências subjetivas como estados mentais ou episódios interiores; com isso, nós as equipararíamos a entidades, a componentes do mundo objetivo. Podemos conceber o "ter vivências" como algo análogo à existência de estados de coisas, sem assimilar uns aos outros. Um sujeito capaz de expressar-se não "tem" ou "possui" desejos ou sentimentos do mesmo modo que um objeto observável tem extensão,

---

28 Goffman, *Wir spielen alle Theater*, op. cit., p.31.
29 Por simplicidade, limito-me a vivências *intencionais* (incluindo estados de espírito fracamente intencionais), para não ter de tratar o caso-limite complicado das sensações. A complicação consiste em que aqui parece especialmente natural a assimilação equívoca de declarações de vivências a proposições. Declarações de vivências que expressam uma sensação têm quase o mesmo significado de proposições assertóricas que se referem a um correspondente estado interior provocado por estímulo sensível. Acerca da extensa discussão desencadeada por Wittgenstein sobre as manifestações de sensação de dor, cf. Giegel, *Zur Logik seelischer Ereignisse*; Hacker, *Illusion and Insight*, p.251ss.; cf. abaixo p.419ss.

peso, cor e propriedades similares. Um ator tem desejos e sentimentos no sentido de que poderia manifestar essas vivências a bel-prazer perante um público, mais exatamente, de tal sorte que esse público atribua ao agente os desejos ou sentimentos manifestados na qualidade de algo subjetivo, caso confie em suas manifestações expressivas.

Desejos e sentimentos têm nesse contexto uma posição exemplar. Certamente, também cognições, opiniões e intenções pertencem ao mundo subjetivo; mas estão em uma relação interna com o mundo objetivo. Tomamos consciência de opiniões e intenções *como* subjetivas apenas quando no mundo objetivo não lhes corresponde nenhum estado de coisas existente ou trazido à existência. Trata-se de uma "mera" opinião, isto é, errônea, tão logo se constata que o enunciado correspondente não é verdadeiro. Trata-se simplesmente de uma "boa" intenção, isto é, desprovida de força, tão logo se constata que uma ação correspondente ou não se realizou ou fracassou. De modo análogo, sentimentos de obrigação, como vergonha ou culpa, estão em uma relação interna com o mundo social. Mas, em geral, sentimentos e desejos podem ser manifestados *somente* como algo subjetivo. Não podem ser manifestados *de outro modo*, não entram em relação com o mundo exterior, nem com o objetivo nem com o social. É por esse motivo que a expressão de desejos e sentimentos se mede unicamente pela relação reflexiva do falante com seu mundo interior.

Desejos e sentimentos são dois aspectos de uma parcialidade que se enraíza em necessidades.[30] Necessidades possuem uma dupla face. Diferenciam-se, segundo o lado volitivo, em inclinações e desejos, e, segundo o outro lado, o intuitivo, em sentimentos e estados de ânimo. Desejos dirigem-se a situações que satisfaçam necessidades; sentimentos são percepções de situações à luz da satisfação possível de necessidades. A natureza carencial é, por assim dizer, o pano de fundo de uma parcialidade que determina nossas atitudes subjetivas para com o mundo exterior. Tais tomadas de partido se manifestam tanto no esforço ativo por bens como também na percepção afetiva de situações (enquanto estas não são objetivadas em

---

30 Cf. a análise dos desejos e sentimentos em Taylor, "Erklärung des Handelns", em *Erklärung und Interpretation in den Wissenschaften vom Menschen*.

algo no mundo, perdendo assim seu caráter de situação). A parcialidade dos desejos e sentimentos se expressam, no plano linguístico, na interpretação de necessidades, isto é, em avaliações para as quais estão à disposição expressões valorativas. No duplo conteúdo, descritivo-prescritivo, dessas expressões valorativas que interpretam as necessidades, podemos tornar mais claro o sentido de juízos de valor. Eles servem para tornar compreensível uma tomada de partido. Esse componente da justificação[31] é a ponte entre a subjetividade de uma vivência e aquela transparência intersubjetiva que a vivência adquire ao ser expressa com veracidade e, com esse fundamento, atribuída a um ator por parte dos espectadores. Ao caracterizarmos, por exemplo, um objeto ou uma situação como grandioso, rico, sublime, bem-aventurado, perigoso, aterrador, horrível etc., tentamos expressar uma tomada de partido e, ao mesmo tempo, justificá-la no sentido de que se torna plausível mediante o apelo a *standards* de valoração gerais, ou em todo caso difundidos na própria cultura. Expressões valorativas ou *standards* de valor possuem força de justificação quando caracterizam uma necessidade de tal forma que, no quadro de uma tradição cultural comum, os destinatários podem reconhecer suas próprias necessidades sob essas interpretações. Isso explica por que, na ação dramatúrgica, características de estilo, expressão estética e, em geral, qualidades formais recebem um peso tão grande.

Mesmo no caso da ação dramatúrgica a relação entre ator e mundo é acessível a um julgamento objetivo. Uma vez que o ator se dirige, em presença de seu público, ao próprio mundo subjetivo, somente pode haver, no entanto, *uma* direção de ajuste. Em vista de uma autorrepresentação, coloca-se a questão de saber se o ator manifesta também no momento apropriado a vivência que tem, se *pensa* o que *diz*, ou se meramente simula a vivência que manifesta. Na medida em que se trata aí de opiniões ou intenções, a questão de saber se alguém diz o que pensa é univocamente uma questão de veracidade. Com desejos e sentimentos isso nem sempre é o caso. Em situações em que importa a exatidão da expressão é muitas vezes difícil separar a questão da veracidade daquela da autenticidade. É frequente que

---

31 Norman, *Reasons for Actions: A Critique of Utilitarian Rationality*, p.65ss.

nos faltem as palavras para dizer o que sentimos; e isso, por sua vez, coloca os próprios sentimentos sob uma luz duvidosa.

De acordo com o modelo dramatúrgico da ação, os participantes somente conseguem adotar, no papel de ator, uma atitude para com a própria subjetividade e, no papel de público, uma atitude para com manifestações expressivas de um outro ator se têm consciência de que o mundo interior do *ego* é limitado por um mundo exterior. Nesse mundo exterior, o ator é capaz de distinguir certamente entre componentes normativos e não normativos da situação da ação; mas, no modelo de ação de Goffman, não é previsto que o ator se relacione com o mundo social na atitude de *conformidade a normas*. Ele leva em conta as relações interpessoais legitimamente reguladas apenas a título de fatos sociais. Daí parecer-me correto classificar também a *ação dramatúrgica* como um conceito que pressupõe *dois mundos*, a saber: o mundo interior e o exterior. Manifestações expressivas expõem a subjetividade na demarcação com o mundo exterior; em relação a este, o ator pode adotar em princípio apenas uma atitude objetivante. E isso se aplica, diferentemente do caso da ação regulada por normas, não apenas a objetos físicos, mas também a objetos sociais.

Em virtude dessa opção, a ação dramatúrgica pode assumir traços estratégicos latentes na medida em que o ator trata os espectadores não como público, mas como *adversário*. A escala da autorrepresentação vai da comunicação sincera das próprias intenções, desejos, estados de ânimo e assim por diante, até o controle cínico das impressões que o ator desperta nos outros: "Por um lado, encontramos o comediante completamente preso em seu jogo; pode estar honestamente convencido de que a impressão de realidade que encena é a realidade 'real'. Se seu público partilha a crença em seu jogo – e parece ser esse o caso normal –, então, por esse momento ao menos, apenas o sociólogo ou o socialmente desiludido levantará alguma dúvida quanto à 'realidade' do que foi representado. Por outro lado, [...] é possível que o comediante esteja interessado em influir nas convicções de seu público apenas indiretamente e com outros fins, de sorte que lhe é indiferente em última instância a concepção que o público faz dele e de sua situação. Se o comediante não está convencido de seu próprio papel e não está interessado seriamente nas convicções de seu público, podemos chamá-lo de 'cínico', ao passo que reservamos a expressão 'sincero' para os comediantes que creem na impressão suscitada por sua apresentação".[32]

No entanto, a produção manipuladora de impressões falsas – Goffman estuda as técnicas dessa *impression management*, desde a segmentação inocente até o controle de informações visando a um longo prazo – não é de modo algum idêntica à ação estratégica. Também ela permanece dependente de um público que presume assistir a uma exibição, desconhecendo seu caráter estratégico. Mesmo a autoencenação estrategicamente disposta tem de poder ser entendida como uma manifestação que se apresenta com a pretensão de veracidade subjetiva. Ela apenas deixa de cair na descrição da ação dramatúrgica quando é julgada tão somente segundo critérios de êxito também por parte do público. Todavia, então se apresenta o caso de uma interação estratégica em que os participantes enriqueceram conceitualmente a tal ponto o mundo objetivo que nele podem aparecer não apenas adversários que agem racionalmente com respeito a fins, mas também adversários capazes de se manifestar com expressividade.

(3) Introdução provisória do conceito de "ação comunicativa"

Com o conceito de ação comunicativa, vem à baila o outro pressuposto de um *medium linguístico* em que se espelham as relações do ator com o mundo *enquanto tais*. Nesse nível da formação de conceitos, a problemática da racionalidade, que surgia até agora apenas *para o cientista social*, coloca-se na perspectiva do *próprio agente*. Precisamos aclarar em que sentido o entendimento linguístico é introduzido com isso na qualidade de um mecanismo de coordenação da ação. Mesmo o modelo estratégico de ação *pode* ser apreendido de tal modo que as ações dos participantes na interação, controladas através do cálculo egocêntrico de utilidades e coordenadas por meio de interesses, são *mediadas* por atos de fala. Tanto para ação regulada por normas como para a ação dramatúrgica, *é* até mesmo *preciso* pressupor uma formação de consenso entre os participantes da comunicação que, em princípio, é de

---

32 Goffman, *Wir spielen alle Theater*, op. cit., p.19-20.

natureza linguística. Mas, nesses três modelos de ação, a linguagem é concebida *unilateralmente*, sob aspectos diferentes em cada caso.

O modelo teleológico de ação aborda a linguagem como um entre vários *media*, através do qual os falantes orientados ao próprio êxito influenciam uns aos outros a fim de levar o adversário a formar ou apreender opiniões ou intenções que vão ao encontro de seu interesse. Partindo do caso-limite do entendimento indireto, esse conceito de linguagem subjaz, por exemplo, à semântica intencional.[33] O modelo normativo de ação pressupõe a linguagem como um *medium* que transmite valores culturais e sustém um consenso que simplesmente se reproduz com cada ato posterior de entendimento. Esse conceito culturalista de linguagem encontrou uma difusão na antropologia cultural e na linguística orientada ao conteúdo.[34] O modelo dramatúrgico de ação pressupõe a linguagem como *medium* da autoencenação; o significado cognitivo dos componentes proposicionais e o significado interpessoal dos componentes ilocucionários são minimizados aí em favor de suas funções expressivas. A linguagem é assimilada a formas de expressão estilística e estética.[35] Somente o modelo comunicativo de ação pressupõe um *medium* de entendimento não redutor, em que falante e ouvinte se referem simultaneamente a algo no mundo objetivo, no social e no subjetivo a partir do horizonte de seu mundo da vida pré-interpretado, para negociar definições comuns da situação. Esse conceito de interpretação subjaz aos diversos esforços em prol de uma pragmática formal.[36]

A unilateralidade dos outros três conceitos de linguagem se torna patente no fato de que os tipos de comunicação destacados a cada vez por eles se revelam casos-limite da ação comunicativa, ou seja, *em primeiro lugar*, como entendimento indireto dos que têm em vista unicamente a realização de seus próprios fins; *em segundo lugar*, como ação consensual dos que

---

33 Voltarei a essa teoria nominalista da linguagem desenvolvida por H. P. Grice; cf. adiante p.394-5.
34 Whorf, *Language, Thought, and Reality*; sobre esse assunto, cf. Gipper, *Gibt es ein sprachliches Relativitätsprinzip?*; Henle (org.), *Sprache, Denken, Kultur*.
35 Harré; Secord, op. cit., p.215ss.; cf. sobretudo Taylor, *Language and Human Nature*.
36 Schütze, *Sprache*, v.I e II.

meramente atualizam um acordo normativo já existente; e, *em terceiro lugar*, como autoencenação destinada a espectadores. Com isso, é tematizada a cada vez apenas uma função da linguagem: o desencadeamento de efeitos perlocucionários, o estabelecimento de relações interpessoais e a expressão de vivências. Em contrapartida, o modelo comunicativo de ação, que determina as tradições das ciências sociais ligadas ao interacionismo simbólico de Mead, ao conceito de jogos de linguagem de Wittgenstein, à teoria dos atos de fala de Austin e à hermenêutica de Gadamer, considera todas as funções da linguagem em igual medida. Como se torna patente nas abordagens da etnometodologia e da hermenêutica filosófica, existe aqui, no entanto, o perigo de que a *ação* social se reduza às operações de interpretação efetuadas pelos participantes na comunicação, que a ação se equipare à fala, a interação, à conversação. Mas, na realidade, o entendimento linguístico é apenas o mecanismo de coordenação da ação que reúne os planos de ação e as atividades dos participantes voltadas a fins, formando uma interação.

Neste lugar, pretendo introduzir o conceito de ação comunicativa apenas de forma provisória. Limito-me às observações sobre o caráter das ações autônomas (a) e sobre a relação reflexiva dos atores com o mundo em processos de entendimento (b).

(a) *Observações sobre o caráter das ações autônomas (ações — movimentos corporais — operações)*

Para não situar erroneamente o conceito de ação comunicativa de antemão, eu gostaria de caracterizar os níveis de complexidade de atos de fala, que expressam simultaneamente um conteúdo proposicional, a oferta de uma relação interpessoal e uma intenção do falante. Com a implementação da análise, mostrar-se-á o quanto esse conceito é tributário das investigações em filosofia da linguagem que remontam a Wittgenstein; é justamente por esse motivo que considero oportuno indicar que o conceito de seguir regras, de que parte a filosofia analítica da linguagem, tem um alcance demasiado curto. Se as convenções linguísticas são apreendidas da perspectiva da observância de regras e explicadas com base em um conceito de intenção da ação atribuído à consciência da regra, perde-se aquele aspecto da *relação tríplice com o mundo*, própria da ação comunicativa, que me é importante.³⁷

Denomino ações apenas aquelas manifestações simbólicas com que o ator estabelece uma relação com pelo menos um mundo (mas sempre *também* com o mundo objetivo), como nos casos estudados até agora de ação teleológica, ação regulada por normas e ação dramatúrgica. Distingo delas *os movimentos corporais e operações* que são *efetuadas conjuntamente* em ações e que apenas *de forma secundária* podem alcançar a autonomia de ações, isto é, por *inserção em uma práxis de jogo ou de aprendizagem*. É possível visualizar isso facilmente pelo exemplo dos movimentos corporais.

Sob o aspecto de processos observáveis no mundo, as ações aparecem como movimentos corporais de um organismo. Esses movimentos corporais controlados pelo sistema nervoso central são o substrato em que se efetuam as ações. Com seus movimentos, o agente modifica algo no mundo. No entanto, podemos distinguir os movimentos com que um sujeito intervém no mundo (agindo instrumentalmente) de movimentos com que um sujeito corporifica um significado (manifestando-se comunicativamente). Os movimentos corporais causam nas duas vezes uma modificação física no mundo; em um caso, ela é causal; no outro, semanticamente relevante. São exemplos de movimentos corporais causais relevantes de um agente: erguer

---

37 Por razões análogas, M. Roche insiste na distinção de convenções *linguísticas e sociais*: "De modo característico, a escola analítica não viu nenhuma oposição entre intenção e convenção; segundo seu parecer, a última contém a primeira e vice-versa" (Roche, "Die philosophische Schule der Begriffanalyse", em Wiggershaus (org.), *Sprachanalyse und Soziologie*, p.187). Pode-se dizer, admite Roche, "que convenções comunicativas são uma espécie bem definida de convenções sociais; que a vida da linguagem normal e seu uso em situações sociais podem ser descritas independentemente de interações sociais em situações sociais. Porém, essa afirmação seria difícil de fundamentar, e a análise conceitual tampouco tem algum interesse em explicá-la. Normalmente, supõe com razão que a análise de conceitos exige uma análise de 'jogos de linguagem' e 'formas de vida' sociais (Wittgenstein), ou que a análise de atos de fala exige uma análise dos atos sociais (Austin). Porém, infere falsamente daí que as convenções da comunicação são paradigmas das convenções sociais que as cercam, e que um uso linguístico tem com as convenções comunicativas a mesma relação de uma ação social com uma convenção social" (ibid., p.188-9).

o corpo, estender a mão, levantar o braço, dobrar a perna etc. São exemplos de movimentos corporais semanticamente relevantes: os movimentos da laringe, língua, lábios etc. na produção de sons fonéticos; acenos de cabeça, encolher os ombros, movimentos dos dedos ao tocar piano, movimentos da mão ao escrever, desenhar etc.

A. C. Danto analisou esses movimentos no sentido de *basic actions*.[38] Seguiu-se a isso uma vasta discussão, prejulgada pela ideia de que movimentos corporais não representam o substrato através do qual as ações se dão no mundo, mas que elas mesmas são ações primitivas.[39] De acordo com essa ideia, uma ação complexa se caracteriza por ser feita "por meio da" execu-

---

38 Danto, "Basishandlungen", em Meggle (org.), *Analytische Handlungstheorie: Handlungsbeschreibungen*, p.89ss.; id., *Analytical Philosophy of Action*.

39 A falsa impressão de que os próprios movimentos corporais coordenados na ação seriam ações básicas pode ser apoiada, quando muito, com a referência a determinados exercícios em que intencionamos ações não autônomas *enquanto tais*. Em reuniões terapêuticas ou em treinamentos esportivos, em demonstrações de anatomia, curso de canto ou de língua estrangeira, ou na ilustração de teses da teoria da ação, todo sujeito capaz de falar e agir pode certamente atender ao pedido de levantar o braço esquerdo, de curvar o dedo indicador direito, de estender uma mão, de repetir sons vocais em um determinado ritmo, produzir sons sibilantes, executar um movimento circular ou ondulado com um lápis de desenho, traçar uma linha sinuosa, pronunciar o *th* inglês, endireitar o corpo, esgazear os olhos, acentuar uma frase conforme uma certa métrica, levantar ou baixar a voz, estender a perna etc. Mas o fato de que tais movimentos corporais são intencionalmente executáveis não contradiz a tese de que representam *ações não autônomas*. Isso se torna patente no fato de que nesses movimentos corporais intencionalmente executados falta a *estrutura mediadora* normal da ação, como em:

(1) S abre a janela ao executar um movimento circular com sua mão; pois é artificial dizer:

(2) S levanta (intencionalmente) seu braço direito ao levantar seu braço direito.

No entanto, o movimento corporal intencionalmente executado pode ser entendido como parte de uma *práxis*:

(2') Durante a aula de ginástica, S segue a solicitação do instrutor de levantar o braço direito, levantando o braço direito.

Ações não autônomas têm de ser inseridas em uma práxis de uma demonstração ou de exercício, se elas devem poder apresentar-se *como* ações. Pedidos do tipo mencionado apresentam-se sempre no contexto de uma práxis de demonstração ou exercício de elementos não autônomos das ações *enquanto tais*. O exercício pode

ção de outra ação: "por meio da" virada do interruptor, acendo a luz; "por meio do" levantamento do meu braço direito, saúdo; "por meio de" um forte chute na bola, marco um gol. Estes são os exemplos de ações efetuadas "por meio de" uma ação básica. Por sua vez, esta se caracteriza por não poder ser efetuada mediante uma outra ação. Considero falsa essa concepção.

Ações são realizadas, em certo sentido, por meio de movimentos do corpo, mas apenas de tal sorte que o ator *efetua conjuntamente* esses movimentos quando segue uma regra técnica ou uma regra de ação social. A efetuação conjunta significa que o ator intenciona a execução de um plano de ação, mas de modo algum o movimento corporal com base no qual ele realiza suas ações.[40] *Um movimento corporal é elemento de uma ação, mas não uma ação.*

No que concerne ao *status* de ações não autônomas, os *movimentos corporais* igualam-se, então, exatamente àquelas *operações* com base nas quais Wittgenstein desenvolve seu conceito de regra ou de seguir uma regra.

Operações de pensamento e de fala são coefetuadas tão somente em *outras* ações. Quando muito, podem ser *autonomizadas* como ações no quadro de uma práxis de exercício – como quando um professor de latim demonstra a transformação da passiva com uma proposição exemplar formada na ativa.

Isso explica também o proveito heurístico especial do modelo de jogos sociais; com efeito, Wittgenstein elucida as regras operacionais recorrendo de preferência ao jogo de xadrez. No entanto, ele não vê que esse modelo tem apenas um valor limitado. Certamente, podemos entender o contar e o falar como uma práxis constituída por regras de aritmética ou da gramática (de uma língua particular) em analogia com o modo pelo qual a práxis do xadrez é constituída pelas regras conhecidas do jogo. Mas as duas coisas se distinguem entre si como o movimento de braço coefetuado do exercício de ginástica executado com base nesse movimento de braço. Ao aplicarmos regras aritméticas ou gramaticais, produzimos objetos simbólicos como cálculos ou frases; mas estes não têm uma existência autossuficiente. Com base em cálculos e frases executamos normalmente *outras* ações, como tra-

---

pertencer ao desenvolvimento normal da criança, mas pode também pertencer a uma práxis de treinamento que prepara para ações especiais, para *habilidades*.
40 Goldmann, *A Theory of Human Action*.

balhos escolares ou ordens. Considerados por si mesmos, produtos gerados mediante operações podem ser julgados como mais ou menos corretos, conformes a regras ou bem conformados; mas não são acessíveis, como as ações, a uma crítica sob os pontos de vista da verdade, da eficácia, da correção ou da veracidade; adquirem uma relação com o mundo somente enquanto infraestrutura de outras ações. *Operações não tocam o mundo.*

Isso se mostra, entre outras coisas, no fato de que regras operacionais podem servir para identificar um produto operacionalmente gerado como mais ou menos bem conformado, isto é, torná-lo *inteligível*, mas não para *explicar* seu aparecimento. Elas permitem uma resposta à questão de saber se certos símbolos garatujados são frases, medições, cálculos e, se é este o caso, que tipo de cálculo. A demonstração de que alguém fez contas, e corretamente, não explica *por que* realizou essa conta. Se quisermos responder a *essa* questão, teremos de recorrer a uma regra *de ação*, por exemplo, à circunstância de que um aluno utilizou essa folha para solucionar uma tarefa matemática. Embora, com base em uma regra aritmética, possamos *fundamentar* por que ele continuou a série numérica 1, 3, 6, 10, 15... com 21, 28, 36 e assim por diante, não podemos *explicar* por que escreveu essa sequência de números em uma folha de papel. Explicitamos assim o significado de um produto simbólico, mas não damos uma explicação racional para sua realização. Regras operacionais não possuem nenhuma força de explanação; segui-las não significa, como no caso de seguir regras de ação, que o ator se refira a algo no mundo, orientando-se por pretensões de validade associadas a razões motivadoras da ação.

(b) *Relações reflexivas com o mundo na ação comunicativa*

Essa consideração deve tornar mais claro por que não podemos analisar os atos de entendimento constitutivos da ação comunicativa em analogia com as sentenças gramaticais com a ajuda das quais eles se efetuam. Para o modelo comunicativo de ação, a linguagem é relevante unicamente do ponto de vista pragmático de que os falantes, ao empregarem sentenças orientadas ao entendimento, estabelecem relações com o mundo, e isso não apenas de maneira direta como na ação teleológica, na regulada por normas e na dramatúrgica, mas também de modo reflexivo. Os falantes integram os três conceitos formais de mundo, que nos outros modelos de ação se apresentam isolados ou aos pares, em um sistema, pressupondo-o como um quadro comum de interpretação no interior do qual podem obter um entendimento. Já não se referem mais *diretamente* a algo no mundo objetivo, no social ou no subjetivo, mas relativizam seu proferimento pela possibilidade de que a validade dele seja contestada por outros atores. O entendimento funciona como mecanismo coordenador da ação somente se os participantes da interação entram em acordo sobre a *validade* pretendida de seus proferimentos, isto é, sobre *pretensões de validade* que levantam reciprocamente, que reconhecem intersubjetivamente. Um falante reivindica uma pretensão criticável ao se relacionar por meio de seu proferimento com pelo menos um "mundo", aproveitando-se da circunstância de que essa relação entre ator e mundo é em princípio acessível a um julgamento objetivo, a fim de desafiar seu defrontante para uma tomada de posição racionalmente motivada. O conceito de ação comunicativa pressupõe a linguagem como *medium* para um tipo de processo de entendimento em cujo curso os participantes, ao se referirem a um mundo, levantam reciprocamente pretensões de validade que podem ser aceitas ou contestadas.

Com esse modelo de ação, supõe-se que os participantes da interação mobilizem expressamente o potencial de racionalidade inscrito — segundo nossa análise até o momento — nas três relações do ator com o mundo, para o objetivo do entendimento, perseguido de maneira cooperativa. Se abstrairmos a boa conformação da expressão simbólica empregada, um ator orientado nesse sentido ao entendimento tem de levantar implicitamente com seu proferimento exatamente três pretensões de validade, a saber, a pretensão

- de que o enunciado feito é verdadeiro (ou que as pressuposições de existência de um conteúdo proposicional somente mencionado são cumpridas de fato);
- de que o ato de fala é correto em relação a um contexto normativo vigente (ou que o próprio contexto normativo que ele deve satisfazer é legítimo); e

— de que a intenção manifesta dos falantes é pensada (*gemeint*) do mesmo modo como é proferida.

O falante pretende, portanto, verdade para enunciados ou pressuposições de existência, correção para ações legitimamente reguladas e para seu contexto normativo e veracidade para a enunciação de vivências subjetivas. Não é difícil reconhecer aí as três relações ator-mundo pressupostas *pelo cientista social* nos conceitos de ação analisados até o momento, mas atribuídos à perspectiva *dos próprios falantes e ouvintes* com o conceito de ação comunicativa. São os próprios atores que buscam o consenso, medindo-o pela verdade, correção e veracidade, ou seja, pelo *fit* e *misfit* entre atos de fala, por um lado, e os três mundos com que o ator estabelece relações com seu proferimento, por outro. A cada vez, existe uma tal relação entre o proferimento e

- o mundo objetivo (como a totalidade das entidades sobre as quais são possíveis enunciados verdadeiros);
- o mundo social (como a totalidade das relações interpessoais legitimamente reguladas); e
- o mundo subjetivo (como a totalidade das vivências do falante, às quais ele tem um acesso privilegiado).

Todo processo de entendimento ocorre perante o pano de fundo de uma pré-compreensão culturalmente arraigada. O saber de fundo permanece aproblemático em seu todo; apenas a parte do acervo de saber que os participantes da interação utilizam e tematizam em cada caso para suas interpretações é posto à prova. Na medida em que as definições de situação são negociadas pelos *próprios* participantes, esse recorte temático do mundo da vida se encontra também à disposição juntamente com a negociação de toda nova definição da situação.

Uma definição de situação estabelece uma ordem. Com ela, os participantes na comunicação correlacionam em cada caso os diversos elementos da situação da ação com um dos três mundos, incorporando a situação atual a seu mundo da vida pré-interpretado. A definição da situação de um defrontante que diverge *prima facie* da definição da situação do outro representa um problema de tipo especial; em processos interpretativos, nenhum dos participantes tem um monopólio sobre a interpretação. Para ambos os lados, a tarefa exegética consiste em incluir a interpretação da situação dada pelo outro na própria interpretação, de sorte que, na versão revista, "seu" mundo exterior e "meu" mundo exterior possam ser relativizados com o "mundo", perante o pano de fundo de "nosso mundo da vida", fazendo concordar as definições divergentes. No entanto, isso não significa que as interpretações devam levar em todos os casos, ou mesmo normalmente, a uma correlação *estável e univocamente diferenciada*. Estabilidade e univocidade são antes exceções na práxis comunicativa cotidiana. Mais realista é a imagem, desenhada pela etnometodologia, de uma comunicação difusa, frágil, permanentemente revisada e bem-sucedida somente por instantes, em que os participantes se apoiam em pressuposições problemáticas e não aclaradas, tateando alguma coisa ocasionalmente comum e passando para a seguinte.

Para prevenir mal-entendidos, gostaria de reiterar que o modelo comunicativo de ação não equipara a ação à comunicação. Linguagem é um *medium* de comunicação que serve ao entendimento, ao passo que os atores, ao se entenderem entre si para coordenar sua ação, perseguem determinados fins respectivos. Nesse sentido, a estrutura teleológica é fundamental para *todos* os conceitos de ação.[41] Os conceitos de *ação social* distinguem-se, porém, segundo o modo como eles abordam a *coordenação* das ações dirigidas a objetivos conduzidas pelos diversos participantes da interação: na qualidade de entrosamento de cálculos egocêntricos de proveitos (em que o grau de conflito e cooperação varia com os interesses dados); como um acordo sobre valores e normas, socialmente integrador e regulado pela tradição cultural e pela socialização; como relação consensual entre público e expositor; ou precisamente como entendimento, no sentido de um processo cooperativo de interpretação. Em todos os casos, a estrutura teleológica da ação é pressuposta na medida em que se atribui aos atores a capacidade de propor fins e agir dirigidos a objetivos, e também o interesse na implementação de seus planos de ação. Porém, somente o modelo estratégico de ação *se basta* com uma explicação das características da ação orientada diretamente ao êxito, enquanto os demais modelos de ação especificam as condições sob as quais

---

41 Bubner, *Handlung, Sprache und Vernunft*, p.168ss.

o ator persegue seus objetivos – condições da legitimidade, da autorrepresentação ou do acordo comunicativamente obtido, sob as quais o *alter* pode "ligar" suas ações às do *ego*.

No caso da ação comunicativa, as operações interpretativas de que se compõem os processos cooperativos de interpretação representam o mecanismo de coordenação da ação; a *ação comunicativa* não se esgota no *ato de entendimento* efetuado na interpretação. Se escolhermos como unidade de análise um *ato de fala* simples efetuado por S, sobre o qual pelo menos um participante na interação pode tomar posição com sim ou não, poderemos aclarar as condições da *coordenação* comunicativa *da ação* ao indicarmos que sentido tem para um ouvinte entender o significado do dito.[42] A ação comunicativa designa um tipo de interação que é coordenada por meio de atos de fala, mas não coincide com eles.

---

42 Cf. p.420ss.

4
A problemática da "compreensão" do sentido nas ciências sociais

A mesma problemática da racionalidade com que deparamos no estudo dos conceitos sociológicos de ação mostra-se por outro ângulo quando investigamos a questão sobre o que significa compreender ações sociais. Os conceitos básicos da ação social e a metodologia da compreensão das ações sociais se conectam. Os diversos modelos de ação pressupõem em cada caso diferentes relações do ator com o mundo; e essas relações com o mundo são constitutivas não apenas para os aspectos da racionalidade da ação, mas também para a racionalidade da interpretação dessas ações por parte de um intérprete (por exemplo, o cientista social). Pois, com um conceito formal de mundo, o ator se envolve com pressuposições de comunidade que, de sua perspectiva, apontam para além do círculo dos participantes diretos, pretendendo validade mesmo para um intérprete que se aproxima de fora.

É fácil tornar claro esse nexo no caso da ação teleológica. Pressuposto nesse modelo de ação, o conceito de mundo objetivo, em que o ator intervém dirigido a objetivos, tem de valer da mesma forma tanto para o próprio ator como para um intérprete qualquer de suas ações. É por esse motivo que Max Weber pôde formar para a ação teleológica o tipo ideal da ação racional com respeito a fins, e para a interpretação dessas ações, o critério da "racionalidade da correção objetiva".[1]

---

[1] Sobre a relação dos pressupostos ontológicos de Weber com a teoria da ação e a metodologia da compreensão, cf. Benhabib, "Rationality and Social Action: Critical Reflections on Weber's Methodological Writings", *Philosophical Forum*, v.XII, jul. 1981.

Weber denomina "subjetivamente racional com respeito a fins" uma ação dirigida a objetivos "que se orienta exclusivamente aos meios (subjetivamente) representados como adequados para fins concebidos de maneira unívoca (e subjetiva)".² A orientação da ação pode ser descrita segundo o esquema (proposto por G. H. von Wright) de inferências práticas.³ Um intérprete pode ir além dessa orientação *subjetivamente* racional com respeito a fins e comparar o curso factual da ação com o caso construído de um correspondente curso de ação *objetivamente* racional com respeito a fins. O intérprete pode construir esse caso de tipo ideal sem arbitrariedade, porque aquele que age subjetivamente segundo a racionalidade com respeito a fins refere-se a um mundo que é idêntico, por razões categoriais, tanto para o ator como para o observador, isto é, acessível da mesma maneira em termos cognitivo-instrumentais. O intérprete precisa apenas constatar "como *decorreria* a ação tendo-se o conhecimento de todas as circunstâncias e de todas as intenções dos participantes e a escolha dos meios rigorosamente racional com respeito a fins e orientada pela experiência que *nos* parece válida".⁴

Quanto mais uma ação corresponde de maneira unívoca ao curso objetivamente racional com respeito a fins, tanto menos são necessárias considerações *psicológicas* ulteriores para explicá-las. No caso da ação objetivamente racional com respeito a fins, a descrição (feita com base em uma inferência prática) de uma ação possui ao mesmo tempo força de explanação, no sentido de uma explicação das intenções.⁵ Todavia, a constatação da racionalidade com respeito a fins objetiva de uma ação não significa de modo algum que o agente *tenha* de ter subjetivamente procedido de acordo com essa racionalidade; por outro lado, uma ação subjetivamente racional com respeito a fins pode, naturalmente, ser subótima segundo um julgamento objetivo: "Confrontamos a ação factual com aquela que, do ponto de vista 'teleológico', é racional segundo regras empíricas causais e gerais, *seja* para determinar um

---

2 Weber, *Methodologische Schriften*, p.170.
3 Sobre a discussão dessa proposta, cf. Apel; Manninen; Tuoemala (orgs.), *Neue Versuche über Erklären und Verstehen*.
4 Weber, *Wirtschaft und Gesellschaft*, p.5.
5 Wright, "Erwiderungen", em Apel; Manninen; Tuoemala (orgs.), op. cit., p.266.

motivo racional que *pode* ter guiado o agente e que intencionamos averiguar, mostrando que suas ações factuais são meios apropriados para um certo fim que ele 'poderia' ter perseguido – *seja* para tornar compreensível por que um motivo do agente já conhecido por nós obteve, em consequência da escolha dos meios, um êxito *diferente* do que ele subjetivamente esperava".[6]

Uma ação pode ser interpretada como mais ou menos racional com respeito a fins se há *standards* de julgamento que o agente e seu intérprete aceitam igualmente como válidos, isto é, como critérios de um julgamento objetivo e imparcial. Ao propor uma interpretação – como diz Weber – racional, o próprio intérprete toma posição sobre a pretensão com que se apresentam ações racionais com respeito a fins; ele mesmo abandona a atitude de uma terceira pessoa em favor da atitude de um participante que examina e, se for o caso, critica uma pretensão de validade problemática. Interpretações racionais são efetuadas em atitude performativa, visto que o intérprete pressupõe uma base para julgamento partilhada por todas as partes.

Uma base análoga é proporcionada também pelas outras duas relações com o mundo. Também ações reguladas por normas e dramatúrgicas são acessíveis a uma interpretação racional. No entanto, nesses casos, a possibilidade da reconstrução racional das orientações da ação não é tão evidente, e, de fato, não tão descomplicada quanto no caso da ação racional com respeito a fins, há pouco considerado.

Em ações reguladas por normas, o ator refere-se a algo no mundo social ao estabelecer uma relação interpessoal. Um ator comporta-se de maneira subjetivamente "correta" (no sentido de correção normativa) ao querer sinceramente seguir uma norma de ação vigente; e de maneira objetivamente correta quando a referida norma é considerada de fato como justificada no círculo dos destinatários. No entanto, nesse plano não se coloca ainda a questão de uma interpretação racional, já que um observador pode constatar em atitude descritiva se uma ação concorda com uma dada norma e se esta, por sua parte, tem ou não validade social. Ora, segundo os pressupostos desse modelo de ação, um ator pode seguir (ou infringir) apenas aquelas normas que subjetivamente considera válidas ou justificadas; e, com esse

---

6 Weber, *Methodologische Schriften*, p.116-7.

reconhecimento de pretensões de validade normativas, ele expõe-se a um julgamento objetivo. Ele desafia o intérprete a examinar não apenas a *conformidade* factual de uma ação às normas ou a validade factual de uma norma, mas também a própria correção dessa norma. Este pode aceitar o desafio ou, do ponto de vista de um ceticismo axiológico, rejeitá-lo como sem sentido.

Se o intérprete defende um tal ponto de vista cético, ele declarará, com base em uma variante não cognitivista de ética, que o ator se ilude a respeito da possibilidade de fundamentar normas e que, no lugar de razões, deveria levar a campo, no máximo, motivos empíricos para o reconhecimento de normas. Quem argumenta assim tem de tomar o conceito de ação regulada por normas como teoricamente inadequado; ele se esforçará em substituir uma descrição feita de início com conceitos de ação regulada por normas por uma outra, como a de uma teoria causalista do comportamento.[7] Em contrapartida, se o intérprete está convencido da fecundidade teórica do modelo normativo de ação, ele precisa envolver-se com as pressuposições de comunidade aceitas juntamente com o conceito formal de mundo social e admitir a possibilidade de examinar se uma norma tida como correta por um ato *é digna* de reconhecimento. Uma tal interpretação racional da ação regulada por normas apoia-se na comparação da validade social com a validade, construída de modo contrafactual, de um contexto normativo dado. Não quero me aprofundar aqui nas dificuldades metodológicas de um discurso prático em que o intérprete representa os sujeitos agentes, isto é, um discurso conduzido advocatoriamente.[8]

Certamente, o julgamento prático-moral de normas de ação coloca um intérprete ante dificuldades ainda maiores que o controle bem-sucedido de regras da ação racional com respeito a fins. Mas, em princípio, tanto

---

7 Sobre a controvérsia entre teorias causalistas e intencionalistas, cf. Beckermann (org.), *Analytische Handlungstheorie: Handlungserklärungen*.

8 Cf. minhas observações em Habermas, *Legitimationsprobleme im Spätkapitalismus*, p.150ss. Sobre a reconstrução crítica da gênese factual de um sistema de normas, cf. Lorenzen, "Szientismus vs. Dialektik", em Bubner; Cramer; Wiehl (orgs.), *Hermeneutik und Dialektik*, v.I, p.57ss.; id., *Normative Logic and Ethics*, p.73ss.; Lorenzen; Schwemmer, *Konstruktive Logik, Ethik und Wissenschaftstheorie*, p.209ss.

as ações reguladas por normas quanto as teleológicas podem ser racionalmente interpretadas.

Uma consequência análoga resulta do modelo dramatúrgico de ação. Aqui o ator se refere, ao revelar alguma coisa de si mesmo ante um público, a algo no mundo subjetivo. Mais uma vez, o conceito formal de mundo oferece uma base de julgamento partilhada pelo agente e seu intérprete. Um intérprete pode interpretar a ação racionalmente, de modo que apreenda assim elementos do engano ou do autoengano. Ele pode descobrir o caráter estratégico latente de uma autorrepresentação comparando o conteúdo manifesto do proferimento, ou seja, o que disse o ator com o que ele pensa (*meint*). Além disso, o intérprete pode descobrir o caráter sistematicamente distorcido dos processos de entendimento mostrando como os participantes manifestam-se subjetivamente com veracidade e, contudo, dizem objetivamente algo distinto do que eles (mesmos) pensam (isto é, de uma maneira não consciente para eles próprios). Como hermenêutica profunda, o procedimento da interpretação de motivos inconscientes traz consigo, por sua vez, dificuldades diferentes das do julgamento advocatório de interesses objetivamente atribuídos e o exame do conteúdo empírico de regras técnicas e estratégicas de ação. Porém, pelo exemplo da crítica terapêutica consegue-se tornar clara a possibilidade de interpretar racionalmente ações dramatúrgicas.[9]

Os procedimentos de interpretação racional desfrutam de um prestígio duvidoso nas ciências sociais. A crítica ao platonismo dos modelos nas ciências econômicas torna patente que alguns contestam o conteúdo empírico e a fecundidade explicativa dos modelos racionais de decisão; objeções contra as abordagens cognitivistas da ética filosófica e as reservas contra a crítica da ideologia desenvolvida na tradição hegeliano-marxista mostram que outros duvidam da possibilidade de uma fundamentação prático-moral de normas de ação e da compensação de interesses particulares com interesses universalizáveis; e a crítica difundida à cientificidade da psicanálise reve-

---

9 Habermas, "Der Universalitätsanspruch der Hermeneutik", em id. (org.), *Hermeneutik und Ideologiekritik*, p.120ss. Schelling, *Sprache, Bedeutung und Wunsch*; Lorenzer, *Sprachzerstörung und Rekonstruktion*; Mischel, *Psychologische Erklärungen*, p.180ss.

la que muitos consideram problemática de imediato a *concepção* de inconsciente, o conceito de duplo significado das expressões de vivência, latente e manifesto. Julgo que essas objeções repousam, por sua vez, em suposições empiristas questionáveis.[10] Mas aqui não preciso entrar nessa controvérsia, visto que não pretendo demonstrar a *possibilidade* e a fecundidade teórica de interpretações racionais, mas fundamentar a afirmação mais forte de que, juntamente com o acesso ao âmbito de objetos da ação social realizado em termos de compreensão do sentido, coloca-se *inevitavelmente* a problemática da racionalidade. Ações comunicativas requerem sempre uma interpretação em princípio racional. As relações daquele que age de maneira estratégica, regulada por normas e dramatúrgica com o mundo objetivo, com o social ou com o subjetivo são em princípio acessíveis a um julgamento objetivo — para o ator e para um observador em igual medida. No caso da ação comunicativa, até mesmo o próprio ponto de partida da interação torna-se dependente de saber se os participantes podem entrar em acordo em um julgamento *intersubjetivamente válido* de suas relações com o mundo. De acordo com esse modelo, uma interação é bem-sucedida somente se os participantes chegam a um consenso uns com os outros, no que este depende das tomadas de posição de sim ou não sobre pretensões que se apoiam potencialmente em razões. Ainda analisarei essa *estrutura interna da ação orientada ao entendimento*. Neste lugar, trata-se da questão de saber se e, dado o caso, como a estrutura interna do entendimento dos atores entre si se reproduz na compreensão de um intérprete não implicado.

A tarefa de descrever os nexos da ação comunicativa não consistiria simplesmente na explicação mais exata possível do sentido das manifestações simbólicas de que se compõe a sequência observada? E essa explicação do significado não seria de todo dependente da racionalidade (em princípio comprovável) daquelas tomadas de posição que sustêm a coordenação interpessoal da ação? Isso se aplicaria apenas ao caso em que o entendimento da ação comunicativa permitisse uma separação estrita entre questões de significado e de validade; este é justamente o problema. Certamente, devemos distinguir entre operações interpretativas de um observador que pretende

---

10 MacIntyre, *Das Unbewusste*.

compreender o sentido de uma manifestação simbólica e as dos participantes da interação que coordenam suas ações mediante o mecanismo do entendimento. O intérprete não se empenha como os participantes diretos por uma interpretação suscetível de consenso, para que possa conjugar seus planos de ação com as de outros atores. Mas talvez as operações interpretativas do observador e do participante somente se distingam em sua função, não em sua estrutura. Pois já na mera descrição, na explicação semântica de um ato de fala, têm de entrar aquelas tomadas de posição de sim ou não do intérprete pelas quais, como vimos, se caracterizam as interpretações racionais dos cursos de ação simplificados em tipos ideais. Ações comunicativas não são interpretáveis "racionalmente" senão em um sentido, a ser ainda elucidado. Gostaria de desenvolver essa tese inquietante tomando como fio condutor a problemática da compreensão do sentido nas ciências sociais. De início, trato-a da perspectiva da teoria da ciência (1) e depois, sucessivamente, dos pontos de vista da sociologia compreensiva nas escolas fenomenológica, etnometodológica e hermenêutica (2).

(1) Da perspectiva da teoria da ciência

Na tradição que remonta a Dilthey e Husserl, a compreensão [*Verstehen*] é caracterizada *ontologicamente* como traço fundamental do ser-aí humano por Heidegger, em *Ser e tempo* (1927), e o entendimento [*Verständigung*], como traço fundamental da vida histórica por Gadamer, em *Verdade e método* (1960). De modo algum pretendo me apoiar sistematicamente nessa abordagem, mas constatar que a discussão *metodológica* que foi conduzida nas últimas décadas a respeito dos fundamentos das ciências sociais levou a resultados análogos:

> A geração de descrições de atos por atores cotidianos não é incidental para a vida social enquanto *práxis* em curso, mas absolutamente intrínseco para sua produção e inseparável dela, já que a caracterização do que os outros fazem e, mais estritamente, suas intenções e razões para o que fazem é o que torna possível a intersubjetividade graças à qual a transmissão do intento comunicativo é realizada. É nesses termos que o *verstehen* deve ser considerado: não como um

método especial de acesso ao mundo social peculiar às ciências sociais, mas como condição ontológica da sociedade humana enquanto produzida e reproduzida por seus membros.*¹¹

A sociologia deve buscar um acesso compreensivo ao seu âmbito de objetos, uma vez que encontra nele processos de entendimento por meio dos quais e nos quais o âmbito de objetos se constituiu, de certo modo, previamente, isto é, antes de toda intervenção teórica. O cientista social encontra *objetos simbolicamente pré-estruturados*; eles corporificam estruturas daquele saber pré-teórico com base no qual sujeitos capazes de falar e agir têm produzido esses objetos. O sentido intrínseco [*Eigensinn*] de uma realidade simbolicamente pré-estruturada, com que o cientista se depara na constituição de seu âmbito de objetos, inscreve-se nas regras generativas segundo as quais os sujeitos capazes de falar e agir que se apresentam no âmbito de objetos produzem direta ou indiretamente o contexto social de vida. O âmbito de objetos das ciências sociais abrange tudo o que incide sob a descrição "componente de um mundo da vida". O que essa expressão significa pode-se aclarar intuitivamente pelas indicações daqueles objetos simbólicos que produzimos ao falarmos e agirmos: a começar pelas manifestações imediatas (como atos de fala, atividades voltadas a fins, cooperações), passando por sedimentos dessas manifestações (como textos, tradições, documentos, obras de arte, teorias, objetos da cultura material, bens, técnicas etc.), até chegarmos aos construtos indiretamente gerados,

---

* Em inglês, no original: "The generation of descriptions of acts by everyday actors is not incidental to social life as ongoing *Praxis* but is absolutely integral to its production and inseparable from it, since the characterization of what others do, and more narrowly their intentions and reasons for what they do, is what makes possible the intersubjectivity through which the transfer of communicative intent is realized. It is in these terms that *verstehen* must be regarded: not as a special method of entry to the social world peculiar to the social sciences, but as the ontological condition of human society as it is produced and reproduced by its members". (N. T.)

11 Giddens, *New Rules of Sociological Method*, p. 151; id., "Habermas' Critique of Hermeneutics", em *Studies in the Social and Political Theory*, p. 135ss.

passíveis de organização e autoestabilizáveis (instituições, sistemas sociais e estruturas da personalidade).

Fala e ação são os conceitos básicos não esclarecidos aos quais recorremos quando queremos explicar, mesmo que apenas provisoriamente, a pertença a um mundo da vida sociocultural, o ser parte dele. Ora, o problema da "compreensão" adquiriu nas ciências do espírito e nas ciências sociais uma significação metodológica sobretudo porque o cientista não obtém um acesso à realidade simbolicamente pré-estruturada somente através da *observação*, e porque a *compreensão do sentido* não pode ser controlada de maneira análoga à observação no experimento. O cientista social não possui, em princípio, um acesso diferente do que tem o leigo em ciência social. De certo modo, precisa já pertencer ao mundo da vida cujos componentes gostaria de descrever. Para descrevê-los, tem de poder compreendê-los; para compreendê-los, tem de poder, em princípio, participar em sua produção; e participação pressupõe pertença. Essa circunstância proíbe ao intérprete, como veremos, aquela separação de questões de significado e questões de validade que poderia assegurar à compreensão de sentido um caráter descritivo insuspeito. Gostaria de fazer quatro observações a respeito disso.

(a) Concepções dualistas de ciência

A problemática da compreensão traz em si o germe de uma concepção dualista de ciência. O historicismo (Dilthey, Misch) e o neokantismo (Windelband, Rickert) construíram para as ciências da natureza e do espírito um dualismo no plano da oposição de explicação *vs.* compreensão. Essa "primeira rodada" da controvérsia de explicação-compreensão já não é mais atual nos dias de hoje.[12] Porém, com a recepção das abordagens provenientes da fenomenologia, da analítica da linguagem e da hermenêutica na sociologia, reportando-se a Husserl-Schütz, Wittgenstein-Winch, Heidegger-Gadamer, desenvolveu-se uma discussão na qual se fundamenta uma posição especial das ciências sociais em face das ciências naturais

---

12 Apel, *Die Erklären/Verstehen-Kontroverse*.

prototípicas como a física, tendo em vista o papel metodológico da experiência comunicativa. Em contraposição a isso, a teoria empirista da ciência defendeu o conceito de ciência unitária, já desenvolvido no neopositivismo vienense. Apesar de alguns seguidores,[13] essa discussão pode ser dada por encerrada. Os críticos que se apoiaram sobretudo em Abel[14] entenderam equivocadamente a compreensão como empatia, como um ato misterioso de transposição para dentro dos estados mentais de um sujeito alheio; dados os pressupostos empiristas, eles se viram obrigados a reinterpretar experiências comunicativas no sentido de uma teoria empática da compreensão.[15]

Uma fase seguinte da discussão foi introduzida com a virada pós-empirista da teoria analítica.[16] Mary Hesse enfatiza que subjaz à confrontação usual de ciências naturais e sociais um conceito de ciências naturais, e em geral de ciências empírico-analíticas, que estaria ultrapassado nesse meio-tempo. O debate incitado por Kuhn, Popper, Lakatos e Feyerabend acerca da história da física moderna mostrou que (1) os dados com que as teorias são examinadas não podem ser descritas independentemente da respectiva linguagem teórica; que (2) as teorias normalmente não são escolhidas segundo princípios do falsificacionismo, mas em dependência de paradigmas que, como se verifica na tentativa de precisar as relações interteóricas, se relacionam entre si de maneira análoga a formas de vida particulares: "Tomo por suficientemente demonstrado que os dados não são separáveis da teoria, e que sua expressão é permeada por categorias teóricas; que a linguagem da ciência teórica é irredutivelmente metafórica e informalizável, e que a lógica da ciência é interpretação circular, reinterpretação e autocorreção

---

13 Albert, "Hermeneutik und Realwissenschaft", em *Plädoyer für kritischen Raionalismus*, p.106ss.

14 Abel, "The Operation Called Verstehen", *American Journal of Sociology*, n.53, p.211ss., 1948.

15 Habermas, *Zur Logik der Sozialwissenschaften*, p.142ss.; Apel, *Transformation der Philosophie*, p.59ss. Cf. uma visão de conjunto excelente sobre a discussão em Dallmayr; McCarthy (orgs.), *Understanding and Social Inquiry*.

16 Kuhn, *Die Struktur wissenschaftlicher Revolutionen*; Lakatos; Musgrave (orgs.), *Criticism and the Growth of Knowledge*; Diederich (org.), *Beiträge zur diachronischen Wissenschaftstheorie*.

de dados em termos de teoria, e de teoria em termos de dados".*¹⁷ Mary Hesse conclui daí que (3) a formação de teorias nas ciências naturais não depende menos que nas sociais de interpretações, analisáveis segundo o modelo hermenêutico da compreensão. Uma posição especial das ciências sociais não parece poder fundamentar-se justamente quanto ao aspecto da problemática da compreensão.¹⁸

Em contraposição a isso, Giddens enfatiza, com razão, que se coloca nas ciências sociais uma tarefa específica, a saber, uma *dupla* tarefa hermenêutica: "A mediação de paradigmas ou de esquemas teóricos muito discrepantes em ciência é um assunto hermenêutico como o implicado nos contatos entre outros tipos de quadros de significado. Mas a sociologia, em contraste com a ciência natural, lida com um mundo pré-interpretado em que a criação e a reprodução de quadros de significado são uma condição essencial do que ela procura analisar, a saber, a conduta social humana: é por isso que há uma dupla hermenêutica nas ciências sociais [...]".**¹⁹ Giddens fala de uma "dupla" hermenêutica porque nas ciências sociais os problemas da

---

* Em inglês no original: "I take it that it has been sufficiently demonstrated, that data are not detachable from theory, and that their expression is permeated by theoretical categories; that the language of theoretical science is irreducibly metaphorical and unformalizable, and that the logic of science is circular interpretation, reinterpretation, and self-correction of data in terms of theory, theory in terms of data". (N. T.)

17 Hesse, "In Defence of Objectivity", em *Proceedings of the Aristotelian Society*, p.9.

18 Não vou entrar na problemática do conceito de paradigma introduzido por Kuhn para as ciências naturais, e que somente com alguma reserva pode ser aplicado nas ciências sociais; cf. Eckberg; Hill, "The Paradigm Concept and Sociology: A Critical Review", *American Sociological Review*, v.44, p.925ss., 1979; cf. também, p.201-2.

** Em inglês no original: "The mediation of paradigms or widely discrepant theoretical schemes in science is a hermeneutic matter like that involved in the contacts between other types of meaning-frames. But sociology, unlike natural science, deals with a pre-interpreted world where the creation and reproduction of meaning-frames is a very condition of that which it seeks to analyse, namely human social conduct: this is why there is a double hermentic in the social sciences [...]". (N. T.)

19 Giddens, *New Rules of Sociological Method*, p.158.

compreensão não vêm à baila apenas por causa da dependência da descrição de dados em relação às teorias e por causa da dependência das linguagens teóricas em relação aos paradigmas; aqui surge uma problemática da compreensão já sob o limiar da formação de teorias, mais exatamente, na *obtenção* dos dados e não apenas em sua *descrição teórica*. Pois a experiência cotidiana, que pode ser *transformada* em dados científicos à luz dos conceitos teóricos e com base em operações de mensuração, já é, por sua vez, simbolicamente estruturada e inacessível à mera observação.[20]

Se a descrição teórica de dados, dependente de paradigmas, requer uma etapa 1 de interpretação que coloca todas as ciências perante tarefas estruturalmente *análogas*, então para as ciências sociais demonstra-se a incontornabilidade de uma etapa 0 de interpretação em que resulta um *outro* problema para a relação entre a linguagem da observação e a linguagem da teoria. Não somente a linguagem da observação é dependente da linguagem teórica; *antes* de escolher qualquer tipo de dependência teórica, o "observador" oriundo das ciências sociais precisa se servir da linguagem encontrada no âmbito dos objetos, na qualidade de participante em processos de entendimento mediante os quais unicamente ele pode conseguir o acesso a seus dados. A problemática *específica* da compreensão consiste em que o cientista social não pode "servir-se" dessa linguagem "encontrada" no âmbito de objetos como de um instrumento neutro. Ele não pode "entrar" nessa linguagem sem recorrer ao saber pré-teórico do membro de um mundo da vida, mais precisamente de seu próprio mundo da vida, saber que ele domina intuitivamente na qualidade de leigo e que resgata em cada processo de entendimento sem submeter à análise.

No entanto, isso não é nenhum discernimento novo, mas precisamente é a tese que os críticos da concepção de ciência unitária sempre defenderam. Ela é apenas colocada sob uma nova luz, visto que a teoria analítica da ciência, com sua recente virada pós-empirista, *reconstituiu* por seus próprios meios o discernimento crítico que lhes foi objetado pelos teóricos da com-

---

20 Cicourel, *Methode und Messung in der Soziologie*; Kreppner, *Zur Problematik der Messung in den Sozialwissenschaften*.

preensão. Em todo caso, esse discernimento já havia se posto na linha da lógica pragmática da ciência, de Peirce a Dewey.²¹

(b) O acesso ao âmbito de objetos por meio da compreensão

Em que consistem então as especiais dificuldades metodológicas da compreensão nas ciências que têm de descerrar seu âmbito de objetos por meio da interpretação? Essa questão foi tratada por H. Skjervheim já em 1959.²² Skjervheim consta entre aqueles que reabriram a querela sobre o objetivismo das ciências sociais, uma discussão que encontrou uma encerramento provisório com o estudo sumariador de R. F. Bernstein, *The Restructuring of Social and Political Theory* (1976). Sob o impacto espetacular do livro *The Idea of a Social Science*, de P. Winch (1958), não foi suficientemente observado que H. Skjervheim fora o primeiro a salientar as consequências metodológicas inconvenientes da problemática da compreensão, isto é, o que há de problemático na compreensão.

Skjervheim começa com a tese segundo a qual a compreensão do sentido seria um modo de experiência. Se *sentido* é admitido como conceito teórico fundamental, significados simbólicos têm de ser considerados como dados: "O que é de interesse para nós [...] é que *significados* – o significado de expressões e comportamentos de outras pessoas, os significados de palavras escritas e faladas – *devem ser considerados como pertencentes ao que é dado.* [...] Em outros termos, o que propomos é uma teoria perceptiva do significado e de nosso conhecimento de outras mentes".*²³ A análise da "percepção" de expressões simbólicas torna claro em que a compreensão do sentido se

---

21 Bernstein, *Praxis and Action*, p.165ss.; Apel, *Der Denkweg von Charles S. Peirce*.
22 Skjervheim, *Objectivism and the Study of Man*. Reimpresso em *Inquiry*, v.17, n.1-4, p.213ss. e p.265ss., 1974.
* Em inglês no original: "What is of interest for us [...] is, that *meanings* – the meaning of other people's expressions and behaviour, the meanings of written and spoken words – *must be regarded as belonging to that which is given* [...]. In other words, what we propose is a perceptial theory of meaning, and of our knowledge of other minds". (N. T.)
23 Ibidem, p.272.

distingue da percepção de objetos físicos: ela exige o estabelecimento de uma *relação intersubjetiva* com o sujeito que produziu a manifestação. A assim chamada teoria perceptual do significado explica o conceito de experiência comunicativa deparando aí com o "tema esquecido" pela teoria analítica da ciência: a intersubjetividade produzida na ação comunicativa entre *ego* e *alter ego*. Skjervheim acentua a diferença entre duas atitudes básicas. Quem, no papel da *terceira pessoa*, observa algo no mundo ou faz um enunciado sobre algo no mundo adota uma atitude objetivante. Quem, em contrapartida, participa de uma comunicação e, no papel da *primeira pessoa* (ego), estabelece uma relação intersubjetiva com uma *segunda pessoa* (que, por sua vez, enquanto *alter ego* relaciona-se com *ego* como uma segunda pessoa) adota uma atitude não objetivante ou, como diríamos hoje, performativa.

Cada um faz observações por si só, e também por si só examina os enunciados observacionais de um outro observador (se necessário, com o resultado de mensurações). Se esse processo leva a enunciados condizentes entre diversos e, em princípio, quaisquer observadores, cabe considerar suficientemente segura a objetividade de uma observação. Pelo contrário, a compreensão do sentido é irrealizável de forma solipsística por se tratar de uma experiência comunicativa. A *compreensão* de uma manifestação simbólica exige fundamentalmente a participação em um processo de *entendimento*. Os significados podem ser descerrados somente *por dentro*, não importa se são corporificados em ações, instituições, produtos do trabalho, palavras, contextos de cooperação ou documentos. A realidade simbolicamente pré-estruturada forma um universo que iria permanecer hermeticamente cerrado, mesmo incompreensível, ao olhar de um observador incapaz de comunicação. O mundo da vida abre-se apenas a um sujeito que faz uso de sua competência em falar e agir. Ele consegue esse acesso porque participa, ao menos virtualmente, de comunicações entre membros, tornando-se ele mesmo um membro ao menos potencial.

O cientista social precisa, assim, fazer uso de uma competência e de um saber do qual dispõe intuitivamente como leigo. Porém, enquanto não identificar e analisar a fundo esse saber pré-teórico, não poderá controlar em que grau e com que consequências ele, como participante, intervém e provoca alterações no processo de comunicação em que apenas *ingressa* para compreendê-lo. De maneira inexplicada, o processo de compreensão é reacoplado com um processo de produção. Por conseguinte, a problemática da compreensão pode ser colocada sob a sucinta questão: como a *objetividade da compreensão* é compatível com a atitude performativa dos que participam em um processo de entendimento?

Skjervheim analisa então o significado metodológico da alternância entre a atitude objetivante e a performativa. Tem a ver com essa alternância, pensa ele, uma ambiguidade própria das ciências sociais "que é o resultado da ambiguidade fundamental da situação humana; o outro é aí tanto um objeto para mim como um sujeito junto comigo. Esse dualismo surge em um dos principais meios de inter-relação com o outro: a palavra falada. Podemos tratar as palavras que o outro profere como sons meramente; ou, se compreendemos seu significado, podemos tratá-las como fatos, registrando o fato de que ele disse o que disse; ou podemos tratar o que ele disse como uma *pretensão de conhecimento*, em cujo caso não estamos preocupados com o que ele disse enquanto fato de sua biografia somente, mas como algo que pode ser verdadeiro ou falso. Nos dois primeiros casos, o outro é um objeto para mim, embora de formas distintas, enquanto no último ele é um sujeito-igual que me concerne como alguém em pé de igualdade comigo, sendo que ambos nos preocupamos com nosso mundo comum".*[24]

---

* Em inglês no original: "which is the result of the fundamental ambiguity of the human situation; that the other is there both as an object for me and as another subject with me. This dualism crops up in one of the major means of intercourse with the other – the spoken word. We may treat the words that the other utters as sounds merely; or if we understand their meaning we may still treat them as facts, registering the fact that he says what he says; or we may treat what he says as a *knowledge claim*, in which case we are not concerned with what he says as a fact of his biography only, but as something which can be true or false. In both the first cases the other is an object for me, although in different ways, while in the latter he is a fellow-subject who concerns me as one on an equal footing with myself, in that we are both concerned with our common world". (N. T.)

24 Ibidem, p.265. Skjervheim se apoia explicitamente na teoria transcendental da intersubjetividade de Husserl; mas, na realidade, sua análise está em contato mais estreito com as ideias básicas da filosofia dialógica que remonta a M. Buber e F. Rosenzweig; M. Theunissen concebe a filosofia do diálogo, à qual acrescenta ainda Rosenstock-Huessy e Grisebach, como contraprojeto à fenomenologia transcen-

Skjervheim chama atenção aqui para a circunstância interessante de que a atitude performativa de uma primeira pessoa para com uma segunda significa, ao mesmo tempo, a orientação por pretensões de validade. Nessa atitude, o *ego* não pode tratar a pretensão de verdade levantada pelo *alter* como algo que ocorre no mundo objetivo; o *ego* depara *frontalmente* com essa pretensão, tem de tomá-la a sério, de reagir a ela com sim ou não (ou deixar em suspenso, como não decidida ainda, a questão de saber se a pretensão se justifica). O *ego* tem de apreender o proferimento do *alter* como saber simbolicamente corporificado. Isso se explica pelo caráter dos processos de entendimento. Quem quer entender-se tem de pressupor *standards* comuns com base nos quais os participantes podem decidir se o consenso se realiza. Porém, se a participação em processos de comunicação significa que um tem de tomar posição sobre as pretensões de validade do outro, o cientista social não tem a opção de apreender o proferimento de seu defrontante como mero fato, nem mesmo no momento em que *recolhe* experiências comunicativas. Coloca-se aí a questão de saber se ele pode tratar, em geral, como independentes entre si os casos dois e três distinguidos por Skjervheim: a compreensão do conteúdo semântico de um proferimento e a reação à pretensão de ser válida, vinculada a ele. Skjervheim não oferece ainda uma análise satisfatória, mas sua consideração remete de pronto a consequências importantes no nosso contexto.

(c) O intérprete da ciência social como participante virtual

Se a compreensão do sentido é concebida como um modo de experiência, e se a experiência comunicativa somente é possível na atitude performativa de um participante da interação, o cientista social observador, que recolhe dados dependentes da linguagem, precisa assumir um *status* análogo ao do leigo em ciências sociais. Até onde vai a analogia estrutural entre as operações interpretativas de um e de outro? Na resposta a essa pergunta, é bom

---

dental cartesiana, isto é, monológica. Cf. Theunissen, *Der Andere*. Sobre Husserl, cf. Hutcheson, "Husserl's Problem of Intersubjectivity", *Journal of the British Society for Phenomenology*, v.II, p.144ss., 1980.

lembrar que falar e agir não são a mesma coisa. Os participantes diretos perseguem propósitos de *ação* na práxis comunicativa cotidiana; a participação em processos cooperativos de interpretação serve para gerar um consenso, com base no qual eles podem coordenar seus planos de ação e realizar seus propósitos respectivos. O intérprete cientista social não persegue propósitos de ação *desse gênero*. Ele envolve-se no processo de entendimento por causa da compreensão e não de um fim para o qual a ação do intérprete, dirigida a objetivos, iria ser coordenada com a dos participantes diretos. O sistema de ação em que se move o cientista social *na qualidade de ator* situa-se em um outro plano; via de regra, é um segmento do sistema da ciência e, em todo caso, não coincide com o sistema de ação observado. Neste, o cientista participa como que *destituído de suas qualidades de ator*, concentrando-se, como falante e ouvinte, exclusivamente no processo de entendimento.

Isso pode se tornar mais claro pelo modelo do especialista em ciências do espírito que decifra documentos transmitidos, traduz textos, interpreta tradições etc. Nesses casos, os participantes no processo original de entendimento não podem sequer notar a participação virtual do intérprete que se aproxima na distância do tempo. Desse exemplo também incide luz sobre o modelo contrastante do observador participante, cuja presença ativa altera inevitavelmente a cena original. Mesmo nesse caso, as ações com que o intérprete tenta se integrar mais ou menos discretamente no contexto dado possuem apenas *funções auxiliares* para a participação no processo de entendimento, exercida como fim em si mesmo, a qual é a chave para a compreensão das ações dos *outros* atores. Vou deixar de lado a expressão "função auxiliar", que necessita de clarificação, e falarei de uma participação meramente "virtual", visto que o intérprete, quando considerado em sua qualidade de ator, persegue objetivos não ligados ao contexto atual, mas a um *outro* sistema de ação. Nesse sentido, o intérprete não persegue seus *próprios* propósitos de ação no interior do contexto de observação.

Qual é então o significado do *papel da participação virtual* para a questão da objetividade da compreensão de um intérprete em ciências sociais? Consideremos as alternativas nomeadas por Skjervheim. Se o intérprete se limita à observação em sentido estrito, ele percebe somente o substrato físico dos proferimentos, sem compreendê-los. Para fazer experiências comunicativas, ele tem de adotar uma atitude performativa e participar no processo original de entendimento, ainda que apenas virtualmente. Poderia ele se limitar, como supõe Skjervheim, a uma apreensão descritiva do conteúdo semântico dos proferimentos, como se fosse um fato, sem reagir às pretensões de validade que os participantes levantam com seus proferimentos? O intérprete poderia prescindir completamente de um julgamento da validade de proferimentos a serem apreendidos de forma descritiva?

Para compreender um proferimento, no caso-modelo um ato de fala orientado ao entendimento, o intérprete tem de conhecer as condições de sua validade; ele precisa saber sob que condições é aceitável a pretensão de validade vinculada a ele, isto é, sob que condições ele iria ser normalmente reconhecido por um ouvinte. Não compreendemos um ato de fala senão quando sabemos o que o torna aceitável. Porém, de onde o intérprete poderia extrair esse saber, se não do contexto da comunicação observada ou de contextos comparáveis? Ele somente é capaz de compreender o significado dos atos comunicativos porque estes se inserem no contexto da *ação* orientada ao entendimento – este é o discernimento central de Wittgenstein e o ponto de partida para sua teoria do significado como uso.[25] O intérprete observa sob que condições as manifestações simbólicas são aceitas como válidas e quando a pretensão de validade vinculada a elas é criticada e repelida, ao examinar quando os planos de ação dos participantes são coordenados mediante a formação de consenso e quando as ligações entre as ações dos diversos atores se rompem devido à falta de um consenso. Portanto, o intérprete não pode esclarecer para si mesmo o conteúdo semântico de um proferimento independentemente dos contextos de ação em que os participantes reagem ao proferimento questionável com sim ou não, ou com abstenções. E ele não compreende essas tomadas de posição de sim ou não, por sua vez, se não consegue visualizar as razões implícitas que movem os participantes em suas tomadas de posição. Pois, na medida em que são medidos por pretensões de validade reciprocamente levantadas e não causados por meras circunstâncias externas, o acordo e o dissenso apoiam-se em razões de que dispõem os participantes hipotética ou efetivamente.

---

25 Alston, *Philosophy of Language*; Savigny, *Die Philosophie der normalen Sprache*, p.72ss.

Essas razões, implícitas no mais das vezes, constituem os eixos sobre os quais se desenrolam os processos de entendimento. Mas, se o intérprete, a fim de compreender um proferimento, tem de *presentificar as razões* com que um falante defenderia a validade de seu proferimento em caso necessário e sob condições apropriadas, ele *próprio* acaba sendo puxado para dentro do processo de julgamento de pretensões de validade.

Pois as razões são de uma matéria tal que de modo algum podem ser descritas na atitude de uma terceira pessoa, ou seja, sem uma reação de assentimento, de rejeição ou de abstenção. O intérprete não teria compreendido o que é uma "razão" se não a reconstruísse com sua pretensão de fundamentação, e isso significa, no sentido de Max Weber, *interpretá-la racionalmente*. A *descrição* de razões requer *eo ipso* uma *avaliação* mesmo quando aquele que dá a descrição se vê incapaz de julgar no momento sua plausibilidade. Podemos compreender razões somente na medida em que compreendemos *por que* são plausíveis ou implausíveis e por que não é (ainda) possível, se for o caso, uma decisão sobre se são boas ou ruins. É por esse motivo que um intérprete não pode interpretar proferimentos que se associam a um potencial de razões por meio de pretensões de validade criticáveis e representam desse modo saber, sem tomar posição sobre eles. E não pode tomar posição sem adotar *standards próprios* de julgamento, ou, em todo caso, *standards* de que se apropriou. Estes procedem criticamente em relação a outros *standards* divergentes de julgamento. Em todo caso, com a tomada de posição sobre uma pretensão de validade levantada pelo *alter*, aplicam-se *standards* que o intérprete não encontrou simplesmente, mas teve de aceitar como corretos. Nesse aspecto, uma participação meramente virtual não dispensa o intérprete das obrigações de um participante direto: no ponto que é decisivo para questão da objetividade da compreensão, exige-se de ambos, do observador cientista social bem como do leigo em ciência social, o mesmo tipo de operação interpretativa.

As reflexões feitas até o momento se destinavam a tornar mais claro que o método da compreensão do sentido coloca em questão o tipo habitual de objetividade do conhecimento porque o intérprete, embora sem propósitos próprios de ação, tem de entregar-se a uma participação na ação comunicativa, vendo-se confrontado com as pretensões de validade apresentadas no próprio âmbito de objetos. Ele tem de tratar a estrutura racional interna da ação orientada por pretensões de validade com uma interpretação em princípio racional. O intérprete poderia neutralizar esta última somente pagando o preço de adotar um *status* de observador objetivante; porém, a partir dele os nexos internos de sentido são inacessíveis de modo geral. Portanto, existe um *nexo fundamental entre a compreensão de ações comunicativas e interpretações* em princípio *racionais*. Esse nexo é fundamental porque as ações comunicativas não se deixam interpretar *em dois níveis*: compreendê-las primeiramente no seu curso factual para somente depois compará-las com um modelo de curso construído com tipos ideais. Pelo contrário, um intérprete virtual, participante mas sem propósitos próprios de ação, pode apreender descritivamente o sentido de um processo de entendimento que decorre de maneira factual somente sob o pressuposto de que julga o acordo e o dissenso, as pretensões de validade e as razões potenciais com que se defronta, com base em um fundamento comum, *partilhado* em princípio por ele e pelos participantes diretos. De todo modo, esse pressuposto é cogente para um intérprete cientista social que põe o modelo comunicativo de ação na base de suas descrições. Como gostaria de mostrar por fim, isso resulta dos pressupostos ontológicos, no sentido mais amplo, desse modelo.

(d) A inevitabilidade de interpretações racionais

Quando passamos a descrever um comportamento como ação teleológica, supomos que o agente faz determinadas pressuposições ontológicas: ele conta com um mundo objetivo em que pode conhecer algo e intervir dirigido a objetivos. Nós, que observamos o ator, fazemos ao mesmo tempo pressuposições ontológicas no que se refere ao mundo subjetivo do ator. Distinguimos entre "o" mundo e o mundo tal como aparece do ponto de vista do agente. Podemos constatar descritivamente o que o ator *toma* por verdadeiro, diferentemente do que (segundo nossa opinião) é verdadeiro. A escolha entre uma interpretação descritiva e uma interpretação racional consiste em que nos decidimos a ignorar ou a tomar a sério, na qualidade de pretensões que são acessíveis a um julgamento objetivo, a pretensão de verdade que o ator vincula às suas opiniões e a pretensão de êxito, ligada à verdade, que o ator vincula às suas ações teleológicas. Se as ignoramos como pretensões de validade, tratamos as opiniões e as intenções como algo subjetivo, isto é, algo que, se fosse aduzido pelo ator a título de opinião ou intenção sua, se fosse revelado ou expresso perante um público, deveria ser atribuído a seu mundo subjetivo. Nesse caso, neutralizamos as pretensões de verdade e de êxito porque tratamos opiniões e intenções como proferimentos expressivos; e estes somente poderiam ser objetivamente julgados dos pontos de vista da veracidade e da autenticidade. Esses pontos de vista não encontram, porém, nenhuma aplicação na ação teleológica de um ator em princípio solitário, por assim dizer sem público. Em contrapartida, se tomamos a sério as pretensões do ator na exata maneira como ele as pensa *rationaliter*, submetemos suas (supostas) perspectivas de êxito a uma crítica que se apoia em *nosso* saber e em nossa comparação do curso factual da ação com um curso racional com respeito a fins, projetado em tipos ideais. No entanto, o agente poderia *responder* a essa crítica somente se o dotássemos com competências diferentes daquelas que o modelo teleológico de ação admite. Uma crítica *recíproca* seria possível somente se o agente pudesse, por sua vez, estabelecer relações interpessoais, agir comunicativamente e até mesmo participar na comunicação especial e repleta de pressupostos que denominamos discurso.

Podemos fazer um experimento mental análogo para o caso de descrevermos um comportamento como ação regulada por normas. Supomos aí que o ator conta com um segundo mundo, mais exatamente o social, no qual pode distinguir um comportamento conforme a normas de um comportamento desviante. E, de novo, fazemos ao mesmo tempo, na qualidade de observadores, pressuposições ontológicas no que concerne ao mundo subjetivo do ator, de sorte que podemos distinguir entre o mundo social tal como aparece ao ator, o mundo social como aparece aos outros membros e o mundo social como ele *nos* aparece. A escolha entre uma interpretação racional e uma descritiva consiste, também aqui, na decisão de tomar a sério, *mutatis mutandis*, a pretensão de validade normativa que o ator vincula às suas ações ou reinterpretá-la como algo meramente subjetivo. Também aqui a interpretação descritiva repousa sobre uma reinterpretação do que o ator, ao seguir uma norma reconhecida como legítima, pensa *rationaliter*. Também aqui continua a existir, no caso de uma interpretação racional, uma assimetria entre nós e um ator que, nos limites do modelo normativo de ação, não é dotado com a capacidade de *debater* sobre a validade de normas, como participante em discurso e em atitude hipotética.

Essa assimetria continua a existir também quando descrevemos um comportamento como ação dramatúrgica e equipamos o ator com conceitos correspondentes de mundo. Nós, os observadores, nos valemos, no caso de uma interpretação racional, de uma competência para julgar à qual o próprio ator não poderia apelar. Pois temos de julgar-nos capazes de criticar como autoengano, se for o caso lançando mão de indícios, um proferimento expressivo que o próprio ator efetua com a pretensão de veracidade, sem que o ator, nos limites do modelo dramatúrgico de ação, estivesse em condições de defender-se de nossa interpretação racional.

Os conceitos básicos de ação teleológica, de ação regulada por normas e de ação dramatúrgica asseguram *um desnível metodologicamente relevante* entre o plano da interpretação da ação e o plano da ação interpretada. Porém, assim que passamos a descrever um comportamento em termos de ação comunicativa, nossas próprias pressuposições ontológicas deixam de ser mais complexas do que aquelas que atribuímos aos próprios atores. A diferença entre os planos conceituais das ações linguisticamente coordenadas e das interpretações que nós, enquanto observadores, conferimos a elas não funciona mais como um filtro protetor. De acordo com os pressupostos do modelo de ação comunicativa, o agente dispõe de uma competência para interpretar tão rica quanto a do próprio observador. O ator não é dotado agora apenas com três conceitos de mundo; ele pode também empregá-los de maneira reflexiva. O sucesso da ação comunicativa depende, como vimos, de um processo de interpretação em que os participantes chegam a uma definição comum da situação no interior do sistema de referências dado com os três mundos. Todo consenso repousa sobre um reconhecimento intersubjetivo de pretensões de validade criticáveis; pressupõe-se aí que aqueles que agem comunicativamente são *capazes de crítica recíproca*.

Mas, assim que dotamos os atores com *essa* capacidade, perdemos, na qualidade de observadores, nossa *posição privilegiada* em relação ao âmbito de objetos. Não temos mais a escolha de conferir a uma sequência observada de interações uma interpretação descritiva ou uma racional. Assim que atribuímos aos atores *a mesma* competência para julgar de que nos valemos a título de intérpretes de seus proferimentos, renunciamos a uma imunidade metodologicamente assegurada até então. Vemo-nos forçados a participar em atitude performativa (embora sem propósitos de ação) dos processos de entendimento que gostaríamos de descrever. Com isso, nossa interpretação expõe-se *em princípio* à mesma crítica a que devem expor-se de forma recíproca aqueles que agem comunicativamente. Mas isso significa que a distinção entre interpretação descritiva e racional se torna sem sentido nesse nível. Ou melhor, a interpretação em princípio *racional* é aqui a única via para descerrar o curso *factual* da ação comunicativa. Ela não tem o *status* de um tipo ideal construído *ad hoc*, ou seja, de um modelo racional ulterior, visto que *não pode haver* uma descrição do curso factual da ação que fosse *independente* da interpretação e com a qual pudesse ser comparada.

Deste ponto incide retrospectivamente uma luz sobre as interpretações racionais próprias dos tipos de ação de primeiro nível. Uma comparação do curso prático da ação com um modelo que a cada vez estiliza a ação sob um único aspecto de racionalidade (da verdade proposicional, da eficácia ou do êxito instrumental, da correção normativa, da autenticidade ou da veracidade) exige uma descrição da ação *independente* da interpretação racional. Essa operação hermenêutica prévia não é tematizada nos modelos de ação de primeiro nível, mas ingenuamente pressuposta. A descrição de um curso factual de ação exige uma interpretação complexa que implicitamente se sirva de imediato do quadro categorial da ação comunicativa e que, como as próprias interpretações cotidianas, porte os traços de uma interpretação em princípio racional. A possibilidade de escolher entre uma interpretação descritiva e uma racional se dá apenas quando um dos modelos não comunicativos de ação obriga o observador a uma abstração, isto é, a destacar a cada vez apenas um aspecto da complexidade da interação que transcorre por meio de pretensões de validade.

(2) *Da perspectiva da sociologia compreensiva*

Se enriquecemos conceitualmente os modelos de ação de primeiro nível a tal ponto que a interpretação e a compreensão do sentido despontem como traços fundamentais da própria ação social, a questão de saber como as operações compreensivas do observador científico se ligam à hermenêutica natural da práxis comunicativa cotidiana, como as experiências comunicativas são transformadas em dados, não se reduz mais ao formato de um subproblema relativo à técnica de pesquisa. Com a etnometodologia[26] e a hermenêutica filosófica,[27] esse discernimento volta a se tornar atual, inquietando a autocompreensão convencional da sociologia, determinada pelo postulado da neutralidade axiológica.[28] Só há pouco tempo delineou-se nessas discussões intrincadas[29] a proposta em que pretendo me concentrar; pois é possível considerar que a mesma circunstância de que resulta o problema da compreensão do sentido é também a chave de sua solução.[30]

Se o cientista social tem de participar pelo menos virtualmente nas interações cujo significado gostaria de compreender, e se, além disso, essa participação significa que ele precisa implicitamente tomar posição sobre as pretensões de validade que os participantes diretos vinculam a seus proferimentos na ação comunicativa, então o cientista social não poderá ligar seus próprios conceitos ao quadro categorial encontrado previamente no contexto de modo diferente do que fazem os leigos em sua própria práxis comunicativa cotidiana. Ele se move no interior das mesmas estruturas do entendimento possível em que os participantes diretos efetuam suas ações comunicativas. Porém, as estruturas mais universais da comunicação que os sujeitos capazes de falar e agir aprenderam a dominar não abrem ape-

---

26 Garfinkel, *Studies in Ethnomethodology*.
27 Habermas, *Zur Logik der Sozialwissenschaften*, p.251ss.
28 Gouldner, *The Coming Crisis of Western Sociology*; Albert; Topitsch (orgs.), *Werturteilsstreit*; Beck, *Objektivität und Normativität*. Nesse contexto, não vou examinar o significado metodológico das teses de Quine sobre a indeterminidade radical da tradução; cf., sobre isso, Wrighton, "The Problem of Understanding", *Philosophy of the Social Sciences*, v.11, p.49ss., 1981; Feleppa, "Hermeneutic Interpretation and Scientific Truth", *Philosophy of the Social Sciences*, v.11, p.53ss., 1981.
29 Na Alemanha são levantadas com o *Positivismusstreit*: Adorno et al., *Der Positivismusstreit in der deutschen Soziologie*.
30 Böhler, "Philosophische Hermeneutik und hermeneutische Methode", em Hartung; Heistermann; Stephan, *Fruchtblätter: Veröffentlichungen der Pädagogische Hochschule Berlin*, p.15ss.; Kuhlmann, *Reflexion und kommunikative Erfahrung*.

nas o *acesso* a determinados contextos; elas não possibilitam apenas a *ligação* com e a continuação de contextos que, como pareceria de início, atraem os participantes à jurisdição do meramente particular. Essas mesmas estruturas oferecem ao mesmo tempo os meios críticos para penetrar um contexto dado, para explodi-lo e transcendê-lo a partir de dentro, para, se necessário, *enfrentar de ponta a ponta* um consenso factualmente estabelecido, revisar erros, corrigir mal-entendidos etc. *As mesmas estruturas que possibilitam o entendimento cuidam também das possibilidades de um autocontrole reflexivo do processo de entendimento.* É esse potencial de crítica inscrito na própria ação comunicativa que o cientista social, ao se envolver nos contextos da ação cotidiana na qualidade de participante virtual, pode utilizar sistematicamente e fazer valer, partindo dos contextos, contra a particularidade destes. Gostaria de esboçar brevemente como esse discernimento se impõe enfim nas discussões metodológicas que acompanharam desde o início a sociologia compreensiva.

(a) *Fenomenologia social*

No contexto da sociologia alemã dos anos 1920, A. Schütz[31] foi quem aprofundou de maneira mais consequente as implicações do acesso à realidade simbolicamente pré-estruturada possibilitado pela compreensão do sentido. Ele vê que, com a escolha das categorias da teoria da ação, tomamos pelo menos três pré-decisões metodológicas. *Primeiramente*, a decisão de descrever a realidade social de tal modo que seja concebida como uma construção do mundo cotidiano proveniente das operações interpretativas dos participantes diretos: "[...] o mundo social [...] possui uma estrutura especial de sentido e de relevância para os homens que vivem, pensam e agem nele. Nas diversas construções da realidade cotidiana, eles articulam e interpretam de antemão esse mundo, e são objetos intelectuais desse tipo que determinam seu comportamento, definem os objetivos de sua ação e prescrevem os meios para a realização de tais objetivos".[32] A compreensão do sentido é o modo privilegiado de experiência dos membros de um mundo

---
31 Schütz, *Der sinnhafte Aufbau der sozialen Welt*.
32 Schütz, *Collected Papers*, v.1, p.5-6.

da vida. No entanto, o cientista social também tem de servir-se desse modo de experiência. É por meio dele que obtém seus dados.

Esta é a *segunda* decisão, à qual Schütz (junto com M. Weber e W. I. Thomas) confere a forma de um postulado: "Para poder explicar a ação humana, o cientista precisa perguntar que modelo de uma essência individual pode ser construído e que conteúdos típicos devem ser correlacionados a ele para que os fatos observados sejam explicados como resultados da atividade de um tal indivíduo em um contexto compreensível. O cumprimento desse postulado garante a possibilidade de atribuir todo tipo de ação humana ou seu resultado ao sentido subjetivo que essa ação ou seu resultado teve para o agente".[33]

Porém, esse postulado não possui para Schütz um significado restrito à técnica de pesquisa; pelo contrário, resulta dele, *em terceiro lugar*, uma limitação específica para a formação de teorias. Os conceitos teóricos com que o cientista social forma suas hipóteses têm de ligar-se de certo modo aos conceitos pré-teóricos com que os membros interpretam sua situação e o contexto de ação de que participam. Schütz não fundamenta com detalhes por que resulta forçosamente da "dupla tarefa hermenêutica" das ciências sociais um semelhante reacoplamento interno da teoria com a compreensão cotidiana dos participantes, cujos proferimentos devem ser explicados com base em teorias. Ele simplesmente postula: "Todo conceito em um modelo científico de ação humana tem de ser construído de tal sorte que uma ação, efetuada por um indivíduo no interior do mundo da vida e concordante com a construção típica, seja compreensível tanto para o próprio agente quanto para seus próximos, e isso no quadro do pensamento cotidiano. O cumprimento desse postulado garante a consistência das construções do cientista social com as construções que são formadas no pensamento cotidiano pela realidade social".[34]

Ora, os jogos de linguagem que o cientista social encontra em seu âmbito de objetos e dos quais tem de participar ao menos virtualmente são sempre de natureza particular. Como uma teoria social pode ao mesmo tempo

---

33 Ibid., p.43.
34 Ibid., p.44.

ligar-se ao quadro categorial de um mundo da vida concreto e, no entanto, desprender-se de sua particularidade? Schütz considera que o observador cientista social adota uma *atitude teórica* que lhe permite elevar-se acima das perspectivas do mundo da vida, tanto daquelas de sua própria práxis cotidiana quanto das investigadas. Enquanto nos entregamos, na qualidade de membros de um mundo da vida, em uma "relação-nós" [*Wir-Beziehung*], enquanto ocupamos um lugar no sistema espaçotemporal de coordenadas do mundo da vida que é específico do eu e dos grupos, relacionamo-nos como *ego* com *alter* ou *alius*, distinguimos antepassados, contemporâneos e pósteros, aceitamos autoevidências culturais etc., o observador cientista social rompe com sua atitude *natural* (ou performativa) e se dirige a um lugar para além de seu mundo da vida, e, de modo geral, para além de qualquer mundo da vida, isto é, a um lugar extramundano: "Uma vez que o cientista social não tem um 'aqui' no mundo social, tampouco ordena esse mundo em camadas a seu redor. Ele nunca pode entrar na relação inter-humana do Nós com um agente no mundo social sem abandonar pelo menos provisoriamente sua atitude científica. O observador participante, por exemplo o pesquisador de campo, constrói uma relação com o grupo investigado a título de ser humano entre seres humanos próximos; somente o sistema de relevância que lhe serve de esquema de seleção e interpretação é determinado pela atitude científica, e por enquanto ele é deixado de lado".[35]

A atitude teórica é caracterizada como aquela do observador "desinteressado"; em geral, ela deve criar distância dos interesses cotidianos, enraizados nas biografias. Uma vez que Schütz não pode, como Husserl, apelar a um método especial de suspensão de juízo (*epoché*), ele precisa explicar de outra maneira a neutralização da perspectiva ligada ao mundo da vida. Ele a explica com uma mudança específica no sistema de relevância. Trata-se da *decisão* do cientista de colocar o sistema axiológico das ciências no lugar do sistema axiológico de sua práxis cotidiana ("by establishing the life-plan for scientific work"), o que deve bastar para levar à *mudança da atitude natural para a teórica*. Essa explicação não pode satisfazer muito. Se a atitude teórica fosse determinada apenas pelos valores do subsistema ciência, Schütz teria

---

35 Ibid., p.40.

de explicar o papel metodológico dessas orientações axiológicas especiais. Ele teria de mostrar por que justamente elas ajudariam a resolver o problema que consiste em ligar a formação de teorias ao saber pré-teórico comunicativamente descerrado que o cientista social encontra no âmbito de objetos, sem ao mesmo tempo atar a validade de seus enunciados ao contexto (encontrado ou trazido) do mundo da vida.

Somente de passagem Schütz faz uma observação que permite reconhecer um ponto de partida para uma solução: "A compreensão de modo algum é um assunto privado do observador que não pudesse ser examinado por meio das experiências de outros observadores. Ela é examinável pelo menos na medida em que as percepções sensíveis privadas de um indivíduo podem ser controladas por outros indivíduos sob determinadas condições".[36] Se os corretivos possíveis contra experiências comunicativas errôneas se inserem por assim dizer na própria ação comunicativa, o cientista social não pode assegurar a objetividade de seu conhecimento se enfiando no papel fictício de um "observador desinteressado" e se refugiando assim em um lugar utópico, fora do contexto de vida comunicativamente acessível. Pelo contrário, ele terá de buscar *nas estruturas universais do processo de entendimento* em que se envolve as *condições de objetividade da compreensão*, a fim de verificar, no conhecimento dessas condições, se ele pode certificar-se reflexivamente das implicações de sua participação.

(b) Etnometodologia. O dilema entre absolutismo e relativismo

Na breve história da etnometodologia, este é o questionamento central em que os espíritos se dividem.[37] Os etnometodologistas acentuam, por um lado, o caráter processual e meramente particular da práxis cotidiana, interpretativamente produzida pelos participantes, e tiram, por outro, as consequências metodológicas do fato de que o cientista social possui em princípio o *status* de um participante. Eles salientam os dois aspectos com

---

36 Ibid., p.56.
37 Attewell, "Ethnomethodology since Garfinkel", *Theory and Society*, v.1, p.179ss., 1974; Zimmermann, "Ethnomethodology", *American Sociologist*, v.13, p.6ss., 1978.

mais precisão que A. Schütz, a quem se associam. Resulta daí um dilema que não poderá ser resolvido enquanto os processos cooperativos de interpretação não forem concebidos como um entendimento orientado por pretensões de validade.

Com cada sequência de interações, aqueles que agem comunicativamente renovam a aparência de uma sociedade normativamente estruturada; mas, na realidade, vão tateando de um consenso momentâneo problemático até o próximo. Visto que todos os conceitos e orientações da ação que abrangem a situação devem ser renegociados a cada vez, o ocasionalismo do particular domina sobre o universal, de sorte que a aparência de uma continuidade através de várias sequências de ação pode ser assegurada somente pela associação com o respectivo contexto.[38]

---

38 "The features of a setting attended to by its participants include, among other things, its historical continuity, its structure of rules and the relationship of activities within it to those rules, and the ascribed (or achieved) statuses of its participants. When viewed as the temporally situated *achievement* of parties to a setting, these features will be termed the occasioned corpus of setting features. By use of the term *occasioned* corpus, we wish to emphasize that the features of socially organized activities are particular, contingent accomplishments of the production and recognition work of parties to the activity. We underscore the occasioned character of the corpus in contrast to a corpus of member's knowledge, skill, and belief standing prior to and independent of any actual occasion in which such knowledge, skill, and belief is displayed or recognized. The latter conception is usually referred to by the term culture." Zimmermann; Power, "The Everyday World as a Phenomenon", em Douglas (org.), *Understanding Everyday Life*, p.94. ["Os traços de um contexto assistido por seus participantes incluem, entre outras coisas, sua continuidade histórica, sua estrutura de regras e a relação das atividades com essas regras no seu interior e os *status* atribuídos (ou conquistados) de seus participantes. Quando considerados como *conquistas* temporalmente situadas das partes de um contexto, esses traços serão chamados de *corpus* ocasionado dos traços contextuais. Ao usarmos o termo *ocasionado*, desejamos enfatizar que os traços de atividades socialmente organizadas são resultados particulares, contingentes, do trabalho de produção e reconhecimento das partes dessa atividade. Sublinhamos o caráter ocasional do *corpus* em contraste com um *corpus* de conhecimento, habilidade e crença do membro anterior e independente de qualquer ocasião real em que tal conhecimento, habilidade e crença são exibidos ou reconhecidos. A última concepção é usualmente referida pelo termo cultura." (N. T.)]

Essa visão explica por que Garfinkel e seus discípulos se interessam pela dependência da comunicação cotidiana em relação ao contexto e, nesse registro, pelo papel das expressões dêiticas. O significado de proposições em que aparecem termos singulares como "eu" e "tu", "aqui" e "agora", "este" e "aquele" varia com a situação da fala. As referências efetuadas com base nessas expressões somente podem ser entendidas com o conhecimento da situação da fala. O intérprete precisa ou já conhecer, na qualidade de participante na interação, o contexto em que se apoia o falante ou exigir do falante que formule expressamente suas pressuposições implícitas. Para satisfazer essa exigência, o falante teria de substituir as expressões dêiticas ligadas à situação por expressões independentes da situação, por exemplo indicações espaçotemporais ou outras caracterizações. Na comunicação cotidiana, são bastante correntes esses esforços por tornar explícito parcialmente o saber contextual, eliminando mal-entendidos sobre as pressuposições. Mas essas tentativas levam a um regresso: cada nova explicação depende, por sua vez, de outras pressuposições. O contexto da fala se deixa iluminar passo a passo no quadro das comunicações cotidianas, mas, em princípio, não pode ser *deixado para trás*. Garfinkel acentua, com razão, que proferimentos em que se apresentam expressões dêiticas tampouco devem ser "colocadas em ordem", visto que a dependência em relação ao contexto não é nenhuma mácula, mas antes uma condição necessária para o uso normal de nossa linguagem. No entanto, essa observação trivial é peculiarmente dramatizada e utilizada por Garfinkel para ressaltar com veemência o momento criativo do *projeto* e da *produção* cooperativa de comunidade ocasional no processo de interpretação, a par do momento exploratório. Isso aclara o vínculo hermenêutico do intérprete com sua situação de partida.

Em comunicações cotidianas, um proferimento nunca dá conta de si mesmo; acresce-lhe um conteúdo semântico proveniente do contexto, cuja compreensão o falante pressupõe no ouvinte. Também o intérprete precisa penetrar nesse contexto remissivo na qualidade de parceiro participante da interação. O momento exploratório, dirigido ao conhecimento, não pode se desligar do momento criativo, construtivo e dirigido à produção de um consenso. Pois a pré-compreensão do contexto de que depende a compreensão de um proferimento nele situado não pode ser adquirida pelo intérprete sem que ele participe do processo de formação e aperfeiçoamento desse contexto. O observador cientista social tampouco possui um acesso privilegiado ao âmbito de objetos, mas tem de servir-se dos procedimentos interpretativos intuitivamente dominados que adquiriu espontaneamente como membro de seu grupo social.

Enquanto não for consciente dessa circunstância, o sociólogo partilhará de modo ingênuo seu *status* com o leigo em ciências sociais e, como este, hipostasiará a realidade social em algo existente em si. Assim, o sociólogo convencional não se dá conta de que pode objetivar um contexto de ação que toma como objeto somente servindo-se previamente dele como fonte de informações. Ele não vê que, como participante da interação, já havia tomado parte na produção do contexto de ação que analisa como objeto. A crítica da etnometodologia gera variações sempre novas acerca desse tema da confusão entre "resource and topic". Ela quer mostrar que as construções usuais das ciências sociais têm basicamente o mesmo *status* que as construções cotidianas do membro leigo.

As interpretações do sociólogo também permanecem presas ao contexto social que elas, no entanto, devem explicar, uma vez que recaem no objetivismo da consciência cotidiana: "Se nesse plano elementar a única possibilidade para o observador de identificar ações efetuadas consiste em trilhar o caminho da interpretação documentária, então as descrições de interações não são intersubjetivamente verificáveis em nenhum sentido rigoroso, visto que as interpretações dos diversos indivíduos podem concordar somente se estes são capazes e estão em condições de discutir entre si uma realidade social comum, e visto que tais descrições não são independentes de seu contexto. Se o observador descreve interações de forma interpretativa, ele não pode deixar de construir um padrão subjacente que, como contexto imprescindível, serve para ver o que são 'propriamente' as situações e as ações, ao passo que essas mesmas situações e ações são por sua vez um recurso imprescindível para determinar o que é 'propriamente' o contexto".[39]

---

39 Wilson, "Theorien der Interaktion und Modelle soziologischer Erklärung", em Arbeitsgruppe Bielefelder Soziologen (org.), *Alltagswissen, Interaktion und gesellschaftliche Wirklichkeit*, p.54ss., aqui, p.66-7.

No entanto, essa crítica metodológica torna-se um problema também para os próprios etnometodologistas assim que começam a desenvolver teorias no âmbito das ciências sociais. No campo dos etnometodologistas, encontram-se sobretudo *três* reações a essa dificuldade.

A *autoaplicação radical* da crítica metodológica leva à conclusão de que as ciências interpretativas precisam abandonar a pretensão de produzir saber teórico. O discernimento segundo o qual a interpretação de um contexto de ação pressupõe a participação nesse contexto e a influência construtiva sobre ele somente traz à consciência um dilema – mas não o resolve. O discernimento do caráter autorreferencial inevitável da práxis de pesquisa não abre caminho algum para um saber independente do contexto. É por esse motivo que a pesquisa social deveria ser considerada uma forma de vida particular ao lado de outras formas de vida. Como a religião e a arte, o trabalho teórico é uma atividade caracterizada pela reflexividade; porém, pelo fato de tematizar expressamente os processos interpretativos de que o pesquisador sorve, ele não dissolve seu vínculo com a situação. A universalidade da pretensão de verdade é aparência; o que a cada vez é aceito como verdadeiro é assunto de convenção: "Devemos aceitar que não há razões adequadas para estabelecer critérios de verdade, exceto as razões que são empregadas para outorgá-los ou concedê-los; a verdade é concebível somente como um resultado socialmente organizado de cursos contingentes de comportamento linguístico, conceitual e social. A verdade de uma afirmação não é independente das condições de seu proferimento, e, assim, estudar a verdade é estudar os modos em que a verdade pode ser metodicamente concedida. É uma atribuição [...]. Na verdade, esse princípio se aplica a todo fenômeno de ordem social".*[40]

---

* Em inglês no original: "We must accept that there are no adequate grounds for establishing criteria of truth except the grounds that are employed to grant or concede it – truth is conceivable only as a socially organized upshot of contingent courses of linguistic, conceptual, and social behavior. The truth of a statement is not independent of the conditions of its utterance, and so to study truth is to study the ways truth can be methodically conferred. It is an ascription [...]. Actually, this principle applies to any phenomenon of social order". (N. T.)

40 McHugh, "On the Failure of Positivism", em Douglas, *Understanding Everyday Life*, p.329.

A fim de escapar à consequência de um relativismo autodestrutivo, tenta-se por outro lado atenuar o dilema por meio de sua *trivialização*. Os representantes da sociologia convencional não hesitam em aceitar uma exigência que, de qualquer forma, se situa na linha de seus ideais de objetividade: os métodos de pesquisa têm de ser aprimorados de sorte que as teorias cotidianas não influam mais de forma irrefletida nas mensurações. O argumento é defendido em duas versões. Ou se admite como princípio a dependência de *todas* as interpretações das ciências sociais em relação à pré-compreensão dos participantes – e nesse caso tem de ser mostrado que as consequências são inócuas; ou de antemão se trata a dependência dessas interpretações em relação ao contexto como uma questão de pragmática da pesquisa, uma questão de grau e não de princípio.[41] Alguns etnometodologistas se apropriam dessa reação com o objetivo de considerar a atitude perfomativa do intérprete do ponto de vista do método, ou seja, sua participação no texto que gostaria de compreender, e *reformar* assim a pesquisa social de sorte que ela possa corresponder melhor do que antes aos seus próprios ideais de objetividade. Com esse espírito, A. Cicourel, por exemplo, empenha-se por modelos novos e engenhosos que evitem o objetivismo dos métodos de entrevista e levantamento de dados.[42] No entanto, a etnometodologia abandonaria com isso sua pretensão de colocar um novo paradigma no lugar das teorias convencionais da ação. Os discípulos ortodoxos de Garfinkel insistem em uma *mudança de paradigma*.

Garfinkel gostaria de resgatar o programa fenomenológico de uma apreensão das estruturas universais dos mundos da vida de modo geral investigando nas capacidades interpretativas da ação cotidiana rotineira os procedimentos de acordo com os quais os indivíduos renovam a cada vez a aparência objetiva da ordem social. Ele faz do "common sense knowledge of social structure" o objeto de análise, a fim de mostrar como as "routine grounds of everyday activities" se dão na ação cotidiana como o resultado de operações concertadas. Uma *teoria da construção e da reprodução de situações de ação em geral* refere-se às *invariâncias dos procedimentos de interpretação* de que se servem os membros na ação comunicativa. O interesse dirige-se aí sobre-

---

41 Goldthorpe, "A Revolution in Sociology?", *Sociology*, v.7, p.429, 1973.
42 Cicourel, *The Social Organization of Juvenile Justice*; id., "Cross-Modal Communication", em *Cognitive Sociology*, p.41ss.; id., *Theory and Method in a Study of Argentine Fertility*.

tudo às características universais do sistema de referências para relações entre falante e ouvinte, ou seja, à organização narrativa de sequências temporais, à organização interpessoal de distâncias espaciais, à objetividade de um mundo comum, às expectativas fundamentais de normalidade, à compreensão da dependência contextual e da necessidade de interpretação das manifestações comunicativas etc.⁴³

À medida que a etnometodologia já não se apresenta mais apenas como crítica metodológica, mas também como teoria em seu direito próprio, acaba se tornando reconhecível em seus traços gerais o programa de uma pragmática formal. No entanto, se as interpretações nas ciências sociais são dependentes do contexto da mesma maneira que as interpretações cotidianas, coloca-se novamente aqui a questão de saber como pode ser realizada em geral uma pesquisa de universais desse tipo: "Se as práticas interpretativas devem ser exploradas como tópicos de investigação, então os métodos 'interpretativos' dificilmente podem providenciar os meios apropriados para fazê-lo. [...] Pelo contrário, [...] toda explanação dos traços invariantes das interações terá de ser feita através de uma outra linguagem que não a do ator cotidiano, e em termos que serão decididamente reveladores para ele".*⁴⁴

Zimmermann rebate essa objeção ao estilo de Alfred Schütz: "O etnometodologista trata o fato de que vive e age no mesmo mundo social que investiga de uma maneira bem distinta das variedades de sociólogos tradicionais".⁴⁵ Ou seja, o sociólogo crítico deve abandonar a atitude natural que impede em igual medida os leigos e os sociólogos convencionais de tratar

---

43 Schütze et al., "Grundlagentheoretische Voraussetzungen methodisch kontrollierten Fremdverstehens", em Arbeitsgruppe Bielefelder Soziologen (org.), *Alltagswissen, Interaktion und gesellschaftliche Wirklichkeit*, v.2, p.433ss.

* Em inglês no original: "If interpretative practices are to be opened up as a topic for investigation, then 'interpretive' methods can scarcely provide the appropriate means for so doing [...]. On the contrary, [...] any explanation of invariant features of interactions will need to be through a language other than that of the everyday actor, and in terms which will be decidedly revelatory to him". (N. T.)

44 Goldthorpe, "A Revolution in Sociology?", op. cit., p.430.

45 Zimmermann; Power, op. cit., p.289. [Em inglês no original: "The Ethnomethodologists treats the fact that he lives and acts within the same social world that he investigates in quite a different way than do the varieties of traditional sociologists". (N. T.)]

a realidade normativa da sociedade como *fenômeno*, isto é, como consciência produzida. Nisso ele se orienta precipuamente pelas ingenuidades de seus colegas menos esclarecidos, já que estes reproduzem as ingenuidades cotidianas dos leigos em uma forma ainda assim metódica, isto é, bem palpável.

No entanto, não fica claro como essa reflexão acerca das pressuposições universais da comunicação pode ser metodologicamente assegurada. Zimmermann deveria ou indicar um acesso privilegiado ao âmbito de objetos, nomeando por exemplo um equivalente para a redução transcendental de Husserl,[46] ou mostrar como uma análise de ciência social se liga sem dúvida a interpretações cotidianas, mas consegue penetrá-las reflexivamente e ultrapassar o respectivo contexto a ponto de ser possível uma reconstrução das pressuposições *universais* da comunicação. Se vejo bem, a maioria dos etnometodologistas permanece indecisa perante essa alternativa: não *podem* escolher a primeira via sem se pôr em contradição com seus discernimentos sobre a crítica metodológica; não querem escolher a segunda via porque teriam então de avançar até a estrutura racional interna de uma ação orientada por pretensões de validade.

Garfinkel trata *como meros fenômenos* as pretensões de validade em cujo reconhecimento intersubjetivo se baseia todo acordo comunicativamente obtido, por mais ocasional, frágil e fragmentário que seja a formação de consenso. Ele não distingue entre um consenso válido, para o qual os participantes poderiam alegar razões caso necessário, e um assentimento isento de validade, isto é, produzido *de facto* e baseado seja em ameaça de sanções, investidas retóricas, cálculo, desespero ou resignação. Da mesma forma que todas as demais convenções, Garfinkel trata também os *standards* de racionalidade como resultados de uma práxis interpretativa *contingente* que, embora possa ser descrita, não pode ser avaliada com sistematicidade, isto é, valendo-se de critérios intuitivamente estabelecidos pelos próprios participantes. Pretensões de validade que apontam para além dos limites locais, temporais e culturais são consideradas pelo sociólogo esclarecido pela etnometodologia como algo que os participantes simplesmente *tomam* por universal: "Portanto, uma política diretriz é recusar considerar a sério a proposta prevalecente

---

46 Husserl, "Formale und transzendentale Logik", *Jahrbuch für Philosophie und phänomenologische Forschung*, v.X, p.1-298, 1929.

de que eficiência, eficácia, efetividade, inteligibilidade, consistência, planejamento, tipicidade, uniformidade, reprodutibilidade de atividades — isto é, as *propriedades racionais* de atividades práticas — são avaliadas, reconhecidas, categorizadas e descritas usando-se uma regra ou um *standard* obtidos fora dos contextos reais em que essas propriedades são reconhecidas, utilizadas, produzidas e tematizadas pelos membros. Todos os procedimentos por meio dos quais as propriedades *lógicas* e *metodológicas* das práticas e os resultados de pesquisas são avaliados em suas características gerais por regras são interessantes como *phenomena* para o estudo etnometodológico, mas de nenhum outro modo. [...] Todas as propriedades 'lógicas' e 'metodológicas' da ação, cada traço de um sentido da atividade, facticidade, objetividade, justificabilidade, comunidade, deve ser tratado como uma *realização contingente das práticas comuns socialmente organizadas*. Recomenda-se a política de ver todo contexto social como auto-organizado no que se refere ao caráter inteligível de suas próprias aparências, seja representações de ou evidências-de-uma-ordem--social. Todo contexto social organiza suas atividades para tornar suas propriedades, na qualidade de um entorno organizado de atividades práticas, detectáveis, contáveis, registráveis, reportáveis, narráveis, analisáveis, em uma palavra, *justificáveis*".*47

---

* Em inglês no original: "Thus, a leading policy is to refuse serious consideration to the prevailing proposal that efficiency, efficacy, effectiveness, intelligibility, consistency, planfulness, typicality, uniformity, reproducibility of activities — i. e., that *rational properties* of practical activities — be assessed, recognized, categorized, described by using a rule or a standard obtained outside actual settings within which such properties are recognized, used, produced, and talked about by settings' members. All procedures whereby *logical* and *methodological* properties of the practices and results of inquiries are assessed in their general characteristics by rule are of interest as phenomena for ethnomethodological study but not otherwise [...]. All 'logical' and 'methodological' properties of action, every feature of an activity's sense, facticity, objectivity, accountability, communality is to be treated as a *contingent accomplishment of socially organized common practices*. The policy is recommended that any social setting be viewed as self-organizing with respect to the intelligible character of its own appearances as either representations of or as evidences-of--a-social-order. Any setting organizes its activities to make its properties as an organized environment of practical activities detectable, countable, recordable, reportable, tell-a-story-aboutable, analyzable in short, *accountable*". (N. T.)

47 Garfinkel, *Studies in Ethnomethodology*, p.33.

Porém, se Garfinkel considera seriamente essa recomendação, ele tem de reservar para o etnometodologista a posição privilegiada de um observador "desinteressado", que assiste ao modo como os participantes diretos formulam seus proferimentos de sorte que os outros possam compreendê-los, e o modo como interpretam, por sua parte, os proferimentos dos demais como compreensíveis. O etnometodologista que se julga capaz disso se vale, para seus próprios enunciados, de critérios de validade que *a fortiori* se situam *fora* do âmbito dos critérios de validade aplicados pelos próprios participantes. Se ele não se atribui uma tal posição extramundana, não pode pretender para seus enunciados nenhum *status* teórico. Quando muito, ele pode ter em conta para os jogos de linguagem dos teóricos entre si uma outra sorte de critérios de validade: os *standards* de racionalidade da ciência seriam tão particulares quanto as outras sortes de critérios de validade, que funcionam a seu modo nos outros âmbitos da vida.[48]

Garfinkel poderia escapar ao dilema entre um absolutismo husserliano e o relativismo confesso de Blum e McHugh somente se levasse a sério a pretensão de universalidade implicitamente inserida nas ideias de verdade e de correção na qualidade de um indício sobre a *base de validade da fala*. Porque e na medida em que o intérprete cientista social, no papel de um participante ao menos virtual, tem de orientar-se fundamentalmente pelas *mesmas* pretensões de validade que os participantes diretos, ele pode, partindo dessa racionalidade imanente da fala, implicitamente partilhada desde sempre, tomar a sério e ao mesmo tempo examinar de maneira crítica a racionalidade pretendida pelos participantes em favor de seus proferimentos. Quem tematiza o que os participantes meramente pressupõem, adotando uma atitude reflexiva em relação ao *interpretandum*, não se coloca *fora* do contexto de comunicação investigado, mas o aprofunda e radicaliza por uma via que, em princípio, está aberta a *todos* os participantes. Esse *caminho que vai da ação comunicativa para o discurso* está muitas vezes bloqueado nos contextos naturais, mas se inscreve desde sempre na estrutura da ação orientada ao entendimento.

---

48 McHugh et al., *On the Beginning of Social Inquiry*.

Jürgen Habermas

(c) A hermenêutica filosófica. Versão tradicionalista e versão crítica

A etnometodologia toma um interesse pela competência interpretativa dos falantes adultos porque quer mostrar como as ações são coordenadas pela via dos processos cooperativos de interpretação. Ela se ocupa da interpretação a título de uma *operação duradoura* dos participantes da interação, ou seja, dos microprocessos de interpretação da situação e de asseguramento de consenso que são altamente complexos mesmo quando os participantes podem se reportar sem esforço a uma compreensão arraigada da situação em um contexto de ação estável. Sob o microscópio, *todo* entendimento se revela ocasional e frágil. Em contrapartida, a hermenêutica filosófica investiga a competência interpretativa dos falantes adultos do ponto de vista de como um sujeito capaz de falar e agir torna compreensíveis proferimentos que são incompreensíveis em um ambiente estranho. A hermenêutica ocupa-se da interpretação a título de uma *operação excepcional*, que é imprescindível apenas quando recortes relevantes do mundo da vida se tornam problemáticos, quando certezas de fundo culturalmente avezadas se despedaçam, e os meios normativos do entendimento fracassam. Sob o macroscópio, o entendimento parece ameaçado apenas nos casos extremos de penetração em uma linguagem estranha, em uma cultura desconhecida, em uma época distante ou, mais ainda, em âmbitos de vida patologicamente deformados. Em nosso contexto, esse questionamento hermenêutico tem uma vantagem. Pois, no caso crucial da comunicação perturbada, não pode ser mais empurrado para o lado o problema que a sociologia compreensiva deixou de enfrentar nas duas variantes tratadas até agora: questões de explicação do significado podem ou não ser separadas em última instância de questões de reflexão sobre a validade?

Uma comunicação deve ser chamada "perturbada" se não são satisfeitas (algumas) condições linguísticas para um entendimento direto entre (pelo menos) dois participantes da interação. Vou partir do caso mais visível em que os participantes empregam sentenças gramaticais de uma linguagem dominada em comum (ou traduzíveis sem dificuldades). O caso hermenêutico exemplar é a exegese de um texto tradicional. O intérprete parece de início compreender as sentenças do autor, mas no processo seguinte faz a experiência inquietante de que não compreende tão bem o texto a ponto de poder *responder*, se fosse o caso, às perguntas do autor.[49] O intérprete toma isso como indício de que havia inserido erroneamente o texto em um contexto *diferente* daquele do autor, partindo de questões diferentes.

A tarefa da interpretação pode então ser determinada da seguinte maneira: o intérprete aprende a distinguir sua própria compreensão do contexto — que de início acreditara partilhar com a do autor, mas que de fato apenas lhe atribuíra — da compreensão que o autor tem do contexto. A tarefa consiste em descerrar, a partir do mundo da vida do autor e de seus destinatários, as definições da situação que o texto transmitido pressupõe.

Um mundo da vida constitui, como vimos, o horizonte de processos de entendimento com que os participantes entram em acordo ou discutem sobre algo no mundo objetivo, no mundo social comum ou no respectivo mundo subjetivo. O intérprete pode pressupor tacitamente que partilha com o autor e seus contemporâneos essas relações formais com o mundo. Ele busca compreender *por que* o autor — na opinião de que determinados estados de coisas existem, de que determinados valores e normas têm validade, de que cabe atribuir determinadas vivências a determinados sujeitos — fez determinadas afirmações em seu texto, observou ou feriu determinadas convenções, proferiu determinadas intenções, disposições, sentimentos etc. Somente na medida em que o intérprete discerne as *razões* que fazem os proferimentos aparecerem como *racionais*, ele compreende o que o autor poderia ter *querido dizer (gemeint)*. Diante desse pano de fundo, as idiossincrasias individuais se deixam identificar se for o caso, isto é, aquelas passagens que não se tornam compreensíveis mesmo partindo dos pressupostos do mundo da vida que o autor partilhou com seus contemporâneos.

Portanto, o intérprete compreende o significado de um texto na medida em que discerne por que o autor se sente justificado a fazer determinadas afirmações (como verdadeiras), a reconhecer determinados valores e normas (como corretos), a manifestar determinadas vivências (como verazes). O intérprete tem de tornar claro para si o contexto que deve ter sido pres-

---

49 Sobre o significado metodológico de pergunta e resposta, em conexão com Collingwood, cf. Kuhlmann, *Reflexion und kommunikative Erfahrung*, p.94ss.

suposto, na qualidade de saber comum, pelo autor e pelo público contemporâneo, para que aquelas dificuldades que o texto nos prepara hoje não precisassem se apresentar à sua época e para que *outras* dificuldades, que nos parecem triviais por sua vez, pudessem surgir entre os contemporâneos. Somente com o pano de fundo dos componentes cognitivos, morais e expressivos do acervo cultural de saber, a partir do qual o autor e seus contemporâneos construíram suas interpretações, o sentido do texto pode se descerrar. Mas o intérprete póstero não será capaz de identificar esses pressupostos por sua vez se não tomar posição, ao menos de maneira implícita, sobre as pretensões de validade vinculadas ao texto.

Isso se explica pela racionalidade imanente que o intérprete tem de supor em todos os proferimentos, por mais opacos que sejam de início, na medida em que os atribui de modo geral a um sujeito de cuja *imputabilidade* ele não vê nenhuma razão para duvidar. O intérprete não conseguirá compreender o conteúdo semântico de um texto enquanto não estiver em condições de presentificar as razões que autor poderia ter aduzido em circunstâncias apropriadas. E visto que a pertinência das razões (seja para a afirmação de fatos, para a recomendação de normas e valores, ou para a expressão de vivências) não é idêntica à suposição de sua pertinência, o intérprete *não* pode em absoluto *presentificar* razões *sem julgá-las*, sem tomar posição, afirmativa ou negativamente, sobre elas. Pode ser que o intérprete deixe em suspenso determinadas pretensões de validade, que se decida, como o autor, a não considerar resolvidas certas questões, e as trate como problemas. Porém, se ele nem sequer começasse uma avaliação *por princípio sistemática*, isto é, se não apenas suspendesse uma tomada de posição, ainda que implícita, sobre as razões que o autor poderia fazer valer para seu texto, mas a visse como algo incompatível com o caráter descritivo de seu empreendimento, não poderia tratar as razões tal como se quis dizê-las. Nesse caso, o intérprete não *levaria a sério* seu oponente como um sujeito imputável.

Um intérprete consegue esclarecer o significado de um proferimento opaco somente explicando como se deu essa opacidade, isto é, por que as razões que o autor poderia ter dado em seu contexto não são mais aceitáveis para nós. Se o intérprete não colocasse primeiramente questões sobre a validade, caberia perguntar-lhe com razão se ele não estaria afinal interpretando, isto é, empreendendo um esforço de pôr em marcha novamente a comunicação perturbada entre o autor, seus contemporâneos e nós. Em outras palavras: o intérprete é obrigado a manter a atitude performativa que adota quando age comunicativamente, mesmo – e justamente – se pergunta sobre as pressuposições sob as quais se encontra um texto incompreensível.[50]

Gadamer fala nesse contexto de uma "antecipação de completude" [*Vorgriff auf Vollkommenheit*]. O intérprete tem de supor que o texto transmitido, apesar de sua inacessibilidade inicial para ele, representa uma manifestação racional, isto é, fundamentável sob determinadas pressuposições. Nesse ponto, "não é pressuposta apenas uma unidade de sentido imanente que confere direção a quem lê, mas também a compreensão do leitor é dirigida constantemente por expectativas transcendentes de sentido que nascem da relação com a verdade do que se quis dizer. Tal como o receptor de uma carta compreende as notícias que ela contém, e de início vê as coisas com os olhos do autor da carta, isto é, toma por verdadeiro o que este escreve – e não procura compreender as opiniões particulares do autor enquanto tais –, compreendemos também os textos transmitidos em virtude das expectativas de sentido que são hauridas de nossa própria compreensão prévia das coisas. [...] Só o fracasso na tentativa de reconhecer o dito como verdadeiro leva ao esforço de procurar 'compreender' – psicológica ou histori-

---

50 W. Kuhlmann ressaltou com muita energia o caráter performativo da práxis exegética, mostrando que a compreensão do sentido somente é possível pela via de um entendimento ao menos virtual sobre o assunto: a compreensão de um texto requer o entendimento com o autor que, considerado como sujeito imputável, de modo algum pode ser inteiramente objetivado. A imputabilidade como capacidade de se orientar por pretensões de validade que visam ao reconhecimento intersubjetivo significa que, em princípio, o ator tanto deveria poder *ter razão* em face do intérprete quanto, por sua vez, *aprender* com uma crítica do intérprete às suas pressuposições: "Apenas quando o outro – mesmo e justamente aos olhos daquele que quer saber algo sobre ele – permanece em princípio na condição de dizer algo realmente *novo e surpreendente* (1), apenas quando pode em princípio proferir algo de *superior* em relação aos pontos de vista daquele que quer conhecê-lo (2), caso este possa em princípio aprender algo daquele, e [...] apenas quando o outro mantém em princípio a possibilidade de dizer algo *verdadeiro* (3), somente então é ao mesmo tempo conhecido e reconhecido como sujeito" (Kuhlmann, op. cit., p.84).

camente – o texto como opinião de um outro. Portanto, o prejulgamento de completude não contém apenas a exigência formal de que um texto deve proferir completamente sua opinião, mas também a de que o que ele diz é a verdade. Também aqui se confirma que a compreensão significa primariamente compreender-se na coisa, e apenas secundariamente destacar e compreender a opinião do outro enquanto tal. A primeira de todas as condições hermenêuticas é, assim, a pré-compreensão que nasce do ter-de-lidar com a mesma coisa".[51]

Gadamer emprega aqui o termo "verdade" no sentido filosófico tradicional de uma racionalidade abrangendo verdade proposicional, correção normativa, autenticidade e veracidade. Atribuímos racionalidade a todos os sujeitos que se orientam ao entendimento e, assim, por pretensões de validade, no que eles baseiam suas operações interpretativas em um sistema referencial de mundos intersubjetivamente válido, digamos: uma compreensão descentrada de mundo. Esse acordo subjacente, que nos vincula previamente e com o qual todo acordo obtido de maneira factual pode ser criticado, fundamenta a utopia hermenêutica do diálogo universal e ilimitado em um mundo da vida habitado em comum.[52] Toda interpretação bem-sucedida é acompanhada da expectativa de que o autor e seus destinatários, caso lançassem uma ponte sobre "a distância das épocas" por meio de um processo de aprendizagem complementário a nosso processo de interpretação, poderiam partilhar nossa compreensão de seu texto. Em um tal processo de entendimento, que de forma contrafactual supera as épocas, o autor iria se desprender do seu horizonte contemporâneo de modo análogo a como nós, na qualidade de intérpretes, ampliamos nosso próprio horizonte ao nos envolvermos com seu texto. Gadamer se vale para isso da imagem dos horizontes que se fundem entre si.

Todavia, Gadamer confere ao modelo exegético de compreensão uma *guinada unilateral* digna de nota. Se, na atitude performativa de um participante virtual do diálogo, partimos de que o proferimentos de um autor

---

[51] Gadamer, *Wahrheit und Methode*, p.278.
[52] Sobre o postulado do "entendimento ilimitado", cf. Apel, "Szientismus oder transzendale Hermeneutik", em *Transformation der Philosophie*, v.I, esp. p.213ss.

tem a favor de si a suposição de racionalidade, não admitimos, com efeito, apenas a possibilidade de que o *interpretandum* seja exemplar *para nós*, de que possamos aprender algo dele; pelo contrário, contamos *também* com a possibilidade que o autor possa aprender algo *de nós*. Gadamer permanece preso à experiência do filólogo que lida com textos clássicos — e "clássico é o que resiste à crítica histórica".[53] O saber corporificado no texto é, assim pensa ele, fundamentalmente superior ao do intérprete. Contrasta com isso a experiência do antropólogo, que aprende que de modo algum o intérprete ocupa sempre a posição de um inferior em face de uma tradição. A fim de compreender de maneira satisfatória a crença dos zandes em bruxas, um intérprete moderno teria de reconstruir até mesmo os processos de aprendizagem que nos separam deles e que poderiam explicar em que o pensamento mítico se distingue do moderno nos aspectos essenciais. Aqui a tarefa de interpretação se estende à tarefa propriamente teórica de seguir o descentramento da compreensão de mundo e entender como os processos de aprendizagem e de desaprendizagem se entrecruzam nesse caminho. Apenas uma história sistemática da racionalidade, da qual estamos tão longe, poderia nos resguardar de cair no puro relativismo ou de absolutizar de maneira ingênua nossos próprios *standards* de racionalidade.

Os ganhos metodológicos da hermenêutica filosófica podem ser resumidos da seguinte maneira:

— o intérprete é capaz de esclarecer o significado de uma manifestação simbólica somente na qualidade de participante virtual do processo de entendimento entre os participantes diretos;
— a atitude performativa vincula-o, sem dúvida, à pré-compreensão da situação hermenêutica de que parte;
— porém, esse vínculo não tem que prejudicar a validade de sua interpretação,
— visto que pode se aproveitar da estrutura racional interna da ação orientada ao entendimento e se valer reflexivamente da competência para julgar própria de um participante imputável da comunicação, a fim de

---

53 Gadamer, op. cit., p.271.

— colocar sistematicamente em relação o mundo da vida do autor e de seus contemporâneos com o seu próprio mundo da vida
— e reconstruir o significado do *interpretandum* como o conteúdo objetivo implicitamente julgado de um proferimento criticável.

Gadamer põe em risco seu discernimento hermenêutico fundamental porque, atrás do modelo preferido por ele para o estudo de textos canonizados no âmbito das ciências do espírito, esconde-se o caso, verdadeiramente problemático, da *exegese dogmática de escritos sagrados*. Somente com esse pano de fundo ele pode analisar a interpretação recorrendo exclusivamente ao fio condutor da *aplicação*, isto é, do ponto de vista "de que toda compreensão do texto representa uma apropriação atualizadora do seu sentido pelo intérprete com vista às situações possíveis em seu mundo".[54] A hermenêutica filosófica afirma com razão um nexo interno entre questões de significado e de validade. Compreender uma manifestação simbólica significa saber as condições sob as quais sua pretensão de validade poderia ser aceita. Mas compreender uma manifestação simbólica *não* significa concordar com sua pretensão de validade sem considerar o contexto. Essa identificação de compreensão e acordo foi no mínimo favorecida pela hermenêutica de viés tradicionalista de Gadamer: "O estar em acordo não é de modo algum a condição necessária de uma atitude dialógica em relação ao que quer ser compreendido. É também possível relacionar-se dialogicamente com o sentido expresso, cuja pretensão é compreendida, sem que se a faça valer no fim [...]. Compreender a si mesmo como destinatário de uma pretensão não significa ter de aceitar a pretensão, mas sim tomá-la a sério. Também

---

54 Böhler, "Philosophische Hermeneutik und hermeneutische Methode", op. cit., p.15ss. Böhler descreve o caso especial da hermenêutica dogmática: "A exegese de textos institucionais, cuja validade é pressuposta na comunidade, coloca-se a tarefa de lançar uma ponte sobre as diferenças entre o texto e a situação sempre já dada, de modo que tenha atualmente um efeito de orientar a ação, ou seja, que seja aplicada à situação presente do intérprete. Essa tarefa de atualização situacional, de apropriação e aplicação de um sentido prático vinculável é refletida e metodologicamente levada a cabo pela *hermenêutica dogmática*, que foi desenvolvida tanto pela teologia judaica e cristã quanto pela jurisprudência, e a doutrina aristotélica da *phronesis* pode ser considerada sua precursora em filosofia social" (p.37).

toma a sério uma pretensão quem examina sua justificativa — ou seja, quem argumenta, não a aplicando sem demora. Quem faz um exame argumentativo, um discurso com a finalidade de um julgamento fundamentado, comporta-se dialogicamente também no plano da validade [...]. Em uma *mera* aplicação fica-se devendo a correspondência dialógica, já que uma pretensão *enquanto* pretensão de validade somente pode ser reconhecida em um discurso. Pois uma pretensão de validade contém a afirmação de que algo é *digno de reconhecimento*".[55]

Visão geral sobre a estrutura do livro

A discussão sobre os conceitos fundamentais da teoria da ação e sobre a metodologia da compreensão do sentido mostrou que a problemática da racionalidade não chega à sociologia a partir de fora, mas irrompe por dentro. Ela se centra em um conceito de entendimento, fundamental para o plano metateórico e para o metodológico em igual medida. Esse conceito nos interessou sob os dois aspectos da coordenação da ação e do acesso, em termos de compreensão do sentido, ao âmbito de objetos. Processos de entendimento visam a um consenso que se baseia no reconhecimento intersubjetivo de pretensões de validade. Estas, por sua vez, podem ser levantadas reciprocamente e em princípio criticadas pelos participantes da comunicação. Na orientação por pretensões de validade, atualizam-se as relações dos atores com o mundo. Ao referirem-se com seus proferimentos a algo em um mundo, os sujeitos pressupõem comunidades formais que são constitutivas do entendimento de modo geral. Se essa problemática da racionalidade não pode ser contornada com os conceitos básicos da ação social e com o método da compreensão do sentido, como proceder com a

---

55 Ibid., p.40-1. Apel segue a crítica de Böhler a Gadamer; cf. Apel, *Transformation der Philosophie*, v.I, p.22ss.; Habermas, *Zur Logik der Sozialwissenschaften*, p.282ss.; id., "Was heißt Universalpragmatik?", em Apel (org.), *Sprachpragmatik und Philosophie*, p.174ss.; Tugendhat, *Der Wahrheitsbegriff bei Husserl und Heidegger*, p.321ss.; cf. também Böhler, "Philosophische Hermeneutik und hermeneutische Methode", em Fuhrmann; Jauss; Pannenberg (orgs.), *Text und Applikation*, p.483ss.

questão substancial de saber se e, dado o caso, como os processos de modernização podem ser colocados sob os pontos de vista da racionalização?

A sociologia que se apresenta como teoria da sociedade ocupou-se com esse tema desde seus começos. Espelham-se aí preferências que, como mencionado, têm a ver com as condições de surgimento dessa disciplina; elas podem ser explicadas historicamente. Mas, além disso, há ainda uma relação *interna* entre a sociologia e uma teoria da racionalização. A seguir, introduzirei a teoria da ação comunicativa lançando mão *dessa* temática.

Se nos fundamentos da sociologia relativos à teoria da ação se insere inevitavelmente um conceito de racionalidade *qualquer*, a formação de teorias corre o perigo de ver-se restringida de antemão a uma determinada perspectiva, cultural ou historicamente atada, a não ser que se possam abordar os conceitos fundamentais de tal modo que o conceito de racionalidade, *posto* ao mesmo tempo, seja *abrangente* e *universal*, isto é, satisfaça pretensões universalistas. A exigência de um tal conceito de racionalidade resulta também de ponderações metodológicas. Se a compreensão do sentido tem de ser compreendida como experiência comunicativa, e se esta somente é possível na atitude performativa de alguém que age comunicativamente, a base de experiência de uma sociologia compreensiva é compatível com sua pretensão de objetividade apenas quando os procedimentos hermenêuticos podem apoiar-se ao menos intuitivamente nas estruturas abrangentes e universais da racionalidade. De ambos os pontos de vista, o metateórico e o metodológico, não nos cabe esperar objetividade no conhecimento da teoria da sociedade se os conceitos de ação comunicativa e de interpretação, em correspondência recíproca, expressarem uma mera perspectiva particular de racionalidade, entretecida com uma determinada tradição cultural.[56]

---

56 A. MacIntyre defende essa tese com especial clareza: "[...] if I am correct in supposing rationality to be an inescapable sociological category, then once again the positivist account of sociology in terms of a logical dichotomy between facts and values must break down. For to characterize actions and institutionalized practices as rational or irrational is to evaluate them. Nor is it the case that this evaluation is an element superadded to an original merely descriptive element. To call an argument fallacious is always at once to describe and to evaluate it. It is highly paradoxical that the impossibility of deducing evaluative conclusions from factual

A estrutura racional interna de processos de entendimento – que caracterizamos antecipadamente (a) com as três relações do ator com o mundo e com os correspondentes conceitos de mundo objetivo, social e subjetivo, (b) com as pretensões de validade de verdade proposicional, correção normativa e veracidade ou autenticidade, (c) com o conceito de um acordo racionalmente motivado, isto é, apoiado no reconhecimento intersubjetivo de pretensões de validade criticáveis e (d) com o conceito de entendimento como a negociação cooperativa das definições comuns da situação – teria de ser demonstrada em um determinado sentido como *universalmente válida*, caso a exigência de objetividade deva ser satisfeita. É uma exigência muito forte para alguém que opera sem a retaguarda da metafísica e que já não mais confia na exequibilidade de um programa estrito de pragmática transcendental que coloca pretensões de fundamentação última.

Com efeito, é palpável que o tipo de ação orientada ao entendimento, cuja estrutura racional interna esboçamos de maneira inteiramente provi-

---

premises should have been advanced as a truth of logic, when logic is itself the science in which the coincidence of description and evaluation is most obvious. The social scientist is, if I am right, committed to the values of rationality in virtue of his explanatory projects in a stronger sense than the natural scientist is. For it is not only the case that his own procedures must be rational; but he cannot escape the use of the concept of rationality in his inquiries". MacIntyre, "Rationality and the Explanation of Action", em *Against the Self Imagens of the Age*, p.258. ["[...] se estou certo ao supor que a racionalidade é um conceito sociológico ineluctável, então uma vez mais a concepção positivista de sociologia em termos de uma dicotomia lógica entre fatos e valores deve desmoronar. Pois caracterizar ações e práticas institucionalizadas como racionais ou irracionais é avaliá-las. E não se trata de que essa avaliação seja um elemento adicionado ao elemento original meramente descritivo. Chamar falacioso um argumento é sempre, de uma só vez, descrevê-lo e avaliá-lo. É altamente paradoxal que a impossibilidade de deduzir conclusões avaliativas de premissas factuais deva ser lançada como uma verdade da lógica, quando a própria lógica é a ciência em que a coincidência de descrição e avaliação é mais óbvia. O cientista social está comprometido, se estou certo, com os valores de racionalidade por causa de seus projetos explicativos, em um sentido mais forte que o cientista natural. Pois não se trata apenas de que seus próprios procedimentos devam ser racionais; ele não pode escapar ao uso do conceito de racionalidade em suas pesquisas." (N. T.)]

sória, de modo algum pode ser encontrado sempre e em toda parte a título de caso normal de práxis comunicativa cotidiana.[57] Eu mesmo apontei as oposições entre a compreensão mítica do mundo e a moderna, os contrastes entre as orientações da ação que se apresentam de maneira típica nas sociedade arcaicas e nas modernas. Se pretendemos para o *nosso* conceito de racionalidade, ainda que com tantas reservas, universalidade universal, sem aderirmos aí a uma fé no progresso completamente insustentável, assumimos um considerável ônus de prova. Seu peso torna-se de todo evidente quando passamos dos contrastes agudos e supersimplificadores, que sugerem uma superioridade do pensamento moderno, para as oposições menos abruptas abertas pela comparação intercultural entre os modos de pensar das diversas religiões e civilizações universais. Mesmo se essa diversidade de imagens de mundo sistematizadas e altamente diferenciadas pudesse ser colocada ainda em uma relação hierárquica com a compreensão moderna do mundo, encontraríamos no mais tardar, no interior da modernidade, um pluralismo de poderes de crença [*Glaubensmächte*], do qual não se poderia extrair um cerne universal sem mais.

Se ainda hoje se quer ousar provar a universalidade do conceito de racionalidade comunicativa sem recorrer às garantias da grande tradição filosófica, apresentam-se basicamente três vias. A *primeira* via é a elaboração pragmático-formal do conceito de ação comunicativa, propedeuticamente introduzido. Refiro-me com isso à tentativa de uma reconstrução racional das regras universais e dos pressupostos necessários de atos de fala orientados ao entendimento, em conexão com a semântica formal, com a teoria dos atos de fala e com outras abordagens da pragmática linguística. Um tal programa visa às reconstruções hipotéticas daquele saber pré-teórico que falantes competentes mobilizam quando empregam proposições em ações orientadas ao entendimento. O programa não promete nenhum equivalente para uma dedução transcendental dos universais comunicativos descritos. Mas as reconstruções hipotéticas deveriam poder ser examinadas pelas intuições dos falantes, que se espraiam por um espectro sociocultural o mais

---

57 Cf. McCarthy, "Einwände", em Oelmüller (org.), *Tranzendentalphilosophische Normenbegründungen*, p.134ss.

amplo possível. Por essa via da reconstrução racional de intuições naturais, a pretensão universalista da pragmática formal não pode ser resgatada *concludentemente* no sentido da filosofia transcendental, mas pode tornar-se plausível.[58]

Em segundo lugar, podemos tentar avaliar a utilidade empírica dos discernimentos da pragmática formal. Para tanto, oferecem-se sobretudo três domínios de pesquisa: a explicação de padrões patológicos da comunicação, a evolução dos fundamentos das formas de vida socioculturais e a ontogênese das capacidades de ação. (a) Se a pragmática formal reconstrói as condições universais e necessárias da ação comunicativa, é preciso poder obter daí critérios não naturalistas para formas de comunicação normais, isto é, não perturbadas. As perturbações da comunicação podem então ser atribuídas à lesão das condições de normalidade destacadas nos termos da pragmática formal. Hipóteses desse tipo poderiam ser examinadas recorrendo-se ao material sobre padrões da comunicação sistematicamente distorcida que foram recolhidos até o momento sob pontos de vista clínicos, sobretudo em famílias patogênicas, e analisado em termos de teoria da socialização. (b) Também a antropogênese teria de dar informações sobre se a pretensão universalista da pragmática formal pode ser tomada a sério. As estruturas da ação orientada ao êxito e ao entendimento, descritas na pragmática formal, teriam de poder ser depreendidas das propriedades emergentes que se apresentam no curso da hominização, caracterizando a forma de vida dos indivíduos socializados socioculturalmente. (c) Por fim, a pretensão universalista da pragmática formal pode ser examinada lançando-se mão do material que a psicologia evolutiva apresenta para a aquisição de capacidades comunicativas e interativas. A reconstrução da ação orientada ao entendimento teria de prestar-se à descrição de competências cuja ontogênese já é pesquisada sob pontos de vista universalistas na tradição de Piaget.

Visivelmente, é preciso um grande esforço para satisfazer essas três perspectivas de pesquisa, mesmo que somente por meio do aproveitamento secundário das pesquisas empíricas nesses âmbitos. Um pouco menos

---

58 Sobre a potência dos argumentos transcendentais fracos, no sentido de Strawson, cf. Schönrich, *Kategorien und transzendentale Argumentation*, p.182ss.

exigente é, *em terceiro lugar*, a reelaboração das abordagens sociológicas voltadas a uma teoria da racionalização social. Aqui podemos nos apoiar em uma tradição já bem desenvolvida da teoria da sociedade. No entanto, não escolho *essa via* com o propósito de levar a cabo investigações históricas. Pelo contrário, retomo estratégias conceituais, hipóteses e argumentações, de Weber a Parsons, com o propósito sistemático de desdobrar os problemas que podem ser resolvidos recorrendo-se a uma teoria da racionalização desenvolvida com as categorias de ação comunicativa. Não é a história das ideias, mas a história das teorias que, com propósito sistemático, pode levar a esse objetivo. O tateio flexível e a exploração direcionada de construções teóricas significativas e erigidas para fins explanatórios permitem um procedimento, assim espero, produtivo e orientado a problemas. Nos excursos e nas considerações intermediárias, pretendo certificar-me dos ganhos sistemáticos a partir dos pontos de vista teóricos desenvolvidos na introdução.

Essa via da história da teoria com propósito sistemático não é de modo algum recomendável por razões de uma *falsa* comodidade, que sempre se insinua quando não podemos ainda elaborar frontalmente um problema. Creio que subjaz a essa alternativa — rodeio pela história das teorias *vs.* elaboração sistemática — uma falsa estimativa do *status* da teoria da sociedade, mais precisamente em um duplo aspecto. Por um lado, nas ciências sociais, o concurso dos paradigmas possui um valor diferente daquele da física moderna. A originalidade dos grandes teóricos da sociedade, como Marx, Weber, Durkheim e Mead, consiste, como nos casos de Freud e Piaget, em que eles introduziram paradigmas que de certo modo concorrem ainda hoje *em pé de igualdade*. Esses teóricos continuam sendo contemporâneos, ou, em todo caso, não se tornaram "históricos" no mesmo sentido que Newton, Maxwell, Einstein ou Planck, os quais obtiveram progressos na exploração teórica de um único paradigma fundamental.[59] Por outro lado, os paradigmas nas ciências sociais se vinculam *internamente* com o contexto social em que surgem e se tornam efetivos. Reflete-se neles a compreensão de mundo e a autocompreensão das coletividades: servem indiretamente para a inter-

---

59 Ryan, "Normal Science or Political Ideology?", em Laslett; Runciman; Skinner (orgs.), *Philosophy, Politics and Society*, v.IV.

pretação de interesses sociais, horizontes de aspiração e de expectativa.[60] É por esse motivo que a *ligação com a história da teoria* é também uma espécie de teste para toda teoria da sociedade: quanto mais desenvoltamente puder assimilar, explicar, criticar e prosseguir as intenções das tradições teóricas anteriores, tanto mais será imune ao risco de que interesses particulares despercebidos se façam valer em suas próprias perspectivas teóricas.

De resto, as reconstruções da história da teoria possuem a vantagem de podermos transitar entre conceitos básicos da teoria da ação, hipóteses teóricas e evidências empíricas aduzidas para fins ilustrativos e, ao mesmo tempo, reter o problema fundamental como ponto de referência, ou seja, a questão de saber se e, se for o caso, como a modernização capitalista pode ser entendida como um processo de racionalização unilateralizado. Tomarei aí o seguinte caminho. A teoria da racionalização de Max Weber estende-se, por uma parte, à mudança estrutural das imagens religiosas de mundo e ao potencial cognitivo das esferas de valores diferenciadas de ciência, moral e arte, e, por outra parte, ao padrão seletivo da modernização capitalista (Cap.II). No curso aporético da recepção marxista da tese weberiana da racionalização, de Lukács a Horkheimer e Adorno, tornam-se patentes os limites da abordagem baseada na teoria da consciência e as razões em favor de uma mudança de paradigma da atividade voltada a fins para a ação comunicativa (Cap.IV). Sob essa luz, a fundamentação das ciências sociais na teoria da comunicação por G. H. Mead e a sociologia da religião de E. Durkheim se encaixam, de sorte que o conceito de interação dirigido por normas e mediado pela linguagem pode ser explicado no sentido de uma gênese conceitual. A ideia da linguistificação (*Versprachlichung*) do sagrado apresenta-se como o ponto de vista para o qual convergem as hipóteses de Mead e Durkheim sobre a racionalização do mundo da vida (Cap.V).

Lançando-se mão do desenvolvimento teórico de T. Parsons, é possível analisar o problema da associação entre os quadros categoriais da teoria dos sistemas e da teoria da ação. São retomados aí os resultados das considerações intermediárias dedicadas a questões sistemáticas (Cap.VII). A primeira

---

60 Wolin, "Paradigms and Political Theories", em King; Parekh (orgs.), *Politics and Experience*; Bernstein, *Restrukturierung der Gesellschaftstheorie*, p.103ss.

consideração intermediária toma como ponto de partida a teoria da ação de Max Weber a fim de expor a abordagem pragmático-formal de uma teoria da ação comunicativa (Cap.III). A segunda consideração intermediária desenvolve de início o conceito de mundo da vida e persegue em seguida a tendência evolucionária para o desacoplamento entre sistema e mundo da vida, a ponto de a tese da racionalização de Max Weber poder ser reformulada e aplicada às condições presentes (Cap.VI). A consideração final resume as investigações histórico-teóricas e sistemáticas; por um lado, ela se destina a tornar a interpretação proposta da modernidade acessível a um exame por meio das tendências de juridificação, e, por outro, precisar as tarefas que se põem hoje a uma teoria crítica da sociedade (Cap.VIII).

II
A teoria da racionalização de Max Weber

Reflexão preliminar:
O contexto histórico-científico

Entre os clássicos da sociologia, Max Weber é o único que rompe tanto com as premissas do pensamento próprio da filosofia da história quanto com as suposições fundamentais do evolucionismo e, contudo, pretende conceber a modernização da sociedade da velha Europa como resultado de um processo de racionalização histórico-universal. Max Weber tornou os processos de racionalização acessíveis a uma investigação empírica abrangente, sem reinterpretá-los em moldes empiristas de modo que justamente os aspectos de racionalidade desaparecessem nos processos sociais de aprendizagem. Max Weber deixou sua obra em um estado fragmentário; porém, tomando sua teoria da racionalização como fio condutor, é possível reconstruir o projeto do todo. Essa perspectiva de interpretação, que já havia dominado outrora nas discussões preponderantemente filosóficas dos anos 1920,[1] mas que depois foi rechaçada em favor de uma interpretação sociológica mais estrita, orientada por *Economia e sociedade*, voltou a se impor

---

1 Löwith, "Max Weber und Karl Marx", em *Gesammelte Abhandlungen*, p.1ss.; Landshut, *Kritik der Soziologie*, p.12ss.; Freyer, *Soziologie als Wirklichkeitswissenschaft*, p.145ss. Cf. minhas observações em Stammer (org.), *Max Weber und die Soziologie heute*, p.74ss., reimpresso em Habermas, *Zur Logik der Sozialwissenschaften*, p.313ss. Nessa tradição se encontra ainda a coletânea de textos de Käsler (org.), *Max Weber*; Birnbaum, "Konkurrierende Interpretationen der Genese des Kapitalismus: Marx und Weber", em Seyfarth; Sprondel (orgs.), *Religion und gesellschaftliche Entwicklung*, p.38ss.

na pesquisa mais recente sobre Weber.² É justamente de uma perspectiva que coloque no campo de visão a obra como um todo que suas inconsistências sobressaem com mais nitidez, das quais a seguinte é especialmente instrutiva. Weber analisa aquele *processo histórico-religioso de desencantamento* que deve satisfazer as condições internas necessárias para o aparecimento do racionalismo ocidental, com base em um conceito de racionalidade complexo, embora muito pouco esclarecido; em contrapartida, na análise da *racionalização social*, tal como ela se impõe na modernidade, ele se deixa guiar pela ideia restrita de racionalidade com respeito a fins. Weber partilha esse conceito com Marx, por um lado, e com Horkheimer e Adorno, por outro. Eu pretendo de antemão tornar clara a perspectiva de meu questionamento mediante uma comparação por alto dessas três posições.³

De acordo com Marx, a racionalização social se impõe de imediato com o desdobramento das forças produtivas, isto é, com a ampliação do saber empírico, o aprimoramento das técnicas de produção e a mobilização, qualificação e organização cada vez mais eficazes da força de trabalho socialmente útil. Em contrapartida, as relações de produção, ou seja, as instituições que conferem expressão à distribuição do poder social e regulam o acesso diferencial aos meios de produção, somente são revolucionadas sob a pressão racionalizadora das forças produtivas. Max Weber julga de outra maneira o quadro institucional da economia capitalista e do Estado moderno: não como relações de produção que encadeiam o potencial de racionalização, mas como os subsistemas de ação racional com respeito a fins, nos quais o racionalismo ocidental se desdobra socialmente. No entanto, ele receia, como consequência da burocratização, uma reificação das relações sociais que sufocam os impulsos motivacionais da conduta racional de vida. Horkheimer e Adorno, e mais tarde também Marcuse, interpretam Marx dessa perspectiva weberiana. Sob o signo de uma razão instrumental autonomizada, a racionalidade da dominação da natureza funde-se com a irracionalidade da dominação de classes; as forças produtivas desencadeadas estabilizam as relações

---

2 Kalberg, "The Discussion of Max Weber in Recent German Sociological Literature", *Sociology*, v.13, p.127ss., 1979.
3 Para o que segue, cf. Wellmer, *On Rationality*.

de produção alienantes. A *Dialética do esclarecimento* elimina a ambivalência que Max Weber ainda preservava em relação aos processos de racionalização, e invertem sem rodeios a estimativa positiva de Marx. Ciência e técnica, para Marx um potencial univocamente emancipatório, tornam-se elas mesmas o *medium* da repressão social.

No momento não me interessa qual das três posições poderia ter razão; antes, interessam-me as debilidades teóricas que partilham. Por um lado, Marx, Weber, Horkheimer e Adorno identificam a racionalização social com o aumento de racionalidade instrumental e estratégica nos contextos de ação; por outro, quer com o conceito de livre associação de produtores, quer com os modelos históricos de conduta racional ética, quer com a ideia de um trato fraterno com a natureza reanimada, eles têm em mente uma *racionalidade social abrangente*, pela qual se mede o valor relativo dos processos de racionalização empiricamente descritos. Mas esse conceito abrangente de racionalidade teria de ser identificado no mesmo plano que as forças produtivas, os subsistemas de ação racional com respeito a fins e os portadores totalitários da razão instrumental. Isso não acontece. Vejo a razão disso, por um lado, nos impasses da teoria da ação: os conceitos de ação que Marx, Max Weber, Horkheimer e Adorno põem no fundamento não são complexos o suficiente para apreender nas ações sociais *todos* os aspectos aos quais a racionalização pode se aplicar.[4] E, por outro lado, na mescla das categorias da teoria da ação e da teoria dos sistemas: a racionalização das orientações de ação e das estruturas do mundo da vida não é o mesmo que aumento de complexidade dos sistemas de ação.[5]

Por outra parte, eu gostaria de deixar claro, desde o princípio, que Max Weber acolhe a temática da racionalidade em um contexto científico que já havia se desembaraçado das hipotecas da filosofia da história e do evolucionismo do século XIX, que ainda suportava esta última. A teoria da racionalização *não* faz parte daquela herança especulativa de que a sociologia teria de se despojar enquanto ciência. Quando, nos rastros da filosofia moral esco-

---

[4] Habermas, "Some Aspects of the Rationality of Action", em Geraets (org.), *Rationality Today*, p.185ss.
[5] Luhmann, *Zweckbegriff und Systemrationalität*.

cesa e do primeiro socialismo, com questionamentos e abordagens teóricas próprias, a sociologia se constituiu como disciplina dedicada ao surgimento e ao desenvolvimento da sociedade moderna,[6] ela encontrou o tema da racionalização como já dado: foi elaborado no século XVIII pela filosofia da história, acolhido e transformado no século XIX pelas teorias evolucionistas da sociedade. Gostaria de lembrar brevemente essa pré-história, a fim de caracterizar o estado da questão com que Max Weber se viu confrontado.

Os motivos mais importantes do pensamento próprio da filosofia da história estão contidos no *Esquisse d'un tableau historique des progrès de l'esprit humain* (1795), de Condorcet.[7] O modelo de racionalidade é fornecido pelas ciências naturais matemáticas. Seu cerne é a física newtoniana. Foi ela que descobriu o "verdadeiro método para o estudo da natureza"; "observação, experimento e cálculo" são os três instrumentos com que a física decifra os segredos da natureza. Como Kant, Condorcet também ficou impressionado com o "andamento seguro" dessa ciência. Ela se torna o paradigma de conhecimento em geral porque segue um método que eleva o conhecimento da natureza para além das disputas escolásticas dos filósofos e rebaixa a filosofia anterior à mera opinião: "A matemática e a ciência natural formam por si só um grande ramo. Como repousam no cálculo e na observação, e como suas doutrinas independem de opiniões que cindem as escolas, elas se apartaram da filosofia".[8] Condorcet não tenta então, como Kant, esclarecer os fundamentos do conhecimento metódico e, com eles, as condições da racionalidade da ciência; ele se interessa pelo que Max Weber denominará o "significado cultural" da ciência, pela questão de saber como o aumento de saber teórico, assegurado pelo método, influi no avanço do espírito humano e do contexto de vida cultural em seu todo. Condorcet quer conceber a história da humanidade segundo o modelo da história da ciência moderna, isto é, como processo de racionalização. No essencial, ele faz quatro considerações.

---

6 Strasser, *The Normative Structure of Sociology*, p.44ss.
7 Utilizo aqui a edição franco-alemã do texto, cuidada por W. Alff: Condorcet, *Entwurf einer Historischen Darstellung der Fortschritte des menschlichen Geistes*.
8 Ibid., p.125.

(a) De início, Condorcet reinterpreta o conceito de perfeição segundo o padrão de progresso científico. Perfeição não significa mais, como na tradição aristotélica, a realização de um *télos* inscrito na natureza da coisa, mas um processo de aperfeiçoamento sem dúvida direcionado, não teleologicamente limitado de antemão. A perfeição é interpretada como progresso. Condorcet queria demonstrar em sua obra "que a natureza do aperfeiçoamento das faculdades humanas (*perfectionnement des facultés humaines*) não pôs nenhum limite; que a faculdade humana de aperfeiçoamento é indefinida; que os progressos dessa faculdade de aperfeiçoamento [...] só têm limites na duração temporal do planeta do qual a natureza nos fez dependentes".[9] Os progressos do espírito humano não são limitados por um *télos* imanente, efetuando-se sob condições contingentes. O conceito de *progresso* é associado à ideia de *aprendizado*. O espírito humano não deve seus progressos à aproximação com um *télos*, mas à atividade desimpedida de sua inteligência, ou seja, a um mecanismo de aprendizagem. Aprender significa superar com inteligência os obstáculos; Condorcet caracteriza a "constituição de nossa inteligência" pela "relação entre os nossos meios de descobrir a verdade e a resistência que a natureza opõe aos nossos esforços".[10]

(b) Consta entre essas resistências da natureza o preconceito, a superstição. O conceito de conhecimento desenvolvido segundo modelo das ciências naturais desvaloriza, como que com um único golpe, as representações religiosas, filosóficas, morais e políticas tradicionais. Em contraposição ao poder dessa tradição, cabe às ciências a *função de esclarecimento*. No fim do século XVIII, a institucionalização das ciências como um subsistema independente da teologia e da retórica humanista progrediu a tal ponto que a organização da descoberta da verdade pôde se tornar exemplo para organização do Estado e da sociedade. O esclarecimento (*Aufklärung*) torna-se o conceito político para a emancipação de preconceitos por meio da difusão dos conhecimentos científicos, repleta de consequências práticas; nas palavras de Condorcet, para a influência da filosofia sobre a *opinião pública*. O progresso científico pode transformar-se em uma racionalização da vida

---

9 Ibid., p.29.
10 Ibid., p.253.

social somente se os cientistas assumirem a tarefa da educação pública, com o objetivo de fazer dos princípios de seu próprio trabalho os princípios do relacionamento social em geral. Em sua função de esclarecedor (*Aufklärer*), o cientista procura "proclamar em voz alta" o direito de que desfruta, o direito de "submeter qualquer opinião ao exame por meio de nossa própria razão [...]. Muito rapidamente surgiu na Europa uma classe de homens que estavam menos preocupados em descobrir ou averiguar a verdade do que em difundi-la. Dedicaram-se à tarefa de perseguir todos os preconceitos até chegar a seus esconderijos, onde o clero e as escolas, os governos e as corporações velhas e tradicionais os abrigaram e protegeram; buscaram sua glória mais na erradicação dos erros difundidos no povo que na ampliação dos limites do saber humano". E Condorcet, mesmo na prisão, acrescenta: "Eles serviram ao progresso do conhecimento de forma indireta, o que não era nem menos perigoso nem menos útil".[11]

(c) O conceito de esclarecimento serve de ponte entre a ideia de progresso científico e a convicção de que as ciências servem também ao aperfeiçoamento moral do ser humano. Na luta com as forças tradicionais da Igreja e do Estado, o esclarecimento exige a coragem de se servir do próprio entendimento, ou seja, a autonomia ou a maioridade. Além disso, o *pathos* do esclarecimento pode se apoiar na experiência de que os preconceitos prático-morais foram abalados de fato pela força crítica das ciências. "Todos os erros políticos e morais tomam seu ponto de partida de erros filosóficos, os quais, por sua vez, se ligam a erros na física. Não há nenhum sistema religioso, nenhuma estroinice sobrenatural que não seja fundamentado no desconhecimento das leis naturais."[12] Assim, para Condorcet é recomendável não apenas confiar nas ciências em seu aspecto crítico, mas também esperar delas uma ajuda na resposta de questões normativas: "As ciências matemáticas e físicas servem ao aperfeiçoamento das técnicas que nossas necessidades as mais simples demandam: não residiria tanto quanto na ordem necessária da natureza que o progresso das ciências morais e políticas exerça uma influência igual sobre os motivos que determinam nossos sen-

---

11 Ibid., p.275.
12 Ibid., p.325.

timentos e ações?".¹³ Tanto em questões prático-morais quanto em questões cognitivas, Condorcet conta com a possibilidade de aprender e com a organização científica dos processos de aprendizagem. Como o homem é capaz de "adquirir conceitos morais", ele conseguirá assim levar as ciências morais ao nível já alcançado pela ciência natural: "O único fundamento da credibilidade das ciências naturais é a ideia de que as leis universais que determinam os fenômenos no universo, quer conhecidas quer não, são necessárias e constantes; e por qual razão esse princípio deveria ter menos validade para o desenvolvimento das faculdades intelectuais e morais do homem do que para os demais processos da natureza?".¹⁴

(d) Porém, se o esclarecimento pode se apoiar nas ciências humanas, cujo progresso cognitivo é assegurado do mesmo modo que o das ciências naturais, cabe-nos esperar progressos não apenas na moralidade dos homens individuais, mas também nas formas do convívio civilizado. Como Kant, Condorcet vê o progresso da civilização na linha de uma república que garanta as liberdades civis, de uma ordem internacional que suscite uma paz duradoura, de uma sociedade que acelere o crescimento econômico e o progresso técnico e venha abolir ou pelo menos compensar as desigualdades sociais. Ele espera, entre outras coisas, a eliminação dos preconceitos "que fundaram entre os dois sexos uma desigualdade de direitos";¹⁵ espera a eliminação da criminalidade e do abandalhamento, a superação da miséria e da doença pela higiene e pela medicina; crê "que há de chegar uma época em que a morte não será mais que o efeito de circunstâncias extraordinárias".¹⁶

Em outras palavras, Condorcet crê na vida eterna antes da morte. Essa concepção é representativa do pensamento próprio da filosofia da história do século XVIII, ainda que somente pudesse receber uma versão tão aguda de um contemporâneo da Revolução Francesa. No entanto, é justamente essa radicalidade que faz ressaltar os pontos de rotura desse pensamento. São sobretudo quatro pressuposições que se tornaram problemáticas nos

---

13 Ibid., p.381.
14 Ibid., p.345.
15 Ibid., p.383.
16 Ibid., p.395.

tempos seguintes e que deram impulso para uma transformação da interpretação da modernidade feita em termos de filosofia da história.

Em primeiro lugar, refiro-me às pressuposições que Condorcet tem de fazer quando apoia uma concepção linear de progresso no desenvolvimento científico representado pelas ciências naturais modernas. Ele pressupõe (a) que a história da física e as ciências orientadas por seu exemplo podem ser reconstruídas como um fio de desenvolvimento contínuo. Em contraposição a isso, a teoria da ciência pós-empirista acentua hoje a dependência da formação de teorias em relação aos paradigmas; ela nos conscientiza de que o *continuum* da racionalidade científica não se estabelece no plano da formação de teorias, mas no das relações interteóricas, isto é, na relação intrincada entre diversos paradigmas. Mas é mais arriscada (b) a pressuposição de que todos os problemas a que as doutrinas religiosas e filosóficas deram uma resposta ou podem ser convertidos em problemas cientificamente elaboráveis e, nesse sentido, racionalmente resolvidos, ou discriminados como pseudoproblemas e objetivamente dissipados. A esperança de Condorcet de que a morte possa ser abolida não é simplesmente uma curiosidade. Atrás dela se abriga a concepção de que as experiências com a contingência e os problemas de sentido, que foram interpretados até então pela religião e elaborados em cultos, podem ser *embotados* de maneira radical. Do contrário, permaneceria um resíduo de problemas racionalmente insolúveis que iria significar no mínimo uma sensível relativização do valor de uma capacidade de resolver problemas apoiado apenas na ciência. Isso é um ponto de partida para a tentativa de Max Weber de investigar os processos de racionalização social tomando como fio condutor não o desenvolvimento das ciências, mas o das imagens religiosas do mundo.

Em segundo lugar, Condorcet, um filho do século XVIII, não tem clareza do alcance da pretensão universalista que levanta quando concebe a unidade da história da humanidade tendo como ponto de referência uma racionalidade representada pela ciência moderna. Condorcet não duvida que um dia *todas* as nações "se aproximarão do estado de civilização que alcançaram os povos mais esclarecidos, livres e sem preconceitos, como os franceses e os anglo-americanos".[17]

---

17 Ibid., p.345.

Ele justifica essa convicção, em última instância, com a noção de que a racionalidade, irrompendo com as ciências naturais, não espelha meros *standards* particulares da civilização ocidental, mas é inerente ao espírito humano em geral. Essa pressuposição de uma razão universal foi colocada em questão inicialmente pela Escola Histórica e, mais tarde, pela antropologia cultural; é até hoje um tema controverso, como mostra o debate sobre a racionalidade tratado na introdução. Mas sobretudo duas outras pressuposições foram de maior importância para a prosseguimento da filosofia da história no século XIX.

Em terceiro lugar, Condorcet associa, como vimos, os aspectos cognitivos do progresso científico aos aspectos prático-morais da chegada à maioridade, no sentido de uma libertação do dogmatismo e da autoridade naturalizada. Condorcet opera aí com um conceito pré-crítico de "natureza", que reaparece de maneira refletida nos escritos de Kant sobre filosofia da história; com esse conceito, ele pressupõe a unidade da razão teórica e da prática. Esta não se torna um problema em Condorcet, embora fosse claro desde Hume que proposições normativas de teoria moral e política não poderiam ser derivadas de proposições das ciências empíricas. Esse tema foi elaborado de início na filosofia, de Kant a Hegel. A mediação dialética da razão teórica e prática, que Hegel havia levado a cabo em sua filosofia do direito, encontrou uma entrada na teoria da sociedade por meio de Marx, e isto de uma dupla maneira. *Por um lado*, Marx criticou a autossuficiência de uma reflexão filosófica dirigida à retrospecção. Da temporalização da dialética hegeliana na história do tempo presente nascia o tema permanente da mediação entre teoria e prática. As questões que incidem na jurisdição da razão prática já não deveriam ser mais resolvidas apenas com os meios filosóficos; elas vão além do horizonte da mera argumentação: as armas da crítica carecem da crítica das armas. Sobre a continuação da teoria com outros meios, isto é, com os meios práticos, não se pode dizer muito em termos gerais; o que se pode dizer sobre isso é assunto da teoria da revolução.[18]

---

18 Theunissen, "Die Verwirklichung der Vernunft", *Beiheft der Philosophischen Rundschau*, v.6, 1970.

Por outro lado, a influência de Hegel se fez valer pela via de uma apropriação acrítica do aparato conceitual dialético; a unidade de razão teórica e prática se insere de tal sorte nas categorias da crítica da economia política que os fundamentos normativos da teoria marxiana ficaram obscurecidos até hoje. No marxismo, essa falta de clareza foi em parte contornada, em parte encoberta, mas não foi propriamente eliminada: contornada pela cisão da teoria marxiana da sociedade em pesquisa social e socialismo ético (M. Adler); e encoberta tanto por um vínculo ortodoxo com Hegel (Lukács, Korsch) como por uma assimilação às teorias evolutivas mais fortemente naturalistas do século XIX (Engels, Kautsky). Essas teorias constituem a ponte através da qual a temática da racionalização tratada na filosofia da história passou em um primeiro momento para a sociologia.[19]

Foi relevante para essas teorias sobretudo a *quarta* pressuposição com que Condorcet desenvolve sua concepção de história. Ele pode atribuir os progressos da civilização aos progressos do espírito humano somente porque conta com a eficácia empírica de um saber teórico cada vez mais aprimorado. Toda abordagem interpretativa que coloca fenômenos históricos a partir dos pontos de vista da racionalização tem de partir da noção de que o potencial argumentativo de conhecimentos e discernimentos se torna *empiricamente eficaz*. Mas Condorcet não investiga o mecanismo de aprendizagem e as condições sob os quais ocorrem processos de aprendizagem, nem explica como os conhecimentos se convertem em progresso técnico, em crescimento econômico, em uma organização racional da sociedade, nem leva em consideração a possibilidade de que conhecimentos se tornem efetivos pela via de *efeitos colaterais não intentados*. Confia em uma eficácia automática do espírito, ou seja, em que a inteligência humana se direciona ao acúmulo de saber e que através de uma difusão do saber consegue *per se* progressos na civilização. No entanto, esse automatismo aparece sob dois aspectos que estão em uma relação inversa entre si. *Da perspectiva prática* dos participantes, os progressos civilizatórios aparecem como resultados de uma práxis de difusão do saber, da influência dos filósofos na opinião pública, da reforma do ensino escolar, da formação do povo etc. Mas essa práxis do esclarecedor que intenta

---

19 Habermas, "Introdução", em *Para a reconstrução do materialismo histórico*.

maiores progressos do espírito humano é, por sua vez, uma filha da filosofia da história, pois aqueles que podem fomentar praticamente o processo da humanidade são primeiramente conscientizados dele por essa filosofia em termos teóricos. Por esse motivo, *da perspectiva teórica* do cientista, os progressos civilizatórios se apresentam como fenômenos que podem ser explicados segundo as leis da natureza. Se ali a racionalização aparece como uma práxis comunicativa exercida com vontade e consciência, aqui aparece como um processo cognitivo a decorrer conforme leis. Ambos os aspectos estão justapostos sem mediações; eles se juntam de maneira não problemática somente se o espírito humano é concebido de modo idealista, na qualidade de um poder que se desdobra conforme uma lógica própria *e, ao mesmo tempo*, por impulso próprio.

Ora, é nesse ponto que as teorias evolutivas do século XIX, culminando em Spencer, efetuam uma revisão decisiva na versão que a filosofia da história faz da temática da racionalização: elas interpretam os progressos da civilização em termos darwinistas, como desenvolvimento de sistemas orgânicos.[20] Não é mais o progresso teórico das ciências, mas a *evolução natural das espécies* o paradigma para a interpretação das alterações cumulativas. Assim, a temática da racionalização é transposta para a da evolução social. Com essa mudança de perspectiva, era possível dar conta também das experiências históricas centrais do século XIX de uma maneira melhor:

— Com a revolução industrial, tomou-se consciência do desenvolvimento das técnicas de produção como uma dimensão importante da evolução social. O desenvolvimento das forças produtivas que, com efeito, não se deu de início por conta da implementação dos conhecimentos científicos, apresentava-se a título de um modelo com o qual o progresso social se deixava compreender empiricamente melhor do que com o modelo do desdobramento das ciências naturais modernas.
— Algo análogo se aplicava às reviravoltas políticas que haviam começado com a Revolução Francesa, levando à criação das constituições civis. Por sua vez, pelos processos de institucionalização das liberdades civis,

---

20 Sklair, *The Sociology of Progress*, p.56ss.

o progresso podia depreender-se de uma maneira mais palpável que por um desdobramento das ciências humanas, de todo modo questionável.
— Por fim, com o crescimento capitalista, a economia havia despontado na qualidade de um sistema parcial funcionalmente autônomo, reproduzida na economia política coetânea com base em modelos cíclicos. Com isso, vêm à tona tanto pontos de vista holísticos pelos quais os fenômenos da divisão social do trabalho não deviam ser mais reduzidos a agregados de indivíduos, quanto pontos de vista funcionalistas sob os quais as sociedades podiam ser consideradas como sistemas capazes de autoconservação, por analogia com os organismos.

Os primeiros dois motivos favoreceram a reinterpretação empirista de processos de racionalização como processos de crescimento, ao passo que o terceiro motivo facilitou a assimilação da história social àquele modelo de evolução que fora estabelecido por Darwin para a história da natureza. Assim, Spencer pôde erguer uma teoria da evolução social que acabava com o idealismo obscuro da filosofia da história, considerando os progressos da civilização como continuação da evolução natural e, com isso, subsumindo-os às leis naturais sem qualquer ambiguidade.

Tendências como o desenvolvimento científico, o crescimento capitalista, o estabelecimento de Estados constitucionais, o surgimento de administrações modernas etc., podiam ser tratadas de modo tão direto a título de fenômenos empíricos e entendidas como consequências da diferenciação estrutural de sistemas sociais. Não precisavam mais ser interpretadas apenas como indicadores empíricos de uma história interna do espírito, atribuída a processos de aprendizagem e acumulação de saber, não mais como indícios de uma racionalização no sentido da filosofia da história.

Com um olhar sobre as *quatro pressuposições fundamentais* da filosofia da história, ilustradas por Condorcet, as teorias vitorianas da evolução podem ser caracterizadas simplificadamente da seguinte maneira: elas não colocavam em questão nem o racionalismo nem o universalismo do esclarecimento, nem eram, portanto, sensíveis aos perigos do eurocentrismo; repetiam também as falácias naturalistas da filosofia da história, embora de maneira menos chamativa, pois pelo menos sugeriam uma interpretação de enunciados teóricos sobre melhoramentos evolucionários no sentido de juízos de valor acerca de progressos prático-morais; de outro lado, orientavam-se mais fortemente pelas ciências sociais, preenchendo os lugares vazios que a filosofia da história havia deixado desocupadas com seu discurso, de natureza antes idealista, sobre regularidades históricas graças a um conceito de evolução inspirado na biologia e, ao que parecia, com caráter de ciência empírica.

Na história científica, a situação inicial em que Max Weber retoma a temática da racionalização, fazendo dela um problema elaborável em termos sociológicos, é determinada pela crítica a essas teorias evolutivas do século XIX. Os principais pontos de ataque da crítica podem ser esquematicamente indicados lançando-se mão das palavras-chave dadas anteriormente. Vou percorrer aí em ordem inversa as quatro pressuposições fundamentais mencionadas, implicitamente ligadas ainda à filosofia da história: os pontos de ataque são o determinismo evolucionário, o naturalismo ético, assim como o universalismo e o racionalismo das teorias evolutivas.

O determinismo evolucionário. A ascensão das ciências do espírito, que desde os dias de Ranke e Savigny se efetuara no quadro da Escola Histórica, foi acompanhada de reflexões metodológicas.[21] No mais tardar desde Dilthey, essas reflexões assumiram uma forma sistemática: como *historicismo*. A crítica historicista dirige-se em igual medida tanto contra as teorias dialéticas da história e da sociedade quanto contra as evolucionistas. Nesse contexto, interessa sobretudo *um* resultado desse debate, a saber, o descrédito da tentativa de descobrir leis de desenvolvimento para uma cultura interpretada de forma naturalista. O historicismo salientou a peculiaridade da cultura na qualidade de um âmbito de objetos constituído por nexos de sentido, que apresentam regularidades estruturais, mas não nomológicas e muito menos evolucionárias. De maneira irônica, é justamente esse desligamento histórico das ciências da cultura de modelos biológicos, de modelos oriundos das ciências naturais em geral, que leva Max Weber a recolocar o problema do surgimento e desenvolvimento das sociedades modernas a partir dos pontos de vista totalmente não historicistas da racionalização. Alterações direcionadas e cumulativamente efetivas tinham de ser atribuídas, caso se levasse a

---

21 Rothacker, *Logik und Systematik der Geisteswissenchaften*.

sério a crítica historicista, à lógica interna de nexos de sentido ou ideias, e não aos mecanismos evolucionários dos sistemas sociais; elas tinham de ser explicadas de modo estruturalista, e não em virtude de leis da evolução social. Por outro lado, essa herança historicista impediu que Weber fizesse justiça ao funcionalismo sistêmico em seus aspectos metodológicos menos duvidosos.

O naturalismo ético. O próprio Weber encontra-se na tradição do *neokantismo* do sudoeste alemão.[22] Na teoria das ciências do espírito e da cultura, Windelband e Rickert defendem posições análogas às de Dilthey e de outros filósofos da Escola Histórica. Porém, para a confrontação com as abordagens evolucionistas nas ciências sociais, o neokantismo ganhou um significado especial para além de sua filosofia dualista da ciência, mais precisamente por causa de sua teoria dos valores. Ele faz valer no plano metodológico a distinção entre ser e dever ser, entre constatações de fatos e juízos de valor, e na filosofia prática volta-se decididamente contra todas as variantes de um naturalismo ético. Este é o pano de fundo da posição de Max Weber na querela sobre os juízos de valor. Weber critica os conceitos de progresso e evolução exatamente quando desempenham um papel implicitamente normativo nas ciências empíricas. No entanto, aguçada por Kant e pela filosofia neokantiana dos valores, a sensibilidade para as falácias naturalistas no terreno da ética e, de modo geral, para a mescla de enunciados descritivos e valorativos tem o seu reverso. Ela vincula-se em Weber a uma desconfiança inteiramente não kantiana e francamente historicista contra a potência argumentativa da razão prática. De maneira decidida, Weber recusa no plano metodológico tanto o cognitivismo ético quanto o naturalismo ético.

Universalismo. As pesquisas do século XIX no âmbito das ciências do espírito e da cultura aguçaram o olhar para a amplitude de variações de formas de vida social, tradições, valores e normas. O historicismo exacerba essa experiência fundamental da relatividade das próprias tradições e dos modos de pensar chegando ao problema de saber se até mesmo os *standards* de ra-

---

[22] Burger, *Max Weber's Theory of Concept Formation*; Howe, "Max Weber's Elective Affinities, Sociology within the Bounds of Pure Reason", *American Journal of Sociology*, v.84, p.366ss., 1978; Barker, "Kant as a Problem for Weber", *British Journal of Sociology*, v.31, n.2, p.224ss., 1980.

cionalidade pressupostos nas ciências empíricas não seriam componentes de uma cultura regional e limitada no tempo, precisamente a cultura europeia moderna, e, por conseguinte, se não perderiam sua pretensão de validade universal, levantada de maneira ingênua. Mas o historicismo facilitara demais a questão de saber se do pluralismo das culturas não se seguiria também um relativismo epistemológico. Enquanto nas ciências do espírito, que se ocupam no essencial com as tradições de culturas escritas, se impunha a impressão intuitiva de uma paridade de estatuto entre as diversas civilizações, a antropologia cultural, ocupada com sociedades anteriores às grandes civilizações, não podia passar por alto tão facilmente o desnível de desenvolvimento entre sociedades arcaicas e modernas. Além disso, na antropologia cultural de orientação funcionalista nunca existiu o perigo de rejeitar, junto com o determinismo evolucionário, toda forma de análise nomológica que visasse regularidades e, ao mesmo tempo, tirar daí imediatamente conclusões relativistas. Max Weber adotou nessa controvérsia, como veremos, uma posição universalista cautelosa; não tomou os processos de racionalização por um fenômeno especial do Ocidente, ainda que inicialmente apenas na Europa a racionalização, demonstrável em todas as religiões universais, tenha levado a uma forma de racionalismo que mostra ao mesmo tempo traços particulares, isto é, ocidentais, e universais, característicos da modernidade em geral.

Racionalismo. Nas filosofias da história e nas teorias evolutivas, ciência e técnica serviram como padrão de racionalização. Há boas razões para seu caráter paradigmático, as quais Weber tampouco nega. Porém, a fim de servir de modelos para conceitos de progresso e evolução, ciência e técnica têm de ser avaliadas seja no sentido do esclarecimento, seja no do positivismo, isto é, como mecanismos de solução de problemas, significativos para a história da espécie. Foi contra essa valorização metafísica sucedânea que se dirigiu a *crítica burguesa da cultura do século XIX tardio*, a qual teve seus representantes mais influentes em Nietzsche e nos filósofos da vida coetâneos. Tampouco Weber esteve livre de uma avaliação pessimista sobre a civilização cientificizada.[23] Ele desconfia dos processos de racionalização soltos, desprendidos

---

23 Acerca da influência de Nietzsche sobre Max Weber, cf. Fleischmann, "De Weber a Nietzsche", *Archives Européenes de Sociologie*, v.5, p.190ss., 1964.

de orientações axiológicas éticas, os quais observa nas sociedades modernas, a ponto de a ciência e técnica perderem o valor paradigmático em sua teoria da racionalização. As pesquisas de Weber concentram-se nos fundamentos prático-morais da institucionalização da ação racional com respeito a fins.

Sob esses quatro aspectos mencionados, a situação científica inicial favorece uma retomada — com abordagem científico-empírica, mas sem reduções de tipo empirista — da questão de saber como o surgimento e desdobramento das sociedades modernas podem ser concebidas como processo de racionalização. De início, aprofundarei os fenômenos que Weber interpreta como indícios de racionalização social, a fim de aclarar depois os diversos conceitos de racionalidade que ele coloca na base de sua investigação, frequentemente de maneira implícita (1). A teoria de Weber estende-se à racionalização religiosa e social, ou seja, por um lado, ao surgimento histórico-universal de estruturas de consciência modernas, por outro, à corporificação dessas estruturas de racionalidade em instituições sociais. Reconstruirei essas relações complexas por pontos de vista sistemáticos de maneira a pôr em relevo a lógica da racionalização das imagens de mundo lançando mão dos trabalhos dedicados à sociologia da religião (2) e derivar daí um modelo estrutural de racionalização social, a fim de tratar primeiramente o papel da ética protestante (3) e, em seguida, a racionalização do direito (4).

1
O racionalismo ocidental

Na célebre "Observação preliminar" à coletânea de seus ensaios sobre sociologia da religião,[1] Max Weber nomeia retrospectivamente o "problema da história universal" por cujo esclarecimento se empenhou ao longo de sua vida, a saber: a questão de por que fora da Europa "nem o desenvolvimento científico, nem o artístico, nem o político, nem o econômico tomam aqueles trilhos de racionalização que são próprios do Ocidente"? Nesse contexto, Weber enumera uma profusão de fenômenos que indicam o "racionalismo de gênero específico da cultura ocidental". A lista das realizações originais do racionalismo ocidental é longa. Weber nomeia em primeiro lugar a ciência natural moderna, que coloca o saber teórico em uma forma matemática, examinando-o com base em experimentos controlados; ele acrescenta a atividade especializada e sistemática das ciências organizadas em universidades; menciona os resultados da literatura impressa produzidos para o mercado e a atividade artística institucionalizada com o teatro, museus, jornais etc.; a música harmônica com as formas de obra da sonata, da sinfonia, da ópera, e com os instrumentos orquestrais como o órgão, o piano e o violino; o emprego da perspectiva linear e atmosférica na pintura e os princípios construtivos da arquitetura de grandes monumentos; enumera ainda: a jurisprudência cientificamente sistematizada, as instituições do

---

[1] Sobre a bibliografia, cf. Seyfarth; Schmidt, *Max Weber Bibliographie*; Roth, "Max Weber, a Bibliographical Essay", *Zeitschrift für Soziologie*, v.6, n.1, p.91ss, 1977; Käsler (org.), *Klassiker des Soziologischen Denkens*, v.II, p.424ss.

direito formal e uma administração da justiça conduzida por funcionários especializados com instrução jurídica; a administração estatal moderna com uma organização racional de funcionários operando com fundamento no direito positivo; além disso, o intercâmbio calculável e regulado pelo direito privado e a empresa capitalista que trabalha com orientação pelo lucro, a qual pressupõe a separação entre economia doméstica e empresa – isto é, a divisão jurídica entre os bens da pessoa e os da empresa –, dispõe de uma contabilidade racional, organiza o trabalho formalmente livre pelos pontos de vista da eficiência e utiliza os conhecimentos científicos para o aprimoramento das instalações produtivas e da organização empresarial; enfim, refere-se à ética econômica capitalista, que é parte de uma conduta racional de vida – "pois, da mesma maneira que a técnica e o direito racionais, o racionalismo econômico depende também, em seu surgimento, da capacidade e da disposição dos homens para determinados tipos de *conduta prática* racional em geral".[2]

Essa enumeração das formas fenomênicas do racionalismo ocidental é desconcertante. Para obter uma primeira visão de conjunto, escolho duas vias distintas: aquela da classificação relativa ao conteúdo (1) e aquela da clarificação conceitual (2) desses fenômenos, a fim de examinar na conclusão se Weber concebe o racionalismo ocidental como uma peculiaridade cultural ou como um fenômeno de significado universal (3).

(1) *Os fenômenos do racionalismo ocidental*

Para a seguinte classificação, sirvo-me da divisão, usual desde Parsons, em sociedade (a), cultura (b) e personalidade (c).

(a) Max Weber concebe a *modernização da sociedade*, de modo análogo a Marx, como *diferenciação* da economia capitalista e do Estado moderno. Ambos se completam em suas funções, de sorte que se estabilizam reciprocamente. O núcleo organizador da economia capitalista é constituído pela empresa capitalista, a qual

---

2 Weber, *Die Protestantische Ethik*, v.I, p.20.

- é separada da economia doméstica e,
- com base no cálculo de capital (contabilidade racional),
- orienta as decisões de investimentos segundo as oportunidades do mercado de bens, de capital e de trabalho,
- mobiliza com eficiência as forças do trabalho formalmente livre e
- utiliza tecnicamente os conhecimentos científicos.

O núcleo organizador do Estado é constituído pelos institutos estatais racionais [*rationale Staatsanstalt*], que,

- com base em um sistema fiscal centralizado e perenizado,
- dispõem de um poder militar permanente sob condução central,
- monopolizam a positivação do direito e a aplicação legítima da violência e
- organizam burocraticamente a administração, isto é, na forma de uma dominação por funcionários especializados.[3]

---

3 Bendix a caracteriza do seguinte modo: "Um exercício contínuo e regular de atividades oficiais, no interior de:
   – uma competência (jurisdição) que implica: (a) um domínio objetivamente delimitado de deveres de desempenho graças à distribuição de funções, (b) com atribuição do poder de comando necessário para tanto e (c) com a delimitação estrita dos meios coercitivos eventualmente admissíveis e dos pressupostos de sua aplicação. Disso faz parte:
   – o princípio da hierarquia de cargos, isto é, a ordenação estrita de funções de controle e vigilância para cada autoridade, com o direito de apelação ou queixa dos postos inferiores aos superiores. É regulada de maneira distinta a questão de saber se, e quando, a instância de reclamação substitui a ordem a ser alterada por uma 'correta' ou a encaminha ao cargo subordinado por meio do qual a reclamação foi conduzida.
   – Vale [...] o princípio da separação plena entre os quadros e os meios da administração e de aquisição. Os funcionários, empregados e trabalhadores dos quadros administrativos não estão em posse própria desses meios materiais de administração e aquisição, antes os conservam na forma natural ou na forma de dinheiro e são responsáveis por sua contabilidade.
   – No caso de uma racionalidade plena, não há presença de qualquer dotação do posto oficial ao seu detentor. Onde um 'direito' ao 'cargo' está constituído, [...] normalmente ela não serve ao fim de uma dotação ao funcionário, mas ao

O direito formal, baseado no princípio da positivação, serve de meio de organização para a economia capitalista e para o Estado moderno, assim como para o intercâmbio entre eles. Esses três elementos, investigados sobretudo em *Economia e sociedade*, são constitutivos da racionalização da sociedade. Esta é considerada por Weber como expressão do racionalismo ocidental e, ao mesmo tempo, como o fenômeno central que carece de explicação. Distingue dele os fenômenos da racionalização que residem nos planos da cultura e da personalidade. Também nestes o racionalismo ocidental se manifesta; mas na estrutura de sua teoria eles não ocupam, como a racionalização social, o lugar do *explanandum*.

(b) Weber depreende *a racionalização cultural* a partir da ciência e da técnica modernas, da arte autônoma e da ética guiada por princípios e ancorada na religião.

Weber denomina racionalização toda ampliação do saber empírico, da capacidade de prognosticar, do domínio instrumental e organizador de processos empíricos. Com a *ciência moderna*, os processos de aprendizagem desse tipo se tornam reflexivos e podem ser institucionalizados na atividade científica. Sem dúvida, Weber desenvolve então, em seus trabalhos voltados à metodologia e à teoria da ciência, um conceito claro de ciência, pleno de conteúdo normativo. No entanto, ele leva em conta apenas de passagem o fenômeno do surgimento das ciências modernas, caracterizadas por uma objetivação metódica da natureza, as quais emergem graças ao encontro improvável entre o pensamento discursivo de formação escolástica, a construção matemática de teorias, a atitude instrumental e o trato experimental com a natureza. Mais tarde, também as inovações técnicas são acopladas ao desenvolvimento científico. Só que "a inclusão metódica das ciências naturais a serviço da economia é (apenas) uma das chaves da abóbada daquele desenvolvimento da 'vida metódica' *em geral*, para o qual contribuíram

---

asseguramento do trabalho puramente objetivo ('independente') em seu cargo, vinculado apenas a normas.

— Vale o princípio da documentação da administração, mesmo ali onde a discussão oral é de fato a regra ou uma prescrição direta." (Bendix, *Max Weber, Das Werk*, p.321.)

determinadas influências do Renascimento e da Reforma [...]".⁴ Weber considera "a história da *ciência* moderna e de suas relações práticas com a economia, desenvolvidas primeiramente nos tempos modernos, por um lado, e a história da *conduta de vida* moderna em seu significado prático para a economia, por outro, [...] como coisas 'fundamentalmente distintas'".⁵ E apenas pela última ele se interessou em seus trabalhos de pesquisa material. A história da ciência e da técnica é um aspecto importante da cultura ocidental; mas Weber a trata como condição marginal em sua *tentativa sociológica* de *explicar* o surgimento da sociedade moderna.

Esse papel secundário do desenvolvimento científico, relativo à gênese causal, contrasta peculiarmente com o papel capital que a *estrutura* do pensamento científico desempenha na *apreensão analítica de formas de racionalidade*. A compreensão científica do mundo, marcada pelas ciências, é o ponto de referência daquele processo histórico-universal de desencantamento em cujo fim se encontra uma "aristocracia não fraterna em posse racional da cultura":⁶ "Sempre que o conhecimento empírico racional efetuou coerentemente o desencantamento do mundo e sua transformação em um mecanismo causal, a tensão com as pretensões do postulado ético acaba despontando: que o mundo seria um cosmo ordenado por Deus, ou seja, de alguma maneira orientado eticamente e *pleno de sentido*. Pois a consideração empírica e completamente orientada pela matemática desenvolve por princípio a rejeição de toda consideração que pergunta de modo geral sobre um 'sentido' do acontecer intramundano".⁷ Nesse aspecto, Max Weber entende a ciência moderna como o poder fatal da sociedade racionalizada.

Mas não só a ciência, também a *arte autônoma* é contada por Weber entre as formas fenomênicas da racionalização cultural. Os padrões de expressão estilizados na arte, que de início foram integrados ao culto religioso na qualidade de adornos para igrejas e templos, ou como dança e canto rituais, como encenação de episódios significativos, de textos sagrados etc.,

---

4 Weber, *Die Protestantische Ethik*, v.II, p.325.
5 Ibid., p.324.
6 Weber, *Gesammelte Aufsätze zur Religionssoziologie*, v.I, p.569.
7 Ibid., p.564.

autonomizam-se com as condições da produção artística, primeiramente ligada às cortes e aos mecenas, mais tarde ao capitalismo burguês: "A arte constitui-se então como um cosmo de valores intrínsecos e autônomos, apreensíveis de maneira cada vez mais consciente".[8]

    Autonomização significa antes de tudo que a "legalidade intrínseca da arte" [*Eigengesetzlichkeit der Kunst*] pode se desdobrar. No entanto, Weber não a considera em primeira linha sob o aspecto da instituição de uma atividade artística (com a institucionalização de um público apreciador de arte e da crítica de arte na qualidade de mediador entre os produtores e os receptores). Pelo contrário, ele se concentra naqueles efeitos que uma apreensão consciente dos valores estéticos intrínsecos possui para o domínio do material, isto é, para as técnicas de produção artística. No escrito publicado postumamente sobre *Os fundamentos racionais e sociológicos da música*, Weber investiga a formação da harmonia de acordes, o surgimento da notação moderna e a evolução do fabrico de instrumentos (em especial do piano, considerado o instrumento de cordas especificamente moderno). Nessa linha, Adorno analisou o desenvolvimento artístico de vanguarda e mostrou como os processos e os meios da produção artística tornam-se reflexivos, como a arte moderna transforma os próprios procedimentos de domínio do material em tema de representação. No entanto, ele permanece cético em relação a essa "autonomização do método em detrimento da coisa": "Sem dúvida, os materiais históricos e seu domínio – a técnica – progridem; invenções como a da perspectiva na pintura e da polifonia na música são os exemplos mais patentes disso. Além disso, é inegável um progresso também nos procedimentos já estabelecidos, sua conformação consequente, como a diferenciação da consciência harmônica da época do baixo contínuo até o limiar da nova música, ou a passagem do impressionismo ao pontilhismo. Tal progresso iniludível não é, porém, um progresso de qualidade sem mais. Somente a cegueira pode contestar o que na pintura, de Giotto e Cimabue a Piero de la Francesa, foi conquistado nos meios; daí concluir que os quadros de Piero seriam melhores que os afrescos de Assis seria doutoral".[9] A racionalização,

---

8 Ibid., p.555.
9 Adorno, "Ästhetische Theorie", em *Gesammelte Schriften*, v.17, p.313, 1970.

teria dito Max Weber, estende-se às técnicas de realização de valores, mas não aos próprios valores.

Contudo, a autonomização da arte significa uma liberação da legalidade intrínseca da esfera de valores estética, que somente uma racionalização da arte e, com ela, um cultivo das experiências no trato com a natureza interna, isto é, a interpretação metodicamente expressiva da subjetividade liberada das convenções cotidianas do conhecimento e da ação, tornam possível. Weber investiga essa tendência também na boemia, nos estilos de vida que correspondem ao desenvolvimento moderno da arte. Weber fala da autonomização e estilização consequentes de uma "esfera conscientemente cultivada e extracotidiana" de amor sexual, de um erotismo que poderia chegar ao "êxtase orgiástico" ou à "obsessão patológica".

Em Weber, o desenvolvimento artístico desempenha um papel tão pequeno quanto a história da ciência para a explicação *sociológica* da racionalização social. A arte não pode sequer acelerar esse processo, como a ciência convertida em força produtiva. Pelo contrário, a arte autônoma e a autorrepresentação expressiva da subjetividade estão em uma relação complementária com a racionalização do cotidiano. Assumem o papel compensatório de uma "*salvação* intramundana em relação ao cotidiano e, sobretudo, em relação à pressão crescente do racionalismo teórico e prático".[10] A configuração da esfera de valores estética e do subjetivismo exemplarmente vivido pela boemia formam um contramundo ao "cosmo coisificado" do trabalho vocacional [*Berufsarbeit*].

No entanto, mesmo a contracultura de cunho estético pertence ao todo da cultura racionalizada, juntamente com a ciência e a técnica, de um lado, e as *noções jurídicas e morais modernas*, de outro. Mas é esse racionalismo jurídico e ético que conta como o complexo central para o surgimento da sociedade moderna.

Pois Weber denomina racionalização também a autonomização cognitiva do *direito* e da *moral*, isto é, o desligamento dos discernimentos prático-morais – das doutrinas, princípios, máximas e regras de decisão éticos e jurídicos – das imagens de mundo em que estavam inicialmente inseridos. Em

---

10 Weber, *Gesammelte Aufsätze zur Religionssoziologie*, v.I, p.555.

todo caso, as imagens cosmológicas, religiosas e metafísicas de mundo se encontram de tal modo estruturadas que as diferenças internas entre razão teórica e razão prática não podem ainda sobressair. A linha da autonomização do direito e da moral leva ao direito formal e às éticas profanas da convicção [*Gesinnungsethiken*] e da responsabilidade. Ambos são sistematizados, quase em simultaneidade com a ciência empírica moderna, no quadro da filosofia prática da modernidade – enquanto direito natural racional e ética formal. No entanto, essa autonomização mesma abre caminho ainda no interior dos sistemas religiosos de interpretação. As profecias da redenção radicalizadas conduzem à dicotomização aguda entre uma busca de salvação, que se orienta aos bens salvíficos interiores espiritualmente sublimados e aos meios de redenção, e o conhecimento de um mundo exterior objetivado. Weber mostra como as abordagens da ética da convicção se desenvolvem a partir dessa religiosidade da convicção: "Isso resultou do sentido da redenção e da essência da doutrina profética da salvação assim que esta se desenvolveu [...] como uma ética racional e orientada aos bens salvíficos religiosos *interiores* na qualidade de meios de redenção."[11]

De pontos de vista formais, essa ética se destaca pelo fato de ser *guiada por princípios e universalista*. A religiosidade comunitária soteriológica fundamenta uma ética da fraternidade abstrata que, ao tomar como ponto de referência o "próximo", supera a separação entre moral interna e externa (característica tanto da ética da parentela e da vizinhança quanto da ética do Estado): "Sua exigência ética sempre se situava de algum modo na direção de uma fraternidade universalista, para além de todas barreiras das associações sociais e, muitas vezes, inclusive as da própria associação de fé".[12] A isso corresponde uma ruptura radical com o tradicionalismo da tradição jurídica.

Da perspectiva de uma ética formal, baseada em princípios universais, as normas jurídicas (bem como a criação e a aplicação do direito) que apelam à magia, às tradições sagradas, à revelação etc., são desvalorizadas: as normas são tomadas então como meras convenções, que são acessíveis a uma

---

11 Ibid., p.541.
12 Ibid., p.543-4.

consideração hipotética, podendo ser positivamente estabelecidas. Quanto mais fortemente as noções jurídicas se desenvolvem em relação complementar com uma ética da convicção, tanto mais as normas, os procedimentos e as matérias jurídicas tornam-se objeto de discussão racionais e de decisão profana. Eu acentuo *duas coisas*: o princípio da necessidade de fundamentação de normas e o princípio da positivação. No entanto, em concordância com o positivismo jurídico de seu tempo, Weber destacou em particular o segundo momento, isto é, a noção fundamental de que qualquer direito poderia ser criado e alterado por meio da positivação formalmente arbitrada. Seguem-se daí as características mais importantes da dominação legal, as quais reproduzo segundo o resumo de Bendix:

— Todo e qualquer direito pode ser positivado com a pretensão e a expectativa de que será obedecido por todos aqueles que se submetem à dominação da comunidade política.
— O direito como um todo consiste em um sistema de regras abstratas intencionalmente positivadas, e a administração da justiça consiste na aplicação dessas regras aos casos singulares. A administração pública é atada igualmente por regras jurídicas e exercida de acordo com princípios gerais, declarativos, que são aprovados ou em todo caso não desaprovados.
— Os detentores das posições de autoridade suprema não são soberanos pessoais, mas "superiores" que detêm por algum tempo um cargo, possuindo assim um poder limitado.
— As pessoas que obedecem à dominação constituída conforme a lei são cidadãs e não súditos, e obedecem à "lei", não ao funcionário que a impõe.[13]

Tão importante quanto o princípio de positivação é a noção fundamental segundo a qual toda decisão jurídica necessita de fundamentação. Daí resulta, entre outras coisas, que

— não é permitido ao Estado intervir na vida, na liberdade ou na propriedade, sem o assentimento do povo ou de sua representação eleita. Todo direito,

---

13 Bendix, op. cit., p.320.

no sentido material, tem de ter como fundamento [...], por isso, um ato de legislação.[14]

A racionalização cultural, da qual procedem as estruturas de consciência típicas das sociedades modernas, estende-se – podemos assim resumir – aos componentes cognitivos, estético-expressivos e moral-valorativos da tradição religiosa. Com a ciência e a técnica, com a arte autônoma e os valores da autorrepresentação expressiva, com as noções jurídicas e morais universalistas, chega-se a uma diferenciação de *três esferas de valor que seguem em cada caso uma lógica própria*. Com isso, não apenas se toma consciência das "legalidades intrínsecas internas" dos componentes cognitivos, expressivos e morais da cultura, como a tensão entre essas esferas também aumenta com sua diferenciação. Enquanto o racionalismo ético conserva de início uma certa afinidade com o contexto religioso de que procede, ambas, ética e religião, entram em oposição com as outras esferas de valor. Max Weber vê aí "uma consequência bastante geral, muito importante para a história da religião, do desenvolvimento da posse de bens (intramundanos e extramundanos) como algo racional e conscientemente almejado, algo sublimado pelo *saber*".[15] E isso é, por sua vez, o ponto de apoio para uma dialética da racionalização que Weber, como veremos, desdobrará em termos de diagnóstico de época.

(c) À racionalização cultural corresponde, no plano do sistema da personalidade, aquela *conduta metódica de vida* a cujos fundamentos motivacionais se aplica o interesse máximo de Weber, visto que ele pretende apreender aqui um dos fatores mais importantes do surgimento do capitalismo, se não o mais importante. Nas orientações axiológicas e nas disposições de ação daquele estilo de vida, ele descobre, no plano da personalidade, os correlatos de uma ética da convicção guiada por princípios, ancorada na religião e universalista que abarcou as camadas portadoras do capitalismo. Em primeira linha, portanto, o racionalismo ético do plano da cultura repercute sobre o sistema da personalidade. De fato, a figura concreta da ética protestante, centrada em torno da ideia de vocação [*Beruf*], significa que o racionalismo

---

14 Idem.
15 Weber, *Gesammelte Aufsätze zur Religionssoziologie*, v.I, p.542.

ético oferece os fundamentos de uma atitude cognitivo-instrumental em relação aos processos intramundanos, em especial as interações sociais no âmbito do trabalho social. Também a racionalização cognitiva e jurídica adentra nas orientações axiológicas desse estilo de vida na medida em que se refere à esfera da vocação. Em contrapartida, os componentes estético-expressivos de uma cultura racionalizada encontram suas correspondências específicas da personalidade nas disposições de ação e nas orientações axiológicas que se relacionam com a conduta metódica de maneira contrária.

Os fundamentos religiosos da conduta racional são investigados por Weber na consciência cotidiana de seus portadores exemplares, nas representações dos calvinistas, pietistas, metodistas e das seitas procedentes dos movimentos batistas. Ele ressalta energicamente, como traços capitais:

- o repúdio radical dos meios mágicos, inclusive de todos os sacramentos, enquanto meios para a busca da salvação, e isso significa: o desencantamento definitivo da religião;
- o isolamento implacável do fiel individual no interior de um mundo em que são iminentes os perigos de divinizar a criatura e em meio a uma comunidade soteriológica que nega uma identificação visível dos eleitos;
- a ideia de vocação, no início determinada pelo luteranismo, conforme a qual o fiel se prova no mundo como instrumento obediente de Deus por meio do cumprimento mundano de seus deveres vocacionais;
- a transformação da rejeição judaico-cristã do mundo em uma ascese intramundana do trabalho vocacional infatigável, no que o êxito exterior não representa, sem dúvida, a razão real do destino salvífico do indivíduo, mas ao menos a razão de conhecimento desse destino.
- enfim, o rigor metódico de uma conduta de vida guiada por princípios, autocontrolada e baseada na autonomia do Eu, a qual penetra sistematicamente todos os âmbitos da vida, visto que se encontra sob a ideia do certificação da salvação.

Até agora classifiquei e comentei os fenômenos da racionalização, enumerados por Weber no prefácio a seus ensaios sobre sociologia da religião, segundo os planos da sociedade, da cultura e do estilo de vida pessoal. Antes de examinar em que sentido se pode falar aí de "racional" e de "racionalidade", gostaria de expor de modo esquemático o nexo empírico que Weber supõe entre os diversos fenômenos do racionalismo ocidental. Para esse fim, distingo em primeiro lugar as *esferas de valor culturais* (ciência e técnica, arte e literatura, direito e moral), na qualidade de componentes da cultura que, com a passagem para a modernidade, se diferenciam do acervo tradicional das imagens de mundo religiosas e metafísicas, na linha da tradição grega e sobretudo da judaico-cristã – um processo que começa no século XVI e se encerra no século XVIII; além disso, distingo *os sistemas culturais de ação*, nos quais as tradições são sistematicamente elaboradas sob os diversos aspectos de validade: a atividade científica (universidades e academias), a atividade artística (com as instituições da produção, distribuição e recepção da arte, e as instâncias mediadoras da crítica de arte), o sistema jurídico (com a formação de juristas especializados, jurisprudência científica e publicidade jurídica), e por fim a comunidade religiosa (na qual se ensina e se vive uma ética guiada por princípios com suas exigências universalistas, isto é, nas quais ela é institucionalmente corporificada); mais além, distingo os *sistemas centrais de ação que definem a estrutura da sociedade*: a economia capitalista, o Estado moderno e a pequena família; finalmente, no plano do *sistema da personalidade*, distingo as disposições de ação e as orientações axiológicas que são típicas da conduta metódica e de sua contraparte subjetivista.

A Figura 3 destaca a economia capitalista e os institutos estatais modernos como *os fenômenos* que Weber pretendia *explicar* com base em uma teoria da racionalização social. A diferenciação desses dois sistemas parciais, em relação complementar entre si, vai tão longe nas sociedades do Ocidente que a modernização pode se desligar de suas constelações iniciais e prosseguir de maneira autorregulada. Max Weber pode *descrever* essa modernização como racionalização social porque a empresa capitalista é talhada para a ação econômica racional, e o instituto estatal moderno, para a ação administrativa racional, ou seja, ambos são talhados para o tipo de ação racional com respeito a fins. Mas isso é apenas um aspecto, em virtude do qual não se deve negligenciar um segundo aspecto que, do ponto de vista metodológico, é mais importante.

	Componentes cognitivos	Componentes valorativos		Componentes expressivos
Cultura	Ciência natural moderna	Direito natural racional	Ética protestante	Arte autonomizada
Sociedade	Atividade científica (universidades, academias, laboratórios)	Jurisprudência universitária, formação jurídica especializada	Associações religiosas	Atividade artística (produção, comércio, recepção, crítica de arte)
	Economia capitalista	Institutos estatais modernos	Pequena família burguesa	
Personalidade	Disposições de ação e orientação axiológicas			
	Conduta metódica de vida			Estilo de vida contracultural

Figura 3 — *Formas fenomênicas do racionalismo ocidental na época de surgimento da modernidade*

Pois Weber quer *explicar* sobretudo *a institucionalização da ação racional com respeito a fins* nos termos de um processo de racionalização. Desse processo de racionalização, que assume o papel de *explanans* no esquema explicativo, resulta primeiramente a difusão da ação racional com respeito a fins. Para a *situação inicial* da modernização, são importantes sobretudo dois momentos: a conduta metódica de empresários e funcionários públicos, orientada pela ética da vocação, bem como o meio de organização dado pelo direito formal. Considerados de um ponto de vista formal, aos dois momentos subjazem as mesmas estruturas de consciência: noções jurídicas e morais pós-tradicionais. Enquanto as noções jurídicas modernas, que são sistematizadas na figura do direito natural racional, entram no sistema e na organização jurídicos do intercâmbio econômico e na administração pública por meio da ciência do direito universitária, da formação de juristas, da publicidade jurídica profissionalmente inspirada etc., a ética protestante é transposta para orientações da ação ligadas à ascese da vocação e ancorada nas camadas portadoras do capitalismo através das agências de socialização representadas pela comunidade e pela família religiosamente inspiradas. As estruturas de consciência prático-morais se corporificam em ambas as linhas; mais precisamente, se corporificam em instituições, de um lado, e em sistemas da personalidade, de outro. Esse processo leva a uma difusão de orientações de ação racionais com respeito a fins, sobretudo em sistemas de ação econômicos e administrativos; nesse sentido, ele tem *uma relação* com a racionalidade com respeito a fins. Mas para Weber é decisivo que esse *próprio* processo represente um processo de racionalização em virtude do tipo de estruturas de consciência às quais confere eficácia institucional e motivacional. Pois o racionalismo ético e jurídico se deve, como a ciência e a arte moderna, a uma diferenciação de esferas de valor que, por sua parte, são o resultado de um processo de desencantamento refletido no plano das imagens de mundo. Ao racionalismo ocidental precede uma racionalização religiosa. Também esse processo de desencantamento dos sistemas de interpretação míticos é colocado por Weber, com cautela, sob o conceito de racionalização.

Podemos distinguir duas grandes ondas de racionalização, que Weber investiga nos estudos sobre ética econômica das religiões universais, por um lado, e nos estudos sobre o surgimento e desenvolvimento da economia capitalista e do Estado moderno (incluindo os estudos sobre a ética protestante), por outro. Ele interessa-se, de uma parte, pela *racionalização das imagens de mundo*; tem de esclarecer aí os aspectos estruturais do desencantamento e as condições sob as quais os questionamentos cognitivos, normativos e expressivos podem ser sistematicamente desacoplados e desdobrados segundo sua lógica interna. De outra parte, Weber interessa-se pela corporificação institucional das estruturas de consciência modernas que se constituíram pela via da racionalização religiosa, isto é, pela *conversão da racionalização cultural em uma racionalização social*. Ele tem de esclarecer aí os aspectos estruturais do direito e da moral, na medida em que estes possibilitam (a) a organização da dominação legal e o intercâmbio, com base no direito privado, entre sujeitos que agem estrategicamente, ou criam (b) a motivação intrínseca para uma conduta planejada, orientada ao trabalho profissional disciplinado e constante.

(2) Conceitos de racionalidade

Weber lembra reiteradamente que "racionalismo" pode significar coisas muito distintas: "Assim, desde já: tudo depende aí que se pense ou naquele tipo de racionalização que o sistemático pensante, por exemplo, efetua com a imagem de mundo – a dominação teórica crescente da realidade por meio de conceitos abstratos cada vez mais precisos –, ou, pelo contrário, na racionalização no sentido da consecução metódica de um determinado objetivo prático dado, em virtude do cálculo cada vez mais preciso dos meios adequados. As duas coisas são distintas, apesar de sua copertença em última instância inseparável".[16] Portanto, Weber tem em mira primeiramente a distinção entre dominação teórica e prática da realidade. Naturalmente, ele se interessa em primeira linha pela *racionalidade prática* no sentido dos critérios segundo os quais sujeitos agentes aprendem a controlar seu entorno: "Age conforme a racionalidade com respeito a fins quem orienta sua ação segundo fins, meios e consequências colaterais, *contrapesando* racionalmente tanto os meios com os fins, os fins com as consequências colaterais, como também, por fim, os diversos fins possíveis uns com os outros, ou seja, quem não age *nem* afetiva [...] *nem* tradicionalmente".[17] O conceito de ação racional com respeito a fins é a chave para o complexo conceito da racionalidade considerada (de início sob aspectos práticos). Mas essa racionalidade abrangente, que subjaz "ao tipo de racionalização burguesa da vida que se torna familiar no Ocidente desde os séculos XVI e XVII", de modo algum é sinônimo de racionalidade com respeito a fins. Pretendo reconstruir em cinco passos a maneira como Weber compõe o conceito complexo de "racionalidade prática".[18]

---

16 Ibid., p.265-6.
17 Weber, *Wirtschaft und Gesellschaft*, p.18.
18 Considero insatisfatórias as tentativas anteriores de esclarecer esse conceito: Claessens, "Rationalität revidiert", *Kölner Zeitschrift für Soziologie und Sozialpsychologie*, v.17, p.465ss., 1965; Vogel, "Einige Überlegungen zum Begriff der Rationalität bei Max Weber", *Kölner Zeitschrift für Soziologie und Sozialpsychologie*, v.25, p.533ss., 1973; Swidler, "The Concept of Rationality in the Work of Max Weber", *Sociological Inquiry*, v.43, p.35ss., 1973; Eisen, "The Meanings and Confusions of Weberian

(a) Weber parte de um conceito amplo de "técnica" a fim de tornar claro que o aspecto *do emprego regulado de meios* é relevante para a racionalidade do comportamento em um sentido muito abstrato. Ele denomina de "técnica racional" o emprego de meios "que (é) orientado consciente e planejadamente por experiências e reflexões [...]".[19] Na medida em que as técnicas, seu domínio de aplicação e a base empírica, em que sua eficácia poderia ser examinada dado o caso, não são especificados, o conceito de "técnica" permanece muito geral. Toda regra ou todo sistema de regras que permita uma ação seguramente reproduzível, seja planejada ou arraigada, predizível pelos participantes da interação e *calculável* da perspectiva do observador, é uma técnica nesse sentido: "Daí haver técnica para toda e qualquer ação: técnica de oração, [...] técnica de ascese, técnica de pensamento e de pesquisa, mnemotécnica, técnica pedagógica, técnica de guerra, técnica musical (de um virtuose, por exemplo), técnica de um escultor ou de um pintor [...], e todas elas são suscetíveis dos mais diversos graus de racionalidade. A presença de uma *questão* 'técnica' sempre significa: existem dúvidas sobre os *meios* mais racionais".[20] Pois nesse sentido mesmo a concentração mística para a iluminação, não examinável objetivamente, ou o domínio ascético de pulsões e afetos foram "racionalizados". O único critério com o qual se mede a racionalização "técnica" no sentido mais amplo é a regularidade de um comportamento reproduzível, em relação ao qual os *outros* podem adotar uma atitude calculadora.[21]

Rationality", *British Journal of Sociology*, v.29, n.1, p.57ss., 1978; Sprondel; Seyfarth (orgs.), *Max Weber und das Problem der gesellschaftlichen Rationalisierung*; é prestimoso o texto de Kalberg, "Weber's Types of Rationality: Cornerstones for the Analysis of Rationalisation Process in History", *American Journal of Sociology*, v.85, p.1145ss., 1980.

19 Weber, *Wirtschaft und Gesellschaft*, p.14.
20 Ibid., p.44-5.
21 Em conexão com esse conceito, podemos introduzir o conceito de tecnificação, que empregaremos mais tarde no contexto da teoria dos *media* de comunicação. São tecnificadas as ações e decursos de comunicação que podem ser repetidos e automatizados à vontade, segundo uma regra ou um algoritmo, isto é, desonerados da assunção e da formulação explícitas do saber intuitivo exigido. Cf. Luhmann, *Macht*, p.71, que introduz esse conceito de tecnificação em conexão com Husserl.

(b) Weber restringe esse significado amplo de "técnica" e de "racionalização dos meios" ao especificar estes últimos. Pois, se são levados em conta apenas os meios com que um sujeito capaz de agir pode realizar fins postos *mediante uma intervenção no mundo objetivo*, entra em jogo o critério de julgamento da eficácia. A racionalidade do emprego de meios se mede pela eficácia objetivamente examinável de uma intervenção (ou de uma omissão deliberada). Isso permite distinguir entre ações "subjetivamente racionais com respeito a fins" e "objetivamente corretas"; também se pode falar de uma "racionalidade progressiva dos meios" em um sentido objetivo: "Se o comportamento humano (seja de que tipo for) é orientado em algum ponto isolado num sentido tecnicamente 'mais correto' que antes, então ocorre um *'progresso técnico'*".[22] Também esse conceito de técnica é ainda apreendido de maneira ampla; estende-se não apenas às regras instrumentais da dominação da natureza, mas também às regras do domínio artístico do material ou, por exemplo, às técnicas de "manipulação política, social, pedagógica e propagandística do ser humano".[23] Nesse sentido, podemos falar de técnicas sempre que os fins que podem ser realizados com base nelas são concebidos como componentes do mundo objetivo; técnicas sociais podem aplicar-se a relações sociais, interações, instituições e símbolos somente se estes são pressupostos na qualidade de objetos de manipulação possível em atitude objetivante: "No terreno especial chamado habitualmente de 'técnica", mas igualmente no terreno da técnica comercial, também no da técnica jurídica, pode-se falar de um 'progresso' (no sentido da racionalidade técnica progressiva dos meios), *se* nesses casos um *status* univocamente determinado de um construto concreto é tomado como ponto de partida."[24]

(c) Portanto, de início Weber considera a racionalidade unicamente sob o aspecto do emprego dos meios. Ele diferencia esse conceito ao distinguir dois aspectos racionalizáveis em ações dirigidas a objetivos: não apenas os meios, e o tipo de seu emprego, podem ser mais ou menos racionais, isto é, efetivos no que concerne aos fins dados; também os próprios fins podem ser

---

22 Weber, *Methodologische Schriften*, p.264.
23 Ibid., p.265.
24 Idem.

escolhidos mais ou menos racionalmente, isto é, de maneira objetivamente correta quanto aos valores dados, meios e condições marginais. Pertence às condições da ação racional com respeito a fins não apenas uma *racionalidade instrumental* dos meios, subjetivamente suposta ou empiricamente verificável, mas também a *racionalidade da escolha* na colocação de fins segundo valores. Sob esse aspecto, uma ação pode ser racional somente na medida em que não é cegamente controlada por afetos ou guiada por tradições: "Um componente essencial da 'racionalização' da ação é a substituição da inserção interna nos usos avezados pela adaptação planejada aos interesses".[25] Uma tal racionalização pode ter lugar tanto à custa da ação afetiva quanto à custa da ação tradicional.

Faz parte desse contexto a importante distinção entre *racionalidade formal e material*. Algumas formulações de Weber não são muito claras. A racionalidade formal refere-se às decisões de sujeitos que agem racionalmente com respeito a escolhas e tentam perseguir seus interesses de acordo com preferências claras e máximas de decisões dadas exemplarmente no intercâmbio econômico: "Como racionalidade *formal* de uma ação econômica deve-se designar aqui a medida do *cálculo* que lhe é tecnicamente possível econômica e realmente aplicada por ela. [...] Em contrapartida, o conceito de racionalidade *material* (significa) [...] simplesmente [...] que se colocam [...] *exigências* éticas, políticas, utilitárias, hedonistas, corporativistas, igualitárias ou outras quaisquer, medindo-se com isso os resultados da ação econômica segundo a *racionalidade com respeito a valores* ou a *racionalidade material* com respeito a fins – por mais formal que seja sua 'racionalidade', isto é, sua calculabilidade".[26]

Assim que um ator é liberado de vínculos tradicionais ou dos controles afetivos a ponto de conseguir tornar-se consciente de suas preferências e escolher seus objetivos em virtude de suas preferências (e máximas de decisão) esclarecidas, uma ação pode ser julgada sob *dois* aspectos: sob o aspecto instrumental da eficácia dos meios e sob o aspecto da correção na derivação de objetivos quanto às preferências dadas, meios e condições marginais.

---

25 Weber, *Wirtschaft und Gesellschaft*, p.22.
26 Ibid., p.60.

Esses dois aspectos da *racionalidade instrumental e da racionalidade da escolha*, tomados em conjunto, são denominados por Weber de racionalidade *formal*, em contraste com o julgamento *material* do próprio sistema de valores que subjaz às preferências.

(d) Dos pontos de vista da racionalidade formal, pode-se colocar unicamente a exigência de que o agente seja consciente de suas preferências, de que ele precise os valores subjacentes, examine sua consistência, disponha-as em uma ordem transitiva de acordo com suas possibilidades etc. Weber é cético em questões normativas; está convencido de que a decisão por este ou aquele sistema de valor (ainda que analiticamente esclarecido) não pode ser fundamentada, racionalmente motivada; a rigor, não há uma *racionalidade de postulados de valor* ou poderes de crença no tocante a seu conteúdo. Contudo, o modo *como* o agente fundamenta suas preferências, *como* ele se orienta por valores, é para Max Weber um aspecto sob o qual uma ação pode ser vista como racionalizável: "Age *de forma puramente* racional com respeito a valores quem age, sem consideração pelas consequências previsíveis, a serviço de sua convicção sobre o que o dever, a dignidade, a beleza, a instrução religiosa, a piedade, ou a importância de um 'assunto', tanto faz seu gênero, parecem impor-lhe. A ação racional com respeito a valores é sempre [...] uma ação segundo 'preceitos' ou conforme 'exigências' que o agente crê serem postas em si mesmas".[27] A racionalidade dos valores que subjazem às preferências da ação não se medem por seu conteúdo material, mas por suas propriedades formais, isto é, se eles são tão fundamentais a ponto de justificar uma *forma de vida guiada por princípios*. Apenas valores que podem ser abstraídos e *generalizados* como princípios, que podem ser interiorizados como princípios extensamente *formais* e aplicados de modo *procedimental* possuem uma força de orientar a ação tão intensiva que conseguem abranger as situações particulares, penetrar sistematicamente em caso extremo todos os âmbitos da vida e colocar toda uma biografia e até mesmo a história dos grupos sociais sob uma ideia fundadora de unidade.

Nesse contexto, a distinção entre *interesses* e *valores* é relevante. Interesses mudam, enquanto valores generalizados sempre valem para mais do que

---

27 Ibid., p.18.

apenas um tipo de situação. O utilitarismo não dá conta dessa diferença categórica realçada no neokantismo. Ele faz a vã tentativa de *reinterpretar* orientações por interesses em princípios éticos, de hipostasiar a própria racionalidade com respeito a fins transformando-a em um valor. Daí a doutrina utilitarista nunca poder, como pensa Weber, alcançar o *status* e a produtividade de uma ética guiada por princípios.

(e) Weber diferenciou o conceito de racionalidade prática sob os três aspectos do *emprego dos meios*, da *colocação de fins* e da *orientação por valores*. A racionalidade instrumental de uma ação se mede pelo planejamento efetivo do emprego de meios quanto a fins dados; a racionalidade de escolha própria de uma ação se mede pela correção do cálculo dos fins quanto a valores registrados com precisão, a meios dados e condições marginais; e a racionalidade normativa de uma ação se mede pela força em fundar unidade, sistematizadora, e pela pungência dos critérios axiológicos e princípios que subjazem às preferências da ação. Ações que satisfazem as condições da racionalidade dos meios e das escolhas são denominadas por Weber de "racionais com respeito a fins" [*zweckrational*], e ações que satisfazem as condições da racionalidade normativa, de "racionais com respeito a valores" [*wertrational*]. Esses dois aspectos podem variar de maneira independente um do outro. Progressos na dimensão da racionalidade com respeito a fins podem "decorrer em favor de uma ação incrédula quanto a valores, puramente racional com respeito a fins, à custa da ação atada em termos de racionalidade com respeito a valores".[28] É nessa direção que a cultura ocidental racionalizada parece desenvolver-se em geral. Mas há também provas do caso recíproco de uma racionalização da orientação axiológica, estorvando simultaneamente a ação racional com respeito a fins. Isso se aplica, por exemplo, ao budismo em sua fase inicial, que Weber toma por uma ética racional,[29] "no sentido de um domínio constante e alerta sobre toda instintividade natural", mas que se afasta ao mesmo tempo de toda apoderação disciplinada do mundo.

Do vínculo entre a ação racional com respeito a fins e a ação racional com respeito a valores resulta então o tipo de ação que preenche as condições da

---

28 Ibid., p.22.
29 Ibid., p.483.

racionalidade prática em seu todo. Se pessoas e grupos generalizam ações desse tipo para além da época e dos âmbitos sociais, Weber fala então de uma *conduta de vida metódico-racional*. E vê na ascese protestante da vocação própria do calvinismo e das seitas puritanas incipientes a primeira aproximação histórica com esse tipo ideal: "Uma unidade de princípio e sistemática, inquebrantável, entre ética vocacional intramundana e certeza salvífica religiosa somente foi trazida, no mundo inteiro, pelo protestantismo ascético. Apenas aqui o mundo, na abjeção pelas criaturas, tem significação religiosa exclusiva e unicamente, na qualidade de objeto do cumprimento do dever por meio da ação racional, segundo a vontade de um Deus supramundano por excelência. Racional, sóbrio e não devotado ao mundo, o caráter da ação como fim e seu êxito são os sinais de que a bênção de Deus descansa sobre ela. Não a castidade, como no caso do monge, mas a exclusão de todo 'prazer' erótico, não a pobreza, mas a exclusão de todo desfrute dispendioso e da ostentação de riqueza, feudal e feliz com a vida, não a mortificação ascética do mosteiro, mas a conduta alerta, racionalmente dominada e o impedimento de toda dedicação à beleza do mundo, à arte ou aos próprios humores e sentimentos são as exigências; o disciplinamento e a metódica na conduta de vida, o objetivo unívoco; o 'homem de vocação', o representante típico; a objetificação [*Versachlichung*] racional e a societarização [*Vergesellschaftung*] das relações sociais, a consequência específica da ascese intramundana ocidental, em oposição a qualquer outra religiosidade do mundo".[30]

A conduta racional e metódica se caracteriza por perenizar o tipo complexo de ação que, *sob todos os três aspectos*, se inclina à racionalidade e a um aumento da racionalidade, vinculando essas estruturas de racionalidade entre si de tal sorte que elas se estabilizem mutuamente, no que os êxitos em uma dimensão em parte pressupõem, em parte estimulam êxitos nas outras dimensões. A conduta racional e metódica possibilita e premia êxitos da ação simultaneamente:

— sob o aspecto da racionalidade instrumental na solução de tarefas técnicas e na construção de meios eficazes;

---

30 Ibid., p.433.

— sob o aspecto da racionalidade da escolha na seleção consistente entre alternativas de ação (falamos em racionalidade estratégica caso devam ser consideradas aí as decisões dos adversários racionais); e, enfim,
— sob o aspecto da racionalidade normativa na solução de problemas prático-morais, no quadro de uma ética guiada por princípios.

É possível correlacionar diversas categorias de *saber* com esses três aspectos da racionalidade da ação. Mediante técnicas e estratégias, tanto o *saber empírico quanto o analítico* adentram nas orientações da ação racional com respeito a fins; esse saber pode assumir em princípio a forma da precisão do saber cientificamente confirmado. Por outro lado, mediante competências e motivos, o saber *prático-moral* (bem como o estético-expressivo) adentram nas orientações da ação racional com respeito a valores. Esse saber é precisado e aprimorado em duas etapas de desenvolvimento: de início, no interior das imagens religiosas do mundo, mais tarde no quadro das esferas de valor do direito e da moral (e da arte), que se tornaram autônomas. É nesse lugar que se mostra "a copertença em última instância inseparável" entre racionalização de ações e formas de vida e a racionalização de imagens de mundo.

O complexo conceito de racionalidade prática que Max Weber exibe em termos de tipo ideal pelo exemplo da conduta metódica das seitas protestantes é ainda parcial. Ele remete a um conceito de racionalidade que abrange tanto a racionalidade teórica quanto a prática. Em todo caso, Weber depreende esse conceito de estruturas de consciência que não ganham expressão imediatamente em ações e formas de vida, mas primeiramente em tradições culturais, em sistemas simbólicos. As duas rubricas sob as quais Weber investiga uma *racionalização cultural* correspondente são: sistematização das imagens de mundo e lógica intrínseca das esferas de valor. Elas se referem a outros conceitos de racionalidade que não são abordados em termos de teoria de ação, como aqueles tratados até o momento, mas dependem de uma teoria da cultura.

(f) Weber denomina racional a configuração formal completa dos sistemas simbólicos, em particular dos sistemas religiosos, assim como de noções jurídicas e morais. Weber conferiu uma alta importância às camadas de intelectuais, tanto para a constituição das religiões redentoras integralmente racionalizadas em sua dogmática,³¹ quanto para o desenvolvimento do direito formal. Pois os intelectuais se especializam em elaborar e aprimorar sistemas simbólicos tradicionais a partir de pontos de vista formais, tão logo sejam fixados em escrituras. Trata-se aí da precisão dos significados, da explicação dos conceitos, da sistematização dos motivos de pensamento, da consistência de sentenças, da construção metódica, do aumento simultâneo da complexidade e da especificidade do saber doutrinável. Essa *racionalização das imagens de mundo* se aplica às *relações internas* dos sistemas simbólicos.

No entanto, o aprimoramento das qualidades formais, que Max Weber destaca como resultado do trabalho analítico dos intelectuais, tem *dois aspectos* distintos. De um lado, imagens de mundo racionalizadas satisfazem em alto grau as *exigências do pensamento operacional-formal*. Esse aspecto da racionalização pode ser bem estudado, por exemplo, na formalização, sistematização científica e especialização profissional do saber disciplinar jurídico, exercido primeiramente como prática da profissão.³² Mas, de outro lado, imagens de mundo racionalizadas satisfazem, também em alto grau, as *exigências de uma compreensão moderna do mundo*, que pressupõe categorialmente o *desencantamento do mundo*. Weber investiga esse aspecto da racionalização sobretudo na "racionalização ética" das religiões redentoras; em todos os "tipos de ética prática que foram sistemática e univocamente orientados aos firmes objetivos da salvação". Weber denomina "racional" (no sentido de um mundo categorialmente desencantado) "a distinção entre o normativamente 'válido' e o empiricamente dado".³³ Weber vê na superação da crença mágica o feito essencial da racionalização das grandes religiões universais; essa *abertura* categorial *para uma concepção moderna, desencantada do mundo* expressa-se também em uma configuração operacional-formal completa dos elementos tradicionais, mas não é idêntica a ela.

O próprio Max Weber apaga essa distinção, por exemplo no começo de seus estudos sobre o judaísmo antigo, onde, tendo em vista o grau de ra-

---

31 Ibid., p.393ss.
32 Sobre isso, cf. Eisen, "The Meanings and Confusions of Weberian Rationality", op. cit., p.61-2.
33 Weber, *Die Protestantische Ethik*, v.I, p.266.

cionalização dessa imagem de mundo, anota as seguintes questões: "saber se certas concepções israelitas [...] aparecem 2. mais ou menos intelectualizadas e racionalizadas (no sentido da remoção de noções mágicas); ou 3. mais ou menos sistematizadas de modo unitário; ou 4. mais ou menos voltadas (sublimadas) a uma ética da convicção".[34]

Enquanto a terceira questão se refere à configuração completa formal do sistema simbólico religioso, a segunda e a quarta questão concernem às categorias da compreensão de mundo. Muitas vezes, esses dois aspectos não são separados de maneira clara também na interpretação dos textos weberianos.

J. Weiss caracteriza a racionalização da imagem de mundo como "pensar até o fim, de forma consequente e sistemática, o conteúdo dado do sentido ou do valor. Pensar até o fim significa aí: remontar aos princípios últimos subjacentes e desenvolver as consequências extremas ou do todo sistemático das consequências".[35] Weiss separa essa operação racionalizadora daquilo que chama racionalismo ético. Em contraposição a isso, W. Schluchter identifica as duas coisas: "Racionalismo significa [...] sistematização de nexos de sentido, reelaboração intelectual e sublimação deliberada das 'metas do sentido'. É consequência de uma 'coação interna' dos homens de cultura de não apreender o mundo somente como um cosmo pleno de sentido, mas também tomar posição sobre ele, ou seja, é um racionalismo *ético*-metafísico, no sentido mais amplo do termo".[36] Essa falta de clareza é suprimida quando (a) se separam analiticamente os aspectos de uma configuração formal completa das imagens de mundo e de uma diferenciação categorial de conceitos de mundo, explicando (b) com base na psicologia genética de Piaget por que a aplicação consequente de operações formais em imagens de mundo talvez represente uma condição necessária, mas não suficiente, da abertura para a compreensão moderna de mundo. Manifestamente, a "redução a princípios" significa algo diferente da "sistematização dos conteúdos da crença"; não uma mera ampliação e desespecialização do âmbito de aplicação das operações in-

---

34 Weber, *Gesammelte Aufsätze zur Religionssoziologie*, v.III. p.2, nota.
35 Weiss, *Max Webers Grundlegung der Soziologie*, p.137-8.
36 Schluchter, "Die Paradoxie der Rationalisierung", em *Rationalismus der Weltbeherrschung*, p.10; referindo-se a Weber, *Wirtschaft und Gesellschaft*, p.304.

telectuais formais, mas um descentramento das perspectivas de mundo, que é impossível sem uma modificação simultânea nas estruturas de consciência prático-morais profundas.[37]

(g) Na medida em que a racionalização das imagens de mundo levam à diferenciação dos componentes cognitivos, normativos e expressivos da cultura, na nossa acepção: a uma compreensão moderna do mundo, ela cumpre as condições iniciais de uma *racionalização cultural* em sentido estrito. Uma tal racionalização começa quando "se toma consciência da legalidade intrínseca interna" das esferas de valor, isto é, "das esferas da posse de bens externos e internos, religiosos e mundanos [...] com todas as suas consequências [...]".[38] Na medida em que as diversas esferas de valor são "preparadas em sua coesão racional", vêm à consciência aquelas pretensões de validade universais pelas quais se medem progressos culturais ou "incrementos de valores". Weber distingue entre progresso na racionalidade técnica dos meios e *incremento de valores*. Assim que ciência, moral e arte se diferenciaram cada uma sob *um* critério abstrato de valor, *uma* pretensão de validade universal, seja a da verdade, da correção normativa, da autenticidade ou beleza, convertendo-se em esferas de valor autônomas, tornaram-se possíveis progressos objetivos, aperfeiçoamentos e incrementos em um sentido específico a cada uma delas. A racionalização que "incrementa valores" não compreende apenas os componentes cognitivos (em sentido estrito), mas também os componentes da tradição cultural relativos à integração social – ela estende-se ao saber teórico e empírico da natureza externa, ao saber prático-moral dos membros de sua sociedade e ao saber estético-expressivo do indivíduo acerca da própria subjetividade ou natureza interior.

O que significa "incremento de valores" no âmbito das ciências empíricas modernas não é problemático de início: o progresso do conhecimento no sentido de uma ampliação do saber teórico. Mais problemático é o incremen-

---

37 Em seu livro, *Die Entwicklung des okzidentalen Racionalismus*, Schluchter leva em conta essa circunstância ao tornar fecunda a teoria moral de L. Kohlberg para sua interpretação de Weber. Resultam daí muitos pontos de contato com a presente interpretação. Cf. Mayrl, "Genetic Structuralism and the Social Analysis of Social Consciousness", *Theorie and Society*, v.5, p.19ss., 1978.
38 Weber, *Gesammelte Aufsätze zur Religionssoziologie*, v.I, p.541.

to de valores na esfera das noções jurídicas e morais; aqui Weber conta com uma modificação de estruturas, com uma elaboração cada vez mais precisa dos princípios universalistas da teoria do direito e da moral; do contrário, ele não poderia estabelecer hierarquia alguma entre as éticas da lei ligadas às tradições, as éticas da convicção e as éticas da responsabilidade. De resto, a "perfeição" do saber se conecta aqui estreitamente com a sua implementação. Por fim, no que diz respeito ao incremento de valores no âmbito estético, a ideia de progresso empalidece para dar lugar à ideia de uma renovação e redescoberta, de uma vivificação inovadora de experiências autênticas.

No âmbito estético-expressivo, progressos que surgem dos pontos de vista da racionalidade instrumental têm de ser distinguidos de incrementos da racionalidade com respeito a valores de maneira tão cuidadosa quanto no âmbito prático-moral. Weber acentua "que o emprego de uma determinada *técnica*, ainda que muito 'avançada', não diz o mínimo que seja acerca do valor *estético* de uma obra de arte. Obras de arte com técnicas ainda muito 'primitivas' – por exemplo, quadros sem qualquer conhecimento de perspectiva – podem estar esteticamente à mesma altura das mais bem-acabadas, criadas sobre o solo das técnicas racionais, pressupondo que a vontade artística se tenha limitado àquelas formações que são adequadas à técnica 'primitiva'. Antes de tudo, a criação de meios técnicos novos significa apenas uma diferenciação crescente e dá apenas a *possibilidade* de uma 'riqueza' crescente da arte, no sentido do incremento de valores. De fato, não raramente ela teve o efeito contrário de um 'empobrecimento' da sensibilidade formal".[39] "Progressos" no âmbito da arte autônoma visam a uma elaboração de experiências estéticas fundamentais cada vez mais radical e pura, isto é, purificada de imissões teóricas e morais. Todavia, a arte de vanguarda atingiu esse incremento de valores também pela via de uma reflexivização das técnicas artísticas: a racionalidade instrumental incrementada de uma arte que torna transparente seus próprios processos de produção se apresenta aqui a serviço do incremento de valores estéticos.

Nossa travessia pelos diversos conceitos de racionalidade (a-g) torna patente que Max Weber aborda a problemática da racionalização no plano

---

39 Weber, *Methodologische Schriften*, p.261; há algo análogo em Adorno; cf. p.230.

das estruturas de consciência; com Parsons, podemos dizer: no plano da personalidade e da cultura. De um lado, Weber obtém o conceito de *racionalidade prática* a partir de um tipo de ação representado na figura histórica da *conduta de vida própria da ética protestante*, o qual purifica as racionalidades com respeito a meios, a fins e a valores. De outro, ele contrapõe à racionalidade das orientações de ação aquela das *perspectivas de mundo* e das *esferas de valor*. Ele vê os pontos de referência da racionalização cultural na ciência moderna, na consciência pós-tradicional do direito e da moral e na arte autônoma. Em contrapartida, os fenômenos da racionalização que Weber pretende *explicar* se situam no plano da sociedade: "Nossa vida social e econômica americano-europeia é 'racionalizada' de uma maneira e em um sentido específicos. Explicar essa racionalização [...] é uma das principais tarefas de nossa disciplina".[40] Veremos como Weber coloca esses fenômenos da racionalização *social* — sobretudo as instituições da economia capitalista e do Estado moderno — sob conceitos que de início esclareceu com outros fenômenos, precisamente os fenômenos da racionalização *motivacional* e da *cultural*.

Para concluir, gostaria de aclarar ainda um outro aspecto conceitual: em que sentido o que Weber denomina "racionalismo ocidental" é uma peculiaridade da cultura americano-europeia moderna, e em que sentido se expressa nele um traço universal da "humanidade civilizada" [*Kulturmenschentum*]?

(3) *O conteúdo universalista do racionalismo ocidental*

Como é sabido, Max Weber começa seu célebre "prefácio" com uma questão ambígua: "De maneira inevitável e justificada, o filho do mundo cultural moderno e europeu tratará problemas da história universal com o seguinte questionamento: que encadeamento de circunstâncias levou a que justamente no solo do Ocidente, e apenas aqui, se apresentassem fenômenos culturais que — como nós ao menos gostaríamos de imaginar — se situam em uma direção evolutiva de significado e validade *universais*?".[41] A formulação é ambígua porque deixa em aberto a questão de saber se o processo

---

40 Weber, *Methodologische Schriften*, p.263.
41 Weber, *Die Protestantische Ethik*, v.I, p.9.

de racionalização, de cuja perspectiva *nós*, os filhos e filhas da modernidade, consideramos o desenvolvimento das grandes civilizações, possui uma validade universal, ou se apenas *parece* ter *para nós*. Vou defender a tese de que das abordagens conceituais de Weber, até onde nós as seguimos anteriormente, resulta uma *posição universalista*. Contudo, Weber não tirou consequências universalistas sem reservas. Como mostra seu diagnóstico de época, Weber adotou de maneira pré-científica, no contexto de suas experiências cotidianas, uma posição muito ambivalente em relação ao racionalismo ocidental. É por esse motivo que buscou um ponto de referência com o qual a racionalização discrepante da sociedade pudesse ser relativizada na qualidade de *desenvolvimento cultural particular*. Weber considera o racionalismo "ocidental" não apenas no sentido de que foi no Ocidente que surgiram aquelas constelações históricas sob as quais pôde se apresentar pela primeira vez um fenômeno universal segundo sua natureza; como uma espécie particular de racionalismo, ele expressa também traços dessa cultura ocidental particular.

Por outro lado, Weber não defende uma posição culturalista sem mais. Ele revoga "o significado *e a validade* universais" do racionalismo ocidental no plano da reflexão metodológica, quando muito: "O racionalismo da dominação do mundo é o *nosso* ponto de vista, com que, como um holofote, iluminamos um recorte da história universal, e tem para *nós* uma pretensão de correção na medida em que a continuidade nos importa. Ele faz parte de *nossa* situação hermenêutica inicial, que não surgiu de maneira contingente, mas que permanece uma situação particular igualmente. Porém, a cultura ocidental moderna é, ao mesmo tempo, de tal gênero que *todos* os homens civilizados podem se interessar por ela. Pois ela trouxe uma nova interpretação da humanidade civilizada, até então historicamente desconhecida. Isso faz dela não apenas um fenômeno especial, confere-lhe também uma posição especial. E porque é assim, ela representa um problema histórico-universal e é de significado e validez universais. Também o homem civilizado que não escolheu para si essa alternativa é forçado a reconhecer nela uma interpretação possível da humanidade civilizada, uma interpretação com que, sem dúvida, não deve relativizar sua própria escolha, mas sim relacionar, *na medida em que quer viver conscientemente*. Portanto, o ponto de vista destacado por Weber, o critério de orientação ressaltado por ele constitui, de fato, uma consequência. Porém, se esta não é carregada apenas com pretensões heurísticas, mas também com pretensões de correção, ela é uma consequência *para nós*".[42]

Com essa caracterização, Schluchter acerta provavelmente a autocompreensão de Max Weber, mas uma compreensão que apenas em aparência faz a mediação das duas tomadas de posição opostas a respeito da pretensão de universalidade da compreensão moderna de mundo. Se não projetamos o racionalismo ocidental a partir da perspectiva conceitual da racionalidade com respeito a fins e da dominação do mundo, se, pelo contrário, tomamos como ponto de partida a racionalização das imagens de mundo que resulta em uma *compreensão descentrada de mundo*, então se coloca a questão de saber se, nas esferas de valor culturais que se desdobram em seus sentidos intrínsecos sob os critérios de valor abstratos de verdade, de correção normativa e de autenticidade, não se expressa uma existência formal de estruturas universais de consciência. As estruturas do pensamento científico, das noções jurídicas e morais pós-tradicionais e da arte autônoma, tal como elas se constituíram no quadro da cultura ocidental, seriam uma posse da "comunidade dos homens civilizados", presente como ideia reguladora – ou não? A posição universalista não precisa negar o pluralismo e a incompatibilidade das expressões históricas da "humanidade civilizada", mas vê essa diversidade de formas de vida *limitada aos conteúdos culturais* e afirma que toda cultura, se alcançasse de modo geral um determinado grau de "conscientização" ou "sublimação", iria partilhar certas *propriedades formais da compreensão moderna de mundo*. A hipótese universalista refere-se, portanto, a algumas características estruturais necessárias dos mundos da vida modernos em geral. Porém, se mais uma vez consideramos essa concepção universalista cogente apenas *para nós*, o relativismo que foi repelido no plano teórico retorna no plano metateórico. Não creio que um relativismo, quer de primeiro, quer de segundo grau, seja compatível com o quadro categorial com que Weber formula a problemática da racionalização. Todavia, Weber tem reservas relativistas. Estas se devem a um motivo que seria suprimido

---

42 Schluchter, *Die Entwicklung des okzidentalen Rationalismus*, p.36-7.

somente se o particular do racionalismo ocidental não fosse atribuído a uma *peculiaridade cultural*, mas ao *padrão seletivo* que os processos de racionalização assumem *sob as condições do capitalismo moderno*.

Com o olhar voltado aos fenômenos do racionalismo ocidental enumerados no "prefácio", Weber observa: "[...] trata-se manifestamente, com efeito, em todos os casos aduzidos de peculiaridade, de um 'racionalismo' específico à cultura ocidental. Ora, por esse termo podem ser entendidas coisas extremamente distintas — como as explicações posteriores evidenciarão repetidas vezes. Há, por exemplo, 'racionalizações' da contemplação mística, ou seja: de um comportamento que, visto de outros âmbitos da vida, é especificamente 'irracional', tanto quanto racionalizações da economia, da técnica, do trabalho científico, da educação, da guerra, da justiça e da administração. Além disso, é possível 'racionalizar' cada um desses âmbitos a partir de pontos de vista últimos e em eixos extremamente distintos, e o que de um (ponto de vista) é 'racional, pode ser, considerado, de outro, 'irracional'. Daí ter havido racionalizações em todas as culturas, nos diversos âmbitos da vida e das maneiras mais diversas. É característico de sua diferença histórico-cultural primeiramente: *quais* esferas foram racionalizadas e em que direção. Portanto, importa antes de tudo: conhecer e explicar, em seu surgimento, a *peculiaridade* do racionalismo ocidental e, no seu interior, do racionalismo moderno".[43] A sentença central, que parece expressar uma posição culturalista, repete-se quase literalmente no ensaio sobre a ética protestante: "É possível justamente [...] 'racionalizar' a vida de pontos de vista últimos extremamente distintos e segundo direções muito distintas".[44] Porém, saber se e, dado o caso, como o *relativismo dos conteúdos axiológicos* afeta o caráter *universal* da *direção do processo de racionalização* depende do plano em que o pluralismo dos "pontos de vista últimos" é sediado. Uma posição culturalista tem de exigir que, para toda *forma* de racionalidade (e para as correspondentes formas de incremento de racionalidade) se deixe indicar, *no mesmo plano*, pelo menos um ponto de vista abstrato do qual essa forma poderia ser descrita ao mesmo tempo como "irracional". É exatamente isso

---

43 Weber, *Der Protestantische Ethik*, v.I, p.20.
44 Weber, *Gesammelte Aufsätze zur Religionssoziologie*, v.I, p.62.

que Weber parece querer afirmar para os conceitos de racionalidade que percorremos. Mas essa afirmação ele não pode manter. A seguir, refiro-me à numeração introduzida na seção precedente.

ad (a) Racionalidade no sentido da *tecnificação* de ações que se tornaram reproduzíveis por meio de uma condução metódica, assumindo assim um caráter regular ou, dado o caso, planejado. Na qualidade de exemplos da irracionalidade de ações que foram racionalizadas nesse sentido, Max Weber menciona "os métodos da ascese por mortificação ou da ascese ou contemplação mágica em suas formas mais consequentes, por exemplo na ioga ou nas manipulações com rodas de oração no budismo tardio".[45] Quais são os pontos de vista abstratos a partir dos quais um tal disciplinamento técnico deveria ser julgado como "irracional"? Certamente, da perspectiva de uma compreensão moderna de mundo, é possível criticar como irracionais as imagens religiosas de mundo que conferem um determinado sentido aos exercícios ascéticos, às meditações místicas, à ioga etc. Mas essa crítica não se refere, em primeiro lugar, à própria racionalização das ações, mas à interpretação religiosa de ações rituais, e, em segundo lugar, apoiaria hipóteses relativistas básicas apenas se pudesse ser mostrado que a compreensão moderna de mundo deveria ser colocada, também de pontos de vista formais, no mesmo nível que as imagens de mundo que continuam presas aos modos de pensar mágicos.

ad (b) e (c) Racionalidade formal. Weber se reporta às racionalizações da economia, da técnica, do trabalho científico, da educação, da guerra, da justiça e da administração que podem aparecer, "vistas de outros âmbitos da vida, (como) especificamente irracionais".[46] Porém, essa crítica não se refere às tecnologias e às estratégias com base nas quais esses âmbitos da ação são racionalizados, mas ao significado relativo que cabe a esses âmbitos de ação *no todo de uma cultura*. Se e na medida em que um âmbito de ação deve ser racionalizado de modo geral, progressos são medidos pelos critérios culturalmente invariantes de um controle bem-sucedido sobre processos da natureza e da sociedade que são encontráveis no mundo objetivo como algo.

---

45 Ibid., p.266.
46 Weber, *Der Protestantische Ethik*, v.I, p.20.

ad (d) Racionalidade com respeito a valores. No interior das diversas esferas da vida, como economia, religião, educação etc., podem variar os padrões axiológicos sob os quais se age racionalmente com respeito a fins e meios. Esses valores têm em cada caso uma forma histórica concreta, são de natureza particular e oferecem os pontos de referência para o que Weber denominou equivocadamente de "racionalidade material". As ideias de redenção das religiões universais são talvez o exemplo mais expressivo de um pluralismo de postulados axiológicos "últimos": "Se [...] o tipo de bens salvíficos almejados era fortemente influenciado pelo tipo de interesses exteriores e de conduta de vida adequada a eles entre as camadas dominantes e, portanto, pela própria estratificação social, então, inversamente, também a direção da conduta inteira era determinada no mais profundo, por mais que fosse racionalizada planejadamente, pelos valores últimos que orientavam essa racionalização".[47] Entretanto, é em um plano diferente daquele dos *conteúdos* axiológicos que residem os *critérios* axiológicos abstratos, isto é, os aspectos de validade formais sob os quais Weber investiga a racionalidade das religiões da redenção. Assim, as éticas da convicção devem sua força de penetração e sistematização às estruturas de consciência pós-tradicionais, que permitem isolar questões de justiça das questões de verdade e de gosto. Com isso é definida primeiramente a dimensão em que as imagens de mundo podem ser mais ou menos racionalizadas no plano ético.

ad (f) e (g) Compreensão moderna de mundo e lógica intrínseca das esferas de valor. Quando Weber fala de "pontos de vista últimos" segundo os quais a vida poderia ser racionalizada, nem sempre entende por essa expressão os valores culturais, ou seja, os conteúdos que se constituem em configurações históricas *no interior* de uma esfera da vida, mas muitas vezes também aquelas ideias abstratas que são decisivas para a legalidade intrínseca de uma esfera de valores *enquanto tal*: tais ideias são a verdade e o êxito para a esfera de valores cognitiva; justiça e, de modo geral, correção normativa para a esfera prático-moral; beleza, autenticidade e veracidade para a esfera expressiva. Não cabe confundir essas ideias (ou aspectos de validade) com matérias axiológicas, com os *conteúdos* particulares das diversas esferas de va-

---

47 Weber, *Gesammelte Aufsätze zur Religionssoziologie*, v.I, p.259.

lor. Segundo a concepção de Weber, as esferas de valor culturais são importantes para o desenvolvimento das sociedades modernas porque controlam a diferenciação de sistemas sociais parciais ou esferas da vida. Naturalmente, da perspectiva de cada esfera da vida em particular, a racionalização de todas as outras pode aparecer, em um certo sentido, como "irracional": esta é a tese que Weber desenvolve na "Consideração intermediária". Ele está convencido de que "a preparação da peculiaridade específica de cada esfera particular que aparece no mundo" faz ressaltar cada vez mais abruptamente as incompatibilidades e os conflitos que se fundam na legalidade intrínseca das esferas de valor. Mas essa crítica não se refere ao desdobramento racional da lógica intrínseca de cada esfera de valores, mas à *autonomização de algumas esferas da vida à custa de todas as outras*.

No mínimo, devemos considerar como empírica a questão de saber se as tensões entre as esferas da vida, cada vez mais racionalizadas, se devem efetivamente a uma incompatibilidade de critérios axiológicos e de aspectos de validade abstratos ou apenas a uma racionalização parcial e, portanto, *desequilibrada*, por exemplo, ao fato de que a economia capitalista e a administração moderna se expandem à custa de outros âmbitos da vida e de que estes, inclinados de acordo com sua estrutura a formas de racionalidade prático-morais e expressivas, são comprimidos em formas de racionalidade econômica ou administrativa. Seja qual for a resposta, não devemos em todo caso colocar os aspectos de validade – sob os quais as esferas de valor desenvolvidas em seus sentidos intrínsecos na modernidade e os subdomínios sociais que lhe são correspondentes são formalmente racionalizados – no mesmo nível que quaisquer *conteúdos* axiológicos ou padrões axiológicos particulares historicamente cambiantes. Pelo contrário, aquelas pretensões de validade formam um sistema que, por mais que seja internamente repleto de tensões e tenha emergido pela primeira vez na figura do racionalismo ocidental, reivindica validade universal e vinculante para *todos* os "homens civilizados", para além da peculiaridade dessa determinada cultura.

ad (e) Racionalidade da conduta de vida metódica. Max Weber apontou muitas vezes para o núcleo irracional da ética protestante da vocação; e não se pode intuitivamente negar a essas observações uma certa razão. Weber investigou "de que espírito era filha aquela forma concreta de pensamento e vida 'racionais', de quem proveio aquela ideia de vocação e aquela [...] entrega ao *trabalho* vocacional, tão irracional do ponto de vista dos interesses próprios, o qual foi e continua sendo um dos componentes característicos de nossa cultura capitalista. Interessa-*nos* aqui, justamente, a procedência daquele elemento *irracional* que reside tanto nesse como naquele conceito de 'vocação'".[48] A repressão que uma ascese intramundana inflexível impôs aos indivíduos no trato tanto com a própria natureza subjetiva quanto com os parceiros da interação, até mesmo com os irmãos de fé, corresponde à cegueira da obediência em relação ao decreto de Deus, irracional por excelência, acerca da salvação da própria alma. Sem dúvida, essa repressão psíquica é, pelos menos em parte, funcional para a fundamentação motivacional da ação racional com respeito a fins na esfera do trabalho vocacional; porém, ela faz reconhecer também o preço que teve de ser pago pelo cumprimento das condições formais dessa ética da convicção, plena de consequências no campo da prática profissional – um preço que pode ser expresso com conceitos da racionalidade moral e expressiva. L. Brentano, por exemplo, observou com razão que esse disciplinamento deveria ser concebido antes como "racionalização de uma conduta de vida irracional" do que como exercício de uma conduta metódica e racional. Weber não responde de maneira muito convincente a essa objeção: "De fato, é isso mesmo. Algo não é nunca 'irracional' em si, mas de um determinado *ponto de vista* 'racional'. Para os não religiosos, toda conduta religiosa é 'irracional', para o hedonista toda conduta ascética é 'irracional', ainda que possa ser, medindo-a por *seu* valor último, uma 'racionalização'. Se esse ensaio (sobre o 'espírito do capitalismo') pretende contribuir para alguma coisa, é revelar em sua multiplicidade o conceito de 'racional', unívoco apenas em aparência".[49] Só que a objeção de Brentano não se dirige em absoluto contra a ética protestante da vocação *enquanto* uma forma de vida ética que concorre com outras formas, definidas de modo utilitarista ou estético. Brentano pergunta sobre a consistência *interna* de uma forma de vida que Weber considera como a figura exemplar na qual se perenizou pela primeira (e única) vez na história o complexo

---

48 Ibid., p.62.
49 Ibid., p.35, nota 1.

tipo de ação que purifica sistematicamente a racionalidade com respeito a meios, a fins e a valores. A conduta metódica de vida representa, segundo a concepção de Weber, uma forma de vida que ao mesmo tempo corporifica três aspectos universais da racionalidade prática e que, nesse sentido, não confere expressão apenas a uma peculiaridade cultural. Contudo, se essa forma de vida apresenta traços irracionais, então estas se situam de fato no *mesmo* plano que a racionalidade por mor da qual ela se destaca na análise de Weber. Essa *contradição* pode ser resolvida, como veremos, apenas quando se consegue demonstrar o caráter meramente parcial, isto é, incompleto dessa figura histórica da racionalização ética.

2
O desencantamento das imagens religiosas e metafísicas de mundo e o surgimento das estruturas modernas de consciência

Obtivemos uma primeira visão de conjunto sobre o racionalismo ocidental e os meios conceituais que Weber empregou para a análise desse fenômeno. Depreende-se daí que Weber considera a diferenciação das esferas de valor culturais uma chave para a explicação do racionalismo ocidental, concebendo-a, por sua vez, como resultado de uma história interna das imagens de mundo, isto é, de sua racionalização. Essa abordagem teórica é compreensível somente tendo em vista o pano de fundo da filosofia neokantiana dos valores, ainda que o próprio Weber não faça a tentativa de ordenar sistematicamente as esferas de valor, que ele recolhe indutivamente e trata em atitude descritiva, analisando-as sob pontos de vista formais. De antemão, desencontraríamos a teoria da racionalização de Weber se não explicássemos o conceito de *ordem de vida* com base no conceito filosófico de *realização de valores*. Da perspectiva teórica do cientista resulta uma distinção estrita entre as esferas do ser e da validade e, de maneira correspondente, entre enunciados descritivos e valorativos, no que, contudo, também o conhecimento, e não apenas a valoração, permanece referido a uma esfera de validade através da pretensão de verdade vinculada a enunciados descritivos. O sociólogo distingue essas esferas como qualquer outro cientista; mas o recorte da realidade com a qual ele tem de lidar se destaca porque as esferas do ser e do dever ser se penetram de modo peculiar: a cultura se forma, segundo as noções de Rickert, por meio da relação de fatos com um sistema de valores.[1]

---

[1] Cf. Habermas, *Zur Logik der Sozialwissenschaften*, p.74ss.

Em sua ação social, os diversos atores e grupos se orientam por valores; nos objetos culturais e nas ordens institucionais os valores são realizados. É por esse motivo que o sociólogo leva em conta que a realidade, que ele analisa em atitude descritiva, *pode* ser considerada *também* sob aspectos de validade e que os indivíduos presentes em seu âmbito de objetos normalmente consideram seu mundo sob aspectos de validade – a saber: sempre que se orientam por valores concretos ou pretensões de validade abstratos. O sociólogo pode fazer uso dessa *referência dos objetos a valores* ao vincular a apreensão descritiva das ordens da vida sociais com uma reconstrução das ideias ou valores nelas corporificados.

Weber não poderia de modo algum erguer uma teoria da racionalização se não estivesse convencido, como neokantiano, de que é possível considerar os processos de realização de valores simultaneamente de fora e de dentro, investigá-los ao mesmo tempo como processos empíricos e como objetivações do saber e vincular aspectos da realidade e aspectos de validade. É esse tipo de investigação que requer o desencantamento das imagens religiosas e metafísicas do mundo. É por isso que Schluchter realça com razão: "Weber tende a acolher as esferas de valor e as ordens da vida de modo descritivo, considerando a validade em uma atitude histórico-empírica e, em primeira linha, sob o aspecto da eficácia. Mas, no pano de fundo dessa análise, encontra-se uma teoria dos valores na qual as investigações histórico-empíricas devem ser ancoradas. E, aos meus olhos, isso vale em particular medida para a teoria histórico-empírica da racionalização".[2] Weber não torna explícito o pano de fundo da teoria dos valores; mas depende dela quando põe ideias e interesses em relação mútua (1) e, na análise das imagens de mundo, associa a consideração externa com uma interna (2). Pretendo entrar nesses pontos de maneira breve, para em seguida caracterizar a própria racionalização das imagens de mundo, mais exatamente, tanto sob aspectos relativos a conteúdo (3) quanto sob o ponto de vista das modificações estruturais (4). Por fim, nomeio algumas condições que têm de ser preenchidas antes de as estruturas da compreensão religiosa desencantada do mundo poderem se tornar efetivas no plano das instituições sociais (5).

---

2 Schluchter, *Die Entwicklung des okzidentalen Rationalismus*, p.30.

(1) *Ideias e interesses*

A racionalização da cultura é empiricamente eficaz apenas quando convertida em uma racionalização de orientações da ação e de ordens de vida. Essa conversão do saber culturalmente armazenado na conduta de vida de indivíduos e grupos, de um lado, e em formas de vida social (ou esferas de vida, ordens de vida, como diz Weber em vez de subsistemas sociais), de outro, é representada por Weber como uma transferência entre ideias e interesses. Ele parte da suposição de que os "homens civilizados" ou os indivíduos socializados, por um lado, têm necessidades que precisam ser satisfeitas, e, por outro lado, se encontram em contextos de sentido que requerem interpretação e fundação. A isso correspondem *interesses materiais e ideais*; uns visam aos bens terrenos como bem-estar, segurança, saúde, vida longa etc., outros, a bens salvíficos como graça, redenção, vida eterna ou, em nível intramundano, à superação da solidão, da doença, da angústia perante a morte etc. No caso das privações materiais, surgem *problemas de penúria externa*, no caso das privações ideais, *problemas de penúria interna*. Nessas determinações empírico-antropológicas se espelha a constituição conceitual dicotômica da teoria do conhecimento kantiana e neokantiana. Ora, entre ideias e interesses existem, de uma parte, relações conceituais e, de outra, empíricas. Conceituais porque as necessidades ideais se dirigem imediatamente a ideias e valores, ao passo que as necessidades materiais têm de ser interpretadas com base em ideias. Por outro lado, ideias e interesses entram em relação empírica entre si tanto nas ordens de vida da sociedade como nas estruturas de personalidade de seus membros.

As ordens de vida podem ser consideradas por dois aspectos. Por um, elas regulam a apropriação de bens, isto é, a satisfação de interesses materiais e ideais; por outro, realizam ideias ou valores. Nesse ponto, ambos os aspectos dependem um do outro. Interesses podem ser satisfeitos de maneira duradoura por meio de normas da relação social somente quando se vinculam a ideias que servem à sua *fundamentação*; e ideias, por sua vez, não poderiam se impor empiricamente se não se vinculassem a interesses que lhes conferem *força*.

Essa perspectiva *geral*, que Marx já havia formulado nos *Anais franco-alemães*, recebe em Max Weber uma guinada levemente idealista; R. Bendix a comprova com um proferimento característico de O. Hintze: "Onde se busca realizar os interesses com veemência, ali se forma também uma ideologia para animá-los, fortalecê-los e justificá-los, e esta é, enquanto um elemento indispensável do próprio processo de vida em que ocorre a ação, tão efetiva quanto os próprios interesses 'reais'. E por outro lado: onde as ideias querem conquistar o mundo, elas precisam da prefação dos interesses reais que, todavia, podem amiúde desviá-las mais ou menos de seu objetivo original ou até mesmo alterá-las e falsificá-las".[3] Max Weber parte de um modelo que Parsons implementará mais tarde (em uma versão influenciada por Durkheim): sistemas sociais de ação ou "ordens de vida" integram ambos, ideias e interesses, de modo que eles ordenam as chances legítimas de satisfazer interesses materiais e ideais. A interpenetração de ideias e interesses e sua estabilização mútua servem para regular a apropriação de bens materiais e ideais e ancorar essa regulação nos motivos e nas orientações axiológicas dos concernidos, de sorte que exista uma probabilidade suficiente para a obediência média às respectivas normas. Interesses precisam ser ligados a ideias se as instituições nas quais os interesses são expressos devem subsistir; pois apenas mediante ideias uma ordem da vida adquire validade legítima.

Esse vínculo pode saltar aos olhos lançando-se mão de uma ordem "isenta de validade", mantida de forma meramente factual. Abstraindo o evento de uma ordem coercitiva[4] abertamente repressiva e baseada na intimidação e no medo, que é de todo jeito instável, a "regularidade de um curso de ação social condicionada por costumes e interesses"[5] é um caso desse gênero. Max Weber denomina *costume* uma "habituação com ações frequentes" tão "indistinta" que a estrutura normativa interna do hábito se atrofia, restando a mera habituação, a obediência às regras funcionando sem consciência. Em contrapartida, uma ordem instrumental baseada em *interesses* apoia-se

---

3 Bendix, *Max Weber. Das Werk*, p.44.
4 Weber, *Methodologische Schriften*, p.210.
5 Weber, *Wirtschaft und Gesellschaft*, p.22.

somente nas ponderações, racionais com respeito a fins, sobre vantagens e desvantagens realizadas por sujeitos que agem de maneira estratégica, no que suas expectativas complementárias se estabilizam reciprocamente. Mas uma ordem que "se baseia *apenas* em tais fundamentos" – como repressão, costumes e interesses – "seria relativamente lábil".[6] Por esse motivo, o caso normal é uma ordem que confere expressão a interesses e, ao mesmo tempo, é considerada legítima.

Weber fala de validade e legitimidade normativas quando uma ordem é subjetivamente reconhecida como vinculante. Esse reconhecimento apoia-se *de imediato* em ideias que levam consigo um potencial de fundamentação e de justificação, e não em interesses:

> Somente chamaremos a) uma 'ordem' de conteúdo de sentido de uma relação social se a ação for orientada (em média e de modo aproximado) por máximas explicitáveis. Somente falaremos b) de um 'valer' dessa ordem se essa orientação factual por aquelas máximas sucede ao menos *também* (isto é, em um grau que tenha peso na prática) porque são vistas como válidas de alguma maneira *para* a ação: como vinculantes ou exemplares. De fato, a orientação da ação por uma ordem ocorre naturalmente entre os participantes devido a motivos muito diversos.
>
> Mas a circunstância de que, *a par* de outros motivos, pelo menos uma parte dos agentes representa a ordem também como exemplar ou vinculante e, portanto, como *devendo ser* válida, aumenta naturalmente a probabilidade de que a ação seja orientada por ela, e com frequência em um grau muito significativo. Uma ordem mantida *apenas* por motivos racionais com respeito a fins é, em geral, bem mais lábil que a orientação sucedida somente por força dos costumes, em consequência da habituação de um comportamento, o tipo mais frequente de postura interna. Mas é ainda incomparavelmente mais lábil que uma que se apresenta com o prestígio da exemplaridade ou da vinculatividade, queremos dizer: com o prestígio da "legitimidade".[7]

---

6 Weber, *Methodologische Schriften*, p.215.
7 Weber, *Wirtschaft und Gesellschaft*, p.22-3.

Na medida em que a existência de um sistema de ação ou de uma ordem de vida depende de sua legitimidade, ela repousa também factualmente na "validade do acordo". O caráter de acordo da ação comunitária consiste em que os membros de um grupo reconhecem a vinculatividade de suas normas de ação e sabem uns dos outros que se sentem mutuamente obrigados a seguir as normas. Nesse conceito de ordem "legítima", é importante em primeiro lugar para a problemática da racionalização que, embora as ideias estejam encaixadas com os interesses de uma maneira extremamente imperfeita, elas conseguem através dessa integração *eficácia factual* para *razões e pretensões de validade*.

Em geral, uma esfera de valores a que pertencem ideias socialmente repletas de consequências pode ser corporificada em uma ordem legítima apenas de modo incompleto. Isso se torna patente pela violência inserida na estrutura de normas de ação, apesar de seu "caráter de acordo". Normas carecem de sanção: ou sanções externas (desaprovação dos membros no caso de *convenções*, do aparelho coercitivo de uma associação no caso de *normas jurídicas*)[8] ou sanções internas (como vergonha e culpa no caso das *normas éticas*). Com o exemplo da ordem econômica juridicamente organizada, Weber esclarece a relação entre a pretensão de validade normativa e a validade social de normas de ação que se baseiam no acordo factual: "É palpável [...] que a ordem jurídica ideal da 'teoria do direito' não tem nada a ver diretamente com o cosmo da ação econômica factual, já que ambos se situam em planos distintos: uma no do dever ser válido ideal, o outro no do acontecer real. Se apesar disso as ordens econômica e jurídica estiverem em relações extremamente íntimas entre si, então precisamente aquela última deve ser entendida não no sentido jurídico, mas no sociológico: como validade *empírica*. O sentido do termo 'ordem jurídica' se altera então por inteiro. Ela significa nesse caso não um cosmo de normas descerráveis logicamente como 'corretas', mas um complexo de razões factuais que determinam a ação humana real".[9]

Dessa distinção entre validade ideal e social resultam duas consequências; e a primeira é uma consequência metodológica que chamou a atenção de

---

8 Ibid., p.240ss.
9 Ibid., p.234.

todos desde a controvérsia sobre os juízos de valor. Em sua discussão com Stammler, Weber salienta duas diferenciações: primeiramente, a diferença entre regularidades factuais do comportamento e regulações normativas da ação, e, em segundo lugar, a diferença entre o sentido de uma pretensão de validade normativa e o caso de seu reconhecimento factual. Weber crítica em seguida a confusão de enunciados descritivos sobre *standards* de avaliação aceitos e normas existentes com enunciados que recomendam, expressam ou justificam normas: "Sobretudo, em Stammler, a 'validade' *ideal* de uma 'norma', cientificamente dedutível pelo dogmatista jurídico ou pelo filósofo moral, se embaralha com a influência real, que deve se tornar objeto de consideração empírica, das noções de validade das normas sobre a ação empírica".[10] Questões a respeito da validade ideal de normas podem colocar-se, quer para o teórico, quer para os próprios concernidos, apenas na atitude performativa de um agente (ou de um participante do discurso), ao passo que questões sobre a validade social de normas — questões do tipo que se refere a saber se valores e normas são ou não reconhecidos em um grupo — devem ser tratadas na atitude objetivante de uma terceira pessoa. A isso corresponde, no plano semântico, a distinção entre juízos de valor e de fato. Weber insiste, com razão, em que enunciados de um tipo não podem ser derivados de enunciados de outro tipo. Em larga medida, esse interesse do Weber metodologista encobre até hoje, porém, o *outro* interesse que o sociólogo Weber *também* anuncia no mesmo contexto.

Pois a problemática da racionalização social resulta do fato de que as "noções acerca da validade das normas" são apoiadas por razões e, por esse motivo, podem ser influenciadas também por uma elaboração intelectual de nexos de sentido internos, por aquilo que Max Weber denomina "intelectualização". A existência de ordens legítimas depende, entre outras coisas, do *faktum* do reconhecimento de pretensões de validade normativas. E uma vez que essa validade social está em uma relação interna com razões, de modo geral com o potencial de fundamentação de sistemas de interpretação, imagens de mundo e tradições culturais, a sistematização e a reelaboração de imagens de mundo exercidas por intelectuais têm consequências

---

10 Ibid., p.246.

empíricas. A ocupação intelectual com sistemas culturais de interpretação leva, via de regra, a processos de aprendizagem que o cientista social pode *reconstruir e julgar*, caso adote a mesma atitude performativa que os próprios intelectuais efetivos no âmbito de objetos. Nessa reconstrução racional de processos de racionalização cultural (e social), o cientista *não* pode justamente se limitar a descrever representações factuais; ele pode compreender a força de convencimento empírica de ideias novas e a desvalorização, a força minguante das ideias antigas, somente na medida em que, no contexto de tradição dado, *presentifica as razões* com que as novas ideias se impuseram. O próprio cientista não precisa deixar-se convencer por essas razões a fim de compreendê-las; porém, ele não as compreende se não *toma posição sobre elas* ao menos implicitamente (isto é, sabe se as partilha e, se for o caso, por que não pode partilhá-las ou deixá-las em suspenso). Não precisamos nos ocupar com o aspecto metodológico das reconstruções racionais; mas gostaria de tornar claro que a distinção entre a validade ideal de normas (e de valores) e a social tem uma consequência que, em nosso contexto, é mais importante que o postulado da neutralidade axiológica. Processos de racionalização somente podem aplicar-se em ordens sociais de vida porque a existência de ordens legítimas depende do reconhecimento factual de tais pretensões de validade, que podem ser internamente atacadas, ou seja, *abaladas* pela crítica, por novos discernimentos, processos de aprendizagem etc.

Ora, em sociedades tradicionais (e não apenas aí), novas ideias, novas razões e novos níveis de fundamentação não surgem nas formas da argumentação regrada: "Como surgem quaisquer inovações neste mundo que se orienta por tomar o 'regular' como o 'válido'? Do exterior: por meio da alteração das condições externas da vida, não há dúvida alguma. Mas estas não dão a menor garantia de que a resposta a elas não seja o declínio da vida em vez de ser uma nova ordem; e sobretudo não são de modo algum a condição imprescindível e sequer uma condição cooperante justamente nos muitos casos de novas ordens com extremo alcance".[11] Pelo contrário, Weber explica as inovações recorrendo às "inspirações" de figuras carismaticamente eficazes que dispõem em grau especial da capacidade de fundar sentido. As grandes religiões

---

11 Ibid., p.242.

universais remontam, sem exceção, às figuras do fundador, que dominava a palavra profética e conferia vigor às suas ideias por meio de uma conduta exemplar. Mais tarde, no entanto, foi preciso o trabalho intelectual de sacerdotes, monges, mestres de sabedoria, para configurar dogmaticamente essas novas ideias e modos de vida e "racionalizá-las" em uma doutrina capaz de tornar-se tradição. Nesse plano, efetua-se a confrontação intelectual com os motivos, os padrões interpretativos e as estruturas de fundamentação da compreensão de mundo anterior, da compreensão mítica: "Racionais na intenção e criadas por intelectuais, as interpretações do mundo e as éticas religiosas foram intensamente expostas ao imperativo da coerência. Por pouco que tenham se submetido em alguns casos particulares à exigência de 'não contradição' e por mais que quisessem inserir tomadas de posição racionalmente *não* dedutíveis em seus postulados éticos, em todas elas é notável de um modo ou de outro, e amiúde muito fortemente, o efeito da *ratio*, em especial: da dedução teleológica de postulados práticos".[12]

Com base nessas considerações, podemos apreender com um pouco mais de precisão a relação entre ideias e interesses. Na introdução à ética econômica das religiões universais, encontra-se a famosa passagem que se refere implicitamente ao prefácio de *Para a crítica da economia política*, de Marx: "Interesses [...], e não ideias, dominam de imediato a ação dos homens. Porém: as 'imagens de mundo' que foram criadas por 'ideias' têm com muita frequência determinado, como agulheiros, as estradas de ferro pelas quais a dinâmica dos interesses impulsionam a ação".[13] Na medida em que explicamos a ação social com referência às ordens legítimas (convenções e normas jurídicas), partimos de

- que "a dinâmica dos interesses" move a ação;
- que, no entanto, essa dinâmica somente entra em ação, a maior parte das vezes, nos limites das regulações normativas factualmente válidas;
- que a validade de regulações normativas apoia-se na força de convencimento das ideias que podem ser aduzidas para sua fundamentação; e

---

12 Weber, *Gesammelte Aufsätze zur Religionssoziologie*, v.I, p.537.
13 Ibid., p.252.

— que a força de convencimento factual das ideias depende *também* do potencial de fundamentação e de justificação (acessível a um julgamento objetivo) que essas ideias apresentam em um dado contexto.

A capacidade de subsistência das ordens legítimas está sujeita também a limitações estruturais que resultam do potencial de legitimação das ideias e imagens de mundo disponíveis. Esse potencial se altera tanto com as condições factuais (externas) da credibilidade, quanto com as condições racionais (internas) da validez. A eficácia empírica da racionalização das imagens de mundo, efetuada segundo seu sentido intrínseco e em conformidade com os critérios de validade, vai tão longe *quanto* a dependência da facticidade das pretensões de validade reconhecidas em relação às condições internas da dignidade do reconhecimento (ou validade). Essa racionalização é empiricamente eficaz no sentido de um "direcionamento de trilhos", através dos quais os interesses podem se vincular com ideias, formando uma ordem legítima.

Com essa hipótese teórica, Weber apoia também seu método "de facilitar a exposição da multiplicidade, de outro modo inabarcável, por meio de tipos racionais apropriadamente construídos, ou seja: por meio da dissecação das formas internamente 'mais consequentes' de um comportamento prático derivável de pressupostos firmemente estabelecidos. E finalmente, e sobretudo, uma tentativa da sociologia da religião desse gênero deve e quer ser ao mesmo tempo simplesmente uma contribuição para a tipologia e a sociologia do próprio racionalismo. Daí ela partir das formas mais racionais que a realidade *pode* assumir e procurar averiguar em que medida são tiradas certas consequências racionais teoricamente afirmáveis. E, eventualmente, por que não".[14] Isso não significa que Weber equipara as imagens de mundo racionalmente reconstruídas com o sistema de orientação imediatamente

---

14 Ibid., p.537-8. R. Prewo tenta estabelecer um nexo entre a metodologia e a sociologia da dominação: a construção de tipos ideais deve ser possível somente na medida em que se constituem sistemas de ação factualmente racionalizados (no sentido de uma institucionalização da ação racional com respeito a fins) (Prewo, *Max Webers Wissenschaftsprogramm*). Essa interpretação não pode explicar por que Max Weber constrói, por exemplo na sociologia da religião, tipos ideais que têm

eficaz no cotidiano; ele se serve delas como meio de conhecimento para avançar até as estruturas da consciência cotidiana, em particular até a ética econômica: "O que se considera não é a teoria ética dos compêndios teológicos, que serve apenas como um meio de conhecimento (embora importante sob certas circunstâncias), mas *os impulsos práticos para a ação* fundados nos contextos psicológicos e pragmáticos das religiões".[15]

(2) Fatores internos e externos do desenvolvimento das imagens de mundo

Ideias e interesses não se vinculam apenas no plano da sociedade formando ordens legítimas e âmbitos de vida institucionalmente ordenados; também no plano da cultura observamos um concurso de ideias e interesses. Para a análise da evolução das imagens de mundo religiosas e metafísicas, é de particular importância separar os nexos de validade e os de eficácia, de sorte que a *lógica* das *possibilidades de desenvolvimento* circunscritas pelas estruturas das imagens de mundo possa ser referida à *dinâmica* do *desenvolvimento das imagens de mundo*, isto é, aos fatores que influem de modo seletivo e exterior nas imagens de mundo, sem misturar as duas coisas.

Com razão, F. H. Tenbruck acentuou que, com seus estudos sobre a "Ética econômica das religiões universais", Weber não teria de modo algum intencionado apenas uma salvaguarda comparativa para suas teses acerca do protestantismo. Tenbruck salienta o processo histórico-universal do desencantamento como o verdadeiro tema: "Manifestamente, não se tratava apenas da questão de saber se em outras culturas seria possível formar-se, por faltar a ascese intramundana, uma postura econômica racional; pelo contrário, estava em debate a questão muito mais geral de como a racionalidade tem efeitos e se produz no concurso de ideias e interesses".[16] Ten-

---

      por ponto de referência a "eticização" de imagens de mundo e não a racionalidade com respeito a fins das ações.
15 Weber, *Gesammelte Aufsätze zur Religionssoziologie*, v.I, p.238.
16 Tenbruck, "Das Werk Max Webers", *Kölner Zeitschrift für Soziologie und Sozialpsychologie*, v.27, p.677, 1975.

bruck faz nesse contexto três observações que não foram suficientemente destacadas na pesquisa sobre Weber até então.

Ele vê em primeiro lugar que, com sua tese da racionalização unidirecional de *todas* as religiões universais, Weber se encontra "de repente, em assuntos da religião, no campo do evolucionismo de seu tempo",[17] apesar de seu ceticismo em relação às leis do progresso. Além disso, indica que Weber concede uma eficácia empírica às pretensões de validade internas das imagens religiosas de mundo e a seu desenvolvimento segundo lógicas intrínsecas: "Seu desenvolvimento deve obedecer" (de acordo com a concepção de Weber) "a coerções predominantemente racionais que, portanto, conferem à gênese da religião um progresso em racionalidade. [...] Ele retira a prova de sua validade quase real dos dados empíricos sobre a ética econômica das religiões universais".[18] E por fim Tenbruck designa o problema substantivo a que Weber remete aquele "processo de aprendizagem" que se estende a todas as religiões universais: "As coerções racionais às quais as religiões devem obedecer resultam da necessidade de obter uma resposta racional ao problema da teodiceia, e as etapas do desenvolvimento religioso são versões cada vez mais explícitas desse problema e de suas soluções".[19] A linha pela qual o pensamento mítico das religiões tribais arcaicas é gradualmente racionalizado de ponta a ponta e por fim transformado em uma ética da convicção universalista, ou seja, pela qual ele é "eticizado", é caracterizada por Tenbruck da seguinte maneira: "Quando, em algum momento, os seres humanos não consideram mais os poderes que se lhes contrapunham misteriosamente no entorno não dominado como forças imanentes às próprias coisas e, ao contrário, passam a representá-los como seres que se encontram atrás das coisas, veio ao mundo, para Weber, uma nova ideia, e quando eles fazem disso essencialidades pessoais, eis por sua vez uma nova ideia. Igualmente, para Weber, o conceito monoteísta de um Deus supramundano foi uma ideia que precisou ser parida outrora, mas, uma vez aceita, teve consequências de longo alcance. Uma ideia inteiramente

---

17 Ibid., p.682.
18 Idem.
19 Ibid., p.683.

nova foi constituída pela noção segundo a qual se tratava de uma divindade compensadora e punitiva, mais precisamente quando devém daí a noção posterior de que os destinos dos seres humanos neste mundo e no além se guiariam essencialmente pela observância de tais preceitos éticos. Mais uma vez, uma nova ideia veio ao mundo com a profecia da missão, precisamente no judaísmo, visto que o ser humano tinha de entender-se então como o instrumento de Deus agindo no mundo. E por seu turno houve uma nova ideia quando o protestantismo acrescentou-lhe a predestinação".[20]

Essa racionalização religiosa foi abordada de maneira sistemática por R. Bellah e R. Döbert.[21] Entretanto, as investigações de Döbert tornam claro que Weber (e Tenbruck, ao segui-lo) não distingue suficientemente entre a problemática dos *conteúdos*, por cujo fio condutor a racionalização se efetua, e as *estruturas* de consciência que provêm da eticização das imagens de mundo. Enquanto os conteúdos das imagens de mundo espelham as diversas soluções para o problema da teodiceia, os aspectos estruturais se mostram, como veremos, naquelas "tomadas de posição sobre o mundo" que são determinadas por conceitos formais de mundo. Se separarmos desse modo os aspectos estruturais dos aspectos relativos aos conteúdos, o concurso de ideias e interesses poderá ser bem analisado lançando-se mão do material difundido por Weber.

Com as investigações de Weber, é possível comprovar de início que, desde seus princípios no mito até o limiar da compreensão moderna do mundo, os fios da racionalização religiosa, ramificados nas grandes civilizações, partem *em primeiro lugar* do mesmo problema, a saber, o da teodiceia, e apontam, *em segundo lugar*, para aquela mesma direção de uma compreensão de mundo desencantada, purificada de noções mágicas (no que apenas o

---

20 Ibid., p.685.
21 Bellah, *Beyond Belief*; Döbert, *Systemtheorie und die Entwicklung religiöser Deutungssysteme*; id., "Die evolutionäre Bedeutung der Reformation", em Seyfarth; Sprondel (orgs.), *Religion und gesellschaftliche Entwicklung*, p.303ss.; id., "Zur Logik des Übergangs von archaischen zu hochkulturellen Religionssystemen", em Eder (org.), *Die Entstehung von Klassengesellschaften*, p.330ss.; id., "Methodologische und forschungsstrategische Implikationen von evolutionstheoretischen Studienmodellen", em Jaeggi; Honneth (orgs.), *Theorien der Historischen Materialismus*, p.524ss.

fio do desenvolvimento ocidental leva a uma compreensão completamente descentrada). Se então se supõe que a *direção* do desenvolvimento religioso pode ser explicado recorrendo-se ao sentido intrínseco do problema central e das estruturas das imagens de mundo, ao passo que a *expressão em termos de conteúdo* das possibilidades estruturalmente circunscritas deve ser atribuída a fatores externos, resulta uma clara delimitação metodológica: o trabalho da reconstrução racional estende-se aos nexos de sentido e de validade internos, com o objetivo de ordenar as estruturas das imagens de mundo segundo a lógica do desenvolvimento, e os conteúdos segundo uma tipologia; em contrapartida, a análise empírica, isto é, sociológica em sentido estrito, dirige-se aos determinantes externos dos conteúdos das imagens de mundo e às questões da dinâmica do desenvolvimento, como as seguintes:

— que aspecto podem assumir os conflitos que sobrecarregam a capacidade de interpretação, estruturalmente limitada, de uma imagem de mundo existente, e como eles podem ser identificados;
— em que situações de conflito causadas nas estruturas sociais uma problemática relativa à teodiceia se desenvolve;
— quem são os portadores sociais da implementação carismática de uma nova imagem de mundo ou de sua racionalização;
— em que camadas sociais uma nova imagem de mundo é aceita, e em que setores ela influi na ação cotidiana, orientando-a, e em que medida o faz;
— até que ponto novas imagens de mundo precisam ser institucionalizadas para possibilitar ordens legítimas – se apenas nas elites ou em uma população inteira;
— enfim: como os interesses das camadas portadoras controlam a seleção dos conteúdos das imagens de mundo.

Antes de adentrar na análise de Weber das imagens de mundo, eu gostaria de mencionar os dois pontos de vistas em que se situa essa análise. O que chama a atenção, *em primeiro lugar*, é que Weber restringe a racionalização das imagens de mundo ao ponto de vista da *eticização*: ele persegue a constituição de uma ética da convicção fundada na religião, de modo geral, a constituição de noções jurídicas e morais pós-tradicionais. Essa restrição é natural, uma vez que lhe interessam os pressupostos racionais da existência de ordens legítimas, em particular as condições racionais da integração social na passagem para as sociedades modernas. Mas a racionalização das imagens de mundo poderia ter sido investigada tanto quanto em duas outras dimensões: Weber poderia ter investigado a transformação dos componentes cognitivos e expressivos do ângulo de visão da ciência moderna e da arte autônoma. Ele deixou de fazê-lo, embora pressuponha para a racionalização social que começa com a modernidade a diferenciação de *todas as três* esferas de valor.

Em segundo lugar, Weber investiga o processo de desencantamento das imagens religiosas do mundo com um ponto de referência histórico concreto. Ele reconstrói a história das noções jurídicas e morais não com o olhar dirigido às estruturas das éticas da convicção *em geral*, mas com o olhar dirigido ao surgimento da ética econômica capitalista, visto que ele queria esclarecer exatamente as condições culturais sob as quais a passagem para o capitalismo pôde ser efetuada, solucionando assim o problema evolucionário capital, a saber: integrar socialmente um sistema parcial diferenciado de ação racional com respeito a fins. Daí lhe interessar apenas as ideias que tornam possível ancorar no sistema do trabalho social, em termos de *racionalidade com respeito a valores*, o *tipo de ação racional com respeito a fins*.

É proveitoso manter em vista essas duas restrições. Elas podem explicar por que Weber, como veremos, não esgotou o espaço sistemático de sua abordagem teórica. De acordo com essa abordagem, a institucionalização de novas orientações para a ação e o surgimento de ordens legítimas são atribuídos à cooperação de ideias e interesses. Nesse ponto, os interesses devem explicar *duas coisas*: tanto o *impulso* para o desdobramento das *estruturas das imagens de mundo* segundo seus sentidos intrínsecos, quanto a *expressão* seletiva das possibilidades abertas com as novas estruturas cognitivas, isto é, o tipo de *conteúdo das imagens de mundo*. Essa perspectiva teórica se inscreve na obra inteira de Max Weber. Se nos deixamos guiar por ela na *interpretação* dos estudos de Weber sobre sociologia da religião, resulta um contraste mais agudo entre as *possibilidades* de orientação das estruturas de consciência modernas que provêm do processo de desencantamento e o perfil das possibilidades *realizadas* a partir desse espectro e convertidas factualmente em instituições, característico da sociedade capitalista. Weber entende a racionalização das imagens de mundo como um processo:

— que se efetua de forma *unidirecional* em todas as religiões universais;
— mas que, por razões externas, é radicalmente levado ao cabo apenas em *uma* linha da tradição;
— de sorte que libera no Ocidente as estruturas de consciência que possibilitam uma compreensão moderna do mundo.

Os componentes cognitivos e expressivos da tradição não são menos afetados por essas estruturas da compreensão de mundo do que os normativos; mas Weber se concentra na constituição de uma ética da convicção universalista. O fato de que o nível pós-tradicional da consciência moral se torna *acessível* em *uma* cultura, mais precisamente a europeia, não significa ainda sua *implementação* social na figura da ética protestante. Isso somente acontece quando as estruturas de uma ética da convicção, que eleva a ação racional com respeito a valores a princípio da conduta *intramundana*, passam a determinar o estilo de vida de amplas camadas sociais, de modo que possa servir para a ancoragem motivacional da ação econômica racional com respeito a fins.

Weber tem de postular para o direito moderno um processo paralelo, ainda que não seja simultâneo. A eticização das imagens de mundo significa também uma racionalização da consciência jurídica; mas, por sua vez, a disponibilidade de noções jurídicas pós-tradicionais não é ainda idêntica à implementação de um sistema jurídico moderno. Apenas com base no direito natural racional se consegue reconstruir as matérias jurídicas em categorias do direito formal, de sorte que podem ser criadas as instituições jurídicas capazes de satisfazer formalmente os princípios universalistas, mais precisamente *aqueles* que regulam os negócios privados dos proprietários de mercadorias entre si e a atividade complementar da administração pública.

Na exposição de Weber, o paralelismo desses dois processos (a ancoragem motivacional e a corporificação institucional de noções morais e jurídicas pós-tradicionais) não desponta com clareza; ele separa a sociologia do direito e a da religião, relacionando a racionalização religiosa mais fortemente com ética econômica do que com o desenvolvimento do direito. Isso talvez tenha a ver com a impossibilidade de o surgimento do direito natural racional poder ser explicado unicamente com a racionalização ética das imagens de mundo; antes, ele teria dependido em alto grau do desenvolvimento científico e exigido por isso uma análise da relação entre os componentes cognitivos e prático-morais das imagens de mundo.

Se separamos desse modo o resultado da racionalização religiosa – ou seja, a *constituição de estruturas modernas de consciência* nas dimensões do direito e da moral – do processo de *realização de valores*, por meio do qual se dá uma forma de integração social específica da sociedade moderna, torna-se clara também a distribuição dos ônus de prova em fatores internos e externos. Em termos abstratos, é possível designar o tipo de problemas que concernem à *dinâmica* do desenvolvimento e que, por isso, não podem ser explicados com uma *lógica* intrínseca do desenvolvimento das imagens de mundo e da diferenciação de esferas de valor. Apenas uma investigação sociológica dos interesses das camadas portadoras, dos movimentos sociais, dos conflitos etc., pode explicar

– por que somente na linha da tradição judaico-cristã foi levada a cabo a racionalização internamente inscrita em todas as imagens de mundo;
– por que somente no Ocidente foram satisfeitas as condições para uma institucionalização de estruturas jurídicas e morais universalistas; e
– por que somente aqui os problemas sistêmicos que se apresentam de maneira típica foram resolvidos de tal modo que surgiu a forma de integração social (com a conduta de vida metódica e o intercâmbio jurídico moderno) característica das sociedades capitalistas.

É conhecida a contribuição de Max Weber para essas análises, sociológicas em sentido estrito, da passagem da sociedade feudal à moderna. Weber salientou muitos dos fatores externos que hoje desempenham um papel importante na pesquisa sobre a modernização: o fato de uma cultura relativamente homogênea; a descentralização dos poderes políticos; o conflito balanceado entre Estado e Igreja; a diferenciação interna desta última em Igreja oficial, ordens e laicos; a estrutura especial das cidades comerciais da Idade Média, com patriciado e corporações; as tendências à comercialização do intercâmbio, à burocratização da administração etc.[22] Não pretendo adentrar nesses fatores e vou me limitar aos *fatores internos* da racionalização das imagens de mundo e aos *aspectos estruturais* da corporificação das estruturas de consciência modernas na ética protestante da vocação e no sistema jurídico moderno.

(3) Aspectos relativos aos conteúdos das religiões universais

Weber estudou três das grandes religiões universais: a chinesa (confucionismo e taoísmo), a indiana (budismo e hinduísmo) e o judaísmo antigo. Ele não pôde mais levar a cabo os estudos planejados sobre o cristianismo e o islã. Weber procede sem exceção de maneira comparativa; mas somente em algumas passagens condensa a exposição em comparações sistemáticas (sobretudo na introdução, na consideração intermediária e no capítulo final sobre a China).[23] Levando-se em conta apenas os pontos de vista mais gerais, Weber diferencia as imagens de mundo, que partem de um tema comum, sobretudo nas dimensões da representação de Deus (Deus criador e pessoal *vs.* ordem cósmica impessoal) e da orientação salvífica (afirmação do mundo *vs.* rejeição do mundo).[24]

(a) *O tema*. A racionalização se aplica a um tema que é comum a todas as religiões universais: a questão sobre a justificação da distribuição desigual de bens afortunados entre os seres humanos. *Essa problemática ética fundamental*, que arrebenta os limites do mito, resulta da necessidade de uma explicação religiosa para o sofrimento percebido como injusto. Para que a infelicidade pessoal possa ser percebida como injusta, é preciso antes de tudo uma reavaliação do sofrimento, pois nas sociedades tribais o sofrimento era considerado um sintoma de culpa secreta: "Segundo o gênero de seu sofrimento, o sofredor, o consternado, o doente ou outro infeliz que sofre

---

22 Sobre o estado da discussão contemporânea, cf. Dülmen, "Formierung der europäischen Gesellschaft in der Frühen Neuzeit", *Geschichte und Gesellschaft*, v.7, p.5ss., 1981.

23 Weber, *Gesammelte Aufsätze zur Religionssoziologie*, v.I, p.237-75, 536-73, 512-34; Schluchter (org.), *Max Webers Studie über das antike Judentum*.

24 Cf. a exposição detalhada de Schluchter, *Die Entwicklungen des okzidentalen Rationalismus*, p.230ss.

com constância ou estava possuído por um demônio ou pesava-lhe a ira de um deus que havia ofendido".[25]

De resto, os cultos tribais eram talhados para o domínio sobre as situações de necessidade coletiva e não para o domínio sobre o destino individual. É nova a noção de que a infelicidade individual possa ser imerecida e de que é permitido ao indivíduo nutrir a esperança religiosa de ser salvo de todos os males, da doença, da penúria, da pobreza e mesmo da morte. É nova também a formação de comunidades independentes dos laços étnicos, a organização de comunidades religiosas para a salvação de indivíduos: "A anunciação e a promessa voltam-se então naturalmente à massa daqueles que *careciam* de redenção. Eles e seus interesses entram no centro da atividade profissional do 'cuidado da alma', que surgiu propriamente apenas nesse momento. A constatação de por que haveria culpa pelo sofrimento – a confissão dos 'pecados', isto é, primeiramente: a violação dos preceitos rituais – e o conselho – o comportamento por meio do qual ele poderia ser eliminado – tornavam-se então a operação típica de magos e sacerdotes. Assim, seus interesses materiais e ideais podiam estar de fato cada vez mais a serviço de motivos *plebeus*".[26]

Aqui ressoa uma explicação sociológica cujo exame Weber não leva muito longe: a reavaliação do sofrimento individual e o aparecimento de necessidades de salvação individual, que fazem da questão sobre o sentido ético do sem sentido o ponto de partida de um pensamento religioso que avança para além dos mitos locais, não caem do céu; são o resultado de processos de aprendizagem que se põem em marcha quando as noções de justiça estabelecidas nas sociedades tribais se chocam com a nova realidade das sociedades de classes. As religiões universais desenvolvem-se, sem exceção, em grandes civilizações, ou seja, no quadro de sociedades organizadas por meio do Estado onde surgem novos modos de produção, independentes dos sistemas de parentesco, e formas correspondentes de exploração econômica.[27] No entanto, o potencial de conflito teve de ser primeiramente desativado por profetas para que as

---

25 Weber, *Gesammelte Aufsätze zur Religionssoziologie*, v.I, p.241-2.
26 Ibid., p.243-4.
27 Eder (org.), *Die Entstehung von Klassengesellschaften*; id., *Die Entstehung staatlich organisierter Gesellschaften*.

massas, "presas em toda parte no primitivismo maciço da magia", "se envolvessem com um movimento religioso de caráter ético".[28]

(b) *Imagens de mundo teocêntricas* vs. *cosmocêntricas*. As religiões universais partem, portanto, do mesmo problema: em vista da evidente distribuição desigual dos bens afortunados entre os seres humanos, elas tentam satisfazer "o interesse racional em uma compensação material e ideal" mediante explicações que cumpram cada vez mais pretensões sistemáticas: "Atrás disso se encontrava sempre uma *tomada de posição sobre algo* que no mundo real era sentido como especificamente 'sem sentido' e, portanto, a exigência: a estrutura do mundo em sua totalidade é um 'cosmo' de alguma maneira pleno de sentido, ou: pode e deve vir a sê-lo".[29]

Todavia, a questão sobre a justificação de injustiças manifestas não é tratada como uma questão puramente ética; ela é parte da questão teológica, cosmológica e metafísica sobre a constituição do mundo em seu todo. Essa *ordem do mundo* é pensada de tal modo que os aspectos ônticos e normativos se ofuscam uns nos outros. Nesse quadro do pensamento religioso e metafísico sobre a ordem do mundo, foram encontradas depois soluções bem distintas para o mesmo problema. Weber contrasta sobretudo duas estratégias conceituais: uma, ocidental, serve-se da concepção de um Deus do além, criador e pessoal; a outra estratégia, difundida no Oriente, parte da noção de um cosmo impessoal e incriado. Weber fala também de uma concepção supramundana de Deus e de uma imanentista: o "Deus da ação" é desenvolvido exemplarmente em Yahwé,[30] o "Deus da ordem", em Brahman.[31] Para com o Deus criador transcendente, o fiel tem de adotar uma relação distinta daquela para com o fundamento inerte da ordem cósmica; ele entende-se como *instrumento de Deus* e não como *vaso do divino*.[32] Em um caso, o fiel busca ganhar o favor de Deus, no outro caso, participar do divino.

O fundamento religioso da ética também se distingue nas duas tradições: à esperança na graça divina se contrapõe, na religiosidade asiática, a noção

---

28 Weber, *Gesammelte Aufsätze zur Religionssoziologie*, v.I, p.248.
29 Ibid., p.253.
30 Ibid., v.II, p.326ss.
31 Ibid., p.173ss.
32 Ibid., v.I, p.257.

da autorredenção pelo saber. Por esse motivo, o cerne da interpretação especulativa do mundo é ali a história da salvação, aqui, o cosmo ou o ser. E as religiões asiáticas têm, apesar de existir em toda parte a oposição de religiosidade de virtuosos e de massas, uma maior afinidade com a visão de mundo e a experiência de vida das camadas intelectuais.

Portanto, Weber concebe as religiões universais como soluções diversas para o mesmo problema fundamental, no que as soluções se movem no interior do espaço categorial dado com as concepções religiosas e metafísicas sobre a ordem do mundo, as quais ofuscam uns nos outros os aspectos do ôntico, do normativo e do expressivo. Ele explica os conteúdos diferenciais com base em fatores externos. Sobretudo, investiga "os *interesses* exteriores, sociais, e os internos, psicologicamente condicionados, daquelas camadas que foram as portadoras da respectiva metódica de vida na época decisiva de sua criação",[33] quer se trate de uma camada de funcionários de formação literária (confucionismo), de monges peregrinos e mendicantes (budismo), de um campesinato ligado à natureza (preso ao pensamento mágico), de um camada guerreira e nômade (islã), quer citadinos burgueses, artesãos, comerciantes, empresários de indústrias domésticas etc. (protestantismo). Próprios da *sociologia* da religião em sentido estrito, esses pontos de vista decidem tanto sobre a dinâmica e a extensão do processo de racionalização quanto sobre a seleção dos conteúdos estruturalmente possíveis.

(c) *Afirmação do mundo* vs. *negação do mundo*. No entanto, Weber não diferencia as religiões universais apenas segundo seu cunho teocêntrico ou cosmocêntrico, mas também conforme elas motivem mais para a afirmação ou mais para rejeição do mundo em seu todo. Trata-se aí, independentemente de posturas de vida ativas ou passivas, de saber se o fiel avalia positiva ou negativamente "o mundo", e isso significa: sua sociedade e a natureza circundante, se o mundo possui para ele um valor intrínseco ou não. No entanto, uma atitude negativa em relação ao mundo somente é possível mediante aquele dualismo que caracteriza as religiões radicais da redenção; é necessária uma estrutura de imagem de mundo que desvalorize o "mundo", seja como este mundo, historicamente efêmero em face do Deus criador do além, ou como

---

33 Ibid., p.253.

mera fachada fenomênica em face do fundamento essencial de todas as coisas, erigindo como ponto de referência da busca de salvação individual uma realidade *atrás* do mundo rebaixado à aparência. Sem dúvida, Weber se inclina a supor que uma atitude afirmativa em relação ao mundo pode manter-se somente ali onde o pensamento mágico não é radicalmente suplantado e onde não é alcançada a etapa de uma interpretação do mundo dualista em sentido estrito. Mas somente na comparação do confucionismo e do taoísmo com a filosofia grega ele poderia ter examinado se essa concepção seria correta ou se, pelo contrário, o desencantamento radical, a estrutura dualista da imagem de mundo e a afirmação do mundo poderiam andar juntos. A rejeição do mundo dependeria então muito mais de uma radicalização da ideia de redenção, a qual levaria a enfatizar e a fortalecer, em termos de uma religião da convicção, os contrastes do dualismo inscrito em *todas* as religiões universais. Para essa radicalização, Weber oferece novamente uma explicação sociológica: ele indica os conflitos sociais que provocam o aparecimento de profetas, no que as profecias missionárias, como na tradição judaico-cristã, favorecem uma tensão particularmente radical entre este mundo e o além e as correspondentes formas coerentes de rejeição do mundo.

O seguinte esquema contém os pontos de vista abstratos de acordo com os quais Max Weber diferencia, *em relação aos conteúdos*, as imagens religiosas do mundo no quadro de uma conceitualização religiosa e metafísica; ele parte da ideia de que essas expressões diferenciais relativas ao conteúdo podem ser explicadas em princípio sociologicamente, isto é, com base em fatores externos:

Valoração do mundo em seu todo / Estratégias conceituais	Teocêntrica	Cosmocêntrica
Afirmação do mundo	–	Confucionismo Taoísmo
Negação do mundo	Judaísmo Cristianismo	Budismo Hinduísmo

Figura 4 – *Imagens religiosas e metafísicas segundo seus conteúdos típicos*

(4) Aspectos estruturais: desencantamento e reconfiguração sistemática

Weber mede a racionalização de uma imagem de mundo lançando mão da dissolução do pensamento mágico (desencantamento), por um lado, e pela reconfiguração sistemática (ou dogmatização, no sentido de Rothacker),[34] por outro: "Para a etapa de racionalização que uma religião representa, há sobretudo dois critérios, que estão de resto em relação interna múltipla um com o outro. Primeiramente, o grau em que ela se despojou da *magia*. Em seguida, o grau de uniformidade sistemática em que ela colocou a relação de Deus e mundo e, consequentemente, a sua própria relação ética com o mundo".[35] Que Weber enfatize mais a suplantação das práticas da magia que a da mentalidade mítica, na qual a magia se interpreta, é algo que se explica pelo interesse do sociólogo na influência das imagens de mundo sobre a conduta de vida prática. A transformação dos componentes cognitivos que as imagens religiosas do mundo herdaram do mito é, para a racionalidade da conduta de vida, menos relevante que a transformação dos componentes prático-técnicos e, sobretudo, dos prático-morais. O ideário mágico inibe aí uma atitude objetiva em relação a inovações técnicas, crescimento econômico etc.;[36] sobretudo, ele impede, nos âmbitos centrais do culto, a constituição de uma comunicação pessoal entre o fiel e Deus, ou o ser divino. As técnicas de manipulação para pressionar Deus, que ainda sobrevivem na forma sublime do sacramento, dominam no lugar da veneração e da prece.[37] Weber descreve o mundo do "jardim encantado", entre outras coisas, valendo-se da oposição de crença em milagres e superstição.[38] Eu pretendo demonstrar o que significa esse desencantamento em seus aspectos estruturais recorrendo às *atitudes para com o mundo* que Weber distingue. Levarei em conta aí, por razões sistemáticas, não apenas a *eticização* das imagens de

---

34 Rothacker, *Die dogmatische Denkform in den Geisteswissenschaften und das Problem des Historismus.*
35 Weber, *Gesammelte Aufsätze zur Religionssoziologie*, v.I, p.512.
36 Para a China, cf. ibid., p.483ss.
37 Ibid., p.512ss.
38 Ibid., v.II, p.371ss.

mundo, mas também, e pelo menos de modo alusivo, a *transformação de seus componentes cognitivos*, e tratarei em seguida dos aspectos estruturais da passagem das imagens religiosas e metafísicas do mundo já maduras para o modo de pensar moderno.

(a) *Fuga mística do mundo vs. dominação ascética do mundo*

Imagens religiosas e metafísicas do mundo alicerçam atitudes fundamentais para com o mundo. Cada atitude para com o mundo expressa uma racionalização na medida em que ela se dirige *uniforme* e unificadoramente à natureza e à sociedade *em seu todo*, pressupondo com isso um conceito sistemático de mundo; no entanto, não se trata aí ainda de um conceito formal de mundo,[39] mas somente do conceito de uma ordem concreta do mundo, que refere a multiplicidade dos fenômenos a um ponto de unidade em termos monoteístas ou cosmológicos. Esse princípio é representado como Deus criador ou fundamento do ser, os quais unificam em si os aspectos de ser e dever ser, essência e fenômeno. Mais precisamente, as imagens de mundo são consideradas tanto mais "racionais" quanto mais univocamente elas admitem tratar ou apreender o mundo – seja como este mundo, seja como o mundo dos fenômenos – sob *um* desses aspectos ainda não separados no supramundano. Weber se concentra no aspecto normativo do dever ser [*Seinsollens*] ou do ser do mandamento, e, em correspondência com isso, nas estruturas prático-morais da consciência que permitem uma atitude do sujeito agente para com o mundo em seu todo que seja completamente sistematizada no sentido da ética da convicção.

Sob esse *aspecto da eticização*, uma imagem de mundo pode ser considerada racionalizada na medida em que disseca "o mundo" (do aquém ou dos fenômenos) sob princípios éticos na qualidade de esfera da comprovação ética, *separando-o de todos os demais aspectos*. Uma imagem de mundo eticamente racionalizada apresenta o mundo (a) como campo de atividade prática em geral; (b) como palco sobre o qual o agente pode falhar eticamente; (c) como

---

[39] Como nós o tratamos anteriormente, no contexto das pressuposições ontológicas dos modelos de ação; cf. p.156ss.

totalidade das situações que devem ser julgadas segundo princípios morais "últimos" e dominadas segundo critérios dos juízos morais; e, por isso, (d) como um âmbito de objetos e ensejos da ação ética: o mundo objetificado se contrapõe às normas morais fundamentais e à consciência moral dos sujeitos falíveis como algo de fora e exterior.

Weber seleciona a atitude para com o mundo que corresponde a uma imagem de mundo ético-racional dessa espécie em dois passos. *De início*, ele mostra que as religiões redentoras que configuram o dualismo entre Deus e mundo de maneira repleta de contrastes preenchem melhor as condições de uma racionalização ética do que as imagens de mundo dotadas de orientação salvífica mais debilmente demarcada e de um dualismo embotado.[40] Para os fiéis, uma relação de tensão máxima entre Deus (ou o divino), de um lado, e as ordens profanas da vida, de outro lado, coloca a busca de salvação em uma perspectiva a partir da qual o mundo pode ser desvalorizado e objetivado pelo único ponto de vista abstrato da comprovação religiosa: "Religiões proféticas e do salvador viviam [...] em uma relação de tensão permanente com o mundo e suas ordens. E tanto mais quanto mais eram autênticas religiões redentoras. Isso se seguia do sentido da redenção e da essência da doutrina salvífica profética, tão logo esta se desenvolvia, e tanto mais quanto mais fundamentalmente ela se desenvolvia como uma ética racional e orientada nesse contexto pelos bens salvíficos religiosos *interiores*, na qualidade de meios de redenção. Quanto mais ela foi sublimada – no emprego usual da expressão – passando do ritualismo à 'religiosidade da convicção'. E a tensão se tornou de seu lado tanto mais forte quanto mais progrediam por seu turno também, de outro lado, a racionalização e a sublimação da posse exterior e interior dos bens 'mundanos' (no sentido mais amplo)".[41]

Ora, uma atitude negativa para o mundo, que resulta da orientação por um bem salvífico transcendente em relação a ele e oculto em seu âmago, não é *per se* profícuo para a racionalização ética da conduta de vida. A negação do mundo conduz à sua objetivação sob aspectos éticos somente quando ela

---

[40] Schluchter, "Die Paradoxie der Rationalisierung", em *Rationalismus der Weltbeherrschung*, p.19-20.
[41] Weber, *Gesammelte Aufsätze zur Religionssoziologie*, v.I, p.541.

se vincula a uma *postura de vida ativamente voltada ao mundo*, não levando ao *afastamento passivo em relação a ele*. É por esse motivo que, em um *segundo passo*, Weber seleciona entre as atitudes negadoras do mundo aquelas que visam ativamente a uma dominação do mundo desvalorizado e objetivado.

O que diferencia essas atitudes no interior das religiões redentoras orientadas por uma ética da convicção é o tipo de promessa e os *caminhos salvíficos* privilegiados em cada caso. Onde o fiel pode se compreender como o instrumento de um deus transcendente, as formas ascéticas de uma busca de salvação ativa se prontificam muito mais do que ali onde ele se vê como o receptáculo de um fundador divino da essência, imanente às profundezas do mundo e onde se avizinham formas contemplativas de busca mística de salvação: "No terreno da rejeição do mundo, já foram apresentadas como oposições nas observações introdutórias: a ascese ativa, um *agir* querido por Deus como instrumento seu, por um lado, e, por outro: a *posse* contemplativa da salvação própria do místico, que vai significar um 'ter', não um agir, e na qual o indivíduo não é instrumento, mas 'receptáculo' do divino, e o agir no mundo, portanto, tem de aparecer como ameaça à competência salvífica completamente irracional e extramundana".[42] As "religiões intelectualizadas" de orientação contemplativa do Oriente, mesmo que acentuem, como o hinduísmo, o motivo da redenção, não conduzem a rejeição do mundo na direção de uma racionalização ética do mundo; a busca passiva da salvação da mística leva, pelo contrário, à *fuga do mundo*. Somente as "religiões da convicção" de orientação ascética do Ocidente ligam a comprovação religiosa a um agir ético, para o qual um mundo desvalorizado e objetivado oferece situações e ensejos sempre novos. O místico se comprova ao se retirar do mundo, o asceta, ao agir nele.[43] No entanto, a atitude da *dominação do mundo*

---

42 Ibid., p.538-9.
43 A correlação de fundamentos salvíficos teocêntricos/cosmocêntricos e caminhos salvíficos ascéticos/místicos deve ser compreendida somente no sentido das afinidades específicas. No quadro das tradições ocidentais, correntes místicas são tão conhecidas quanto correntes ascéticas o são no quadro das tradições orientais. Essas combinações, estruturalmente menos prováveis, foram provadas no plano da religiosidade de virtuoses, mas não se desenvolveram daí religiões de ampla eficácia cultural. Cf. a respeito Schluchter, *Die Entwicklung des okzidentalen Rationalismus*,

ascética, que o monge cristão partilha com o puritano, não significa ainda a extensão da conduta de vida eticamente racionalizada até os âmbitos extrarreligiosos da vida. A *atenção ao mundo* de uma postura de vida ativa, que contrastei com a fuga do mundo e correlacionei com o caminho salvífico da ascese, não é ainda, de forma alguma, sinônima da *intramundanidade*. Para que a busca ascética da salvação, que, contudo, atenta para o mundo com base em uma atitude negativa para com ele, possa se estender até chegar à ascese intramundana, é preciso um outro passo, do qual abstraio ainda por um instante.

Valorização do mundo em seu todo \ Caminhos da salvação	Atenção ascética ao mundo	Afastamento místico do mundo
Negação do mundo	Dominação do mundo: Judaísmo/Cristianismo	Fuga do mundo: Hinduísmo

Figura 5 – *Atitudes para com o mundo com base na negação do mundo própria das religiões redentoras*

(b) Contemplação teórica do mundo vs. adaptação prática ao mundo

Max Weber analisa a atitude de afirmação para com o mundo apenas na forma única de uma adaptação ao mundo praticamente orientada; ele a

---

p.238-9: "Isso se torna claro pela discussão de dois casos que de início demonstram uma completa semelhança com o protestantismo ascético: o confucionismo intramundano de um lado, o jainismo de outro lado. Ambos mostram completamente, com efeito, uma atuação que poderia se situar na linha do protestantismo ascético: a ética religiosa do confucionismo cria motivação para a elaboração racional do mundo, a do jainismo, até mesmo para o capitalismo, se não na forma do capitalismo industrial, então pelo menos na forma do capitalismo comercial. Mas a intramundanidade do confucionismo não se vincula com a ascese, e o ascetismo de coloração ativa do jainismo se afasta, em última instância, das ordens deste mundo. Não por acaso, não se chegou assim nem em um caso nem no outro a uma *dominação* do mundo religiosamente motivada. A relação com o mundo do confucionismo é a adaptação a ele, a do jainismo – como a de todas as religiões redentoras asiáticas radicais – é, em última instância, a indiferença para com o mundo, e até a fuga do mundo".

demonstra com o exemplo da China: "Faltava, exatamente como entre os helenos genuínos, toda ancoragem transcendente da ética, toda tensão entre mandamentos de um deus supramundano e um mundo criatural, toda orientação para uma meta no além e toda concepção de um mal radical".[44]

Uma vez que Weber avalia o confucionismo e o taoísmo apenas do ponto de vista da racionalização ética, como resulta consequentemente da disposição dos seus estudos sobre a ética econômica das religiões universais, ele chega à sua conhecida (e controversa) apreciação do reduzido potencial de racionalização dessas imagens de mundo: "O pressuposto intrínseco dessa ética da afirmação incondicional do mundo e de adaptação a ele foi a duração ininterrupta da religiosidade puramente mágica, começando pela posição do imperador, que era responsável, dada sua qualificação pessoal, pelo bom comportamento dos espíritos, pela ocorrência da chuva e pelo bom tempo da colheita, até chegar ao culto dos espíritos dos antepassados, fundamental por excelência tanto para a religiosidade oficial quanto para a popular, à terapia mágica não oficial (taoísta) e às demais formas remanescentes da coação animista dos espíritos, da crença antropolátrica e herolátrica em divindades funcionais".[45]

Porém, graças às investigações pioneiras de J. Needham,[46] passou a ser conhecido nesse meio-tempo que os chineses, entre o século I a.C. e o século XV d.C., foram manifestamente mais bem-sucedidos do que o Ocidente no desenvolvimento do saber teórico e na utilização desse saber para as necessidades práticas. É somente a partir do Renascimento que a Europa assume a liderança inequívoca nesse terreno. Portanto, seria natural investigar o potencial de racionalidade dessas tradições, primeiramente pelo aspecto da racionalização *cognitiva* e não pelo da racionalização ética. E isso tanto mais porque também a filosofia grega, que, com efeito, partilha com a ética cosmológica dos chineses a atitude de afirmação do mundo, impulsionou

---

44 Weber, *Gesammelte Aufsätze zur Religionssoziologie*, v.I, p.515.
45 Ibid., p.515.
46 Needham, *Wissenschaftlicher Universalismus*. A respeito disso: Nelson, "Wissenschaften und Zivilisationen, 'Osten' und 'Westen': J. Needham und Max Weber", em *Der Ursprung der Moderne*, p.7ss.

a racionalização da imagem de mundo muito mais na direção de uma teorização. Acresce que a exitosa ciência chinesa parece ter deparado *prima facie* com o mesmo limite pelo qual fracassou também a consideração metafísica do mundo própria dos filósofos gregos: a atitude em relação à natureza e à sociedade, enraizada eticamente e não intervencionista, impediu tanto aqui como lá "a passagem evolucionária da etapa que da Vinci havia alcançado até aquela de Galileu. Na China medieval se realizaram experiências de forma mais sistemática do que os gregos — e até mesmo os europeus da Idade Média — jamais o tentaram, mas, na medida em que não ocorria nenhuma mudança no 'feudalismo burocrático', a matemática, a consideração empírica da natureza e o experimento não puderam se vincular de uma maneira que teria produzido uma atitude inteiramente nova".[47]

No confucionismo e no taoísmo não faltam, tanto quanto na filosofia grega, os traços fundamentais de uma imagem de mundo passível de racionalização. Com o conceito de uma ordem concreta do mundo, a multiplicidade dos fenômenos é apreendida de forma sistemática e referida a princípios. Certamente, faltam os motivos dominantes da redenção, que agudizam o dualismo entre o mundo fenomênico e os princípios que transcendem o mundo; a estrutura dualista da imagem de mundo basta, porém, para distanciar o mundo dos fenômenos, a ponto de este poder ser objetivado sob *um* dos aspectos (ainda inseparados no plano dos princípios), mais precisamente, sob o aspecto cognitivo do ser e do devir. Sob esse aspecto, as imagens de mundo podem ser consideradas tanto mais racionais quanto mais o mundo dos fenômenos é dissecado como uma esfera *do ente* ou *do útil* segundo pontos de vista abstratos e purificado de outros aspectos, normativos e expressivos. Uma imagem de mundo cognitivamente racionalizado apresenta o mundo como totalidade de todas as formas e processos que são acessíveis à presentificação contemplativa. À medida que as necessidades práticas vão assumindo a condução nesse contexto (como Weber acentua para a postura espiritual chinesa), a atitude fundamental de afirmação do mundo passa a se expressar como *adaptação ao mundo*. Em contrapartida, a

---

47 Spengler, "Die Entwicklung der chinesischen Wissenschafts- und Technikgeschichte. Einleitung", em Needham, op. cit., p.7ss.

afirmação do mundo conduz a uma objetivação do mundo sob aspectos puramente teóricos apenas quando ela se vincula a uma forma de vida teórica destituída de necessidades práticas, servindo à intenção da *contemplação do mundo*. A camada culta chinesa não podia se apoiar, da mesma maneira que os filósofos gregos, em uma vida descolada da práxis, dedicada à contemplação, em uma vida "acadêmica", um *bios theoretikos*.

Essa hipótese precisaria de um exame detalhado; posso apenas expressar neste lugar a suposição de que as tradições chinesas se colocam sob uma outra luz se são consideradas não primariamente desde os pontos de vista da ética, mas da teoria, em comparação com as tradições gregas clássicas. A diferenciação de uma atitude para com o mundo que seria profícua para a unificação do mundo sob os aspectos ônticos poderia ser dependente, por sua vez, dos métodos da obtenção do bem supremo. No entanto, não se trata aqui, como no caso das religiões redentoras ligadas à ética da convicção, de *caminhos salvíficos*, mas de *caminhos de certificação do mundo*. À busca ativa e passiva de salvação no ascetismo e no misticismo se contraporiam formas de vida que servissem à certificação ativa ou passiva: *vita activa e vita contemplativa*.[48] Se essa abordagem teórica se sustenta, cabe esperar que se chegue a quatro atitudes para com o mundo que se diferenciam de acordo com os caminhos salvíficos ou com as formas de vida (Fig.6).

Caminhos da busca de salvação ou certificação do mundo / Avaliação do mundo em seu todo	Ativos: ascese ou *vita activa*	Passivas: mística ou *vita contemplativa*
Negação do mundo	Dominação do mundo: Judaísmo/Cristianismo	Fuga do mundo: Hinduísmo
Afirmação do mundo	Adaptação ao mundo: Confucionismo	Contemplação do mundo: Metafísica grega

Figura 6 – *Atitudes para com o mundo*

---

48 Cf. sobre isso Arendt, *The Life of Mind*, v.I e II.

Se as tomadas de posição em relação ao mundo que se diferenciam segundo a adaptação e a contemplação com base em sua afirmação cosmológica e metafísica tivesse um significado para a racionalização cognitiva das imagens de mundo que fosse análogo, de acordo com Weber, à dominação e à fuga para a sua racionalização ética, poderíamos supor que as imagens de mundo cosmocêntricas passam a oferecer o mais amplo espaço para uma objetivação do mundo sob aspectos do ser e do devir exatamente quando se vinculam a uma atitude de contemplação. Em consonância com essa hipótese, a *forma passiva da certificação do mundo* permite um descentramento de longo alcance daquelas imagens de mundo que se direcionam a uma racionalização cognitiva por conta da expressão de seus conteúdos, ao passo que a *forma ativa da busca da salvação* permite um descentramento de longo alcance das imagens de mundo que se direcionam à racionalização ética. Em correspondência com isso, dependendo da dimensão da racionalização e da atitude para com o mundo, resultaria então a apreciação do potencial de racionalização das diversas imagens de mundo, a qual ganha expressão na Figura 7.

No Ocidente, portanto, defrontam-se as duas imagens de mundo que são estruturadas de tal sorte que o mundo pode ser objetivado [*objektiviert*], isto é, *objetificado* [*versachlicht*] com máximo alcance, respectivamente sob o aspecto do normativo e o do ôntico.

Dimensão de racionalização \ Potencial de racionalização	Alta	Baixa	
Ética	Dominação do mundo: Judaísmo/ Cristianismo	Fuga do mundo: Hinduísmo	Religiões redentoras
Cognitiva	Contemplação do mundo: Filosofia grega	Adaptação ao mundo: Confucionismo	Imagens de mundo cosmológicas e metafísicas
	Ocidente	Oriente	

Figura 7 – *Potencial de racionalização das imagens de mundo*

(5) Desencantamento e compreensão moderna do mundo

Weber mede a racionalização das imagens de mundo pelo grau de superação do pensamento mágico. Na dimensão da racionalização ética, ele observa o desencantamento sobretudo na interação entre o fiel e Deus (ou a essência divina). Quanto mais essa relação é configurada como uma relação puramente comunicativa entre pessoas, entre o indivíduo necessitado de redenção e uma instância salvífica supramundana, moralmente imperativa, tanto mais estritamente o indivíduo pode sistematizar suas relações intramundanas segundo os pontos de vista abstratos de uma moral à qual estão submetidos ou os eleitos e os virtuosos religiosos somente ou todos os fiéis de igual maneira. Isso significa (a) a dissecação de um conceito de mundo, abstraído sob um único aspecto, para a totalidade das relações interpessoais normativamente reguladas; (b) a diferenciação de uma atitude puramente ética, na qual o agente pode seguir e criticar normas; e (c) a formação de um conceito de pessoa ao mesmo tempo universalista e individualista, com os correlatos da consciência moral, da imputabilidade moral, da autonomia, da culpa e assim por diante. Com isso, a *ligação piedosa* com as *ordens de vida concretas* garantidas pela tradição pode ser suplantada em favor de uma livre *orientação por princípios universais*.[49]

Na dimensão cognitiva, o desencantamento da manipulação de coisas e eventos vai de par com a desmitologização do conhecimento do ente. Quanto mais a intervenção instrumental nos processos empíricos e a interpretação teóricas deles se separam uma da outra, tanto mais estritamente o indivíduo pode sistematizar por sua vez suas relações no mundo da vida, dessa vez conforme os pontos de vista abstratos de uma ordem cosmológica e metafísica, a cujas leis todos os fenômenos se submetem, sem exceção. Isso significa (a) a dissecação de um conceito formal de mundo para o ente em seu todo, juntamente com os universais para a concatenação regular e

---

49 B. Nelson cunhou o conceito de "alteridade universal" para a forma de relações interpessoais que se tornam possíveis graças a uma objetificação ética do mundo; cf. "Introdução" e "Epílogo", em Nelson, *Der Ursprung der Moderne*; do mesmo autor, "Über den Wucher", em König; Winckelmann, (orgs.), *Max Weber*, p.407ss.

espaçotemporal de entidades em geral;[50] (b) a diferenciação de uma atitude puramente teórica (descolada da práxis), na qual o cognoscente pode se certificar contemplativamente da verdade, fazer e contestar enunciados;[51] e (c) a formação de um Eu epistêmico em geral que, livre dos afetos, dos interesses do mundo da vida, dos prejuízos etc., é capaz de entregar-se à contemplação do ente.[52] Com isso, a *fixação na superfície dos fenômenos concretos*, ancorada no mito, pode ser suplantada, em favor de uma desimpedida *orientação por princípios universais*.

Correlacionamos anteriormente a dimensão ética da racionalização com as religiões redentoras e, em contrapartida, a dimensão cognitiva com as imagens de mundo cosmológicas e metafísicas. Essa correlação somente pode ser entendida de tal sorte que determinadas estruturas da imagem de mundo e as correspondentes atitudes para com o mundo *favorecem* mais fortemente a racionalização em cada uma dessas duas dimensões. Naturalmente, a religião cristã não se deixa reduzir à ética, como tampouco a filosofia grega à cosmologia. De maneira digna de nota, porém, essas duas imagens de mundo (com o maior potencial de racionalização em termos estruturais) se encontram entre si no interior da *mesma* tradição europeia. Por conta disso surge uma relação de tensão produtiva, que caracteriza a história espiritual da Idade Média europeia. O choque leva a uma polarização, isto é, a uma elaboração radical das categorias específicas de uma ética religiosa da convicção, de um lado, e de uma cosmologia teoricamente fundamentada, de outro. Simultaneamente, impõem-se também sínteses dos dois conceitos *formais* de mundo, constituídos sob os aspectos ético e ontológico. Max Weber não pôde efetuar mais seu plano de incluir o cristianismo e o islã em seus estudos comparativos. Nesse ponto, ele poderia ter estudado o surgimento das estruturas modernas de consciência na filosofia e teologia da Idade Média tardia, nas quais as estratégias conceituais árabes, patrísticas e aristotélicas se chocavam. Em parte alguma Weber analisou com mais detalhes as estruturas cognitivas que se cristalizam ao longo dos

---

50 Koyré, *Von der geschlossenen Welt zum unendlichen Universum*.
51 Blumenberg, *Der Prozeß der theoretischen Neugierde*.
52 Id., *Säkularisierung und Selbstbehauptung*.

fios de racionalização das imagens de mundo religiosas e metafísicas, dotados de sentido intrínseco. Por esse motivo, tampouco se torna suficientemente claro que há um passo a mais entre os resultados da racionalização das imagens de mundo e aquela compreensão do mundo que é "moderna" em um sentido específico.

A unidade das imagens de mundo racionalizadas, que se referem teologicamente à criação ou metafisicamente ao ente em seu todo, se ancora em conceitos como Deus, ser ou natureza, isto é, em princípios ou "começos" supremos, aos quais todos os argumentos são reconduzidos, sem que, por sua vez, sejam expostos à dúvida argumentativa. Nos conceitos fundamentais ainda se encontram fundidos os aspectos descritivos, normativos e expressivos, dissolvidos *no interior* das respectivas imagens de mundo; justamente nos começos vive ainda um fragmento do pensamento mítico,[53] protegendo as imagens racionalizadas do mundo, *enquanto* imagens de mundo, das consequências que teriam de ameaçar o modo da fé piedosa ou da contemplação reverente, o qual assegura as tradições. O modo de pensar moderno, ao contrário, não conhece, nem na ética nem na ciência, reservas que seriam subtraídas à força crítica do pensamento hipotético. Porém, para retirar essas barreiras, precisa-se de uma *generalização* do nível de aprendizado que foi alcançado com o quadro categorial das imagens de mundo religiosas e metafísicas, portanto, uma *aplicação consequente do modo de pensar conquistado pela racionalização ética e cognitiva sobre os âmbitos profanos da vida e da experiência*. Por sua vez, isso somente é possível se são invalidados justamente aqueles *desacoplamentos* aos quais as formas superiores da ética religiosa da convicção e da cosmologia teoricamente fundamentada devem seu surgimento: refiro-me à ruptura da busca ascética de salvação com as ordens profanas deste mundo e o afastamento da entrega contemplativa em relação a essas mesmas ordens.

Se levamos a cabo a abordagem teórica de Weber de maneira consequente, deparamos, no limiar da modernidade, com *dois problemas* que precisaram

---

53 Cf. a crítica de Th. W. Adorno ao absolutismo lógico no exemplo das *Investigações lógicas*, de Husserl: Adorno, "Zur Metakritik der Erkenntnistheorie", em *Gesammelte Schriften*, v.5, p.48ss.

ser solucionados antes de o potencial de racionalização da tradição ocidental ser desatado e a racionalização cultural transposta à racionalização social. A ascese religiosa, que encontrou seu apogeu nas ordens monacais medievais, precisou primeiro penetrar os *âmbitos extrarreligiosos da vida* para submeter também as ações profanas às máximas da ética da convicção (ancorada inicialmente na religião). Esse processo é identificado por Weber no surgimento da ética protestante da vocação. Ao desenvolvimento paralelo, o surgimento da ciência moderna (sem o qual tampouco é pensável o desenvolvimento do direito), ele dispensa menos interesse em contrapartida. Aqui o desacoplamento da teoria em relação aos *âmbitos empíricos da práxis*, em particular daqueles do trabalho social, tem de ser superado. A argumentação teórica precisa ser reacoplada sobretudo com aqueles âmbitos empíricos que são acessíveis na atitude técnica do artesão. Esse segundo problema é resolvido na figura das ciências experimentais da natureza.[54] Os portadores sociais das linhas de tradição que se vinculam de maneira surpreendente na ciência moderna (eruditos escolásticos, humanistas, e sobretudo engenheiros e artistas do Renascimento) desempenham para a liberação, no âmbito da prática da pesquisa, do potencial armazenado nas imagens de mundo cognitivamente racionalizados um papel análogo ao das seitas protestantes para a transposição das imagens de mundo eticamente racionalizadas na práxis cotidiana.[55]

---

54 Krohn, "Die neue Wissenschaft der Renaissance", em Böhme; Daele; Krohn, *Experimentelle Philosophie*, p.13ss.

55 Id., "Zur soziologischen Interpretation der neuzeitlichen Wissenschaft", em id.; Zilsel (orgs.), *Die sozialen Ursprünge der neuzeitlichen Wissenschaft*, p.7ss.

3
Modernização como racionalização social: o papel da ética protestante

O potencial cognitivo que surge com as imagens de mundo completamente racionalizadas de maneira consequente não pode ser ainda eficaz nas sociedades tradicionais, no interior das quais o processo de desencantamento se efetua. Ele é desatado apenas em sociedades modernas. Esse processo de implementação significa a modernização da sociedade.[1] Nesse contexto, os fatores externos que favorecem a diferenciação de um sistema econômico controlado pelo mercado e de um aparelho estatal complementário[2] vinculam-se àquelas estruturas de consciência que provieram das sínteses, repletas de tensão, das tradições judaico-cristã, arábica e grega e que estão disponíveis no plano cultural por assim dizer. Uma vez que Weber considera ideias e interesses como cooriginários, o processo de modernização se deixa ler tanto de "cima" quanto de "baixo": tanto como ancoragem motivacional e corporificação institucional de estruturas de consciência, quanto como condução de conflitos de interesses que venham a resultar de problemas da reprodução econômica e da luta política pelo poder. No entanto, a passagem para a sociedade moderna exige uma explicação complexa, que leve

---

1 Para uma teoria da racionalização social, é importante a ideia de corporificação institucional e de ancoragem motivacional de estruturas de consciência culturalmente desenvolvidas. Esse modelo, que Max Weber aplica à Reforma, pode ser experimentado também no Renascimento e, sobretudo, no Esclarecimento. Cf. de imediato a interessante coletânea de ensaios de Gumbrecht; Reichardt; Schleich (orgs.), *Sozialgeschichte der Aufklärung in Frankreich*.
2 Bendix, *Max Weber. Das Werk*, p.60ss. e p.219ss.

em conta o concurso de ideias e interesses, sem se entregar a suposições *a priori* sobre dependências causais unilaterais (no sentido de um idealismo ou materialismo entendidos de maneira ingênua). Ao descrever os processos de modernização, isto é, o surgimento da sociedade capitalista e o sistema europeu de Estados e seu desdobramento desde o século XVIII, como processo de racionalização, Weber adota a perspectiva "de cima", sugerida por seus estudos sobre a sociologia da religião. Ele investiga como o potencial cognitivo surgido com a racionalização das imagens de mundo torna-se socialmente eficaz.

A compreensão descentrada do mundo abre por um lado a possibilidade de um trato *cognitivamente objetificado* com o mundo dos fatos e de um trato *jurídica e moralmente objetificado* com o mundo das relações interpessoais; por outro lado, ela oferece a possibilidade de um subjetivismo liberado dos imperativos da objetificação no trato com carências naturais individualizadas. A transferência dessa compreensão de mundo do plano da tradição cultural para o plano da ação social pode ser perseguida por três vias. A primeira via, que o próprio Weber negligencia em larga medida, é aberta por *movimentos sociais*, que são inspirados por posturas defensivas tradicionalistas e noções modernas de justiça, e também por ideais filosóficos de ciência e arte, por ideias de cunho burguês e depois socialista. A segunda via leva a *sistemas culturais de ação*, que se especializam na elaboração dos componentes diferenciados da tradição cultural. Até o século XVIII, surgem uma atividade científica organizada segundo especialidades, as doutrinas jurídicas universitárias e uma esfera pública jurídica informal, assim como a atividade artística organizada através do mercado. Em contraposição a isso, a Igreja perde sua competência global para o sistema cultural de interpretação; ao lado de suas funções diacônicas, ela afirma, em concorrência com instâncias laicas, uma competência parcial para questões prático-morais. Mesmo a sociologia da cultura da modernidade ocupa Weber apenas lateralmente; sua atenção principal aplica-se à terceira via, à via régia da racionalização: entre o século XVI e o XVIII chega-se na Europa a uma ampla e eficaz *institucionalização da ação racional com respeito a fins*, formadora de estruturas para a sociedade em seu todo.

Os dois complexos institucionais em que Weber vê corporificadas as estruturas de consciência modernas e nas quais reconhece como exemplares os processos de racionalização social são sobretudo a economia capitalista e o Estado moderno. O que há de "racional" nisso? Pela sociologia da economia e da dominação obtém-se impressão de que Weber tem diante dos olhos o *modelo de organização* realizado na empresa capitalista e no instituto estatal moderno quando fala de racionalização social. A racionalidade dessas formas de empresa e de instituto consiste, de acordo com Weber, em que empresários e funcionários em primeiro lugar, mas depois também trabalhadores e empregados, são obrigados a agir segundo a racionalidade com respeito a fins. O que destaca da mesma maneira a empresa capitalista e a administração estatal moderna em termos de organização é "a concentração dos meios materiais da atividade" nas mãos de empresários ou líderes racionalmente calculadores: "Assim como a autonomia relativa do artesão ou do industrial doméstico, do camponês fundiário, do comendatário, do cavaleiro e dos vassalos repousava sobre o fato de que eles mesmos eram proprietários dos instrumentos, das provisões, dos fundos, das armas, com base nos quais se ocupavam de sua função econômica, política, militar, e dos quais viviam durante o cumprimento dessas funções, a dependência hierárquica do trabalhador, do caixeiro, do empregado técnico, do assistente de institutos acadêmicos *e* do funcionário público e dos soldados repousa em inteira simetria no fato de que os instrumentos, as provisões e fundos indispensáveis para a atividade e para a existência econômica estão concentrados no poder de disposição do empresário, em um caso, e do senhor político, no outro. [...] Esse fundamento econômico decisivo, a 'separação' do trabalhador dos meios materiais da atividade: dos meios de produção na economia, dos meios bélicos no exército, dos meios administrativos materiais na administração pública, dos meios de pesquisa no instituto universitário e no laboratório, dos fundos em tudo isso, é comum, na qualidade de fundamento decisivo, à atividade estatal moderna na política da força e na política cultural e militar e à economia privada capitalista".[3] Essa concentração dos meios materiais é uma condição necessária para a *institucionalização da ação racional com respeito a fins*. Nesse contexto, uma administração que trabalhe segundo a racionalidade com respeito a fins e, portanto, calculável é necessária para as decisões

---

3 Weber, *Wirtschaft und Gesellschaft*, p.1047.

do empresário capitalista: "Mas também historicamente o 'progresso' rumo ao Estado burocrático, que judicia e administra segundo o direito positivado e os regulamentos racionalmente forjados se encontra em estreita conexão com o desenvolvimento capitalista moderno. Internamente, a empresa capitalista moderna baseia-se sobretudo no cálculo. Precisa para sua existência de uma justiça e de uma administração cujo funcionamento, ao menos em princípio, pode ser calculado segundo normas gerais fixas, de forma tão racional quanto se calcula o rendimento previsível de uma máquina".[4]

O ponto de referência com que Weber investiga a racionalização *social* é, portanto, a *racionalidade com respeito a fins própria da ação empresarial*, institucionalizada na empresa capitalista; daí ele deriva outras exigências funcionais: (a) orientações da ação racional com respeito a fins por parte das forças do trabalho, que são articuladas em um processo de produção organizado com planejamento; (b) um entorno econômico calculável para a empresa capitalista, isto é, mercado de bens, de capital e de trabalho; (c) um sistema jurídico e uma administração estatal que possam garantir essa calculabilidade; e, portanto, (d) um aparelho estatal que sanciona o direito e institucionaliza por sua parte orientações da ação racional com respeito a fins na administração pública. A partir daquele ponto de referência torna-se claro o questionamento central que permite tratar a modernização como racionalização social. Como a *institucionalização* de orientações da ação racional com respeito a fins é possível no âmbito do trabalho social?

A racionalização social consiste no estabelecimento de subsistemas de ação racional com respeito a fins, mais precisamente, na forma da empresa capitalista e do instituto estatal moderno; a circunstância que precisa de explicação não é aí a racionalidade com respeito a fins da ação econômica e administrativa, mas sua institucionalização. Esta não se explica, por sua vez, com a referência às regulações racionais com respeito a fins, pois a *normatização da ação racional com respeito a fins* significa uma forma de integração social que *ancora* as estruturas dessa racionalidade no sistema da personalidade e no sistema institucional. Essa forma específica de integração social exige, como mencionado,

---

4 Ibid., p.1048.

- uma ética da convicção que sistematize todos os âmbitos e que firme, em termos de racionalidade com respeito a valores, as orientações da ação racional com respeito a fins no sistema da personalidade (ética protestante); além disso,
- um subsistema social que assegure a reprodução cultural das orientações axiológicas correspondentes (comunidade religiosa e família), e, finalmente,
- um sistema de normas coercitivas que seja apropriado segundo sua estrutura formal para exigir dos agentes, na qualidade de comportamento legítimo, a persecução dos próprios interesses segundo a racionalidade com respeito a fins, exclusivamente orientada ao êxito, em um âmbito eticamente neutralizado (direito civil).

Weber crê então que essas inovações se dão por meio de uma *corporificação institucional daquelas estruturas de consciência* que provieram, por sua vez, da racionalização ética de imagens de mundo. Com essa interpretação, ele se distingue dos teóricos funcionalistas da modernização.[5]

Por outro lado, é preciso notar que Weber se aproxima da problemática da modernização segundo um ponto de vista determinado e caracteristicamente restrito: sua abordagem da modernização representa uma variante que oferece vantagens em termos de estratégia de pesquisa, mas *não esgota* o potencial de explicação de sua própria teoria, disposta em *dois níveis*. Se presentificarmos a sistemática não explicitada da teoria weberiana da racionalização, torna-se claro o questionamento que teria se insinuado no contato com a análise das religiões universais. Resumimos o rendimento dessa análise no sentido de que as estruturas de consciência modernas provêm do processo histórico-universal da racionalização das imagens de mundo, ou seja, do desencantamento das imagens religiosas e metafísicas do mundo. Essas estruturas estão presentes de certo modo no plano da tradição cultural; porém, na sociedade feudal da Alta Idade Média europeia, penetra-

---

5 Zapf (org.), *Theorien des sozialen Wandels*; id., "Die soziologische Theorie der Modernisierung", *Soziale Welt*, v.26, p.212ss., 1975; uma visão de conjunto é dada por Wehler, *Modernisierungstheorie und Geschichte*.

ram somente em uma camada portadora relativamente magra de virtuoses religiosos, em parte no interior da Igreja, mas sobretudo nas ordens monacais e, mais tarde, também nas universidades. As estruturas de consciência enclausuradas nos mosteiros precisam se radicar em camadas mais amplas para que as novas ideias possam ligar, reorientar e impregnar os interesses sociais, racionalizando as ordens profanas da vida. Dessa perspectiva coloca-se a questão: como as estruturas do mundo da vida conhecidas a partir das sociedades tradicionais tiveram de alterar-se antes de o potencial cognitivo proveniente da racionalização religiosa poder ser socialmente aproveitado e incorporado nas ordens de vida estruturalmente diferenciadas de uma sociedade modernizada por essa via?

Esse *questionamento contrafactual* não é habitual para o sociólogo que trabalha com dados empíricos, mas corresponde à abordagem escolhida por Weber de uma teoria que separa os fatores internos e externos, que reconstrói a história interna das imagens de mundo e se depara com o sentido intrínseco de esferas de valor culturalmente diferenciadas. Pois com isso essa teoria abre os olhos para um nível de possibilidades de aprendizagem fundamentado na lógica do desenvolvimento, o qual não pode ser descrito na atitude de uma terceira pessoa, mas apenas reconstruído na atitude performativa de um participante na argumentação. A teoria da racionalização possibilita questionamentos contrafactuais que, todavia – e este é o elemento hegeliano presente ainda em Weber que não pode ser eliminado –, não seriam acessíveis *para nós*, que seguimos uma tal estratégia teórica, se não pudéssemos nos apoiar heuristicamente no desenvolvimento *factual* dos sistemas culturais de ação de ciência, direito, moral e arte e se não *soubéssemos* exemplos de como as *possibilidades* de uma ampliação do saber cognitivo-instrumental, prático-moral e estético-expressivo, que são fundamentadas pela compreensão moderna de mundo *in abstracto*, isto é, na lógica de desenvolvimento, podem figurar *in concreto*.[6]

---

6 Em conexão com uma teoria do aprendizado moral, E. Tugendhat investigou a relação mútua em que entram as análises feitas do ângulo da primeira e da terceira pessoa: *Der Absolutheitsanspruch der Moral und die historische Erfahrung*. Nesse conceito se apoiam Frankenberg; Rödel, *Von der Volkssouveränität zum Minderheitenschutz: Die Freiheit*

Ante esse pano de fundo, uma análise do surgimento e desdobramento da sociedade capitalista, dos sistemas sociais modernos em geral, apoiada na teoria da racionalização, teria de partir da questão de saber se a via da racionalização tomada na Europa não é uma entre várias vias sistematicamente possíveis. Pergunta-se se aquela modernização que se impõe com o capitalismo não tem que ser descrita como uma realização apenas parcial das estruturas de consciência modernas e como, se for o caso, o padrão seletivo da racionalização pode ser explicado. É interessante observar que Max Weber *não* seguiu a sistemática de sua abordagem de dois níveis, que progride da racionalização cultural para a social. Pelo contrário, ele partiu do fato de que na empresa capitalista foi institucionalizada a racionalidade com respeito a fins da ação empresarial, e de que a explicação desse fato fornece a chave para a explicação da modernização capitalista. Diferentemente de Marx, que nesse ponto começa com considerações da teoria do valor-trabalho, Weber explica a institucionalização da ação econômica racional com respeito a fins primeiramente com base na cultura protestante da vocação e, em seguida, com base no sistema jurídico moderno. As duas coisas possibilitam uma racionalização social no sentido da expansão de ordens legítimas de ação racional com respeito a fins ao corporificar noções jurídicas e morais pós-tradicionais. Com elas surge uma nova forma de integração social que pode satisfazer os imperativos funcionais da economia capitalista. Weber não hesitou em equiparar *essa* forma histórica da racionalização com a racionalização social *em geral*.

Pois ele considera o *horizonte de possibilidades* aberto com a compreensão moderna de mundo somente na medida em que este serve para a explicação daquele fenômeno nuclear identificado de antemão; vê nele uma forma fenomênica exemplar e inequívoca da racionalidade socialmente eficaz. Essa avaliação da empresa capitalista se insinua, por um lado, pelo fato de que a institucionalização da ação empresarial racional com respeito a fins é de importância central, de fato, para as sociedades modernas segundo *pontos de vista*

---

politischer Kommunikation im Verfassungsstaat, untersucht am Beispiel der Vereinigten Staaten von Amerika. Cf. também Patterson, "Moral Development and Political Thinking: The Case of Freedom of Speech", *Western Political Quarterly*, v.32, n.1, p.7ss., mar. 1979.

funcionais; mas, por outro lado, é sugerida pelo valor especial que o elemento da racionalidade com respeito a fins recebe em Weber no plano das orientações da ação. Na passagem da racionalização cultural para a social, torna-se notável um *estreitamento repleto de consequências* do conceito de racionalidade, que Weber, como veremos, efetua em sua teoria da ação, talhada para o tipo de ação racional com respeito a fins. Portanto, Weber se dedica *imediatamente* às figuras do racionalismo ocidental encontradas de maneira factual, sem espelhá-las nas possibilidades projetadas de forma contrafactual de um mundo da vida racionalizado. Com isso, todavia, ele não faz desaparecer, sem deixar vestígios, o excesso de problemas de sua abordagem teórica de maior alcance. Pelo contrário, os problemas recalcados voltam a emergir em suas reflexões ligadas ao diagnóstico de época; implicitamente, ele utiliza aqui critérios pelos quais pode medir e criticar uma racionalização atrofiada na totalização da racionalidade com respeito a fins. Assim, no diagnóstico do capitalismo contemporâneo vem à tona novamente a sistemática da teoria da racionalização social disposta em dois níveis, a qual não se esgota nos elementos descritivos de *Economia e sociedade*.

De início, pretendo aprofundar o papel que Max Weber atribui à ética protestante para o surgimento do capitalismo (1), a fim de obter em seguida os pontos de apoio para um modelo de racionalização social pelo qual a via de desenvolvimento ocidental possa ser medida (2).

(1) *A ética protestante da vocação e o padrão autodestrutivo da racionalização social*

Segundo a própria compreensão de Max Weber, os estudos sobre a ética protestante referem-se a uma variável-chave do desenvolvimento cultural inteiro do Ocidente. Pois ele não considera a cultura moderna da vocação apenas e de modo geral como um derivado das estruturas de consciência modernas, mas exatamente como aquela implementação da ética da convicção com que a racionalidade com respeito a fins da ação empresarial é assegurada no plano motivacional, de uma maneira repleta de consequências para a empresa capitalista. Vistos na perspectiva da estratégia teórica, os estudos sobre o protestantismo assumem um valor posicional central.

Contudo, seu valor posicional é metodologicamente limitado em vários aspectos: (a) eles servem a uma análise "de cima", ocupam-se com a ancoragem motivacional e com a corporificação institucional de ideias, com o aproveitamento de um potencial para solução de problemas que despontou em termos de lógica de desenvolvimento, e carecem, por isso, da complementação por meio de uma análise "de baixo", por meio de uma investigação dos fatores externos e da dinâmica de desenvolvimento. Além disso, (b) esses estudos, como diríamos hoje, se dispõem em termos estruturalistas e não tratam de nenhuma relação causal, mas de uma "relação de afinidade eletiva" entre a ética protestante e o espírito do capitalismo coagulado na cultura moderna da vocação. É por esse motivo que eles tampouco satisfazem a própria exigência de Weber de analisar "a forma como a ascese protestante é influenciada, por sua vez, pela totalidade das condições sociais da cultura, em particular também as *econômicas*, em seu devir e em sua peculiaridade [...]".[7] Esses estudos não permitem (c) uma comparação entre os diversos componentes dos mundos da vida específicos às camadas sociais e tragados pela esteira da racionalização, e muito menos uma ponderação entre estilos de conduta de vida com determinação mais cognitivo-utilitarista, mais estético-expressiva ou mais prático-moral. Em nosso contexto, porém, é importante sobretudo (d) que esses estudos *não* registram a questão de saber o grau de seletividade com que aquela compreensão do mundo que se expressa nas imagens de mundo eticizadas encontra uma acolhida na cultura protestante da vocação. Apenas no contexto dessas questões *mais amplas*, para as quais Max Weber dá em outro lugar indicações que são ainda hoje atuais,[8] o valor posicional da ética protestante para a explicação do racionalismo ocidental poderia ser determinado. Eu deixarei de lado essas questões, com exceção da última.

Como mencionado, de acordo com a doutrina calvinista, o êxito da atividade vocacional não é considerado imediatamente o meio para a *consecução* da bem-aventurança, mas o signo externo da *certificação* de um estado de graça fundamentalmente incerto. Com base nesse meio-termo ideológico, Weber

---

7 Weber, *Die Protestantische Ethik*, v.I, p.190.
8 Schluchter, *Die Entwicklung des okzidentalen Rationalismus*, p.210ss.

explica o significado funcional que o calvinismo obteve não apenas para a difusão de atitudes ascéticas intramundanas, mas especialmente para uma conduta de vida objetificada, sistematizada *e concentrada em torno da atividade vocacional racional com respeito a fins*. Com efeito, Weber não quer explicar por que as inibições católicas contra a ambição do ganho no comércio decaíram; pelo contrário, ele quer explicar por que foi possível a conversão "do lucro econômico ocasional em um sistema econômico", o desenvolvimento "do romantismo da aventura econômica em metódica de vida econômica racional".[9] No calvinismo e no círculo das seitas protestantes, Weber descobre, de um lado, as *doutrinas* que destacavam a conduta metódica de vida como via de salvação; de outro, na vida religiosa da comunidade, que inspira também a educação familiar, ele encontra a *instituição* que cuidava da eficácia socializadora das doutrinas nas camadas portadoras do capitalismo inicial: "O Deus do calvinismo não requer dos seus 'boas obras' isoladas, mas uma santidade da obra elevada a *sistema*. Não havia lugar para o ir e vir católico, genuinamente humano, entre pecado, arrependimento, penitência, desencargo e novo pecado, ou para um saldo da vida inteira expiável por penas temporais e solvível por graças eclesiásticas. A práxis ética cotidiana do homem foi despida assim de sua aleatoriedade e assistematicidade e configurada em um *método* consequente de conduzir a vida inteira. Com efeito, não é por acaso que o nome de 'metodistas' permaneceu ligado aos portadores da última grande revivescência das ideias puritanas no século XVIII, assim como a designação 'precisistas', perfeitamente equivalente segundo o sentido, fora aplicado aos seus antepassados espirituais no século XVII. Pois apenas em uma transformação do sentido de toda a vida a cada hora e em cada ação o efeito da graça podia se confirmar na qualidade de uma elevação do homem do *status naturae* ao *status gratiae*. A vida do 'santo' era direcionada exclusivamente a um objetivo transcendente: a bem-aventurança, mas, *justamente por isso*, era *racionalizada* de ponta a ponta em seu decurso neste mundo e dominada pela perspectiva exclusiva de multiplicar a glória de Deus na terra".[10]

---

9 Weber, *Die Protestantische Ethik*, v.II, p.232.
10 Ibid., v.I, p.133-4.

Nessa passagem, Weber salienta em primeira linha o traço do calvinismo que exorta o fiel a despojar a práxis cotidiana de sua assistematicidade, isto é, a praticar a busca da salvação individual de tal modo que a convicção ética, a moral guiada por princípios, *penetre todas* as esferas e *todos os* estágios da vida em igual medida. No entanto, a observação sobre a vida do "santo" alude a outro traço da devoção das seitas; e somente este explica por que a ética protestante não possibilitou apenas a ascese intramundana em geral, mas em especial as orientações da ação que caracterizam a conduta metódica de vida do empresário do capitalismo inicial: a sistemática da conduta de vida que se dá porque o laico, sem poder confiar na graça sacerdotal do sacramento, no socorro de uma instituição da graça com carisma oficial como a Igreja católica, e isso quer dizer: sem poder *repartir* seu mundo da vida em esferas relevantes para a salvação e outras esferas, regula sua vida autonomamente, segundo princípios de uma moral pós-convencional.

A conduta de vida que Max Weber denomina "metódica" se destaca especialmente pelo fato de a esfera profissional ser "objetificada", e isso significa que ela é, *ao mesmo tempo*, moralmente *segmentada e alteada*. As interações *no interior* da esfera do trabalho vocacional são moralmente neutralizadas a tal ponto que a ação social pode ser desligada de normas e valores e ajustada à persecução dos próprios interesses em cada caso, com orientação para o êxito e segundo a racionalidade com respeito a fins; ao mesmo tempo, o êxito vocacional é associado ao destino da salvação individual de tal sorte que o trabalho vocacional é eticamente carregado e dramatizado *como um todo*. Essa ancoragem moral de uma esfera de comprovação vocacional funcionando segundo a racionalidade com respeito a fins e desligada da eticidade tradicional tem a ver com aquele traço da ética protestante que apenas se insinua na citação: a restrição particularista da graça de uma ética da convicção própria das religiões redentoras que elimina a justaposição católica de ética monacal, sacerdotal e laica em favor de uma separação elitista entre a religiosidade de virtuosos e a das massas.

W. Schluchter ressaltou energicamente as consequências éticas desse *particularismo da graça* agudamente expresso no protestantismo de seita reportando-se ao contraste feito por Troeltsch entre seita e igreja. O isolamento interno do indivíduo e a compreensão do *próximo* como um outro neutralizado em contextos estratégicos da ação são as duas consequências mais chamativas: "Portanto, o protestantismo ascético formula para o laico uma ética religiosa de virtuoses que soa inumana da perspectiva do católico normal [...]. Seu individualismo absoluto não reconduz à comunidade do amor divino do cristianismo primitivo. Sem dúvida, ele admite [...] a ideia de *filiação* divina, mas não a de *comunidade* divina [...]. A ética religiosa do protestantismo ascético é, portanto, uma ética da convicção *monológica*, com consequências *não fraternas*. É exatamente nisso que vejo seu potencial de desenvolvimento".[11] Schluchter não vê o potencial de desenvolvimento em uma racionalização ética da conduta de vida em geral, mas especialmente naquela objetificação das relações interpessoais que é necessária para que o empresário capitalista possa agir continuamente, em seu âmbito eticamente neutralizado, de forma racional com respeito a fins, isto é: *em atitude objetivante*.

No entanto, Weber pressupõe que "objetificação" [*Versachlichung*], no sentido da objetificação [*Vergegenständlichung*] estratégica das relações interpessoais, é o único caminho possível para uma dissolução racional das relações de vida tornadas hábitos tradicionais e reguladas por convenções. Também esse é o ponto de vista de Schluchter, que prossegue na passagem mencionada: a ética do protestantismo ascético "não apenas coloca, como o fazem em última instância todas as correntes cristãs consequentes da religião da redenção, a relação do indivíduo com Deus *acima de* suas relações com os homens; também dá a essas relações um novo significado, que consiste em que já não as interpreta mais nos termos da piedade. Cria assim uma motivação para a objetificação das relações inter-humanas de início religiosas e depois extrarreligiosas".[12] Em contrapartida, é preciso tornar presente que representações jurídicas e morais pós-convencionais, tão logo penetrem no plano das ordens legítimas, são incompatíveis *per se* com os fundamentos tradicionais das relações de vida substanciais regidas pela piedade. Em princípio, o feitiço do tradicionalismo poderia ter sido quebrado *sem a articulação de um sistema de ação eticamente neutralizado*. O racionalismo

---

11 Schluchter, *Die Entwicklung des okzidentalen Rationalismus*, p.250-1.
12 Ibid., p.251.

ético leva consigo, como vimos, um conceito formal de mundo enquanto totalidade das relações interpessoais legitimamente reguladas, no qual o indivíduo que age autonomamente pode se provar moralmente. *Essa* objetificação, que desvaloriza todas as normas tradicionais convertendo-as em meras convenções, destrói já o fundamento legitimador da piedade. Para tanto, não é necessária aquela objetificação *especial*, exigível em todo caso para as relações econômicas capitalistas, possibilitando a segmentação de um domínio juridicamente organizado da ação estratégica.

Ora, Max Weber negou explicitamente uma tal possibilidade de desenvolvimento. Porém, é interessante observar que ele não fundamenta isso, como seria de esperar, com a referência empírica à dinâmica de desenvolvimento de um sistema econômico cujos imperativos funcionais podem ser satisfeitos somente por uma ética que ancore, de modo racional com respeito a valores, a liberação da ação estratégica na esfera do trabalho social. Em vez disso, ele recorre a um fato da lógica de desenvolvimento, a saber: a incompatibilidade *estrutural* de toda religião redentora consequentemente eticizada com as ordens impessoais de uma economia racionalizada e de uma política objetificada. Devido ao significado sistemático dessa tese, gostaria de apresentar o argumento em detalhe.

Primeiramente, Weber considera a ética cristã da fraternidade a forma exemplar de uma ética da convicção racionalmente reelaborada: "Quanto mais a ideia de redenção foi formulada de maneira racional e sublimada nos termos da ética da convicção, tanto mais aqueles preceitos oriundos da ética da reciprocidade própria da associação de vizinhança se intensificaram exterior e interiormente por conta disso. Exteriormente, a ponto de chegar ao comunismo do amor fraterno, interiormente, porém, à convicção da *caritas*, do amor pelo sofredor enquanto tal, o amor pelo próximo, pelo ser humano e por fim: pelo inimigo".[13] A versão estritamente universalista dos princípios morais, a forma de autocontrole do eu autônomo com base em orientações da ação interiorizadas e altamente abstratas e o modelo de uma reciprocidade completa das relações entre os membros de uma comunidade de comunicação ilimitada – estes são os traços de uma ética religiosa

---

13 Weber, *Gesammelte Aufsätze zur Religionssoziologie*, v.I, p.543.

da *fraternidade* que provieram dali onde a eticização da religião da redenção foi impulsionada com maior consequência, partindo da "nova comunidade social" de uma religiosidade comunitária soteriológica" criada por meio de profecias.[14]

Ora, a "Consideração intermediária" pode ser lida na qualidade de um único argumento para o fato de que essa ética, comunicativa em seu cerne, entra em contradição com as ordens da vida *intramundanas* e "hostis à fraternidade", contradição tanto mais aguda quanto mais enérgica é a racionalização dessas ordens: "O cosmo da economia capitalista racional moderna, quanto mais seguia suas legalidades intrínsecas e imanentes, mais se tornava inacessível a toda relação pensável com uma ética religiosa da fraternidade".[15] Pois, tanto aqui quanto na política, essa ética deveria atuar como "inibição à racionalidade formal". A ética universalista da fraternidade colide com as formas de racionalidade econômico-administrativas nas quais a economia e o Estado se objetificam em um cosmo hostil à fraternidade: "Assim como a ação racional econômica e política segue suas legalidades intrínsecas, qualquer outra ação racional no mundo permanece inelutavelmente ligada às condições do mundo estranhas à fraternidade, as quais devem ser seus meios ou fins, entrando por isso, de alguma maneira, em uma relação tensa com a ética da fraternidade".[16]

A atenuação desse conflito fundado estruturalmente na oposição de fraternidade e afraternidade é possível somente por duas vias: ou pelo recuo à "fraternidade acosmística" da mística cristã, ou pela via que leva à ascese intramundana e, com isso, aos "paradoxos da ética protestante da vocação que, na qualidade de religiosidade de virtuoses, renunciou ao universalismo do amor, obrigou racionalmente toda atuação no mundo a ser serviço a Deus, totalmente incompreensível em seu sentido último, mas simplesmente a única vontade positiva cognoscível e a única provação do estado de graça, aceitando assim também, a título de algo querido por Deus e de material para o cumprimento do dever, a objetificação do cosmo econômico, des-

---

14 Ibid., p.542-3.
15 Ibid., p.544.
16 Ibid., p.552.

valorizado juntamente com o mundo inteiro como criatural e corrupto. E isso era em última instância a renúncia por princípio à redenção enquanto objetivo alcançável pelos seres humanos e para todo ser humano, em favor da graça insondável, mas sempre particular. Esse ponto de vista da afraternidade não era mais, na verdade, uma autêntica 'religião da redenção'".[17]

Dificilmente se poderia formular em termos mais secos o modo como uma ética ascética da vocação, egocentricamente redutora e encaixada na hostilidade à fraternidade própria da economia capitalista, recai, com seu *particularismo da graça*, abaixo do nível já alcançado na ética da fraternidade comunicativamente desdobrada. Contudo, Weber não tornou esse discernimento teoricamente fecundo. Isso é tanto menos compreensível quando se segue a análise weberiana do destino ulterior da ética protestante no curso do desenvolvimento capitalista.

A ética protestante da vocação preenche as condições necessárias para o surgimento de uma base motivacional da ação racional com respeito a fins na esfera do trabalho social. No entanto, ao ancorar em termos de racionalidade com respeito a valores as orientações da ação racional com respeito a fins, a ética protestante satisfaz apenas as condições de *partida* para a sociedade capitalista; ela põe a caminho o capitalismo, sem poder assegurar as condições de sua própria estabilização. Weber crê então que os subsistemas da ação racional com respeito a fins formam a longo prazo um entorno destrutivo para a ética protestante, e isso tanto mais quanto mais eles se desdobram segundo a legalidade intrínseca cognitivo-instrumental do crescimento capitalista e da reprodução do poder estatal. A própria racionalidade prático-moral da ética da convicção não pode ser institucionalizada na sociedade cujo ponto de partida ela possibilita. Pelo contrário, a longo prazo, ela é substituída por um utilitarismo que se deve a uma reinterpretação empirista da moral, isto é, à valorização pseudomoral da racionalidade com respeito a fins, não dispondo mais de uma relação interna com a esfera de valores moral. Como Weber explica esse *padrão autodestrutivo* da racionalização social? A ética protestante já havia se desfeito dos componentes da fraternidade; portanto, tão somente sua inserção no contexto de uma reli-

---

17 Ibid., p.545-6.

gião redentora em geral poderia ser o que a colocou em uma oposição com as condições de vida modernas.

De fato, é a concorrência com os padrões interpretativos e com as ordens de vida cientificamente racionalizados que decide sobre o destino da religião e, com isso, como pensa Weber, também sobre o destino da ética fundada na religião: "Ao mesmo tempo teórica e prática, intelectual e presa a fins, a forma moderna da racionalização integral da imagem de mundo e da conduta teve a consequência geral de que a religião, quanto mais progrediu esse tipo particular de racionalização, tanto mais foi deslocada, por sua vez, para o irracional – visto da perspectiva de uma modelagem intelectual da imagem de mundo".[18] Na "Consideração intermediária", Weber salienta com ainda mais intensidade o fundamento desse conflito: "O conhecimento racional a que, com efeito, a religiosidade ética apelara formou, seguindo de maneira autônoma e intramundana suas próprias normas, um cosmo de verdades que não só nada mais tinha a ver com os postulados sistemáticos da ética religiosa – de que o mundo como cosmos satisfazeria suas exigências ou demonstraria algum 'sentido' –, mas teve antes de rejeitar por princípio essa pretensão. O cosmo da causalidade natural e o cosmo postulado da causalidade ética da compensação estavam em oposição inconciliável entre si. E, embora a ciência, que criou aquele cosmo, parecesse não poder dar explicações seguras sobre suas próprias pressuposições últimas, ela se apresentava, em nome da 'integridade intelectual', com a pretensão de ser a única forma possível de consideração intelectual do mundo. Assim como todos os valores culturais, o intelecto criou também uma aristocracia baseada na posse racional da cultura, independente de todas as qualidades éticas pessoais dos seres humanos, ou seja, uma aristocracia afraternal".[19]

Essa explicação do padrão autodestrutivo da racionalização social é insatisfatória, visto que Weber continua a dever a demonstração de que uma consciência moral guiada por princípios pode sobreviver somente em contextos religiosos. Ele teria de explicar por que a inserção da ética guiada por princípios em uma religião redentora, por que o vínculo de consciên-

---

18 Ibid., p.253.
19 Ibid., p.569.

cia moral e interesses pela redenção é tão indispensável para a *conservação* da consciência moral quanto o foi sem dúvida, conforme pontos de vista genéticos, justamente para o *surgimento* dessa etapa da consciência moral. Para isso não há evidências empíricas contundentes (a) nem argumentos sistemáticos fortes (b).

(a) Weber não levou a cabo seu programa de pesquisa, o qual deveria permitir estimar o "significado cultural do protestantismo ascético na relação com outros elementos plásticos da cultura moderna".[20] Ele deveria abranger, entre outras coisas, a influência ético-social do humanismo assim como do empirismo filosófico e científico. Weber teria de tratar aí as tradições que influíram no racionalismo do Esclarecimento e fomentaram uma moral laica secularizada em camadas burguesas; e esta era, considerando-se o efeito de uma emancipação em relação ao mundo da devoção eclesial católica, um equivalente perfeito para a ética protestante. A conhecida investigação de Bernhard Groethuysen do ano de 1927[21] se concentra em um tal caso: a constituição, na burguesia francesa, de uma consciência moral burguesa autônoma em relação à Igreja. Groethuysen apoia-se sobretudo nas prédicas dos séculos XVII e XVIII e nos tratados pedagógicos e filosóficos da segunda metade do século XVIII. Ele faz surgir dessas fontes a imagem de uma ética desligada de contextos religiosos e guiada por princípios, com a qual as camadas burguesas se distanciam tanto em relação ao clero quanto em relação ao povo preso à devoção ingênua. O burguês "sabe aqui distinguir bem: para ele, a moral secular e a ciência, para os outros, a religião".[22] Groethuysen documenta como a burguesia francesa dessa época excede o ideário católico e passa a desenvolver as visões secularizadas da vida, das quais "é preciso para regrar a vida socioeconômica, fazendo valer suas pretensões".[23] A moral burguesa se basta a si mesma. Quer o indivíduo burguês permaneça católico, quer não, o catolicismo eclesial perde seu poder de orientar a ação na práxis cotidiana das camadas burguesas: "O burguês

---

20 Weber, *Die Protestantische Ethik*, v.I, p.189.
21 Groethuysen, *Die Entstehung der bürgerlichen Welt- und Lebensanschauung in Frankreich*.
22 Ibid., v.I, p.17.
23 Ibid., v.II, p.210.

encontrou sua forma de vida, sua moral, que está em íntima conexão com as condições de vida burguesas [...]".²⁴

(b) Mas faltam ainda razões sistemáticas para a tese segundo a qual uma consciência moral não poderia se estabilizar no nível pós-tradicional sem uma inserção religiosa. Se a eticização das imagens religiosas do mundo leva à diferenciação de uma esfera de valores especializada em questões prático-morais, é de esperar que a racionalização ética prosseguisse no interior dessa esfera, mais exatamente, segundo a legalidade intrínseca de uma razão prática liberada de pretensões descritivas e tarefas expressivas. Nessa linha residem as éticas filosóficas profanas dos tempos modernos que conduzem, passando por éticas formalistas de tipo kantiano, às éticas do discurso da atualidade, associadas em parte a Kant, em parte ao direito natural racional, mas também retomando pontos de vista utilitaristas. Elas poderiam ser chamadas, em referência a Weber, *éticas cognitivistas da responsabilidade*.²⁵

No entanto, o próprio Weber parte, sobretudo em contextos metodológicos, de um estado da questão determinado pelo positivismo de seu tempo, de acordo com o qual juízos de valor éticos expressariam atitudes meramente subjetivas e não seriam suscetíveis de uma fundamentação intersubjetivamente vinculante. Contradizem isso seus próprios argumentos em prol da superioridade das éticas da responsabilidade sobre as éticas da convicção. O próprio Weber assume o papel de um sistematizador da ética assim que faz a tentativa de demonstrar os limites da ética religiosa da fraternidade no que se refere à ética da convicção. A ética da fraternidade não oferece "um meio para solucionar nem mesmo a primeira de todas as questões [...]: por onde deve ser determinado, no caso particular, o valor ético de uma ação: se pelo *êxito* ou por um *valor intrínseco* desse ato em si mesmo — a ser definido eticamente de algum modo. Se, e em que medida, portanto, a responsabilidade do agente pelas consequências santifica os meios ou, inversamente, se o valor da convicção que sustenta a ação deve autorizá-lo

---

24 Ibid., p.213.
25 Entre elas conto as abordagens de teoria moral de Baier, Hare, Singer, Rawls, Lorenzen, Kambartel, Apel e a minha, entre outros. Cf. Oelmüller (org.) *Transzendentalphilosophische Normenbegründungen*; Wimmer, *Universalisierung in der Ethik*.

a recusar a responsabilidade pelas consequências, atribuindo-a a Deus ou à corrupção e insensatez do mundo permitidas por Ele. A sublimação da ética religiosa em termos de ética da convicção se inclinará à última alternativa: 'o cristão obra bem e deixa o resultado a critério de Deus'".[26] Com esses e outros argumentos análogos,[27] Weber pisa o terreno de uma discussão filosófica que pôde salientar o sentido intrínseco das questões prático-morais, a lógica da justificação de normas de ação, depois que a moral e o direito se desprenderam do quadro categorial das imagens religiosas (e metafísicas) de mundo.

Se a possibilidade de uma teoria moral racional, isto é, não certamente científica, mas *compatível* com as exigências de fundamentação do pensamento científico moderno, não pode ser excluída de antemão, a dissonância cognitiva entre uma consciência cotidiana cientificamente esclarecida e a ética protestante da vocação deve ser explicada de outra forma, recorrendo-se, por exemplo, ao caráter especial de seu particularismo da graça. Nesse caso, também as observações ocasionais de Weber sobre o caráter irracional da doutrina da predestinação e o tipo de conduta de vida fundido nela ganham um significado sistemático. Com efeito, a ética protestante não é de modo algum uma corporificação exemplar da consciência moral que se expressa de início na ética religiosa da fraternidade, mas sim uma corporificação distorcida e mesmo *sumamente irracional* dela. R. Döbert analisou bem a dupla face que as versões da ética da vocação que se tornaram historicamente eficazes mostram a partir de pontos de vistas estruturais.[28] Com a ética protestante, as estruturas de consciência que tiveram até então apenas um significado extraterritorial, por assim dizer, se ancoraram em algumas camadas portadoras do capitalismo. Mas o êxito dessa institucionalização foi pago com o fato de que as estruturas de consciência acessíveis em princípio foram *aproveitadas apenas seletivamente*. Döbert remete sobretudo ao particularismo

---

26 Weber, *Gesammelte Aufsätze zur Religionssoziologie*, v.I, p.552.
27 Sobre o nexo de ética e teoria da ciência em Weber, cf. Schluchter, *Wertfreiheit und Verantwortungsethik, zum Verhältnis von Wissenschaft und Politik bei Max Weber*.
28 Döbert, "Methodologische und forschungsstrategische Implikationen von evolutionstheoretischen Stadienmodellen", em Jaeggi; Honneth (orgs.), *Theorien der Historischen Materialismus*, p.544ss.

da graça de um deus cujo decreto é insondável por princípio e à incerteza implacável sobre a graça, que iria se tornar psicologicamente suportável por conta de construções auxiliares de tipo mais ou menos convincente. A seletividade se mostra igualmente nos traços repressivos da socialização religiosa, no total isolamento interno dos virtuosos religiosos, que se ajustam a um comportamento instrumental até mesmo no interior de sua própria comunidade, ou na rigidez do controle pulsional, que exclui uma relação livre do indivíduo com sua própria natureza. Em seus ensaios sobre as seitas protestantes, Weber de modo algum disfarça esses traços desagradáveis, sintomáticos de ponta a ponta, da conduta de vida metódico-racional.[29]

Porém, se a ética protestante, tanto as doutrinas em cujo contexto ela se situa quanto as formas de vida e as estruturas da personalidade nas quais ela se corporifica, não deve ser considerada a expressão por excelência de uma moral guiada por princípios, se levamos a sério o *caráter parcial* dessa figura da racionalização ética, então uma outra luz acaba incidindo sobre aquelas seitas protestantes que, como os anabatistas, queriam institucionalizar a ética universalista da fraternidade sem reserva alguma, isto é, mesmo nas novas formas de comunidade social e de formação política da vontade.[30] Esses movimentos sociais, que não desviaram o potencial das imagens de mundo inteiramente eticizadas para os trilhos de um trabalho vocacional disciplinado de *pessoas privadas*, mas, pelo contrário, quiseram transpô-lo em formas de vida socialmente revolucionárias, fracassaram no primeiro empuxo. Pois as *formas de vida radicalizadas* não correspondiam às exigências de uma ética econômica capitalista. Essas conexões carecem de uma análise mais exata. Em todo caso, essas considerações dão ensejo para perguntar:

— se a conduta metódica de vida dos grupos-alvo protestantes investigados por Weber não obtiveram seu significado histórico apenas porque eles realizaram um padrão de moralidade pós-tradicional que era funcional para uma conduta empresarial capitalista

---

29 Weber, *Die Protestantische Ethik*, v.I, p.279ss., p.318ss.
30 Cf. a observação de Weber sobre a "revolução batista", *Gesammelte Aufsätze zur Religionssoziologie*, v.I, p.554. Sobre isso, cf. Dülmen, *Reformation als Revolution*; ali se encontram (p.373ss.) outras indicações bibliográficas.

— e se sua instabilidade, observada por Weber, não decorre do fato de que o desenvolvimento capitalista admite orientações pós-tradicionais apenas em forma restrita, a saber, promovendo um padrão de racionalização de acordo com o qual a racionalidade cognitivo-instrumental penetra em outros âmbitos da vida para além da economia e do Estado, recebendo ali um primado à custa da racionalidade prático-moral e estético-expressiva.[31]

(2) O conteúdo sistemático da "Consideração intermediária"

Essas questões se situam em uma linha argumentativa que Weber não seguiu, embora resulte de sua abordagem teórica disposta *em dois níveis*. As investigações empíricas de Weber se concentram *imediatamente* no problema do surgimento do capitalismo e na questão de saber como as orientações da ação racional com respeito a fins podem ser institucionalizadas de fato nessa fase de surgimento. Com isso, ele relaciona a racionalização social de antemão com o aspecto da racionalidade com respeito a fins; ele não espelha o perfil histórico desse processo no pano de fundo do que teria sido *estruturalmente possível*. Esse questionamento mais complexo retorna, contudo, no diagnóstico de Weber sobre o presente. Aqui Weber se inquieta com o fato de que os subsistemas da ação racional se desprendem de seus fundamentos racionais com respeito a valores, autonomizando-se em uma dinâmica própria. Essa tese da perda da liberdade ainda nos ocupará. Weber a coloca em conexão com o resultado das investigações comparativas na sociologia da religião, isto é, com o fato de que as estruturas de consciência diferenciadas em esferas culturais de valores autônomas são corporificadas em ordens de vida *antagonistas* de maneira correspondente. O tema da "Consideração intermediária" são aqueles conflitos internamente fundamentados que *têm* de apresentar-se, segundo a opinião de Weber, entre uma ética da fraternidade consequente e as

---

31 É dessa perspectiva que H. Marcuse exerce sua crítica a Weber: "Industrialisierung und Kapitalismus", em Stammer (org.), *Max Weber un die Soziologie heute*, p.161ss.; sobre esse tema, cf. a introdução em Käsler, *Max Weber*, p.7ss.

ordens seculares de uma sociedade estruturalmente diferenciada. Vou deixar de lado ainda as reflexões ligadas ao diagnóstico de época, que se conectam com esse tema. Antes de tudo, quero examinar o modelo de esferas de valor e ordens de vida que subjazem a essas reflexões.

O ponto de vista sistemático conforme o qual Weber conduz sua "Consideração intermediária" é formulado na famosa frase: "[...] A racionalização e a sublimação consciente das relações do homem formando esferas diversas de posse de bens exteriores e interiores, religiosos e mundanos, [...] impeliam a isso: toma-se consciência das *legalidades intrínsecas e internas* das diversas esferas em suas consequências, fazendo que elas entrem naquelas tensão umas com as outras que permaneceram ocultas à desenvoltura primitiva da relação com o mundo exterior".³² As "legalidades intrínsecas" remetem à "coesão racional" de *ideias*; a posse de bens internos e externos, ideais e materiais, fundamenta os *interesses*. Enquanto consideramos as ideias por si mesmas, elas formam *esferas de valor culturais*; tão logo se vinculam a interesses, formam *ordens de vida* que regulam legitimamente a posse de bens. Gostaria de aprofundar a sistemática dessas ordens de vida (a), depois tratar de suas "legalidades intrínsecas" (b), para enfim retomar a questão da realização parcial das estruturas modernas de consciência (c).

a) Na "Consideração intermediária", Weber não alcança uma distinção exata entre os planos da tradição cultural e dos sistemas de ação institucionalizados ou ordens de vida. A ética religiosa da fraternidade, que fornece o ponto de referência da comparação com as "ordens e valores do mundo", é tratada principalmente como *simbolismo cultural*, em correspondência também com o contexto da análise da imagem de mundo. Por outro lado, a ciência e a arte aparecem antes sob o aspecto de ordens de vida, portanto como *sistemas culturais de ação*, que foram diferenciadas em simultaneidade com os *sistemas sociais de ação* economia e Estado. A sistemática dos conceitos fundamentais weberianos sugere, contudo, a diferenciação seguinte entre os planos da tradição cultural e dos sistemas culturais de ação (Fig.8).

---

32 Weber, *Gesammelte Politische Schriften*, v.I, p.541-2.

Esferas de valor culturais	Ideias cognitivas	Ideias normativas	Ideias estéticas
Sistemas culturais de ação: posse de bens ideais	Atividade científica	Comunidade religiosa	Atividade artística

Figura 8 – *Complexo cultural*

Os três sistemas culturais de ação são ordens de vida que regulam a *posse de bens ideais*. Deles Weber distingue as esferas da *posse de bens mundanos*. Em sociedades modernas, os bens culturais cotidianos são representados sobretudo pela *riqueza* e pelo *poder*, assim como o bem extracotidiano é representado pelo *amor sexual* (ou eroticamente sublimado), valores em torno dos quais se cristalizam ordens de vida. Assim resultam as cinco ordens de vida (culturais ou sistemas de ação social em sentido estrito) com as quais a ética religiosa da fraternidade pode entrar em tensão (Fig.9):

Interesses na posse \ Ideias culturais	Cotidianos		Extracotidianos
de bens ideais	Saber: atividade científica		Arte: atividade artística
de bens materiais	Riqueza: economia	Poder: política	Amor: contraculturas hedonistas

Figura 9 – *Ordens de vida que entram em tensão com a ética religiosa da convicção*

Na "Consideração intermediária", Weber segue o propósito de analisar as "relações de tensão entre religião e mundo", no que a ética da fraternidade forma o ponto de referência religioso. De acordo com sua análise, os *conflitos* têm de ressaltar tanto mais agudamente quanto mais se toma consciência, em sua peculiaridade, das "relações do ser humano com as diversas esferas da posse de bens exteriores e interiores". E este é o caso, com tanto mais evidência quanto mais amplamente as ordens de vida são racionalizadas.

Os conflitos ou "relações de tensão" que interessam a Weber nesse lugar resultam não externamente, de *interesses* incompatíveis, mas internamente, da incompatibilidade de diversas *estruturas*. Se seguimos a sistemática desse questionamento e não imediatamente o texto, precisamos nos voltar primeiramente às esferas de valor culturais; estas obedecem imediatamente, com efeito, às legalidades intrínsecas de ideias, ao passo que ordens de vida já estão fundidas com interesses, formando ordens legítimas.

(b) Weber contrapõe à esfera ética de valor a ciência e a arte. Nisso reconhecemos os componentes cognitivos, os normativos e os expressivos da cultura, que são diferenciados conforme uma pretensão universal respectiva. Nessas esferas culturais de valores se expressam as estruturas modernas de consciência, as quais provieram da racionalização das imagens de mundo. Esta, como foi mostrado, levou aos *conceitos* formais de um mundo objetivo, um mundo social e um mundo subjetivo, e às atitudes fundamentais correspondentes em relação a um mundo exterior cognitiva ou moralmente *objetificado*, e a um mundo interior *subjetivado*. Nesse contexto, distinguimos a atitude objetivante em relação a processos da natureza exterior, a atitude de conformidade (ou crítica) normativa em relação às ordens legítimas da sociedade, assim como a atitude expressiva em relação à subjetividade da natureza interna. Determinantes para a modernidade, as estruturas de uma *compreensão de mundo descentrada* (no sentido de Piaget) se deixam caracterizar pela possibilidade de o sujeito agente e cognoscente adotar *diversas* atitudes fundamentais *em relação aos componentes do mesmo mundo*. Da combinação de atitudes fundamentais e conceitos formais de mundo resultam novas relações fundamentais; a Figura 10 oferece um fio condutor para a "racionalização das relações do ser humano com as diversas esferas", o qual é obtido do ducto do direcionamento teórico weberiano.

Neste lugar não posso investigar sistematicamente as relações pragmático--formais; contento-me com indicações intuitivas sobre formas de manifestação características que podem servir de ilustração. A relação cognitivo-instrumental (1.1) se deixa elucidar em afirmações, ações instrumentais, observações etc.; a relação cognitivo-instrumental (1.2), em ações sociais de tipo racional com respeito a fins; a relação de obrigatoriedade (2.2), em ações

Mundos / Atitudes fundamentais	1. Objetivo	2. Social	3. Subjetivo
1. Objetivante	Relação cognitivo-instrumental	Relação cognitivo-estratégica	Autorrelação objetivista
2. De conformidade a normas	Relação estético-moral com o entorno não objetivado	Relação de obrigatoriedade	Autorrelação de censura
3. Expressiva		Autoencenação	Autorrelação espontânea e sensível

Figura 10 – *Relações pragmático-formais*

reguladas por normas; a autoencenação (3.2), em ações sociais de tipo dramatúrgico ou de autorrepresentações. Uma relação objetivista consigo mesmo (1.3) pode se expressar em teorias (por exemplo, na psicologia empirista ou na ética utilitarista); uma relação de censura para consigo mesmo (2.3) se deixar ilustrar em fenômenos do supereu, como sentimentos de culpa, tanto quanto em reações defensivas; uma relação espontânea e sensível consigo mesmo (3.3) se depreende de manifestações afetivas, estímulos libidinosos, operações criativas e assim por diante. Para uma relação estética com um entorno não objetivado (3.1), apresentam-se como elucidação trivial obras de arte, em geral fenômenos de estilo, mas também, por exemplo, teorias nas quais se sedimenta uma contemplação morfológica da natureza. Mais obscuros são os fenômenos exemplares de um trato prático-moral, de um trato "fraternal" com a natureza, se não se quiser aqui remontar às tradições de inspiração mística ou às tabuizações (por exemplo, os limites do asco vegetariano), ao trato antropomorfizador com animais etc.

Essa tentativa de caracterização preliminar já mostra que, das relações pragmáticas entre um ator e seu mundo exterior ou interior, que se tornaram formalmente acessíveis com o "desencantamento", somente algumas são selecionadas e articuladas em formas de manifestação estandartizadas. Esse aproveitamento diferencial de possibilidades formais pode ter razões externas ou internas. Ela pode refletir um aproveitamento cultural e socialmente específico do potencial de racionalização ofertado com as estruturas modernas de consciência, ou seja, um padrão seletivo de racionalização social. Talvez as coisas se passem, porém, de tal modo que somente algumas dessas relações pragmático-formais se prestem à acumulação de saber. Temos de tentar identificar, por isso, aquelas relações que são produtivas o suficiente, do ponto de vista da *aquisição do saber*, para permitir um desenvolvimento de esferas de valor culturais *segundo as legalidades intrínsecas* no sentido de Max Weber. Uma vez que não posso neste lugar levar a cabo uma pretensão sistemática, atenho-me aos enunciados de Weber. Ele é visivelmente da opinião de que apenas seis das relações ator-mundo podem ser "racionalizadas e conscientemente sublimadas":

Atitudes fundamentais \ Mundos	1	2	3	1
3	Arte ↓			
1	↑ Ciência/ Técnica	Racionalidade cognitivo-instrumental: Tecnologias sociais ↓	X	
2	X	↑ Racionalidade prático-moral Direito	Moral ↓	
3		X	↑ Racionalidade prático-estética Erotismo	Arte

Figura 11 – *Complexos de racionalização*

A atitude objetivante em relação à natureza exterior e à sociedade circunscreve um complexo de racionalidade cognitivo-instrumental no interior do qual a produção de saber pode assumir a forma do progresso científico e técnico (inclusive de tecnologias sociais). Que o campo 1.3 permaneça vazio se deve à suposição de que nada pode ser aprendido na atitude objetivante acerca da natureza interior *qua* subjetividade. A atitude conforme a normas em relação à sociedade e à natureza interior circunscreve um complexo de racionalidade prático-moral no interior do qual a produção de saber pode assumir a forma de uma elaboração sistemática de noções jurídicas e morais; que o campo 2.1 permaneça vazio significa um ceticismo em relação à possibilidade de configurar racionalmente o trato fraternal com uma natureza não objetivada, por exemplo, na forma de conhecimentos da filosofia da natureza que poderiam concorrer com as ciências naturais modernas.[33] A atitude expressiva em relação a uma natureza interior e exterior circunscreve, enfim, um complexo de racionalidade prático-estética no interior do qual a produção de saber pode assumir a forma de uma interpretação de necessidades autêntica, isto é, que se renova a cada vez sob condições históricas alteradas. Que o campo 3.2 permaneça vazio deve indicar que as formas expressivamente determinadas de interação (por exemplo, as formas de vida contraculturais) não formam nenhuma estrutura suscetível de racionalização por si mesma, mas antes são parasitárias na medida em que permanecem dependentes de inovações em outras esferas de valor.

Ora, se esses três complexos de racionalidade, que em uma perspectiva pragmático-formal derivam de atitudes fundamentais e de conceitos de mundo, remetem precisamente às três esferas de valor culturais que se diferenciaram na modernidade europeia, então isso não é ainda uma objeção contra o valor posicional sistemático do esquema. Segundo a concepção de Weber, com efeito, as estruturas modernas de consciência procederam de um processo histórico-universal de desencantamento e não espelham, nessa medida, apenas traços idiossincráticos de uma cultura particular. No entanto, para uma pretensão sistemática, as exposições históricas de Weber tampouco bastam. Talvez pudesse ser obtida de uma *teoria da argumentação* uma funda-

---

33 Cf. minha resposta a McCarthy, em Held; Thompson, *Habermas: Critical Debates*.

mentação independente. A respeito disso, tenho de oferecer por ora apenas uma observação quanto à estratégia de pesquisa.

Se as esferas de valor culturais se destacam por uma produção de saber diferenciada e perenizada de acordo com pretensões de validade, e se a continuidade dessa produção de saber somente pode ser assegurada por meio da reflexivização de processos de aprendizagem, isto é, por meio de um reacoplamento com formas institucionalmente diferenciadas de argumentação, então, para as esferas de valor *historicamente marcadas* (que derivamos das combinações 1.1, 1.2; 2.2, 2.3; 3.3, 3.1), se deixam demonstrar relações plausíveis com uma forma de argumentação respectivamente típica, *especializada em uma pretensão de validade universal*. Nossa hipótese é refutada se não se consegue isso ou se, inversamente, se deixem descobrir formas especializadas de argumentação para os campos "vazios" assinalados com "X" (1.3, 2.1, 3.2), isto é, para os âmbitos da experiência representados por eles. Para uma falsificação, basta também a demonstração descritiva de que há culturas em que esferas de valor correspondentes, para nós difíceis de imaginar, se apresentam com uma produção de saber correspondente e contínua.

Nesse contexto, a apreciação de Max Weber sobre o utilitarismo (1.3) e a boêmia (3.2) é elucidativa: não considera ambos capazes de estabilização, visto que eles não corporificam esferas de valor dotadas de legalidade intrínseca interna e passível de racionalização. E o trato com a natureza exterior, na forma de uma moral e interpretado como interação (2.1), é compreendido por Weber tão somente como um "jardim encantado" que desaparece no curso da racionalização de outras esferas de valor e de vida.

(c) Se partimos da premissa de que as estruturas modernas de consciência se condensaram nos três complexos de racionalidade mencionados, então se pode imaginar a racionalização social *estruturalmente possível* de tal sorte que as ideias correspondentes (oriundas dos âmbitos da ciência e da técnica, do direito e da moral, da arte e do "erotismo") se vinculem a interesses e se corporifiquem em ordens de vida diferenciadas de maneira correspondente. Esse modelo um pouco resvaladiço permitiria a indicação das condições necessárias para um *padrão não seletivo de racionalização*: as três esferas de valor culturais precisam ser ligadas aos sistemas de ação correspondentes de modo que é posta em segurança uma produção e mediação do saber especializada de acordo com pretensões de validade; o potencial cognitivo desenvolvido por culturas de *experts* precisa ser transmitido por sua vez até a práxis comunicativa cotidiana, tornando-se fecundo para os sistemas sociais de ação; finalmente, as esferas de valor culturais precisam ser institucionalizadas com equilíbrio de sorte que as ordens de vida correspondentes a elas sejam suficientemente autônomas para não ser subordinadas às legalidades intrínsecas de ordens de vida heterogêneas. Um padrão seletivo de racionalização surge quando (pelo menos) um dos três componentes constitutivos da tradição cultural não é elaborado sistematicamente, ou quando (pelo menos) uma esfera de valor cultural é insuficientemente institucionalizada, isto é, sem um efeito estruturante para a sociedade em seu todo, ou quando (pelo menos) uma esfera de vida prepondera a tal ponto que ela submete as demais ordens de vida a uma forma de racionalidade que lhes é estranha.

Sem dúvida, Weber não empreendeu reflexões contrafactuais dessa espécie. Mas com esse pano de fundo se pode tornar claro muito bem o conteúdo sistemático da "Consideração intermediária":

— *A racionalidade cognitivo-instrumental* é institucionalizada na atividade científica; ao mesmo tempo, em conformidade com suas legalidades intrínsecas, o desenvolvimento da ordem de vida econômica e política, que determinam a estrutura da sociedade burguesa, se efetua segundo os critérios da racionalidade formal.

— A *racionalidade prático-estética* é institucionalizada na atividade artística; no entanto, a arte autônoma tem tão pouco efeito estruturante sobre a sociedade em seu todo quanto as contraculturas intelectuais instáveis que se constituem em torno desse subsistema; os valores extracotidianos dessa esfera formam, quando muito, o foco de um estilo de vida hedonista e direcionado à redenção intramundana do "gozador", que reage à "pressão do racionalismo teórico e prático" do "especialista" ordinário, estabelecido na ciência, na economia e no Estado.

— A *racionalidade prático-moral* da ética da fraternidade própria das religiões redentoras é incompatível com o especialista e com o gozador; o mundo moderno é dominado por ordens de vida nas quais os outros dois complexos de racionalidade alcançam o poder e instauram uma "dominação da não fraternidade sobre o mundo" por meio de divisão do trabalho; em relação a esse mundo ao mesmo tempo objetificado em termos cognitivo-instrumentais e voltado ao aspecto subjetivista, as concepções morais que visam a uma autonomia enraizada na reconciliação comunicativa não têm chances suficientes para se impor; a ética da fraternidade não encontra um esteio nas instituições mediante o qual poderia se reproduzir culturalmente de maneira duradoura.

— Porém, não apenas a *ética religiosa da fraternidade*, também aquela figura da ética que se ajusta à "rudeza do cosmo econômico objetificado", justamente a *ética protestante*, é triturada entre as mós dos outros dois complexos a longo termo. Sem dúvida, com a cultura protestante da vocação, ela chega de início a uma validade institucional, a ponto de as condições de partida para a modernização ser preenchidas; mas os próprios processos de modernização passam a minar retroativamente os fundamentos racionais com respeito a valores que sustentavam a ação racional com respeito a fins; segundo o diagnóstico de Weber, os fundamentos da orientação vocacional ligados à ética da convicção são dirimidos em favor de uma postura instrumentalista para com o trabalho, interpretado de forma utilitarista.

Por fim, a necessidade religiosamente articulada, que foi o impulso para todas as formas de racionalização, permanece não satisfeita, a saber, a pretensão de "que o curso do mundo, ao menos na medida em que afeta os interesses dos homens, é um processo *pleno de sentido* de algum modo". O paradoxo da racionalização social é a experiência da "falta de sentido do autoaperfeiçoamento para se tornar o homem civilizado, ou seja, do valor último ao qual a 'cultura' parecia redutível".[34]

Se o conteúdo sistemático da "Consideração intermediária" é presentificado dessa maneira, torna-se evidente que as intuições de Weber apontam na direção de um padrão seletivo de racionalização, de um perfil recortado de modernização. Contudo, Weber falou do caráter *paradoxal*, mas não do

---

34 Weber, *Gesammelte Aufsätze zur Religionssoziologie*, v.I, p.569.

caráter *parcial* da racionalização social. Pois o verdadeiro motivo para a dialética da racionalização é visto por ele na ideia de que *já* na *própria* diferenciação das legalidades intrínsecas das esferas de valor culturais está inscrito o germe da destruição da racionalização do mundo que, no entanto, a possibilita – e não absolutamente em uma corporificação desequilibrada de potenciais cognitivos liberados com ela.

No entanto, essa ideia contém uma certa plausibilidade somente na medida em que Weber *não* leva em consideração, para o complexo de racionalidade prático-moral, uma forma de fraternidade religiosa secularizada à altura da ciência moderna e da arte autônoma, uma ética comunicativa desacoplada de seu fundamento nas religiões redentoras; pelo contrário, ele permanece fixado de maneira geral nas relações de tensão entre religião e mundo.

Além disso, chama a atenção que o direito moderno não receba um lugar sistemático na "Consideração intermediária". Ele emerge uma vez somente, no contexto da ordem estatal enquanto meio de organização desprovido de substância prático-moral.[35] Mas o direito moderno desempenha, para a institucionalização das orientações da ação racional com respeito a fins, um papel análogo à ética protestante da vocação. Sem a juridificação do intercâmbio econômico capitalista, a automatização e autoestabilização de um subsistema de ação racional com respeito a fins, desligado de seus fundamentos éticos e motivacionais, são impensáveis. Por esse motivo, Weber somente poderá levar a cabo o diagnóstico do presente inscrito na "Consideração intermediária" se conseguir desacoplar o desenvolvimento do direito moderno da via fatídica da racionalidade prático-moral, tornando-o compreensível como uma outra corporificação da racionalidade cognitivo-instrumental.

---

35 Ibid., p.547.

4
Racionalização do direito e diagnóstico do presente

Na teoria da racionalização de Weber, o desenvolvimento do direito ocupa um lugar tão proeminente quando ambíguo. A ambiguidade da racionalização do direito consiste em que ela possibilita – ou parece possibilitar – ao mesmo tempo a institucionalização da ação econômica e administrativa racional com respeito a fins, como também o desligamento dos subsistemas da ação racional com respeito a fins de seus fundamentos prático-morais. A conduta metódica de vida é considerada como uma corporificação de estruturas prático-morais de consciência; mas a ética da vocação guiada por princípios permanece operante, como julga Weber, somente na medida em que ela se insere em um contexto religioso. A dialética do desenvolvimento da ciência e da religião deve oferecer, como vimos, a fundamentação empírica para a suposição de que as orientações éticas da ação não podem mais ser reproduzidas de maneira confiável em consequência do abalo das certezas da fé religiosa. Essa explicação não poderia ser certeira de modo análogo para o direito moderno, de imediato porque ele se apresenta desde o começo em forma secularizada. Em sua sociologia do direito, Weber adota por isso uma estratégia diferente das investigações de sociologia da religião. Enquanto no caso da ética protestante ele indica razões de por que não se pode chegar a uma institucionalização duradoura de estruturas prático-morais de consciência, *ele reinterpreta o direito moderno de tal sorte* que este pode ser desacoplado da esfera valorativa de valor e aparecer desde o início como uma corporificação institucional de racionalidade cognitivo-instrumental. Essa estratégia se encontra no contexto de um diagnóstico do presente que se escora sobre a linha de pensamento esboçada na "Consideração intermediária". Antes de aprofundar a racionalização do direito (2), gostaria de tratar, por esse motivo, dos dois componentes mais importantes do diagnóstico de época weberiano (1).

(1) Os dois componentes do diagnóstico do presente: perda de sentido e perda de liberdade

Em sua análise do presente, Weber se atém mais estritamente do que o habitual à perspectiva teórica na qual a modernização se apresenta como uma continuação do processo histórico-universal de desencantamento. A diferenciação de esferas culturais de valor autônomas, que é importante para a fase do *surgimento* do capitalismo, e a autonomização dos subsistemas da ação racional com respeito a fins, que caracteriza o *desdobramento* da sociedade capitalista desde o final do século XVIII, são as duas tendências que Weber vincula formando uma crítica existencial e individualista do presente. O primeiro componente se deixa reduzir à *tese da perda de sentido*, o segundo, à *tese da perda de liberdade*. Ambas as teses, tomadas em conjunto, determinam até hoje a ideologia de fundo, cética em relação ao progresso, daqueles cientistas sociais que não queriam sacrificar por completo suas necessidades de visão de mundo ao seu cientificismo declarado.[1]

Com a diferenciação de esferas culturais de valor autônomas, chega-se à consciência também de suas legalidades intrínsecas. Essa circunstância tem, como julga Weber, consequências discrepantes. De um lado, uma racionalização de sistemas simbólicos sob um critério axiológico abstrato (como verdade, correção normativa, beleza e autenticidade) somente é possível por conta disso; de outro lado, com isso também se decompõe a unidade das imagens religiosas e metafísicas do mundo, fundadora de sentido: entre as esferas de valor autonomizadas surgem concorrências que não podem mais ser apaziguadas do ponto de vista sobreposto de uma ordem divina ou cosmológica

---

[1] A respeito do potencial neoconservador entre os cientistas sociais norte-americanos, cf. Steinfels, *The Neoconservatives*; para a Alemanha Ocidental, Lederer, *Neokonservative Theorie und Gesellschaftsanalyse*.

do mundo. Tão logo os sistemas de ação se cristalizam em torno dessas ideias "últimas", essas esferas da vida entram "naquelas tensões umas com as outras que permaneceram ocultas à desenvoltura primitiva da relação com o mundo exterior".[2] Podemos evidenciar essa ideia central, da qual parte a "Consideração intermediária", com ajuda da Figura 11 (p.350).

Na medida em que a lógica intrínseca das diversas esferas de valor se transpõe para as estruturas sociais das esferas de vida diferenciadas de maneira correspondente, o que no plano cultural é uma *diferença entre pretensões de validade* pode se transformar no plano da sociedade em tensões entre orientações de ação institucionalizadas, isto é, em *conflitos da ação*. No esquema apresentado, as setas contrárias assinalam as atitudes fundamentais de sentido oposto que o agente pode adotar a cada vez em relação *ao mesmo* âmbito de realidade. Em relação à natureza exterior, ele pode adotar uma atitude objetivante, mas também uma expressiva. Em relação à sociedade, uma atitude conforme a normas, mas também uma objetivante, e em relação à natureza interna, uma atitude expressiva, mas também uma conforme a normas. Essas possibilidades de "comutação" são características dos graus de liberdade de uma compreensão descentrada do mundo. Os mesmos graus de liberdade podem se tornar, no entanto, o foco de conflitos tão logo as diversas esferas culturais de valor passam a repercutir *simultaneamente* nos mesmos âmbitos institucionais, de sorte que no mesmo lugar concorrem entre si processos de racionalização de espécies diferentes. As orientações cognitivo-instrumental, prático-moral e estético-expressiva não devem se autonomizar em ordens antagonistas de vida a ponto de sobrecarregarem a capacidade média de integração do sistema da personalidade, conduzindo a *conflitos permanentes entre estilos de vida*.

O problema de saber como a unidade do mundo da vida pode ser assegurada na multiplicidade das situações sociais da ação e das esferas de vida existe naturalmente desde o início. Já no interior das sociedades tribais segmentárias se chega a diferenciações; aqui o antagonismo entre as diversas esferas de vida pode ser aplacado ainda com os meios da interpretação mítica do mundo: toda esfera é representada por um poder originário próprio, que

---

2 Weber, *Gesammelte Politische Schriften*, v.I, p.541-2.

se comunica com todos os demais poderes. Uma forma tardia dessa visão mítica é formada pelo politeísmo, que permite personificar a concorrência dos problemas da vida como luta de deuses, projetando-a nos céus. Na etapa de desenvolvimento das grandes civilizações, a sociedade se diferencia de acordo com os grupos profissionais e as camadas sociais, de forma que a unidade do mundo da vida não pode mais ser garantido em seguida por meio de interpretações míticas do mundo. Ora, imagens religiosas e metafísicas do mundo cumprem essa função fundadora de unidade, e isso tanto mais impressionantemente quanto mais elas são reconfiguradas racionalmente.

Porém, justamente essa operação de integração é colocada em questão nas sociedades modernas com a diferenciação das esferas culturais de ação. Na medida em que a racionalização das imagens de mundo expõe por si mesma estruturas modernas de consciências, estas se decompõem *enquanto* imagens de mundo: "O grandioso racionalismo da conduta ética e metódica de vida, que emana de toda profecia religiosa, havia destronado esse politeísmo em favor do 'Uno de que se necessita' – e se vira então obrigado, em vista das realidades da vida exterior e interior, a assumir aqueles compromissos e fazer aquelas relativizações que nós todos conhecemos pela história do cristianismo. Hoje, porém, o 'cotidiano' é religioso. Os múltiplos deuses antigos, desencantados e por isso na figura de poderes impessoais, emergem de suas tumbas, almejando o poder sobre nossas vidas e começando de novo sua luta eterna entre si. Mas o que se torna tão dificultoso justamente para o homem moderno, e dificílimo para a geração jovem, é: estar à altura de um semelhante cotidiano. Toda caça pela 'vivência' provém dessa debilidade. Pois a debilidade é: não poder olhar o destino do tempo em seu grave semblante".[3]

Tanto as imagens religiosas de mundo eticamente racionalizadas quanto as imagens metafísicas de mundo cognitivamente racionalizadas *ainda haviam mantido juntos*, em seus princípios (como Deus, natureza, razão etc.), os três aspectos sob os quais o mundo se tornara acessível à elaboração racional, como um mundo ou objetivo, ou social ou subjetivo. É por esse motivo que eles puderam transmitir um sentido unitário à conduta de vida

---

3 Weber, "Wissenschaft als Beruf", em *Gesammelte Aufsätze zur Wissenschaftslehre*, p.604-5.

daqueles que se orientavam em sua ação e pensamento por essas imagens de mundo. Na "Consideração intermediária" e em "Ciência como vocação", Weber desenvolve as duas teses correlatas segundo as quais, em vista das legalidades intrínsecas racionais das ordens modernas de vida, a unificação ética do mundo em nome de uma fé subjetiva se tornou tão inexequível quanto a unificação teórica do mundo em nome da ciência. Weber vê o signo da época no retorno de um novo politeísmo, no qual, contudo, a luta dos deuses assume a figura despersonalizada, *objetificada*, de um antagonismo entre ordens irreconciliáveis de valor e de vida. O mundo racionalizado se tornou sem sentido "porque as diversas ordens axiológicas do mundo se encontram na luta insolúvel umas contra as outras. O velho Mill [...] disse uma vez: quando se parte da pura experiência, chega-se ao politeísmo. É uma formulação trivial, soando paradoxal, e, no entanto, há verdade nela. Se há alguma coisa que voltamos a saber hoje é que algo não só pode ser santo apesar de não ser belo, mas pode sê-lo *porque* e *na medida em que* não é belo – no capítulo 53 do livro de Isaías e no Salmo 22, podeis encontrar provas disso –, e que algo não só pode ser belo apesar de não ser bom, mas pode sê-lo naquilo que não é bom, o que voltamos a saber desde Nietzsche, e o que os senhores encontram configurado anteriormente nas *Fleurs du mal*, como Baudelaire denominou seu livro de poesia; e uma sabedoria do dia a dia é que algo pode ser verdadeiro embora e na medida em que não é belo, santo ou bom. Mas estes são apenas os casos mais elementares dessa luta dos deuses das diversas ordens e valores [...]. É como no antigo mundo, ainda não desencantado de seus deuses e demônios, só que em outro sentido: assim como o heleno sacrificava ora a Afrodite, e depois a Apolo, e sobretudo a cada um dos deuses de sua cidade, assim é hoje ainda, com o desencantamento e o despojo da plasticidade mítica, mas intrinsecamente verdadeira daquele comportamento. E sobre esses deuses e em sua luta governa o destino, mas não, com toda a certeza, uma 'ciência'".[4]

Na fórmula do "novo politeísmo", Weber expressa a tese da perda de sentido. Nela se espelha a experiência tipicamente geracional do niilismo,

---

4 Ibid., p.603-4.

que Nietzsche havia dramatizado de forma tão impressionante. Mais original do que a própria teoria é sua fundamentação com base em uma dialética que pretensamente está inscrita já no processo de desencantamento ao longo da história da religião, isto é, na liberação de estruturas modernas de consciência: *a própria razão se fende em uma pluralidade de esferas de valor, aniquilando sua própria universalidade*. Essa perda de sentido é interpretada por Weber como exortação existencial ao indivíduo para que produza a unidade que não pode mais ser produzida nas ordens da sociedade, agora na privacidade da própria biografia, com a coragem do desespero, com a esperança absurda dos desesperançados. A racionalidade prática, que integra e fundamenta de maneira racional com respeito a valores as orientações da ação racionais com respeito a fins, pode encontrar seu lugar, se não no carisma dos novos líderes, pelo menos na personalidade do indivíduo solitário; ao mesmo tempo, essa autonomia interior, a ser afirmada heroicamente, se vê ameaçada, já que não se encontra mais no interior da sociedade moderna nenhuma ordem legítima que possa afiançar a reprodução cultural das orientações axiológicas e as disposições de ação correspondentes.

Essa tese da autonomização dos subsistemas da ação racional com respeito a fins, que ameaça a liberdade do indivíduo, não resulta, porém, sem mais daquela primeira tese; não é claro como a tese da perda de sentido se conecta com a tese da perda de liberdade. A famosa passagem em que Weber levanta essa tese afirma: "Um dos componentes constitutivos do espírito capitalista moderno, e não só deste, mas também da cultura moderna: a conduta racional de vida fundada na *ideia de vocação*, nasceu – o que estas exposições se destinavam a demonstrar – do espírito da *ascese cristã* [...]. Ao ser transferida das celas dos mosteiros para a vida profissional, começando a dominar a moralidade intramundana, a ascese ajudou de sua parte a construir aquele cosmo poderoso da ordem econômica moderna, ligada aos pressupostos técnicos e econômicos da produção mecânica e maquinal, que hoje determina com coerção avassaladora o estilo de vida de todos os indivíduos que nasceram nessa engrenagem – *não* apenas os que são economicamente ativos de maneira direta – e talvez determinará até que os últimos quilos de combustível fóssil se queimem. De acordo com a visão de Baxter, a preocupação com bens exteriores deveria cobrir os ombros de seus santos somente como um 'fino manto, que se poderia deixar cair a qualquer momento'. Mas o destino fez que o manto viesse a ser uma cápsula de aço.* Quando a ascese se pôs a remodelar o mundo e atuar no mundo, os bens materiais desse mundo ganharam um poder crescente e finalmente inescapável sobre os homens, como jamais antes na história. Hoje seu espírito — quem o sabe se definitivamente? — evadiu-se dessa cápsula. O capitalismo vitorioso não carece mais, em todo caso, desse esteio, desde que passou a repousar sobre um fundamento mecânico [...]. Ninguém sabe ainda quem no futuro habitará aquela cápsula e se no fim desse desenvolvimento monstruoso não se encontrarão profecias inteiramente novas ou um renascimento poderoso de pensamentos e ideais antigos, *ou* — caso nenhuma das duas coisas — a petrificação mecanizada, debruada com uma espécie de arrogância convulsiva. Nesse caso, contudo, para os 'últimos homens' desse desenvolvimento cultural, poderiam se tornar verdade as palavras: 'especialistas sem espírito, gozadores sem coração': esse nada imagina ter ascendido a uma etapa da humanidade nunca antes alcançada".⁵

Weber trata o surgimento e o desdobramento do capitalismo a partir do ponto de vista da institucionalização das orientações da ação racionais com respeito a fins, deparando nesse ponto com o papel da ética protestante da vocação e do direito moderno. Ele mostra como, com o auxílio deles, a racionalidade cognitivo-instrumental se institucionaliza na economia e no Estado; daí não resulta *per se*, porém, a predição pessimista de uma reificação desses sistemas parciais constituindo uma "cápsula de aço". Pois Weber também tem o sentimento de que ele entra, com esse prognóstico, no "terreno dos juízos de valor e de crença".⁶ Contudo, os últimos ensaios ("Política como vocação", "Ciência como vocação", "Consideração intermediária" etc.) transmitem a impressão de que essa segunda tese poderia se comprovar empiricamente não apenas a título de um enunciado sobre

---

* Literalmente, *stahlhartes Gehäuse* significa "cápsula (ou concha, ou crosta) dura como aço". A tradução de Parsons para essa expressão se tornou consagrada, mas apresenta uma imagem um pouco diferente: *iron cage*, jaula de ferro. (N. T.)
5 Weber, *Die Protestantische Ethik*, v.I, p.187-9.
6 Ibid., p.189.

tendências indicando-se as consequências colaterais disfuncionais de uma burocracia que tudo penetra,[7] mas também se deixaria derivar da primeira tese na qualidade de proposição teórica. Essa tentativa não resiste a um reexame. Sobre isso cabem duas considerações.

Para começar, a primeira tese não é plausível em si mesma. Certamente, com o aparecimento das estruturas modernas de consciência, decompõe-se a unidade imediata do verdadeiro, do bom e do perfeito, sugerida nos conceitos fundamentais religiosos e metafísicos. Mesmo o conceito enfático de razão, que menos faz a mediação entre os aspectos cognitivos, valorativos e expressivos do mundo do que os põe em algo uno, torna-se insustentável junto com a abordagem do pensamento metafísico. Nesse aspecto, Weber se volta, com razão, contra o "carisma da razão",[8] insistindo em um conceito de racionalidade que se decompõe na legalidade intrínseca de diversas esferas de valor, não redutíveis umas às outras, como se diz no neokantismo. Mas Weber vai longe demais quando infere da perda da unidade substancial da razão um politeísmo de poderes de crença em luta uns com os outros, cuja irreconciliabilidade se enraíza em um pluralismo de pretensões de validade *incompatíveis*. É justamente no plano formal do resgate argumentativo de pretensões de validade que se assegura a *unidade* da racionalidade na multiplicidade das esferas de valor racionalizadas segundo seu sentido intrínseco. Pretensões de validade se distinguem de pretensões empíricas graças à pressuposição de que elas podem ser resgatadas com base em argumentos. E argumentos ou razões têm em comum, pelo menos, que eles, e apenas eles, podem desdobrar, sob os pressupostos comunicativos de um exame cooperativo de pretensões de validade hipotéticas, a força da motivação racional. No entanto, as pretensões de validade diferenciais de verdade proposicional, de correção normativa, de veracidade e de autenticidade (como também a pretensão de boa conformação ou inteligibilidade, referida à construção de símbolos segundo regras) não exigem somente fundamentações de modo geral, mas razões em formas respectivamente típicas de argumentação; e, em conformidade com isso, os argumentos assumem diversos papéis, com

---

[7] Weber, *Gesammelte Politische Schriften*, p.60ss.
[8] Id., *Wirtschaft und Gesellschaft*, p.922.

grau diferencial de obrigatoriedade discursiva. Até hoje falta, como havíamos visto, uma lógica pragmática da argumentação que apreenda de modo satisfatório os nexos internos entre as *formas* dos atos de fala. Somente uma tal teoria do discurso poderia indicar explicitamente em que consiste a unidade da argumentação e a que visamos com a racionalidade procedimental, depois que todos os conceitos substanciais de razão foram dissolvidos pela crítica.[9]

Weber não distinguiu suficientemente entre os *conteúdos* axiológicos particulares das tradições culturais e aqueles *critérios* axiológicos universais sob os quais os componentes cognitivos, normativos e expressivos da cultura se autonomizam em esferas de valor, formando complexos de racionalidade com sentido intrínseco. Um exemplo da confusão de critérios axiológicos ou pretensões de validade universais com conteúdos axiológicos particulares é dado na passagem aduzida à p.336, em que Weber salienta a diferença entre diversas pretensões de validade, mostrando que verdade, obrigatoriedade normativa (santidade) e beleza não podem ser reduzidas umas às outras, para então prosseguir: "Mas estes são apenas os casos mais elementares dessa luta dos deuses das diversas ordens e valores. Como se quer fazer para decidir 'cientificamente' entre o valor da cultura francesa e a alemã é algo que não sei. Aqui conflitam também distintos deuses entre si, e isso para todo o sempre".[10] Os sistemas de valores da cultura francesa e da alemã são de fato um bom exemplo de configurações históricas de *conteúdos* axiológicos, que não podem ser reduzidos uns aos outros tanto quanto as formas de vida nas quais eles assumem forma objetiva. O pluralismo de *matérias axiológicas* não tem nada a ver, porém, com a diferença entre *aspectos de validade*, sob os quais as questões de verdade, de justiça e de gosto podem ser diferenciadas e elaboradas racionalmente enquanto tais.

Por esse motivo, também a diferenciação da atividade científica, da jurídica ou da artística, nas quais o saber cultural se desenvolve sob um aspecto respectivo de validade universal, de maneira alguma tem de provocar um conflito entre ordens de vida irreconciliáveis. Esses sistemas culturais

---

9 Cf. p.44ss. (excurso sobre a teoria da argumentação).
10 Weber, *Gesammelte Aufsätze zur Wissenschaftslehre*, p.604.

de ação se encontram entre esferas culturais de valores aos quais se referem imediatamente e aqueles sistemas sociais de ação que, como a economia e o Estado, se cristalizam em torno de valores materiais em particular, tal qual a riqueza, o poder, a saúde e assim por diante. Apenas com essa institucionalização de matérias axiológicas diversas entram em jogo as relações de concorrência entre orientações de ação irracionais em última instância. Em contrapartida, os processos de racionalização que se ligam aos três complexos universais de racionalidade significam uma corporificação de diversas estruturas cognitivas, que, quando muito, projetam o problema de saber onde na práxis comunicativa cotidiana precisam ser instalados pontos de comutação para que os indivíduos possam passar suas orientações de ação de um complexo de racionalidade a outro.

Um desses pontos de comutação tem uma relevância especial para a forma de integração social que se constitui com a sociedade capitalista: aquela entre o complexo de racionalidade cognitivo-instrumental e o normativo. Já conhecemos esse problema sob a designação de institucionalização das orientações da ação racional com respeito a fins. Com isso, retornamos à questão de saber como, afinal, a tese da ameaça à liberdade representada por uma autonomização de esferas de vida estabelecidas com sucesso, próprias da ação econômica e administrativa racional com respeito a fins, se conecta com a primeira tese (no que eu a suponho como correta apenas em função do argumento).

Embora se baseie em noções jurídicas pós-tradicionais, o meio organizatório do direito formal não é exposto, como as ordens morais estruturalmente semelhantes, a uma concorrência, seja da parte da ciência, seja da arte. Pelo contrário, o sistema jurídico cresce de acordo com um sistema econômico e administrativo que se torna cada vez mais complexo; ele até se torna cada vez mais indispensável quanto mais secam as fontes morais que alimentam o sistema ocupacional com as motivações necessárias. Max Weber se encontra, portanto, diante da alternativa de ou desdramatizar sua visão da "cápsula de aço", ressecada de sua substância prático-moral, ou correlacionar a moral e o direito com complexos de racionalidade *distintos*. Ele escolhe a segunda alternativa, minimizando as analogias estruturais que existem entre o desenvolvimento moral, de um lado, e a racionalização jurídica, de outro. Weber considera o direito, em primeira linha, como uma esfera que, como o abastecimento de bens materiais ou da luta pelo poder legítimo, é acessível à racionalização formal. Nesse ponto, vem-lhe ao socorro novamente a confusão entre padrões axiológicos e pretensões de validade. Pois a racionalização da ordem jurídica poderia ser colocada sob o aspecto exclusivo da racionalidade com respeito a fins, da mesma maneira que a ordem da economia e da dominação, somente se entre o critério axiológico abstrato do direito, ou seja, a "correção" das normas, de um lado, e as matérias axiológicas, como riqueza ou poder, de outro, existisse um nexo interno.

Aqui, no lugar do modelo de três esferas de valor racionalizadas segundo seu sentido intrínseco e sob um aspecto de validade abstrato respectivo, entra então a representação de uma variedade de valores não selecionados como verdade, riqueza, beleza, saúde, direito, poder, santidade etc.; entre esses valores particulares e irracionais em última instância existem conflitos que não podem ser apaziguados com razões. Se desse fundo alguns valores se tornam o núcleo de cristalização de ordens de vida passíveis de racionalização, o aspecto da racionalização se estende somente às relações meios e fins. É *esse* modelo que Weber aplica, por exemplo, na práxis profissional médica cientificizada, na teoria da arte e na jurisprudência: "O 'pressuposto' universal da *atividade médica* é, expresso trivialmente, que a tarefa da conservação da vida é afirmada puramente como tal e a da maior redução possível do sofrimento é afirmada puramente como tal. E isso é problemático. O médico preserva, com seus meios, o doente terminal, mesmo que ele suplique pela libertação da vida, mesmo que os familiares, para os quais essa vida é indigna, os quais lhe desejem a libertação da dor, para os quais os custos da conservação da vida indigna se tornam insustentáveis – trata-se talvez de um demente miserável –, desejem e tenham de desejar sua morte, confessada ou inconfessadamente. Só que os pressupostos da medicina e o código penal impedem o médico de mudar de posição. Se a vida é digna de ser vivida e quando o é – isso ela não questiona. Todas as ciências naturais nos dão resposta à questão: o que devemos fazer, *caso* queiramos dominar *tecnicamente* a vida? Se devemos e queremos, porém, dominá-la tecnicamente, e se isso tem em última instância um sentido verdadeiro – eis algo que ela deixa inteiramente em suspenso ou pressupõe para seus próprios fins. Tomemos uma disciplina como a *teoria da arte*. O fato de que há obras de arte é dado para a estética. Ela busca sondar as condições sob as quais esse estado de coisas se apresenta. Mas ela não levanta a questão de saber se o reino da arte não seria talvez um reino de magnificência diabólica, um reino deste mundo, por isso contrário a Deus no âmago mais profundo e contrário à fraternidade em seu espírito profundamente aristocrático. Nela se coloca a questão de saber, portanto, se *deve* haver obras de arte. E a *jurisprudência*: ela constata o que vale segundo as regras do pensamento jurídico, composto em parte de maneira cogentemente lógica, em parte mediante esquemas convencionalmente dados, ou seja, *se* determinadas regras jurídicas e determinados métodos de sua interpretação são reconhecidos como vinculantes. *Se* deve haver direito, e *se* devemos erguer justamente essas regras, isso é algo que ela não responde; ao contrário, ela só pode indicar: se alguém quer o êxito, então é essa regra jurídica, de acordo com as normas de nosso pensamento jurídico, o meio apropriado para alcançá-lo".[11]

Nessa passagem, a jurisprudência, representante da esfera do direito em seu todo, é apresentada segundo o modelo de uma ordem de vida que, como a economia ou o Estado, pode ser racionalizado sob um ponto de vista axiológico particular e de maneira formal, isto é, tendo em vista as relações meios e fins. Entre os exemplos mencionados, porém, esse modelo é correto inequivocamente somente para os cuidados médicos. Aqui se trata do caso da aplicação axiologicamente orientada do saber das ciências naturais, portanto, da racionalização das prestações de serviço no quadro de uma práxis profissional que se dirige, enquanto práxis de cura, por um determinado conteúdo de valor, a saúde dos pacientes. Esse valor é aceito empiricamente quase universalmente, embora se trate de um padrão axiológico particular, que de modo algum se associa internamente a uma das pretensões de validade universais. Isso não se aplica naturalmente à medicina enquanto disciplina científica: *como* pesquisa, esta é orientada não por valores particulares, mas por questões sobre a verdade. Algo análogo se passa com a teoria da arte ou com a jurisprudência, na medida em que estas são consideradas disciplinas científicas. Ora, também essas disciplinas podem

---

11 Weber, *Gesammelte Aufsätze zur Wissenschaftslehre*, p.599-600.

ser convertidas em práxis profissional, a teoria da arte, por exemplo, em crítica de arte, a jurisprudência, em administração da justiça, em publicismo jurídico e assim por diante. Por conta disso, elas se tornam componentes dos sistemas culturais da ação que são a atividade artística e a justiça. Estas não se orientam, porém, como a práxis profissional médica, por um valor particular como a "saúde", mas pelos sistemas do saber que foram diferenciados respectivamente sob uma das pretensões de validade universais. Nesse aspecto, a atividade artística e a justiça se assemelham à atividade científica, não ao sistema de saúde. Está em jogo aqui o juízo sobre a autenticidade das obras que conferem expressão às experiências exemplares, ou o juízo sobre questões normativas, em um sentido análogo ao do sistema científico a respeito da produção de saber teórico-empírico.

Por esse motivo, não é admissível generalizar o caso médico da aplicação de saber teórico-empírico, o qual, contudo, pode ser analisado adequadamente sob o aspecto da imposição de orientações da ação racional com respeito a fins, nem conceber a racionalização social em *todos* os âmbitos da vida como uma racionalização de meios para fins que são selecionados sob valores particulares. Ora, a racionalidade prático-moral é, de acordo com a própria abordagem de Weber, de importância central para a *institucionalização* da ação econômica e administrativa racional com respeito a fins. Seria surpreendente que Weber não tivesse visto que a racionalização do direito tem de ser concebida em primeira linha sob o aspecto de uma remodelação do sistema institucional feita nos termos da *racionalidade com respeito a valores*, e somente em segunda linha sob o aspecto da imposição de orientações da ação *racional com respeito a fins*. Mas a interferência obscura de duas ordens distintas de questionamento, sob as quais Weber concebe os processos de modernização como processos de racionalização, leva a contradições justamente na sociologia do direito.

Essas contradições remontam a uma contradição central: *de um lado*, Weber identifica a ética protestante da vocação e o sistema jurídico moderno como as duas inovações às quais o capitalismo deve seu surgimento. Com eles, consegue-se uma corporificação da consciência moral guiada por princípios no sistema da personalidade e no sistema institucional. Eles asseguram que as orientações da ação racional com respeito a fins tenham uma ancoragem em termos de racionalidade com respeito a valores. Weber dispõe, como mostrei, de um conceito complexo de racionalidade prática, que parte de uma coordenação de aspectos da ação ligados à racionalidade com respeito a fins e à racionalidade com respeito a valores. Contudo, Weber considera, *de outro lado*, a racionalização social exclusivamente sob o aspecto da racionalidade com respeito a fins. Aquele conceito abrangente de racionalidade, colocado na base de suas investigações de tradição cultural, não é aplicado por Weber no plano das instituições. Para a racionalidade dos sistemas de ação, somente o complexo de racionalidade cognitivo-instrumental obtém importância. É interessante observar que, no plano dos subsistemas da economia e da política, somente o aspecto da ação racional com respeito a fins, não o da ação racional com respeito a valores, deve possuir efeitos estruturantes. Pela sociologia weberiana da economia, do Estado e do direito, tem-se a impressão de que, nas sociedades modernas, os processos de racionalização se atêm apenas ao saber teórico-empírico e aos aspectos instrumentais e estratégicos, ao passo que a racionalidade prática não pode ser institucionalizada autonomamente, isto é, com um sentido intrínseco específico a algum subsistema.

(2) *A racionalização ambígua do direito*

Essas tendências conflitantes se refletem na sociologia do direito. Por um lado, o direito moderno é considerado, de maneira análoga à ética protestante, como uma corporificação de estruturas pós-tradicionais de consciência: o sistema jurídico é uma ordem de vida que obedece às formas da racionalidade prático-moral (a). Por outro lado, Weber tenta colocar a racionalização do direito exclusivamente sob o aspecto da racionalidade com respeito a fins, reconstruindo-a como um caso paralelo da corporificação da racionalidade cognitivo-instrumental na economia e na administração estatal. Isso é bem-sucedido somente ao preço de uma reinterpretação empirista da problemática da legitimação e de um desacoplamento conceitual do sistema político em relação às formas da racionalidade prático-moral: Weber reduz também a formação política da vontade aos processos de aquisição do poder e concorrência por ele (b).

(a) Direito como corporificação da racionalidade prático-moral

Comecemos pelo caráter pós-tradicional do direito civil. Ações sociais são institucionalizadas no quadro de ordens legítimas; e estas se baseiam também no acordo. Nesse contexto, o acordo se funda no reconhecimento intersubjetivo de normas. Na medida em que o acordo normativo se apoia na tradição, Weber fala de *ação comunitária convencional*. Na medida em que a ação ligada por convenção é substituída pela ação orientada ao êxito, racional com respeito a fins, surge o problema de saber como os espaços da *ação por interesse*, liberada das convenções, podem, por seu turno, ser ordenados de maneira legítima, isto é, delimitados normativamente entre si de forma vinculante.

O acordo normativo precisa se deslocar de um acordo dado previamente pela tradição para um acordo obtido comunicativamente, isto é, *convencionado*. No caso-limite, o que deve valer como ordem legítima é formalmente convencionado e positivado; a *ação societária racional* [*rationales Gesellschaftshandeln*] entra, com isso, no lugar da ação comunitária convencional: "É fluida naturalmente a passagem da ação consensual [*Einverständnishandeln*] para a ação societária – a qual, com efeito, representa meramente um caso especial ordenado mediante *positivação* [...]. E, inversamente, em quase toda societarização costuma surgir uma ação consensual ('*condicionada* pela societarização') entre os consociados, a qual se estende para além do âmbito de suas finalidades [...]. Ora, quanto mais os âmbitos pelos quais o indivíduo orienta *racionalmente* sua ação são numerosos e diversos segundo o tipo de oportunidades que são constitutivas dessas finalidades, tanto mais avançou a '*diferenciação* social racional'; quanto mais assume o caráter de *societarização*, tanto mais é avançada a '*organização* social racional'".[12]

O caso típico-ideal da regulação normativa da ação racional com respeito a fins é a *positivação* livremente convencionada, provida de força jurídica; a instituição baseada na ordem positivada é a *associação* [*Verein*] ou, quando um aparato coercitivo sanciona permanentemente a convenção original, o *instituto* [*Anstalt*]. É nesses termos que Weber descreve a tendência para a racionali-

---

12 Weber, *Methodologische Schriften*, p.201-2.

zação social: "No todo [...] pode-se constatar uma extensão cada vez maior da ordem de ação acordada mediante positivação, racional com respeito a fins, e, em particular, uma ampliação cada vez maior da transformação das ligas em institutos ordenados de maneira racional com respeito a fins".[13] Nessa passagem, Weber não emprega a expressão "racional com respeito a fins" em concordância com as regras de definição introduzidas por ele;[14] ele deveria ter dito aqui "racional com respeito a valores". Depõe a favor disso a seguinte consideração.

Se o acordo normativo assume a forma de uma convenção juridicamente sancionada, somente o procedimento de sua obtenção fundamenta a suposição de que ele é racionalmente motivado. O acordo continua a se referir, também aqui, à validade de uma regulação normativa que se torna o componente da ordem legítima, obrigando os agentes a determinadas orientações axiológicas em relação a uma matéria carente de regulação. É somente *no interior* de limites normativamente definidos que os sujeitos de direito podem agir de maneira racional com respeito a fins, sem consideração pelas convenções. Para a institucionalização da ação racional com respeito a fins, portanto, é necessária uma espécie de acordo normativo que se encontra sob a ideia da livre convenção (discursiva) e da positivação autônoma (arbitrada) e caracterizada pelas propriedades formais da racionalidade com respeito a valores. Nesse aspecto, porém, Weber não toma uma posição inequívoca; a oscilação no uso da expressão não ocorre por acaso.

Weber nomeia como característica essencial da racionalidade do direito moderno, em primeiro lugar, a sistemática jurídica. O direito moderno é direito de jurista em uma medida especial. Com os juízes e funcionários especializados com formação jurídica, a jurisprudência e a administração pública se profissionalizam. Não apenas a aplicação da lei, também a positivação jurídica se liga cada vez mais fortemente aos procedimentos formais e, com isso, ao entendimento especializado dos juristas. Essas circunstâncias promovem a sistematização das normas jurídicas, a coerência da dogmática jurídica, ou seja, uma racionalização completa do direito pela parte

---

13 Ibid., p.210.
14 Cf. anteriormente p.218ss.

interna, critérios puramente formais do quadro categorial analítico, rigor dedutivo, fundamentação a partir de princípios e assim por diante. Essa tendência é observável já nas faculdades de direito da Baixa Idade Média; ela se impõe por inteiro com o positivismo jurídico (e é levada ao conceito por Kelsen, por exemplo). Certamente, essa reestruturação formal do direito, a aplicação irrestrita do pensamento formal-operacional ao saber prático-profissional dos especialistas do direito, é um fato interessante; mas já a circunstância de que nos diversos desenvolvimentos jurídicos nacionais essa tendência se impôs muito desigualmente (mais marcadamente nos países de tradição de direito romano) nutre um certo ceticismo em relação à proposta de buscar o aumento de racionalidade do direito moderno sobretudo em uma *sistematização interna*. Pelo contrário, essa sistematização dos nexos de sentido pressupõe a passagem para uma etapa pós-tradicional de consciência moral, que foi possibilitada pela racionalização ética das imagens de mundo. É apenas nessa etapa que resulta um conceito formal de mundo social na qualidade de totalidade de relações interpessoais legitimamente reguladas.

Da mesma maneira que em um tal mundo o sujeito moral da ação pode se orientar segundo princípios da conduta metódica de vida, o sujeito do direito privado pode se sentir *autorizado* a agir de maneira puramente orientada ao êxito no interior de limites legais. O desencantamento da imagem religiosa de mundo e o descentramento da compreensão de mundo são os pressupostos para que os conceitos jurídicos sagrados possam ser transformados da perspectiva hipotética dos parceiros do direito, em princípio livres e iguais. Estes podem, de acordo com a ideia, estabelecer convenções sobre quais normas devem ter ou perder validade: "[...] originariamente, falta em toda parte a ideia de que se possam criar intencionalmente, como *normas*, as regras para a ação que possuam o caráter de 'direito', ou seja, que sejam garantidas pela 'coerção jurídica'. Falta às decisões jurídicas, em primeiro lugar, [...] o conceito de 'norma' em geral. De ponta a ponta, elas não se dão como 'aplicação' de 'regras' estabelecidas, tal como consideramos evidente hoje em relação aos julgamentos. Mas, onde se concebe a noção de normas 'válidas' para a ação e *vinculantes* para a decisão de litígios, estas não são apreendidas antes de tudo como produtos ou mesmo somente como objeto possível de positivações humanas. Ao contrário, sua existência 'legítima' se baseia, de um lado, na *santidade absoluta* de determinados costumes enquanto tais, cujo desvio pode despertar feitiços maus, a inquietude dos espíritos ou a ira dos deuses. Elas são consideradas 'tradição' [e com isso] e, ao menos em teoria, imutáveis. Elas têm de ser reconhecidas e interpretadas corretamente, em correspondência com os costumes, *mas não se pode criá-las*. Interpretá-las é algo que compete àqueles que as conhecem de longo tempo, portanto, às 'pessoas mais velhas' em sentido físico, aos anciões do clã ou – e de maneira particularmente frequente – aos feiticeiros e sacerdotes, visto que eles conhecem e precisam conhecer, graças unicamente às suas noções especializadas sobre as forças mágicas, determinadas regras: regras artificiais para o trânsito com os poderes suprassensíveis. Apesar disso, surgem [por outro lado] normas, também de maneira consciente, como novas regras *outorgadas*. Mas isso pode acontecer apenas pela via de uma *revelação* carismática, a única possível para tanto. Ou a revelação de uma decisão somente individual sobre o que seria legal no caso concreto singular. Esta é a dimensão originária. Ou também a revelação de uma norma geral sobre o que futuramente tem de acontecer em todos os casos semelhantes. A revelação do direito nessas formas é o elemento espontâneo, revolucionário, contra a estabilidade da tradição e a mãe de toda 'positivação' do direito".[15] Weber persegue o surgimento das *qualidades formais do direito moderno*, "desde a revelação carismática do direito por parte dos *'profetas* do direito' até a criação e aplicação do direito por parte dos *notáveis* do direito (criação de direito cautelar e precedente), mais adiante até a outorga do direito por parte do *imperium* mundial e dos poderes teocráticos, e, enfim, até a positivação sistemática do direito e à 'administração da justiça' especializada por parte dos *doutos* do direito (juristas especializados), efetuando-se na base da instrução literária e lógico-formal".[16]

Para o ponto de vista segundo o qual Weber investiga a racionalização do direito, Schluchter encontrou, em analogia com o desencantamento das vias salvíficas, a formulação feliz "desencantamento das vias jurídicas".

---

15 Weber, *Wirtschaft und Gesellschaft*, p.570.
16 Ibid., p.645.

Esse processo é seguido por Weber desde os começos de um "formalismo condicionado pela magia", no qual a observância ritualística da forma da ação jurídica garante a correção substantiva do julgamento, até chegar ao "formalismo lógico" do direito contemporâneo, no qual as normas do andamento jurídico se distinguem da matéria do processo jurídico, ou seja, procedimento e conteúdo são diferenciados.

Weber constrói um desenvolvimento que vai do direito revelado, passa pelo tradicional e chega ao moderno, seja "descoberto", seja "positivado", mais precisamente, tendo em vista a diferenciação de diversas *áreas jurídicas*, por um lado, e, por outro, a conceitualização do *fundamento da validade do direito*. Na etapa do direito primitivo, falta ainda o conceito de norma objetiva; na etapa do direito tradicional, as normas são consideradas como dadas, como convenções tradicionais, e apenas na etapa do direito moderno as normas podem ser consideradas positivações arbitradas, e julgadas por sua vez segundo princípios que valem de maneira meramente hipotética.

A racionalização do direito espelha essa sequência de etapas de categorias pré-convencionais, convencionais e pós-convencionais que a psicologia do desenvolvimento demonstrou em relação à ontogênese. Essa tese, que Klaus Eder examinou lançando mão de materiais antropológicos,[17] é exemplificada por Schluchter com a sociologia weberiana do direito: "O processo jurídico primitivo não conhece ainda um direito 'objetivo', independente de ações: ações e normas permanecem entrelaçadas entre si. A chance de haver uma regularidade na ação social se baseia exclusivamente no uso e costume, ou no campo dos interesses. Pois a ação não se orienta ainda pelos deveres jurídicos que são reconhecidos como 'vinculantes' 'em virtude de si mesmos'. Isso acontece somente na passagem do encaminhamento jurídico tradicional, que agora julga também as ações à luz de normas dadas. No entanto, estas permanecem ainda particularistas: elas não são colocadas ainda sob princípios jurídicos universalistas. Este é o feito do direito natural, que supõe que tais princípios se deixariam derivar racionalmente. Com isso, porém, o direito é posto não apenas sobre uma base de princípios, mas, ao mesmo tempo, sobre uma base metajurídica. O direito existente tem de le-

---

17 Eder, *Die Entstehung staatlich organisierter Gesellschaften*, p.158ss.

gitimar-se agora com tais princípios, e ele tem e pode ser alterado caso os contradiga. Com isso, deu-se à ideia de positivação jurídica um impulso decisivo. No entanto, o direito natural continua a ater-se à ideia de realidade dada dos princípios jurídicos. Apenas quando essa ideia é abalada, quando esses próprios princípios se tornam reflexivos, o direito pode se tornar positivo no sentido estrito. Isso é alcançado no processo jurídico moderno. Aqui praticamente todo direito pode ser considerado positivado e, como isso, revisável. E sua 'ancoragem' é transposta dos princípios metajurídicos para os jurídicos. Estes possuem tão somente um caráter hipotético, o que é expressão do fato de que o direito se tornou autônomo, mas ao mesmo tempo permanece referido a contextos extrajurídicos".[18]

É somente nessa etapa do desenvolvimento que as estruturas modernas de consciência podem se corporificar em um sistema jurídico que, como o direito privado civil, se destaca sobretudo por três características formais: positividade, legalismo e formalidade.

Positividade. O direito moderno vale como direito positivado [*positiv gesetztes Recht*]. Ele não se aperfeiçoa mediante a interpretação de tradições reconhecidas e santificadas; ele expressa, pelo contrário, a vontade de um legislador soberano, que regula de maneira convencional, com os meios organizatórios jurídicos, os fatos sociais.

Legalismo. O direito moderno não supõe para as pessoas de direito nenhum motivo ético além de uma obediência geral ao direito; ele protege suas inclinações privadas no interior de limites sancionados. Não sofrem sanções as más convicções, mas sim as ações normativamente desviantes (no que são pressupostas a imputabilidade e a culpa).

Formalidade. O direito moderno define os âmbitos do arbítrio legítimo de pessoas privadas. Pressupõe-se a liberdade de arbítrio das pessoas de direito em um âmbito eticamente neutralizado de ações privadas, mas associadas às consequências jurídicas. O trânsito jurídico privado pode ser regulado por isso de maneira negativa, pela via da restrição de autorizações em princípio reconhecidas (em vez de uma regulação positiva sobre deve-

---

18 Schluchter, *Die Entwicklung des okzidentalen Rationalismus*, p.146.

res concretos e preceitos materiais). Nesse âmbito, é permitido tudo o que não é juridicamente proibido.

As três características estruturais mencionadas se referem ao modo da validade e da positivação jurídica, aos critérios da penalidade e ao modo das sanções, por fim, ao tipo de organização da ação jurídica. Elas definem um sistema de ação em que se supõe que todas as pessoas se comportam estrategicamente ao obedecerem, em primeiro lugar, as leis na qualidade de convenções publicamente sancionadas, mas legitimamente alteráveis a qualquer momento, ao perseguirem, em segundo lugar, seus interesses sem considerações éticas, e tomarem as melhores decisões, em terceiro lugar, de acordo com essas orientações por interesses no quadro das leis vigentes (isto é, também tendo em vista as consequências jurídicas calculáveis); supõe-se, com outras palavras, que as pessoas de direito façam uso de sua autonomia privada de uma maneira racional com respeito a fins.

Positividade, legalidade e formalidade são características universais de uma institucionalização juridicamente vinculante de âmbitos bem circunscritos de ação estratégica. Elas tornam explícita a forma em razão da qual o direito moderno pode cumprir os imperativos funcionais de um intercâmbio econômico regulado por meio de mercados. Mas essa funcionalidade sistêmica *resulta* de estruturas jurídicas em que a ação racional com respeito a fins pode se tornar universal; ele não *explica* como essas próprias estruturas jurídicas são possíveis. Que o direito moderno seja funcional para a institucionalização da ação racional com respeito a fins é algo que, com outros termos, não explica ainda as características estruturais em razão das quais ele pode cumprir essa função. A forma do direito moderno se explica antes pelas estruturas pós-tradicionais de consciência que ele corporifica. Nessa medida, Weber teria de compreender o sistema jurídico moderno como uma ordem de vida que é correlacionada com a esfera de valor prático-moral e, em analogia com a conduta metódica de vida dos empresários do capitalismo nascente, pode ser racionalizado sob o critério axiológico abstrato da correção normativa. Mas isso é contradito pela tentativa rival de considerar a racionalização do direito exclusivamente sob o aspecto da racionalidade com respeito a fins.

A positivação, legalização e formalização do direito significam que a validade do direito não pode mais se nutrir da autoridade indiscutível de tradições éticas, mas de uma *fundamentação autônoma*, isto é, *de uma fundamentação relativa não apenas a fins dados*. Essa exigência, porém, pode ser satisfeita pela consciência moral somente na etapa pós-convencional. Somente aqui surge *a ideia de criticabilidade e necessidade de justificação de normas jurídicas como princípios*, a distinção entre normas de ação e princípios de ação, o conceito de uma produção de normas guiada por princípios, a noção de convenção racional de regras normativamente vinculantes, também a noção de um pacto que torna possível pela primeira vez relações contratuais, o discernimento do nexo entre a universalidade e a fundamentabilidade de normas jurídicas, as concepções de capacidade universal de direito, de pessoa abstrata de direito, de força da subjetividade em positivar direitos etc. Esses *conceitos fundamentais pós-tradicionais de direito e moral* foram desenvolvidos e sistematizados de início no direito natural racional. O modelo para a fundamentação de normas jurídicas é a convenção não coagida que os concernidos acordam entre si no papel de parceiros contratuais em princípio livres e iguais. Seja como for o aspecto mais detalhado dessas noções de fundamentação, para o direito moderno é importante que, de modo geral, ele carece de uma fundamentação autônoma, independente da mera tradição, que, nas palavras de Weber, *a validade tradicional é substituída pela validade consensual racional*.

Efetuada com o direito moderno, a separação entre moralidade e legalidade traz consigo a consequência problemática de que o âmbito da legalidade *como um todo* necessita de uma justificação prática. A esfera moralmente neutra do direito, que ao mesmo tempo requer a disposição dos parceiros de direito a obedecer a lei, remete a uma moral fundamentada por seu turno em princípios.

A realização peculiar da positivação da ordem jurídica consiste em *deslocar os problemas de fundamentação*, isto é, em desonerar, *em amplos segmentos*, o manejo técnico do direito de problemas de fundamentação, mas não em *eliminar* a problemática da fundamentação: justamente a estrutura pós-tradicional da consciência jurídica torna aguda a problemática da justificação, convertendo-a em uma questão de princípios, que pode ser deslocada para os fundamentos, mas de modo algum pode ser levada a desaparecer por conta disso. O catálogo dos direitos fundamentais que as constituições burguesas contêm, na medida em que elas são formalmente sedimentadas, é, a par do princípio da soberania popular, que vincula a competência legislativa à compreensão da formação democrática da vontade, a expressão dessa justificação que se tornou estruturalmente necessária.

Certamente, as instituições básicas das constituições burguesas, eficazes para a legitimação, não se deixam entender *apenas* como corporificação de estruturas pós-tradicionais de consciência, mas também devem ser "escrutinizadas" tanto em perspectiva funcionalista como em perspectiva de crítica da ideologia. Só que a crítica da ideologia se serve da análise funcionalista de sistemas jurídicos apenas para reclamar pretensões de validade normativas que não foram realizadas, não para suprimi-las; caso contrário, ela cederia às fórmulas vazias de um funcionalismo marxista que nesse aspecto não é nada melhor que um funcionalismo de sistemas autonomizados. Max Weber parece ver essa concatenação de ponta a ponta. Na medida em que o direito moderno se torna o meio organizatório da dominação política, isto é, da "dominação legal", esta depende de uma legitimação que satisfaça a necessidade de fundamentação que o direito moderno tem por princípio. A essa legitimação serve exemplarmente uma constituição que pode ser interpretada como expressão de um acordo racional de todos os cidadãos: "Nossas associações hodiernas, sobretudo as políticas, têm o tipo das dominações 'legais'. Isso significa: a legitimidade de mandar se baseia, em relação ao detentor do poder de mando, em regras racionalmente positivadas, pactuadas ou outorgadas, e a legitimação para a positivação dessas regras se baseia, por sua vez, na 'constituição' positivada ou interpretada racionalmente".[19]

Formulações desse tipo iludem, no entanto, a respeito do positivismo jurídico weberiano. Em geral, Weber apreende conceitualmente o direito moderno e a dominação legal de maneira tão estreita *que o princípio da necessidade de fundamentação é obliterado em favor do princípio da positivação*. Weber acentua sobretudo as propriedades estruturais que se conectam com o formalismo de um direito sistematizado de maneira especializada e com a positividade

---

19 Weber, *Gesammelte Aufsätze zur Religionssoziologie*, v.I, p.267-8.

de normas positivadas. Ele sublinha as características estruturais que elucidei como positividade, legalidade e formalidade do direito. Mas negligencia o momento da necessidade de fundamentação; exclui do conceito de direito moderno justamente as concepções racionais de fundamentação que advêm com o direito racional no século XVII e que desde então são características, se não de todas as normas jurídicas, então pelo menos do sistema jurídico em seu todo, em particular dos fundamentos da dominação legal no âmbito do direito público. Esta é a via pela qual Weber assimila o direito a um meio organizatório a ser manejado de maneira racional com respeito a fins, desacoplando a racionalização do direito do complexo de racionalidade prático-moral e reduzindo-a a uma simples racionalização de relações meios e fins.

(b) Direito como meio de organização

No mais das vezes, Weber descreve a racionalidade do direito moderno de maneira que a *ancoragem* da ação econômica e administrativa *nos termos da racionalidade com respeito a valores* não se encontra mais no primeiro plano, mas sim *a aplicabilidade racional com respeito a fins* dos meios organizatórios jurídicos. Isso se mostra em *três linhas características de argumentação*: na interpretação do direito natural racional, na equiparação positivista de legalidade e legitimidade e na tese da ameaça às qualidades formais do direito por parte da "racionalização material".

Sobre a interpretação do direito natural. Podemos entender o direito natural racional em suas diversas versões, de Locke e Hobbes até Hegel, passando por Rousseau e Kant, como um quadro teórico para as tentativas de fundamentar as constituições do Estado e da sociedade juridicamente organizadas.[20] Esse direito racional associa, como constata Weber, a legitimidade do direito positivo às condições formais: "Todo direito legítimo se baseia sobre a positivação, e a positivação, por seu turno, se baseia em última instância sempre na convenção racional. Ou realmente, em um contrato originário efetivo entre indivíduos livres, o qual regula também o modo de surgimento

---

20 Strauss, *Naturrecht und Geschichte*; McPherson, *Die politische Theorie des Besitzindividualismus*; Euchner, *Naturrecht und Politik bei J. Locke*; Fetscher, *Rousseaus politische Philosophie*.

de novos direitos positivados em relação ao futuro. Ou no sentido ideal de que apenas é legítimo um direito cujo conteúdo não conflite com o conceito de uma ordem razoável, positivada por meio da livre convenção. Os 'direitos de liberdade' são o componente essencial desse direito natural, e sobretudo: a *liberdade de contrato*. O contrato racional voluntário, seja como razão história real de todas as societarizações, inclusive do Estado, seja ainda como critério regulativo de avaliação, tornou-se um dos princípios formais universais das construções jusnaturalistas".[21]

Weber vê no direito natural racional o "tipo mais puro de validade racional com respeito a valores" e cita-o como exemplo impressionante da eficácia externa de nexos de validade internos: "Por mais limitados que sejam em relação às suas pretensões ideais, não se pode contestar, ainda assim, um grau não muito reduzido de influência real de suas proposições logicamente deduzidas sobre a ação [...]".[22]

O direito racional se baseia em um princípio de fundamentação racional e, no sentido da racionalização prático-moral, avançou mais que a ética protestante, que, com efeito, está ainda fundida com a religião. Contudo, Weber não conta o direito natural como direito moderno por excelência. Ele gostaria de apartá-lo cuidadosamente "tanto do direito revelado como do direito positivado e do direito tradicional".[23] Weber constrói, portanto, uma oposição entre o direito moderno no sentido estrito, que se baseia *somente* no princípio de positivação, e o direito não ainda integralmente "formal", que se baseia em princípios de fundamentação (seja como for sua racionalidade). Segundo sua concepção, o direito moderno deve ser entendido, no sentido positivista, como o direito que é positivado por meio de decisão e é completamente desligado do acordo racional, de noções de fundamentação em geral, por mais formais que estas sejam. Weber tem a concepção de que não poderia "haver um direito natural puramente formal": "O critério *material* para o que é legítimo segundo o direito natural são a 'natureza' e a 'razão'. [...] O que deve valer vale como idêntico ao que é factualmente,

---

21 Weber, *Wirtschaft und Gesellschaft*, p.637.
22 Id., *Methodologische Schriften*, p.317.
23 Ibid., p.317.

na média e em toda parte; as 'normas' obtidas mediante a elaboração lógica de conceitos, jurídicos ou éticos, fazem parte, no mesmo sentido que as 'leis naturais', daquelas regras universalmente vinculantes que 'Deus mesmo não pode alterar' e contra as quais uma ordem jurídica não pode tentar se sublevar".[24]

Esse argumento é desconcertante, já que vincula de maneira obscura uma crítica imanente à falta de radicalidade das ideias jusnaturalistas de fundamentação, ainda não suficientemente formais, a uma crítica transcendente à exigência de princípios de fundamentação em geral, revestindo ambas na forma de uma crítica a uma falácia naturalista. Certamente, pode-se objetar que o conceito de direitos naturais também no século XVII e no XVIII possui ainda conotações metafísicas fortes. Mas, com o modelo de um contrato mediante o qual todos os parceiros do direito, na qualidade de parceiros originariamente livres e iguais, regulam seu convívio segundo a ponderação racional de seus interesses, os teóricos modernos do direito natural são os primeiros a corresponder à exigência de uma fundamentação procedimental do direito, isto é, de uma fundamentação com base em princípios, cuja validade pode ser criticada por seu turno. Assim, nesse contexto, "natureza" e "razão" não representam conteúdos metafísicos quaisquer; pelo contrário, circunscrevem as condições formais que um acordo tem de satisfazer se ele deve ter força legitimadora, e isso significa: ser racional. Weber confunde as propriedades formais de um nível pós-tradicional de fundamentação com valores particulares, materiais. Ele não distingue suficientemente, mesmo no direito natural racional, entre aspectos estruturais e materiais e pode, por isso, equiparar "natureza" e "razão" com *conteúdos* axiológicos, dos quais o direito moderno, no sentido estrito, se desliga como um instrumento para a imposição de valores e interesses *quaisquer*.

A crença na legalidade. O conceito positivista de direito coloca Weber em apuros quanto à questão de saber como a dominação legal pode ser legitimada. Se alguma forma de acordo racional (que as teorias contratualistas do direito natural interpretam de determinada maneira) significa "a única forma consequente da legitimidade de um direito" que ainda é possível "quando a

---

24 Id., *Wirtschaft und Gesellschaft*, p.638.

revelação religiosa e autoridade da santidade da tradição e de seus portadores perdem força",²⁵ então surge o seguinte problema. Pressupondo que a legitimidade represente uma condição necessária para a continuação de *toda* dominação política, como uma dominação legal, cuja legalidade se apoia no direito apreendido de maneira puramente decisionista (quer dizer, em um direito que desvaloriza por princípio a fundamentação), pode ser legitimada de maneira geral? A resposta de Weber, que fez escola de C. Schmitt até Luhmann,²⁶ é: por meio de procedimento. Legitimação por procedimento não significa nesse contexto o recurso às condições formais da justificação prático-moral de normas jurídicas,²⁷ mas sim a observância de prescrições procedimentais na administração, aplicação e positivação do direito. A legitimidade se baseia então "sobre a crença na legalidade de ordens positivadas e do direito de mando daqueles que foram chamados para exercer a dominação".²⁸ Permanece pouco claro de onde a crença na legalidade deve conseguir a força para a legitimação, se a legalidade significa pura e simplesmente a concordância com uma ordem jurídica factualmente existente, e se esta, por sua vez, é inacessível a uma justificação prático-moral em sua natureza de direito arbitrariamente positivado. A crença na legalidade pode criar legitimidade somente se a legitimidade da ordem jurídica que define o que é legal já é pressuposta. Dessa circularidade, nenhum caminho escapa.²⁹

Nos conceitos sociológicos fundamentais, afirma-se: "Legalidade pode ser considerada *legítima* [para os participantes]: (a) por força da convenção dos interessados nela; (b) por força da outorga (em razão de uma dominação

---

25 Ibid., p.636.
26 Luhmann, *Legitimation durch Verfahren*; a respeito disso, cf. minha crítica em Habermas, Luhman, *Theorie der Gesellschaft oder Sozialtechnologie*, p.243-4.
27 A respeito disso, cf. sem falta Alexy, "Eine Theorie des praktischen Diskurses", em Oelmüller (org.), *Transzendentalphilosophische Normenbegründungen*. Além disso, Dreier, "Zu Luhmanns systemtheoretischer Neuformulierung des Gerechtigkeitsporblems", em *Recht, Moral, Ideologie*, p.270ss.
28 Weber, *Wirtschaft und Gesellschaft*, p.159.
29 Winckelmann, *Legitimität und Legalität in M. Webers Herrschaftssoziologie*; Habermas, *Legitimationsprobleme im Spätkapitalismus*, p.133ss.; Eder, "Zur Rationalisierungsproblematik des modernen Rechts", *Soziale Welt*, v.2, p.247ss., 1978.

considerada *legítima* de homens sobre homens) e da submissão".[30] Nos dois casos, não é a legalidade como tal que cria legitimação, mas ou (a) um acordo racional que já reside no fundamento da ordem jurídica ou (b) uma dominação dos que impõem a ordem jurídica, legitimada *alhures*. Nesse contexto, a passagem da ordem pactuada para a outorgada é fluida: "A forma de legitimação mais corrente hoje é a crença na *legalidade*, a submissão perante positivações realizadas com correção e de forma usual. A oposição entre ordens pactuadas e outorgadas é nesse ponto somente relativa. Pois, tão logo a validade de uma ordem pactuada não se baseie na convenção *unânime* — como no passado foi amiúde tido por necessário para a legitimidade efetiva –, mas, no interior de um círculo de homens, na submissão factual dos que querem algo divergente em relação às maiorias — como muito frequentemente é o caso –, então há de fato uma outorga em relação à minoria".[31]

Mesmo nas transições fluidas, porém, as duas fontes da legitimidade das quais depende a crença na legitimidade são analiticamente separáveis: uma *convenção fundamentada* e a *imposição* de uma *vontade poderosa*. E para esta se aplica justamente o seguinte: "A submissão perante a outorga de ordenamentos por parte de alguns ou vários pressupõe a crença em um poder de *dominação* em algum sentido *legítima* do ou dos outorgantes, na medida em que o mero medo ou os motivos racionais com respeito a fins não são decisivos para tanto, existindo, ao contrário, noções de legalidade [...]".[32]

A crença na legalidade de um procedimento não pode gerar legitimidade *per se*, isto é, por força da positivação — isso resulta imediatamente da análise lógica das expressões legalidade e legitimidade. Isso é tão palpável que cabe perguntar como Weber chega a considerar a dominação legal como uma forma *autônoma* de dominação legítima. Encontro somente um argumento, mas que tampouco se sustenta a um exame mais detido. Pode-se considerar a crença na legalidade como o caso especial de um fenômeno mais universal. Técnicas e regulações racionalmente alcançadas normalmente não são mais discernidas em suas razões internas por aqueles que cotidianamente

---

30 Weber, *Methodologische Schriften*, p.316.
31 Ibid., p.317.
32 Ibid., p.318.

as manejam ou as seguem: "A 'validade' empírica *justamente* de uma ordem 'racional' volta a descansar por sua vez, em seu ponto de gravidade, sobre o acordo da submissão ao que se tornou costume, arraigado, inculcado, que se repete sempre [...]. O progresso da diferenciação social e da racionalização significa, portanto, se não absolutamente sempre, ao menos de maneira completamente normal no resultado, um distanciamento, no todo cada vez maior, dos que são praticamente atingidos pelas técnicas e pelas ordens racionais em relação a sua base racional, a qual lhes costuma ser mais oculta, no todo, do que para o 'selvagem' o sentido dos procedimentos mágicos de seu feiticeiro. De modo algum é uma universalização do saber sobre as condições e as conexões da ação comunitária o que a racionalização desta provoca, mas, no mais das vezes, justamente o contrário".[33]

Weber se refere a algo como um tradicionalismo secundário, à desproblematização de instituições repletas de pressupostos, nas quais se corporificaram as estruturas de racionalidade. Podemos entender a crença na legalidade então como expressão de um tal efeito de tradicionalização. Mas também nesse caso se trata justamente da *confiança* nos *fundamentos racionais*, supostos de maneira global, da ordem jurídica, a qual torna a legalidade de uma deliberação o *indício* da legitimidade; isso é algo que o próprio Weber vê: "O que confere à situação do 'civilizado' nesse aspecto suas notas 'racionais' específicas, em oposição à do 'selvagem', é: a crença arraigada de modo geral em que as condições de sua vida cotidiana (e elas se chamam agora: bonde, ascensor, dinheiro, tribunal, exército, medicina) sejam em princípio de natureza racional, isto é, artefatos humanos acessíveis ao conhecimento, à geração e ao controle racionais – o que tem certas consequências importantes para o caráter do 'acordo'".[34] Uma ordem jurídica pretende, portanto, validade no sentido de um acordo racional mesmo que os participantes partam da premissa de que, dado o caso, tão somente *experts* possam indicar boas razões para sua existência, ao passo que os leigos em direito não estão em condições disso *ad hoc*.

---

33 Ibid., p.212-3.
34 Ibid., p.214.

Como quer que se torça e revire a coisa, a legalidade baseada unicamente na positivação pode *indicar* uma legitimidade subjacente, mas não *substituí--la*. A crença na legalidade não é um tipo de legitimidade independente.[35]

Sobre a dialética de racionalização formal e material. Depois que Weber adotou o conceito positivista de direito, desenvolvendo um conceito decisionista de legitimidade procedimental, ele pode inverter a polaridade da racionalização do direito em direção à esfera cognitiva de valores e investigá-la independentemente de pontos de vista da racionalização ética. Mas, tão logo a racionalização do direito é reinterpretada, tornando-se uma questão de organização racional com respeito a fins da economia e da administração racionais com respeito a fins, as questões sobre a corporificação institucional da racionalidade prático-moral não apenas podem ser empurradas para o lado como também invertidas abertamente em seu contrário: elas aparecem agora como fonte de irracionalidade, ou ao menos como fonte de "motivos que enfraqueçam o racionalismo formal do direito".[36]

Weber confunde o recurso à necessidade de fundamentação da dominação legal – ou seja, toda tentativa de recorrer ao fundamento legitimador de um acordo racional – com um apelo a valores particulares. Por isso, para ele, a *racionalização material do direito* de modo algum significa uma eticização progressista, mas a destruição da racionalidade cognitiva do direito: "Com o crescimento dos problemas modernos de classe, surgem agora as exigências materiais feitas ao direito por parte de um setor dos interessados no direito (nomeadamente o operariado), de um lado, e dos ideólogos do direito, de outro lado, os quais se dirigem diretamente contra a validade única daqueles critérios da ética dos negócios e reclamam um direito social com base em postulados éticos patéticos ('justiça', 'dignidade humana'). Mas isso coloca fundamentalmente em questão o *formalismo do direito*".[37] Essa perspectiva

---

35 Para fechar essa lacuna, W. Schluchter introduz (apoiando-se em H. Heller) "princípios jurídicos" que se destinam a cumprir uma função de ponte entre o direito positivo e os fundamentos de uma ética da responsabilidade (Schluchter, *Die Entwicklung des okzidentalen Rationalismus*, p.155ss.). O *status* desses princípios permanece pouco claro, e no interior da sistemática weberiana eles são um elemento estranho.
36 Weber, *Wirtschaft und Gesellschaft*, p.654.
37 Ibid., p.648.

permite incluir o desenvolvimento do direito na dialética da racionalização, mas de maneira irônica.

Weber ressalta energicamente as características formais do direito moderno, em razão das quais este se presta a ser o meio organizatório para subsistemas de ação racional com respeito a fins; porém, ele restringe de maneira positivista o conceito de direito a tal ponto que, para a racionalização do direito, ele pode negligenciar o aspecto prático-moral (princípio de fundamentação), precisando considerar apenas o aspecto cognitivo-instrumental (princípio da positivação). Weber considera os progressos do desenvolvimento do direito moderno exclusivamente segundo os pontos de vista da racionalidade formal, isto é, de uma reconfiguração das esferas de ação axiologicamente neutra, planejada sob os aspectos de meios e fins, a qual é talhada para o tipo da ação estratégica. A racionalização do direito não se mede mais então, como aquela da ética e da conduta de vida, pela legalidade intrínseca da esfera de valores prático-moral; ela é reacoplada imediatamente com os progressos do saber na esfera de valores cognitivo-instrumental.

Em prol dessa racionalização formal do direito, Weber menciona indicadores empíricos, sobretudo o aprimoramento das qualidades formais do direito, na medida em que estas se deixam depreender (a) da sistematização analítica completa das proposições jurídicas e do trato profissional das normas jurídicas, por juristas especializados, e (b) da redução da legitimidade à legalidade, isto é, da substituição dos problemas de fundamentação por problemas de procedimento. Ademais, é característico das duas tendências o tradicionalismo secundário dos leigos em relação a um direito que se tornou intransparente, mas é reconhecido fundamentalmente como "racional": "[...] em qualquer circunstância, como consequência do desenvolvimento técnico e econômico, apesar de todos os juízes de paz, o crescente e inevitável desconhecimento do direito, em constante inchaço de conteúdos técnicos, por parte dos leigos – portanto a especialização do direito, e a valoração crescente do direito vigente como um aparato racional e técnico, por isso remodelável em termos de racionalidade com respeito a fins e despido de toda santidade substantiva –, é seu destino inevitável. Sem dúvida, esse destino pode ser encoberto pela submissão, crescente e múltipla por razões gerais, ao direito então existente, mas não pode ser evitado".[38]

É correto que o "desconhecimento do direito em constante inchaço de conteúdos técnicos" alonga a via de legitimação, e a administração pública se desonera da pressão de legitimação. O alongamento das vias de legitimação não significa, porém, que a crença na legalidade possa substituir a legitimidade do sistema jurídico em seu todo. Lançada com o positivismo jurídico e retomada e *distendida* pelo funcionalismo nas ciências sociais, a suposição de que as pretensões de validade normativa se deixariam incutir na consciência dos membros do sistema jurídico de modo geral sem consequências mencionáveis para a preservação do sistema não é empiricamente sustentável. Além do mais, essa estratégia conceitual tem a consequência altamente problemática de que Weber precisa desqualificar como "racionalização material" *todos* os contramovimentos dirigidos à diluição do direito moderno em um mero meio organizatório, desligado dos contextos de fundamentação prático-moral. Ele inclui tanto as tendências à reideologização dos fundamentos jurídicos que de fato atacam o *status* pós-tradicional do direito, como, por outro lado, a insistência em uma racionalização ética do direito que significa uma corporificação *de maior alcance* das estruturas pós-tradicionais de consciência, *sem distinção*, sob o título de tendências "antiformalistas" do desenvolvimento do direito.

Daí resulta uma consequência irônica para o diagnóstico weberiano de época. Weber lamenta a inversão de polaridade das orientações éticas da ação em direção às orientações puramente utilitaristas, concebendo estas últimas como um desacoplamento dos fundamentos motivacionais da esfera de valores prático-moral. Ele deveria saudar, portanto, os movimentos que se voltam contra as tendências paralelas no direito. O que lhe aparece ali como uma autonomização dos subsistemas da ação racional com respeito a fins, formando uma "cápsula de aço da servidão", deveria lhe aparecer não menos como uma ameaça aqui, onde se trata do desacoplamento do direito, na qualidade de núcleo da integração social próprio do sistema institucional, em relação à mesma esfera prático-moral. O contrário é o

---

38 Ibid., p.656.

caso. Weber não vê um estorvo às qualidades formais do direito apenas nas tentativas tradicionalistas de reideologizar o direito, mas igualmente nos esforços progressistas de reacoplar o direito às exigências procedimentais de fundamentação: "Em todo caso, porém, a precisão jurista do trabalho, como ela se exprime nas razões da sentença, será rebaixada com considerável força se a raciocinação sociológica e econômica ou ética entrar no lugar dos conceitos jurídicos. O movimento é, visto no todo, um dos contragolpes à dominação do 'especialista' e ao racionalismo, que, no entanto, em última instância, é seu próprio pai".[39]

Weber não está em condições de correlacionar os dois momentos no padrão de uma racionalização parcial das sociedades capitalistas desenvolvidas de sorte que a consistência de seu juízo sobre o desenvolvimento da moral e do direito tenha salvaguarda. Não tenho o propósito de ir atrás das raízes dessa inconsistência, em uma perspectiva de crítica da ideologia. Interessam-me as razões imanentes de por que Weber não pôde levar a cabo sua teoria da racionalização da maneira como ela se inscreve. Apenas quando os erros que suspeito existir na construção da teoria são esclarecidos, também o conteúdo sistemático do diagnóstico weberiano do presente se deixa reconstruir de maneira que possamos esgotar o potencial de estímulo da teoria weberiana para os fins de uma análise de nosso próprio presente. Suspeito que os erros residem em dois pontos importantes do ponto de vista da estratégia teórica.

Em primeiro lugar, estudarei os impasses da formação dos conceitos da teoria da ação. Eles impedem Weber de investigar a racionalização dos sistemas de ação sob outros aspectos que não aquele único da racionalidade com respeito a fins, embora ele descreva a racionalização das imagens de mundo e a diferenciação das esferas de valor culturais determinantes para a modernidade de acordo com um quadro categorial que coloca no campo de visão a racionalização social em sua complexidade inteira – isto é, que inclui também os fenômenos prático-morais e os estético-expressivos. Esse problema dará ensejo para retornar ao conceito fundamental de ação comunicativa, na sequência de uma análise crítica da teoria weberiana da

---

39 Ibid., p.655.

ação, impulsionando o esclarecimento do conceito de razão comunicativa (Primeira consideração intermediária).

Em segundo lugar, gostaria de mostrar que a ambiguidade da racionalização do direito não pode ser compreendida adequadamente no interior dos limites de uma teoria da ação em geral. Nas tendências à juridificação, impõe-se uma organização formal de sistemas de ação que tem por consequência, de fato, um desligamento dos subsistemas de ação racional com respeito a fins em relação a seus fundamentos prático-morais. Mas essa autonomização de subsistemas autorregulados em relação a um mundo da vida comunicativamente estruturado tem a ver menos com a racionalização das orientações da razão do que, pelo contrário, com um novo nível de diferenciação sistêmica. Esse problema dará ensejo para não apenas ampliar a abordagem da teoria da ação pela linha de uma teoria da ação comunicativa, como também para vinculá-la a uma abordagem própria da teoria dos sistemas (Segunda consideração intermediária). Apenas a integração de ambas as abordagens torna a teoria da ação comunicativa um fundamento sólido para uma teoria da sociedade que pode retomar, com perspectiva de êxito, a problemática da racionalização social, abordada pela primeira vez por Weber.

III
Primeira consideração intermediária: Ação social, atividade voltada a fins e comunicação

Observação preliminar sobre a teoria analítica do significado e da ação

Se seguirmos as investigações de Max Weber sobre sociologia da religião, é uma questão empírica, ou seja, uma questão de início em aberto, saber por que nem todos os três complexos de racionalidade que foram diferenciados após a ruína das imagens de mundo tradicionais encontraram, nas ordens de vida das sociedades modernas, uma corporificação institucional equilibrada, não determinando na mesma medida a práxis cotidiana comunicativa. No entanto, por conta de suas suposições fundamentais no âmbito da teoria da ação, Weber havia prejulgado essa questão de tal sorte que os processos de racionalização *social* somente puderam entrar no campo de visão a partir do ponto de vista da racionalidade com respeito a fins. Gostaria de discutir, por esse motivo, os impasses de sua teoria da ação concernentes à estratégia conceitual, fazendo dessa crítica o ponto de partida para uma análise mais ampla do conceito de ação comunicativa.

Nesse esboço, renuncio a uma contraposição com a teoria analítica da ação, desenvolvida no âmbito anglo-saxônico.[1] As investigações efetuadas sob esse título, de cujos resultados faço uso em outro lugar,[2] não representam de forma alguma uma abordagem unitária; porém, é comum a elas o método da análise conceitual e uma apreensão relativamente estreita dos problemas. A teoria analítica da ação é produtiva para o esclarecimento das estruturas

---

1 Brand; Walton (orgs.), *Action Theory*; Beckermann (org.), *Analytische Handlungstheorie: Handlungserklärungen*; Meggle (org.), *Analytische Handlungstheorie: Handlungsbeschreibungen*.
2 Cf. p.173ss.

da atividade voltada a fins. No entanto, ela se limita ao modelo atomista de ação de um ator solitário e negligencia mecanismos da coordenação da ação por meio dos quais sucedem as relações interpessoais. Ela concebe as ações sob o pressuposto ontológico de exatamente um mundo de estados de coisa existentes e negligencia aquelas relações ator-mundo que são essenciais para as interações sociais. Uma vez que ações são reduzidas a intervenções no mundo objetivo na qualidade de atividades com respeito a fins, a racionalidade das relações meios e fins se encontra em primeiro plano. Finalmente, a teoria analítica da ação entende sua tarefa como um esclarecimento metateórico de conceitos fundamentais; ela não atenta para a utilidade empírica das suposições fundamentais da teoria da ação e, por causa disso, raramente encontra um contato com a formação de conceitos nas ciências sociais. Ela gera um conjunto de problemas filosóficos que são inespecíficos para as finalidades da teoria social.

O empirismo repete, no campo da teoria analítica da ação, batalhas disputadas há muito tempo; mais uma vez está em jogo a relação entre espírito e corpo (idealismo *versus* materialismo), razões e causas (liberdade da vontade *versus* determinismo), comportamento e ação (descrição objetivista *versus* não objetivista da ação), o *status* lógico das explicações da ação, causalidade, intencionalidade e assim por diante. Em uma formulação enfática, a teoria analítica da ação elabora os problemas veneráveis da filosofia da consciência pré-kantiana em uma nova perspectiva, sem avançar até as questões fundamentais de uma teoria sociológica da ação.

Segundo pontos de vista sociológicos, é recomendável se aplicar à ação comunicativa: "A necessidade da ação coordenada gera na sociedade uma determinada carência de comunicação que tem de ser recoberta se uma coordenação efetiva de ações deve ser possível para a finalidade de satisfazer a necessidade".[3] Para uma teoria da ação comunicativa, que coloca o entendi-

---

3 Kanngiesser, "Sprachliche Universalien und diachrone Prozesse", em Apel (org.), *Sprachpragmatik und Philosophie*, p.273ss., aqui p.278; Frentz; Farrell, "Language--Action: A Paradigm for Communication", *Quarterly Journal of Speech*, v.62, p.333-4, 1976.

mento linguístico como mecanismo da coordenação na ação no centro do interesse, a filosofia analítica oferece, com sua disciplina nuclear, a teoria do significado, um ponto de apoio inteiramente promissor. Isso vale menos para a abordagem da teoria do significado que em um certo aspecto se encontra mais próxima da teoria da ação, a saber, para a *semântica intencional*,[4] a qual remonta às investigações de H. P. Grice,[5] é completada por D. Lewis[6] e reelaborada por St. R. Schiffer[7] e J. Bennett.[8] Essa teoria nominalista do significado não se presta ao esclarecimento do mecanismo de coordenação das interações linguisticamente mediadas, visto que ela analisa o ato de entendimento por sua parte segundo o padrão da ação orientada às consequências.

A semântica intencional se apoia na ideia contraintuitiva de que a compreensão do significado de uma expressão simbólica *x* se deixa reduzir à compreensão do propósito de um falante F de dar a entender alguma coisa a um ouvinte O com base em um signo. Dessa maneira, um modo derivado de entendimento, ao qual um falante pode recorrer caso lhe seja obstruído o caminho do entendimento direto, é estilizado como modo original do entendimento. A tentativa da semântica intencional de reduzir o que a expressão simbólica *x* significa ao que F quer dizer [*meint*] com *x*, ou dá a entender indiretamente, fracassa porque, para um ouvinte, são duas coisas distintas entender o que F *quer dizer* com *x*, isto é, entender o *significado* de *x*, e *conhecer* o propósito que F persegue com o emprego de *x*, isto é, o *fim* que F *quer* alcançar com sua ação. F somente terá executado com êxito seu propósito de conduzir O a uma intenção de significado se O reconhece o propósito de F de comunicar-se com ele e entende *o que* F quis dizer na execução de seu propósito de comunicação. Unicamente com o conhecimento do propósito de

---

4 Heal, "Common Knowledge", *Philosophical Quarterly*, v.28, p.116ss., 1978; Meggle, *Grundbegriffe der Kommunikation*.

5 Grice, "Intendieren, Meinen, Bedeuten", em Meggle, *Handlung, Kommunikation, Bedeutung*; id., "Sprecher-Bedeutung und Intentionen", em Meggle, *Handlung, Kommunikation, Bedeutung*, p.2ss., p.16ss.

6 Lewis, *Convention: A Philosophical Study*.

7 Schiffer, *Meaning*.

8 Bennett, *Linguistic Behavior*.

comunicação de F, O não entenderá o que F quer dizer, isto é, *sobre o que ele* pretende comunicar-se com ele.[9]

Para uma teoria da ação comunicativa, são instrutivas apenas aquelas teorias analíticas do significado que abordam a estrutura da expressão linguística em vez das intenções do falante. Todavia, ela mantém em vista nesse contexto o problema de saber como as ações de vários atores podem ser ligadas umas nas outras com base no mecanismo do entendimento, isto é, ser entrelaçadas em rede nos espaços sociais e nos tempos históricos. O *modelo de órganon de Karl Bühler* é representativo desse questionamento próprio da teoria da comunicação. Bühler[10] parte do modelo semiótico do signo linguístico que é empregado por um falante (emissor) com o objetivo de entender-se com um ouvinte (receptor) sobre objetos e estados de coisas. Ele distingue três funções do emprego de signos: a função cognitiva da representação de um estado de coisas, a função expressiva do anúncio de vivências do falante e a função apelativa de exigências que são dirigidas aos destinatários. O signo linguístico funciona desse ponto de vista simultaneamente como símbolo, sintoma e sinal: "Ele é um *símbolo* por força de sua correlação com objetos e estados de coisas, um *sintoma* (*indicium*) por força de sua dependência em relação ao emissor, cuja interioridade é expressa por ele, e um *sinal* por força de seu apelo ao ouvinte, cujo comportamento externo ou interno ele dirige como outros signos de trânsito".[11]

Não preciso aprofundar a recepção e a crítica desse modelo de linguagem na linguística e na psicologia,[12] uma vez que as correções decisivas (com

---

9 Para uma crítica detalhada, cf. Habermas, "Intentionalistische Semantik" (1975-1976), em *Vorstudien und Ergänzungen zur Theorie des kommunikativen Handelns*, p.307ss. Leist, *Über einige Irrtümer der intentionalen Semantik*; cf. também Apel, "Intentions, Conventions and Reference of Things", em Parret (org.), *Meaning and Understanding*; id., "Three Dimensions of Understanding and Meaning in Analytic Philosophy: Linguistic Conventions, Intentions, and Reference to Things", *Philosophy and Social Criticism*, v.7, p.115ss., 1980.
10 Bühler, *Sprachtheorie*.
11 Ibidem, p.28.
12 Busse, "Funktionen und Funktion der Sprache", em Schlieben-Lange (org.), *Sprachtheorie*, p.207; Beck, *Sprechakte und Sprachfunktionen*.

uma exceção)¹³ foram efetuadas pelo lado da analítica da linguagem; pelo menos as três mais importantes teorias analíticas do significado se deixam inscrever no modelo de Bühler, de sorte que elas corrigem a teoria da comunicação por dentro, por meio da análise formal das regras de emprego das expressões linguísticas, e não por fora, por meio de uma reformulação cibernética do processo de transmissão. Essa linha de reconfiguração do modelo de *órganon*, própria da teoria do significado, sai da concepção objetivista do processo de entendimento tomado como um fluxo de informações entre emissor e receptor,¹⁴ levando ao conceito pragmático-formal de uma interação de sujeitos capazes de falar e agir, mediada por atos de entendimento.

Em conexão com a teoria pragmatista do signo, introduzida por Peirce e desenvolvida por Morris, Carnap empenhou-se para que o complexo simbólico considerado inicialmente por Bühler apenas de maneira funcionalista se tornasse acessível a uma análise da linguagem com abordagem interna, segundo pontos de vista sintáticos e semânticos: não é o signo isolado que é o suporte dos significados, mas os elementos de um sistema linguístico, isto é, proposições cuja forma é determinada por regras sintáticas e cujo conteúdo semântico é determinado pela referência aos objetos ou estados de coisas designados. Com a *sintaxe lógica de Carnap* e com as suposições fundamentais da *semântica referencial*, abre-se o caminho para a análise formal da função representativa da linguagem. As funções apelativa e expressiva da linguagem, em contrapartida, são consideradas por Carnap como aspectos pragmáticos do emprego da linguagem que devem ser relegadas a uma análise empírica. A pragmática linguística não é determinada, de acordo com essa concepção, por um sistema universal de regras reconstruíveis, de modo que ela poderia se abrir a uma análise conceitual, em analogia com a sintaxe e a semântica.

No entanto, a teoria do significado somente é estabelecida definitivamente como ciência formal com o passo que vai da semântica referencial

---

13 Jakobson, "Linguistik und Poetik" (1960), em Holenstein; Schelbert (orgs.), *Poetik*, p.83ss.
14 Watzlawick; Beavin; Jackson, *Pragmatics of Human Communication*; Hörmann, *Psychologie der Sprache*; id., *Meinen und Verstehen*.

à *semântica veritativa*. A teoria semântica fundamentada por Frege, ampliada de Wittgenstein I até Davidson e Dummett, coloca no centro a relação entre proposição e estado de coisas, entre linguagem e mundo.[15] Com essa guinada ontológica, a teoria semântica se desliga da concepção de que a função representativa pode ser esclarecida lançando-se mão do modelo de nomes que designam objetos. O significado de proposições, e a compreensão do significado proposicional, não se deixa separar da relação com a validade dos enunciados, imanente à linguagem. Falante e ouvinte entendem o significado de uma proposição se eles sabem as condições sob as quais a proposição é verdadeira. Em correspondência com isso, eles entendem o significado de uma palavra se sabem a contribuição que esta opera para que a proposição formada com seu auxílio possa ser verdadeira. A semântica veritativa desdobra, portanto, a tese segundo a qual o significado de uma proposição é determinado pelas condições de sua verdade. Com isso, o nexo interno entre o *significado* de uma expressão linguística e a *validade* de uma proposição formada com seu auxílio é salientado de início para a dimensão da representação linguística de estados de coisas.

No entanto, essa teoria se restringe a analisar todas as proposições segundo o padrão das proposições assertóricas; os limites dessa abordagem se tornam visíveis tão logo os diversos modos de emprego de proposições são incluídos na consideração formal. Já Frege havia distinguido entre a força assertórica de afirmações ou a força interrogativa das perguntas e a estrutura das proposições assertóricas empregadas nesses proferimentos. Na linha de Wittgenstein II, passando por Austin até chegar em Searle, a semântica formal de proposições se estende até os atos de fala. Ela não se limita mais à função representativa da linguagem, mas se abre a uma análise não preconceituosa da multiplicidade das forças ilocucionárias. A *teoria do significado como uso* faz que mesmo os aspectos pragmáticos da expressão linguística se tornem acessíveis a uma análise conceitual; e a *teoria dos atos de fala* significa o primeiro passo para uma pragmática formal, que se estende até os modos

---

15 Apel, "Die Entfaltung der sprachanalytischen Philosophie", em *Transformation der Philosophie*, v.II; cf. também Davis, "Speech Acts, Performance and Competence", *Journal of Pragmatics*, v.3, p.497ss., 1979.

de emprego não cognitivos. Ao mesmo tempo, porém, ela permanece ligada, como mostram as tentativas de uma sistematização das classes de atos de fala, de Stenius e Kenny até Searle, aos pressupostos ontológicos estreitos da semântica veritativa. A teoria do significado somente poderá alcançar o nível de integração da teoria da comunicação projetada por Bühler, se for capaz de dar uma fundamentação sistemática para as funções apelativa e expressiva (e, dado o caso, também para a função "poética" acentuada por Jakobson, ligada aos próprios meios representativos) da linguagem, de maneira análoga à semântica veritativa para a função representativa da linguagem. Tomei esse caminho com minhas considerações a respeito de uma pragmática universal.[16]

A teoria de Bühler sobre as funções linguísticas pode ser associada aos métodos e aos discernimentos da teoria analítica do significado, tornando-se o núcleo de uma teoria da ação orientada ao entendimento, caso se consiga universalizar o conceito de validade, para além da validade veritativa de proposições, e identificar as condições de validez não mais apenas no plano semântico em relação às proposições, mas também no plano pragmático em relação aos proferimentos. Para esse fim, a mudança de paradigma na filosofia da linguagem,[17] introduzida por Austin e exposta de maneira historicamente convincente por K.-O. Apel, precisa ser radicalizada de tal forma que a ruptura com a "caracterização da linguagem como *logos*", isto é, como o privilégio de sua função representativa, tenha consequências também para a escolha dos pressupostos ontológicos da teoria da linguagem. Não se trata apenas de admitir, a par do modo assertórico, outros modos de emprego da linguagem com iguais direitos; pelo contrário, para esses outros modos, é preciso demonstrar pretensões de validade e relações com o mundo de maneira análoga ao modo assertórico.[18] É nessa direção que aponta minha proposta de não contrapor o papel *ilocucionário* como uma for-

---

16 Habermas, "Was heißt Universalpragmatik?", em Apel (org.), *Sprachpragmatik und Philosophie*.
17 Apel, "Zwei paradigmatische Antworten auf die Frage nach der Logosauszeichnung der menschlichen Sprache", em Lützeler (org.), *Kulturwissenschaften*.
18 Cf. p.177ss.

ça *irracional* ao componente proposicional fundamentador da validade, mas, pelo contrário, de compreendê-lo como aquele componente que especifica *qual* pretensão de validade um falante levanta com seu proferimento, *como* ele o levanta e *para que* ele o levanta.

Com a força ilocucionária de um proferimento, um falante pode motivar um ouvinte a aceitar a oferta de seu ato de fala e, com isso, *estabelecer um vínculo racionalmente motivado*. Esse conceito pressupõe que sujeitos capazes de falar e agir podem se referir a mais do que apenas um mundo e que, ao se estenderem um com o outro sobre algo em um mundo, colocam na base de sua comunicação um sistema de mundos suposto em comum. Nesse contexto, propus diferenciar o mundo exterior em um mundo objetivo e em um mundo social e introduzir o mundo interior como o conceito complementar desse mundo exterior. As pretensões de validade correspondentes de verdade, correção e veracidade podem servir então como fio condutor para a escolha dos pontos de vista teóricos segundo os quais os modos fundamentais do emprego da linguagem, ou as funções linguísticas, se deixam fundamentar e os atos de fala que variam conforme as línguas em sua singularidade se deixam classificar. A função apelativa bühleriana da linguagem deveria ser dividida, portanto, em funções regulativas e imperativas. No uso regulativo da linguagem, os participantes levantam de diversos modos pretensões normativas de validade e se referem a algo em seu mundo social comum; no uso imperativo da linguagem eles se referem a algo no mundo objetivo, no que o falante levanta perante o destinatário uma pretensão de poder para fazê-lo agir de tal modo que o estado de coisas pretendido chegue à existência. Uma teoria da comunicação reelaborada nessa linha da pragmática formal pode se tornar fecunda para uma teoria da ação sociológica, caso se consiga mostrar como os atos comunicativos, isto é, os atos de fala ou as manifestações não verbais equivalentes assumem a função de coordenação da ação e realizam sua *contribuição para a construção das interações*.

Enfim, a ação comunicativa é dependente de contextos situacionais, que por sua vez representam recortes do mundo da vida dos participantes da interação. Apenas esse conceito de mundo da vida, que pode ser introduzido como conceito complementar da ação comunicativa mediante as análises do saber de fundo estimuladas por Wittgenstein,[19] assegura a ligação da teoria da ação com os conceitos fundamentais da teoria social.

No quadro de uma consideração intermediária, posso tornar plausível esse programa no melhor dos casos. Partindo de duas versões da teoria weberiana da ação, gostaria de tornar evidente de início a posição central do problema da coordenação da ação (1). Em seguida, gostaria de tornar a distinção de Austin entre atos ilocucionários e perlocucionários fecunda para a delimitação de ações orientadas ao entendimento e ações orientadas ao êxito (2), a fim de investigar o efeito de vínculo ilocucionário das ofertas dos atos de fala (3) e o papel das pretensões de validade criticáveis (4). A contraposição com as tentativas concorrentes de classificar atos de fala serve à confirmação dessas teses (5). Finalmente, gostaria de indicar algumas passagens do plano de investigação da pragmática formal para a pragmática empírica e explicar, pela relação entre o significado literal dos atos de fala e o seu significado dependente de contextos, por que o conceito de ação comunicativa tem de ser complementado com o conceito de mundo da vida (6).

(1) Duas versões da teoria weberiana da ação

De início, Weber introduz o "sentido" como conceito fundamental da teoria da ação e distingue ações de comportamento observáveis com base nessa categoria: "Deve se chamar ação um comportamento humano (sendo indiferente se é um agir exterior ou interior, uma omissão ou uma tolerância) se e na medida em que o agente ou os agentes vinculam a ele um sentido subjetivo".[20] Nesse contexto, Weber não possui às suas costas uma teoria da significação, mas uma teoria intencionalista da consciência. Ele não elucida o "sentido" lançando mão do modelo de significados linguísticos e não relaciona o "sentido" com o *medium* linguístico do entendimento possível, mas com as opiniões e as intenções de um sujeito da ação representado de início como isolado. Esse primeiro encaminhamento separa Weber de uma teoria da ação comunicativa: não é a relação interpessoal entre pelo menos

---

19 Wittgenstein, *Über Gewißheit*.
20 Weber, *Wirtschaft und Gesellschaft*, p.3.

dois sujeitos capazes de falar e agir, remetendo ao entendimento linguístico, que se considera fundamental, mas antes a atividade voltada a fins de um sujeito solitário da ação. O entendimento linguístico é representado, como na semântica intencionalista, segundo o padrão da influência recíproca de sujeitos que agem teleologicamente: "Uma comunidade linguística é representada, no caso-limite do tipo ideal da 'racionalidade com respeito a fins', por inúmeros atos individuais [...] que são orientados à expectativa de alcançar junto aos outros a 'compreensão' de um sentido visado".[21] O entendimento é considerado um fenômeno derivado que deve ser construído com base em um conceito de intenção estabelecido como primitivo. Weber parte, portanto, de um modelo teleológico de ação e determina o "sentido subjetivo" como uma intenção (pré-comunicativa) de ação. Ou o agente pode perseguir os próprios interesses como a aquisição de poder ou o ganho de riqueza, ou pode querer satisfazer valores como a veneração ou a dignidade humana; ou pode buscar satisfação na vivência de afetos e desejos. Esses objetivos *utilitaristas*, *valorativos* e *afetivos*, que são minuciosamente trabalhados, formando fins específicos das situações, são expressões do sentido subjetivo que os sujeitos agentes podem vincular à sua atividade dirigida a objetivos.[22]

Uma vez que Weber parte de um modelo de ação concebida de maneira monológica, ele não pode introduzir o conceito de "ação social" pela via da explicação do conceito de sentido. Pelo contrário, ele precisa alargar o modelo da atividade voltada a fins com duas determinações para que as condições da interação social sejam preenchidas: vêm de acréscimo (a) a orientação pelo comportamento de *outros* sujeitos da ação e (b) a *relação reflexiva* das orientações da ação de vários participantes da interação *entre si*. No entanto, Weber hesita em decidir se deve considerar suficiente a condição (a) para interações sociais ou se ele deve exigir também a condição (b). No §1 de *Economia e sociedade* se diz simplesmente: "Deve se chamar ação 'social' uma ação tal que, segundo seu sentido visado pelo agente ou pelos agentes, é referida ao comportamento de outros e é orientada por ele em seu decurso".[23] Em con-

---

21 Id., *Methodologische Schriften*, p.194.
22 Girndt, *Das soziale Handeln als Grundkategorie der erfahrungswissenschaftlichen Soziologie*.
23 Weber, *Wirtschaft und Gesellschaft*, p.4.

trapartida, Weber acentua no §3 que as orientações da ação dos participantes precisam estar referidas reciprocamente entre si: "Deve se chamar 'relação social' um comportamento de vários ajustado *reciprocamente* entre si segundo o conteúdo do seu sentido e orientado por meio disso".[24]

Porém, é mais importante para a construção da teoria da ação uma outra decisão. Weber deve introduzir os aspectos racionalizáveis da ação com base no modelo teleológico de ação, ou o conceito de interação social deve servir como fundamento para tanto? No primeiro caso (a) Weber precisa se restringir aos aspectos racionalizáveis que o modelo da atividade voltada a fins proporciona: a racionalidade de meios e fins. No segundo caso (b), coloca-se a questão de saber se há diversos tipos de relação reflexiva nas orientações da ação e, com isso, também *outros* aspectos sob os quais as ações podem ser racionalizadas.

(a) *A versão oficial*

Weber distingue, como se sabe, ação racional com respeito a fins, ação racional com respeito a valores, ação afetiva e ação tradicional. Essa tipologia se apoia nas categorias acerca dos objetivos da ação aos quais o ator pode se orientar em sua atividade voltada a fins: objetivos utilitaristas, valorativos e afetivos. Nesse caso, a "ação tradicional" resulta como uma categoria residual que de início não recebe maiores determinações. Essa tipologia é guiada visivelmente pelo interesse de distinguir graus de racionalização da ação. Weber não se aplica aqui à relação social. Ele considera apenas a relação meios e fins de uma ação monológica, representada em termos teleológicos, como um aspecto racionalizável. Se essa perspectiva é adotada, nas ações são acessíveis ao julgamento objetivo somente a *eficácia* de uma intervenção causal em uma situação existente e a *verdade* dos enunciados empíricos que subjazem à máxima ou ao plano de ação, isto é, à opinião subjetiva sobre uma organização de meios, racional com respeito a fins.

Assim, Weber elege a ação racional com respeito a fins como ponto de referência para sua tipologia: "Como toda ação, a ação social pode também

---

[24] Ibid., p.19.

ser determinada (1) *de maneira racional com respeito a fins*: por meio das expectativas do comportamento de objetos do mundo exterior e de outros homens e com a utilização dessas expectativas como 'condições' ou como 'meios' para os próprios *fins*, almejados e ponderados racionalmente, na qualidade de êxito; (2) *de maneira racional com respeito a valores*: por meio da crença consciente no valor *intrínseco* incondicional – ético, estético, religioso ou seja lá como deva ser interpretado – de um determinado comportamento, puramente enquanto tal e independentemente do êxito; (3) *de maneira afetiva*, em particular de maneira *emocional*: por meio de afetos atuais e estados sentimentais; (4) *de maneira tradicional*: por meio do hábito arraigado".[25] Caso se siga uma proposta de interpretação feita por W. Schluchter,[26] a tipologia se deixa reconstruir lançando-se mão das características formais da ação racional com respeito a fins. Comporta-se de maneira racional com respeito a fins o agente que escolhe *fins* a partir de um horizonte de *valores* claramente articulado, organizando os *meios* apropriados sob a consideração de *consequências* alternativas. Na série de tipos de ação proposta por Weber, a consciência do sujeito agente se estreita passo a passo: na ação racional com respeito a valores, as consequências são apagadas do sentido subjetivo; com isso, são subtraídas ao controle racional, na ação afetiva, as consequências e os valores, e na ação meramente habitual e factual, também o fim (Fig. 12).

Tipos de ação segundo graus de racionalidade decrescente	Sentido subjetivo se estende aos seguintes elementos			
	Meios	Fins	Valores	Consequências
Racional com respeito a fins	+	+	+	+
Racional com respeito a valores	+	+	+	–
Afetivo	+	+	–	–
Tradicional	+	–	–	–

Figura 12 – *A tipologia oficial da ação*

---

25 Ibid., p.17.
26 Schluchter, *Die Entwicklung des okzidentalen Rationalismus*, p.192.

No entanto, Weber pode acomodar nessa construção a ação "racional com respeito a valores" somente se atribui a esta um significado restritivo. Aqui esse tipo pode incluir apenas as orientações de ação ligadas à ética da convicção, mas não orientações ligadas à ética da responsabilidade. Não é considerado o caráter guiado por princípios, em virtude do qual a ética protestante se qualifica exemplarmente como quadro de uma conduta metódica de vida. As estruturas pós-tradicionais de consciência, que Weber depreende das imagens de mundo eticamente racionalizadas, não podem entrar, de imediato por razões analíticas, em uma tipologia da ação que se apoia em uma categorização das ações não sociais; pois a consciência moral se refere à regulação consensual de conflitos interpessoais de ação.

(b) *A versão não oficial*

Tão logo Weber tente estabelecer uma tipologia no nível conceitual da ação social, ele acaba se deparando com outros aspectos da racionalidade da ação. As ações sociais se deixam distinguir de acordo com os mecanismos da coordenação da ação, dependendo de uma relação social se apoiar somente em *interesses* ou também no *acordo normativo*. Dessa maneira, Weber distingue entre a existência meramente factual de uma ordem econômica e a validade social de uma ordem jurídica; ali as relações sociais ganham duração por meio da engrenagem factual dos interesses, aqui, por meio do reconhecimento de pretensões de validade normativas. Uma coordenação da ação assegurada inicialmente apenas pela complementaridade entre interesses pode ser reconfigurada normativamente, no entanto, por meio da adição da "validade do acordo", isto é, por meio da "crença no caráter imperativo, jurídico ou convencional, de um determinado comportamento".[27] Weber elucida isso pela formação de tradições no caso da passagem do costume à convenção: "As regras convencionais são normalmente o caminho pelo qual regularidades meramente factuais da ação, o mero 'costume' portanto, são transpostas para a forma de normas vinculantes, garantidas primeiramente pela coerção psíquica".[28]

---

27 Weber, *Wirtschaft und Gesellschaft*, p.247.
28 Ibid., p.246.

Ora, há a interação baseada na complementaridade entre interesses não apenas na forma do costume, isto é, da habituação vagamente adotada, mas também no nível do comportamento da concorrência racional, por exemplo, nas relações modernas de troca, onde os participantes formaram uma clara consciência da complementariedade, mas também da contingência de seus conjuntos de interesse. Por outro lado, também a interação baseada no *consenso normativo* não assume apenas a forma da ação convencional ligada às tradições; assim, o sistema jurídico moderno depende de uma crença esclarecida na legitimidade, que o direito natural racional, com a ideia de um contrato fundamental entre livres e iguais, remete aos procedimentos da formação racional da vontade. Caso essas considerações sejam seguidas, é natural reconstruir os tipos da ação social (a) segundo o tipo da coordenação e (b) segundo o grau de racionalidade da relação social (Fig.13).

Coordenação \ Graus de racionalidade da ação	Baixa	Alta
Mediante interesses	Ação factualmente arraigada ("costume")	Ação estratégica ("ação por interesse")
Mediante acordo normativo	Ação convencional por acordo ("ação comunitária")	Ação pós-convencional por acordo ("ação societária")

Figura 13 – *Uma tipologia alternativa da ação*

Essa formação de tipos encontra pontos de apoio em *Economia e sociedade*;[29] lançando-se mão do ensaio "Sobre algumas categorias da sociologia compreensiva",[30] ela poderia se comprovar relativamente bem. Porém, vou renunciar a essa tentativa, visto que Weber não levou a cabo claramente, no próprio plano das orientações da ação, a interessante distinção entre relações sociais que são mediadas por interesses e aquelas que são mediadas por

---

29 Ibid., p.19-26, 240-50.
30 Ibid., p.169-213.

acordo normativo (retomarei isso sob o título de orientação ao êxito *versus* orientação ao entendimento). Mais grave é a circunstância suplementar de que Weber de fato distingue entre acordo ligado às tradições e acordo racional, mas esse acordo racional, como vimos, ele o elucida apenas insuficientemente, pelo modelo da convenção entre sujeitos do direito privado; em todo caso, ele não o remete aos fundamentos prático-morais da formação discursiva da vontade. Do contrário, nesse lugar teria de tornar-se claro que a ação societária se distingue da ação comunitária não pelas orientações da ação racional com respeito a fins, mas pelo nível mais elevado, isto é, pelo nível pós-convencional da racionalidade prático-moral. Visto que isso não acontece, um conceito específico de racionalidade com respeito a valores não pode obter para a teoria da ação o significado que lhe deveria ser atribuído se a racionalização ética que Weber investigou no plano das tradições culturais devesse poder ser apreendida em suas consequências para os sistemas sociais da ação.

Weber não pôde tornar fecunda a tipologia não oficial da ação para a problemática da racionalização social. A versão oficial, em contrapartida, está assentada de maneira conceitualmente tão estreita que, nesse quadro, as ações sociais podem ser julgadas apenas sob o aspecto da racionalidade com respeito a fins. Dessa perspectiva conceitual, a racionalização de sistemas de ação precisa se restringir à imposição e propagação dos tipos da ação racional com respeito a fins, específicos de subsistemas. Para que processos de racionalização social possam ser investigados *em toda a sua amplitude*, precisa-se de *outros* fundamentos na teoria da ação.

Por esse motivo, quero retomar o conceito de ação comunicativa, exposto na introdução, e, em conexão com a teoria dos atos de fala, ancorar em fundamentos conceituais aqueles aspectos racionalizáveis da ação que são negligenciados na teoria oficial da ação de Weber. É por essa via que espero recuperar na teoria da ação o conceito complexo de racionalidade que Weber emprega em suas análises culturais. Nesse contexto, parto de uma classificação de ações que se escora na versão não oficial da teoria weberiana da ação na medida em que ações sociais são distinguidas segundo duas orientações de ação, que correspondem a uma coordenação da ação por meio de interesses e por meio de acordo normativo:

Orientação da ação / Situação da ação	Orientada ao êxito	Orientada ao entendimento
Não social	Ação instrumental	–
Social	Ação estratégica	Ação comunicativa

Figura 14 – *Tipos de ação*

O modelo da ação *racional com respeito a fins* parte da premissa de que o ator é orientado em primeira linha à obtenção de um objetivo suficientemente precisado segundo os fins; ele escolhe meios que lhe parecem apropriados na situação dada e calcula outras consequências previsíveis da ação como condições laterais do êxito. O êxito é definido como a ocorrência de um estado desejado no mundo, que pode ser causalmente provocado em uma situação dada pelo agir dirigido a objetivos ou pela omissão. Os efeitos da ação ocorridos se compõem de resultados da ação (na medida em que o fim posto foi realizado), consequências da ação (que o ator previu e também intencionou ou aceitou) e os efeitos colaterais (que o ator não previu). Denominamos *instrumental* uma ação orientada ao êxito se a consideramos sob o aspecto do cumprimento das regras técnicas da ação e avaliamos o grau de eficácia de uma intervenção em uma concatenação de estados e eventos; denominamos *estratégica* uma ação orientada ao êxito se a consideramos sob o aspecto do cumprimento das regras da escolha racional e avaliamos o grau de eficácia da influência sobre as decisões de um adversário racional. As ações instrumentais podem estar associadas a interações, as ações estratégicas representam elas mesmas ações sociais. Em contrapartida, falo de ações *comunicativas* se os planos da ação dos atores participantes não são coordenados através de cálculos egocêntricos de êxito, mas através de atos de entendimento. Na ação comunicativa, os participantes não se orientam primariamente ao próprio êxito; eles perseguem seus objetivos individuais sob a condição de que eles possam conciliar entre si seus planos de ação com base nas definições comuns da situação. Nesse aspecto, a negociação de definições da situação é um componente essencial das operações de interpretação requeridas para a ação comunicativa.

(2) O uso da linguagem orientado ao êxito e orientado ao entendimento. O valor posicional dos efeitos perlocucionários

Ao definir as ações estratégicas e comunicativas como tipos, parto da premissa de que as ações concretas se deixam classificar de acordo com esses pontos de vista. Com "estratégico" e "comunicativo" não gostaria de designar apenas dois aspectos analíticos sob os quais a *mesma* ação pode ser descrita ora como influência recíproca de adversários que agem de maneira racional com respeito a fins, ora como processo de entendimento entre membros de um mundo da vida. Pelo contrário, as ações sociais se deixam distinguir conforme os participantes adotem ou uma atitude orientada ao êxito ou uma atitude orientada ao entendimento; mais precisamente, essas atitudes devem se deixar identificar sob circunstâncias apropriadas lançando-se mão do saber intuitivo dos próprios participantes. De início, portanto, é necessária uma análise conceitual das duas atitudes.

No quadro de uma teoria da ação, isso não pode ser entendido como tarefa de psicologia. Meu objetivo não é a caracterização empírica de disposições comportamentais, mas a apreensão das estruturas universais dos processos de entendimento, das quais se deixam derivar as condições de participação a ser caracterizadas formalmente. Para explicar aquilo a que me refiro com "atitude orientada ao entendimento", tenho de analisar o conceito de "entendimento". Nesse ponto, não se trata dos predicados que um observador emprega quando descreve processos de entendimento, mas do saber pré-teórico dos falantes competentes que podem distinguir intuitivamente por si mesmos quando eles influem sobre os outros e quando eles se entendem com eles; e que sabem, além disso, quando as tentativas de entendimento malogram. Se pudéssemos indicar explicitamente os *standards* que eles implicitamente colocam na base dessas distinções, teríamos o conceito buscado de entendimento.

O entendimento é considerado um processo de obtenção de acordo entre sujeitos capazes de falar e agir. Todavia, um grupo de pessoas pode se sentir unido em um estado de ânimo que é tão difuso que se torna difícil indicar o conteúdo proposicional ou um objeto intencional ao qual ele se dirige.

Uma tal *conformidade* [*Gleichgestimmtheit*] coletiva não preenche as condições do tipo de *acordo* em que terminam as tentativas de entendimento, caso sejam bem-sucedidas. Um acordo comunicativamente obtido, ou pressuposto em comum na ação comunicativa, é diferenciado em termos proposicionais. Graças a essa estrutura linguística, ele não pode ser induzido unicamente por influência de fora, ele precisa ser aceito como válido pelos participantes. Nesse aspecto, ele se distingue de uma mera *concordância factualmente* existente. Processos de entendimento visam a um acordo que satisfaz as condições de um assentimento racionalmente motivado a respeito do conteúdo de um proferimento. Um acordo comunicativamente obtido possui um fundamento racional; pois ele não pode ser *imposto* por nenhum lado, seja instrumentalmente, pela intervenção na situação da ação de maneira imediata, seja estrategicamente, pela influência calculada, visando ao êxito, sobre as decisões de um adversário. Certamente, um acordo pode ser objetivamente coagido, mas o que *visivelmente* sucede por meio de influência exterior ou emprego de violência não pode contar *subjetivamente* como acordo. O acordo se baseia em *convicções comuns*. O ato de fala de um é bem-sucedido somente se o outro aceita a oferta contida nele, tomando posição com sim ou não (por mais implicitamente que seja) acerca de uma pretensão de validade em princípio criticável. Tanto o ego, que levanta com seu proferimento uma pretensão de validade, quanto o alter, que o reconhece ou rejeita, apoiam suas decisões em razões potenciais.

Se não pudermos nos referir ao modelo da fala [*Rede*], não estaríamos em condições de analisar, mesmo que seja em um primeiro passo, o que significa que dois sujeitos se entendam um com o outro. Entendimento é imanente, como *telos*, à linguagem humana. Sem dúvida, linguagem e entendimento não se relacionam entre si como meio e fim. Mas podemos explicar o conceito de entendimento somente se indicamos o que significa empregar proposições com propósito comunicativo. Os conceitos de fala e de entendimento se interpretam reciprocamente. Por isso, podemos analisar as características pragmático-formais da atitude orientada ao entendimento com o modelo da atitude de participantes da comunicação, dos quais, no caso mais simples, um efetua um ato de fala e um outro toma posição com sim ou não em relação a ele (mesmo que as manifestações não tenham no mais das vezes, na práxis comunicativa cotidiana, uma forma linguística explícita, e frequentemente não tenham em geral uma forma verbal).

Se queremos fazer uma demarcação entre ações orientadas ao êxito e ações orientadas ao entendimento pela via de uma análise dos atos de fala, deparamo-nos, porém, com a seguinte dificuldade. De um lado, consideramos os atos comunicativos, com base nos quais o falante e o ouvinte se entendem sobre algo, como um mecanismo de coordenação da ação. O conceito de ação comunicativa é estabelecido de tal modo que os atos de entendimento, que ligam os planos de ação teleologicamente estruturados de diversos participantes e conjugam primeiramente as ações individuais em um contexto de interações, não podem ser reduzidos, por sua vez, à ação teleológica. Nesse aspecto, o conceito paradigmático de interação linguisticamente mediada é incompatível com uma teoria do significado que, como a semântica intencional, quer tornar concebível o entendimento na qualidade de solução para um problema de coordenação entre sujeitos que agem orientados ao êxito. De outra parte, porém, *nem toda* interação linguisticamente mediada oferece um exemplo de ação orientada ao entendimento. Sem dúvida, há inúmeros casos de entendimento indireto, seja porque um dá a entender ao outro por meio de sinais alguma coisa, levando-o indiretamente, pelo caminho da elaboração inferencial das percepções da situação, a formar uma determinada opinião ou a conceber determinadas intenções, seja porque um envolve imperceptivelmente o outro, com base em uma práxis comunicativa cotidiana já arraigada, para seus próprios fins, isto é, leva-o a um comportamento que lhe vem ao propósito mediante o emprego manipulativo de meios linguísticos, instrumentalizando-o com isso para o próprio êxito na ação. Exemplos de um tal uso da linguagem orientado às consequências parecem desvalorizar o ato de fala como modelo de ação orientada ao entendimento.

Este não é o caso somente quando se pode mostrar que o uso da linguagem orientada ao entendimento é o *modo original*, com o qual o entendimento indireto, o dar a entender ou o fazer entender, relaciona-se parasitariamente. É exatamente esta a realização operada, tal como penso, pela distinção de Austin entre ilocuções e perlocuções.

Austin distingue, como se sabe, atos locucionários, ilocucionários e perlocucionários.[31] Austin denomina locucionário o conteúdo de proposições assertóricas ("p") ou de proposições assertóricas nominalizadas ("que p"). Com *atos locucionários*, o falante expressa estados de coisas; ele diz algo. Com *atos ilocucionários*, o falante efetua uma ação ao dizer algo. O papel ilocucionário define o modo de uma proposição ("Mp") empregada como afirmação, promessa, ordem, confissão e assim por diante. Sob condições *standard*, o modo é expresso com o auxílio de um verbo performativo, usado na primeira pessoa do presente, no que o sentido da ação é reconhecível, em especial porque o componente ilocucionário do ato de fala permite o adendo "com isso": "com isso eu te prometo (eu te ordeno, eu confesso a ti) que p". Com *atos perlocucionários*, o falante visa enfim a um efeito sobre o ouvinte. Pelo fato de que executa um ato de fala, ele provoca algo no mundo. Os três atos que Austin distingue se deixam caracterizar, portanto, pelas seguintes formulações: dizer *algo*; agir *ao* se dizer algo; provocar algo *pelo fato de que* se age ao se dizer algo.

Austin estabelece os cortes conceituais de tal sorte que o *ato de fala* ("Mp"), composto pelo componente ilocucionário e proposicional,[32] é representado como um ato autossuficiente, que o falante profere sempre com propósito comunicativo, isto é, com o objetivo de que o ouvinte possa entender e aceitar seu proferimento. A autossuficiência do ato ilocucionário deve ser entendida no sentido de que o propósito comunicativo do falante e o objetivo ilocucionário almejado por ele resultam do significado manifesto do dito. Outra coisa se passa com as ações teleológicas. Identificamos o seu sentido somente com base nos propósitos que o autor persegue e nos fins que ele gostaria de realizar. Da mesma maneira que o *significado do dito* é constitutivo para os atos ilocucionários, a *intenção* do agente é constitutiva para as ações teleológicas.

---

31 Austin, *Zur Theorie der Sprechakte* (*How to do Things with Words*).
32 Desconsidero o desenvolvimento que a teoria dos atos de fala experimentou no próprio Austin (cf. Habermas, "Was heißt Universalpragmatik?", op. cit., p.228ss.) e parto da interpretação que Searle conferiu a essa teoria. Searle, *Speech Acts*. Além disso, cf. Wunderlich, *Studien zur Sprechakttheorie*.

O que Austin denomina *efeitos perlocutivos* surge então pelo fato de que os atos ilocucionários assumem um papel em um contexto de ações teleológicas. Semelhantes efeitos resultam sempre que um falante age orientado ao êxito e, ao mesmo tempo, associa os atos de fala com propósitos e os instrumentaliza para objetivos que estão em uma relação apenas contingente com o significo do dito: "Quem efetua um ato locucionário e com isso um ato ilocucionário pode efetuar, em um terceiro sentido, também uma outra ação. Se algo é dito, então isso terá muitas vezes, e mesmo de maneira habitual, certos efeitos sobre os sentimentos, as ideias ou as ações do ouvinte ou dos ouvintes, do falante ou de outras pessoas; e o proferimento pode ter sido feito com o plano, na intenção e para a finalidade de produzir os efeitos. Se temos isso em conta, então podemos designar o falante como o autor de ações em cujo nome o ato locucionário e o ato ilocucionário apenas ocorrem indiretamente, ou não ocorrem em absoluto. Queremos denominar a efetuação de uma ação desse gênero a efetuação de um ato *perlocucionário* ou uma perlocução".[33]

A delimitação entre atos ilocucionários e perlocucionários provocou uma extensa controvérsia.[34] Nesse contexto se revelaram quatro critérios de delimitação.

(a) O objetivo ilocucionário que um falante persegue com um proferimento procede do próprio significado do dito, constitutivo para os atos de fala; atos de fala são autoidentificadores nesse sentido.[35] O falante dá a conhecer com base no ato ilocucionário que ele quer se saber entendido no que ele diz, como saudação, ordem, advertência, explicação e assim por diante. Seu propósito comunicativo se esgota no sentido de que o ouvinte deve entender o conteúdo manifesto do ato de fala. Em contrapartida, o objetivo perlocucionário de um falante, como os fins perseguidos com ações dirigidas a objetivos, não procede do conteúdo manifesto do ato de fala; esse objetivo somente pode ser deduzido por meio da intenção do falante. Um ouvinte que entende uma exigência dirigida a ele pode saber de imediato o

---

33 Austin, *Zur Theorie der Sprechakte*, p.116.
34 Schlieben-Lange, *Linguistische Pragmatik*, p.86ss.
35 Shwayder, *The Stratification of Behavior*, p.287ss.

que *mais* o falante objetiva ao proferi-la tão pouco quanto, por exemplo, um observador que vê um conhecido correr através da rua pode reconhecer por que este está tão apressado. O destinatário poderia descerrar os objetivos perlocucionários do falante, quando muito, pelo contexto.[36] Os três critérios restantes têm a ver com o caráter da autoidentificação dos atos de fala.

(b) Da descrição de um ato de fala como em (1) e (2) podem-se inferir as condições do êxito ilocucionário correspondente do falante, mas não as condições dos êxitos perlocucionários que um falante que age orientado ao êxito gostaria de obter ou obteve com a execução desse ato de fala, dado o caso. Na descrição de perlocuções como (3) e (4), aparecem êxitos que transgridem o significado do dito e, com isso, o que um destinatário poderia entender imediatamente:

(1) F afirmou perante O que ele se demitiu de sua firma.

Com o proferimentos reproduzido em (1), F terá alcançado um êxito ilocucionário se O entende sua afirmação e a aceita como verdadeira. O mesmo vale para:

(2) O alertou F que ele não poderia se demitir de sua firma.

Com o proferimento reproduzido em (2), O terá alcançado um êxito ilocucionário se F entende seu alerta e (dependendo de ela ter no contexto dado mais um sentido de prognóstico ou mais o sentido de um apelo moral) a aceita como verdadeira ou correta. A aceitação do proferimento descrito em (2) fundamenta, em cada caso, determinadas obrigações ligadas à ação por parte do destinatário e as correspondentes expectativas em relação à ação por parte do falante. Se as consequências aguardadas da ação ocorrem ou deixam de ocorrer é algo que não afeta o êxito ilocucionário do falante. Se, por exemplo, F não se demite, isso não é um efeito alcançado de maneira perlocucionária, mas a consequência de um acordo comunicativamente

---

36 Meyer, *Formale und handlungstheoretische Sprachbetrachtungen*.

alcançado, portanto, o cumprimento de uma obrigação que o destinatário assumiu com seu sim em relação à oferta de um ato de fala. Da descrição:

(3) F causou susto em O porque lhe comunicou que se demitiu de sua firma.

resulta que o êxito ilocucionário da afirmação descrita em (1) não é uma condição suficiente para alcançar um efeito perlocucionário. O ouvinte poderia reagir igualmente com alívio, em um outro contexto, ao mesmo proferimento. O mesmo vale para:

(4) O inquietou F com o alerta de que ele não poderia se demitir de sua firma.

Em um outro contexto, o mesmo alerta poderia reforçar F em seu propósito, por exemplo, se F levanta a suspeita de que O deseja seu mal. A descrição dos efeitos perlocucionários, portanto, precisa se referir a um contexto de ação teleológica, que *vai além* do ato de fala.[37]

(c) De considerações dessa espécie, Austin tirou a consequência de que os êxitos ilocucionários se encontram em uma relação *convencionalmente* regulada ou *interna* com o ato de fala, ao passo que os efeitos perlocucionários permanecem exteriores ao significado do dito. Efeitos perlocucionários possíveis de um ato de fala são dependentes de contextos contingentes e não são definidos, como os efeitos ilocucionários, por convenções.[38] Todavia, seria possível utilizar (4) como contraexemplo. Apenas quando o destinatário leva a sério o alerta a inquietação é uma reação plausível, e apenas quando ele não o leva a sério um sentido de confirmação é a reação plausível. As convenções semânticas dos predicados da ação, com as quais os atos ilocucionários são formados, excluem em alguns casos determinadas classes de efeitos perlocucionários. Contudo, estes não se associam aos atos de fala apenas de maneira convencional. Se um ouvinte aceita uma afirmação de F como ver-

---

37 Schwab, *Redehandeln*, p.28ss.
38 Austin, *Zur Theorie der Sprechakte*, p.134.

dadeira, uma ordem como correta, uma confissão como veraz, ele se declara implicitamente disposto, com isso, a ligar suas outras ações a determinadas obrigações convencionais. Em contrapartida, o sentido de inquietação que um amigo desperta com seu alerta, levado a sério por F, é um estado que pode ocorrer ou não ocorrer.

(d) Dúvidas análogas às que acabamos de tratar levaram Strawson a substituir o critério da convencionalidade por um outro critério de delimitação.[39] Um falante não pode dar a entender os objetivos perlocucionários se ele quer ter êxito, ao passo que os objetivos ilocucionários somente são alcançáveis porque eles são expressos. Ilocuções são abertamente proferidas; perlocuções não podem ser "confessadas" como tais. Essa diferença se mostra também no fato de que os predicados com os quais os atos perlocucionários são descritos (causar susto, despertar inquietação, deixar em dúvida, aborrecer alguém, enganar, magoar, enfurecer, humilhar etc.) não podem aparecer entre os predicados que são empregados para efetuar aqueles atos ilocucionários com base nos quais os efeitos perlocucionários correspondentes podem ser alcançados. Atos perlocucionários formam aquela subclasse de ações teleológicas que podem ser executadas com base em atos de fala sob a condição de que o ator não declare ou confesse o objetivo da ação enquanto tal.

Enquanto a divisão de atos locucionários e ilocucionários tem o sentido de separar o conteúdo proposicional e o modo dos atos de fala como aspectos analíticos, a distinção entre esses dois tipos de atos, de um lado, e os atos perlocucionários, de outro, não possui um caráter de modo algum analítico. Efeitos perlocucionários podem ser alcançados com base em atos de fala somente se estes são incluídos *como meios* em ações teleológicas, orientadas ao êxito. Efeitos perlocucionários são um indício da integração de atos de fala em contextos de interação estratégica. Eles pertencem às consequências intencionadas da ação ou aos resultados de uma ação teleológica que o ator empreende com a intenção de influenciar de determinado modo um ouvinte com base nos efeitos ilocucionários. Atos de fala podem servir, no entanto, a

---

39 Strawson, "Intention and Convention in Speech Acts", *Philosophical Review*, v.73, n.4, p.439ss., 1964.

esse *objetivo não ilocucionário da influência sobre o ouvinte* somente se eles são apropriados para a obtenção de objetivos ilocucionários. Se o ouvinte não entendesse o que o falante diz, tampouco um falante agindo teleologicamente poderia levar o ouvinte, com base em atos comunicativos, a comportar-se da maneira desejada. Nesse aspecto, o que de início havíamos designado como "uso da linguagem orientado às consequências" não é de modo algum o uso originário da linguagem, mas a subsunção de atos de fala, que servem a objetivos ilocucionários, às condições da ação orientada ao êxito.

Mas, uma vez que atos de fala não funcionam em absoluto sempre dessa maneira, as estruturas da comunicação linguística têm de poder ser esclarecidas também sem referência às estruturas da atividade voltada a fins. A atitude daquele que age teleologicamente, orientada ao êxito, não é constitutiva do sucesso dos processos de entendimento, e ainda menos se eles estão inseridos em interações estratégicas. Aquilo a que nos referimos com entendimento e atitude orientada ao entendimento tem de ser esclarecido *somente* lançando-se mão de atos ilocucionários. Uma tentativa de entendimento empreendida com base em um ato de fala é bem-sucedida se um falante alcança seu objetivo ilocucionário no sentido de Austin.

Efeitos perlocucionários, assim como os êxitos de ações teleológicas de modo geral, podem ser descritos como estados no mundo que são suscitados pela intervenção no mundo. Êxitos ilocucionários, em contrapartida, são obtidos no plano das relações interpessoais, no qual os participantes da comunicação se entendem uns com os outros sobre algo no mundo; nesse sentido, eles não são *nada de intramundano*, mas extramundanos. Êxitos ilocucionários ocorrem, no máximo, no interior do mundo da vida ao qual pertencem os participantes da comunicação e que forma o pano de fundo para o seu processo de entendimento. Esse modelo de ação orientada ao entendimento, que desenvolverei ainda, é um tanto obscurecido pelo modo como Austin distingue ilocuções e perlocuções.

Da nossa discussão resulta que as perlocuções podem ser concebidas como uma classe especial de interações estratégicas. Nesse âmbito, as ilocuções são empregadas como meios em contextos de ação teleológica. Esse emprego, contudo, encontra-se sob reservas, como Strawson mostrou. Um falante que age teleologicamente tem de alcançar seu objetivo ilocucionário de que o ouvinte entenda o dito e contraia as obrigações vinculadas à aceitação da oferta do ato de fala, sem que ele revele seu objetivo perlocucionário. Essa reserva confere às perlocuções o caráter assimétrico peculiar de ações estratégicas ocultas. São interações em que pelo menos um dos participantes se comporta estrategicamente, ao passo que ele ilude os demais participantes a respeito do fato de ele *não* ter cumprido aquelas pressuposições unicamente sob as quais os objetivos ilocucionários podem ser alcançados de maneira normal. É também por esse motivo que esse tipo de interação não se presta a uma análise que deve explicar o mecanismo linguístico da coordenação da ação com base no efeito de vínculo ilocucionário de atos de fala. Pare esse fim é recomendável um tipo de interação que não é onerado com as assimetrias e reservas das perlocuções. Esse tipo de interação, nas quais *todos* os participantes conciliam entre si seus planos de ação individual e por isso perseguem seus objetivos ilocucionários *sem reservas*, eu o denominei ação comunicativa.

    Também Austin analisa os atos de fala em contextos de interação. A agudeza da sua abordagem consiste justamente em salientar o caráter performativo das manifestações linguísticas em atos de fala com ligação institucional, como batizar, apostar, nomear etc., nos quais as obrigações procedentes da efetuação do ato de fala são inequivocamente reguladas por instituições ou normas de ação correspondentes. Mas Austin torna complicado o quadro porque não considera essas interações, com base nas quais ele analisa o efeito de vínculo ilucocionário dos atos de fala como *de tipo distinto* daquelas interações em que aparecem efeitos perlocucionários. Quem fecha uma aposta, nomeia um oficial para ser comandante em chefe, quem dá uma ordem, exprime uma advertência ou um alerta, faz uma predição, profere uma narrativa, emite uma confissão, faz uma revelação etc., age comunicativamente e não pode em absoluto gerar, *no mesmo plano de interação*, efeitos perlocucionários. Objetivos perlocucionários são algo que o falante pode perseguir apenas quando ilude seu defrontante a respeito do fato de que ele age estrategicamente, por exemplo, quando dá a ordem de atacar para fazer a tropa correr em direção a uma cilada, quando oferece uma aposta de três mil marcos para colocar o outro em embaraço, quando ainda conta no fim da noite uma história para retardar a partida de um convidado e assim por adiante. Certamente, na ação comunicativa podem ocorrer a qualquer momento consequências da ação que não são intencionadas; mas tão logo exista o perigo de que estas são atribuídas ao falante na qualidade de êxitos intencionados, este se vê forçado a dar explicações e fazer desmentidos, caso necessário, até desculpas, a fim de dispersar a *falsa impressão* de que os efeitos colaterais seriam *efeitos perlocucionários*. Do contrário, ele tem de contar com a possibilidade de que os participantes da comunicação se sintam enganados, de que adotem por sua vez uma atitude estratégica e se retirem da ação orientada ao entendimento. Em contextos de ação complexos, contudo, um ato de fala que é efetuado e aceito imediatamente sob os pressupostos da ação comunicativa pode ter ao mesmo tempo, em *outros* planos da interação, um valor estratégico, desencadeando efeitos perlocutivos em *terceiros*.

Conto como ação comunicativa, portanto, aquelas interações linguisticamente mediadas em que todos os participantes perseguem com seus atos de fala objetivos ilocucionários *e apenas estes*. Em contrapartida, as interações em que pelo menos um dos participantes quer provocar, com seus atos de fala, efeitos perlocucionários junto a um defrontante, são consideradas por mim como ação estratégica linguisticamente mediada. Austin não manteve em separado esses dois casos como tipos distintos de interação porque se inclinava a identificar os atos de fala, isto é, os atos de entendimento, com as próprias interações linguisticamente mediadas. Ele não viu que os atos de fala funcionam como mecanismos de coordenação para *outros* atos. Eles têm de ser desenganchados desses contextos de ação comunicativa antes que possam ser incluídos em interações estratégicas. Isso, por sua vez, somente é possível porque os atos de fala possuem uma relativa independência perante a ação comunicativa, a cujas estruturas interativas o significado do dito sempre remete. A diferença entre um ato de fala e o contexto de interação que ele constitui mediante sua operação de coordenar a ação se deixa reconhecer mais facilmente se não nos fixarmos, como Austin, no caso-modelo de atos de fala com ligação institucional.[40]

---

40 Cf. sobre isso Habermas, "Was heißt Universalpragmatik?", op. cit., p.221: "Para atos de fala com ligação institucional, deixam-se indicar sempre determinadas instituições. Para atos de fala sem ligação institucional, deixam-se indicar unicamente

(3) Significado e validade. O efeito de vínculo ilocucionário das ofertas dos atos de fala

Lançando mão da relação controversa entre atos ilocucionários e perlocucionários, tentei demonstrar que, sem dúvida, atos de fala podem ser empregados estrategicamente, mas apenas para as ações comunicativas eles podem ter um significado constitutivo. A ação comunicativa se destaca em relação às interações estratégicas porque todos os participantes perseguem sem reservas os objetivos ilocucionários a fim de obter um acordo que oferece o fundamento para uma coordenação consensual dos planos individualmente perseguidos em cada caso. Na sequência, gostaria de explicar as condições que um acordo comunicativamente obtido que preencha as funções de coordenação da ação tem de satisfazer. O modelo pelo qual vou me orientar nesse contexto são pares elementares de proferimentos que se compõem a cada vez do ato de fala de um falante e da tomada de posição afirmativa de um ouvinte. Das seguintes proposições exemplares:[41]

(1) Eu Te prometo (com isso) que virei amanhã.
(2) Pede-se para parar de fumar.

---

condições contextuais universais que têm de ser preenchidas de modo típico para que um ato correspondente possa ser bem-sucedido. Para explicar o que significam os atos de apostar e batizar, tenho de me referir à instituição da aposta ou do batismo. Em contrapartida, ordens, conselhos ou questões não representam instituições, mas tipos de atos de fala que se ajustam a instituições distintas demais. A 'ligação institucional' é certamente um critério que não permite em todo caso uma classificação inequívoca: ordens podem existir em toda parte onde relações de autoridade são institucionalizadas; nomeações pressupõem organizações de cargos especiais, isto é, burocraticamente constituídas; e casamentos requerem uma única instituição (que além disso é universalmente difundida). Isso, porém, não desvaloriza a utilidade do ponto de vista analítico. Atos de fala sem ligação institucional se referem (na medida em que têm de modo geral um sentido regulativo) a aspectos universais de normas de ação em geral; eles não são definidos, contudo, essencialmente por instituições particulares".

41 Cf. Wunderlich, "Zur Konventionalität von Sprechlandlungen", em id. (org.), *Linguistische Pragmatik*, p.16-7; também se encontra aí uma caracterização linguística de atos de fala em forma *standard*.

(3) Eu Te confesso que acho abominável teu modo de agir.
(4) Eu posso prever (para Ti) que vai chover nas férias.

pode-se depreender o que uma tomada de posição significa e que tipo de consequências na interação ela fundamenta:

(1') Sim, eu confio nisso...
(2') Sim, eu vou obedecer...
(3') Sim, eu acredito em Ti...
(4') Sim, temos de contar com isso...

O ouvinte aceita com seu "sim" a oferta de um ato de fala e fundamenta um acordo que de um lado se refere ao *conteúdo do proferimento*, de outro lado, às *garantias imanentes ao ato de fala* e às *obrigações relevantes para a sequência da interação*. O potencial de ação típico do ato de fala ganha expressão na pretensão que o falante, no caso de atos de fala explícitos, levanta com o auxílio de um verbo performativo para o que ele diz. Ao reconhecer essa pretensão, o ouvinte aceita uma oferta feita com o ato de fala. Esse êxito ilocucionário é relevante para a ação na medida em que com ele é produzida uma relação interpessoal entre falante e ouvinte com eficácia para a coordenação, a qual ordena os espaços da ação e as sequências da interação e abre para o ouvinte possibilidades de conexão através de alternativas gerais da ação.

Ora, cabe perguntar de onde os atos de fala retiram sua força de coordenar a ação na medida em que eles não tomam de empréstimo essa autoridade da validade social de normas, ou, como no caso de proferimentos imperativos da vontade, na medida em que são tributárias de um potencial de sanção disponível de maneira contingente. Da perspectiva do ouvinte à qual um proferimento é endereçado, podemos distinguir três planos de reações a um ato de fala (corretamente percebido): o falante *entende* o proferimento, isto é, ele apreende o significado do dito; o ouvinte *toma posição* com *"sim"* ou *"não"* em relação a uma pretensão levantada com o ato de fala, isto é, ele aceita a oferta do ato de fala ou o rejeita; e, por consequência de um acordo obtido, o ouvinte dirige sua ação segundo as *obrigações da ação convencionalmente definidas*. O plano *pragmático* do acordo com eficácia para a coordenação associa o plano *semântico* da compreensão de sentido com o plano *empírico* de uma elaboração ulterior, dependente do contexto, dedicada ao acordo relevante para a sequência da interação. Como essa associação se realiza é algo que pode ser esclarecido com os meios da teoria do significado; para tanto, contudo, a abordagem da semântica formal, que se limita à compreensão de proposições, precisa ser ampliada.[42]

A abordagem pragmático-formal da teoria do significado parte da questão *o que significa entender* uma proposição empregada de maneira comunicativa, isto é, *entender um proferimento*. A semântica formal estabelece um corte conceitual entre o significado de uma proposição e a opinião [*Meinung*] do falante que, com a proposição, caso ele a empregue em um ato de fala, pode

---

42 Mesmo a teoria do significado como uso, desenvolvida com apoio no último Wittgenstein (Alston, *Philosophy of Language*; Tugendhat, *Vorlesungen zur Einführung in die sprachanalytische Philosophie*), permanece fixada no emprego solitário de proposições. Como a teoria do significado de Frege, ela também se orienta pelo exemplo do emprego não comunicativo de proposições assertóricas *in foro interno*; ela abstrai as relações interpessoais entre ouvintes e falantes que se entendem sobre algo com base em atos comunicativos. Tugendhat fundamenta essa autolimitação da semântica afirmando que o uso comunicativo da linguagem seria constitutivo apenas para as expressões linguísticas especiais, em particular para os verbos performativos e para os atos de fala formados com eles; nas partes essenciais semânticas, a linguagem, porém, poderia ser empregada para uma condução monológica do pensamento. De fato, existe certamente uma diferença, facilmente acessível em termos intuitivos, entre um pensamento em proposições, que abstrai as relações entre falante e ouvinte, e uma presentificação das relações interpessoais na imaginação. Na imaginação de histórias, nas quais o eu que fantasia atribui a si mesmo um lugar em um contexto de interação, os papéis dos participantes da comunicação na primeira, segunda e terceira pessoa são constitutivos do sentido do pensado ou do representado, por mais internalizados que sejam. Só que também o pensamento solitário em proposições não é discursivo apenas em sentido figurado. Isso se torna patente tão logo a validade e com ela a força assertórica de um enunciado passam a ser problemáticas e o pensador solitário tem de passar da inferência para a invenção e consideração das hipóteses. Pois nesse caso ele se vê forçado a assumir em seus pensamentos os papéis argumentativos de proponente e oponente de modo análogo a uma relação comunicativa, da mesma maneira que o sonhador, quando se lembra das cenas cotidianas, assume a estrutura narrativa das relações entre falante e ouvinte.

dizer algo diferente do que ela significa literalmente. Porém, essa distinção não pode ser ampliada a ponto de tornar-se uma separação metodológica entre a análise formal de *significados proposicionais* e a análise empírica de *opiniões* proferidas, visto que o significado literal de uma proposição não pode de maneira alguma ser explicada independentemente das condições *standard* de seu emprego comunicativo. Todavia, também a pragmática formal precisa tomar precauções para que, no caso *standard*, o que se quis dizer [*Gemeintes*] não divirja do significado literal do dito [*Gesagtes*]. Nossa análise se limita, por isso, aos atos de fala que são efetuados *sob condições standard*. Com isso, deve ser garantido que um falante não quer dizer nada mais do que o significado do que ele diz.

Em analogia distante com a suposição fundamental da semântica veritativa, vou então atribuir a compreensão de um proferimento ao conhecimento das condições sob as quais o proferimento de um ouvinte pode ser aceito. *Entendemos um ato de fala se sabemos o que o torna aceitável*. Da perspectiva do falante, as condições de aceitabilidade são idênticas às condições de seu êxito ilocucionário. A aceitabilidade não é definida, no sentido objetivista, pela perspectiva de um observador, mas pela atitude performativa do participante da comunicação. Um ato de fala deve poder chamar-se "aceitável" se ele preenche as condições que são necessárias para que um ouvinte possa tomar posição com "sim" em relação à pretensão levantada pelo falante. Essas condições não podem ser preenchidas unilateralmente, seja em relação ao falante, seja em relação ao ouvinte; pelo contrário, são condições para o *reconhecimento intersubjetivo* de uma pretensão linguística, que fundamenta, segundo o tipo do ato de fala, um acordo sobre as obrigações relevantes para a sequência da interação, o qual é especificado pelo conteúdo.

De acordo com os pontos de vista de uma teoria sociológica da ação, eu tenho de estar interessado principalmente pelo esclarecimento do mecanismo que concerne às operações de coordenação inerentes aos atos de fala; por isso, concentro-me naquelas condições sob as quais um falante é motivado a aceitar a oferta de um ato de fala, caso possa ser pressuposto que as expressões linguísticas empregadas são bem conformadas gramaticalmente e que as condições contextuais, requeridas segundo o tipo de ato de fala, são cumpridas.[43] Um ouvinte entende o significado de um proferimento se ele conhece, além das condições de boa conformação gramatical e das condições contextuais gerais,[44] aquelas *condições essenciais* sob as quais ele pode ser motivado pelo falante em relação a uma tomada de posição afirmativa.[45] Essas *condições de aceitabilidade em sentido estrito* se referem ao sentido do papel ilocucionário, a que F confere expressão, nos casos *standard*, com base em um predicado performativo de ação.

Mas consideremos primeiramente uma proposição de exigência gramaticalmente correta, que é empregada como imperativo sob as condições contextuais adequadas:

(5) Eu (com isso) Te exijo que pares de fumar.

Imperativos são compreendidos amiúde segundo o padrão de atos perlocucionários como tentativas de um ator F de levar o ator O a executar uma determinada ação. Segundo essa concepção, F efetua uma proposição de exigência somente se ele vincula ao seu proferimento a intenção de que O infira que F faz a tentativa de levá-lo à ação A.[46] Com essa concepção, porém, o sentido ilocucionário de exigências é incompreendido. Ao proferir um imperativo, um falante *diz o que* O deveria fazer. Essa *forma direta*

---

43 Se uma promessa, por exemplo, assumisse a forma: (1+) Eu te prometo que estive ontem em Hamburgo, uma condição da boa conformação gramatical seria lesada. Em contrapartida, se F proferisse a proposição correta (1), sob o pressuposto de que O pode contar, independentemente disso, com uma visita de F, uma das condições contextuais pressupostas de maneira típica para a promessa seria lesada.

44 As contribuições filosóficas e linguísticas para a teoria dos atos de fala se ocupam principalmente com a análise dessas condições. A partir dos pontos de vista teóricos desenvolvidos por Searle, D. Wunderlich analisa atos de fala do tipo dos "conselhos". Cf. Wunderlich, *Grundlagen der Linguistik*, p.349ss.

45 Nesse sentido, R. Bartsch fala das "condições de aceitabilidade", em contraste com as condições de correção e validez. Cf. Bartsch, "Die Rolle von pragmatischen Korrektheitsbedingungen bei der Interpretation von Äußerungen", em Grewendorf (org.), *Sprechakttheorie und Semantik*, p.217ss.

46 Surpreendentemente, Searle também se aproxima dessa concepção da semântica intencional; cf. Searle, *Speech Acts*, p.66; a respeito disso, cf. Schiffer, *Meaning*, p.63.

de entendimento torna supérfluo um ato de fala por meio do qual ele poderia levar indiretamente um ouvinte a uma determinada ação. O sentido ilocucionário de exigências se deixa descrever, pelo contrário, por meio das seguintes paráfrases:[47]

(5ª) F disse a O que ele deveria cuidar para que "p" aconteça.
(5ᵇ) F deu a entender a O que ele deveria realizar "p".
(5ᶜ) A exigência proferida por F deve ser entendida no sentido de que O deveria suscitar "p".

Nessa série, "p" designa um estado no mundo objetivo que, em relação ao ponto temporal do proferimento, reside no futuro e pode chegar à existência mediante uma intervenção ou omissão do destinatário, se todas as demais condições permanecem iguais; por exemplo, o estado de não fumar que O suscita ao apagar seu cigarro aceso.

As condições sob as quais um ouvinte aceita a exigência (5) ao tomar posição afirmativamente com:

(5') Sim, eu quero fazer o que foi exigido...

fragmenta-se quando nos limitamos às condições de aceitabilidade no sentido estrito, em dois componentes.

O ouvinte deve entender o sentido ilocucionário de exigências de tal sorte que ele pode parafrasear esse sentido com proposições como (5ª), (5ᵇ) ou (5ᶜ) e interpretar o conteúdo proposicional "parar de fumar" no sentido de uma exigência dirigida a ele. De fato, o ouvinte entende a exigência (5) se ele conhece as condições sob as quais "p" ocorreria e se ele sabe o que ele mesmo deveria fazer ou deixar de fazer sob circunstâncias dadas para que essas condições sejam preenchidas. Assim como é preciso conhecer, para a compreensão de uma proposição, suas condições de verdade, é preciso saber, para a compreensão de imperativos, as condições sob as quais o imperativo é considerado como cumprido. No quadro de uma teoria do significado com abor-

---

[47] Schwab, *Redehandeln*, p.65.

dagem pragmática, essas *condições de preenchimento* formuladas primeiramente de maneira semântica são interpretadas no sentido de obrigações relevantes para a sequência da ação. O ouvinte entende um imperativo se ele sabe o que ele teria de fazer ou deixar de fazer para suscitar o estado "p", desejado por F; com isso, ele sabe também como ele poderia *ligar* suas ações às ações de F.

Assim que entendemos a compreensão de imperativos dessa perspectiva, que se amplia até o contexto de interação, torna-se claro, no entanto, que o conhecimento das "condições de preenchimento" não basta para saber quando a exigência é aceitável. Falta, na qualidade de segundo componente, o conhecimento das *condições para o acordo*, o qual é indispensável para *fundamentar* a *observação* de obrigações relevantes para a sequência da interação. O ouvinte entende o sentido ilocucionário da exigência completamente se ele sabe por que o falante aguarda que ele possa impor sua vontade ao ouvinte. O falante levanta com um imperativo uma *pretensão de poder*, ao qual o falante, se ele o aceita, se submete. Faz parte do significado de um imperativo que o falante nutra uma expectativa *fundamentada* para a imposição de sua pretensão de poder; isso vale somente sob a condição de que F sabe que seu destinatário tem razões de sujeitar-se à sua pretensão de poder. Uma vez que entendemos as exigências primeiramente no sentido de manifestações factuais de vontade, essas razões não podem residir no sentido ilocucionário do próprio ato de fala; elas podem residir apenas em um potencial de sanção associado externamente ao ato de fala. Consequentemente, *as condições de preenchimento* têm de ser *completadas por condições de sanções* a fim de tornar completas as condições de aceitabilidade.

Um ouvinte entende, portanto, a exigência (5) se ele (a) conhece as condições sob as quais um destinatário pode suscitar o estado desejado (não fumar), e se ele (b) conhece as condições sob as quais F tem boas razões para esperar que O se veja forçado (por exemplo, pela iminência de penas destinadas à violação de prescrições de segurança) a se sujeitar à vontade de F. Apenas com o conhecimento de ambos os componentes (a) e (b) o ouvinte sabe as condições que precisam ser preenchidas para que um ouvinte possa tomar posição afirmativamente em relação à exigência (5) no sentido de (5'). Ao conhecer essas condições, ele sabe o que torna aceitável o proferimento.

O quadro se complica de maneira instrutiva quando passamos de imperativos genuínos ou exigências *simples* a exigências e ordens *normativamente autorizadas* e comparamos (5) com uma variante de (2):

(6) Eu Vos dou (com isso) a instrução de parar de fumar.

Esse proferimento pressupõe normas reconhecidas, por exemplo as prescrições de segurança do tráfego aéreo internacional, e um quadro institucional que autoriza os detentores de determinadas posições, como os comissários de bordo, a dar a instrução de parar de fumar em determinadas situações, por exemplo no começo da aterrissagem, para um determinado círculo de pessoas, aqui, portanto, os passageiros, com apelo a determinadas prescrições.

Novamente, o sentido ilocucionário se deixa especificar de início pelas condições nomeadas em (a); mas, no caso de instruções, o sentido ilocucionário não *remete* apenas às condições (b), que precisam ser completadas partindo do contexto do ato de fala; pelo contrário, essas condições *resultam*, para a aceitação da pretensão linguística, e com isso para um acordo entre F e O, do próprio ato ilocucionário. No caso da manifestação imperativista da vontade, F somente tem boas razões para a expectativa de que O se curve à sua vontade se ele dispõe de sanções com as quais pode ameaçar ou atrair O reconhecidamente. Enquanto F não apelar à validez das normas, ele não fará nenhuma distinção quanto ao caráter jurídico ou factual do potencial de sanção; pois, enquanto proferir um imperativo, e isso não significa nada mais que a própria vontade, F influenciará os motivos de O tão somente de maneira empírica, ameaçando um dano ou oferecendo um ganho. As razões para a aceitação das manifestações de vontade se referem aos motivos do ouvinte, sobre os quais o falante somente pode influir empiricamente, em última instância com violência ou com bens. As coisas se passam de outro modo com as exigências normativamente autorizadas, como ordens e instruções. Diferentemente de (5), o falante apela com (6) à *validade* de prescrições de segurança e levanta, ao dar uma instrução, uma pretensão de validade.

O anúncio de uma *pretensão de validade* não é expressão de uma vontade contingente; e o sim a uma pretensão de validade não é uma decisão motivada somente empiricamente. Ambos os atos, a colocação e o reconhecimento de uma pretensão de validade estão sujeitos a restrições convencionais, visto que uma tal pretensão pode ser repelida apenas na forma de uma crítica, e a crítica pode ser confrontada apenas na forma de uma réplica. Quem se opõe a uma instrução é remetido às prescrições válidas, não às penas que são de esperar no caso de não obediência. E quem dúvida da validez das normas subjacentes terá de aduzir *razões*, seja contra a legalidade da prescrição, isto é, a licitude de sua validade social, ou contra a legitimidade da prescrição, isto é, a pretensão de ser correto ou justificado no sentido prático-moral. Pretensões de validade estão associadas *internamente* com razões. Nesse aspecto, as condições da aceitabilidade de instruções podem ser extraídas do *próprio* sentido ilocucionário de um ato de fala; elas não precisam ser completadas por condições de sanção *adicionais*.

Desse modo, um ouvinte entende a instrução (6), se ele (a) conhece as condições sob as quais um destinatário pode suscitar o estado desejado (não fumar), e se ele (b) conhece as condições sob quais F pode ter razões convincentes para considerar uma exigência de conteúdo (a) válida, isto é, normativamente justificada. As condições (a) concernem às obrigações relativas à ação que resultam de um acordo,[48] o qual se baseia no reconhecimento intersubjetivo da pretensão de validade normativa levantada em favor de uma exigência correspondente. As condições (b) concernem à aceitação dessa própria pretensão de validade, no que precisamos distinguir entre a *validez* de uma ação ou da norma subjacente, a *pretensão* de que as condições para sua validez são preenchidas, e o *resgate* da pretensão de validade levantada, isto é, a fundamentação de que as condições para a validez de uma ação ou da norma subjacente são preenchidas. Um falante pode, como podemos dizer agora, *motivar racionalmente* um ouvinte a aceitar a oferta de seu ato de

---

48 No caso de ordens ou instruções, elas resultam em primeira linha para o destinatário; no caso de promessas ou anúncios, para o falante; no caso de convenções e contratos, simetricamente para ambos os lados; no caso de conselhos ou alertas (de teor normativo) para os dois lados sem dúvida, mas de maneira assimétrica.

fala porque ele, em virtude de um nexo interno entre validez, pretensão de validade e resgate de pretensão de validade, pode assumir a *garantia* de indicar, em caso necessário, razões convincentes que resistam a uma crítica do ouvinte à pretensão de validade. Desse modo, um falante deve a força vinculante de seu êxito ilocucionário não à validez do dito, mas ao *efeito de coordenação próprio da garantia* que ele oferece para resgatar, dado o caso, a pretensão de validade levantada com seu ato de fala. No lugar da força empiricamente motivadora de um potencial de sanção associado de maneira contingente aos atos de fala aparece a força racionalmente motivadora da garantia de pretensões de validade em todos os casos em que o papel ilocucionário não confere expressão a uma pretensão de poder, mas a uma pretensão de validade.

Isso não se aplica somente aos atos de fala regulativos como (1) e (2), mas também aos atos de fala expressivos e constativos como (3) e (4). Assim como o falante *produz* com (1) uma pretensão de validade normativa para seu propósito de suscitar um estado desejado; e assim como ele *levanta* com (2) uma pretensão de validade normativa para sua exigência feita a O de que este deveria suscitar um estado desejado em favor de F, o falante coloca com (3) uma pretensão de veracidade para uma vivência intencional revelada, e com (4) uma pretensão de verdade para uma proposição. Em (3), há a revelação de uma atitude emocional até então oculta, e em (4), a formulação de uma proposição, para cuja validez o falante assume a garantia ao expor uma confissão ou fazer uma predição. Assim, um ouvinte entende a confissão (3) se ele (a) conhece as condições sob as quais uma pessoa pode sentir horror a "p", e se ele (b) conhece as condições sob as quais F diz o que ele pensa (*meint*), e com isso assume a garantia de que seu comportamento ulterior será consistente com essa confissão. Um ouvinte entende (4) se ele (a) conhece as condições que tornam verdadeira a predição e se ele (b) conhece as condições sob as quais F pode ter razões convincentes para considerar verdadeiro um enunciado de conteúdo (a).

Todavia, há também assimetrias importantes. Assim, as condições mencionadas em (a) no caso de atos de fala expressivos e constativos como (3) e (4) *não* concernem às obrigações relativas à ação que resultam do reconhecimento intersubjetivo da pretensão de validade correspondente, mas somente à compreensão do conteúdo proposicional de uma proposição de vivência ou de uma proposição assertórica, para o qual o falante pretende validez. No caso de atos de fala regulativos como (1) e (2), as condições (a) concernem igualmente, sem dúvida, à compreensão do conteúdo proposicional de uma sentença intencional ou de exigência, para o qual o falante produz ou pretende validade normativa; mas aqui o conteúdo circunscreve *ao mesmo tempo* obrigações relevantes para a sequência da interação que para o falante resultam da aceitação da pretensão de validade.

Do significado do ato de fala expressivo resultam em geral obrigações relativas à ação somente pelo modo como o falante especifica aquilo com o que seu comportamento não pode entrar em contradição. Que um falante pense o que ele diz é algo que ele pode tornar crível apenas pela coerência de seu agir, não pela indicação de razões. Por isso, os destinatários que aceitaram uma pretensão de veracidade podem aguardar, em determinados aspectos, uma consistência comportamental; essa expectativa, porém, segue-se das condições indicadas em (b). Naturalmente, também no caso de atos de fala regulativos e constativos resultam consequências das garantias ofertadas com a pretensão de validade; mas essas obrigações, *relevantes para a validade*, de aduzir, dado o caso, justificações para normas ou fundamentações para proposições, são *relevantes para a ação* somente em um plano metacomunicativo. Uma imediata *relevância para a continuidade da interação* têm apenas aquelas obrigações de comprovação que o falante assume com atos de fala expressivos; neles está contida a oferta de que o ouvinte pode examinar, pela consistência da sequência de suas ações, se o falante pensa o que ele diz.[49]

Do significado de atos de fala constativos não se seguem em geral obrigações *especiais* relativas à ação; do preenchimento das condições de aceitabilidade nomeadas em (a) e em (b) resultam obrigatoriedades relevantes para a sequência da interação somente na medida em que falante e ouvinte se obrigam a apoiar sua ação em interpretações da situação que não contradigam o enunciado aceito como verdadeiro.

---

49 Sobre essas "obrigações imanentes aos atos de fala", cf. Habermas, "Was heißt Universalpragmatik?", op. cit., p.252ss.

Distinguimos imperativos genuínos, aos quais o falante vincula uma pretensão de poder, de atos de fala com os quais o falante levanta uma pretensão de validade criticável. Enquanto pretensões de validade são internamente associadas com razões, conferindo ao papel ilocucionário uma força racionalmente motivadora, pretensões de poder precisam ser recobertas por um potencial de sanção para que possam ser impostas. Todavia, exigências são acessíveis a uma *normatização secundária*. Isso pode ser ilustrado pela relação entre proposições intencionais e declarações de intenção. Proposições intencionais pertencem à mesma categoria que enunciados de exigência com os quais são formados os imperativos; pois podemos compreender proposições intencionais como exigências internalizadas e endereçadas pelo falante a si mesmo.[50] No entanto, exigências são atos ilocucionários, ao passo que proposições intencionais somente recebem um papel ilocucionário pelo fato de que elas são transformadas em declarações de intenção ou *anunciações*. Enquanto imperativos possuem por natureza uma força ilocucionária, embora direcionada a uma complementação por meio de sanções, proposições intencionais, que *in foro interno* como que perdem sua força imperativa, reconquistam sua força ilocucionária pelo fato de que elas contraem um vínculo com pretensões de validade, seja na forma de atos expressivos como:

(7) Eu Te confesso que tenho a intenção...

ou na forma de atos de fala normativos como:

(8) Eu Te declaro (com isso) que tenho a intenção...

Com anunciações como (8), o falante contrai uma ligação normativa fraca que o destinatário pode reclamar de maneira semelhante a uma promessa.

Seguindo esse modelo de normatização de proposições intencionais, é possível compreender também a transformação de exigências simples em exigências normativamente autorizadas ou de meros imperativos em ordens. A exigência (5), ao ser carregada com uma pretensão de validade normativa,

---

50 Cf. v.II, p.67ss.

pode ser transformada em uma instrução (6). Com isso se alteram, nas condições de aceitabilidade, os componentes indicados a cada vez em (b); as condições de sanção que se juntam à pretensão imperativa de poder são substituídas pelas condições racionalmente motivadoras para a aceitação de uma pretensão de validade criticável. Visto que estas podem ser derivadas do próprio papel ilocucionário, a exigência normatizada ganha uma autonomia que falta ao mero imperativo.

Nisso se torna mais uma vez claro que somente os atos de fala aos quais o falante vincula uma pretensão de validade criticável, por assim dizer pela própria força, mais precisamente graças à base de validade da comunicação linguística direcionada ao entendimento, podem motivar um ouvinte a aceitar a oferta de um ato de fala e, com isso, tornar-se eficaz como mecanismo de coordenação da ação.[51]

De acordo com essas considerações, o conceito de ação comunicativa, introduzido de maneira preliminar, carece de uma precisão. Na ação comunicativa registramos inicialmente todas as interações nas quais os participantes coordenam seus planos individuais sem reservas, com base em um acordo comunicativamente obtido. Com a determinação de "persecução sem reservas dos objetivos ilocucionários", deveriam ser excluídos os casos de ação estratégica latente, nos quais o falante *discretamente* emprega os êxitos ilocucionários em favor de objetivos perlocutivos. Ora, manifestações imperativas da vontade são atos ilocucionários com os quais o falante declara *abertamente* o objetivo de influenciar as decisões de um defrontante, no que ele precisa apoiar a imposição de uma pretensão de poder sobre sanções complementares. Por isso, os falantes, com imperativos genuínos ou exigências não normatizadas, podem perseguir objetivos ilocucionários sem reservas e, contudo, agir estrategicamente.

---

[51] Visto que Schwab não distingue entre exigência, imperativo e ordem simples e normatizados, como tampouco entre proposição de intenção empregada monológica e comunicativamente, isto é, entre intenção e declaração de intenção, ele estabelece um falso paralelo entre imperativos e declarações de intenção, distinguindo ambos dos atos de fala constativos por meio da disjunção, e da classificação hierárquica, entre êxito ligado à validade e êxito ligado ao cumprimento. Cf. Schwab, *Redehandeln*, p.72-3, 74ss., 95ss.

Para a ação comunicativa são constitutivos somente aqueles atos de fala aos quais o falante vincula pretensões de validade criticáveis. Nos outros casos, se um falante persegue, com atos perlocucionários, objetivos não declarados, em relação aos quais o ouvinte não pode em absoluto tomar posição, ou se ele persegue objetivos ilocucionários em relação aos quais o ouvinte, como perante os imperativos, não pode tomar posição *de maneira fundamentada*, o potencial sempre contido na comunicação linguística continua estéril para o vínculo motivado pelo discernimento das razões.

(4) *Pretensões de validade e modos de comunicação. Discussão de objeções*

Depois que diferenciei as ações comunicativas de todas as demais ações sociais por conta de seu efeito de vínculo ilocucionário, é recomendável ordenar a multiplicidade de ações comunicativas de acordo com os tipos de atos de fala. E como fio condutor para a classificação dos atos de fala se recomendam as opções de um ouvinte em tomar posição com "sim" ou "não", de maneira racionalmente motivada, em relação ao proferimento de um falante. Nos exemplos anteriores, havíamos partido da premissa de que o falante levanta com seu proferimento exatamente uma pretensão de validade. À promessa (1) ele vincula uma pretensão de validade em favor de uma intenção anunciada, à instrução (2), uma pretensão de validade em favor de uma exigência, à confissão (3), uma pretensão de validade em favor de uma manifestação emotiva, e à predição (4), uma pretensão de validade em favor de um enunciado. Em correspondência com isso, o destinatário contesta com uma tomada de posição de não à correção de (1) e (2), à veracidade de (3) e à verdade de (4). Esse quadro está incompleto na medida em que todo ato de fala pode ser contestado, isto é, rejeitado como inválido, em mais do que um aspecto.

Suponhamos que um participante do seminário entenda a exigência do professor, dirigida a ele:

(7) Por favor, traga-me um copo d'água.

não como manifestação imperativa da vontade nua e crua, mas como um ato de fala efetuado em atitude orientada ao entendimento. Nesse caso, ele pode rejeitar esse pedido, em princípio, segundo três aspectos de validade. Ele pode ou contestar a correção normativa do proferimento:

(7') Não, o senhor não pode me tratar como um empregado seu.

ou pode contestar a veracidade subjetiva do proferimento:

(7") Não, na verdade, o senhor só tem a intenção de colocar-me em embaraço perante os outros participantes do seminário.

ou ele pode contestar que determinados pressupostos de existência estejam corretos:

(7''') Não, a fonte d'água mais próxima está tão distante que eu não poderia estar de volta antes do fim da reunião.

No primeiro caso, contesta-se que a ação do professor seja correta no contexto normativo dado; no segundo caso, contesta-se que o professor pensa o que ele diz, visto que ele gostaria de obter um determinado efeito perlocucionário; no terceiro caso, são contestados enunciados cuja verdade o professor tem de pressupor sob as condições dadas.

O que se pode demonstrar por esse exemplo se aplica a *todos* os atos de fala orientados ao entendimento. Nos contextos da ação comunicativa, os atos de fala podem ser rejeitados sempre em *cada um* dos três aspectos: no aspecto da correção que o falante pretende para sua ação com referência ao contexto normativo (ou mediatamente para as próprias normas); no aspecto da veracidade que o falante pretende para a manifestação das vivências subjetivas às quais tem acesso privilegiado; enfim, no aspecto da verdade que o falante pretende com seu proferimento para um enunciado (ou para as pressuposições de existência do conteúdo de um enunciado nominalizado).

Essa tese forte pode ser testada por quaisquer exemplos e ganha plausibilidade mediante considerações que nos reconduzirão ao modelo de Bühler sobre as funções da linguagem.

O termo "entendimento" tem o significado mínimo de que (ao menos) dois sujeitos capazes de falar e agir entendem de maneira idêntica uma expressão linguística. Ora, o significado de uma expressão elementar consiste na contribuição que esta opera para a significação de um ato de fala aceitável. E, para entender o que um falante quer dizer com tal ato, o ouvinte precisa conhecer as condições sob as quais ele pode ser aceito. Nessa medida, já a compreensão de uma expressão elementar aponta para além do significado mínimo da expressão "entendimento". Ora, se o ouvinte aceita a oferta de um ato de fala, dá-se um *acordo* entre (ao menos) dois sujeitos capazes de falar e agir. Esse acordo não se baseia apenas, porém, no reconhecimento intersubjetivo de uma única pretensão de validade salientada como tema. Pelo contrário, um tal acordo é obtido simultaneamente nos três planos. Estes se deixam identificar de maneira intuitivamente fácil quando se considera que um falante somente elege uma expressão linguística compreensível na ação comunicativa para se entender *com* um ouvinte *sobre* algo e, com isso, tornar-se compreensível *a si mesmo*. Reside no propósito comunicativo do falante efetuar (a) um ato de fala *correto* no que concerne ao contexto normativo dado, para que se realize uma relação interpessoal reconhecida como legítima entre ele e o ouvinte; fazer (b) um enunciado *verdadeiro* (ou pressupostos de existência *procedentes*), para que o ouvinte assuma e partilhe o saber do falante; e proferir (c) opiniões, intenções, sentimentos, desejos etc., com veracidade, para que o ouvinte dê crédito ao dito. Que a comunidade intersubjetiva de um acordo comunicativamente obtido exista nos planos da concordância normativa, do saber proposicional partilhado e da confiança mútua na sinceridade subjetiva é algo que por sua vez se pode explicar com as *funções do entendimento linguístico*.

Como *medium* do entendimento, os atos de fala servem (a) ao estabelecimento e à renovação das relações interpessoais, no que o falante se refere a algo no *mundo* das ordens legítimas; (b) à representação ou à pressuposição de estados e eventos, no que o falante se refere a algo no *mundo* dos estados de coisas existentes; e (c) à manifestação de vivências, isto é, à autorrepresentação, no que o falante se refere a algo no mundo subjetivo ao qual tem acesso privilegiado. O acordo comunicativamente obtido se mede por exatamente três pretensões de validade criticáveis, visto que os atores, ao se entenderem entre si sobre algo e, com isso, se tornar compreensíveis a si mesmos, não podem senão inserir o respectivo ato de fala em exatamente três relações com o mundo e pretender validez para ela, em cada um desses aspectos. Quem rejeita a oferta de um ato de fala compreensível contesta ao menos uma dessas pretensões de validade. Ao repelir um ato de fala como incorreto, não verdadeiro ou não veraz, o ouvinte expressa com seu "não" que o proferimento não cumpre suas funções de assegurar uma relação interpessoal, de representar estados de coisa ou de manifestar vivências, visto que ele não está em uníssono ou com o *nosso* mundo de relações interpessoais ordenadas de maneira legítima, ou com *o* mundo dos estados de coisa existentes ou com o *respectivo* mundo das vivências subjetivas.

Embora os atos de fala orientados ao entendimento sejam envolvidos sempre dessa maneira em uma rede complexa de relações com o mundo, por seu papel ilocucionário (em condições *standard* pelo significado de seu componente ilocucionário) se destaca sob qual aspecto de validade o falante gostaria de ver seu proferimento compreendido *antes de tudo*. Se faz um enunciado, se afirma algo, narra, explica, expõe, pressupõe, discute etc., ele busca com o ouvinte um acordo na base do reconhecimento de uma pretensão de verdade. Se o falante profere uma proposição de vivência, se desvela algo, deixa escapar, confessa, manifesta etc., um acordo pode dar-se somente na base do reconhecimento de uma pretensão de veracidade. Se o falante dá uma ordem ou faz uma promessa, se nomeia ou adverte alguém, se sela um batismo, compra algo, desposa alguém etc., um acordo depende de se os participantes fazem a ação valer como correta. Esses modos fundamentais são marcados de maneira tão mais pura quanto mais evidentemente o entendimento é orientado por apenas uma pretensão de validade dominante. De maneira prática, a análise se aplica aos *casos puros ou idealizados de atos de fala*. Penso nesse contexto em:

— atos de fala constativos, nos quais são empregadas *proposições assertóricas elementares*;
— atos de fala expressivos, nos quais aparecem *proposições de vivência elementares* (da primeira pessoa do presente); e em
— atos de fala regulativos, nos quais ou *proposições de exigência* elementares (como em ordens) ou *proposições intencionais* elementares (como em promessas).

Sobre cada um desses complexos há na filosofia analítica uma extensa literatura. Ali foram desenvolvidos instrumentos e efetuadas análises que permitem explicar as pretensões de validade universais pelas quais o falante se orienta e precisar as atitudes fundamentais que o falante adota nesses casos. Trata-se da *atitude objetivante* na qual um observador neutro se relaciona com algo que se encontra no mundo; além disso, da *atitude expressiva* na qual um falante, expondo-se a si mesmo, revela algo de seu interior, ao qual tem acesso privilegiado, perante os olhos de um público; e finalmente se trata da *atitude de conformidade a normas*, na qual o membro de grupos sociais cumpre expectativas de comportamento legítimas. A essas três atitudes fundamentais corresponde uma concepção respectiva de "mundo".

Ora, se representamos quaisquer atos de fala explícitos por meio de Mp, no qual "M" sinaliza o componente ilocucionário e "p" o componente proposicional,[52] e se $M_{(c)}$ designa o uso cognitivo, $M_{(e)}$ o uso expressivo, e $M_{(r)}$ o uso regulativo da linguagem, então, com base naquelas atitudes fundamentais se pode distinguir em que sentido o falante gostaria de ver interpretado a cada vez o componente proposicional. Em um proferimento válido do tipo $M_{(c)}p$, "p" significa um estado de coisas que *existe* no mundo objetivo; em um proferimento válido do tipo $M_{(e)}p$, "p" significa uma vivência subjetiva que é manifestada e que é atribuída ao *mundo interno* do falante; e em um proferimento válido do tipo $M_{(r)}p$, "p" significa uma ação que é reconhecida como legítima no mundo social.

A distinção de exatamente três modos fundamentais do emprego da linguagem orientado ao entendimento poderia ser fundamentada apenas na forma de uma teoria detalhada dos atos de fala. Não posso levar a cabo as análises requeridas neste lugar, mas gostaria de abordar algumas objeções de *prima facie* contra o programa proposto.

A. Leist formulou minha tese fundamental da seguinte maneira: "Para todos os F e O, em todos os atos de fala da ação orientada ao entendimento

---

52 Stenius, "Mood and Language Game", *Synthese*, v.17, p.254ss., 1967; cf. sobre isso Føllesdal, "Comments on Stenius' *Mood and Language Game*", *Synthese*, v.17, p.275ss., 1967.

que são diferenciados ilocucionária e proposicionalmente e sem ligações institucionais, trata-se do saber recíproco de que é mandatório falar de maneira inteligível, ser veraz e considerar verdadeiro seu proferimento e correta uma norma relevante para o ato".[53] Essa formulação requer de início a elucidação de que diferencio, de acordo com os pontos de vista da *teoria da ação*, os atos de fala "orientados ao entendimento" dos atos de fala que são incluídos em contextos de ação estratégica, seja porque eles, como imperativos genuínos, são vinculados somente a pretensões de poder e por isso não criam por força própria nenhum efeito de vínculo ilocucionário, seja porque o falante persegue objetivos perlocucionários com esses proferimentos. Sendo assim, não empregaria a expressão "saber recíproco" proveniente da semântica intencional e, em vez dela, falaria de "suposições comuns". Além do mais, a expressão "mandatório" [*geboten*] sugere um sentido normativo; preferiria aceitar conotações transcendentais fracas e falar de "condições universais" que têm de ser preenchidas se um acordo comunicativo deve ser obtido. Finalmente, permito-me uma hierarquização entre a boa conformidade ou a inteligibilidade da expressão linguística como pressuposto da comunicação, de um lado, e as pretensões de veracidade, verdade proposicional e correção normativa, de outro lado. A aceitação dessas pretensões suscita um acordo entre F e O que fundamenta obrigatoriedades relevantes para a sequência da interação. Destas distingo a garantia que o falante assume para o resgate da pretensão de validade erguida por ele, como também a obrigação recíproca que o ouvinte contrai com a negação de uma pretensão de validade.

Ora, algumas dúvidas se dirigem sobretudo contra as suposições de que:

— com *todos* os atos de fala orientados ao entendimento são levantadas *exatamente três* pretensões de validade (a);
— as pretensões de validade podem ser *discriminadas suficientemente* entre si (b);
— as pretensões de validade precisam ser analisadas nos termos da *pragmática formal*, isto é, no plano do emprego comunicativo de proposições (c).

---

53 Leist, "Was heißt Universalpragmatik?", *Germanistische Linguistik*, v.5-6, p.93, 1977.

ad a) A *universalidade da pretensão de verdade* poderia ser afirmada, embora não possamos erguer visivelmente nenhuma pretensão de verdade com atos de fala não constativos?[54] Certamente, é correto que somente com atos de fala constativos possamos erguer a pretensão de que o enunciado afirmado "p" é verdadeiro. Mas também todos os demais atos de fala contêm um componente proposicional, normalmente na forma de uma proposição assertórica nominalizada "que p". Isso significa que o falante se refere também com atos de fala não constativos a estados de coisas, porém não diretamente, isto é, na atitude proposicional de quem pensa ou opina, sabe ou crê que "p" é o caso. As atitudes proposicionais do falante, que emprega proposições de vivência em atos de fala expressivos, ou proposições de exigência e de intenção em atos de fala regulativos, são de outra espécie. De modo algum elas se dirigem à existência do estado de coisas mencionado no componente proposicional. Ao dizer com um ato de fala não constativo que ele deseja ou detesta algo, que gostaria de produzir algo ou ver algo produzido, o falante *pressupõe*, porém, a existência de *outros* estados de coisas, não mencionados. Pertence ao conceito de um mundo objetivo que estados de coisas estejam em um nexo e não suspensos no ar, isoladamente. Por isso, o falante vincula ao componente proposicional de seu ato de fala *pressuposições de existência* que, em caso de necessidade, podem ser explicitados na forma de proposições assertóricas. Nesse sentido, também atos de fala não constativos possuem uma relação com a verdade.

De resto, isso vale não apenas para atos de fala proposicionalmente diferenciados; também atos de fala ilocucionariamente reduzidos, por exemplo um "oi" proferido como saudação, são compreendidos como cumprimento de normas pelas quais o conteúdo proposicional do ato de fala se deixa *complementar*; assim, por exemplo, no caso de uma saudação, o bem-estar do destinatário ou a confirmação de seu *status* social. Nas pressuposições de existência de uma saudação consta, entre outras coisas, a presença de uma pessoa que pode estar bem ou mal, sua pertença a um grupo social e assim por diante.

---

54 Ibidem, p.97-8.

Outra coisa se passa com a *universalidade da pretensão de correção*. Contra ela se pode objetar que do significado de atos de fala não regulativos não se pode extrair uma referência a contextos normativos.[55] Não obstante, comunicações são muitas vezes "inoportunas", relatos são "fora de lugar", confissões são "embaraçosas", revelações são "ofensivas". Que eles possam fracassar sob esse aspecto não é de modo algum exterior aos atos de fala não regulativos; pelo contrário, é algo que resulta necessariamente de seu caráter *como* atos de fala. Pois de seu componente ilocucionário se depreende que o falante também estabelece relações interpessoais com atos de fala constativos e expressivos; e elas pertencem, independentemente de combinarem ou não com o contexto normativo existente no caso dado, ao mundo das ordens legítimas.

Surgiram objeções também contra a *completude da tábua das pretensões de validade*. Quando, por exemplo, se compara estas com os postulados da conversação propostos por Grice,[56] é possível constatar certos paralelos, mas também assimetrias. Assim, falta uma contraparte para o postulado de que o falante sempre deva fornecer uma contribuição discursiva sobre o tema que seria relevante no contexto da conversação. Abstraindo que uma tal pretensão de relevância da contribuição à conversação não pode ser levantada pelo ouvinte e é referida a um texto (em vez de um ato de fala em particular), portanto, que ela não pode ser exposta a um teste de sim/não, a universalidade de uma tal exigência iria ser difícil de fundamentar. Há obviamente situações, como entretenimentos sociáveis ou mesmo meios culturais inteiros, em que uma certa redundância das contribuições discursivas é francamente exigível.[57]

ad b) Além disso, surgem dúvidas no que concerne à possibilidade de uma discriminação nítida entre pretensões de verdade e veracidade. Um falante que profere a opinião "p" verazmente não tem de erguer ao mesmo tempo

---

55 Ibidem, p.109.
56 Grice, "Logic and Conversation", em Cole; Morgan (orgs.), *Syntax and Semantics*, v.III, p.41ss.; Martinich, "Conversational Maxims and some Philosophical Problems", *Philosophical Quarterly*, v.30, p.215ss., 1980.
57 A respeito de outras objeções dessa espécie, cf. Thompson, "Universal Pragmatics", em Held; Thompson (orgs.), *Habermas: Critical Debates*.

uma pretensão de verdade para "p"? Parece ser impossível "esperar de F que ele diga a verdade em um sentido diferente do que no sentido de que F quer dizer a verdade – e isso quer significar nada mais do que ser veraz".[58] Essa objeção se refere não à classe dos atos de fala expressivos em seu todo, mas àqueles proferimentos em cujo componente proposicional aparecem verbos de cognição na primeira pessoa do presente (como eu penso, ou eu sei, creio, suponho, opino "que p"). Pois há ao mesmo tempo uma relação interna também entre essas atitudes proposicionais, que podem ser expressas com o auxílio de verbos de cognição, e atos de fala constativos. Se alguém afirma, constata ou descreve "p", opina, sabe ou crê ao mesmo tempo "que p". Moore[59] já apontou para o caráter paradoxal de proferimentos como:

(9) Está chovendo agora, mas eu não creio que esteja chovendo agora.

Apesar desses nexos internos, um ouvinte pode, com a negação de:

(9) Está chovendo agora.

rejeitar duas pretensões de validade *distintas*. Ele pode querer dizer com sua tomada de posição negativa tanto:

(9') Não, isso não é verdadeiro.

como também:

(9") Não, Tu não pensas de jeito nenhum o que dizes.

Em um caso, ele entende (9) como proferimento constativo, no outro caso, como expressivo. É evidente que a negação do enunciado "p" implica

---

58 Leist, "Was heißt Universalpragmatik?", op. cit., p.102; Graham, "Belief and the Limits of Irrationality", *Inquiry*, v.17, p.315ss., 1974.
59 A esse argumento J. Searle se refere em "Intentionalität und der Gebrauch der Sprache", em Grewendorf (org.), *Sprechakttheorie und Semantik*, p.163-4.

tão pouco a negação da crença em "que p" quanto, inversamente, (9") a tomada de posição (9'). Todavia, o ouvinte pode supor que F, *se* este afirma "p", também crê "que p". Mas isso não toca no fato de que a pretensão de verdade se refere à existência do estado de coisas "p", ao passo que a pretensão de veracidade tem a ver somente com a manifestação da opinião ou da crença "que p". O assassino que faz uma confissão pode pensar o que ele diz e, no entanto, sem intencioná-lo, pode dizer uma inverdade. Ele pode também, sem intencioná-lo, dizer a verdade, embora minta ao calar seu saber sobre o processo do crime. Um juiz que disponha de evidências o bastante poderia criticar, em um caso, como não verdadeiro o proferimento veraz, no outro caso, poderia descobrir como não veraz o proferimento verdadeiro.

Tugendhat procura se bastar, em contrapartida, com uma única pretensão de validade.[60] Ele retoma a extensa discussão decorrida na sequência do argumento de Wittgenstein sobre a linguagem privada para mostrar que às proposições de vivências como:

(10) Eu tenho dores.
(11) Eu tenho medo de ser violentada.

vincula-se a mesma pretensão de validade assertórica que às proposições assertóricas de mesmo conteúdo proposicional:

(12) Ele tem dores.
(13) Ela tem medo de ser violentada.

no que os pronomes pessoais correspondentes da primeira e da terceira pessoa devem ter em cada caso a mesma referência.

Se a tese da assimilação defendida por Tugendhat é correta, a negação de (10) ou de (11) tem o mesmo sentido que a negação de (12) ou (13). Seria redundante postular ainda uma pretensão de veracidade a par da pretensão de verdade.

---

60 Tugendhat, *Selbstbewußtsein und Selbstbestimmung*, lições 5 e 6.

Com Wittgenstein, Tugendhat parte inicialmente de um gesto expressivo, a exclamação "ai!", e imagina que esse grito de dor, linguisticamente rudimentar, seja substituído por um proferimento expressivo representado no plano semântico pela proposição de vivência (10). A essas proposições de vivência Wittgenstein nega o caráter de enunciados.[61] Ele supõe que há um *continuum* entre as duas formas de expressão não cognitivas para a dor, o gesto e a proposição. Para Tugendhat, em contrapartida, há a diferença categorial de que a proposição de vivência possa ser falsa, mas o gesto não. Sua análise leva ao resultado de que, com a transformação da exclamação em uma proposição de vivência sinônima, "é gerada uma expressão que, embora seja empregada segundo a mesma regra que a exclamação, é verdadeira se ela é empregada corretamente; e assim resulta o caso singular de proposições assertóricas que podem ser verdadeiras ou falsas e que, todavia, não são cognitivas".[62] Por isso, proposições de vivência como (10) *não* devem poder se distinguir de proposições assertóricas de mesmo conteúdo proposicional como (12) lançando-se mão do critério da capacidade de ser verdadeiras. Ambas podem ser verdadeiras ou falsas. Contudo, proposições de vivências apresentam a peculiaridade de expressar um "saber incorrigível" e por isso *têm* de ser verdadeiras, bastando que sejam empregadas conforme às regras. Entre as proposições (10) e (12) existe uma "simetria veritativa" no sentido de que (12) é verdadeira tão logo (10) seja empregada conforme às regras.

Esse nexo é explicado por Tugendhat com o recurso à particularidade do termo singular "Eu", com o qual o falante se designa a si mesmo, sem com isso se identificar ao mesmo tempo. Mesmo que essa tese seja correta, com ela não se resolve o problema de saber, no entanto, como se pode explicar que uma proposição tenha caráter assertórico e seja capaz de ser verdade desse modo, sem poder ser empregada de maneira cognitiva, ou seja, para a reprodução de estados de coisas existentes.

Em geral, a regra de emprego de proposições assertóricas *remete* a um conhecimento; apenas no caso de proposições expressivas o emprego cor-

---

61 Wittgenstein, "Zettel", §§404, 549, em *Schriften*, v.V, p.369-98.
62 Tugendhat, *Selbstbewußtsein und Selbstbestimmung*, p.131.

reto da expressão linguística também já deve *garantir* a sua verdade. Mas um ouvinte que quer *constatar* se um falante o engana com a proposição (10) precisa *examinar* se a proposição (12) é verdadeira ou não. Nisso se torna patente que as proposições expressivas da primeira pessoa não existem para expressar conhecimento, que elas *tomam de empréstimo*, quando muito, a pretensão de verdade atribuída a elas das proposições assertóricas correspondentes da terceira pessoa; pois só estas podem *representar* o estado de coisas, a cuja existência a pretensão de verdade se refere. Assim, Tugendhat incorre no dilema de ter de caracterizar contraditoriamente aquilo a que um falante visa com proposições de vivência. De um lado, deve se tratar de um saber para o qual o falante pretende validez no sentido da verdade proposicional; de outro lado, esse saber não pode ter o *status* de um conhecimento, pois conhecimentos se deixam reproduzir apenas em proposições assertóricas que em princípio podem ser contestadas como não verdadeiras. Esse dilema surge, no entanto, somente se a pretensão de validade da veracidade, análoga à verdade, é identificada à pretensão de verdade. O dilema se dissolve tão logo se troque o plano semântico pelo pragmático e se realize uma comparação entre atos de fala no lugar de proposições:

(14) Eu tenho que Te confessar que tenho dores já há alguns dias.
(15) Eu posso Te relatar que ele tem dores já há alguns dias.

(no que o pronome pessoal da primeira pessoa em (14) e o pronome pessoal da terceira pessoa em (15) devem ter a mesma referência). Nesse caso, torna-se claro ao primeiro golpe de vista que o falante ilude o ouvinte no caso da invalidade de (14), ao passo que ele diz uma inverdade ao ouvinte no caso da invalidade de (15), sem que tenha havido um propósito de enganar. Portanto, é legítimo postular para atos de fala expressivos uma *outra* pretensão de validade que para os atos de fala constativos sinônimos. Wittgenstein se aproxima muito desse discernimento em uma passagem de suas *Investigações filosóficas*, quando ele mostra, pelo caso-modelo de uma confissão, que proferimentos expressivos não podem ter um sentido descritivo, ou seja, não são capazes de ser verdadeiros, e podem ser *no entanto válidos ou inválidos*: "Para a verdade da *confissão* de que eu tenha pensado isso e aquilo, os critérios não são os da *descrição* de um processo conforme à verdade. E a importância da confissão verdadeira não reside em que ela reproduza corretamente algum processo com segurança. Pelo contrário, ela reside nas consequências particulares que se deixam extrair de uma confissão cuja verdade é garantida pelos critérios particulares da *veracidade*".[63]

ad c) Com esses argumentos, passamos já a tocar no terceiro grupo de objeções, o qual se dirige contra a abordagem da análise das pretensões de validade nos termos da pragmática formal. Essas pretensões de validade, que, segundo o modelo das pretensões de direito, concernem às relações entre pessoas e se direcionam ao reconhecimento intersubjetivo, são levantadas para a validez de expressões simbólicas, no caso *standard*, para a validez do enunciado de conteúdo proposicional dependente do componente ilocucionário. Por isso, é natural considerar uma pretensão de validade como um fenômeno complexo e derivado, que pode ser atribuído ao fenômeno subjacente do preenchimento das condições para a validez de proposições. Mas nesse caso essas condições não teriam de ser investigadas antes no plano semântico da análise de proposições assertóricas, de proposições de vivência, de exigência e de intenção, do que no plano pragmático do emprego dessas proposições em atos de fala constativos, expressivos e regulativos? Uma teoria dos atos de fala que pretende explicar o efeito ilocucionário de vínculo com uma garantia oferecida pelo falante em favor da validade do dito e com uma motivação racional correspondente do ouvinte não depende justamente de uma teoria do significado que explica por seu turno as condições sob as quais as proposições empregadas são válidas?

Nesse debate, não se trata de questões sobre a delimitação de distritos ou sobre a definição nominal, mas da questão de saber se o *conceito de validez*

---

63 Wittgenstein, "Philosophische Untersuchungen", em *Schriften*, v.I, p.535; cf., além disso, Hampshire, *Feeling and Expression*; Aune, "On the Complexity of Avowals", em Black (org.), *Philosophy in America*, p.35ss.; Gustafson, "The Natural Expression of Intention", *Philosophical Forum*, v.2, p.299ss., 1971; id., "Expressions of Intentions", *Mind*, v.83, p.321ss., 1974; Norrick, "Expressive Illocutionary Acts", *Journal of Pragmatics*, v.2, p.277ss., 1978.

de uma proposição pode ser esclarecido independentemente do *conceito* de *resgate de uma pretensão de validade* levantada com o proferimento dessa proposição. Defendo a tese de que isso não é possível. As investigações com abordagem semântica de proposições descritivas, expressivas e normativas obrigam a trocar os planos analíticos, caso sejam levadas a cabo com suficiente coerência. A análise das condições da validez de proposições impele *por si mesma* à análise das condições do reconhecimento intersubjetivo das pretensões de validade correspondentes. Um exemplo disso é a continuação da semântica veritativa por parte de M. Dummett.[64]

Dummett parte da distinção entre as condições que uma proposição assertórica tem de satisfazer para ser verdadeira e o conhecimento que o falante que afirma a proposição como verdadeira tem dessas condições de verdade que determinam ao mesmo tempo o significado da proposição. O conhecimento das condições da verdade consiste em que se *sabe como se constata* se elas são ou não preenchidas no caso dado. À versão ortodoxa da semântica veritativa, que quer explicar a compreensão do significado da proposição com o conhecimento das condições de verdade, subjaz, no entanto, a suposição irrealista de que para todas as proposições, ou pelo menos para todas as proposições assertóricas, estariam à disposição procedimentos com os quais se pode decidir efetivamente se as condições de verdade são ou não preenchidas a cada vez. Essa suposição se apoia tacitamente em uma teoria empirista do conhecimento, que atribui às proposições predicativas simples de uma linguagem observacional um valor fundamental. Ora, nem mesmo o jogo argumentativo que Tugendhat postula para a verificação de tais proposições, aparentemente elementares, consiste em um procedimento de decisão que poderia ser aplicado como um algoritmo, isto é, de maneira que as exigências de fundamentação de maior alcance são excluídas por princípio.[65] É particularmente evidente no caso de proposições condicionais irreais, de proposições existenciais universais e de proposições com

---

64 Dummett, "What Is a Theory of Meaning?", em Evans; McDowell (orgs.), *Truth and Meaning*, p.67ss.
65 Tugendhat, *Vorlesung zur Einführung in die sprachanalytische Philosophie*, p.256ss.

um índice temporal (de modo geral, todas as proposições que se referem a espaços e tempos atualmente inacessíveis) que faltam procedimentos efetivos de decisão: "A dificuldade surge porque a linguagem natural é plena de sentenças que não são efetivamente decidíveis, aquelas para as quais não existe nenhum procedimento para determinar se suas condições de verdade são ou não preenchidas".[66]

Ora, visto que em muitos, se não na maioria dos casos, o conhecimento das condições de verdade de proposições assertóricas é *problemático*, Dummett acentua a diferença entre o conhecimento das condições que tornam verdadeira uma proposição e as razões que autorizam um falante a afirmar uma proposição como verdadeira. Ele reformula então, apoiando-se nas suposições fundamentais do intuicionismo, a teoria do significado da seguinte maneira: "[...] a compreensão de uma afirmação consiste na capacidade de reconhecer o que quer que seja considerado como verificador dela, isto é, como algo que a estabelece conclusivamente como verdadeira. Não é necessário que devamos ter algum meio de decidir a verdade ou a falsidade da afirmação, somente que sejamos capazes de reconhecer quando sua verdade foi estabelecida".[67] Faz parte da compreensão de uma proposição a capacidade de reconhecer as *razões* com as quais a *pretensão* de que suas condições de verdade são preenchidas *poderia ser resgatada*. Essa teoria explica, portanto, o significado de uma proposição somente de maneira mediata, com o conhecimento das condições de sua validez, e, contudo, imediatamente, com o conhecimento de razões que estão objetivamente à disposição de um falante para resgatar uma pretensão de verdade.

---

66 Dummett, "What Is a Theory of Meaning?", op. cit., p.81. [Em inglês no original: "The difficulty arises because natural language is full of sentences which are not effectively decideable, ones for which there exists no effective procedure for determining whether or not their truth conditions are fulfilled." (N. T.)]

67 Ibidem, p.110-1. [Em inglês no original: "[...] an understanding of a statement consists in a capacity to recognize whatever is counted as verifying it, i. e. as conclusively establishing it as true. It is not necessary that we should have any means of deciding the truth or falsity of the statement, only that we be capable of recognizing when its truth has been established." (N. T.)]

Ora, o falante poderia continuar a produzir essas razões sempre segundo um procedimento monologicamente aplicável; nesse caso, mesmo uma explicação das condições de verdade nos termos da fundamentação de uma pretensão de verdade não obrigaria a passar do plano semântico das proposições para o plano pragmático do emprego comunicativo de proposições. Dummett acentua, porém, que o falante de modo algum pode efetuar de modo dedutivamente cogente, segundo regras de inferência, as verificações necessárias. A profusão de razões disponíveis em cada caso é circunscrita pelas relações internas de um universo de estruturas linguísticas, que pode ser mensurado apenas argumentativamente. Dummett persegue essa ideia a tal ponto que ele no fim acaba abandonando inteiramente a noção fundamental do verificacionismo: "Tão proximamente quanto qualquer teoria plausível do significado pode fazê-lo, uma teoria verificacionista chega à explicação do significado de uma sentença nos termos das razões com as quais ela pode ser asseverada; ele precisa, é claro, distinguir entre as razões reais do falante que não são conclusivas ou que podem ser indiretas e a espécie de razões diretas, conclusivas, nos termos das quais o significado é dado, particularmente para sentenças como aquelas no tempo futuro, para as quais o falante não pode ter razões da última espécie no momento do proferimento. Mas a teoria falsificacionista [...] vincula o conteúdo de uma asserção ao compromisso que o falante assume ao fazer essa asserção; uma asserção é uma espécie de aposta em relação à qual o falante não se revelará errado".[68]

---

[68] Ibidem, p.126. [Em inglês no original: "A verificationist theory comes as close as any plausible theory of meaning can do to explaining the meaning of a sentence in terms of the grounds on which it may be asserted; it must of course distinguish a speaker's actual grounds, which not be conclusive, or may be indirect, from the kind of direct, conclusive grounds in terms of which the meaning is given, particularly for sentences, like those in the future tense for which the speaker cannot have grounds of the latter kind at the time of utterance. But a falsificationist theory [...] links the content of an assertion with the commitment that a speaker undertakes in making that assertion; an assertion is a kind of gamble that the speaker will not be proved wrong." (N. T.)]

Eu entendo isso como um indício da natureza falibilista do resgate discursivo de pretensões de verdade. Nesse lugar, não posso entrar nos detalhes da teoria do significado de Dummett. É importante apenas que a pretensão ilocucionária que o falante levanta para a validez de uma proposição possa ser criticada em princípio. Em todo caso, a semântica veritativa revisada tem em conta a circunstância de que as condições de verdade não podem ser explicitadas independentemente do saber de como se resgata uma pretensão de verdade correspondente. Compreender uma afirmação significa saber quando um falante tem boas razões para assumir a garantia de que as condições da verdade do enunciado verdadeiro são preenchidas.

Como no caso do significado das proposições assertóricas, também para as proposições expressivas e normativas se pode mostrar que uma análise com abordagem semântica é impelida para além de si mesma. Justamente a discussão que se liga à análise de Wittgenstein sobre as proposições de vivência torna claro que a pretensão vinculada a expressões é genuinamente endereçada *a outros*. O sentido da função de expressão e exteriorização depõe a favor, em todo caso, de um emprego comunicativo primário dessas expressões.[69] Mais evidente ainda é o caráter intersubjetivo da validade deontológica de normas. Também aqui uma análise que se aplica aos predicados simples para as reações emotivas aparentemente subjetivas às lesões ou danos à integridade pessoal conduz pouco a pouco ao sentido intersubjetivo, e mesmo suprapessoal, de conceitos morais basilares.[70]

(5) *Tentativas concorrentes de classificação dos atos de fala (Austin, Searle, Kreckel). Tipos puros de interações linguisticamente mediadas*

Se é correta a nossa tese segundo a qual a validez de atos de fala orientados ao entendimento pode ser contestada sob exatamente três aspectos universais, cabe a nós supor um sistema de pretensões de validade que sub-

---

69 Hacker, *Einsicht und Täuschung*, cap. VIII e IX, p.289ss.
70 Um exemplo convincente é a análise de P. F. Strawson sobre o ressentimento provocado por lesões morais, em *Freedom and Resentment*.

jaz também à diferenciação de tipos de atos de fala. A tese da universalidade teria nesse caso consequências também para a tentativa de classificar os atos de fala segundo pontos de vista teóricos. Empreguei até aqui, tacitamente, a divisão em atos de fala regulativos, expressivos e constativos. Gostaria de justificá-la agora pela via de uma contraposição crítica com *outras* tentativas de classificação.

Como se sabe, na conclusão de sua série de conferências *Como fazer coisas com as palavras?*, Austin haviam empreendido uma tentativa de tipologizar os atos de fala. Ele havia ordenado ali os atos ilocucionários lançando mão de verbos performativos e distinguiu cinco tipos (a saber: *verdictives*, *exercitives*, *commissives*, *behabitives* e *expositives*), sem negar o caráter provisório dessa divisão.[71] De fato, Austin indica um critério de delimitação inequívoco apenas para a classe dos comissivos: com promessas, ameaças, anunciações, votos, contratos etc., o falante se compromete a efetuar determinadas ações no futuro. O falante contrai um vínculo normativo que o obriga a um determinado modo de agir. As demais classes, mesmo que se considere o caráter descritivo da divisão, não são definidas satisfatoriamente. Elas não satisfazem as exigências de distinção e disjuntividade.[72] A classificação de Austin não obriga a correlacionar fenômenos distintos sempre com categorias distintas ou cada fenômeno como uma categoria no máximo.

A classe dos *"verdictives"* [vereditivos] abrange proferimentos com os quais são declarados "vereditos", no sentido de uma classificação ou de uma avaliação. Nesse contexto, Austin não distingue entre julgamentos de conteúdo descritivo e normativo. Assim, surgem intersecções tanto com os *"expositives"* quanto com os *"exercitives"*. Essa classe dos "exercitives" [exercitivos] abrange primeiramente todos os declarativos, isto é, as expressões para decisões autorizadas institucionalmente, na maioria em sentido jurídico (como condenações, adoções, nomeações, designações, demissões

---

71 Austin, *Zur Theorie der Sprechakte*, p.150ss.
72 Todavia, não se deveria erguer exigências tão fortes como fez Th. T. B. Ballmer, "Probleme der Klassifikation von Sprechakten", em Grewendorf (org.), op. cit., p.247ss.

e assim por diante). Há sobreposições não apenas com *"verdictives"*, como "chamar" e "distinguir", mas também com *"behabitives"*, como "protestar". Esses *"behabitives"* [comportamentivos] formam por sua vez uma classe composta de modo muito heterogêneo. A par de expressões para manifestações emotivas estandardizadas, como queixas e demonstrações de compaixão, ela contém tanto expressões para proferimentos com ligação institucional (gratulações, maldições, brindes, saudações de boas-vindas), quanto também expressões para satisfações (desculpas, agradecimentos, reparações de todo tipo). A classe dos *expositives* [expositivos], finalmente, não discrimina entre os constativos, que servem para representar estados de coisas, e os comunicativos, que se referem à própria fala, como perguntas e réplicas, interpelações, citações etc. Dela se podem distinguir mais uma vez as expressões com as quais assinalamos a efetuação de operações como inferir, identificar, calcular, classificar etc.

Searle tentou dar à classificação de Austin uma versão mais nítida.[73] Ele não se orienta mais por uma lista de verbos performativos que foram diferenciados em uma determinada língua, mas por propósitos ou objetivos ilocucionários que um falante persegue com tipos diversos de atos de fala, independentemente das formas de sua realização nas línguas particulares. Ele chega a uma classificação lúcida e intuitivamente convincente: atos de fala constativos, comissivos, diretivos, declarativos e expressivos. Como uma classe bem definida, Searle introduz em primeiro lugar os atos de fala constativos (ou representativos). De Austin ele adota, além disso, a classe dos comissivos, contrapondo-os aos diretivos; enquanto ali o próprio falante se obriga a uma ação, aqui ele tenta motivar o ouvinte a efetuar uma determinada ação. Entre os diretivos, Searle conta os ordenamentos, pedidos, instruções, solicitações, convites, e também perguntas e exortações. Nesse contexto, ele não discrimina entre exigências normatizadas, como requerimentos, repreensões, ordens etc., de um lado, e o imperativos simples, isto é, as manifestações volitivas não autorizadas. Por isso, também

---

73 Searle, "Taxonomy of Illocutionary Acts", em *Expression and Meaning*, p.1ss.

a delimitação entre os diretivos e os declarativos permanece pouco nítida. Para os proferimentos declarativos, são necessárias, sem dúvida, algumas instituições que asseguram a obrigatoriedade normativa (por exemplo, de nomeações, abdicações, declarações de guerra, rescisões); mas elas têm um sentido normativo análogo às instruções e às ordens. A última classe abrange os atos de fala expressivos. Estes são definidos pelo objetivo de que com eles o falante confere expressão sinceramente às suas atitudes psíquicas. Todavia, Searle é incerto quanto à aplicação desse critério; assim, faltam os casos exemplares de confissões, revelações, manifestações etc. São mencionadas as queixas e os testemunhos de alegria e compaixão. É manifesto que Searle se deixa induzir pela caracterização de Austin sobre os *"behabitives"*, de modo que adiciona nessa classe também atos de fala com ligação institucional como desejos de felicidade e saudações.

A versão dos tipos austinianos de atos de fala, depurada por Searle, assinala o ponto de partida de uma discussão que se desenvolveu em duas direções distintas. Uma direção é caracterizada pelos próprios esforços de Searle por uma fundamentação ontológica dos cinco tipos de atos de fala; a outra direção é determinada pela tentativa de estender a classificação dos atos de fala de acordo com os pontos de vista da pragmática empírica, de sorte que ela possa se tornar fecunda para a análise das sequências dos atos de fala nas comunicações cotidianas.

É nessa linha que se situam os trabalhos de linguistas e sociolinguistas como Wunderlich, Campbell e Kreckel.[74] A pragmática empírica representa os contextos de vida social como ações comunicativas que se entrelaçam nos espaços sociais e nos tempos históricos. Os padrões de forças ilocucionárias realizados nas línguas particulares espelham a estrutura dessas redes de ações. As possibilidades linguísticas de efetuar atos ilocucionários, seja

---

74 Wunderlich, "Skizze zu einer integrierten Theorie der grammatischen und pragmatischen Bedeutung", em *Studien zur Sprechakttheorie*, p.51ss.; id., "Was ist das für ein Sprechakt?", em Grewendorf (org.), op. cit., p.275ss.; id., "Aspekte einer Theorie der Sprechhandlungen", em Lenk (org.), *Handlungstheorien*, p.381ss.; Campbell, "Toward a Workable Taxonomy of Illocutionary Forces", *Language and Style*, v.VIII, p.3ss., 1975; Kreckel, *Communicative Acts and Shared Knowledge in Natural Discourse*.

na forma solidificada de modos gramaticais, seja nas formas mais flexíveis dos verbos performativos, das partículas sentenciais, das entonações frasais etc., oferecem esquemas para o estabelecimento de relações interpessoais. As forças ilocucionárias formam os pontos nodais nas redes da socialização comunicativa; o léxico ilocucionário é como que a superfície de corte onde penetram a língua e as ordens institucionais de uma sociedade. Essa infraestrutura social da linguagem se encontra ela mesma em fluxo; ela varia dependendo das instituições e das formas de vida. Mas nessas variações se sedimenta *também* uma criatividade linguística, que confere novas formas de expressão à condução inovadora de situações imprevistas.[75]

Para uma classificação pragmática de atos de fala são importantes indicadores que se referem a dimensões universais da situação de fala. Para a *dimensão temporal*, coloca-se a questão de saber se os participantes se orientam mais para o futuro, o passado ou o presente, ou se os atos de fala são temporalmente neutros. Para a *dimensão social*, coloca-se a questão de saber se surgem para o falante, para o ouvinte ou para ambos obrigatoriedades que são relevantes para a sequência da interação. E para a *dimensão objetiva*, coloca-se a questão de saber se o ponto temático central reside mais nos objetos, nas ações ou nos próprios atores. M. Kreckel utiliza esses indicadores para uma proposta de classificação que ela põe na base de sua análise das comunicações cotidianas (Fig.15).

A vantagem dessas e de outras classificações semelhantes consiste certamente em que elas colocam ao alcance da mão um fio condutor para sis-

---

[75] Uma medida para a flexibilidade de uma sociedade é a porção que os atos de fala ritualizados, com uma ligação institucional maior ou menor e idiomaticamente definidos, possuem na totalidade das possibilidades de conexão ilocucionária que estão à disposição a cada vez. Assim, Wunderlich distingue os atos de fala conforme eles dependam mais fortemente de normas de ação ou das situações da ação; cf. "Skizze zu einer integrierten Theorie der grammatischen und pragmatischen Bedeutung", op. cit., p.86ss. Campbell emprega para isso as dimensões "institutional *vs.* vernacular", e "positional *vs.* interactional"; cf. "Toward a Workable Taxonomy of Illocutionary Forces", op. cit. Nesse aspecto, é relevante também a dimensão "initiativ *vs.* reaktiv" (Wunderlich, "Skizze zu einer integrierten Theorie der grammatischen und pragmatischen Bedeutung", op. cit., p.59ss.).

	Falante (F)	Ouvinte (O)
	Orientado à cognição (C)	Orientado à cognição (C)
Presente	O falante indica que acolheu a mensagem do ouvinte? Exemplos: concordar reconhecer rejeitar	O falante tenta influenciar a visão de mundo do ouvinte? Exemplos: asseverar discutir declarar
	Orientado à pessoa (P)	Orientado à pessoa (P)
Passado	O falante se refere a si mesmo e/ou à sua ação passada? Exemplos: justificar defender lamentar	O falante se refere à pessoa do ouvinte e/ou à sua ação passada? Exemplos: acusar criticar caçoar
	Orientado à ação (A)	Orientado à ação (A)
Futuro	O falante se compromete com a ação futura? Exemplos: prometer recusar ceder	O falante tenta fazer que o ouvinte realize algo? Exemplo: aconselhar desafiar ordenar

Figura 15 – *Classificação segundo três indicadores pragmáticos*
Fonte: Retirado de Kreckel, *Communicative Acts and Shared Knowledge in Natural Discourse*, p.188.

temas de descrição etnolinguísticos e sociolinguísticos e que estão mais à altura da complexidade dos cenários naturais do que as tipologias que partem mais fortemente dos propósitos e dos objetivos ilocucionários do que das características da situação. Elas pagam essa vantagem, todavia, com a renúncia à evidência intuitiva de classificações que se ligam às análises semânticas e que têm em conta as funções linguísticas elementares (como a representação de estados de coisas, a expressão de vivências e o estabelecimento de relações interpessoais). As classes de atos de fala obtidas indutivamente, formada segundo indicadores pragmáticos, não se condensam em tipos concretos; falta-lhes a luminosidade teórica que poderia aclarar nossas intuições.

O passo para uma *tipologia dos atos de fala teoricamente motivada* é efetuado por Searle quando ele caracteriza ontologicamente os propósitos ilocucionários e as atitudes proposicionais que um falante persegue ou adota ao levar a cabo atos de fala constativos, diretivos, comissivos, declarativos e expressivos. Nesse âmbito, ele se serve do conhecido modelo que define o mundo como a totalidade das coisas existentes, aborda o falante/ator como uma instância fora desse mundo e admite exatamente duas relações linguisticamente mediadas entre ator e mundo: a relação cognitiva da constatação de fatos e a relação intervencionista da realização de um fim da ação. Nesse caso, os propósitos ilocucionários podem se caracterizar pela direção na qual as proposições e os fatos devem ser colocados em concordância; a seta de cima para baixo $\downarrow$ significa que as proposições devem se ajustar aos fatos; a seta na direção inversa $\uparrow$ significa que os fatos devem ser adaptados às proposições. Assim, para a força assertórica dos atos de fala constativos e para a força imperativa de atos de fala diretivos se considera:

Constativos ⊢ $\qquad\qquad\qquad\downarrow K\,(p)$

Diretivos ! $\qquad\qquad\qquad\uparrow I\,(O\ causa\ p)$

K representa aí cognições ou as atitudes proposicionais de opinar, pensar, crer e assim por diante, e I representa intenções ou atitudes proposicionais de querer, desejar, intencionar etc. A força assertórica significa que F ergue perante O uma pretensão de verdade para p, isto é, ele assume a garantia para a concordância da proposição assertórica com os fatos ($\downarrow$); a força imperativista significa que F ergue perante O uma pretensão de poder para a imposição de "O causa p", isto é, assume a garantia de que os fatos são colocados em concordância com a proposição de exigência ($\uparrow$). Ao descrever as forças ilocucionárias com base nas relações entre linguagem e mundo, Searle recorre às condições da validez de proposições assertóricas ou proposições de exigências. Ele extrai os pontos de vista teóricos para a classificação dos atos de fala da *dimensão da validade*. Todavia, ele se restringe à perspectiva do falante, deixando de fora a dinâmica da negociação e do reconhecimento intersubjetivo de pretensões de validade, ou seja, a *formação de consenso*. O modelo das duas relações linguisticamente mediadas de um ator solitário com um único mundo, o mundo objetivo, não deixa espaço para a relação intersubjetiva entre participantes da comunicação que se entendem entre si sobre algo no mundo. Em sua execução, essa concepção ontológica se revela estreita demais.

De início, os atos de fala comissivos parecem se ajustar desenvoltamente ao modelo; com um semelhante ato de fala, F assume perante O a garantia de que os fatos são colocados em concordância com a proposição intencional proferida (↑):

    Comissivos C   ↑ I (F causa p)

Todavia, havíamos visto na análise do emprego de proposições intencionais em anunciações que a força ilocucionária dos atos de fala comissivos não pode ser explicada com as condições de preenchimento para o propósito anunciado da ação. Somente isso é visado, porém, com ↑. Com atos de fala comissivos, o falante *vincula* sua vontade no sentido de uma *obrigação normativa*; e as condições para a *confiabilidade* de uma *declaração* de intenção são de uma espécie totalmente diferente daquelas condições que o falante preenche quando ele realiza como ator sua intenção. Searle deveria distinguir as condições de validade das condições de êxito.

De maneira análoga, havíamos distinguido exigências normatizadas como instruções, ordens, decretos etc. de meros imperativos; ali o falante levanta uma pretensão de validade normativa, aqui uma pretensão de poder externamente sancionada. Por isso, nem mesmo o sentido imperativista de exigências simples pode ser explicado com as condições de cumprimento das proposições imperativas empregadas nelas. Mesmo que isso fosse suficiente, Searle teria dificuldades em restringir a classe dos diretivos à classe dos imperativos genuínos, delimitando-a em relação a instruções e ordens, uma vez que seu modelo não admite condições para a validez (ou para o cumprimento) de normas. Essa falta torna-se particularmente notável tão logo Searle procura acomodar os atos de fala declarativos em sua sistematização.

É visível que a força ilocucionária de uma declaração de guerra, de uma demissão, da abertura de um encontro, da leitura de uma lei etc. não se deixa interpretar segundo o esquema das duas direções de adaptação. Ao criar fatos institucionais, o falante não se refere de modo algum a algo no mundo objetivo; pelo contrário, ele age em concordância com as ordens legítimas do mundo social e inicia ao mesmo tempo novas relações interpessoais. Tem-se um verdadeiro embaraço quando Searle simboliza esse sentido, que pertence a um *outro* mundo, por meio da dupla seta cunhada para o mundo objetivo:

Declarativos $\qquad\qquad\qquad D \updownarrow (p)$

Nesse caso, nenhuma atitude proposicional especial deveria ser requerida. Esse embaraço se repete mais uma vez quando se trata dos atos de fala expressivos, cuja força ilocucionária tampouco pode ser caracterizada pelas relações de um ator com o mundo dos estados de coisas existentes. Searle é coerente o suficiente para expressar a inaplicabilidade de seu esquema mediante o signo nem/nem:

Atos de fala expressivos $\qquad\qquad E \varnothing (p)$

Nesse caso, qualquer atitude proposicional é possível.

As dificuldades envolvidas na tentativa de classificação de Searle podem ser evitadas, conservando-se o ponto de vista fecundo, se partimos *de que os objetivos ilocucionários dos atos de fala são alcançados mediante o reconhecimento intersubjetivo de pretensões de poder ou de validade*, se nós, além disso, introduzimos a correção normativa e a veracidade subjetiva como pretensões de validade análogas à verdade, interpretando-as igualmente mediante as relações entre ator e mundo. Essas revisões resultam na seguinte classificação:

— com *imperativos*, o falante se refere a um estado desejado no mundo objetivo, mas precisamente, de maneira que gostaria de levar O a produzir esse estado. Imperativos podem ser criticados apenas a partir dos pontos de vista da exequibilidade da ação requerida, isto é, lançando-se mão das condições de êxito. A rejeição de imperativos significa normalmente, porém, a repulsão de uma pretensão de poder; ela não se baseia na crítica, mas, por seu lado, confere *expressão a uma vontade*;

— com *atos de fala constativos*, o falante se refere a algo no mundo objetivo, mais precisamente, de modo que ele gostaria de reproduzir um estado de coisas. A negação de um semelhante proferimento significa que O *contesta* a pretensão de verdade levantada por F em favor da proposição afirmada;

— com *atos de fala regulativos*, o falante se refere a algo em um mundo social comum, mais precisamente, de modo que ele gostaria de estabelecer uma relação interpessoal reconhecida como legítima. A negação de um semelhante proferimento significa que O *contesta* a correção normativa pretendida por F em favor de sua ação;

— com *atos de fala expressivos*, o falante se refere a algo em seu mundo subjetivo, mais precisamente, de modo que ele gostaria de revelar diante de um público uma vivência a que tem acesso privilegiado. A negação de um semelhante proferimento significa que O *põe em dúvida* a pretensão de veracidade da autorrepresentação levantada por F.

Uma outra classe de atos de fala é formada pelos *comunicativos*; eles podem ser entendidos também como aquela subclasse de atos de fala regulativos que, como perguntas e respostas, interpelações, objeções, concessões e assim por diante, servem à *organização da fala*, à sua articulação em temas e contribuições, à regulação da sequência do diálogo etc.[76] Mas é recomendável, porém, conceber os comunicativos mais como uma classe independente, definindo-os pela *referência reflexiva ao processo de comunicação*. Pois, nesse caso, podem ser incluídos também aqueles atos de fala que se referem ou diretamente às pretensões de validade (como afirmações, negações, asseve-

---

76 Sobre os atos de fala que organizam a fala, cf. Wunderlich, *Studien zur Sprechakttheorie*, p.330ss., em conexão com Sacks; Schegloff; Jefferson, "A Simplist Systematics for the Organization of Turn-Taking for Conversation", *Language*, v.50, n.4, parte I p.696ss., 1974.

rações, confirmações etc.) ou à elaboração argumentativa de pretensões de validade (como fundamentações, justificações, refutações ou suposições, provas etc.).

Resta, enfim, a classe dos *operativos*, ou seja, os atos de fala que (como inferir, identificar, calcular, classificar, contar, predicar) designam a aplicação de regras construtivas (da lógica, gramática, matemática etc.). Os atos de fala operativos possuem um sentido performativo, mas *nenhum sentido comunicativo genuíno*; eles servem ao mesmo tempo à *descrição* daquilo que se faz na construção de expressões simbólicas conforme às regras.[77]

Se essa classificação é posta como fundamento, os comissivos e os declarativos, assim como os atos de fala com ligação institucional (apostas, casamentos, juramentos etc.) e os satisfativos (que se referem a desculpas para violações de normas e a reparações) precisam ser subsumidos na mesma classe dos atos de fala regulativos. Já por isso se vê que os modos fundamentais carecem de outras diferenciações. Eles são inúteis para as finalidades de uma análise das comunicações cotidianas na medida em que não se consegue desenvolver taxonomias para a *amplitude inteira das forças ilocucionárias*, que se diferenciam a cada vez nas línguas particulares, nos limites de um determinado modo fundamental. Só alguns poucos atos ilocucionários são *tão universais* que eles, como afirmações e constatações, promessas e ordens, confissões e revelações, podem caracterizar um modo fundamental *enquanto tal*. Normalmente, as possibilidades de expressão estandardizadas nas línguas particulares não somente caracterizam a referência a uma pretensão de validade em geral, mas também a *forma* pela qual um falante pretende, para uma expressão simbólica, verdade, correção ou veracidade. Indicado-

---

77 É antes de tudo em relação a essa classe de atos de fato que poderia estar correta a tese segundo a qual F informa com um ato ilocucionário o ouvinte sobre a efetuação dessa ação ou lhe diz que esse ato é efetuado. Sobre a crítica dessa tese de Lemmon, Hedenius, Wiggins, D. Lewis, Schiffer, Warnock, Cresswell, entre outros, cf. Grewendorf, "Haben explizit performative Äußerungen einen Wahrheitswert?", em id. (org.), *Sprechakttheorie und Semantik*, p.175ss. Contudo, é falso assimilar os atos de fala operativos, que expressam a efetuação de operações construtivas, aos constativos. Com eles, o falante vincula uma pretensão não à verdade proposicional, mas à boa conformação construtiva ou à inteligibilidade.

res pragmáticos como o grau de dependência institucional de atos de fala, a orientação para o passado e para o futuro, a orientação para o falante e a orientação para o ouvinte, os pontos temáticos centrais etc., podem servir daqui em diante para apreender sistematicamente as *modificações ilocucionárias das pretensões de validade*. Apenas uma pragmática empírica instruída pela teoria poderá desenvolver taxonomias de atos de fala que sejam informativas, isto é, nem cegas nem vazias.

Contudo, os *tipos puros do uso da linguagem orientado ao entendimento* se presta como fio condutor para a tipologização de interações linguisticamente mediadas. Na ação comunicativa, os planos de ação dos participantes individuais são coordenados com base nos efeitos de vínculo ilocucionário de atos de fala. Por isso, é de supor que os atos de fala constativos, regulativos e expressivos também constituam tipos correspondentes de interação linguisticamente mediada. Isso vale manifestamente para os *atos de fala regulativos* e *expressivos*, que são constitutivos para a ação *guiada por normas* e a ação *dramatúrgica*. Não se encontra à primeira vista o tipo de interação que corresponderia de modo análogo aos atos de fala constativos. Mas há contextos de ação que não servem primariamente à *execução* de *planos de ação* comunicativamente acordados, isto é, *atividades voltada a fins*, mas que, por seu turno, possibilitam e estabilizam comunicações — conversações, argumentações, de modo geral diálogos que se tornam fim em si mesmos em determinados contextos. Nesses casos, o processo de entendimento se desprende do papel instrumental de um mecanismo de coordenação da ação; e a negociação comunicativa de temas se autonomiza em relação à finalidade da conversação. Sempre falo de "conversação" quando os pesos de deslocam dessa maneira da atividade voltada a fins para a comunicação. Uma vez que aqui o interesse pelos objetos negociados prepondera, talvez se possa dizer que *atos de fala constativos* têm um significado constitutivo para as *conversações*.

Nossa classificação dos atos de fala pode servir, portanto, para introduzir três tipos puros, ou melhor, *casos-limite* da ação comunicativa: a conversação, a ação guiada por normas e a ação dramatúrgica. Ademais, se consideramos as relações internas entre ação estratégica e atos perlocucionários ou imperativos, obtemos a seguinte classificação para as interações linguisticamente mediadas:

Características pragmático-formais / Tipos de ação	Atos de fala característicos	Funções linguísticas	Orientações da ação	Atitudes fundamentais	Pretensões de validade	Relações com o mundo
Ação estratégica	Perlocuções, imperativos	Influência sobre o oponente	Orientada ao êxito	Objetivante	[Eficácia]	Mundo objetivo
Conversação	Constativos	Representação de estados de coisas	Orientada ao entendimento	Objetivante	Verdade	Mundo objetivo
Ação regulada por normas	Regulativos	Estabelecimento de relações interpessoais	Orientada ao entendimento	Conforme às normas	Correção	Mundo social
Ação dramatúrgica	Expressivos	Autorrepresentação	Orientada ao entendimento	Expressiva	Veracidade	Mundo subjetivo

Figura 16 – *Tipos de interações linguisticamente mediadas*

(6) Pragmática formal e empírica. Significado literal versus significado dependente do contexto: o pano de fundo do saber implícito

Mesmo que o programa de uma teoria dos atos de fala que apenas esbocei fosse levado a cabo, poder-se-ia colocar a questão de saber o que seria obtido com uma tal teoria apoiada na pragmática formal para uma teoria sociológica da ação útil. No mínimo, coloca-se a questão de saber por que não seria muito mais recomendável para tanto abordagens de pesquisa provenientes da pragmática empírica, que não se detêm com reconstruções racionais de atos de fala diversos, altamente idealizados, começando de imediato com a práxis comunicativa cotidiana. Do lado da linguística, há contribuições interessantes para a análise de narrativas e textos,[78] do lado da sociologia, contribuições para a análise da conversação,[79] do lado da antropologia, contribuições para etnografia do falar,[80] e do lado da psicologia, investigações sobre as variáveis pragmáticas da interação linguística.[81] Em contraposição a isso, a pragmática formal, que, com propósito reconstrutivo, ou seja, no sentido de uma teoria da competência, dirige-se às condições do entendimento possível,[82] parece se distanciar desamparadamente do uso factual da linguagem.[83] Nessas circunstâncias, faz sentido de modo geral

---

78 Kummer, *Grundlagen der Texttheorie*; Halliday, *System and Function in Language, Selected Papers*; Bach; Hanisch, *Linguistic Communication and Speech Acts*.

79 Coulthard, *An Introduction into Discourse Analysis*; Churchill, *Questioning Strategies in Sociolinguistics*; Schenken (org.), *Studies in the Organization of Conversational Interaction*; Jacobs, "Recent Advances in Discourse Analysis", *Quarterly Journal of Speech*, v.66, n.4, p.450ss., 1980.

80 Hymes (org.), *Language in Culture and Society*; id., "Models of the Interactions of Language and Social Life", em Gumperz; Hymes (orgs.), *Directions in Sociolinguistics*, p.35ss.

81 Rommetveit, *On Message-Structure*.

82 Apel, "Sprechakttheorie und tranzendentale Sprachpragmatik, zur Frage der Begründung ethischer Normen", em *Sprachpragmatik und Philosophie*; Habermas, "Was heißt Universalpragmatik?", op. cit.

83 Cf. a avaliação crítica das abordagens da pragmática formal em Allwood, Grice e Habermas em Kreckel, *Communicative Acts and Shared Knowledge in Natural Discourse*, p.14ss.

insistir na fundamentação de uma teoria da ação comunicativa nos termos da pragmática formal?

Eu gostaria de responder a essa questão enumerando de início os passos metodológicos com os quais a pragmática formal encontra uma conexão com a pragmática empírica (a); depois, vou denominar os problemas que um esclarecimento dos fundamentos racionais de processos de entendimento torna indispensáveis (b); por fim, gostaria de aprofundar um argumento estrategicamente importante, sobre o qual a pragmática formal tem de deixar-se instruir pela pragmática empírica, caso não queira localizar em lugar errado a problemática da racionalidade – a saber: não nas orientações da ação, como sugere a teoria da ação de Max Weber, mas nas estruturas universais dos mundos da vida, aos quais pertencem os sujeitos agentes (c).

ad a) É possível aproximar pouco a pouco os tipos puros de interação linguisticamente mediada da complexidade das situações naturais, sem que se vejam perdidos os pontos de vista teóricos para análise da coordenação da ação. A tarefa consiste em reverter de maneira controlada as idealizações fortes das quais é tributário o conceito de ação comunicativa:

— além dos *modos fundamentais*, admite-se a multiplicidade das *forças ilocucionárias concretamente marcadas* que forma a rede de relações interpessoais possíveis, culturamente especificada e estandardizada nas línguas particulares;
— além da *forma standard* dos atos de fala, admitem-se *outras formas de realização linguística* de atos de fala;
— além dos atos de fala *explícitos*, admitem-se as manifestações *implícitas*, elipticamente reduzidas e complementadas de maneira extraverbal, nas quais o entendimento do ouvinte depende do conhecimento de condições contextuais não estandardizadas, contingentes;
— além dos atos de fala *diretos*, admitem-se manifestações *indiretas, figuradas e ambíguas*, cujo significado tem de ser explorado a partir do contexto;
— a consideração se estende de atos de fala *isolados* (e de tomadas de posição de sim e não) às sequências de atos de fala, aos *textos* ou *diálogos*, de sorte que saltem à vista as implicações da conversação;
— ao lado das atitudes fundamentais objetivante, conforme às normas e expressiva, admite-se uma *atitude performativa*, abrangente, para ter em conta

o fato de que os participantes da comunicação, com cada ato de fala, se referem *simultaneamente* a algo no mundo objetivo, social e subjetivo;[84]
— além do plano dos *processos de entendimento*, isto é, da *fala*, leva-se em conta o plano da *ação* comunicativa, isto é, da coordenação, em comum acordo, dos planos de ação dos participantes individuais;

---

[84] A classificação segundo atos de fala constativos, regulativos e expressivos significa que é atribuída ao falante, a cada vez, uma atitude fundamental dominante. Tão logo admitimos uma atitude performativa, levamos em consideração a circunstância de que processos de entendimento complexos podem ser bem-sucedidos somente se cada falante efetua uma passagem regulada, isto é, racionalmente controlada, de uma atitude (seja ela objetivante, conforme às normas ou expressiva) para as demais atitudes. Uma tal transformação se apoia nas *invariâncias de validade* intermodais. Esse terreno de uma lógica dos atos de fala ainda é mal investigado. Por que, por exemplo, nós nos permitimos concluir da validade de um ato de fala expressivo $M_{(e)}$ p a validade de um ato de fala *correspondente* $M_{(c)}p$? Se Pedro confessa verazmente que ele ama Frida, sentimo-nos autorizados a aceitar como verdadeira a afirmação de que Pedro ama Frida. E se, inversamente, a afirmação de que Pedro ama Frida é verdadeira, sentimo-nos autorizados a aceitar como veraz a confissão de Pedro de que ele ama Frida. Essa passagem poderia ser justificada segundo as regras da lógica proposicional somente se nos fosse permitido assimilar os atos de fala expressivos aos constativos ou as proposições de vivência às proposições assertóricas. Uma vez que este não é o caso, precisamos buscar as regras pragmático-formais para a associação desses atos de fala que aparecem com o mesmo conteúdo proposicional em diversos modos. A Figura 17 deve ilustrar meramente as passagens que consideramos intuitivamente permitida (+) ou não permitidas (−).

Esses fenômenos não podem ser explicados satisfatoriamente pelas lógicas modais conhecidas. Cf., porém, a propósito da abordagem construtivista de uma lógica pragmática, Gethmann (org.), *Theorie des Wissenschaftlichen Argumentierens*, parte 3, p.165-240; id., *Protologik*.

de:	para: ato de fala constativo (verdade)	para: ato de fala expressivo (veracidade)	para: ato de fala regulativo (correção)
ato de fala constativo (verdade)	X	+	−
ato de fala expressivo (veracidade)	+	X	−
ato de fala regulativo (correção)	−	+	X

Figura 17 — *Transferência intermodal entre atos de fala com o mesmo conteúdo proposicional*

— além *das ações comunicativas*, finalmente, são retomados na análise os recursos do *saber de fundo* com os quais os participantes da interação alimentam suas interpretações, isto é, os mundos da vida.

Essas ampliações desembocam no abandono de precauções metodológicas que foram intencionadas de início com a introdução dos atos de fala *standard*. No caso *standard*, o significado literal das proposições proferidas coincide com o que o falante pensa [*meint*] com seu ato de fala.[85] Porém, quanto mais o que um falante pensa com seu proferimento tornou-se dependente de um saber de fundo que permanece implícito, tanto mais o significado do proferimento, específico do contexto, pode se distinguir do significado literal do dito.

Quando se abandona a idealização de uma representação integral e literal do significado de proferimentos, a solução de um outro problema é facilitado, a saber, a distinção e a identificação de ações orientadas ao entendimento e orientadas ao êxito em situações naturais. Quanto a isso, é preciso considerar que não somente as ilocuções aparecem em contextos de ação estratégica, mas também as perlocuções aparecem em contextos de ação comunicativa. Processos cooperativos de interpretação percorrem diversas fases. Seu estado inicial é definido, em regra, pelo fato de que as interpretações da situação feitas pelos participantes não se sobrepõem suficientemente para os fins da coordenação da ação. Nessa fase, os participantes precisam desviar-se para o plano da metacomunicação ou empregar os meios do entendimento indireto. Um entendimento indireto decorre segundo o modelo da semântica intencional: o falante dá a entender ao ouvinte, por meio de efeitos perlocucionários, algo que ele (ainda) não pode comunicar diretamente. Nessa fase, portanto, os atos perlocucionários precisam ser inseridos em contextos de ação comunicativa. Esses *elementos estratégicos no interior do uso da linguagem orientada ao entendimento* podem ser distinguidos, no entanto, das *ações estratégicas* pelo fato de a sequência inteira de um recorte da fala se encontrar, por parte de todos os participantes, sob as pressuposições do uso da linguagem orientado ao entendimento.

---

85 Tem esse sentido metodológico o "principle of expressibility", introduzido por Searle, *Speech Acts*, p.87-8; cf. a respeito: Binkley, "The Principle of Expressibility", *Philosophy and Phenomenological Research*, v.39, n.3, p.307ss., 1979.

ad b) Uma pragmática empírica que não se certificasse primeiramente do ponto de partida dado pela pragmática formal não disporia dos instrumentos conceituais que são necessários para reconhecer os fundamentos racionais da comunicação linguística na complexidade desconcertante das cenas cotidianas observadas. Apenas em investigações ligadas à pragmática formal podemos nos assegurar de uma ideia de entendimento que possa encaminhar a análise empírica sobre problemas repletos de pressupostos, como a representação linguística de planos distintos da realidade, os fenômenos da patologia da comunicação ou o surgimento de uma compreensão descentrada do mundo.

A *delimitação linguística dos planos de realidade* entre "jogo" e "seriedade", a construção linguística de uma realidade fictícia, do chiste e da ironia, do uso figurado e paradoxal da linguagem, as alusões e a retratação contraditória de pretensões de validade no plano metacomunicativo – todas essas operações se baseiam na confusão intencional das modalidades de ser. A pragmática formal pode contribuir mais para o esclarecimento do mecanismo de ilusão, que o falante precisa dominar nesse contexto, do que uma descrição empírica dos fenômenos carentes de explicação, por mais exata que seja. A criança em desenvolvimento obtém com a exercitação nos modos fundamentais do uso da linguagem a capacidade de demarcar a subjetividade das próprias vivências em relação à objetividade da realidade objetivada, à normatividade da sociedade e à própria intersubjetividade da comunicação linguística. Ao aprender a lidar hipoteticamente com pretensões de validade correspondentes, ela se exercita nas distinções categoriais entre essência e fenômeno, ser e aparência, ser e dever ser, signo e significado. Com essas modalidades de ser, ela passa a ter controle sobre os fenômenos ilusórios que inicialmente brotam da confusão involuntária entre a própria subjetividade, por um lado, e os âmbitos do objetivo, do normativo e do intersubjetivo, por outro lado. Ela sabe então como dominar as confusões e como gerar intencionalmente desdiferenciações, investindo em ficção, chiste, ironia e assim por diante.[86]

---

86 Habermas, "Universalpragmatische Hinweise auf das System der Ich-Abgrenzungen", em Auwärter; Kirsch; Schröter (orgs.), *Kommunikation, Interaktion, Identität*, p.332ss.; cf. também a investigação empírica de Auwärter; Kirsch, "Die konverstionelle Generierung von Situationsdefinitionen im Spiel 4-6 jähriger Kinder", em Matthes (org.), *Soziologie in der Gesellschaft*, p.584ss.

Algo semelhante se passa com os fenômenos da *comunicação sistematicamente distorcida*. Também aqui a pragmática formal pode contribuir para explicar fenômenos que de início são identificados apenas com base em razão de uma compreensão intuitiva amadurecida na experiência clínica. Pois essas patologias da comunicação se deixam conceber como resultado de uma confusão entre ações orientadas ao êxito e ações orientadas ao entendimento. Em situações de ação estratégica encoberta, pelo menos um dos participantes se comporta orientado ao êxito, mas deixa os demais na crença de que todos satisfazem os pressupostos da ação comunicativa. Este é o caso da manipulação, que mencionamos no exemplo dos atos perlocucionários. Em contraposição a isso, aquele tipo de condução inconsciente dos conflitos que a psicanálise explica com base em estratégias de defesa leva a perturbações da comunicação simultaneamente nos planos intrapsíquicos e interpessoais.[87] Em tais casos, pelo menos um dos participantes se ilude a si mesmo a respeito de que ele age em atitude orientada ao êxito, preservando meramente a aparência da ação comunicativa. O lugar dessa comunicação sistematicamente distorcida no quadro de uma teoria da ação comunicativa resulta da Figura 18.

```
                         ações sociais
                        /             \
            ação comunicativa         ação estratégica
                                     /               \
                    ação estratégica encoberta    ação estratégica aberta
                              |                            |
                          engano                        engano
                      inconscientemente            conscientemente
              (comunicação sistematicamente distorcida)   (manipulação)
```

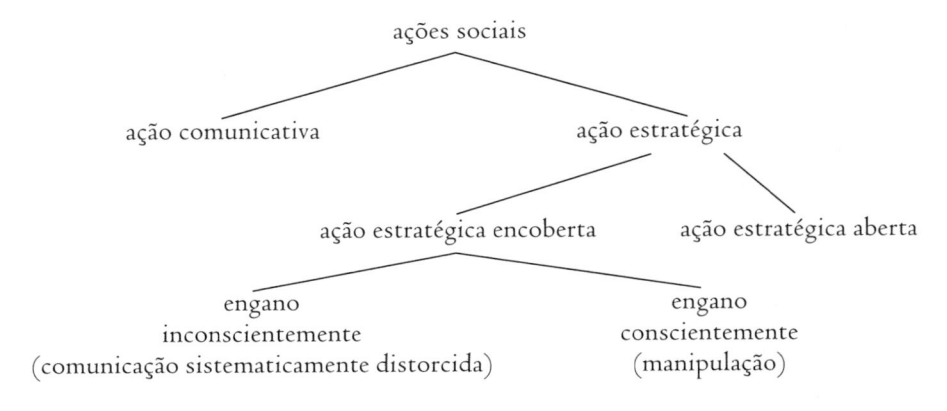

Figura 18

---

87 Riskin; Faunce, "An Evaluative Review of Family Interaction Research", *Family Process*, n.11, n.4, p.365ss., 1972; Weakland, "The Double Bind Theory: By Self-Reflexive Hindsight", *Family Process*, n.13, n.3, p.269ss., 1974; Kety, "From Rationalization to Reason", *American Journal of Psychiatry*, n.131, p.957ss., 1974; Reiss, "The Family and Schizophrenia", *American Journal of Psychiatry*, v.133, p.181ss., 1976.

No nosso contexto, porém, a pragmática formal tem sobretudo o mérito de enfatizar, com os tipos puros da interação linguisticamente mediada, exatamente aqueles aspectos sob os quais as ações sociais incorporam diversas espécies de saber. A teoria da ação comunicativa pode reparar as debilidades que havíamos descoberto na teoria weberiana da ação na medida em que ela não permanece fixada na racionalidade com respeito a fins como o aspecto único sob o qual as ações podem ser criticadas e corrigidas. Elucidarei sucintamente os diversos aspectos da racionalidade da ação lançando mão dos tipos de ação introduzidos:

Ações teleológicas podem ser julgadas sob o aspecto de sua *eficácia*. As regras de ação corporificam saber *aplicável técnica* e *estrategicamente*, que pode ser criticado no que concerne a pretensões de verdade e corrigidas por meio de um reacoplamento com a ampliação do saber teórico-empírico. Esse saber é armazenado na forma de tecnologias e estratégicas.

Atos de fala constativos, que não apenas corporificam saber mas o expõe explicitamente e possibilitam conversações, podem ser criticados sob o aspecto da verdade. No caso de controvérsias mais pertinazes sobre a verdade de enunciados, o *discurso teórico* se apresenta como uma continuação, com outros meios, da ação orientada ao entendimento. Se o exame discursivo perde seu caráter *ad hoc*, e o saber empírico é colocado sistematicamente em questão, se os processos espontâneos de aprendizagem atravessam as comportas das argumentações, resultam efeitos cumulativos. Esse saber é armazenado na forma de *teorias*.

Ações reguladas por normas corporificam um saber prático-moral. Elas podem ser contestadas sob o aspecto da correção. Uma pretensão de correção controversa pode ser tematizada e examinada discursivamente da mesma maneira que uma pretensão de verdade. No caso de perturbações do uso regulativo da linguagem, o discurso prático se apresenta como continuação da ação consensual com outros meios. Nas argumentações prático-morais, os participantes podem examinar tanto a correção de uma determinada ação com referência a uma norma dada como também, na etapa seguinte, a correção de uma tal norma. Esse saber é transmitido na forma de noções jurídicas e morais.

As ações dramatúrgicas corporificam um saber da subjetividade própria do agente. Essas manifestações podem ser criticadas como inverazes, isto é, ser repelidas como enganos ou autoenganos. Autoenganos podem ser dissolvidos em diálogos terapêuticos com meios argumentativos. O saber expressivo se deixa explicitar na forma daqueles valores que subjazem à interpretação de necessidades, à interpretação de desejos e às atitudes emotivas. *Standards* axiológicos são, por sua vez, dependentes de inovações no âmbito das expressões valorativas. Estas se espelham exemplarmente em obras de arte. Os aspectos da racionalidade da ação se deixam resumir na Figura 19.

Tipos de ação	Tipo do saber corporificado	Forma da argumentação	Padrões do saber transmitido
ação teleológica: instrumental estratégica	saber aplicável técnica e estrategicamente	discurso teórico	tecnologias/ estratégias
atos de fala constativos (conversação)	saber teórico-empírico	discurso teórico	teorias
ação regulada por normas	saber prático-moral	discurso prático	noções jurídicas e morais
ação dramatúrgica	saber prático-estético	crítica terapêutica e estética	obras de arte

Figura 19 – *Aspectos da racionalidade da ação*

ad c) A conjugação de orientações de ação, tipos de saber e formas de argumentação é inspirada naturalmente pela ideia weberiana de que na modernidade europeia se diferenciam, com ciência, moral e arte, acervos de saber explícitos que afluem para âmbitos diversos de ação cotidiana institucionalizada, colocando sob a pressão da racionalização, de certa maneira, as orientações da ação determinadas até então de maneira tradicionalista. Os aspectos da racionalidade da ação que se podem depreender da ação comunicativa devem permitir então a apreensão dos processos da racionalização social em toda sua amplitude e não mais somente do ponto de vista seletivo da institucionalização da ação racional com respeito a fins.

Todavia, com essa problematização, o *papel do saber implícito* é reduzido demais. Permanece pouco claro como se afigura o horizonte da ação cotidiana em que se precipita o saber explícito dos *experts* culturais e como a práxis comunicativa cotidiana se altera de fato sob essa afluência. O conceito de ação orientada ao entendimento tem a outra vantagem, inteiramente *diferente*, de iluminar esse *pano de fundo do saber implícito* que penetra *a tergo* nos processos cooperativos de interpretação. A ação comunicativa se desenrola no interior de um mundo da vida que permanece às costas dos participantes da comunicação. Ele é presente a estes apenas na forma pré-reflexiva das suposições de fundo autoevidentes e de habilidades ingenuamente dominadas.

Se as investigações da última década em sociolinguística, etnolinguística e psicolinguística convergem em uma coisa, então se trata do conhecimento, demonstrado de diversos modos, de que o saber de fundo e o saber contextual coletivos de falantes e ouvintes determinam em medida extraordinariamente alta a interpretação de seus proferimentos explícitos. Searle acolheu esse ensinamento da pragmática empírica. Ele critica a concepção, por muito tempo dominante, segundo a qual às proposições compete um *significado literal* somente em razão das regras de emprego das expressões contidas nelas.[88] De início, eu mesmo construí o significado dos atos de fala como significado literal nesse sentido. Esse significado certamente não podia ser pensado independentemente de condições contextuais de modo geral. Para todo tipo de ato de fala, precisam ser preenchidas condições contextuais *universais* para que o falante possa alcançar um êxito ilocucionário. Mas essas condições contextuais universais deveriam se deixar extrair, por sua vez, do significado literal das expressões linguísticas empregadas em atos de fala *standard*. De fato, o conhecimento das condições sob as quais um ato de fala pode ser aceito como válido não pode depender *completamente* de um saber de fundo contingente, se a pragmática formal não deve perder seu objeto.

Ora, Searle mostra, lançando mão de afirmações simples ("O gato está na esteira) e de imperativos ("Dê-me um hambúrguer"), que as condições de verdade ou de cumprimento de proposições assertóricas e de exigência em-

---

[88] Searle, "Literal Meaning", em *Expression and Meaning*, p.117ss.; cf. também Valin, "Meaning and Interpretation", *Journal of Pragmatism*, v.4, p.213ss., 1980.

pregadas neles não podem ser especificados independentemente do contexto. Se começamos primeiramente a variar as *suposições de fundo* relativamente enraizadas e triviais, observamos que as condições de validez aparentemente invariantes quanto ao contexto alteram seu sentido, ou seja, não são de modo algum absolutas. Searle não vai tão longe a ponto de contestar de modo geral um significado literal para proposições e proferimentos. Mas ele defende a tese de que o significado literal de uma expressão está relacionado com um pano de fundo de saber implícito e alterável, que os participantes normalmente tomam como trivial e autoevidente.

A tese da relatividade não tem o sentido de reduzir o significado de um ato de fala àquilo que o falante pensa com ele em um contexto contingente. Searle não afirma um relativismo simplório do significado de expressões linguísticas; pois seu significado de modo algum se altera com a passagem de um contexto contingente ao próximo. Descobrimos a relatividade do significado literal de uma expressão, pelo contrário, somente mediante uma *espécie de problematização* que não está sem mais ao alcance da mão. Ela surge em consequência de problemas que se apresentam objetivamente, os quais abalam nossa imagem de mundo natural. Esse saber de fundo fundamental, que deve inteirar tacitamente o conhecimento das condições de aceitabilidade de proferimentos linguisticamente estandardizados para que um ouvinte possa entender seu significado literal, possui propriedades dignas de nota: é um saber *implícito*, que não pode ser exposto em um número finito de proposições; é um saber *holisticamente estruturado*, cujos elementos remetem uns aos outros; e é um saber que não *está à nossa disposição*, na medida em que não podemos tomar consciência dele e colocá-lo em dúvida segundo o nosso desejo. Se os filósofos tentam fazê-lo apesar disso, aquele saber se mostra na figura de certezas do *common sense*, pelos quais G. E. Moore se interessou, por exemplo,[89] e aos quais Wittgenstein se refere em suas reflexões "Sobre a certeza".

Wittgenstein denomina essas certezas componentes de nossa imagem de mundo, "que estão ancorados de tal modo em todas as minhas questões

---

89 Moore, "Proof of an External World", em *Proceedings of the British Academy*.

e respostas que eu não posso tocá-las".[90] Aparecem como absurdas somente e exatamente as opiniões que não se ajustam a essas convicções, tão inquestionáveis quanto fundamentais: "Não é como se eu pudesse descrever o sistema dessas convicções. Mas minhas convicções formam um sistema, um construto".[91] Wittgenstein caracteriza o *dogmatismo das suposições e das habilidades de fundo cotidianas* de maneira análoga a A. Schütz em relação ao modo da autoevidência, no qual o *mundo da vida* é presente como pano de fundo pré-reflexivo: "A criança aprende a acreditar em uma profusão de coisas. Isto é, ela aprende a agir de acordo com essa crença. Forma-se passo a passo um sistema do que se acredita, e aí se firma muita coisa de maneira irremovível, e muita coisa é mais ou menos móvel. O que se firma não consegue isso porque é em si manifesto e convincente, mas é retido por aquilo que se situa ao redor".[92] Os significados literais estão, portanto, relacionados com um saber profundamente ancorado, implícito, *do* qual não sabemos nada normalmente, visto que ele é simplesmente não problemático, e não se estende para dentro do âmbito dos proferimentos comunicativos que podem ser válidos ou inválidos: "Se o verdadeiro é o fundamentado, então o fundamento não é verdadeiro nem falso".[93]

Searle desvenda essa camada do saber-imagem de mundo, funcionando no cotidiano, como o pano de fundo com o qual um ouvinte tem de estar familiarizado se deve entender o significado literal de atos de fala e agir comunicativamente. Com isso, ele direciona o olhar para um continente que permanece oculto enquanto o teórico analisa o ato de fala a partir do ângulo de visão do falante, que se refere com seu proferimento a algo no mundo objetivo, social e subjetivo. Somente voltando-se para trás, em direção ao horizonte do mundo da vida, formador de contextos, a partir do qual os participantes da comunicação podem se entender entre si sobre algo, o campo de visão se altera de tal modo que os pontos de junção da teoria da ação se tornam visíveis para a teoria da sociedade: o conceito de sociedade precisa

---

90 Wittgenstein, *Über Gewißheit*, §103, 35.
91 Ibidem, §102, 35.
92 Ibidem, §144, 146.
93 Ibidem, §205, 59.

ser ligado a um conceito de mundo da vida, complementar ao conceito de ação comunicativa. Então a ação comunicativa se torna interessante, em primeira linha, como um princípio de socialização; e, ao mesmo tempo, os processos de racionalização social ganham um outro valor posicional. Eles se efetuam muito mais nas estruturas implicitamente sabidas do mundo da vida do que, como sugere Weber, nas orientações da ação explicitamente sabidas. Na Segunda consideração intermediária vou retomar esse tema.

IV
De Lukács a Adorno: racionalização como reificação

Reflexão preliminar:
racionalização de mundos da vida versus complexidade crescente de sistemas de ação

A crítica aos fundamentos da teoria weberiana da ação pode se conectar, sem dúvida, com uma linha argumentativa que, como foi mostrado, se inscreve nos próprios textos de Weber. Essa crítica me conduziu, porém, a uma alternativa que exige uma mudança de paradigma da ação teleológica para a ação comunicativa. Weber não teve em vista essa mudança, e muito menos tentou realizá-la. O "sentido", como conceito fundamental da teoria da comunicação, tinha de permanecer inacessível ao neokantiano, crescido na tradição da filosofia da consciência. O mesmo vale para um conceito de racionalização social que pode ser projetado da perspectiva conceitual da ação orientada ao entendimento e que se refere ao mundo da vida como o saber de fundo comum e pressuposto na ação atual na qualidade de não problemático.

A racionalização social não significa, nesse caso, a difusão da ação racional com respeito a fins e a transformação de âmbitos da ação comunicativa em subsistemas de ação racional com respeito a fins. O ponto de referência é formado antes pelo potencial de racionalidade inscrito na base de validade da fala. Esse potencial nunca é completamente paralisado; ele pode ser ativado em diversos níveis, dependendo do grau de racionalização do saber próprio das imagens de mundo. Na medida em que as ações sociais são coordenadas por meio do entendimento, as condições formais de um acordo racionalmente motivado indicam como as relações dos participantes da interação entre si podem ser racionalizadas. Fundamentalmente, elas são consideradas racionais na medida em que as decisões de sim ou não que sustentam um consenso em cada caso procedem de processos de interpretação realizados pelos *próprios participantes*. Em correspondência com isso, um mundo da vida pode visto como racionalizado na medida em que ele permite interações que não são controladas mediante um entendimento normativamente *adscrito*, mas — direta ou indiretamente — mediante um entendimento comunicativamente *alcançado*.

Como foi mostrado, Weber vê a passagem para a modernidade como caracterizada por uma diferenciação de esferas de valor e de estruturas de consciência que tornam possível uma transformação crítica do saber tradicional a partir de pretensões de validade específicas em cada caso. Essa é uma condição necessária para a institucionalização de sistemas de saber e processos de aprendizagem diferenciados de maneira correspondente. É nessa linha que se situam (a) o estabelecimento de uma atividade científica na qual os problemas das ciências empíricas podem ser elaborados com independência em relação a opiniões doutrinárias teológicas e em separado das questões prático-morais fundamentais, de acordo com os *standards* internos de verdade; (b) a institucionalização de uma atividade artística na qual a produção de arte é desligada passo a passo das condições eclesiástico-culturais e mecenático-áulicas, e a recepção das obras de arte em um público apreciador de arte, formado de leitores, espectadores e ouvintes, passa a ser mediada pela crítica de arte profissionalizada; e finalmente (c) a elaboração intelectual e especializada de questões da ética, da teoria do Estado e da ciência do direito em faculdades de direito, no sistema jurídico e na esfera pública jurídica.

Na medida em que a produção institucionalizada do saber, especializada segundo as pretensões de validade cognitiva, normativa e estética, repercute no plano das comunicações cotidianas, substituindo o saber tradicional em sua função de controlar a interação, chega-se a uma racionalização da práxis cotidiana que se descerra apenas da perspectiva da ação orientada ao entendimento — chega-se a uma racionalização do mundo da vida que Weber negligenciou em comparação com a racionalização de sistemas da ação como a economia e o Estado. No mundo da vida racionalizado, a necessidade de entendimento é garantida cada vez menos por um acervo de interpretações abonadas pela tradição, resistente à crítica; no nível de uma compreensão de mundo inteiramente descentrada, a necessidade de consenso precisa ser satisfeita com frequência cada vez maior por meio de um acordo arriscado, visto que é racionalmente motivado – seja imediatamente por meio das operações interpretativas dos participantes, ou por meio de um saber profissionalizado de *experts*, arraigado de maneira secundária. Dessa maneira, a ação comunicativa é onerada com expectativas quanto ao consenso e com riscos de dissenso que colocam fortes exigências ao entendimento na qualidade de mecanismo de coordenação da ação. Por muitos fenômenos se pode depreender o subjetivismo crescente das opiniões, das obrigações e das carências, a reflexividade da compreensão do tempo e a mobilização da consciência do espaço. A fé religiosa é privatizada. Com a família burguesa e com a religiosidade comunitária descentralizada, surge uma nova esfera íntima, a qual se expõe em uma cultura reflexiva e sentimental entranhada, alterando as condições da socialização. Ao mesmo tempo, forma-se uma esfera pública política de pessoas privadas que modifica, como um *medium* da crítica permanente, as condições de legitimação da dominação política. As consequências da racionalização do mundo da vida são discrepantes: o que uns festejam como individualismo institucionalizado (Parsons) horroriza a outros como subjetivismo que mina as instituições ancoradas nas tradições, que sobrecarrega a capacidade de decisões dos indivíduos, provoca uma consciência de crise e, com isso, ameaça a integração social (A. Gehlen).

Da perspectiva conceitual da ação orientada ao entendimento, a racionalização aparece de início, portanto, como uma reestruturação do mundo da vida, como um processo que influi nas comunicações cotidianas através da diferenciação de sistemas de saber, abrangendo assim as formas tanto da reprodução cultural quanto da integração social e da socialização. Dado esse pano de fundo, o surgimento de subsistemas de ação racionais com respeito a fins recebe um valor posicional *diferente* daquele no contexto da investigação weberiana. Também Weber reproduziu o processo global da racionalização no plano da teoria da ação, na qualidade de uma tendência de substituir a ação comunitária pela ação societária. Porém, apenas quando diferenciamos na "ação societária" [*Gesellschaftshandeln*] entre ação orientada ao entendimento e ação orientada ao êxito a racionalização comunicativa da ação cotidiana e a formação de subsistemas para a ação econômica e administrativa racional com respeito a fins deixam-se compreender como desenvolvimentos *complementares*.

Sem dúvida, ambas espelham a corporificação institucional de complexos de racionalidade, mas, em outro aspecto, trata-se de tendências *inversas*.

A deslimitação de contextos normativos e a liberação da ação comunicativa em relação às instituições apoiadas em tradições — e isso significa: em relação às obrigações consensuais — oneram (e sobrecarregam) o mecanismo de entendimento com a necessidade crescente de coordenação. Por outro lado, nas duas dimensões centrais da ação, aparecem no lugar das instituições "institutos" e organizações de um novo tipo: eles se formam com base em *media* de comunicação que desacoplam a ação dos processos de entendimento, coordenando-a por meio de valores instrumentais generalizados como o dinheiro e o poder. Esses *media* de controle substituem a linguagem como mecanismo da coordenação da ação. Eles desligam a ação social de uma integração que decorre por meio de consensos sobre valores, ajustando-a à racionalidade com respeito a fins, controlada por *media*. Visto que Weber constrói sua teoria da ação por vias estreitas demais, ele não pode reconhecer no dinheiro e no poder os *media* de comunicação que, *ao substituir a linguagem*, possibilitam a diferenciação de sistemas parciais de ação racional com respeito a fins. São esses *media*, e não imediatamente as próprias orientações da ação racional com respeito a fins, que carecem de uma ancoragem institucional e de uma ancoragem motivacional no mundo da vida: a legitimidade da ordem jurídica e o fundamento prático-moral para âmbitos de ação juridificados, isto é, formalmente organizados, formam os elos que vinculam ao mundo da vida o sistema econômico, diferenciado através do dinheiro, e o sistema administrativo, diferenciado através do poder. Com razão, Weber abordou esses dois complexos institucionais para decifrar a modernização como uma racionalização em si contraditória.

No entanto, apenas com o quadro categorial da ação comunicativa se abre a perspectiva a partir da qual o processo de racionalização social aparece desde o princípio como contraditória. Mais exatamente, resulta uma contradição entre a racionalização da comunicação cotidiana, ligada às estruturas intersubjetivas do mundo da vida, para a qual a linguagem representa o *medium* do entendimento, genuíno e não substituível, e a complexidade crescente de sistemas parciais de ação racional com respeito a fins, nos quais *media* de controle como dinheiro e poder coordenam a ação. Não existe, portanto, uma concorrência entre os *tipos de ação orientada ao entendimento e ao êxito*, mas entre *princípios de integração social*: entre o mecanismo de uma comunicação linguística orientada por pretensões de validade, o qual procede da racionalização do mundo da vida com pureza cada vez maior, e aqueles *media* de controle deslinguistificados, por meio dos quais se diferenciam os sistemas de ação orientada ao êxito. Os paradoxos da racionalização de que Weber falou se deixam então apreender abstratamente de tal forma que a racionalização do mundo da vida possibilita uma espécie de integração sistêmica que entra em concorrência com o princípio de integração do entendimento e, sob determinadas condições, retroagem de maneira desintegradora sobre o mundo da vida.

Ora, não gostaria de trazer essa tese até Weber por fora, mas obtê-la pela marcha da argumentação constituída na história da teoria. Na versão de uma dialética de trabalho morto e vivo, encontra-se já em Marx uma correspondência com a dialética da racionalização. Como as passagens históricas de *O capital* mostram, Marx investiga como o processo de acumulação esvazia o mundo da vida daqueles produtores que podem oferecer como única mercadoria sua própria força de trabalho. Ele investiga o processo contraditório da racionalização social nos movimentos autodestrutivos de um sistema econômico que organiza, na base do trabalho assalariado, a produção de bens como geração de valores de troca e interfere com isso, de maneira desintegradora, nas condições de vida das classes implicadas nessas transações. O socialismo se situa para Marx na linha de fuga de uma racionalização do mundo da vida *falhada* com a dissolução capitalista de formas de vida tradicionais. Não vou me aprofundar, porém, nas relações interessantes entre Weber e Marx,[1] mas retomar a argumentação no ponto onde os representantes do marxismo ocidental, como de início Lukács, depois Horkheimer e Adorno, recolhem a teoria weberiana da racionalização,

---

[1] Löwith, "Max Weber und Karl Marx", em *Gesammelte Abhandlungen*, p.1ss.; Schluchter, *Wertfreiheit und Verantwortungsethik, zum Verhältnis von Wissenschaft und Politik bei Max Weber*; Birnbaum, "Konkurrierende Interpretationen der Genese des Kapitalismus: Marx und Weber", em Seyfarth; Sprondel (orgs.), *Religion und gesellschaftliche Entwicklung*, p.38ss.; Giddens, "Marx, Weber und die Entwicklung des Kapitalismus", em Seyfarth; Sprondel (orgs.), op. cit., p.65ss.

ligando-a com a dialética de trabalho morto e trabalho vivo, de sistema e eticidade, investigada por Hegel e Marx.

Nessa tradição se colocam os dois problemas que até hoje são determinantes para a teoria da sociedade. Em primeiro lugar, trata-se da ampliação do conceito teleológico de ação e da relativação da atividade voltada a fins segundo um modelo de entendimento que não apenas pressupõe a passagem da filosofia da consciência para a filosofia da linguagem, mas também o desenvolvimento e a radicalização da própria análise da linguagem no âmbito da teoria da comunicação.[2] Além da ampliação da abordagem da teoria da ação, porém, trata-se de uma integração da teoria da ação e dos sistemas que não leva, como em Parsons, a uma absorção da teoria da ação pela teoria dos sistemas porque se consegue distinguir claramente a racionalização do mundo da vida e a racionalização dos subsistemas sociais. A racionalização resulta ali da diferenciação estrutural do mundo da vida, aqui, do aumento de complexidade dos sistemas de ação. A teoria dos sistemas e a teoria da ação são as *disjecta membra* de um conceito dialético de totalidade de que Marx e mesmo Lukács ainda fizeram uso, sem que pudessem tê-lo reconstruído em conceitos que representassem um equivalente para as categorias fundamentais da lógica hegeliana, rejeitada como idealista.

De início, vou investigar a recepção marxista da teoria weberiana da racionalização em Lukács, Horkheimer e Adorno (I), para em seguida mostrar, no caminho aporético da crítica da razão instrumental, como essa problemática explode os limites da filosofia da consciência (2).

---

2 Cf. p.393ss.

1
Max Weber na tradição do marxismo ocidental

Quando se parte das posições teóricas que Horkheimer e Adorno desenvolveram a partir da Teoria Crítica no começo dos anos 1940,[1] despontam as convergências entre a tese da racionalização de Weber e a crítica da razão instrumental situada na linha da tradição de Marx e Lukács. Isso vale em particular para o livro homônimo de Horkheimer do ano de 1946.[2]

Com Weber, Horkheimer defende a concepção segundo a qual a racionalidade formal "subjaz à cultura industrial contemporânea".[3] Sob a racionalidade formal, Weber havia resumido as determinações que possibilitam a "calculabilidade" das ações: sob o aspecto instrumental, a eficácia dos meios disponíveis, e sob o aspecto estratégico, a correção da escolha dos meios quanto a preferências, meios e condições marginais dadas. Em particular, esse segundo aspecto da racionalidade da escolha é denominado por Weber de "formal", diferentemente do julgamento material dos próprios valores subjacentes às preferências subjetivas. Esse conceito é empregado por ele também como sinônimo de racionalidade com respeito a fins. Trata-se aí da estrutura das

---

[1] Sobre a história teórica do Instituto de Frankfurt nos anos de emigração, cf. Jay, *Dialektische Phantasie*; Dubiel, *Wissenschaftsorganization und politische Erfahrung*; Held, *Introduction to Critical Theory*.

[2] Horkheimer, *Zur Kritik der instrumentellen Vernunft*. [Para a crítica da razão instrumental; Habermas se refere aqui à tradução alemã, em 1967, de *Eclipse da razão*, que Horkheimer publicou vinte anos antes, durante seu exílio nos Estados Unidos. (N. T.)]

[3] Ibid., p.13.

orientações da ação que é determinada pela racionalidade cognitivo-instrumental, com a abstração de critérios da racionalidade prático-moral ou prático-estética. Weber acentua o *aumento* de racionalidade que ocorre com a diferenciação de uma esfera cognitiva de valores e de processos de aprendizagem cientificamente organizados: cadeias de ações prolongadas podem ser julgadas então sistematicamente sob o aspecto de validade da verdade e da eficiência, calculada e aprimorada no sentido da racionalidade formal. Horkheimer acentua, pelo contrário, a *perda* de racionalidade que ocorre na medida em que as ações podem ser julgadas, planejadas e justificadas somente sob o aspecto cognitivo. Isso ganha expressão já na escolha dos termos. Horkheimer iguala a racionalidade com respeito a fins com a "razão instrumental". A ironia no uso desse termo consiste em que a razão, que segundo Kant se refere à faculdade das ideias e inclui a razão prática tanto quanto a faculdade de julgar estética, é identificada com o que Kant cuidadosamente distingue dela, justamente a atividade do entendimento [*Verstand*] do sujeito que conhece e age conforme imperativos técnicos: "Quando a ideia de razão foi concebida, ela se destinava a realizar mais do que meramente regular a relação entre meios e fins; ela foi considerada como o instrumento para entender fins, *para determiná-los*".[4]

Apesar do acento distinto, Horkheimer segue as duas teses que formam os componentes explicativos do diagnóstico de época de Weber: a tese da perda de sentido (1) e a tese da perda de liberdade (2); as diferenças surgem somente quando da fundamentação dessas teses, no que Horkheimer se apoia sobre a interpretação da racionalização capitalista como reificação, proposta por Lukács (3).

(1) *Sobre a tese da perda de sentido*

Horkheimer introduz a razão instrumental como "razão subjetiva", contrapondo-a à "razão objetiva". Em virtude disso, resulta uma perspectiva que vai além da unidade de uma razão diferenciada em si mesma, remontando à metafísica: não Kant, mas a metafísica forma o contraste verdadeiro

---

4 Ibid., p.21.

com uma consciência que faz valer como racional unicamente a faculdade da racionalidade formal, isto é, "a capacidade de calcular probabilidades e, com isso, correlacionar os meios corretos ao fim dado":[5] "No foco da teoria da razão objetiva se encontravam não as correlações entre comportamento e objetivo, mas os conceitos — por mais mitológicos que possam nos parecer hoje — que se ocupam com a ideia do sumo bem, com o problema da destinação humana e com o modo como os objetivos supremos deveriam ser realizados".[6] A expressão "razão objetiva" representa o pensamento ontológico que havia impulsionado a racionalização das imagens de mundo, que havia concebido o mundo humano como parte de uma ordem cosmológica: "Os sistemas filosóficos da razão objetiva incluíam a convicção de que uma estrutura do ser universal ou fundamental poderia ser descoberta e que uma concepção da destinação humana poderia ser derivada dela".[7]

O pano de fundo para a história da consciência moderna, para a constituição da razão instrumental como a forma dominante de racionalidade, é formado por aquelas imagens religiosas e metafísicas do mundo das quais Max Weber havia depreendido inicialmente o processo de desencantamento (embora muito mais a partir dos pontos de vista da racionalização ética do que daqueles da racionalização teórica). Como Weber, Horkheimer vê o resultado desse desenvolvimento das imagens de mundo na constituição de esferas de valores que obedecem a legalidades intrínsecas específicas: "Essa divisão das esferas culturais resulta de que a verdade objetiva universal é substituída pela razão formalizada, relativista no seu âmago".[8] À subjetivação da razão corresponde o vir a ser irracional da moral e da arte. Os autores da *Dialética do esclarecimento*,[9] cujo conteúdo sistemático Horkheimer apenas concentrou em sua *Crítica da razão instrumental*, dedicaram um capítulo a um romance de Sade para mostrar que o "escritores sombrios da burguesia" tomaram consciência, mesmo no século paradigmático do Esclarecimento,

---

5 Ibid., p.17.
6 Ibid., p.16.
7 Ibid., p.22.
8 Ibid., p.28.
9 Horkheimer; Adorno, *Dialektik der Aufklärung*.

da dissociação entre razão e moral, chegando às suas últimas consequências: "eles não pretenderam que a razão formalista possuiria um nexo mais íntimo com a moral do que com o imoral".[10] O mesmo afirma Horkheimer a respeito do desenvolvimento artístico moderno: a dissociação da arte em relação à razão "converteu as obras de arte em mercadorias culturais e seu consumo em uma série de sentimentos casuais que são separados de nossas intenções e esforços reais".[11]

Certamente, Horkheimer se distingue de Weber no juízo a respeito da separação das esferas de valores cognitiva, normativa e expressiva. Com a recordação do conceito enfático de verdade próprio da metafísica, com o qual, e de maneira interessante, Weber jamais se ocupou sistematicamente, Horkheimer dramatiza a cisão interna da razão por dois lados; de uma parte, ele vê as esferas de valores normativa e expressiva privadas de toda pretensão de validade imanente, de sorte que não se pode mais falar de *racionalidade* moral e estética; de outra parte, ele atribui ao pensamento especulativo transformado em crítica, apesar de toda hesitação, ainda uma força restitutiva que Weber teria considerado utópica, que teria considerado suspeita de falso carisma da razão. Mas o ponto onde ambos concordam é a tese segundo a qual a unidade das imagens religiosas e metafísicas de mundo, fundadora de sentido, decompõe-se, segundo a qual essa circunstância coloca em questão a unidade dos mundos da vida modernizados e, com isso, ameaça gravemente a identidade dos sujeitos socializados e a sua solidariedade social.

A modernidade se caracteriza também para Horkheimer pelo fato de que esse desencantamento, com o qual a religião e a metafísica haviam suplantado o pensamento mágico e mítico, acabou abalando as próprias imagens de mundo racionalizadas em seu cerne, isto é, na credibilidade dos princípios teológicos e dos princípios cosmológicos e ontológicos. O saber metafísico-religioso transmitido por meio de doutrinas se petrifica em dogma, a revelação e a sabedoria tradicional se transformam em mera tradição, a convicção se torna um subjetivo "tomar por verdadeiro". A própria forma de

---

10 Ibid., p.141.
11 Horkheimer, *Zur Kritik der instrumentellen Vernunft*, p.47.

pensar da imagem de mundo se torna obsoleta, o saber sacro e a sabedoria mundana se dissolvem em poderes de crença subjetivados. Agora, pela primeira vez, podem apresentar-se fenômenos como o *fanatismo da fé* e o *tradicionalismo erudito*, mais precisamente na qualidade de fenômenos concomitantes do protestantismo por um lado, e do humanismo por outro lado. Assim que o conhecimento de Deus, no qual os aspectos de validade do verdadeiro, do bom e do perfeito ainda estão inseparados, defronta-se com aqueles sistemas de saber especializados segundo os critérios da verdade proposicional, da correção normativa e da autenticidade ou da beleza, o modo de ater-se às convicções religiosas perde a desenvoltura que se transmite a uma convicção unicamente por meio de boas razões.

Desde então, a *crença* religiosa passa a ser caracterizada pelos momentos da cegueira, da mera opinião e da subjugação – fé e saber se separam: "A fé é um conceito privado: ela é aniquilada como fé se não ostenta continuamente sua oposição ao saber ou sua concordância com ele. Ao permanecer dependente da restrição do saber, ela mesma é restringida. A tentativa da fé, empreendida no protestantismo, de encontrar imediatamente na própria palavra, como na pré-história, o princípio da verdade que o transcende, sem o qual ela não pode existir, e de restituir-lhe o poder simbólico foi paga por ele com a obediência à palavra [...]. Ao permanecer encadeado inelutavelmente ao saber como inimigo ou amigo, ele perpetua a separação na luta por superá-la: seu fanatismo é a marca de sua inverdade, a confissão objetiva de que quem *apenas* crê justamente com isso não crê mais".[12]

Por outro lado, um *saber erudito* [*Bildungswissen*] se aparta da filosofia moderna, a qual ao mesmo tempo se identifica ambiguamente com a ciência, na qualidade de oponente e herdeira da religião, salvando-se provisoriamente no interior do sistema científico. A justificação desse saber erudito consiste primariamente em prosseguir as tradições. A dificuldade do tradicionalismo erudito se manifesta em ter de ocultar o próprio fundamento; pois precisam de evocação somente aquelas tradições que carecem de certificação por meio de boas razões. Todo tradicionalismo traz o signo de um *neo*tradicionalismo: "Quais são as consequências da formalização da razão? Justiça,

---

12 Horkheimer; Adorno, *Dialektik der Aufklärung*, p. 31-2.

igualdade, felicidade, tolerância, todos os conceitos que, como mencionado, são imanentes à razão nos séculos precedentes ou que deveriam ser sancionados por ela, perderam suas raízes espirituais. Eles são ainda objetivos e fins, mas não há nenhuma instância racional que estaria autorizada a atribuir-lhes um valor e reuni-los com uma realidade objetiva. Aprovados pelos documentos históricos veneráveis, eles podem ainda se contentar com um certo prestígio, e alguns estão contidos na lei fundamental dos maiores países. Não obstante, eles carecem da confirmação pela razão em seu sentido moderno. Quem pode dizer que qualquer um desses ideais estaria ligado mais intimamente com a verdade do que o seu contrário?".[13]

Essa segunda onda de desencantamento, efetuada conscientemente pelo historicismo, significa o retorno irônico dos poderes demoníacos que de início haviam sido coagidos pela força de imagens religiosas e metafísicas de mundo capaz de fundar unidade e conferir sentido de maneira homogênea. A tese desenvolvida na *Dialética do Esclarecimento* segundo a qual o Esclarecimento reverte em mito se coaduna com a tese da "Consideração intermediária" de Weber. Quanto mais sobressai "a peculiaridade específica de cada esfera especial que ocorre no mundo, sempre com a maior rudeza e a maior indissolubilidade", tanto mais impotente se torna a busca de salvação e de sabedoria perante um politeísmo recrudescido, perante uma luta de deuses que agora, no entanto, é conduzida por uma razão subjetiva, *sob o signo de poderes impessoais*. Esse novo politeísmo, porque despido de sua figura mítica, perdeu a força vinculante, entregando ao destino, com a diminuição de sua força de integração social, apenas a cegueira, isto é, o caráter contingente da contraposição entre poderes de crença que se tornaram irracionais. Mesmo a ciência se encontra sobre um fundamento oscilante, que não é mais seguro do que o engajamento subjetivo daqueles que estão decididos a deixar que sua vida se pregue nessa cruz.[14]

---

13 Horkheimer, *Zur Kritik der instrumentellen Vernunft*, p.32.
14 Essa autocompreensão heroica das ciências modernas é testemunhada por Weber em sua conferência *Ciência como vocação* (Weber, "Wissenschaft als Beruf", em *Gesammelte Aufsätze zur Wissenschaftslehre*, p.582ss.). Mesmo Popper se declara partidário desse subjetivismo, ao atribuir a crítica científica não a uma escolha fundamentada entre

De resto, a razão subjetiva é a razão instrumental, isto é, um instrumento da autoconservação. Horkheimer designa a ideia de autoconservação como o princípio que impele a razão subjetiva à loucura, visto que o pensamento de algo que vá além da subjetividade do autointeresse é privado de toda racionalidade: "A vida da tribo totêmica, do clã, da Igreja da Idade Média, da nação na era das revoluções burguesas segue padrões ideológicos que se constituíram graças a desenvolvimentos históricos. Esses padrões — mágicos, religiosos ou filosóficos — espelhavam as formas respectivas de dominação social. Eles formavam uma argamassa cultural, mesmo depois do envelhecimento de seu papel na produção; assim, promoveram *também* a ideia de uma verdade comum, mais precisamente, pelo fato de que haviam sido objetificados [...]. Esses sistemas mais antigos se desfizeram, visto que as formas de solidariedade exigidas por eles se revelaram ilusórias, e as ideologias vinculadas a eles se tornaram ocas e apologéticas".[15] No mesmo contexto, Max Weber fala da dominação mundial da não fraternidade.

Weber e Horkheimer concordam também nos traços fundamentais de seu diagnóstico de época, notavelmente discrepante:

— a credibilidade das imagens religiosas e metafísicas do mundo se torna cativa de um processo de racionalização ao qual haviam devido sua origem; nesse sentido, a crítica do Esclarecimento à teologia e à ontologia é racional, isto é, cogente e irreversível por razões internas;
— essa *segunda* onda de racionalização, após a suplantação do mito, possibilita uma consciência moderna que é determinada pela diferenciação de esferas de valores culturais dotadas de leis intrínsecas; esta tem por consequência a subjetivação da fé e do saber: arte e moral são apartadas de pretensões de verdade proposicional, ao passo que a ciência mantém sozinha uma relação prática com a ação racional com respeito a fins (e perde a relação com a práxis comunicativa);

---

saber e fé, mas à decisão irracional "entre dois tipos de crença" (Popper, *Die offene Gesellschaft und ihre Feinde*, v.II, p.304). Para uma crítica dessa posição: Habermas, "Dogmatismo, razão e decisão: sobre teoria e práxis na civilização cientificizada", em *Teoria e práxis*, p.467ss.
15 Horkheimer, *Zur Kritik der instrumentellen Vernunft*, p.138-9.

— a razão subjetiva funciona como instrumento da autoconservação em uma luta na qual os participantes se orientam pelos poderes de crença fundamentalmente irracionais, irreconciliáveis entre si; ela não é mais capaz de fundar sentido algum e passa a ameaçar a unidade do mundo da vida, junto com a integração da sociedade;
— uma vez que a força de integração social das imagens de mundo e a solidariedade social que elas provocam não são simplesmente irracionais, a "dilaceração dos âmbitos culturais" da ciência, da moral e da arte não pode mais ser considerada simplesmente racional, embora remonte a processos de aprendizagem e, com isso, à razão.

(2) Sobre a tese da perda de liberdade

Assim como a tese da perda de sentido é derivada do processo de racionalização *cultural*, internamente reconstruível, a tese da perda de liberdade é derivada de processos de racionalização *social*. No entanto, Weber e Horkheimer elegem pontos de referência históricos distintos, próprios do desenvolvimento europeu, a saber, o século XVI-XVII e o final do século XIX. Em um caso, é o período em que o protestantismo, o humanismo e o desenvolvimento científico moderno colocam em questão a unidade das imagens religiosas e metafísicas do mundo. Em outro caso, é o período do "alto liberalismo", no limiar da passagem do capitalismo liberal para o organizado.

O *take off* do desenvolvimento capitalista se nutre das qualidades de uma conduta de vida que deve sua racionalidade metódica à força homogeneizadora da ética ascética generalizada. Com uma leve reserva, psicanaliticamente informada, Horkheimer partilha a concepção de Weber de acordo com a qual essa ética guiada por princípios é o fundamento para a reprodução cultural da independência e da individualidade pessoais: "Justamente devido à negação da vontade de autoconservação na terra, em favor da conservação da alma eterna, o cristianismo insistia no valor infinito de cada ser humano, uma ideia que satisfazia até mesmo sistemas não cristãos ou anticristãos do mundo ocidental. Certamente, o preço foi a repressão dos instintos vitais e — uma vez que uma tal repressão jamais é feliz — uma insinceridade que domina completamente o nosso mundo. Não obstante, justamente a interiorização elevou a individualidade. Ao se negar, ao imitar o sacrifício de Cristo, o indivíduo alcança ao mesmo tempo uma nova dimensão e um novo ideal, pelo qual orienta sua vida na terra".[16] De forma vaga, Horkheimer repete a tese weberiana dos fundamentos ascético-religiosos da ação racional econômica do empresário capitalista; nesse contexto, ele se refere à era do liberalismo e não à fase de imposição do novo modo de produção: "O individualismo é o núcleo mais íntimo da teoria e da práxis do liberalismo burguês, que vê o progredir da sociedade na ação recíproca automática dos interesses divergentes em um mercado livre. O indivíduo podia se conservar como um ser social somente se ele perseguisse seus interesses de longo prazo à custa dos contentamentos efêmeros, imediatos. As qualidades da individualidade produzidas pela disciplina ascética do cristianismo foram reforçadas por meio disso".[17]

Horkheimer se contenta com estilizações, em face das quais pode realçar a tendência à "decadência do indivíduo". E ele fundamenta essa decadência, seguindo novamente Weber, com a burocratização progressiva, isto é, com a complexidade crescente das formas de organização que passam a dominar na economia e no Estado. A fórmula de Adorno do "mundo administrado" é um equivalente para a visão weberiana da "cápsula de aço". Os subsistemas da ação racional com respeito a fins se desprendem dos fundamentos motivacionais que Weber investigou lançando mão da ética protestante, e que Horkheimer havia descrito tendo em vista o caráter social individualista. Mas o que deve significar no detalhe a "perda de liberdade" que ambos evocam?

Weber concebe a perda de liberdade com conceitos da teoria da ação. Na conduta de vida metódica se corporifica uma racionalidade prática que relaciona a racionalidade com respeito a fins à racionalidade com respeito a valores: as ações racionais com respeito a fins são controladas por meio do juízo moral e da vontade autônoma de um indivíduo determinado por princípios (e agindo nesse sentido de maneira racional com respeito a valores). Com o grau de burocratização das atividades econômicas e administrativas,

---

16 Ibid., p.132.
17 Ibid., p.133.

porém, a racionalidade com respeito a fins das ações (ao menos da racionalidade sistêmica das consequências da ação) precisam ser asseguradas independentemente dos juízos e das decisões dos membros da organização emitidos segundo a racionalidade com respeito a valores. As próprias organizações assumem a regulação das ações que precisam ser ancoradas ainda subjetivamente nos motivos utilitaristas generalizados. Essa liberação da subjetividade em relação às determinações da racionalidade prático-moral se espelha na polarização entre "especialistas sem espírito" e "os gozadores sem coração". Uma inversão dessa tendência pode ser imaginada por Weber apenas em uma forma em que as máquinas burocráticas são submetidas à vontade do líder carismático: "Com a racionalização do suprimento de necessidades políticas e econômicas, a propagação do disciplinamento avança irresistivelmente como um fenômeno universal e restringe crescentemente o significado do carisma e da ação individualmente diferenciada".[18] Mas, se a luta entre o carisma criativo e a burocracia limitadora da liberdade deve ainda ser vencida em face de uma marcha ao que parece "irresistível" de racionalização, então isso somente se daria mediante o modelo de organização do "líder com a máquina". No âmbito econômico, isso significa o voluntarismo de líderes econômicos autoritários, no âmbito político, uma democracia plebiscitária de líderes, e em ambos os domínios, uma seleção ótima de líderes. W. Mommsen coloca a posição de Weber em uma fórmula "só aparentemente paradoxal: a máxima liberdade possível por meio da máxima dominação possível".[19]

Horkheimer concebe a perda de liberdade de maneira análoga, mesmo que com conceitos mais ligados à psicanálise do que à teoria da ação: o controle do comportamento passa tendencialmente da instância da consciência moral do indivíduo socializado às instâncias de planejamento das organizações sociais. Os sujeitos precisam orientar-se cada vez menos por seu supereu e têm de adaptar-se cada vez mais aos imperativos de seu entorno. Essa tese foi retomada mais tarde por D. Riesman e interpretada (mas também trivializada) como inversão de polaridade que vai do modo

---

18 Weber, *Wirtschaft und Gesellschaft*, p.695.
19 Mommsen, *Max Weber, Gesellschaft, Politik und Geschichte*, p.138; cf. também o estudo de Mommsen: *Max Weber und die deutsche Politik 1890 bis 1920*.

de vida "internamente guiado" para o "externamente guiado":[20] "Como tudo na vida hoje tende mais e mais a ser submetido à racionalização e ao planejamento, assim a vida de todo indivíduo, incluindo seus impulsos mais ocultos, que formavam anteriormente sua esfera privada, precisam observar agora as exigências de racionalização e planejamento: a autoconservação do indivíduo pressupõe sua adaptação às exigências da conservação do sistema [...]. Antes, a realidade era contraposta ao ideal que era desenvolvido pelo indivíduo pensado como autônomo, e ela era confrontada com ele; a realidade deveria ser configurada em uníssono com esse ideal. Hoje tais ideologias estão comprometidas e são deixadas para trás pelo pensamento progressista, que assim, involuntariamente, facilita a elevação da realidade ao ranque de ideal. A adaptação torna-se por isso o critério para todo tipo pensável de comportamento subjetivo. O triunfo da razão subjetiva, formalizada, é também o triunfo de uma realidade que defronta o sujeito na qualidade de absoluta, imponente".[21] O aumento de possibilidades de escolha individual, que Horkheimer não nega, vai de par com uma "mudança no caráter da liberdade",[22] visto que os subsistemas de ação racional com respeito a fins, quanto mais progride o processo de racionalização, tanto mais se autonomizam em relação aos motivos eticamente fundamentados de seus membros e, com isso, tornam supérfluos os controles comportamentais internos, que ainda possuem uma relação com a racionalidade prático-moral.[23]

Chegam até aqui os paralelos. Enquanto Weber passa do diagnóstico da perda de liberdade imediatamente para considerações terapêuticas e projeta um modelo de organização que, mediante o carisma dos líderes, reacopla novamente os âmbitos racionalizados da ação com a orientação axiológica, biograficamente interpretada, de sujeitos individuais eminentes da ação

---

20 Riesman, *Die einsame Masse*.
21 Horkheimer, *Kritik der instrumentellen Vernunft*, p.96.
22 Ibidem, p.98.
23 Essa ideia de uma dialética entre as possibilidades crescentes de escolha juntamente com vínculos que se tornam ao mesmo tempo cada vez mais fracos é retomada hoje por R. Dahrendorf sob a rubrica "opções *versus* ligações". Cf. Dahrendorf, *Lebenschancen*.

(embora à custa dos sequazes dominados),[24] Horkheimer e Adorno impulsionam a análise para dar um passo a mais. Eles se interessam pelo que significa a autonomização dos subsistemas de ação racional com respeito a fins – e, de maneira correspondente, "a autoalienação dos indivíduos que têm de formar-se em corpo e alma segundo o aparato técnico".[25] Mas, se o controle do comportamento se transfere das instâncias da personalidade para "o trabalho, tanto mais desinibido, de mecanismos automáticos de ordem",[26] passam para o primeiro plano os mecanismos *sistêmicos* de ordem próprios dos âmbitos de ação organizados na forma da empresa e do instituto e os imperativos de adaptação que se impõem sobre a subjetividade dos membros individuais das organizações. Horkheimer e Adorno precisam evitar duas unilateralidades. Weber persiste nos limites de uma teoria da ação que não oferece nenhuma abordagem para esse problema. Uma teoria dos sistemas, ao contrário, que se concentra *exclusivamente* nas operações sistêmicas de ordem negligencia a questão sobre a "mudança no caráter da

---

24 Cf. a imagem do líder plebiscitário que W. Mommsen projeta: "O político está comprometido exclusivamente consigo mesmo e com a tarefa escolhida por ele em vista de determinados ideais axiológicos pessoais. Sua responsabilidade se limita à 'prova', isto é, ele precisa comprovar pelo êxito que a entrega incondicional de seus sequazes possui uma justificativa interna nele mesmo, puramente como pessoa. Em contrapartida, não há obrigação alguma em relação aos objetivos materiais das massas; todo eco da teoria de que o líder tem de cumprir um mandato de seus eleitores é combatido por Weber com extrema veemência. A ligação das massas com a pessoa do político líder, não a convicção objetiva delas a respeito do valor dos objetivos almejados, é, segundo Weber, o elemento da 'democracia plebiscitária de líderes'. Não as finalidades objetivas enquanto tais decidem o resultado de uma eleição, mas a qualificação carismática pessoal do líder candidato. Somente dessa maneira Weber podia imaginar, sob as condições modernas, a dominação independente do grande indivíduo a despeito de todas as cautelas do direito constitucional. A 'democracia dos líderes' é descrita por ele como luta constante da concorrência dos políticos pelo favor das massas. Essa luta é conduzida preponderantemente com os meios demagógicos; um sistema de regras formais de jogo propicia que o político vitorioso tenha de comprovar-se e, no caso de seu fracasso, tenha de renunciar se for o caso" (Mommsen, *Max Weber, Gesellschat, Politik und Geschichte*, p.136-7).
25 Horkheimer; Adorno, op. cit., p.43.
26 Idem.

liberdade", implicada pela dissociação dos sistemas de ação em relação ao mundo da vida, sobretudo em relação aos impulsos prático-morais de seus membros. Horkheimer e Adorno se interessam justamente pelo nexo irônico que a racionalização social parece produzir entre a transformação dos âmbitos de vida tradicionais em subsistemas de ação racional com respeito a fins, de um lado, e o "definhamento da individualidade", de outro lado.

Horkheimer vê a destruição de uma identidade que o indivíduo obtém da orientação por "conceitos espirituais fundamentais" ou por princípios não apenas associada imediatamente com a burocratização, mas com o desligamento dos sistemas de ação racional com respeito a fins em relação à "cultura", em relação a um horizonte do mundo da vida experimentado como racional. Quanto mais a economia e o Estado se transformam em um corporificação da racionalidade cognitivo-instrumental e submetem também os outros âmbitos da vida a seus imperativos, quanto mais fortemente eles empurram tudo para a margem, na qual a racionalidade prático-moral e a racionalidade prático-estética podem se corporificar, tanto menos os processos de individuação encontram um apoio no âmbito da reprodução cultural repelida como irracional e recortada inteiramente de acordo com o que é pragmático. Nas sociedades pré-modernas "havia ainda um abismo entre cultura e produção. Esse abismo deixava abertas mais saídas do que a superorganização moderna, que faz o indivíduo definhar até o fundo, a ponto de tornar-se uma mera célula de reação funcional. As unidades organizatórias modernas, assim como a totalidade do trabalho, são componentes orgânicos do sistema socioeconômico".[27]

Para a análise daqueles processos que fecham "o abismo entre cultura e produção", a teoria marxista tem à disposição o conceito fundamental de "reificação". Georg Lukács utilizou essa chave, em *História e consciência de classe*, para desligar a análise weberiana da racionalização social do quadro da teoria da ação e referi-la aos processos anônimos de valorização no sistema econômico. Ele faz a tentativa de esclarecer o nexo entre a diferenciação de uma economia capitalista conduzida por meio de valores de troca e a deformação do mundo da vida pelo modelo do fetichismo da mercadoria. De início, vou aprofundar

---

27 Horkheimer, *Zur Kritik der instrumentellen Vernunft*, p.138.

essa primeira recepção marxista de Weber,[28] a fim de discutir depois por que Horkheimer e Adorno entendem sua crítica da razão instrumental como uma "negação da reificação"[29] e, não obstante, hesitam em seguir a argumentação de Lukács, à qual devem, porém, o seu impulso.

(3) A interpretação de Lukács da tese weberiana da racionalização

Em seu ensaio central sobre "A reificação e a consciência do proletariado", de 1922,[30] Lukács desenvolve a tese de que "na estrutura da relação de mercadorias" pode "ser descoberto na sociedade burguesa o protótipo de todas as formas de objetividade e de todas as formas de subjetividade que lhes são correspondentes". A expressão neokantiana "formas de objetividade" é empregada por Lukács, em um sentido marcado por Dilthey, como a forma historicamente emergente de "existência ou de pensamento" que distingue a "totalidade da etapa de desenvolvimento da sociedade como um todo". Ele concebe o desenvolvimento da sociedade como "a história do revolucionamento ininterrupto das formas de objetividade que configuram a existência dos seres humanos".[31] No entanto, Lukács não partilha a concepção historicista segundo a qual se expressa em uma forma de objetividade a particularidade de uma cultura a cada vez única em seu gênero. As formas de objetividade fazem a mediação da "contraposição do homem com seu entorno, a qual determina a objetividade de sua vida interior e exterior".[32]

Elas salvaguardam uma relação com a universalidade da razão, pois Lukács se atém, como também Horkheimer,[33] à ideia hegeliana de que, na

---

28 Cf. sobre isso Merleau-Ponty, *Die Abenteuer der Dialektik*, p.39ss.
29 Horkheimer; Adorno, op. cit., p.9.
30 Lukács, *Geschichte und Klassenbewußtsein*, p.257-397.
31 Deixo de lado os escritos de estética e de crítica cultural do jovem Lukács. Para o conceito de "forma de objetividade" são importantes, em especial, *A alma e as formas* e a *Teoria do romance*. A respeito disso, cf. Heller, Feher, Markus, Radnoti, *Die Seele e das Leben*. Além disso, Arato; Breines, *The Young Lukács and the Origins of Western Marxism*, parte I.
32 Lukács, *Geschichte und Klassenbewußtsein*, p.336.
33 Horkheimer, *Zur Kritik der instrumentellen Vernunft*, p.21.

relação dos homens uns com os outros e com a natureza (com a natureza exterior e com a própria natureza, a natureza interior), a razão se objetiva – por mais irracionalmente que seja. Também a sociedade capitalista é determinada por uma forma específica que define como seus membros apreendem categorialmente a natureza objetiva, suas relações interpessoais e a natureza própria respectiva, subjetiva – justamente a "objetividade de sua vida exterior e interior". Com nossas palavras: a forma de objetividade dominante na sociedade capitalista prejulga as relações com o mundo, o modo pelo qual os sujeitos capazes de falar e agir podem se referir a algo no mundo objetivo, no mundo social e no respectivo mundo subjetivo.

Lukács afirma então que podemos caracterizar esse prejulgamento como "reificação", ou seja, como uma assimilação peculiar de relações sociais e vivências às coisas, isto é, a objetos que podemos perceber e manipular. Aqueles três mundos são coordenados de modo tão enviezado no *a priori* social do mundo da vida que *erros categoriais* se inscrevem em nossa compreensão das relações pessoais e nas vivências subjetivas: nós as apreendemos sob a forma de coisas, ou seja, como entidades que pertencem ao mundo objetivo, embora sejam na verdade componentes de nosso mundo social comum ou do mundo subjetivo sempre próprio de cada um. Ora, visto que – como temos de acrescentar – a compreensão e a apreensão são constitutivas do próprio trato comunicativo, uma má compreensão sistematicamente estabelecida dessa maneira afeta a práxis, não somente a "forma do pensamento", mas também a "forma da existência" dos sujeitos. É o próprio mundo da vida que é "reificado".

A causa dessa deformação é vista por Lukács em um modo de produção que se baseia no trabalho assalariado, exigindo o "vir-a-ser-mercadoria de uma função do homem".[34] Lukács fundamenta essa tese em vários passos. Ele investiga o efeito reificador que a forma mercadoria provoca na medida em que penetra no processo de produção e mostra então que a reificação de pessoas e das relações interpessoais na esfera do trabalho social representa apenas o reverso da racionalização desse sistema de ação (a). Ao conceber a racionalização e a reificação como dois aspectos do mesmo processo, ele

---

34 Lukács, *Geschichte und Klassenbewußtsein*, p.267.

prepara dois argumentos que se apoiam na análise de Weber e se dirigem, no entanto, contra as consequências dela. Com o conceito de racionalidade formal, Weber apreende analogias estruturais com a ação econômica racional com respeito a fins em outros âmbitos da vida, em particular na burocracia estatal. De acordo com Lukács, Weber desconhece sem dúvida o nexo causal, desliga "os fenômenos da reificação do fundamento econômico de sua existência", eternizando-a "como tipo atemporal de possibilidades de relação humana"; mas ele mostra que os processos de racionalização social ganham um significado estruturante para a sociedade capitalista em seu todo. Lukács retoma essa análise e a interpreta no sentido de que a forma mercadoria assume um caráter universal e assim se torna a forma de objetividade da sociedade capitalista por excelência (b). Também em outro aspecto Lukács faz uso do conceito de racionalidade formal. Esta constitui para ele a ponte entre a forma mercadoria e a forma de conhecimento do entendimento [*Verstand*], analisada por Kant. Por essa via, Lukács reconduz o conceito de forma de objetividade ao contexto da teoria do conhecimento, do qual o havia tomado de empréstimo tacitamente, a fim de efetuar a crítica da reificação na perspectiva filosófica da crítica hegeliana a Kant. Ele adota de Hegel o conceito de totalidade de um contexto de vida racionalmente organizado e o emprega como critério para a irracionalidade da racionalização social. Com esse recurso, Lukács desmente implicitamente, no entanto, a afirmação central de Weber, segundo a qual a unidade da razão, pensada metafisicamente, se decompõs *definitivamente* com a separação das esferas de valores culturais, dotadas de legalidades intrínsecas, ou seja, segundo a qual ela tampouco pode ser restaurada dialeticamente (c).

ad a) Lukács desenvolve seu conceito de reificação partindo da análise marxiana da forma mercadoria; ele se refere à célebre passagem no primeiro volume *d'O capital*[35] em que Marx descreve o caráter fetichista da mercadoria: "O misterioso da forma mercadoria consiste, portanto, simplesmente em que ela espelha para os homens os caracteres sociais de seu próprio trabalho como caracteres objetivos dos próprios produtos do trabalho, como propriedades naturais sociais dessas coisas, portanto, também a relação social

---

35 Marx, *Das Kapital*, v.I.

dos produtores com o trabalho total como uma relação social de objetos existentes fora deles. Por meio desse *quid pro quo* os produtos do trabalho tornam-se mercadorias, coisas sensivelmente suprassensíveis ou sociais [...]. É apenas a relação social determinada dos próprios homens que assume aqui, para eles, a forma fantasmagórica de uma relação de coisas".[36]

Marx analisa a dupla forma da mercadoria como valor de uso e valor de troca e a transformação de sua forma natural na forma valor com base no conceito hegeliano de abstração, no que o valor de uso e o valor de troca se relacionam entre si como essência e fenômeno. Isso nos causa dificuldades hoje visto que não podemos empregar inadvertidamente as categorias não reconstruídas da lógica hegeliana; a discussão extensa sobre a relação de *O capital* de Marx e a *Lógica* de Hegel antes iluminou do que eliminou essas dificuldades.[37] Por isso, não aprofundarei mais a análise formal. Tampouco Lukács o faz. Interessa-lhe apenas o efeito de reificação que ocorre na medida em que a força do trabalho dos produtores se torna mercadoria – "a separação da força do trabalho da personalidade dos trabalhadores, sua transformação em uma coisa, em um objeto que é vendido no mercado".[38]

A ideia fundamental é fácil de apreender de forma intuitiva. Enquanto as relações interativas na esfera do trabalho social são reguladas de maneira tradicional, por meio de normas naturalizadas, os indivíduos se encontram em relações comunicativas entre si e consigo mesmos, as quais eles contraem intencionalmente. O mesmo seria o caso se as relações sociais pudessem ser determinadas um dia pela formação coletiva da vontade. Mas, enquanto a produção de bens for organizada como produção de valores de troca, e a própria força de trabalho dos produtores trocada como mercado-

---

36 Ibidem, p.77-8.
37 Backhaus, "Zur Dialektik der Wertform", em Schmidt (org.), *Beiträge zur Marxistischen Erkenntnistheorie*; Krahl, "Zum Verhältnis von 'Kapital' und Hegelscher Wesenslogik", em Negt (org.), *Aktualität und Folgen der Philosophie Hegels*; Reichelt, *Zur logischen Struktur des Kapitalbegriffs*; Mattik, "Die Marxsche Arbeitswerttheorie", em Eberle (org.), *Aspekte der Marxschen Theorie*, v.I; Zeleny, *Die Wissenschaftslogik und das Kapital*; Hörster, *Erkenntnis-Kritik als Gesellschaftstheorie*, p.187ss.
38 Lukács, *Geschichte und Klassenbewußtsein*, p.274. Abordarei o conceito de "trabalho abstrato" na "Consideração final", cf. v.2, p.508ss.

ria, um outro mecanismo de coordenação da ação estará em vigor: as orientações da ação economicamente relevantes são desligadas dos contextos do mundo da vida e conectadas ao *medium* valor de troca (ou dinheiro). Na medida em que as interações não são mais coordenadas por meio de normas e valores, mas através do *medium* do valor de troca, os agentes precisam adotar, porém, uma atitude objetivante uns em relação aos outros (e em relação a si mesmos). Com isso, o próprio mecanismo de coordenação da ação se lhes defronta como algo externo. As transações que transcorrem através do *medium* valor de troca se desprendem da intersubjetividade do entendimento linguístico, tornam-se algo que ocorre no mundo objetivo, uma pseudonatureza.[39] Marx descreve o efeito da assimilação do normativo e do subjetivo ao *status* de coisas perceptíveis e manipuláveis como objetificação ou "coisificação" [*Versachlichung*]. Na medida em que o trabalhador assalariado se torna dependente do mercado em sua existência inteira, os processos anônimos de valorização interferem em seu mundo da vida e destroem a eticidade de uma intersubjetividade comunicativamente produzida ao transformar as relações sociais em relações puramente instrumentais. Os produtores, diz ele, "só existem objetivamente uns para os outros, o que apenas continua a desenvolver-se na relação de dinheiro, em que sua própria coletividade aparece como uma coisa exterior e por isso contingente. Que o nexo social que surge por meio da colisão de indivíduos dependentes apareça como uma necessidade objetiva e, ao mesmo tempo, como um laço exterior perante eles é algo que representa justamente sua independência, para a qual a existência social é certamente necessidade, mas tão somente meio, ou seja, aparece para os próprios indivíduos como algo exterior, e no dinheiro até mesmo como uma coisa palpável. Eles produzem na e para a sociedade, mas esta, enquanto social, aparece ao mesmo tempo como mero meio de objetificar sua individualidade. Uma vez que eles nem são subsumidos sob uma coletividade naturalizada nem, por outro lado, subsumem a coletividade sob si na qualidade de seres comunitários conscientes, ela

---

39 Esse conceito é desenvolvido por H. Dahmer no contexto de seus estudos sobre a psicologia social da esquerda freudiana inspirada em Marx. Cf. Dahmer, *Libido und Gesellschaft*.

tem de existir para eles, como perante a sujeitos independentes, na qualidade de algo objetivo, igualmente independente, exterior, contingente, que se encontra diante deles".[40]

Weber já havia se deixado instruir, com base na *Filosofia do dinheiro* de G. Simmel, a respeito da mudança de cena que se faz sentir tão logo as relações comunicativas espontâneas são transpostas para "a linguagem universal do dinheiro". Lukács recorre agora, por trás de Simmel, à análise original de Marx a fim de agarrar na relação de troca capitalista, que para Weber é meramente a expressão exemplar de um processo *mais universal*, o fenômeno fundamental da racionalização social. A operação peculiar de Lukács consiste em ver conjuntamente Weber e Marx, de tal sorte que pode considerar o desligamento da esfera do trabalho social em relação aos contextos do mundo da vida sob os *dois* aspectos simultaneamente, reificação e racionalização. Quando os sujeitos agentes se ajustam às orientações ligadas aos valores de troca, seu mundo da vida se reduz ao mundo objetivo: eles adotam em relação a si mesmos e em relação aos outros a atitude objetivante da ação orientada ao êxito e se convertem a si mesmos com isso em objeto de manejo por parte de outros atores. Por esse preço da reificação das interações, eles obtêm, porém, a liberdade da ação estratégica, orientada ao próprio êxito em cada caso. A reificação é, como Marx prossegue na passagem aduzida acima, "a condição para que eles (os produtores) estejam, enquanto pessoas privadas autônomas, ao mesmo tempo em um nexo social".[41] Para Marx, o jurista, o sujeito do direito privado, que se orienta à persecução de seus próprios interesses segundo a racionalidade com respeito a fins, é o modelo de um sujeito de ação que se socializa através de relações de troca. Assim, para Lukács, a relação entre as análises de Marx e Max Weber se produz comodamente: "Para nós, o princípio que alcança validade com isso é o mais importante: o princípio da racionalização ajustada ao cálculo, à calculabilidade".[42] Lukács concebe a reificação dos contextos do mundo da vida, que ocorre quando os trabalhadores coordenam suas interações por meio do *medium* deslinguisti-

---

40 Marx, *Grundrisse der Kritik der Politischen Ökonomie*, p.908-9.
41 Ibid., p.909.
42 Lukács, *Geschichte und Klassenbewußtsein*, p.262.

ficado do valor de troca, em vez de ser por meio de normas e valores, como o *reverso* de uma racionalização de suas orientações de ação. Com isso, ele torna compreensível ainda, da perspectiva da teoria da ação, o efeito de formação de sistema que resulta de uma socialização que se produz por meio do *medium* valor de troca.

Veremos que também para a teoria dos sistemas o dinheiro servirá como aquele modelo pelo qual ela desenvolve o conceito de *medium* de controle. A teoria dos *media* retomará em seus termos, de maneira não dramática, o duplo aspecto da reificação e da racionalização, salientado por Lukács. Também aqui o ajuste da orientação da ação da comunicação linguística ao *medium* dinheiro significa uma "mudança no caráter da liberdade": em um horizonte drasticamente ampliado de possibilidades de escolha surge um automatismo da coordenação recíproca por meio de ofertas, independente dos processos de formação de consenso.[43]

ad b) A reificação das relações sociais (e da relação dos indivíduos consigo mesmos) encontra sua expressão na forma de organização da empresa capitalista apartada da economia doméstica, com a qual se institucionaliza a ação empresarial (e com ela o cálculo de capital, as decisões de investimento orientadas pelas oportunidades do mercado, a organização racional do trabalho, a utilização técnica dos conhecimentos científicos etc.). Ora, Max Weber havia investigado, como foi mostrado, as analogias estruturais que existem entre a ação econômica e a ação administrativa formalmente racionais, entre as formas de organização da empresa capitalista e a burocracia pública, entre a concentração dos recursos materiais aqui e ali, entre as orientações da ação dos empresários e funcionários, dos trabalhadores e dos empregados. Uma vez que Lukács leva em consideração apenas um único *medium*, o valor de troca, e a reificação é atribuída somente à "abstração da troca", ele interpreta *todos* os fenômenos do racionalismo ocidental como indícios do "processo de capitalização completa da sociedade inteira".[44] O caráter abrangente da racionalização social, diagnosticado por Weber, é compreendido por Lukács como confirmação de sua suposição de que a

---

43 Cf. v.2, p.406ss.
44 Lukács, *Geschichte und Klassenbewußtsein*, p.268.

forma mercadoria se impõe como a forma de objetividade dominante na sociedade capitalista: "Somente o capitalismo produziu, com a estrutura econômica homogênea para a sociedade inteira, uma estrutura de consciência — formalmente — homogênea para sua totalidade. E esta se manifesta justamente em que os problemas de consciência do trabalho assalariado se refina, espiritualiza, mas precisamente por isso se repete de maneira intensificada [...]. A transformação da relação de mercadoria em uma coisa de 'objetividade fantasmagórica' pode ser detida, portanto, com o vir-a-ser-mercadoria de todos os objetos da satisfação de necessidades. Ela imprime *na consciência inteira do homem* sua estrutura: suas propriedades e capacidades não se associam mais formando a unidade orgânica da pessoa; pelo contrário, aparecem como 'coisas' que o homem 'possui' e 'aliena', tanto quanto os diversos objetos do mundo exterior. E não há naturalmente nenhuma forma de relação entre os homens uns com os outros, nenhuma possibilidade para o homem de fazer valer 'propriedades' físicas e psíquicas suas que não sejam submetidas em grau crescente a essa forma de objetividade".[45]

Na medida em que a forma mercadoria se torna a forma de objetividade, regendo as relações dos indivíduos entre si e a contraposição dos homens com a natureza externa e interna, subjetiva, o mundo da vida [*Lebenswelt*] tem de ser reificado e degradado para os indivíduos — como a teoria dos sistemas também prevê certamente —, formando o "entorno" [*Umwelt*] de uma sociedade que se lhe tornou exterior, condensada, abstraída e autonomizada como um sistema opaco. Lukács compartilha essa perspectiva com Weber, assim como com Horkheimer; mas, diferentemente deles, está convencido de que aquele desenvolvimento não somente pode ser detido praticamente como também *tem* de chocar-se com limites internos por razões teoricamente demonstráveis: pois "a racionalização do mundo, aparentemente sem restos, alcançando até o âmago do ser físico e psíquico do homem, encontra seus limites no caráter formal de sua própria racionalidade".[46]

O ônus da prova, que Marx quis satisfazer com uma teoria da crise no âmbito da economia política, incide agora na demonstração dos limites ima-

---

45 Ibid., p.275-6.
46 Ibid., p.276.

nentes da racionalização, a ser conduzida filosoficamente. Lukács se põe a analisar as propriedades da racionalidade formal no plano em que se aplica a crítica de Hegel à teoria do conhecimento de Kant. Lukács projeta esse conceito, desenvolvido nos contextos da teoria da ação, sobre o plano da teoria do conhecimento. Pois, para ele, a racionalidade formal encontra sua expressão mais exata nas ciências modernas; e a crítica kantiana do conhecimento explica a atividade do entendimento [*Verstand*] que se expressa nessas ciências, de maneira prototípica na física de Newton. Ela "faz o substrato material subjacente a ela em última instância se basear em si mesmo, em uma irracionalidade intacta ('qualidade de não produzido', 'dado'), a fim de poder operar sem impedimentos [...] no mundo que assim surge, encerrado, metodicamente purificado, com as categorias do entendimento, aplicáveis sem problematização".[47] A teoria kantiana dilacera impiedosamente, sem dúvida, as ilusões metafísicas da época precedente, ela mina as pretensões dogmáticas da razão objetiva, mas isso somente, assim julga Lukács, para justificar o cientificismo, isto é, a suposição também dogmática "de que o modo de conhecer formalista-racional é a única espécie possível de apreensão da realidade 'para nós'".[48]

Por fim, também a crítica kantiana espelha somente as estruturas reificadas da consciência, ela mesma é no pensamento a expressão da forma mercadoria que se tornou universal.[49]

Lukács segue, de maneira completamente convencional, a linha da crítica a Kant que vai de Schiller até Hegel. Schiller identifica no impulso lúdico o princípio estético de acordo com o qual "o homem, socialmente aniquilado, despedaçado, dividido entre sistemas parciais, deve ser restaurado intelectualmente";[50] e Hegel desdobra o conceito de totalidade de um contexto de vida (já inscrito na concepção rousseauista de natureza) que "suplantou ou suplanta internamente o dilaceramento em teoria e práxis, razão e sen-

---

47 Ibid., p.298.
48 Ibid., p.299.
49 A essa tese se ligam os trabalhos de A. Sohn-Rethel; cf. sobretudo *Geistige und Körperliche Arbeit*.
50 Lukács, *Geschichte und Klassenbewußtsein*, p.319.

sibilidade, em forma e matéria, para o qual sua tendência de conferir forma a si mesmo não significa uma racionalidade abstrata, a racionalidade que deixa de lado os conteúdos concretos, para o qual liberdade e necessidade coincidem".[51] Lukács confessa certamente que a lógica de Hegel, a qual restaura dialeticamente a unidade da razão dividida em seus momentos, seria "ainda muita problemática"[52] e desde então não teria sido mais desenvolvida seriamente; mas ele se fia ainda assim no "método dialético", que deve conduzir para além do pensamento inerente à sociedade burguesa. Ao adotar sem análise os conceitos fundamentais da lógica hegeliana, ele pressupõe a unidade de razão teórica e razão prática no plano conceitual do espírito absoluto, ao passo que Weber havia visto os paradoxos da racionalização social justamente no fato de que a constituição (e a corporificação institucional) da racionalidade formal não é, enquanto tal, de maneira alguma irracional, mas se conecta com processos de aprendizagem que excluem uma retomada *fundamentada* de imagens metafísicas do mundo tanto quanto a associação dialética com a razão objetiva.

Todavia, apesar de sua relação afirmativa com a filosofia grega, com o classicismo de modo geral,[53] Lukács não exige imediatamente a restauração de formas de objetividade como as que se refletem no pensamento religioso-metafísico da ordem. Ele também se reporta a Hegel com uma guinada jovem-hegeliana, isto é, da perspectiva da crítica marxiana a Hegel: "A filosofia clássica se encontra, em termos de história evolutiva, na situação paradoxal de que ela começa logo a suplantar em pensamento a sociedade burguesa, a despertar especulativamente para a vida o homem aniquilado nela e por ela, mas em seus resultados acaba chegando meramente à reprodução intelectual completa, à dedução *a priori* da sociedade burguesa".[54] Enquanto a unidade da razão só é *pensada* dialeticamente, certificada no interior da teoria, também uma filosofia que se estende para além dos limi-

---

51 Ibid., p.317.
52 Ibid., p.323.
53 Cf. sobre isso a controvérsia entre Lukács e Adorno: Lukács, *Wider den mißverstandenen Realismus*.
54 Lukács, *Geschichte und Klassenbewußtsein*, p.331.

tes da racionalidade formal repete meramente a estrutura reificada de uma consciência que habitua o homem a comportar-se contemplativamente em relação a um mundo que é, no entanto, criado por ele mesmo. Daí estar em jogo para Lukács, como para o Marx dos *Anais franco-alemães*, a *realização prática* do contexto racional de vida, que Hegel havia levado ao conceito apenas de forma especulativa. O objetivismo da teoria hegeliana consiste em seu caráter contemplativo, portanto, em que ela somente quer reunir na teoria, por sua vez, os momentos separados da razão, atendo-se à filosofia como o lugar onde a reconciliação da totalidade que se tornou abstrata se efetua e se consuma ao mesmo tempo, onde o conceito se certifica de sua obra reconciliadora. Com isso, Hegel não atinge, assim julga Lukács, o plano da práxis histórica, o único em que o conteúdo crítico do discernimento filosófico pode ser operante.

Ora, a determinação marxiana da relação entre teoria e práxis já havia permanecido ambígua no ponto decisivo; na versão que Lukács lhe dá, a ambiguidade torna-se notória. Lukács pode se envolver de início com o discernimento central de Max Weber. A modernidade se caracteriza pela ancoragem motivacional e pela corporificação institucional de uma racionalidade formal que é tributária da dissolução da unidade substancial da razão e da sua separação em momentos abstratos, inicialmente irreconciliados (aspectos de validade, esferas de valores), com o que a restauração teórica de uma razão objetiva é excluída *no plano do pensamento filosófico*. Em seguida, Lukács pode objetar contra Weber que os momentos da razão não precisam se confrontar irreconciliavelmente no plano dos sistemas racionalizados da ação imediatamente porque no plano dos sistemas de interpretação cultural eles não se deixam mais encaixar de maneira fundamentada, formando uma totalidade, isto é, fundindo-se no fundamento categorial de imagens de mundo. Pelo contrário, nas sociedades capitalistas, o padrão da racionalidade é determinado pelo fato de que o complexo da racionalidade cognitivo-instrumental se impõe *à custa* da racionalidade prática ao reificar as relações comunicativas de vida. Por isso, tem todo sentido colocar a questão de saber se a crítica do *caráter incompleto* da racionalização que se apresenta como reificação não traz à consciência uma *relação de complemento* entre a racionalidade cognitivo-instrumental de um lado, e as racionalidades prático-moral e estético-expressiva, de outro lado, na qualidade de *padrão de medida* que é imanente ao conceito não redutor de práxis, podemos dizer, imanente à própria ação comunicativa. Essa razão foi simulada nas imagens metafísicas do mundo como uma razão substancialmente unitária; mas o conceito de uma razão objetiva sucumbe no fim à racionalização das próprias imagens de mundo. Aqui, na "teoria", este é o ponto crucial da crítica de Marx a Hegel, a reconciliação pretendida sob o título de razão, apesar de toda dialética, tem de permanecer uma ficção. Entre os momentos diferenciados da razão existe somente um nexo formal, isto é, a unidade procedimental da fundamentação argumentativa. Portanto, o que se apresenta na "teoria", no plano dos sistemas de interpretação cultural, somente como nexo formal é o que pode ser realizado eventualmente na "práxis", no mundo da vida. Com o lema do "vir-a-ser-práxis da filosofia", Marx se apropria da perspectiva da "filosofia da ação" jovem-hegeliana.

Lukács comete então o erro decisivo, sugerido no entanto por Marx, de recuperar novamente em termos teóricos aquele "vir-a-ser-práxis", *representando-o* como realização revolucionária da filosofia. Por isso, ele tem de confiar à teoria ainda mais operações do que até mesmo a metafísica havia reclamado para si. Pois agora a filosofia precisa ser senhora não apenas do pensamento da totalidade, que é hipostasiado como ordem do mundo, como também do processo histórico-universal, do desdobramento histórico dessa totalidade por meio da práxis autoconsciente daqueles que se deixam esclarecer pela filosofia a respeito de seu papel ativo no processo de autorrealização da razão. Para o trabalho de esclarecimento de uma vanguarda da revolução mundial, Lukács tem de reclamar um saber que é incompatível em duplo aspecto com o discernimento rigoroso de Weber sobre o declínio da razão objetiva. A metafísica transposta em filosofia dialética da história tem de dispor não apenas da perspectiva conceitual a partir da qual a unidade dos momentos abstratamente separados da razão se deixa conhecer; ela precisa, além disso, arrogar-se a capacidade de identificar os sujeitos que produzirão praticamente essa unidade, indicando-lhes o caminho. Por essa razão, Lukács completa sua teoria da reificação com uma teoria da consciência de classe.

Essa teoria desemboca na entronização da consciência de classe proletária como sujeito-objeto da história em seu todo.⁵⁵ Lukács não teme

---

55 Esse estado de coisas é ignorado pela interpretação significativa, mas confessadamente "muito generosa" que M. Merleau-Ponty faz de Lukács: "Essa 'filosofia da história' nos oferece menos as chaves da história do que faz desta novamente uma questão permanente para nós; ela não nos dá tanto uma verdade determinada, oculta atrás da história empírica, mas antes apresenta a história empírica como genealogia da verdade. É completamente supérfluo dizer que o marxismo nos desvela o sentido da história: ele nos torna corresponsáveis por nossa época e suas tomadas de partido; ele não nos descreve o futuro; ele não deixa cessar nossa interrogação; pelo contrário, ele a aprofunda. Ele nos mostra o presente como configurado por uma autocrítica, um poder de negação e superação cujo delegado histórico é o proletariado" (Merleau-Ponty, *Die Abenteuer der Dialektik*, p.70). Aqui Merleau-Ponty assimila a posição do jovem Lukács a um marxismo existencialista, para o qual está em jogo menos um sentido objetivo da história do que a eliminação prática do "não sentido" (p.50). O próprio Lukács revogou no prefácio da edição de 1968 sua tese desenvolvida em *História e consciência de classe*. Não é preciso de modo algum seguir essa autocrítica em *todos* os pontos, quando se concorda com ela em *um único*: "Mas, na verdade, o sujeito-objeto idêntico é mais do que uma construção puramente metafísica? Graças a um autoconhecimento, por mais adequado que seja, ainda que tivesse por base um conhecimento adequado do mundo social, portanto, em uma autoconsciência por mais perfeita que seja, alcança-se efetivamente um sujeito-objeto idêntico? Basta colocar essa questão de maneira precisa para responder negativamente. Pois o conteúdo do conhecimento não perde com isso seu caráter alienado. Hegel rejeitou com razão, justamente na *Fenomenologia do espírito*, a realização místico-irracionalista do sujeito-objeto idêntico, a 'intuição intelectual' de Schelling e exigiu uma solução filosoficamente racional do problema. Seu senso saudável de realidade fez que essa exigência permanecesse uma exigência; sua construção do mundo mais universal culmina certamente na perspectiva de sua realização, mas ele não mostra concretamente, no interior de seu sistema, como essa exigência poderia chegar ao seu cumprimento. O proletariado como sujeito-objeto idêntico da história efetiva da humanidade não é, portanto, uma realização materialista, que suplante as construções intelectuais idealistas, mas muito mais uma super-hegelianização de Hegel, uma construção que intenciona exceder objetivamente o próprio mestre por uma elevação intelectual temerária para além de toda realidade" (Lukács, *Geschichte und Klassenbewußtsein*, p.25). Cf. sobre isso Arato; Breines, op. cit., parte II; J. P. Arnasson considera menos homogênea a concepção de *História e consciência de classe*. Cf. Arnasson, *Zwischen Natur und Gesellschaft*, p.12ss. Sobre Merleau-Ponty, cf. meu levantamento bibliográfico em *Teoria e práxis*, p.579, p.636.

tampouco em tirar as consequências instrumentalistas, reveladas no terror stalinista, que resultam daquele objetivismo em relação à história para as questões sobre a organização da luta revolucionária. Não quero entrar aqui nesse assunto.⁵⁶ A tentativa de Lukács, assim resume Wellmer com razão, "de tornar visíveis, atrás do conceito weberiano abstrato de 'racionalização', os conteúdos especificamente econômico-políticos do processo de industrialização capitalista era parte de um esforço de grande envergadura, por meio do qual ele esperava fazer valer novamente a dimensão filosófica da teoria marxiana. Que essa tentativa tenha fracassado por fim é algo que se deveu, a meu ver, de maneira irônica, à circunstância de que a reconstrução filosófica lukacsiana do marxismo se igualou, em alguns pontos centrais, a um retorno ao idealismo objetivo".⁵⁷

---

56 Lukács, *Geschichte und Klassenbewußtsein*, p.471-518; a respeito disso, cf. minha crítica em *Teoria e práxis*, p.37ss.
57 Wellmer, "Die sprachanalytische Wende der Kritischen Theorie", em Jaeggi; Honneth (orgs.), *Theorien des Historischen Materialismus*, p.477-8.

2
A crítica da razão instrumental

A crítica da razão instrumental se compreende como uma crítica da reificação que retoma a recepção lukacsiana de Weber sem acatar as consequências (aqui somente sugeridas) de uma filosofia da história objetivista.¹ Nessa tentativa, Horkheimer e Adorno se enredam por sua vez em aporias com as quais podemos aprender, derivando *razões para uma mudança de paradigma* na teoria social. De início vou esboçar como Horkheimer e Adorno transformam a tese da racionalização de Weber² apoiando-se em Lukács. A versão que Lukács conferiu à teoria da reificação é desmentida historicamente pelo fracasso da revolução e pelas operações não previstas de integração das sociedades capitalistas avançadas (I). Por causa de sua associação afirmativa com o idealismo objetivo de Hegel, ela é também teoricamente vulnerável (2). Por isso, Horkheimer e Adorno se veem forçados a estabelecer mais profundamente os alicerces da crítica da reificação, ampliando a

---

1 Deixo fora de consideração inicialmente a posição do círculo frankfurtiano emigrado para Nova York, que se desenvolveu nos anos 1930; cf., porém, o v.2, p.565ss.
2 Ao escolher a *Dialética do Esclarecimento* como ponto de referência da recepção de Weber, acabo por considerar apenas em observações laterais as diferenças inconfundíveis entre as posições de Horkheimer e Adorno. Sobre a interpretação de Adorno representada por seus editores, H. Schweppenhäuser e R. Tiedemann, que se compreende como ortodoxa, cf. Grenz, *Adornos Philosophie in Grundbegriffen*. Em contraposição a isso, A. Schmidt defende a continuidade da teoria crítica em sua versão horkheimeriana: Schmidt, *Zur Idee der Kritischen Theorie*; id., *Die Kritische Theorie als Geschichtsphilosophie*.

razão instrumental a ponto de torná-la uma categoria do processo histórico-universal de civilização em seu todo, isto é, prolongando o processo de reificação para aquém do início capitalista da modernidade até chegar aos começos da hominização (3). Com isso, porém, os contornos do conceito de razão ameaçam desaparecer; a teoria assume por sua vez os traços de uma contemplação antes tradicional, que nega as relações com a práxis; ao mesmo tempo, ela transfere para a arte a competência de expor uma razão invocada ainda de maneira apenas indireta (4). A autossupressão do pensamento filosófico em termos de dialética negativa leva a aporias que dão ensejo à questão de saber se essa situação argumentativa não é apenas a consequência de uma abordagem presa à filosofia da consciência, fixada na relação de subjetividade e autoconservação (5).

(1) Teoria do fascismo e da cultura de massas

Foram determinantes para a constituição da teoria crítica, como H. Dubiel demonstrou,[3] sobretudo três experiências históricas que convergem em uma desilusão das expectativas revolucionárias. O desenvolvimento soviético confirmou em linhas gerais o prognóstico de Max Weber de uma burocratização acelerada, e a práxis stalinista ofereceu a confirmação sangrenta da crítica de Rosa Luxemburgo à teoria leninista da organização e a seus fundamentos objetivistas na concepção de história. O fascismo provou em seguida a capacidade das sociedades capitalistas avançadas de responder em situações de crise ao perigo de uma transformação revolucionária com a ampliação do sistema político e de absorver a resistência do operariado organizado. O desenvolvimento nos Estados Unidos mostrou finalmente, de uma *outra* maneira, a força de integração do capitalismo: sem a repressão aberta, a cultura de massas vincula a consciência da maioria da população aos imperativos do *status quo*. A inversão russo-soviética do conteúdo humano do socialismo revolucionário, o fracasso do movimento operário social-revolucionário em *todas* as sociedades industriais e as operações de integração social de uma racionalização que penetra a reprodução cultural — estas foram as experiências

---

[3] Dubiel, *Wissenschaftsorganisation und politische Erfahrung*.

fundamentais que Horkheimer e Adorno buscaram assimilar teoricamente no começo dos anos 1940. Eles contrastavam com hipóteses centrais daquela teoria da reificação que Lukács havia estabelecido no início dos anos 1920.

Como pressuposto objetivo para a suplantação do capitalismo, Marx nomeia as forças produtivas desencadeadas no próprio capitalismo, entre as quais ele pensou em primeira linha os aumentos de produtividade por meio do progresso técnico-científico, por meio da qualificação da força de trabalho e por meio de uma organização aprimorada do processo de trabalho. Entre as forças produtivas que entrariam "em contradição" com as relações de produção, ele contava, no entanto, o potencial subjetivo dos trabalhadores também na medida em que ele se manifesta em atividade crítico-revolucionária (e não apenas em atividade produtiva). O capitalismo, assim supôs Marx, produziria não apenas os pressupostos objetivos, mas também "os pressupostos subjetivos essenciais da autoemancipação do proletariado."[4] Em princípio, Lukács se atém a essa posição, mas ele já revisa a apreciação marxiana das ciências modernas. Sem dúvida, as ciências são reacopladas cada vez mais fortemente ao desdobramento da produtividade através do progresso técnico; com a constituição de uma autocompreensão cientificista, a qual identifica os limites do conhecimento objetivante com os limites do conhecimento em geral, as ciências assumem ao mesmo tempo, porém, um papel ideológico. A compreensão positivistamente estreitada de ciência é uma expressão especial daquelas tendências à reificação universal que Lukács critica. Aqui começa a linha de argumentação que Horkheimer e Adorno (e, de maneira pronunciada, Marcuse)[5] conduzem tão longe que, da perspectiva deles, as forças produtivas técnico-científicas acabam se fundindo com as relações de produção, perdendo inteiramente a força para estourar o sistema. O mundo racionalizado se contrai em uma "falsa" totalidade.

---

4 Wellmer, "Die sprachanalytische Wende der Kritischen Theorie", em Jaeggi; Honneth (orgs.), *Theorien des Historischen Materialismus*.

5 Marcuse, *Der eindimensionale Mensch*; sobre isso, cf. Habermas, *Técnica e ciência como 'ideologia'*; id., "O papel da filosofia no marxismo", em *Para a reconstrução do materialismo histórico*.

Em contraposição a isso, Lukács insiste em que a racionalização do mundo, "aparentemente sem restos", embora penetre "até a profundidade do ser físico e psíquico do homem", choca-se com um limite interno — ela encontra seu limite "no caráter formal de sua própria racionalidade".[6]

Lukács conta, portanto, com uma reserva na natureza subjetiva do homem, a qual é resistente à reificação. Justamente porque o trabalhador individual é forçado a separar sua força de trabalho, na qualidade de uma função, de sua personalidade inteira, objetificando-a como mercadoria, como algo a ser literalmente alienado, sua subjetividade esvaziada, abstratamente transformada, é estimulada a resistir: "Mediante a cesura que surge justamente aqui entre a objetividade e a subjetividade no homem que se objetifica como mercadoria, essa situação se tornou suscetível ao mesmo tempo de conscientização".[7] Essa afirmação se apoia implicitamente em Hegel, que constrói o automovimento do espírito como uma necessidade lógica em sentido determinado. Quando se deixa de lado esse pressuposto e se considera aquela afirmação como uma afirmação empírica, precisa-se de razões manifestamente *diferentes* para tornar plausível por que o trabalhador assalariado individual se eleva para além de seu papel de objeto, por que, afinal, o proletariado em seu todo deve formar uma consciência com a qual e na qual se pode efetuar a autorrevelação da sociedade fundada na produção de mercadorias. Lukács assegura apenas "que o processo de reificação, o vir-a-ser-mercadoria do trabalhador — na medida em que ele não se insurge contra isso de maneira consciente —, anula-o certamente, atrofia e aleija sua 'alma', porém, justamente sua essência humana não se transforma em mercadoria. Ele pode se objetivar interna e perfeitamente, portanto, contra essa sua existência...".[8]

Horkheimer e Adorno, que não confiam na lógica hegeliana sem mais, contestam essa afirmação com razões empíricas: visto que eles se atêm à teoria da reificação, precisam explicar as experiências históricas que testemunham com tamanha evidência que a natureza subjetiva das massas foi

---

6 Lukács, *Geschichte und Klassenbewußtsein*, p.276.
7 Ibid., p.352.
8 Ibid., p.356.

tragada sem resistência na esteira da racionalização social – e esse processo antes se acelerou do que se inibiu.

Eles desenvolvem uma teoria do fascismo e da cultura de massas que trata dos aspectos psicossociais de uma deformação que penetra nas regiões mais íntimas da subjetividade e abrange os fundamentos motivacionais da personalidade, explicando a reprodução cultural a partir de pontos de vista da reificação. Enquanto a teoria da cultura de massas[9] parte da premissa de que a forma mercadoria atinge também a cultura e com isso ocupa tendencialmente *todas* as funções do ser humano, a *teoria do fascismo*[10] conta com uma refuncionalização propositada das resistências, intencionada pelas elites, a qual contrapõe a natureza subjetiva à racionalização. Horkheimer interpreta o mal-estar na cultura, que se tornou mais estridente, como um levante da natureza subjetiva contra a reificação, como uma "revolta da natureza": "Quanto mais sonoramente é anunciada e reconhecida a ideia de racionalidade, tanto mais cresce na constituição espiritual dos homens o ressentimento consciente ou inconsciente contra a civilização e sua instância no indivíduo, o Eu".[11] Horkheimer já tem diante dos olhos os fenômenos que nesse meio-tempo foram tematizados por Foucault, Laing, Basaglia e outros.[12]

Os custos psicossociais de uma racionalização restrita ao elemento cognitivo-instrumental, externalizados pela sociedade e descarregados sobre os indivíduos, aparecem em diversas formas fenomênicas – seu espaço de variação vai das enfermidades psíquicas clinificadas, passa pelas neuroses, fenômenos de mania, distúrbios psicossomáticos, problemas de motivação e educação,

---

9 Horkheimer; Adorno, *Dialektik der Aufklärung*, p.144-98.
10 Horkheimer, *Zur Kritik der instrumentellen Vernunft*, p.93-123; eu me limito aqui ao aspecto psicossocial de uma teoria para a qual também os trabalhos de F. Pollock sobre economia foram importantes. Sobre as análises diferenciadas do Instituto de Pesquisa Social dedicadas ao fascismo nos anos 1939-1942, cf. o volume de documentos editado e introduzido por H. Dubiel e A. Söllner: Horkheimer; Pollock; Neumann; Kirchheimer; Gurland; Marcuse, *Wirtschaft, Recht und Staat im Nationalsozialismus*.
11 Ibid., p.108.
12 Cf. as contribuições do volume da *Esprit* dedicado à Escola de Frankfurt (maio de 1978).

e chega ao comportamento de protesto de contraculturas esteticamente inspiradas, seitas religiosas de jovens e grupos marginalizados criminosos (que hoje incluem também o terrorismo anarquista). O fascismo é interpretado por Horkheimer como refuncionalização bem-sucedida, como utilização da revolta da natureza interna em favor da racionalização social, contra a qual aquela se dirige. No fascismo, "a racionalidade alcança uma etapa em que ela não se satisfaz mais em simplesmente reprimir a natureza; a racionalidade explora agora a natureza ao incorporar ao seu próprio sistema as potencialidades de revolta da natureza. Os nazistas manipulavam os desejos reprimidos do povo alemão. Quando os nazistas e seus apoiadores industriais e militares lançaram seu movimento, eles precisaram ganhar as massas, cujos interesses materiais não eram os seus. Eles apelaram para as camadas atrasadas, que foram condenadas pelo desenvolvimento industrial, isto é, foram espremidas pelas técnicas da produção em massa. Aqui, entre os camponeses, os artesães de classe média, os varejistas, as donas de casa e os pequenos empresários deviam se encontrar os propugnadores da natureza reprimida, as vítimas da razão instrumental. Sem o apoio ativo por parte desses grupos, os nazistas jamais poderiam ter alcançado o poder".[13]

Essa tese explica não somente a base de classes sobre a qual o fascismo chegou ao poder, mas também a função histórica que ele assumiu, a saber, acelerar em uma "nação retardatária" os processos de modernização social:[14] "A revolta do homem natural — no sentido das camadas atrasadas da população — contra o aumento de racionalidade promoveu na realidade a formalização da razão e serviu mais para encadear a natureza do que para libertá-la. Sob essa luz, poderíamos descrever o fascismo como uma síntese satânica de razão e natureza — o exato contrário daquela reconciliação dos dois polos com que a filosofia sempre sonhara".[15]

Os mecanismos psíquicos com base nos quais a revolta da natureza interna é refuncionalizada como uma intensificação das forças contra as quais ela se dirige são investigados por Horkheimer e Adorno de maneira empí-

---

13 Horkheimer, *Zur Kritik der instrumentellen Vernunft*, p.118ss.
14 Sobre essa tese, Darhrendorf, *Gesellschaft und Demokratie in Deutschland*.
15 Horkheimer, *Zur Kritik der instrumentellen Vernunft*, p.119.

rica; estimulados pelos primeiros trabalhos de E. Fromm,[16] eles consideram sobretudo o padrão ideológico do antissemitismo e a estrutura pulsional sadomasoquista do caráter autoritariamente moldado.[17] Essas investigações desembocaram, entretanto, em uma pesquisa sobre os preconceitos políticos que se afastou das hipóteses psicanalíticas, abandonando a referência ao quadro categorial de uma teoria crítica da reificação.

A *teoria da cultura de massas* se refere aos fenômenos menos espetaculares de uma integração social da consciência por meio das mídias de massa. Na fetichização da obra de arte em bem cultural e na regressão da fruição artística em consumo e entretenimento controlado, Adorno investiga o "fetichismo da mercadoria de novo estilo", no que está convencido de que no caráter sadomasoquista do pequeno-burguês, que se deixa mobilizar em favor do Estado total, e "no receptor da arte de massa hodierna" se apresenta "a mesma coisa segundo lados diversos". Lukács já havia admitido que o processo de reificação, quanto mais se distancia da esfera da produção e das experiências do cotidiano do mundo da vida proletário, e quanto mais ele altera pensamentos e sentimentos em seu ser qualitativo, tanto mais se torna inacessível para a autorreflexão.[18] São nessas considerações que Adorno se apoia em seu trabalho "Sobre o caráter fetichista na música e a regressão da audição":[19] "Certamente, no âmbito dos bens culturais, o valor de troca se impõe de maneira particular. Pois esse âmbito aparece no mundo das mercadorias justamente como exceção ao poder da troca [...] e é unicamente a essa aparência, por sua vez, que os bens culturais devem seu valor de troca. [...] Se a mercadoria se compõe sempre de valor de troca e valor de uso, então o valor de uso, cuja ilusão na sociedade integralmente capitalizada os bens culturais têm de conservar, é substituído pelo valor de troca puro, que assume enganadoramente, justamente como valor de troca,

---

16 Fromm, *Arbeiter und Angestellte am Vorabend des Dritten Reiches. Eine sozialpsychologische Untersuchung*.
17 Adorno; Frenkel-Brunswik; Levinson; Sanford, *The Authoritarian Personality*; sobre isso, Freyhold, *Autoritarismus und politische Apathie*.
18 Lukács, *Geschichte und Klassenbewußtsein*, p.456.
19 Adorno, "Über den Fetischcarakter in der Musik und die Regression des Hörens", em *Gesammelte Schriften*, v.14.

a função do valor de uso. Nesse *quid pro quo* se constitui o caráter fetichista específico da música: os afetos que se dirigem ao valor de troca fundam a aparência do imediato, e a ausência de relação com o objeto o desmente ao mesmo tempo. [...] Pergunta-se sobre a argamassa que mantém junta a sociedade das mercadorias. Para a explicação pode contribuir aquela transferência do valor de uso dos bens de consumo para seu valor de troca no interior de uma constituição global em que finalmente cada fruição que se emancipa do valor de troca acaba adotando traços subversivos. A aparência do valor de troca nas mercadorias assumiu uma função de argamassa específica".[20] Adorno elucida essa afirmação recorrendo às condições de produção alteradas da cultura de massas, à desdiferenciação das formas dos bens culturais produzidos de forma estandartizada, ao modo alterado de recepção da fruição da arte, fundida com o entretenimento, e finalmente à função de adaptação ao cotidiano ofertado como um paraíso: "A indústria cultural põe a negativa jovial no lugar da dor que é presente no êxtase e na ascese [...]. A negativa permanente que a civilização impõe é inserida e demonstrada para os afetados uma vez mais, inequivocamente, em cada exibição da indústria cultural".[21]

Eu não gostaria de ir mais longe nessa teoria; ela permaneceu interessante mais pelo seu questionamento geral do que por suas hipóteses em particular. Adorno adotou uma perspectiva de crítica cultural que, com razão, o deixou cético em relação às esperanças precipitadas na força emancipatória da cultura de massa, do cinema em primeiro lugar na época.[22] Por outro lado, ele não tem um conceito claro sobre o caráter completamente ambivalente de um controle social exercido por meio de mídias de massa, como veremos. Uma análise que parte da forma mercadoria dos bens culturais assimila os meios de comunicação de massas ao *medium* do valor de troca, embora as similitudes estruturais não vão longe o suficiente. Enquanto o *medium* dinheiro *substitui* o entendimento linguístico como mecanismo de coordenação da ação, as mídias da comunicação de massa dependem do

---

20 Ibid., p.25-6.
21 Horkheimer; Adorno, op. cit., p.168.
22 Habermas, "Bewußtmachende oder rettende Kritik", em *Philosophisch-politische Profile*.

entendimento linguístico. Elas formam os amplificadores técnicos da comunicação linguística, que lança pontes sobre distâncias espaciais e temporais e multiplicam as possibilidades de comunicação que condensam a rede da ação comunicativa, sem, porém, desacoplar as orientações da ação dos contextos do mundo da vida de modo geral. Certamente, o potencial de comunicação ampliado de maneira eminente é neutralizado em primeiro lugar pelas formas de organização que asseguram fluxos de comunicação de mão única, isto é, não reversíveis. Porém, que uma cultura de massas talhada para as mídias de massa desdobre forças para uma integração regressiva da consciência é algo que depende em primeira linha de saber se "a comunicação (providencia) a adaptação dos homens por meio de seu isolamento"[23] e de modo algum de saber se as leis do mercado interferem cada vez mais profundamente na própria produção cultural.[24]

(2) A dupla crítica ao neotomismo e ao neopositivismo

Horkheimer e Adorno radicalizam a teoria da reificação de Lukács em termos psicossociais, com a intenção de explicar a estabilidade das sociedades capitalistas desenvolvidas sem ter de abandonar a abordagem da crítica do fetichismo da mercadoria. A teoria deve explicar por que o capitalismo simultaneamente intensifica as forças produtivas e paralisa as forças da resistência subjetiva. Lukács havia suposto a validade de uma lógica de acordo com a qual o processo de reificação da consciência *tem* de conduzir à autossuperação na consciência de classe do proletariado. Horkheimer e Adorno empurram para o lado a lógica de Hegel e passam a explicar empiricamente as evidências que refutam aquele prognóstico. Que a razão objetiva não se deixa restaurar mesmo em termos dialéticos é algo em que eles são da mesma opinião que Weber, o "arquipositivista".

Em sua crítica a Hegel, a qual aponta para além de Lukács, Adorno retoma e agudiza um argumento deste. Trata-se do problema da relação entre espírito e matéria, que para Lukács se colocara no contexto epistemológico

---

23 Horkheimer; Adorno, op. cit., p.263.
24 Cf. v.2, p.581ss.

da problemática da coisa em si. Lukács cita aqui uma passagem de Emil Lask: "Para a subjetividade não é evidente por si mesmo, mas constitui justamente o objetivo inteiro de sua investigação saber em quais categorias a forma lógica se diferencia de modo geral quando se trata de apreender algum material singular determinado em perplexidade categorial, ou expresso de outra maneira, qual material singular constitui por toda parte o âmbito material das diversas categorias".²⁵ Ora, enquanto Lukács supõe que esse problema apenas desponta para o pensamento do entendimento [*Verstandesdenken*] e se deixa solucionar na linha de uma mediação dialética de forma e conteúdo, Adorno vê o mesmo problema se repetir no cerne da conceitualização dialética.²⁶ *Todo* pensamento conceitual, que se descola da simples intuição, mesmo o pensamento dialético, procede de maneira identificante e trai a utopia do conhecimento: "Em verdade, o que [...] é alcançado por meio dos conceitos para além de sua extensão abstrata não pode ter nenhum outro palco que o oprimido, desrespeitado e desdenhado pelos conceitos. A utopia do conhecimento seria desvendar o não conceitual [*das Begriffslose*] com conceitos sem igualá-lo a eles. Um tal conceito de dialética desperta dúvida sobre sua possibilidade".²⁷

Como Adorno executa essa ideia programática na qualidade de uma *dialética negativa*, ou melhor: como a exibe em sua inexequibilidade é algo que não preciso discutir neste lugar.²⁸ Em nosso contexto, somente é importante o argumento com que ele, quase existencialistamente, rejeita a lógica de

---

25 Lukács, *Geschichte und Klassenbewußtsein*, p.293, nota 2.
26 Adorno rejeita já em sua aula inaugural em Frankfurt, no ano de 1931, a solução proposta por Lukács da problemática da coisa em si, visto que ela se basearia em uma falácia genética.
27 Adorno, "Negative Dialektik", em *Gesammelte Schriften*, v.6, p.21.
28 S. Buck-Morss põe em relevo a linha genuinamente adorniana da teoria crítica, acentuando a continuidade da filosofia adorniana do começo dos anos 1930 até as obras maduras da *Dialética negativa* e da *Teoria estética* (cf. Buck-Morss, *The Origin of Negative Dialectics*, p.63ss.). Já em seus primeiros escritos filosóficos, Adorno começa com a renúncia à ilusão "de que seria possível, na força do pensar, abraçar a totalidade do real" ("Die Aktualität der Philosophie", em *Gesammelte Schriften*, v.I, p.325). Ele critica desde o início o idealismo do pensamento da identidade, seja secreto, seja confesso, quer seja exposto no sistema hegeliano ou no pensamento

Hegel: "O conhecimento se dirige ao particular, não ao universal. Ele busca seu verdadeiro objeto na determinação possível da diferença daquele próprio particular em relação ao universal, que ele crítica como, no entanto, imprescindível. Mas, se a mediação do universal pelo particular e do particular pelo universal é colocada simplesmente na forma abstrata normal da mediação, então o particular tem de pagar por isso, até chegar a seu despacho autoritário nas partes materiais do sistema hegeliano".[29] A reconciliação dialética

---

neo-ontológico de Heidegger. Na conferência "A ideia de história natural" se encontra a versão mais forte da crítica adorniana a Heidegger: "Para Heidegger, as coisas são de tal modo que a história é entendida como uma estrutura abrangente do ser, sinônima de sua própria ontologia. Daí aquelas antíteses extenuadas como história e historicidade, nas quais nada se finca, como se algumas qualidades do ser observadas no ser-aí, porque são removidas do ente, transportadas para o domínio da ontologia e se tornando determinação ontológica, devessem contribuir para a interpretação do que é dito no fundo mais uma vez. Esse momento da tautologia não tem relação com as contingências da forma da linguagem, mas adere com necessidade ao próprio questionamento ontológico, que se atém ao empenho ontológico, porém, devido à sua posição racional de partida, não é capaz de interpretar a si mesmo como o que ele é: a saber, como produzido pela e referida em seu sentido à posição de partida da *ratio* idealista" (Adorno, "Die Idee der Naturgeschichte", em *Gesammelte Schriften*, v.I, p.351-2). E mais adiante: "A tendência tautológica me parece se explicar por nada mais do que pelo velho motivo idealista da identidade. Ela surge porque um ser, que é histórico, é colocado sob uma categoria subjetiva de historicidade. O ser histórico apreendido sob a categoria subjetiva de historicidade deve ser idêntico à história. Ele deve se submeter às determinações que são imprimidas nele pela historicidade. A tautologia me parece ser menos uma autoperscrutagem da profundeza mítica da linguagem do que uma nova cobertura da antiga tese clássica da identidade de sujeito e objeto. E se recentemente se apresenta em Heidegger uma guinada em direção a Hegel, isso parece confirmar essa interpretação" (ibid., p.353-4).

A crítica do pensamento da identidade é radicalizada por Adorno, no entanto, somente mais tarde, formando uma crítica do pensamento identificante em geral, que não apenas retira da filosofia a pretensão de totalidade, como também a esperança em uma apreensão dialética do não idêntico. Em 1931, Adorno fala ainda com confiança sobre a "atualidade da filosofia", visto que ele confere a ela um acesso polêmico, não afirmativo, a uma realidade que nos vestígios e nas ruínas concede a esperança de um dia chegar à realidade correta e justa. A *Dialética negativa* abandona essa esperança.

29 Adorno, "Negative Dialektik", op. cit., p.322-3.

do universal e do particular permanece, de acordo com os próprios termos de Hegel, metafísica porque ela não concede ao não idêntico no particular o seu direito.³⁰ A estrutura da consciência coisificada prossegue ainda na dialética, que é convocada para sua suplantação, visto que para ela tudo o que é próprio de coisa vale como o mal radical: "Quem gostaria de dinamizar tudo o que é como atualidade pura tende à hostilidade contra o outro, o estranho [*Fremde*], cujo nome não à toa reverbera na alienação [*Entfremdung*], aquela não identidade para a qual não somente a consciência, mas também uma humanidade reconciliada deveria ser libertada".³¹

Porém, como a ideia de reconciliação, sob cuja luz unicamente Adorno pode tornar visíveis as faltas da dialética idealista, deve se deixar explicitar se a dialética negativa se oferece como o único caminho de reconstrução possível, mas justamente não trilhável em termos discursivos? Desde o início, a teoria crítica padeceu dessa dificuldade de dar conta de seus próprios fundamentos normativos; desde que Horkheimer e Adorno efetuaram no começo dos anos 1940 a guinada para a crítica da razão instrumental, ela se torna notável de maneira drástica.

Primeiramente, Horkheimer abordou aquelas duas posições que reagem de maneira contrária à substituição da razão objetiva pela subjetiva, ao declínio da religião e da metafísica. No capítulo sobre as "Panaceias em conflito", ele desenvolve uma *dupla frente*, contra as abordagens da filosofia contemporânea orientadas pela tradição, de um lado, e contra o cientificismo, de outro — uma frente que determina as contraposições intrafilosóficas da teoria crítica até hoje. O ensejo atual ao qual Horkheimer se refere em sua época é uma contraposição dos defensores do positivismo lógico às correntes neotomistas.³² O neotomismo representa, ao modo de lugar-tenente, *todas* as tentativas de renovar, apoiando-se em Platão ou em Aristóteles, a pretensão ontológica da filosofia de conceber o mundo em seu todo, seja de maneira pré-crítica, seja sob o signo do idealismo objetivo, e de reunir

---

30 Rose, *The Melancholy of Science: An Introduction to the Thought of Th. W. Adorno*, p.43ss.; sobre o conceito de reificação em Adorno, cf. também Grenz, op. cit.
31 Adorno, "Negative Dialektik", op. cit., p.191.
32 Krikorian (org.), *Naturalism and Human Spirit*.

metafisicamente os momentos da razão, separados no desenvolvimento espiritual moderno, os aspectos de validade do verdadeiro, do bom e do belo: "Hoje existe uma tendência geral" – e ela prossegue de fato até hoje[33] – "de reanimar teorias passadas da razão objetiva a fim de dar um fundamento filosófico à hierarquia de valores universalmente aceitos, a qual se encontra em rápida decomposição. Junto com as curas pseudorreligiosas ou semicientíficas da alma, espiritismo, astrologia, tipos baratos de filosofia passada como ioga, budismo ou misticismo e elaborações populares de filosofia objetivistas clássicas, as ontologias medievais são recomendadas para o uso moderno. Mas a passagem da razão objetiva para a subjetiva não foi um acaso, e o processo de desenvolvimento de ideias não pode ser anulado arbitrariamente em um instante dado. Se a razão subjetiva dissolveu, na forma do Esclarecimento, a base filosófica das convicções da fé, que foram um componente essencial da cultura ocidental, então ela estava em condições disso porque essa base se revelou débil demais. Sua reanimação é, porém, artificial de ponta a ponta [...]. O próprio absoluto se torna um meio, a razão objetiva, um projeto para fins subjetivos [...]".[34]

Certamente, Horkheimer não se coloca de modo algum, com sua crítica às abordagens orientadas pela tradição, ao lado do empirismo lógico. O que ele contrapõe à metafísica não se apoia de maneira alguma na equiparação falsa entre razão e ciência, efetuada no positivismo; pelo contrário, ele se volta contra a falsa complementaridade entre a compreensão positivista de ciência e de uma metafísica que meramente exalta as teorias científicas sem contribuir para sua compreensão. Horkheimer considera o neopositivismo e o neotomismo como verdades limitadas, ambas buscando "se arrogar um papel despótico no âmbito do pensamento".[35] O empirismo lógico tem de recorrer, como o tradicionalismo, aos princípios superiores autoevidentes; só que um absolutiza o método científico, não esclarecido em seus fundamentos, e o outro, a natureza ou ser no lugar de Deus. O positivismo se

---

33 Da série de neoconservadores que são recrutados em grande número das escolas de J. Ritter e E. Voegelin, destaca-se Spaemann, *Zur Kritik der politischen Utopie*.
34 Horkheimer, *Zur Kritik der instrumentellen Vernunft*, p.66.
35 Ibid., p.82.

recusa a fundamentar a identidade de ciência e verdade afirmada por ele. Ele se limita à análise dos modos de proceder dados na práxis científica. Nisso pode se expressar a veneração pelas ciências institucionalizadas; mas por que determinados procedimentos têm o direito de ser considerado como científicos é algo que carece de justificação normativa: "Para ser a autoridade absoluta, a ciência tem de ser justificada como um princípio espiritual, ela não pode meramente ser derivada de procedimentos empíricos e depois absolutizada como verdade na base dos critérios dogmáticos do êxito científico".[36]

Naturalmente, tem-se curiosidade sobre a explicação do critério que Horkheimer coloca na base de sua própria crítica à "verdade restringida". Ou ele precisa tirar esse critério de uma teoria que esclarece os fundamentos das ciências modernas da natureza, da sociedade e da cultura no horizonte de um conceito mais abrangente de verdade e de conhecimento; ou, caso uma tal teoria não ou ainda não exista, ele precisa tomar o caminho pedregoso da crítica imanente da ciência e obter o procurado critério de uma autorreflexão que se estende até os fundamentos no mundo da vida, as estruturas da ação e o contexto de surgimento da formação científica das teorias, do pensamento objetivante de modo geral.[37] A seguinte passagem é pouco clara no que concerne a essa alternativa: "A ciência moderna, como os positivistas a entendem, refere-se essencialmente a enunciados sobre fatos e pressupõe, por isso, a reificação da vida em geral e da percepção em particular. Ela vê no mundo um mundo de fatos e coisas e deixa de vincular a transformação do mundo em fatos e coisas com o processo social. Justamente o conceito de fato é um produto – um produto da alienação social; nele o objeto abstrato da troca é pensado como modelo para todos os objetos da experiência na categoria dada. A tarefa da reflexão crítica não é somente entender os diversos fatos em seu desenvolvimento histórico – e mesmo isso implica consideravelmente mais do que a escolástica positivista

---

36 Ibid., p.80.
37 Isso foi tomado a sério como uma exigência no círculo da segunda geração da teoria crítica, como mostram os trabalhos de Apel, Habermas, Schnädelbach, Wellmer, entre outros.

alguma vez sonhou –, mas também penetrar o próprio conceito de fato, em seu desenvolvimento e, com isso, em sua relatividade. Averiguados por métodos quantitativos, os assim chamados fatos, os quais os positivistas costumam considerar como os únicos fenômenos científicos, são amiúde fenômenos superficiais, que mais obscurecem do que desvelam a realidade subjacente. Um conceito não pode ser aceito como a medida da verdade, se o ideal de verdade, ao qual ele serve, pressupõe em si processos sociais que o pensamento não pode deixar valer como dados".[38]

De um lado, a reminiscência da crítica de Lukács ao objetivismo científico é evidente; de outro lado, sabemos que Horkheimer não gostaria de aceitar sem mais as suposições fundamentais da crítica hegeliana (ou hegeliano-marxista de Kant): ele está de acordo com Weber em que a divisão de razão teórica e razão prática, a cisão da racionalidade em aspectos de validade de verdade, correção normativa, autenticidade ou veracidade não pode ser desfeita por um recurso à totalidade perdida, ao ente em seu todo, por mais dialético ou materialista que seja.

O apelo à reflexão crítica não pode ser entendido, por isso, como exortação disfarçada para a retirada rumo a um Hegel marxistamente restaurado; ele somente pode ser entendido como *primeiro passo* rumo a uma autorreflexão das ciências, que mais tarde foi de fato efetuado. De um lado, com coerência admirável, a autocrítica impelida no quadro da teoria analítica da ciência conduz às posições, ainda que ambíguas, do assim chamado pós-empirismo (Lakatos, Toulmin, Kuhn, M. Hesse, Feyerabend). De outro lado, na querela metodológica sobre os fundamentos das ciências sociais, o conceito de ciência unitária foi abandonado, dada a influência da fenomenologia, da hermenêutica, da etnometodologia, da filosofia da linguagem, e também da teoria crítica,[39] sem que, no entanto, uma clara alternativa tenha se tornado visível. Ambas as linhas de argumentação não conduzem de modo algum a uma retomada inequívoca da problemática da racionalidade; ele

---

38 Horkheimer, *Zur Kritik der instrumentellen Vernunft*, p.83ss.; sobre o conceito de empiria da primeira teoria crítica, cf. o trabalho recente de Bonß, *Die Einübung des Tatsachenblicks*.

39 Bernstein, *The Restructuring of Social and Political Theory*.

até mesmo concede espaço para conclusões céticas e sobretudo relativistas (Feyerabend, Elkana). Portanto, as coisas não se passam, mesmo visto em retrospectiva, como se Horkheimer devesse deixar tranquilamente a reflexão crítica ao critério da astúcia do desenvolvimento científico. Essa perspectiva lhe era também consideravelmente estranha. Não obstante, Horkheimer e Adorno não viram sua tarefa em uma crítica material da ciência, em se reportar à situação de declínio da razão objetiva para desenvolver, pelo fio condutor de uma razão subjetiva exteriorizada em seus objetos, tal como ela se expõe na práxis das ciências mais avançadas, um conceito "fenomenológico" de conhecimento, ampliado pela autorreflexão — a fim de abrir com isso um acesso (não o único) ao conceito diferenciado, mas abrangente, de racionalidade.[40] Em vez disso, eles submeteram a razão subjetiva a uma crítica inconivente, na perspectiva ironicamente distanciada da decomposição irrevogável da razão objetiva.

(3) *Dialética do Esclarecimento*

Esse passo paradoxal é motivado pela convicção de que a "grande" filosofia, com Hegel como ponto culminante e final, não pode mais, sem dúvida, desdobrar e fundamentar sistematicamente, por força própria, a ideia de razão, a ideia de uma reconciliação entre espírito e natureza — nessa medida, ela declinou junto com as imagens religiosas e metafísicas do mundo; porém, a filosofia, porque o momento de sua realização outrora possível, proclamada por Marx, foi perdido, constitui o único lugar de recordação acessível a nós para a promessa de um estado social humano — nessa medida, sob as ruínas da filosofia também se encontra sepultada a verdade, unicamente da qual o pensamento retira sua força negadora, transcendendo a reificação: "A filosofia, que outrora parecia ultrapassada, mantém-se em vida porque o instante de sua realização foi perdido" — com essa sentença começa a *Dialética negativa*.[41]

---

40 Habermas, *Conhecimento e interesse*.
41 Adorno, "Negative Dialektik", op. cit.

Horkheimer e Adorno encontram-se diante do seguinte problema. Por um lado, eles contestam o enunciado de Lukács segundo o qual a racionalização aparentemente integral do mundo encontra seu limite no caráter formal de sua própria racionalidade — mais precisamente, de maneira empírica, com a indicação sobre as formas fenomênicas de uma reificação penetrante da cultura e da natureza interior, de maneira teórica, com a demonstração de que também o idealismo objetivo reescrito em termos hegeliano-marxistas meramente prossegue o pensamento da identidade, reproduzindo em si mesmo a estrutura da consciência reificada. Por outro lado, Horkheimer e Adorno radicalizam a crítica da reificação de Lukács. Eles não consideram a racionalização integral do mundo meramente "aparente" e se valem por isso de um quadro categorial que lhes permite denunciar nada menos do que o todo como o não verdadeiro. Eles não podem alcançar esse objetivo pelo caminho de uma crítica imanente da ciência; pois o quadro conceitual que poderia satisfazer seu desiderato se situa ainda no nível das pretensões da grande tradição filosófica. Mas esta, e este é o espinho weberiano fincado ainda na teoria crítica, não pode simplesmente ser renovada em sua pretensão sistemática — ela "sobreviveu" à sua própria pretensão; em todo caso, não pode ser renovada na forma da filosofia. Vou tentar esclarecer como os autores da *Dialética do Esclarecimento* procuram solucionar essa dificuldade — e por qual preço.

Horkheimer e Adorno generalizam de início a categoria de reificação. Nesse ponto podem se distinguir três passos, caso se mantenha em vista o ponto de partida implícito, a teoria da reificação desenvolvida por Lukács em *História e consciência de classe*:

(a) Lukács havia obtido a forma de objetividade específica das sociedades capitalistas partindo da análise da relação de trabalho assalariado, que se caracteriza pela forma mercadoria da força de trabalho; daí ele havia derivado, além disso, as estruturas da consciência reificada, tal como se expressam no pensamento do entendimento [*Verstandesdenken*] das sociedades modernas, em particular em sua autointerpretação filosófica em Kant. Horkheimer e Adorno consideram fundamentais, em contrapartida, essas estruturas de consciência, ou seja, o que eles denominam razão subjetiva e pensamento identificante; a abstração da troca é meramente a forma histórica na qual o pensamento identificante desdobra sua influência histórico-universal, determinando as formas de intercâmbio da sociedade capitalista. As referências eventuais às abstrações reais que se tornaram objetivas nas relações de troca não podem iludir quanto ao fato de que Horkheimer e Adorno de modo algum, como Lukács (e Sohn-Rethel), derivam a forma de pensamento a partir da forma mercadoria. O pensamento identificante, cujo poder Adorno vê em obra antes na filosofia primeira do que na ciência, reside historicamente mais fundo do que a racionalidade formal da relação de troca; todavia, somente por meio da diferenciação do *medium* do valor de troca ele obtém sua significação universal.[42]

(b) Depois dessa retradução, caso se queira, idealista do conceito de reificação para o contexto da filosofia da consciência, Horkheimer e Adorno conferem uma versão tão abstrata às estruturas da consciência reificada que estas não se estendem somente até a forma teórica do pensamento identificante, mas também à contraposição do sujeito que age dirigido a objetivos com a natureza externa em geral. Essa contraposição se encontra sob a ideia da autoconservação do sujeito; o pensamento serve à disposição técnica sobre e à adaptação informada à natureza externa, objetivada no círculo funcional da ação instrumental. É a "razão instrumental" que subjaz às estruturas da consciência reificada. Dessa maneira, Horkheimer e Adorno ancoram o mecanismo que gera a reificação da consciência nos fundamentos antropológicos da história da espécie, na forma de existência de uma espécie que tem de reproduzir-se mediante o trabalho. Com isso, eles corrigem parcialmente o passo de abstração efetuado inicialmente, isto é, a separação do pensamento do contexto de reprodução. A razão instrumental é concebida nos termos das relações sujeito-objeto. A relação interpessoal entre sujeito e sujeito, que é decisiva para o modelo da troca, não tem um significado constitutivo para a razão instrumental.[43]

---

42 Sobre o *status* derivado da racionalidade da troca na obra de Adorno, cf. também Schmucker, *Adorno-Logik des Zerfalls*, p.105ss.

43 "Enquanto a dialética da autoconservação é constituída no caso do membro da sociedade moderna da troca pelo processo de troca, ela foi derivada para a estrutura da subjetividade odisseica, ao contrário, a partir do princípio da dominação da natureza" (Schmucker, op. cit., p.106).

(c) Essa abstração da dimensão social é anulada em um último passo, mas de maneira digna de nota. Horkheimer e Adorno não entendem a "dominação" da natureza como metáfora; eles colocam sob o mesmo denominador o controle da natureza externa, o comando sobre os seres humanos e a repressão da própria natureza interna, sob o título de "dominação": "Dominação da natureza inclui a dominação dos homens".[44] Esta é quase uma proposição analítica caso se parta da premissa de que, na disposição do sujeito sobre a natureza objetificada e na dominação de um sujeito que torna objeto um outro sujeito ou a si mesmo, repete-se a mesma estrutura de exercício de violência. O pensamento da identidade ampliado de início como razão instrumental é mais uma vez ampliado até se converter em lógica da dominação sobre coisas *e* seres humanos. A razão instrumental, deixada sozinha, faz da "dominação da natureza, no interior e no exterior, o fim absoluto da vida";[45] ela é o motor de uma "autoafirmação asselvajada".

Com o conceito de reificação, Lukács havia designado aquela coerção peculiar para assimilar as relações inter-humanas (e a subjetividade) ao mundo das coisas, a qual ocorre quando as ações sociais não são mais coordenadas mediante valores, normas ou entendimento linguístico, mas pelo *medium* do valor de troca. Horkheimer e Adorno desligam o conceito não apenas do contexto social especial do surgimento do sistema econômico capitalista, mas, de modo geral, da dimensão das relações inter-humanas, generalizando-o temporalmente (através da história da espécie em seu todo) e objetivamente (na medida em que eles atribuem as duas coisas, cognição a serviço da autoafirmação e repressão da natureza pulsional, à mesma lógica da dominação). Essa dupla generalização do conceito de reificação leva a um conceito de razão instrumental que coloca a pré-história da subjetividade e o processo de formação da identidade do Eu em uma perspectiva abrangente em termos de filosofia da história.

O Eu que se forma na contraposição com as forças da natureza externa é o produto da autoafirmação bem-sucedida, o resultado das operações da razão instrumental em duplo aspecto: ele é o sujeito que irresistivelmente

---

44 Horkheimer, *Zur Kritik der instrumentellen Vernunft*, p.94.
45 Horkheimer; Adorno, op. cit., p.45.

se lança à frente no processo de Esclarecimento, que submete a natureza a si mesmo, que desenvolve as forças produtivas, que desencanta o mundo ao seu redor; mas é ao mesmo tempo o sujeito que aprende a dominar a si mesmo, que reprime sua própria natureza, que impulsiona a auto-objetificação no interior e se torna por meio disso cada vez mais opaco para si mesmo. As vitórias sobre a natureza externa são pagas com as derrotas da natureza interna. Essa dialética da racionalização se explica pela estrutura de uma razão que é instrumentalizada para o fim da autoconservação, posto como absoluto. Como essa razão instrumental marca, ao mesmo tempo, todo progresso que ela suscita com a irracionalidade é algo que se mostra na história da subjetividade:

> No instante em que o homem elide a consciência de si mesmo como natureza, todos os fins para os quais ele se mantém em vida, o progresso social, o aumento de todas as forças materiais e espirituais, até mesmo a própria consciência, tornam-se nulos, e a entronização do meio como fim, que no capitalismo tardio assume o caráter de loucura manifesta, já é perceptível na pré-história da subjetividade. A dominação do homem sobre si mesmo, que fundamenta seu Eu, é sempre virtualmente a aniquilação do sujeito a serviço do qual ela acontece, pois a substância dominada, reprimida e dissolvida pela autoconservação não é nada senão o que é vivo, para cuja função as operações da autoconservação se determinam unicamente, portanto, justamente o que deve ser conservado.[46]

Que valor posicional possui então essa tese no contexto da tarefa, mencionada de entrada, de reabilitar um conceito abrangente de razão sem recurso ao pensamento da totalidade da filosofia de certo modo "sobrevivente"? Essa filosofia da história libera um olhar catastrófico sobre a relação de espírito e natureza que é desfigurada a ponto de ser irreconhecível. Mas só é lícito falar de desfiguramento na medida em que a relação originária de espírito e natureza é concebida secretamente de tal sorte que a ideia de verdade se vincula com a de uma reconciliação universal – no que a recon-

---

46 Ibid., p.70-1.

ciliação inclui a interação do homem com a natureza, com os animais, as plantas e os minerais.[47]

Ora, se o espírito é o princípio que coloca sob controle a natureza exterior apenas ao preço da repressão da natureza interior; se ele é o princípio de uma autoconservação que significa ao mesmo tempo autodestruição; então a razão subjetiva, que pressupõe o dualismo de espírito e natureza, encontra-se tão presa ao erro quanto a razão objetiva que afirma a unidade originária de ambos: "Semelhante hipostasiação resulta da contradição subjacente à constituição do homem. Por um lado, a necessidade social de controlar a natureza condicionou sempre a estrutura e as formas do pensamento humano e assim conferiram o primado à razão subjetiva. Por outro lado, a sociedade não pôde reprimir inteiramente a ideia de algo que vá além da subjetividade do autointeresse, o qual o Eu não pode senão almejar. Mesmo a separação e a reconstrução formal dos dois princípios como separados baseiam-se em um elemento da necessidade e da verdade histórica. Por meio de sua autocrítica, a razão tem de reconhecer o caráter limitado dos dois conceitos contrapostos de razão; ela precisa analisar o desenvolvimento do abismo entre ambos, como ele foi eternizado por todas as doutrinas que se inclinam a triunfar ideologicamente sobre a antinomia filosófica em um mundo antinômico".[48]

Horkheimer entende ser uma semelhante autocrítica sua tentativa de exibir as restrições complementares do positivismo e da ontologia: "O elemento fundamental, discutido nesses estudos, a relação entre o conceito subjetivo e o objetivo de razão, deve ser tratado à luz das reflexões anteriores sobre espírito e natureza, sujeito e objeto. O que foi designado de razão subjetiva na primeira parte é aquela atitude da consciência que se adapta sem reservas à alienação de sujeito e objeto, ao processo social de reificação, por medo de que decaia, do contrário, em irresponsabilidade, em arbitrariedade, e se torne um mero jogo de ideias. Os sistemas contemporâneos da natureza objetiva representam, por outro lado, as tentativas de evitar a

---

[47] Sobre o nexo de verdade e história natural em Adorno, cf. Grenz, op. cit., p.57-8.
[48] Horkheimer, *Zur Kritik der instrumentellen Vernunft*, p.163-4.

entrega da existência ao acaso e ao destino cego. Mas os advogados da razão objetiva correm o risco de permanecer atrás dos desenvolvimentos industriais e científicos, de afirmar um sentido que se revela uma ilusão e criar ideologias reacionárias".[49]

Essa dialética nos leva a tomar consciência da inverdade das duas posições. Com isso se coloca a questão de sua mediação. A tese desenvolvida na *Dialética do Esclarecimento* não põe o pensamento, no entanto, na pista mais óbvia, que percorre o sentido intrínseco dos diversos complexos de racionalidade e os processos de racionalização social separados segundo aspectos de validade universal, levando a supor uma unidade da racionalidade sob o invólucro de uma práxis cotidiana ao mesmo tempo racionalizada e reificada. Pelo contrário, Horkheimer e Adorno seguem a pista consideravelmente esmaecida que reconduz às origens da razão instrumental para assim *suplantar* ainda o conceito de razão objetiva: "Desde a época em que a razão se tornou o instrumento da dominação da natureza humana e extra-humana por parte dos homens – isto é, desde seus mais primevos começos –, sua própria intenção de descobrir a verdade foi frustrada".[50] De um lado, essa consideração sugere um conceito de verdade que pode ser interpretado pelo fio condutor da reconciliação universal, de uma emancipação dos seres humanos por meio da ressurreição da natureza: a razão, que seguia sua intenção de descobrir a verdade, precisaria, "na medida em que é um instrumento da reconciliação, ser ao mesmo tempo mais do que um instrumento".[51] De outro lado, Horkheimer e Adorno podem somente sugerir esse conceito de verdade, pois eles precisariam se apoiar, com efeito, em uma razão antes da razão (instrumental desde o início), se quisessem explicitar aquelas determinações que em caso algum podem ser imanentes à razão instrumental segundo sua própria exposição. A título de guardador de lugar dessa razão originária, desviada da intenção de chegar à verdade, Horkheimer e Adorno declaram uma faculdade, a *mimesis*, a respeito da qual

---

49 Ibid., p.162.
50 Ibid., p.164.
51 Ibid., p.165.

podem falar, sob a maldição da razão instrumental, somente da mesma maneira que sobre um fragmento imperscrutável da natureza. Eles caracterizam a faculdade mimética, na qual uma natureza instrumentalizada ergue seu lamento mudo, como um "impulso".⁵²

O paradoxo em que a crítica da razão instrumental se enreda e que resiste obstinadamente mesmo à dialética mais dúctil consiste, portanto, em que Horkheimer e Adorno precisariam erguer uma *teoria* da mimésis que é impossível segundo seus próprios conceitos. Assim, é simplesmente coerente que não procurem explicitar a "reconciliação universal", como Hegel ainda tentara, a título de unidade da identidade e da não identidade de espírito e natureza, mas a deixem como uma cifra, quase ao modo da filosofia da vida. Quando muito, essa ideia se deixa circunscrever ainda com as imagens da mística judaico-cristã – a fórmula do jovem Marx acerca do nexo dialético entre humanização da natureza e naturalização do homem já remetia, como se sabe, a essa tradição.⁵³ A *"dialética do Esclarecimento"* é um assunto irônico: ela indica para autocrítica da razão o caminho da verdade e contesta ao mesmo tempo a possibilidade "de que nessa etapa da alienação completa a ideia de verdade seja ainda acessível".⁵⁴

---

52 Certamente, a *mimesis* não designa, como G. Rohrmoser julga, "a forma de uma participação imediata e a repetição imediata da natureza por meio dos homens" (*Das Elend der Kritischen Theorie*, p.25); mas, ainda no horror da adaptação muda à superpotência infligida de uma natureza que rechaça caoticamente os ataques da razão instrumental, ela *lembra* o modelo de um intercâmbio, isento de violência, do sujeito com a natureza: "A constelação, porém, sob a qual a igualdade se produz, a imediata da *mimesis* assim como a mediada da síntese, a assimilação à coisa no ato cego de viver assim como a comparação do reificado na formação dos conceitos científicos, permanece a constelação do horror" (Horkheimer; Adorno, op. cit., p.213). Que o comportamento mimético, "o aconchego orgânico no outro", se encontre sob o signo do horror é algo que não retira da *mimesis* o papel de guardador de lugar para uma razão originária, cujo espaço foi usurpado pela razão instrumental. Schmucker ignora isso (op. cit., p.29, nota 63; de maneira análoga, Kaiser, *Benjamin, Adorno*, p.99).

53 Sobre o significado desse motivo em Bloch, Benjamin e Scholem, cf. Habermas, *Philosophisch-politische Profile*.

54 Horkheimer, *Zur Kritik der instrumentellen Vernunft*, p.165.

(4) Dialética negativa como exercício

Isso levanta a questão de saber que *status* Horkheimer e Adorno podem ainda pretender para aquela teoria que não quer mais se fiar na colaboração crítica de filosofia e ciência. De um lado, ela partilha traços essenciais com a tradição da grande filosofia, à qual dá continuidade por mais que de maneira refratada: a insistência na contemplação, em uma teoria afastada da práxis; o objetivo de alcançar a totalidade da natureza e do mundo humano; a reorientação para os começos com a tentativa de retroceder para trás da ruptura da cultura com a natureza; até mesmo o conceito de verdade, que Horkheimer definiu certa vez como a concordância de linguagem e realidade: "Filosofia é o esforço consciente de associar todo o nosso conhecimento e discernimento em uma estrutura linguística na qual as coisas são chamadas por seu justo nome".[55] De outro lado, Horkheimer e Adorno consideram os sistemas da razão objetiva como ideologia; estes sucumbem desesperadamente a uma crítica que vai e volta sem descanso entre a razão subjetiva e a objetiva.

Se Horkheimer vê a tarefa da filosofia no dar às coisas o seu justo nome, então é preciso ver o que ele pensa do ato de dar nome. "Se rir é até hoje o signo da violência, a irrupção da natureza teimosa e cega, então ele tem em si, no entanto, o elemento oposto de que, com o riso, a natureza cega justamente se inteiraria de si mesma como tal e com isso renunciaria à violência destruidora. Esse duplo sentido do riso tem proximidade com aquele do nome, e talvez os nomes não sejam nada mais do que risadas petrificadas, assim como ainda hoje os apelidos, os únicos em que algo do ato originário de dar nome sobrevive."[56] A crítica da razão instrumental quer ser crítica no sentido de que a reconstrução de sua marcha irresistível lembra as vítimas, os impulsos miméticos de uma natureza reprimida, da exterior, mas sobretudo da natureza subjetiva: "Por meio de semelhante rememoração da natureza no sujeito, em cuja efetuação se encontra contida a verdade

---

55 Ibid., p.167.
56 Horkheimer; Adorno, op. cit., p.96. Sobre a filosofia adorniana da linguagem, cf. Grenz, op. cit., p.212ss.

desconhecida de toda cultura, o Esclarecimento é contraposto à dominação de maneira geral, e o grito para fazer deter o Esclarecimento ressoou, mesmo nos tempos de Vanini, menos por temor das ciências exatas do que por ódio contra o pensamento indisciplinado, que escapa do fascínio da natureza ao confessar-se como o próprio estremecimento diante dela".[57] A tarefa da crítica é reconhecer, até penetrar o próprio pensamento, a dominação como natureza irreconciliada. Porém, mesmo que o pensamento se assenhorasse da ideia de reconciliação, mesmo que esta não tivesse de dar-se do exterior, como ele iria transformar os impulsos miméticos em discernimentos discursivamente, em seu próprio elemento e não de modo meramente intuitivo, na "rememoração" silenciosa, já que o pensamento é sempre pensamento identificante, ligado a operações que, fora dos limites da razão instrumental, não possuem nenhum sentido designável, ainda mais hoje, quando a reificação da consciência parece ter se tornado universal com a marcha triunfal da razão instrumental?

Diferentemente de Marcuse,[58] Adorno não quis mais sair dessa aporia, nesse ponto com mais coerência do que Horkheimer. A *Dialética negativa* é as duas coisas: a tentativa de circunscrever o que não se deixa dizer discursivamente e a advertência contra buscar ainda refúgio em Hegel nessa situação. A *Teoria estética* somente sela em seguida a cessão das competências de conhecimento à arte, na qual a faculdade mimética obtém forma objetiva. Adorno remove a pretensão teórica: *Dialética negativa* e *Teoria estética* podem apenas "remeter uma à outra desamparadamente".[59]

Adorno já havia visto no começo dos anos 1930 que a filosofia tem de aprender a "renunciar à questão da totalidade" e "sobreviver sem a função simbólica em que até agora, pelo menos no idealismo, o particular parecia

---

57 Horkheimer; Adorno, op. cit., p.55.
58 Sobre a tentativa de Marcuse de desatar-se das aporias da crítica da razão instrumental partilhada por ele, sobretudo das consequências quietistas, com o auxílio de uma teoria da pulsão, cf. Habermas, "Psychischer Thermidor und die Wiedergeburt der rebellischen Subjektivität", em *Philosophisch-politische Profile*.
59 Baumeister, "Kulenkampff, Geschichtsphilosophie und philosophische Ästhetik", *Neue Hefte für Philosophie*, n.5, p.74ss., 1973.

representar o universal".⁶⁰ Em termos de método, ele já havia se apropriado naquela época, com referência ao conceito de alegórico de Benjamin,⁶¹ do motivo do "despertar do cifrado, do petrificado" na história que se tornou segunda natureza,⁶² projetando um programa de "interpretação do não intencional" por meio da "combinação do ínfimo", que abjura da certeza de si da *"autonomen ratio"*: estava em jogo a produção de modelos, "com que a *ratio* se aproxima, examinando, provando, de uma realidade que renuncia à lei que, no entanto, o esquema do modelo pode imitar de vez em quando, na medida em que é bem moldado".⁶³

São a essas tentativas tateantes de evadir-se da sombra do pensamento identificante, da reificação, que Adorno recorre mais tarde quando procura soltar-se da dialética do Esclarecimento a fim de radicalizá-la. A *Dialética negativa* tem de ser entendida de agora em diante como um exercício. Ao refletir mais uma vez o pensamento dialético, ela exibe o que apenas assim consegue-se ver: a aporética do conceito do não idêntico.⁶⁴ De modo algum as coisas se passam como se a *"estética* estivesse um passo atrás do conteúdo de verdade de seus objetos do que a *dialética negativa*, que tem de lidar desde o início com conceitos".⁶⁵ Pelo contrário, visto que a crítica tem de lidar com conceitos, ela pode tão somente demonstrar por que a verdade, que se esquiva da teoria, encontra nas obras mais avançadas da arte moderna um abrigo, do qual, no entanto, tampouco poderia ser chamada para fora sem a *Teoria estética*.

Axel Honneth⁶⁶ mostrou que Adorno, ainda como teórico, assimila seu modo de exposição ao modo estético; ele é guiado pela "ideia de felicidade de uma liberdade em relação ao objeto, a qual confere a este mais de si mesmo do que quando incorporado impiedosamente à ordem das ideias".⁶⁷ A teoria de Adorno retira seu ideal de exposição "da operação mimética da

---

60 Adorno, "Die Aktualität der Philosophie", op. cit., p.336.
61 Benjamin, *Ursprung des deutschen Trauerspiels*.
62 Adorno, "Die Idee der Naturgeschichte", op. cit., p.357.
63 Adorno, "Die Aktualität der Philosphie", op. cit., p.341.
64 Schmucker, op. cit., p.141.
65 Grenz, op. cit., p.117.
66 Honneth, "Adorno und Habermas", *Telos*, v.45, p.45ss., 1979.
67 Adorno, "Der Essay als Form", em *Gessammelte Schriften*, v.11, p.27.

obra de arte, não do princípio de fundamentação da ciência moderna".⁶⁸ Propositadamente, o pensamento filosófico regride ao gesto, à sombra de uma filosofia que sobreviveu a si mesma.

Por mais que sejam opostas as intenções de suas respectivas filosofias da história, ambos se assemelham, Adorno, no fim de seu caminho intelectual, e Heidegger, em sua posição em relação à pretensão teórica do pensamento objetivante e da reflexão: a rememoração da natureza entra em uma proximidade chocante com a lembrança do ser.⁶⁹

Se da obra tardia de Adorno olhamos para trás, para as intenções que a teoria crítica seguiu *inicialmente*, podemos medir o preço que a crítica da razão instrumental tem de pagar por suas aporias coerentemente confessadas. A filosofia que, para trás das linhas do pensamento discursivo, se retira à "rememoração da natureza", paga pela força despertadora de seu exercício a renegação do objetivo do conhecimento teórico – e, com isso, daquele programa do "materialismo interdisciplinar" em cujo nome a teoria crítica da sociedade entrou em cena no começo dos anos 1930. Já no começo dos anos 1940, Horkheimer e Adorno abandonaram esse objetivo, sem, todavia, admitir as consequências práticas de uma renúncia à associação com as ciências sociais – do contrário, eles não poderiam ter reconstruído um instituto de pesquisa social depois da guerra. Contudo, como declara o prefácio da *Dialética do Esclarecimento*,⁷⁰ eles *abandonaram* inequivocadamente a esperança de poder desempenhar ainda a promessa da primeira teoria crítica.

---

68 Nesse sentido, cf. também Bubner, "Kann Theorie ästhetisch werden? Zur Hauptmotiv der Philosophie Adornos", *Neue Rundschau*, v.89, p.537ss., 1978.

69 H. Mörchen dedicou à recepção de Heidegger por parte de Adorno um estudo detalhado e extenso: *Macht und Herrschaft im Denken von Heidegger und Adorno*.

70 "Se desde muito tempo também havíamos observado que na atividade científica moderna as grandes invenções são pagas com o declínio crescente da formação teórica, acreditávamos, ainda assim, poder seguir a atividade na medida em que nosso desempenho se limitasse principalmente à crítica ou ao desenvolvimento das doutrinas especializadas. Ele deveria se ater, ao menos tematicamente, às disciplinas tradicionais, à sociologia, psicologia e teoria do conhecimento. Os fragmentos que reunimos aqui mostram, porém, que tínhamos de abandonar aquela confiança" (Horkheimer; Adorno, op. cit., p.5). Com primor, H. Dubiel analisa essa mudança das concepções sobre a relação de filosofia e ciência e o *status* da teoria da socie-

Em contraposição a isso, gostaria de insistir em que o programa da primeira teoria crítica não fracassou por esse ou aquele acaso, mas pelo esgotamento do paradigma da filosofia da consciência. Vou mostrar que uma mudança de paradigma em favor da teoria da comunicação permite retornar a um empreendimento que na sua época foi *interrompido* com a crítica da razão instrumental; ela permite uma retomada das tarefas *pendentes* de uma teoria crítica da sociedade. Na seção seguinte, gostaria de elucidar com exemplos os limites da filosofia da consciência e indicar os motivos que, já em Horkheimer e Adorno, impelem para além desses limites.

(5) *A autointerpretação filosófica da modernidade e o esgotamento do paradigma da filosofia da consciência*

A autointerpretação filosófica da modernidade, na qual também se pode incluir a crítica da razão instrumental, foi caracterizada certa vez por D.

---

dade; cf. op. cit., p.51ss., 81ss., 113ss., 125ss. Dubiel investiga, pelos anos 1930 a fio, uma "refilosofação" da orientação teórica inteira do instituto emigrado para os Estados Unidos: "Na *Dialética do Esclarecimento*, todo trabalho científico especializado é identificado finalmente com sua aplicação nas técnicas de produção e nas técnicas sociais, e desacreditado como 'positivista', 'instrumentalista' etc. Contra esse espírito do tempo 'instrumentalista', palpável exemplarmente nas ciências especializadas, a filosofia deve se encapsular na qualidade de reserva mental de uma cultura intelectual soterrada. É sintomática dessa definição (implícita) da relação entre filosofia e ciência especializada a própria práxis de pesquisa do Instituto. Nas extensas pesquisas sobre o fascismo e nos *Studies in Prejudice*, trabalhou-se de fato, com efeito, ainda mais empiricamente e com as ciências particulares. Mas no caso de Adorno esses estudos empíricos e suas reflexões filosóficas temporalmente paralelas se encontram lado a lado em uma assombrosa falta de mediação" (ibid., p.125-6).

No entanto, desde o começo Adorno havia se deparado com um ceticismo dissimulado diante do programa horkheimeriano de uma teoria social materialista, que recebe a herança da filosofia e se apoia na pesquisa interdisciplinar. Em sua aula inaugural de 1931, ele expressa esse ceticismo na forma de uma parábola na qual cabe à sociologia o papel de um ladrão que furta tesouros cujo valor ele não conhece (Adorno, "Die Aktualität der Philosophie", op. cit., p.340). Aqui já se inscreve a crítica posterior de Adorno ao positivismo, a qual desemboca na desvalorização total das ciências sociais.

Henrich, pelo exemplo de Heidegger, da seguinte maneira: "Ela aceita que a subjetividade possa determinar suas operações somente a partir de suas próprias estruturas, portanto, não a partir do discernimento sobre sistemas de fins mais universais. Mas ela crê, ao mesmo tempo, reconhecer que a subjetividade e a própria razão têm apenas o *status* de meios ou funções que servem à reprodução de um processo que se conserva a si mesmo, mas é indiferente em relação à consciência. O materialismo moderno exprimiu com Hobbes, pela primeira vez, essa posição. Ela explica a impressão e o efeito de Darwin e Nietzsche, de Marx e Freud, sobre a consciência moderna. Em Marx, no entanto, penetraram, via Hegel e Feuerbach, traços da metafísica da reconciliação".[71] Também Horkheimer e Adorno se deixam guiar pela ideia de reconciliação; mas preferem renunciar inteiramente à sua explicação do que sucumbir a uma *metafísica* da reconciliação. Isso os leva, como foi mostrado, às aporias de uma crítica que de certo modo remove a pretensão de conhecimento teórico. A crítica da razão instrumental, que na *Dialética negativa* é levada ao seu conceito, desmente, ao trabalhar com os meios da teoria, sua pretensão teórica.

Ora, nesse ponto, o receio de uma recaída na metafísica é oportuno somente na medida em que nos movemos no horizonte da filosofia do sujeito moderna. Com os conceitos fundamentais da teoria da consciência, de Descartes a Kant, a ideia de reconciliação não pode ser acomodada de maneira plausível; com os conceitos do idealismo objetivo, de Espinosa e Leibniz a Schelling e Hegel, ela pode ser formulada apenas de maneira efusiva. Horkheimer e Adorno sabem disso, mas permanecem presos a essa estratégica conceitual mesmo na tentativa de quebrar o seu fascínio. Sem dúvida, eles não analisam em detalhe como a razão subjetiva funciona; mas também continuam a seguir representações modelares que vinculam as ideias fundamentais da teoria idealista do conhecimento e da teoria naturalista da ação. A razão subjetiva regula exatamente duas relações fundamentais que o sujeito pode estabelecer com objetos possíveis. Por "objeto" a filosofia do sujeito entende tudo o que pode ser representado como ente; por suje-

---

[71] Henrich, "Die Grundstruktur der modernen Philosophie", em Ebeling (org.), *Subjektivität und Selbsterhaltung*, p.117.

to, em primeiro lugar, as capacidades de referir-se em atitude objetivante àquelas entidades no mundo e de apoderar-se dos objetos, seja teórica, seja praticamente. Os dois atributos do espírito são a representação e a ação. O sujeito se refere a objetos ou para representá-los como eles são ou para produzi-los como eles devem ser. Essas duas funções do espírito se entrelaçam uma na outra: o *conhecimento* de estados de coisas é referido estruturalmente à possibilidade de *intervenção* no mundo como totalidade de estados de coisa; e a ação bem-sucedida requer, por sua vez, o conhecimento do nexo causal na qual ela intervém. No caminho que vai de Kant até Peirce, passando por Marx, tomou-se consciência do nexo epistemológico de conhecimento e ação com tanto mais evidência quanto mais se impôs um conceito naturalista de sujeito. Desenvolvido no empirismo e no racionalismo, limitado ao comportamento contemplativo, isto é, à apreensão teórica de objetos, o conceito de sujeito é transformado de tal sorte que recolhe em si mesmo o conceito de autoconservação desenvolvido na modernidade.

De acordo com as imagens metafísicas do mundo, *autoconservação* significa o esforço de todo ente por realizar o fim que é inerente inalteravelmente à sua essência, conforme uma ordem natural. O pensamento moderno desliga o conceito de autoconservação de um semelhante sistema de fins superiores; o conceito torna-se "intransitivo".[72] Segundo as suposições fundamentais da física newtoniana, todo corpo se conserva no estado de inércia ou de movimento retilíneo uniforme, na medida em que outras forças não atuem sobre ele. Segundo as suposições fundamentais da filosofia social e da economia burguesas, todo indivíduo conserva-se socialmente em vida ao seguir racionalmente seu próprio e bem-compreendido interesse. Segundo as suposições fundamentais da biologia darwinista e da teoria contemporânea dos sistemas, um organismo, uma população, um sistema conserva sua existência mediante a demarcação contra e a adaptação a um entorno alterável e supercomplexo.[73]

Nessa perspectiva, os atributos do espírito, conhecimento e ação dirigida a objetivos, transformam-se em funções da autoconservação de sujeitos que

---

72 Blumenberg, "Selbsterhaltung und Beharrung", em Eberling (org.), op. cit., p.144ss.
73 Wiener, *Kybernetik, Regelung und Nachrichtenübertragung bei Lebewesen und in der Machine.*

perseguem, como corpos e organismos, um único "fim" abstrato: assegurar sua existência contingente. Dessa maneira, Horkheimer e Adorno concebem a razão subjetiva como razão instrumental. O pensamento objetivante e a ação racional com respeito a fins servem à reprodução de uma "vida" que se caracteriza pela dedicação dos sujeitos capazes de conhecer e agir para uma autoconservação cega, intransitiva, dirigida a si própria, na qualidade de único "fim": "Que a razão no burguês teria sido definida desde sempre pela relação com a autoconservação individual é algo que aparentemente corre em direção contrária à definição exemplar de Locke segundo a qual a razão designa a direção da atividade intelectual, sendo indiferente a que fins ela pode servir. Mas a razão está muito longe de sair, com essa renegação de todo fim determinado, do fascínio do autointeresse da mônada; ela constitui, pelo contrário, apenas os procedimentos para servir de maneira tanto mais complacente a todo e qualquer fim da mônada. A universalidade formal crescente da razão burguesa não significa a consciência crescente da solidariedade universal".[74]

O que significa solidariedade, a saber: "a presença do universal no interesse particular", é elucidado por Horkheimer com a referência a Platão e Aristóteles, com base em uma metafísica portanto, cujo quadro categorial não está mais à altura das experiências da modernidade: "Esses sistemas metafísicos expressam de forma parcialmente mitológica o discernimento segundo o qual a autoconservação só pode ser alcançada em uma ordem supraindividual, isto é, por meio da solidariedade social".[75] As ideias de solidariedade social não podem ser desmitologizadas por Horkheimer e Adorno porque eles julgam poder transcender apenas de dentro o processo de reificação que se tornou universal e creem que mesmo a crítica da razão instrumental permanece presa ao modelo a que própria razão instrumental obedece.

O sujeito social se comporta em relação à natureza da mesma maneira que o sujeito individual em relação aos objetos – a natureza é objetificada e dominada a serviço da reprodução da vida social. Nesse contexto, a re-

---

74 Horkheimer, "Vernunft und Selbsterhaltung", em Ebeling (org.), op. cit., p.47-8.
75 Id., *Zur Kritik der instrumentellen Vernuft*, p.164.

sistência da concatenação regular da natureza, sobre a qual o sujeito social labuta conhecendo e agindo, continua na formação da sociedade e de seus membros individuais. "A resistência da natureza externa, à qual remonta a coerção em última instância, prossegue no interior da sociedade através das classes e atua sobre cada indivíduo desde a infância como a aspereza do próximo".[76] As relações entre sujeito e objeto reguladas pela razão instrumental determinam não apenas aquela relação entre sociedade e natureza externa, que se expressa historicamente no nível das forças produtivas, em particular do progresso técnico-científico. A estrutura da exploração de uma natureza objetificada e disponibilizada se repete também no interior da sociedade, tanto nas relações interpessoais, caracterizadas pela repressão das classes sociais, quanto nas relações intrapsíquicas, caracterizadas pelas repressões da natureza pulsional.

Ora, o quadro categorial da razão instrumental é criado para possibilitar a um sujeito a disposição sobre a natureza, *não para dizer a uma natureza objetificada o que lhe é afligido*. A razão instrumental é uma razão "subjetiva" também no sentido de que ela expressa as relações entre sujeito e objeto da perspectiva do sujeito cognoscente e agente, não da perspectiva do objeto percebido e manipulado. Por isso, ela não prepara nenhum meio explicativo para esclarecer o que significa afinal a instrumentalização das relações sociais e intrapsíquicas *da perspectiva dos contextos de vida violados e deformados*; esse aspecto Lukács quis obter da racionalização social com o conceito de reificação. Assim, a evocação da solidariedade social pode indicar tão somente *que* a instrumentalização da sociedade e de seus membros destrói algo; mas ela não pode apontar explicitamente *em que* consiste a destruição.

A crítica da razão instrumental, que permanece presa às condições da filosofia do sujeito, denuncia como mácula o que ela não pode explicar em seu caráter de mácula, visto que lhe falta um quadro categorial suficientemente dúctil para designar a integridade do que é destruído pela razão instrumental. No entanto, Horkheimer e Adorno têm um nome para isso, *mimesis*. E se eles tampouco podem fornecer uma teoria da *mimesis*, então o nome provoca associações que são intencionadas: imitação designa uma

---

76 Horkheimer; Adorno, op. cit., p.256.

relação entre pessoas na qual uma se aconchega na outra, identifica-se com outra, empatiza com a outra. Sugere-se uma relação em que a exteriorização de uma na imagem da outra não significa a perda de si mesma, mas ganho e enriquecimento. Visto que a capacidade mimética escapa ao quadro categorial de relações sujeito-objeto determinadas de maneira cognitivo-instrumental, ela é considerada como o contrário puro da razão, como impulso. Adorno não priva esse impulso de uma função cognitiva simplesmente. Em sua estética, ele tenta mostrar o que a obra de arte deve à força de abertura própria da *mimesis*. Mas nas operações miméticas o cerne racional se deixa descobrir somente quando se abandona o paradigma da filosofia da consciência, isto é, de um sujeito que *representa* os objetos e *labuta* sobre eles, em favor do paradigma da filosofia da linguagem, do entendimento intersubjetivo ou da comunicação, classificando o aspecto cognitivo-instrumental como parte de uma *racionalidade comunicativa* mais abrangente.

Essa mudança de paradigma está ao alcance das mãos nas poucas passagens em que Adorno se decide a explicitar as ideias complementares de reconciliação e liberdade; ele não a efetuou. Certa vez, ele elucidou a "reconciliação" referindo-se às palavras de Eichendorff sobre a "Bela estranha": "O estado reconciliado não anexaria com imperialismo filosófico o estranho, mas teria sua felicidade em que ele permaneça, em proximidade concedida, o distante e o distinto, para além do heterogêneo e do próprio".[77] Adorno descreve a reconciliação nos termos de uma *intersubjetividade intacta*, que somente se produz e se mantém na reciprocidade do *entendimento* baseado no reconhecimento livre. George Herbert Mead já havia elevado a interação simbolicamente mediada a novo paradigma da razão, já havia atribuído a razão àquela relação comunicativa entre sujeitos que se enraíza no ato mimético da assunção de papéis, ou seja, no fato de que o *ego* se apropria das expectativas de comportamento do *alter* dirigidas a ele. Voltarei às ideias fundamentais de Mead. Com o conceito complementar de liberdade se passa algo análogo com a ideia de reconciliação, possibilitada pela intersubjetividade isenta de violência.

---

[77] Adorno, "Negative Dialektik", op. cit., p.192.

Assim como G. H. Mead, Horkheimer e Adorno partem da premissa de que a individuação somente é possível pela via da socialização — de sorte que a "emancipação do indivíduo" não seria uma emancipação *em relação à* sociedade, "mas a salvação da sociedade em relação à atomização", isto é, em relação a um isolamento dos sujeitos que "pode alcançar seu auge em períodos de coletivização e de cultura de massas".[78] Adorno desenvolve esse conceito comunicativo implícito de liberdade com os seguintes enunciados: "Livres são os sujeitos, segundo o modelo kantiano, na medida em que eles são conscientes de si mesmos, idênticos a si mesmos; e em tal identidade também são não livres novamente na medida em que estão sob sua coerção e a perpetuam. São não livres como natureza não idêntica, como natureza difusa, e, no entanto, são livres enquanto tais, porque, nas moções que os dominam — a não identidade do sujeito consigo mesmo não é nada além disso — também se livram do caráter coercitivo da identidade. A personalidade é a caricatura da liberdade. A aporia tem por fundamento que a verdade, para além da coerção identitária, não seria o seu outro por excelência, mas mediada por ela".[79]

Adorno projeta aqui a perspectiva de uma identidade do Eu que se constitui somente nas formas de uma intersubjetividade intacta. Nesse ponto, sua interpretação de Kant se inspira no modelo estrutural de Freud. As formas de entendimento interpessoal estabelecidas em uma sociedade determinam a formação do supereu resultante das interações da criança com suas pessoas de referência; é dessa formação, por seu turno, que depende o modo como as formas de entendimento intrapsíquico se afiguram, como o Eu pode se confrontar com a realidade da natureza externa e de sua natureza própria, interna.

Adorno não pode iluminar a faculdade mimética a partir da oposição abstrata com a razão instrumental. As estruturas de uma razão a que Adorno apenas *alude* somente se tornam acessíveis à análise se as ideias de reconciliação e de liberdade são decifradas como cifras de uma forma de intersubjetividade, por mais utópica que seja, a qual possibilita um entendimento

---

78 Horkheimer, *Zur Kritik der instrumentellen Vernunft*, p.130.
79 Adorno, "Negative Dialektik", op. cit., p.294.

sem coerção entre indivíduos no trato recíproco, tanto quanto a identidade de um indivíduo que se entende sem coerção consigo mesmo – socialização sem repressão. Isso significa, por um lado, uma mudança de paradigma na teoria da ação: da ação dirigida a objetivos para a ação comunicativa; por outro lado, uma mudança de estratégia na tentativa de reconstruir o conceito moderno de racionalidade, que se tornou possível com um descentramento da compreensão do mundo. Não mais o conhecimento e a *disponibilização* de uma natureza objetificada são, tomados por si mesmos, os fenômenos que carecem de explicação, mas antes a intersubjetividade do *entendimento possível* – tanto no plano interpessoal como no intrapsíquico. O foco da investigação se desloca com isso da *racionalidade cognitivo-instrumental* para a *racionalidade comunicativa*. Para esta, a relação do sujeito solitário com algo no mundo objetivo que possa ser representado e manipulado não é paradigmática, mas antes a relação intersubjetiva que sujeitos capazes de falar e agir estabelecem quando se entendem reciprocamente sobre algo. Nesse contexto, aqueles que agem comunicativamente se movem no *medium* de uma linguagem natural, fazem uso de interpretações culturalmente transmitidas e se referem ao mesmo tempo a algo no mundo objetivo, em seu mundo social comum e em um mundo subjetivo respectivo.

Diferentemente da "representação" ou "conhecimento", o "entendimento" precisa do complemento "não coagido", visto que a expressão deve ser empregada aqui no sentido de um conceito normativo. Da perspectiva dos participantes, "entendimento" não significa um processo empírico que causa um acordo factual, mas um processo de convencimento recíproco que coordena as ações de diversos participantes com base em uma *motivação mediante razões*. Entendimento significa a comunicação que objetiva um *acordo válido*. Só por causa disso cabe-nos esperar obter, por meio da clarificação das propriedades formais da ação orientada ao entendimento, um conceito de racionalidade que expresse o nexo daqueles momentos da razão separados na modernidade, tanto faz se procuramos esses momentos da razão nas esferas de valores culturais, nas formas diferenciadas da argumentação ou na práxis comunicativa cotidiana, por mais desfigurada que seja.

Mas, se partimos da premissa de que a reprodução da vida social não está ligada apenas às condições da contraposição cognitivo-instrumental (de sujeitos isolados ou cooperativamente unidos) com a natureza exterior e não apenas às condições da contraposição cognitivo-estratégica de indivíduos e grupos uns com os outros, se partimos da premissa de que a socialização se encontra tanto quanto sob as condições da intersubjetividade do entendimento dos participantes da interação, então temos também de reformular o conceito naturalista de autoconservação – no entanto, de um modo diferente do que D. Henrich propôs em uma controvérsia com Blumenberg e outros.[80]

Henrich defende ali a tese segundo a qual não a autoconservação intransitiva, posta como absoluta, mas antes o *nexo de subjetividade e autoconservação* seria constitutivo da posição da consciência moderna. A razão subjetiva, assim julga ele, não é idêntica à razão instrumental, visto que a autorrelação do sujeito agente, o si-mesmo [*Selbst*] da conservação de si-mesmo [*Selbsterhaltung*], tem de ser pensada em conjunto com a autorrelação do sujeito cognoscente, a consciência de si mesmo. O processo da vida consciente seria "um ato permanente de conservação de si também porque tem de orientar-se em referência às próprias e respectivas possibilidades de formação de unidade não atualizadas".[81] Visto que o sujeito se refere ao mesmo tempo, agindo *e* conhecendo, a seus objetos, ele poderia conservar sua existência somente caso se comportasse de maneira reflexiva também em relação a si mesmo na qualidade de sujeito cognoscente. A unidade de conservação de si e consciência de si proibiria, porém, a instrumentalização da consciência a serviço da *mera* conservação de si: "O que o pensamento moderno aguarda e o que ele também espera é somente isso: o si-mesmo, preocupado com sua existência no olhar de seus próprios critérios de justiça, poderia encontrar no final uma razão interna de sua própria possibilidade, que lhe vem ao encontro não tão estranha e indiferentemente quanto o aspecto da natureza contra o qual ele tem de voltar a energia de sua autoafirmação. A consciência de si aguarda uma razão de sua própria essência e atividade no nexo que a fundamenta, do qual ela ao mesmo tempo sabe que seria sem sentido representá-lo como um nexo mais amplo de objetividade dominável".[82] Henrich gostaria de chamar

---

80 Cf. Henrich, "Die Grundstruktur der modernen Philosophie", op. cit.
81 Ibid., p.138.
82 Ibid., p.114.

a atenção, em analogia com Lukács em seu tempo, para um limite interno, inserido na própria subjetividade, que se contrapõe a uma auto-objetificação completa da consciência; ele gostaria de obter da consciência de si a caracterização que explica em que medida a subjetividade *não pode* se reduzir ao cumprimento de imperativos de autoconservação.

Essa tese, dirigida contra Heidegger e implicitamente contra Horkheimer e Adorno, Henrich busca implementá-la com base em uma teoria da consciência de si.[83] Esta não conduz, todavia, a uma autointerpretação alternativa da modernidade, visto que Henrich parte do mesmo modelo da filosofia da consciência que seus adversários colocam no fundamento. De acordo com esse modelo, o sujeito, seja representando, seja agindo, refere-se em atitude objetivante a objetos ou estados de coisas. Ora, a consciência *de si* epistêmica deve ser determinante para a subjetividade de um sujeito que se refere dessa maneira a objetos. Enquanto sujeito, ele se caracteriza essencialmente por possuir um saber não apenas de objetos, mas também, cooriginariamente, de si mesmo. Esse saber do sujeito a respeito de si mesmo, em que saber e sabido coincidem, *tem de ser pensado segundo o modelo do saber de objetos*. O saber-se, que é constitutivo da consciência de si, precisa ser explicitado de tal maneira que o sujeito se refere a si mesmo como a um objeto qualquer e oferece uma descrição sobre suas vivências como sobre estados de coisas quaisquer, mas com a certeza intuitivamente terminante de ele próprio ser idêntico a esse objeto ou a esse estado de coisas. Essa cogência da estratégia conceitual leva, como o próprio Henrich desenvolve com toda a clareza desejável, a um círculo a que Tugendhat se refere da seguinte maneira: "A consciência de si deve ser uma consciência do Eu. Um Eu, porém, assim ouvimos, deve ser algo somente se ele tem a estrutura da identidade entre o que sabe e o que é sabido. Ora, se a consciência de si, conforme a teoria da reflexão, deve efetuar sobre si um voltar-se para trás, então apenas no ato dessa volta para trás se produz aquela identidade entre o que sabe e o que é sabido. Por outro lado, o sujeito ao qual o ato se volta

---

[83] Henrich, *Fichtes ursprüngliche Einsicht*; id., "Selbstbewußtsein", em Bubner; Cramer; Wiehl (orgs.), *Hermeneutik und Dialektik*, v.I, p.257ss.; sobre isso, cf. Pothast, *Über einige Fragen der Selbstbeziehung*.

já deve ser um Eu. Portanto, o ato deve, de um lado, ao voltar-se para trás, representar o Eu, e, de outro lado, o Eu se constitui, conforme o conceito de Eu, só nesse ato. Disso resulta, como mostra Henrich, um círculo. Ao pressupor um sujeito já existente, a teoria da reflexão já pressupõe o que na realidade deve se constituir apenas na referência a si mesmo".[84]

Henrich busca uma saída dessa dificuldade com a suposição de que subjaz à consciência de si uma consciência desprovida de eu, a qual não deve mais ser distinguida por uma autorrelação, mas sempre por uma espécie de intimidade ou familiaridade originária consigo mesmo a título de algo, no entanto, impessoal. Henrich constrói um conceito de consciência que, de um lado, deve apagar os vestígios de um si-mesmo, que pode apoderar-se de si mesmo apenas como objeto, de outro lado, deve reter algo como uma subjetividade aquém da auto-objetificação: "Uma autorrelação compete à consciência eventualmente na medida em que nos entendemos sobre ela: é consciência e tomada de conhecimento de consciência de uma só vez e com isso, em nossa fala dificilmente evitável mas equívoca: tomada de conhecimento de si mesmo. A autorrelação que sabe, existente na reflexão, não é um estado de coisas fundamental, é um explicitar isolador, porém não pressupondo uma consciência de si implicada, seja de que natureza for, mas uma consciência (implícita) do si-mesmo desprovida de si-mesmo".[85] Esse conceito não é menos paradoxal do que o conceito de não idêntico pensado de maneira identificadora, e isto pela mesma razão. Mas, enquanto Adorno não quis mostrar nada senão a inevitabilidade do paradoxo, Henrich crê poder indicar com sua construção as condições de uma "tematização não contraditória a respeito do si-mesmo e da consciência". Ele não é bem-sucedido nisso.[86]

A ambiguidade de reduzir a consciência de si a uma consciência despersonalizada, anonimizada, torna-se patente já pela maneira como Henrich conecta o conceito de consciência desprovida de eu com duas linhas teóricas que se comportam de maneiras contrárias entre si. De um lado, a noção de

---

[84] Tugendhat, *Selbstbewußtsein und Selbstbestimmung*, p.62.
[85] Henrich, "Selbsbewußtsein", op. cit., p.280.
[86] Tugendhat, *Selbstbewußtsein und Selbstbestimmung*, p.64ss.

que o si-mesmo é secundário em relação à estrutura fundamental de uma consciência impessoal forma uma ponte com o acosmismo da mística do Extremo Oriente: "A superação de si é a via régia para o conhecimento de si".[87] Por outro lado, a noção de que a tomada de conhecimento de si mesmo, no sentido da reflexividade, pode não ser constitutivo da consciência forma uma ponte com aquelas teorias sobre corpo e espírito que concebem a consciência como um processo objetivo: "Uma explicação no quadro da neurologia [...] poderia evidenciar talvez o nexo indissolúvel entre os dois processos que correspondem à consciência e à tomada de conhecimento da consciência".[88] Nesses dois resultados, a mística e o objetivismo, reflete-se a estrutura paradoxal do conceito de uma consciência desprovida de eu, a qual gera essas alternativas. Caso se queira preservar o modelo de um sujeito que se refere a objetos e, no entanto, retroceder por detrás da estrutura reflexiva da consciência, é somente coerente a solução que Henrich quer evitar: a subsunção da consciência sob categorias da conservação de si. Isso é o que Horkheimer e Adorno afirmaram: da reflexividade de uma referência objetificadora não é possível extrair "critérios próprios de justiça", a não ser aqueles de uma garantia cognitivo-instrumental da preservação.

Daí Luhmann poder reproduzir sem atribuições, nos termos da teoria dos sistemas, a reflexivização das duas relações admitidas no modelo sujeito-objeto. A teoria dos sistemas substitui o "sujeito" pelo "sistema", "objeto" por "entorno", colocando as capacidades do sujeito de conhecer e tratar os objetos no conceito de operações sistêmicas, que consistem em apreender e reduzir a complexidade do entorno. Se sistemas aprendem, além disso, a referir-se reflexivamente à unidade do próprio sistema, então este é apenas um passo ulterior para intensificar a própria complexidade, a fim de estar à altura do entorno supercomplexo – também essa "consciência de si" permanece sob o fascínio da lógica da garantia de preservação dos sistemas.[89] O específico que Henrich quer fazer valer, com razão, para a autoconservação

---

87 Henrich, "Selbstbewußtsein", op. cit., p.283.
88 Cf. também Pothast, *Über einige Fragen der Selbstbeziehung*, p.76.
89 Luhmann, "Selbstthematisierungen des Gesellschaftssystems", em *Soziologische Aufklärung*, v.II, p.72ss.

de sujeitos conscientes de si em comparação com uma autoafirmação instrumentalizadora da razão, uma autoafirmação "asselvajada", não pode ser salvo no quadro de uma filosofia do sujeito, a qual é contornada pela teoria dos sistemas em uma ironia irresistível. Henrich julga "que a conservação de si é mais do que uma palavra em nossa linguagem, com a qual podemos descrever com sucesso o comportamento de sistemas e organismos. Com essa palavra têm de permanecer vinculados a permissão e a pretensão de apreender adequadamente o caráter autêntico de um processo que ao mesmo tempo pode ser experimentado por ele mesmo como processo fundamental da vida *consciente*".[90] Mas o desespero de Adorno se explica justamente porque não se retém nada mais do que razão instrumental quando se pensa, com radicalidade suficiente, o "processo fundamental da vida consciente" com as suas próprias categorias, oferecidas pela filosofia da consciência.

No entanto, a passagem da filosofia da consciência para a análise da linguagem, que a semântica formal efetua seguindo Frege e Wittgenstein, é apenas um primeiro passo. Pode-se tornar claro isso justamente pelo fenômeno da consciência de si. As proposições de vivência da primeira pessoa fornecem certamente um ponto de partida mais confiável em termos metodológicos para a análise do conceito de Eu do que a experiência do saber-se, acessível somente de modo intuitivo. E. Tugendhat também mostrou que a mencionada dificuldade das teorias egológicas da consciência se dissolve quando se reformula semanticamente sua questão inicial.[91] Simultaneamente, porém, a análise da linguagem, restrita ao ponto de vista semântico, faz desaparecer o sentido pleno presente no emprego performativo da expressão "Eu", visto que a relação de sujeito e objeto ou sistema e entorno é substituída novamente por uma *relação de dois termos*, precisamente a relação entre proposição e estado de coisas e, com isso, permanece dentro dos limites de um modelo que reduz epistemicamente a autorrelação. Por seu turno, as *vivências* que o *ego* enuncia sobre si mesmo com proposições de vivência são representadas como *estados de coisas* ou episódios interiores dotados de acesso privilegiado e, com isso, *assimilados a entidades no mundo*. Nós

---

90 Henrich, "Die Grundstruktur der modernen Philosophie", op. cit., p.113.
91 Tugendhat, *Selbstbewußtsein und Selbstbestimmung*, p.63ss.

nos aproximamos daquela autorrelação que tradicionalmente foi tematizada e distorcida ao mesmo tempo como consciência de si apenas quando ampliamos, de maneira pragmática, o questionamento semântico. Assim, a análise do significado, não certamente do uso referencial da expressão "Eu", mas do uso performativo dessa expressão, continua a ser uma chave promissora para a problemática da consciência de si.

Ainda voltarei ao nexo entre subjetividade e intersubjetividade linguisticamente gerada. O tema da consciência de si é apenas uma ocasião em que se torna patente que os fenômenos que conduzem a paradoxos confessos e inconfessos no interior dos limites do quadro categorial tradicional, como aqueles do não idêntico ou da consciência não reflexiva, somente podem ser recuperados na análise da linguagem caso se faça uso do modelo de emprego de signos que se desenvolve em três termos e remonta a Bühler,[92] e caso se remeta a análise dos significados linguísticos de antemão à ideia de entendimento de participantes da comunicação sobre algo em um mundo. Esse modelo introduziu uma *virada em termos de teoria da comunicação* que é de maior alcance que a guinada linguística da filosofia do sujeito. Interessa-me em nosso contexto não seu significado para a história da filosofia, mas a cesura que *o fim da filosofia do sujeito* significa para a *teoria da sociedade*.

Se partirmos da premissa de que a espécie humana se conserva por meio das atividades socialmente coordenadas de seus membros e que essa coordenação tem de ser produzida pela comunicação, e nos âmbitos centrais por uma comunicação objetivando o acordo, a reprodução da espécie exige *também* o cumprimento das condições de uma racionalidade imanente à ação comunicativa. Essas condições tornam-se palpáveis na modernidade – com o descentramento da compreensão de mundo e com a diferenciação de diversas pretensões de validade universais. Na mesma medida em que as imagens religiosas e metafísicas de mundo perdem a credibilidade, altera-se por esse motivo o conceito de autoconservação, não apenas sob o aspecto acentuado por Blumenberg: ele não perde apenas sua orientação teleológica para fins objetivos, de sorte que uma autoconservação que se tornou intransitiva pode ascender ao ranque de um fim supremo para a cognição e para a

---

92 Bühler, *Sprachtheorie*; cf. p.372-3 neste volume.

ação orientada ao êxito. Na medida em que a integração normativa da vida cotidiana se afrouxa, o conceito recebe também uma orientação ao mesmo tempo universalista e individualista. Um processo de autoconservação que precisa satisfazer as condições de racionalidade da ação comunicativa torna-se dependente das operações interpretativas dos sujeitos que coordenam sua ação por meio de pretensões de validade criticáveis. Por isso, é característico da posição da consciência moderna menos a unidade de autoconservação e consciência de si do que aquela relação expressa pela filosofia social e pela filosofia da história burguesa: o contexto de vida social se reproduz ao mesmo tempo mediante ações de seus membros racionais com respeito a fins e controladas por *media*, e mediante suas vontades comuns, ancoradas na práxis comunicativa de todos os indivíduos.[93]

A subjetividade determinada pela razão comunicativa resiste contra uma desnaturalização do si-mesmo por mor da autoconservação. A razão comunicativa não se deixa subsumir *sem resistência*, como a instrumental, a uma autoconservação cegada. Ela não se estende a um sujeito que conserva a si mesmo, que se refere a objetos representando e agindo, ou a um sistema que preserva a existência, que se demarca em face de um entorno, mas a um mundo da vida simbolicamente estruturado, que se constitui nas operações interpretativas de seus membros e que se reproduz apenas mediante a ação comunicativa. Assim, a razão comunicativa não se depara simplesmente com a existência de um sujeito ou de um sistema, mas tem parte na estruturação do que deve ser conservado. A perspectiva utópica da reconciliação e da liberdade se inscreve nas condições de uma socialização comunicativa dos indivíduos, ela se insere já no mecanismo linguístico de reprodução da espécie.

Por outro lado, os imperativos de autoconservação da sociedade não se impõem apenas na teleologia das ações de seus membros individuais, mas, ao mesmo tempo, nos contextos funcionais de efeitos agregados da ação. A integração dos membros da sociedade, que se efetua mediante processos de entendimento, não encontra seus limites apenas no poder de interesses em colisão, mas igualmente no peso de imperativos sistêmicos de conservação,

---

[93] Neuendorff, *Der Begriff des Interesses*.

que desdobram seu poder objetivamente com a ingerência na orientação da ação dos atores concernidos. A problemática da reificação resulta então menos de uma racionalidade com respeito a fins absolutizada, a serviço da autoconservação, menos de uma razão instrumental que se tornou selvagem, do que do fato de que a razão funcionalista solta, própria da conservação sistêmica, se sobrepõe à pretensão de razão inscrita na socialização comunicativa, fazendo correr no vazio a racionalização do mundo da vida.

Na recepção da teoria weberiana da racionalização que vai de Lukács a Adorno, torna-se evidente que a racionalização social foi sempre pensada como reificação da consciência. Os paradoxos a que isso leva mostram, porém, que esse tema não pode ser elaborado satisfatoriamente com os meios conceituais da filosofia da consciência. Antes de retomar a problemática da reificação e reformulá-la nos termos da ação comunicativa, de um lado, e nos termos de uma formação de subsistemas que transcorre por meio de *media* de controle, de outro lado, gostaria de desenvolver essas categorias partindo de seu contexto no interior na história da teoria. Enquanto a problemática da racionalização e da reificação tem sua sede em uma linha "alemã" de pensamento da teoria social que é determinada por Kant e Hegel e que, passando por Weber, vai de Marx até Lukács e a teoria crítica, a mudança de paradigma que me interessa abre caminho na obra de George Herbert Mead e de Émile Durkheim. Mead (1863-1931) e Durkheim (1858-1917) pertencem, como Weber (1864-1920), à geração dos pais fundadores da sociologia moderna. Ambos desenvolvem categorias com as quais é possível retomar a teoria weberiana da racionalização, libertando-a da aporética da filosofia da consciência — Mead com uma fundamentação da sociologia nos termos da teoria da comunicação, Durkheim com uma teoria da solidariedade social que põe em relação a integração social e a integração sistêmica.

Índice onomástico

A
Abel, Theodor 192
Adler, Max 246
Adorno, Theodor W. 10, 15, 20, 233, 238-9, 258, 481-2, 483, 491, 494-6, 511, 513, 514, 516-22, 526-9, 532-9, 541-4, 547-50, 553
Apel, Karl-Otto 39, 342n, 399, 524n
Aristóteles 73, 157, 522, 541
Austin, John 56n, 160n, 173, 174n, 398, 399, 401, 411-3, 415, 417-9, 449-52

B
Basaglia, F. 515
Bellah, Robert 301
Bendix, R. 255-6n, 261, 292
Bernstein, Richard 19, 195
Black, Max 58
Blumenberg, Hans 546, 551
Bühler, Karl 396-7, 399, 434, 551

C
Carnap, Rudolph 397
Cicourel, Aaron 39, 215
Condorcet, Marquês de 22, 240-6, 248

D
Darwin, Charles 248, 539
Davidson, Donald 398

Dilthey, Wilhelm 147, 189, 191, 249-50, 496
Döbert, Rainer 39, 134n, 301, 343
Dubiel, Helmut 39, 512, 515n, 537-8n
Dummett, Michael 398, 446-9
Durkheim, Émile 14, 37, 80n, 108, 159, 232-3, 292, 553

E
Elkana, Y. 526
Engels, Friedrich 246
Espinosa, B. de 539
Evans-Pritchard, E. E. 103, 117-9, 122-4

F
Feyerabend, Paul 192, 525-6
Foucault, Michel 515
Frege, G. 147, 150, 398, 422n, 550

G
Gadamer, H. G. 113, 173, 189, 191, 223-7
Garfinkel, Harold 159, 212, 215, 217, 219
Gehlen, Arnold 479
Gellner, Ernst 128-9
Giddens, Anthony 193

Goffman, Irving 159, 165, 165-6n, 170-1
Godelier, Maurice 104, 105
Grice, H. P. 395, 440, 462n
Groethuysen, Bernhard 341

H
Hartmann, Nicolai 147-8
Heidegger, Martin 189, 191, 520-1n, 537, 539, 547
Hegel, G. W. F. 36, 89, 245-6, 380, 482, 498-9, 504-8, 511, 514, 519-22, 525-6, 533, 535, 539, 553
Henrich, Dieter 539, 546-50
Hesse, Mary 192-3, 525
Honneth, Axel 38n, 536
Horkheimer, Max 9-10, 14, 15, 20, 233, 238-9, 481-2, 483-6, 489-96, 503, 511, 513, 514-6, 519, 522-9, 531-5, 537-9, 541-2, 544, 547, 549
Horton, Robin 124-5, 127-32
Husserl, Edmund 147, 189, 191, 197-8n, 209, 217, 268n

J
Jarvie, I. C. 146, 150-3, 156
Jakobson, Roman 399

K
Kant, Immanuel 37, 240, 243, 245, 250, 342, 380, 484, 498, 504, 525, 527, 539-40, 544, 553
Kautsky, K. 246
Kenny, Anthony 160n, 399
Klein, Wolfgang 78-83
Korsch, Karl 246
Kreckel, M. 449, 452-4

L
Laing, R. D. 515
Lakatos, Imre 192, 525
Leibniz, G. W. 539
Leist, Anton 437

Lévi-Strauss, Claude 104, 105, 108
Levy-Bruhl, L. 103
Luhmann, Nicolas 268n, 383, 549
Lukács, Georg 233, 246, 481-2, 483-4, 495-9, 501-9, 511, 513-4, 517, 519-20, 525, 527-9, 542, 547, 553
Lukes, Steven 114-7, 140-1
Luxemburgo, Rosa 512

M
MacIntyre, Alasdair 115, 126, 133-4, 140, 228-9n
Marcuse, Herbert 10, 15, 238, 345n, 513, 535
Marx, Karl 10, 36-7, 232, 238-9, 245, 254, 292, 297, 331, 481-2, 483, 498-501, 503, 506-7, 513, 526, 533, 539-40, 553
Moore, G. E. 441, 471
Morris, Charles 397
Mommsen, Wolfgang 492, 494n
Morgenstern, Oskar 159

N
Norman, Richard 64, 65n

P
Parsons, Talcott 14, 35, 37, 47, 153, 159, 164n, 232, 233, 254, 279, 292, 363n, 479, 482
Peirce, C. S. 100n, 195, 397, 540
Piaget, Jean 45, 62, 104, 133-6, 138, 140, 231-2, 276, 348
Pollner, Melvin 60, 63
Popper, Karl 124, 146-56, 192, 488-9n

R
Rickert, H. 191, 250, 289

S
Schelling, Friedrich J. W. von 508n, 539
Schluchter, Wolfgang 276, 277n, 281, 290, 335-6, 374-5, 386n, 404

Schütz, Alfred 60, 150, 154, 191, 207-11, 216, 472
Searle, John 39, 398-9, 412n, 424n, 441n, 449, 451-2, 455-7, 470-2
Skjervheim, H. 195-200
Spencer, Herbert 247-8
Stenius, E. 399
Strawson, P. F. 231n, 416, 417, 449n

T
Tenbruck, F. H. 299-301
Toulmin, Steven 75, 77, 79, 84-91, 525
Tugendhat, Ernst 39, 94n, 330-1n, 422n, 442-4, 446, 547, 550

V
Von Neumann, F. 159

W
Weber, Max 14, 15-7, 18, 21-2, 24, 37, 48-9n, 50-1, 80n, 104, 140, 155, 164n, 183-5, 201, 208, 232-4, 237-40, 244, 249-52, 253-4, 256-87, 289-317, 319-23, 325-37, 339-48, 350-5, 357-8, 360-7, 368-72, 374-5, 377-90, 393, 401-7, 463, 473, 477-81, 483-6, 488-94, 496, 498, 501-3, 505-7, 511-2, 519, 525, 553
Weiss, J. 276
Wellmer, Albrecht 19, 39, 140-3, 145, 509, 524n
Winch, Peter 104, 113-24, 126, 128, 131-4, 140-2, 191, 195
Wittgenstein, Ludwig 56n, 118, 120n, 167n, 173, 174n, 176, 191, 200, 398, 401, 422n, 442-4, 449, 471-2, 550

SOBRE O LIVRO

Formato: 16 x 23 cm
Mancha: 27,8 x 48 paicas
Tipologia: Venetian 301 12,5/16
Papel: Off-white 80 g/m² (miolo)
Cartão Supremo 250 g/m² (capa)
1ª edição Editora Unesp: 2022

EQUIPE DE REALIZAÇÃO

Capa
Vicente Pimenta

Edição de texto
Tulio Kawata (Copidesque)
Miguel Yoshida (Revisão)

Editoração eletrônica
Eduardo Seiji Seki (Diagramação)

Assistência editorial
Alberto Bononi
Gabriel Joppert

Coleção Habermas

A inclusão do outro: Estudos de teoria política

A nova obscuridade: Pequenos escritos políticos V

Conhecimento e interesse

Fé e saber

*Mudança estrutural da esfera pública:
Investigações sobre uma categoria da sociedade burguesa*

Na esteira da tecnocracia: Pequenos escritos políticos XII

O Ocidente dividido: Pequenos escritos políticos X

Para a reconstrução do materialismo histórico

Sobre a constituição da Europa: Um ensaio

Técnica e ciência como "ideologia"

Teoria e práxis: Estudos de filosofia social

Textos e contextos

Rua Xavier Curado, 388 • Ipiranga - SP • 04210 100
Tel.: (11) 2063 7000 • Fax: (11) 2061 8709
rettec@rettec.com.br • www.rettec.com.br